吕世伦法学论丛
第二十二卷

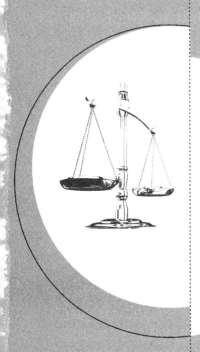

法哲学论

Theory of Legal Philosophy

吕世伦　文正邦　主编

黑龙江美术出版社
Heilongjiang Fine Arts Publishing House
http://www.hljmscbs.com

图书在版编目（CIP）数据

法哲学论 / 吕世伦，文正邦主编 . —— 哈尔滨：黑龙江美术出版社，2018.4

（吕世伦法学论丛；第二十二卷）

ISBN 978-7-5593-2769-7

Ⅰ . ①法⋯ Ⅱ . ①吕⋯ ②文⋯ Ⅲ . ①法哲学—研究 Ⅳ . ① D90

中国版本图书馆 CIP 数据核字 (2018) 第 082795 号

法哲学论

Theory of Legal Philosophy

主　　编 /	吕世伦　文正邦
出 品 人 /	金海滨
责任编辑 /	赵立明　王宏超
编辑电话 /	（0451）84270530
出版发行 /	黑龙江美术出版社
地　　址 /	哈尔滨市道里区安定街 225 号
邮政编码 /	150016
发行电话 /	（0451）84270514
网　　址 /	www.hljmscbs.com
经　　销 /	全国新华书店
制　　版 /	黑龙江美术出版社
印　　刷 /	杭州杭新印务有限公司
开　　本 /	710mm×1000mm　1/16
印　　张 /	35
版　　次 /	2018 年 4 月第 1 版
印　　次 /	2018 年 5 月第 1 次印刷
书　　号 /	ISBN 978-7-5593-2769-7
定　　价 /	228.00 元

本书如发现印装质量问题，请直接与印刷厂联系调换。

探索理论法学之路

（总序）

《吕世伦法学论丛》出版了，此亦垂暮之年的一件快事。值此之际，几十年求法问道的点点滴滴，学术历程中的风风雨雨，不免时常浮现脑海，思之有欣慰也有嘘唏。当年如何与法学结缘而迈入法学的门槛，在浩瀚的法学领域中如何倾情于理论法学，理论法学的教学与研究中所经历的诸般坎坷与艰辛，对自己平生言说作文的敝帚自珍之情，如此等等，都时常萦绕心间。借这套书出版的契机，整理一下思绪，回首自己的学术人生，清贫守道，笔砚消磨，个中冷暖甘苦，或可絮叨一二，喟然叹曰："著书撰文求法意，一蓑烟雨任平生。"

一、"我是中国人"的觉醒

我的法学之梦是在一种极为特殊情况下形成的。本人出生于甲午战争后被日本军国主义侵占的大连地区。少年时期读过不到两年的私塾，先是接受童蒙类的教育，继而背诵《论语》《唐诗三百首》等。稍长便开始翻看一些信手拈来的古典小说如包公、彭公、施公"三案"书，当代文学小说，"四大才子书"等。尽管很多地方似懂非懂，但读书兴趣愈发深厚，颇有贪婪的劲头。彼时追求的是知识，与政治无关。进小学不久，太平洋战争爆发，学校里不准孩子讲中国话，只许讲日语（叫"国语常用"），否则便会遭受处罚；每周除了上几堂日语会话之外，其余时间便是军训，种地，四处捡废铁、骨头和采野菜，支援"大东亚圣战"。社会上传播的声音，一方面是因不堪忍受横征暴敛、苦工奴役、饥寒交迫、恐怖虐杀而引起的怒吼，另一方面是关内尤其是隔海相望的山东不断流进八路军率领群众抗日壮举之类所引起的欢呼。大连地区迅速变成一座即将爆发的反日火山。我们中间，也与日俱增地盛传鬼子兵必败的消息，背地里玩着诅咒日本的各种游戏。对我来说，这是头脑中第一次萌发反抗外敌压迫的观念。

1945 年 8 月 15 日，我的心灵受到从未有过的巨大震撼，因而这一天成为我永生难忘的日子。那天，我亲眼看到的历史性场景是：上午，日本宪兵、警察及汉奸们还在耀武扬威，横行霸道，民众敢怒不敢言地躲避着他们；而正午 12 点，收音机特别是街心的高音喇叭突然播出"裕仁天皇"宣布日本无条件投降的颤抖声音。顷刻间，人们蜂拥而出，塞满街巷，议论着、欢呼着，脸上挂着喜悦、激动的泪花。大连 42 年被殖民地化和民众被"亡国奴"化的耻辱,一洗而净。大约半个小时之后,鼎沸的人群中响起一片"报仇的时候到了""抓狗腿子去"的喊叫声,瞬间大家三五成群地分散奔跑而去。我们几个小朋友也兴冲冲地尾随大人们四处颠簸,眼瞅着一些又一些"狗腿子""巡捕"从各个角落被揪出来示众和推打;一些更胆大的人则手持棍棒,冲进此前唯恐躲避不及的"大衙门"(警察署)和"小衙门"(派出所)拍桌子、缴枪,而这些往日肆无忌惮的豺狼们,则个个瑟瑟发抖,交出武器,蹲在屋角,乞求给一条活命。

"八一五"这天上、下午之间的巨大反差和陡然引爆的空前的中华民族大觉醒,对我有着决定性的影响,就是使我确切知道了自己是一个中国人。追想起来,几世代大连人的命运,是那样难以表达的不幸。从我懂事的时候起,总听到老人们念叨:"这世道,大清国不回来就没个好!"这是由于他们所经历的是大连被沙皇俄国和日本占领,不知道有个"中华民国",也不知道有个大人物孙中山,而一直没有忘记自己生下来就是"大清国"的子民。

行文至此,我不禁忆起1944年冬天遇上的一件事:一天下午,金州城东街一个墙角处,有位衣衫褴褛、踏着露出大脚趾的鞋子的醉汉坐在地上晒太阳。不一会儿,迎面走来个腰挂短刀的日本警察,用大皮靴狠狠地踢他,问"你是什么人?"汉子被惊醒,连忙回答:"我是中国人。"那警察更凶恶地继续踢他,说:"我要踢的就是中国人!"汉子赶快改口说:"我是满洲国人(指伪满人)。"警察说也不对。汉子显得不知如何应答,便冒出一句:"我是日本人。"警察轻蔑地反问:"你够格吗?!"还告诫:"记住,你是洲人。"(当时日本把大连地区叫做其所属的"关东洲"。)"洲人",这个怪诞的称呼,包含多少令人心酸苦楚的蕴意。其时,我脑际里随即浮现一种强烈的感受:做一个中国人,做一个有尊严的中国人是多么艰难,又多么值得珍惜啊!

二、马克思主义的启迪

日本投降之后,大连地区一天之间变成无人管理的"无政府"状态。此时,出现了大多数人以前未曾说过、处于秘密状态的共产党与国民党两股力量的争夺战。街墙上贴满红红绿绿的条幅,红色的歌颂共产党、毛主席、八路军,绿色的歌颂国民党、"蒋总裁"、"中央军"。有识者解释,这叫"标语"。1945年8月22日,在居民的欢迎下,苏联红军进驻大连,社会秩序有了个支撑点。但苏军却并不怎么管事,其欠佳的纪律又造成新的秩序问题。当时,更醒目的现象是,猛烈的意识形态争夺战展开了。一方面,莫斯科国家外文出版局中文版的马列书籍大量输入,而且大都是漂亮的道林纸的精装本,堆满街道,几乎不要用钱购买。其中,我印象最深的有《马克思恩格斯选集》《列宁文选》(上、下集)、斯大林的《列宁主义问题》《联共(布)党史简明教程》及《1936年苏联宪法》(又称"斯大林宪法")等,还有不少马克思主义经典著作的单行本。继而是刚刚闭幕的中共"七大"文献,如毛泽东的《论联合政府》、刘少奇的《论党》、朱德的《论解放区战场》。另一方面,国民党则以"正统"自居,兜售蒋介石的《中国之命运》和一个日本人写的《伟大的蒋介石》等几本书。当时,我面对这些令人眼花缭乱的各类书籍,感到非常好奇,尽力收集,而且勤奋阅读,细心琢磨。不用说,许多东西看不懂,但慢慢也大概知道什么叫马克思主义、列宁主义、社会主义与共产主义;而毛泽东的著作通俗易懂,讲的又是中国的事,读之更觉亲切。当然,作为一种先进的博大精深的意识形态体系,不会那么容易就能把握,遑论尚处在幼稚时期的人。但我确信它是真理,内心里希望追随它。由于这个缘故,便自觉地按照中共党组织的号召行事。当时主要围绕三个主题进行宣传活动:第一,拥护党组织领导的"人民政府";第二,中苏友谊,向苏联"老大哥"学习;第三,解放战争的胜利。我还曾参加过金洲皮革厂"职工会"的成立工作,在城墙上刷大标语,在北城郊"山神庙"的外墙壁上办黑板报。1947年进入中学之后,担任校学生会学习部部长与校通讯组组长,组织各年级喜欢写作与思想进步的同学,以消息报导、文艺小品或散文等形式,给大连地区各报刊撰稿,宣传党的政策。自己先后在《旅大人民日报》《民主青年》杂志及苏军司令部机关刊物《实话报》(即《真理报》的另一种中文译名)和《友谊》杂志等发表数十篇文章。

这一时期,由于读马列书籍引发了对理论的兴趣,我逐渐尝试写点小型评论,如对"生产力要素"的讨论、评维辛斯基联大演讲"原子弹已不再是美国专有的",等等。使我无法忘记的是,从那时起,我已开始申请加入仍没公开的中共党组织,但因为出身家庭非工人、贫下中农而未遂愿,只能于1948年春加入"东北青年联合会"。就读高中期间,作为校党支部培养的"积极分子",我担任"党的宣传员",每周六下午到低年级各班讲解政治时事。我继续利用课余时间为报刊撰稿,获得过优秀作品奖。临近毕业,按照组织分配,经过简单的培训,我成为大连中学的一个教师。我讲授的是政治课,主要内容包括介绍毛主席和列宁、斯大林著作里的一些政治观点以及中国人民政治协商会议《共同纲领》。在《共同纲领》的备课与授课中,我认真比照那本一直保留着的《1936年苏联宪法》,这是平生第一次关注到法律问题,并对它产生了兴趣。后来还翻阅过新中国成立初期为数很少的几个立法文件。从此,我对政治理论方面的爱好逐渐同法学理论融汇起来,自此终身行走于这条专业道路。

三、正式迈入法学之门

1953—1957年,我在中国人民大学法律系读本科。因为学法律是当初报考的第一志愿,所以学起来很带劲。客观上,这四年恰逢国家处于完成国民经济恢复,转向全面进入社会主义经济建设的新阶段,因而猛烈的政治运动较少,大学生们能安稳地学习专业。通过一批青年老师的热心教学,学生系统掌握到苏联专家传授的苏维埃法学理论;有的老师还尽量做到联系当时中国法律的实际。除了课堂教学以外,还有较长时间到法院、检察院、律师所实习,来应用所学的东西。此间,令学生们获益匪浅的马列主义基础(《联共(布)党史》)、中共党史、哲学、政治经济学这"四大理论"课,对确立与强化未来一代法学家和法律实务家的马克思主义世界观与方法论起到重要作用。确实,离开这种世界观与方法论,很难称之为社会主义国家的法学。我热衷于理论法学的学习与研究,与此有重要联系。

本科毕业后留校任教,我选择了法理专业。十分遗憾的是,恰好从1957年起,政治运动浪潮一个又一个地滚滚而来。反右派,高举"三面红旗"(总路线、大跃进、人民公社),反右倾机会主义,"四清",社教,直至十年之久的"无产阶级文化大革命"。显而易见,这么一来,留给教师们教学与科研和学生们课业学习的时间,几乎化为乌有了。即令断断续续上一些课,皆是重复政策性的内容而且每门课彼此相差不多,即"党的领导"与"群众路线";对立面便是批判"右派"观点。这种情况同1958年中央北戴河会议有很大关系。当时,中央一位领导人说:"什么是法?党的政策就是法,党的会议就是法,《人民日报》社论就是法。法律不能解决实际问题,不能治党、治军,但党的政策就能解决问题。"另一位领导人补充说:"我们就是要人治,不是什么法治。"接着,各层级的领导干部便迅速传达和贯彻首长讲话的精神。我们教师正是以这种"人治"思想为指导,国家的宪法和为数不多的几部立法也被淡化了。

1958年开展了"大跃进"运动,法学研究也跟着"大跃进"。法理方面,撰写《论人民民主专政和人民民主法制是社会主义国家的锐利武器》(出版前,作为兼职党总支学术秘书,我建议改为《论人民民主专政和人民民主法制》);刑法方面,撰写《中华人民共和国刑法是无产阶级专政的重要工具》;刑事诉讼法方面,撰写《中华人民共和国司法是人民民主专政的锐利武器》。其中都突出"专政",而社会主义法制如何保障和发扬社会主义民主则没有得到应有的研究与阐发。至于民法和民事诉讼法,因对私有制与私有权利的恐惧,没有出版教科书,也很长时间不开课。司法中的"重刑轻民",在学校中亦有明显的反映。事实证明,用政策替代法律、以"无法无天"的群众政治运动当作治国基本方略、讲专政不讲或少讲民主、重权力轻权利、重刑事法轻民事法,把法律程序说成是"刁难群众"等,皆同人治思想密不可分。

此外,当年还曾出现过的一种情况是,反右派之后,为配合批判资产阶级观点,还搞了一段时间的"教学大检查"。即发动每个学生仔细翻看课堂笔记,查找"错误"观点,然后写大字报贴在学生宿舍楼侧的墙壁上公示。例如,一些大字报认为"人情""爱情"这类字眼是"不健康"的,把自由、平等、人权、人性等词说成是资产阶级或右倾的,甚至个别大字报上说"人民"的提法也"缺乏阶级性"。在这种出口即错、动辄受咎的情况下,教师便难于登讲台;要讲,只能念中央文件和首长讲话。至于撰写文章,更令人不安:多一事莫若少一事,与其挨批判不如落个清闲自在。在国际间法学信息交流方面,新中国成立之后,来自国外的图书资料已基本上见不到,但毕竟尚有苏联的东西可谈。比如,我们能订阅到《苏维埃司法》等杂志。1959年中苏交恶,读俄文资料的机会也失去了。之后,除需要批判右派言论、右倾机会主义、资产阶级法律思想之外,当然还需要批判苏联修正主义，法学的政治螺丝拧得更紧了。简言之，随着政治运动不断升级，尤其是十年"文革"的暴风骤雨，"知识无用"论、"资产阶级知识分子统治学校"论，以及"四人帮"倡导学生反对教师、"交白卷"等，不一而足。

我之所以回忆这些，不光是表明此二十余年间自己成长的客观环境与条件，更重要的是要总结在这样的环境与条件下自己的法学思维受到哪些影响。从积极方面说，它确实不断地强化我对党的领导、社会主义道路的信念。从消极方面说，主要是"极左"思想的影响。这些在我的讲课和撰写的文章中，都不乏明显的表现。

毛主席从来强调学习马列，在"运动"中尤其如此。学马列很投合我的喜好。在长期坚持翻读马克思主义经典著作的基础上，又加上系统的"四大理论"和国家与法权理论等课程的培养，我在法律系讲坛所授第一课便是"马列法学著作选读"，对象包括本科生和研究生班。这些法学著作有：毛泽东《新民主主义论》《论人民民主专政》，马克思、恩格斯《共产党宣言》《法兰西内战》，列宁《国家与革命》等。可以说，我备课认真，讲课严谨。如，为了讲《国家与革命》，除广泛查阅国内资料之外，还看过苏联和日本出版的相关书刊，一般都做笔记或摘要。日本共青团（左派）机关报《青年战士》登载的长篇论文《〈国家与革命〉研究》，我甚至全部译出。凑巧的是，"文革"中人民大学解散，我被分配到北京医学院宣传组，仍然负责学院和各附属医院领导干部（也包括"工宣队""军宣队"负责人）学习马列著作的讲授工作。虽然这个讲授说不清有几多效果，但我本人是负责任的，积累下一大堆资料和手稿。

在法律科学研究方面，我深知一个理论法学教师欠缺扎实的学术功底是难以胜任的。这就需要以多读书、勤思考为依托，并训练撰写论文。1958 年，我作为法律系科研秘书，不仅要定期向最高人民法院和司法部报告系内学术动态，还在《法学研究》杂志上发表相关的通讯报道。在 1959—1961 年三年经济困难期间，党组织要求师生尽量多休息，"保证身体热量"，因而"运动"也暂时中止。

新中国成立后，党中央一直强调批判资产阶级法律观。因此，平时我经常考虑，要批判就必须弄清其对象究竟是个什么情形，否则就会陷于尴尬的境地。鉴于此种想法，我便集中力量阅读或复读西方法学名著以及法律思想史类的图书，觉得心得不少，制作了许多卡片，对西方法律思想史滋生了浓厚的兴趣。1963 年 4 月，我在《人民日报》理论版发表《为帝国主义服务的自然法学》，继而在该报内部刊物发表《美国实在主义法学批判》。可以想见，在当时对发表文章存在恐惧心理的法学界，载于中央机关报上的这篇文章不免产生一些震动。自不待言，在那种"极左"大潮下，作者亦备受影响，从两篇文章的题目上就可看得出来。翌年，我又在《人民日报》国际版上发表了一篇关于美国儿童状况的政治短评。"文革"前夕给《光明日报》撰写《读列宁〈国家与革命〉》论文，打过两次清样，报社方面也收到人民大学党委宣传部"同意发表"的回复。但是，"文革"凶潮突然袭来，报社编辑部也被"造反"，那篇论文亦不知所踪。此前，我还曾与孙国华教授合作，在《前线》杂志上发表《国家与革命》讲座文章。1958 年，《苏维埃司法》杂志刊载《美国人谈美国司法制度》论文,我读完后便顺手翻译出来,并在 1959 年春《政法译丛》上发表。同年,从苏联归来的朋友送给我一本《苏维埃刑法中的判刑(函授教程)》小册子,以为颇有新意,便翻译出来交人民大学出版社打印。在日文资料方面,除前面提到的研究列宁《国家与革命》的论文外,还翻译过《现代法学批判》一书;该书重点是对西方和日本新兴起的"计量法学"的社会法学思潮的系统评论,国内尚没有介绍过。

四、后半生的理论法学探索

终于熬过漫长的十年"文革",国人无不欢欣。1978 年,十一届三中全会提出"改革开放"新政策,使社会主义中国社会、经济、文化和科学焕发勃勃生机,亦为法治建设和法学繁荣创造空前有利的条件。邓小平深刻总结新中国成立以来成功的经验与失误的教训,提出始终以经济建设为中心,实行民主的制度化、法律化,大力建设社会主义法制,提出"有法可依,有法必依,执法必严,违法必究"十六字方针;提出近期需要培养一大批法官、检察官、律师。这就为中国社会主义法学的发展开拓了坦途。我的法学生涯由此而发生巨大的转折与提升。党中央倡导解放思想与实事求是的精神,使我倍加注重独立思考,走学术创新之路,理论思维与方法亦有颇大改变。与此相应,教学与科研的热情与进取心更加高昂。

我开出的课程,先后有:本科的西方法律思想史和全校法学概论,硕士生的法理学、现代西方法哲学、黑格尔法哲学、马列法学原著选读,连续多年为法学院和全校博士生进行法学专题讲座。此外,应邀为中国政法大学前五届研究生和西北政法大学(当时称"西北政法学院")开讲"现代西方法理学"课程;为浙江大学分出来的杭州大学和安徽大学本科讲授西方法律思想史;为国内数十所高校及日本一桥大学、关东学院大学、山梨学院大学、立命馆大学等做过法学专题演讲。在吉隆坡,同马来西亚下议院副议长和前财长进行中国法学问题的交流。

近四十年来,在报刊发表法学论文 300 余篇。与授课情况相一致,科学研究的主题集中于三个方向,即:理论法学[①]、西方法律思想史与现代西方法哲学、马克思主义法律思想史。

(一)发表的主要论文

(1)理论法学的论文。第一,法的一般理论,其中除纯粹法理学[②]之外,还有法哲学、法社会学、法经济学、法政治学、法伦理学、法文化学、法人类学、法美学等边缘性诸

---

① 理论法学包括法的一般理论和法史学两大部分。但是,法史学内容广泛,涉及古今中外,故应把它从理论法学中分别开来,独成体系。

② 纯粹法理学指专门研究法律概念与规范的学科,也有西方学者称之为"法教义学"。

学科。在法学的这些学科领域中,发表的论文多寡不一,有的学科极少涉及。第二,在研写论文的过程中,每每重视紧密联系中国特色社会主义理论与国家建设,尤其法治建设的论文。其内容包括普法评论,党的政策与法,社会主义民主与法治,人治与法治(大辩论),法治与德治,人权问题,当代中国社会性质(社会主义社会还是契约社会),社会主义市场经济的法律精神,依法治国基本方略,根本法·市民法·公民法·社会法,以人为本的法体系,从法视角研究市民社会的思维进路,和谐社会与法,法治思维与法治方式,社会主义政治的制度化、规范化、程序化,法学的基本范畴(权利与权力、权利与义务、职权与职责),社会主义司法制度,廉政建设,国家主义与自由主义法律观评析,公平与正义,中国先贤治国理政的智慧等。

(2)有关西方法律思想史与西方法学家的论文。第一,对西方法学思潮研究的论文,涉及自然法学、人文主义法学、分析实证主义法学、社会学法学、历史法学、存在主义法学、行为主义法学、经济分析法学、功利法学、德国古典法哲学、新康德主义法学、新黑格尔主义法学、符号学法学、美国现实主义法学、斯堪的纳维亚现实主义法学、后现代法学、女权主义法学、种族批判法学等。第二,对西方著名法学家的研究论文,包括托马斯·阿奎那、孟德斯鸠、卢梭、斯密、休谟、康德、黑格尔、费希特、彼得拉任斯基、杜尔克姆、赫克、马里旦、德沃金、拉德布鲁赫、布莱克等。第三,对西方政治法律制度的评论,包括政党政治、三权分立、选举制度、司法制度及现代西方主要政治思潮。

(3)马克思主义法律思想史和马克思主义经典著作的研究论文。第一,马克思、恩格斯法律思想研究,其中包括:马克思、恩格斯法律思想史教学大纲,马克思、恩格斯法律思想的历史轨迹,马克思主义与卢梭,马克思主义法哲学论纲,《黑格尔法哲学批判》中的法律思想,《德意志意识形态》中的法律思想,《共产党宣言》中的法律思想,《资本论》及其创作中的法律思想,《路易·波拿巴的雾月十八日》中的法律思想,《反杜林论》中的法律思想,《家庭、私有制与国家的起源》中的法律思想,恩格斯晚年历史唯物主义通信中的法律思想。第二,列宁法律思想研究,其中包括:列宁法律思想史的历史分期,列宁社会主义法制建设理论与实践,《国家与革命》中的法律思想,列宁民主法治思想。第三,毛泽东、邓小平法律思想研究,其中包括:毛泽东民主、法制思想研究,毛泽东湖南农民运动时期的法律思想,邓小平中国特色社会主义法律理论解读,邓小平民主法制思想解读,邓小平民主法治思想的形成与发展。

(二)出版的法学著作

自人大复校以来,出版法学专著40余部,其中不含主编的"西方法学流派与思潮研究"丛书(23册)、"西方著名法哲学家"丛书(已出20册)。

(1)理论法学著作。包括:《法理的积淀与变迁》、《法理念探索》、《理论法学经纬》、《社会、国家与法的当代中国语境》、《当代法的精神》、《法学读本》、《以人为本与社会主义法治》(司法部法学理论重点项目)、《法的真善美——法美学初探》(国家社科基金项目)、《法哲学论》(教育部人文基金项目)等。

（2）马克思主义法律思想史著作。包括：《马克思恩格斯法律思想史》（初版与二版，国家第一批博士点项目）、《列宁法律思想史》（国家社科基金项目）、《毛泽东邓小平法律思想史》、《马列法学原著选读教程》等。

（3）西方法律思想史著作。包括：《西方政治法律思想史》（教程）、《西方政治法律思想史增订版》（上、下）、《西方法律思潮源流论》（初版与二版）、《西方法律思想史论》、《黑格尔法律思想研究》、《现代西方法学流派》（上、下）、《当代西方理论法学研究》等。

（三）论著的意义与创新

尽管我在学术上执拗地努力，并出版了若干本著作和发表了一批论文，但表达的多属平庸之言。然而近几年来，经常有人尤其学生，非让我谈"学术成就"。每逢这种情况，我总是闻而生畏，设法回避，但有时又不允许我闭口不说。在这里，就把我考虑过的和别人概括的看法略示如下，就算是对自身的一点安慰吧。

（1）马克思主义法律思想史"三部曲"，是国内率先出版的著作①。该书的策划、研写和出版的过程，长达30余年之久。作者们埋头于马克思主义经典作家们浩瀚的书海中，竭尽全力进行探索才得以成书；每出一本著作皆需耗时数年。其中《马克思恩格斯法律思想史》（一版）在市场上销售告罄之后，又忙于出修订版（二版），也很快售完。直至近几年，仍陆续有人向出版社或主编索取该书。可以看出，它是备受欢迎的。当然，"三部曲"的主要意义并非在于其出版早的时间性，而在于能够帮助读者特别是从事法学研究的读者系统地了解马克思主义经典作家们有关法学的基本观点与其发展的历史脉络，并以之作为思考法律现象和问题的指导思想。平素间，亦可作为阅读或查阅马克思主义法学经典著作的得力的工具书。

（2）我在研究西方法律思想史的历程中，一个新的起点便是与谷春德教授一起编写的《西方政治法律思想史（上、下）》的教程。这是高等学校恢复招生之后面世的国内第一部西方政治法律思想史教程，因而产生了广泛的影响力。此后，我主持编写了关于西方法律思想源流、现代西方法学流派、现代西方理论法学和两套"丛书"，以及与此相应的一批论文。这些著作与论文，有些属于论述性的，有些属于评介性的。对于读者来说，或者用于教材，或者作为理论观点的参考，或者当成资料，都有一定的意义。

在这些著作中，需要专门说一下《黑格尔法律思想研究》，它开创了国内研究黑格尔法哲学之先河。我国黑格尔研究泰斗贺麟先生在《光明日报》上发表的书评里写道，该书"熔哲学与法学于一炉，可以说填补了黑格尔研究的一个空白"。

（3）《法的真善美——法美学初探》，是我用三年时间同博士生邓少岭探讨国内外均涉足颇少的问题，遑论法美学学科。此间，我们发表多篇相关的学术论文，并在这个

---

① 喜见2014年11月公丕祥、龚廷泰二位教授主编的《马克思主义法律思想通史》四卷本已出版，该书比我们的"三部曲"更为详尽与深刻。

基础上凝结成一部专著。它获得学界的赞许，还获得司法部的奖励。

（4）《法哲学论》。参与写作者有文正邦教授及张钢成、李瑞强、吕景胜、曹茂君等博士，亦系国内头一部系统阐发法哲学的作品。全书分为本体论、法价值论和法学方法论三部分，有青年学者对此研究分类持不同意见，这是令我高兴的好事。从总体上说，该书自成一体，有独立见解，而且引用率较高。

（5）论著中的主要创新观点。

第一，关于民主、法治问题。在法治与人治的大辩论中，我与合作者发表《论"人治"与"法治"》一文，力主法治，并有说服力地解释了"人治论"和"人治法治综合论"的偏颇。《人民日报》以"不给人治留有地盘"为题，转载了论文中的基本观点。在民主问题的讨论中，我率先提出政体意义上的民主和国体意义上的民主的区别，指出前者属于形式民主或程序民主，后者属于实质民主或实体民主，该观点得到普遍的认同。

第二，从法的视角阐发社会主义社会与市民社会的关系。我在《市场经济条件下的社会是怎样的社会》《"从身份到契约"的法学思考》《市民法·公民法·社会法》《"以人为本"的法体系》①等论文中指出：在现今的我国社会，社会主义属性是本体性的，而市民社会是从属性的；社会主义社会是"有契约的社会"，而非等同于西方19世纪的"市民社会"或"契约社会"。

第三，批判国家主义与自由主义的法律观。我认为，马克思主义法律观是通过批判这两种法律观，或者说通过这两条战线的斗争而形成的。沿着这样的思考，对西方的政党政治、三权分立、选举制度进行批判性研究的同时，也对国家主义进行系统的探索，揭示了国家主义法律观的几个基本特征，即"重国家、轻社会，重权力、轻权利，重人治、轻法治，重集权、轻分权，重集体、轻个体，重实体、轻程序"。无疑，这种理论探索对我国民主与法治建设是有重要意义的。

第四，人权观点。从20世纪90年代初我国正式宣布"人权保障"伊始，便流行"主权是人权的前提和基础"的命题，而且把它当作不容争辩的真理。我在仔细考察马克思、恩格斯和列宁的人权思想之后，辩证地分析该命题。在《人权研究的新进展》论文中，我指出：从国家主权对国内人权的管辖、反对西方国家人权话语霸权和保护国家主权的独立性而言，这个命题是可取的。不过，从权力（主权）与权利（人权）二者基本关系方面来说，这个命题则是不正确的、不可取的。因为，在民主国家尤其社会主义国家奉行"人民主权"论，权力（主权）来自权利主体的人民并且是以服务人民权利为目的的，即通常所说的"人民当家作主"。所以，权利应当是权力的前提和基础。文中所讲的结论和基本论据均出自马克思主义经典作家的指教，是经过历史实践验证过的真理。这种论述尽管引起一阵"风波"，但最终还是被广泛地默认，以至于很少有人再提

---

① 后三篇论文系与任岳鹏博士合写。

起那个命题了。后来,我又发表《权利与权力关系研究》①一文,进一步强化前述观点,具有很强的说服力与启发性。

于今,我已是80岁的老迈之人。回顾过往时日,自知碌碌无功,但却没有枉费宝贵的光阴。时至今日,倍感欣慰者有二:一是,目睹一茬又一茬学士、硕士、博士学成离开,并各有所长、各有作为,在各个岗位上为中华民族伟大复兴的梦想而奉献力量。二是,眼下幸运地逢到一个机会,将自己一生在理论法学方面的重要论著(其中许多得益于合作者的启发与帮助)予以系统整理和付梓。这是对个人学术经历的一个回顾,也希望可以得到更多的批评和指教。

在此选集的策划出版过程中,史彤彪、吕景胜、冯玉军、李瑞强、任岳鹏等多位教授与博士以及北京仁人德赛律师事务所负责人李法宝律师,对拙作的出版事宜先后予以大力的支持和帮助。拙作的出版资助款来自一直关心我的学生和学友以及南京师范大学法学院、南京审计学院法学院。我的2000级学生王佩芬为拙作出版的各项繁杂工作,陆续付出一年有余的心力和辛苦。这里,对于前列的相关人士与单位,一并表示深深的感谢,并铭记于怀。

吕世伦

2018年5月

---

① 与宋光明博士合写。

第二十二卷出版说明

在理论法学中应排在首位的学科——法哲学,长期以来一直处于阙如状态,这是很遗憾的事。本书正是适应这种客观情况的需要问世的。书中没有对法哲学的内容全面地铺陈开来,而是有所侧重,除了总论之外,主要集中于法本体论、法价值论、法学方法论三大核心问题。虽然书的篇幅较大,但原版连续加印,看来是备受欢迎的。

本书为国家人文科学研究基金项目,由中国人民大学出版社出版于1999年2月。本次编集,在原版的基础上稍有调整,其他一仍其旧。

编 者
2018 年 5 月

序

奉献给读者的这部《法哲学论》，绝非出自一时的心血来潮。毋宁说，它是我们适应现代法律科学，尤其是理论法学发展的迫切需要，经过长期的思考和探究而积累起来的成果。本书被列为"国家人文科学研究基金项目"。

当下，世界正处于 20 世纪和 21 世纪的交接时期。回顾已经过去的百年来的历程可以清晰地看到，如同其他科学一样，法学是沿着两个相辅相成的方向进展的：一是各学科之间相互渗透的强化。如法学与社会学的结合产生法社会学，法学与经济学的结合产生法经济学（经济学法学）；而法学与哲学结合的尝试，则是更为久远的事实了。二是科学部门的分化越来越细致。如古已有之的法理论（理论法学），除了法哲学和法社会学之外，还解析出法学学、法史学等等。至于部门法学（应用法学），这种渗透与分化则更为显著。如民法学与行政法学的结合产生经济法学，刑法学分化出犯罪学、刑罚学、狱政学等，并且已经获得学界广泛的认同。法学的这种演变不是偶然现象，它同现时社会的疾速前进的步伐以及由此而导致的社会状况的复杂化的实际需要相一致，因而具有一定的规律性。面对这种科学发展之大势，我们深感法哲学的建设确实是落伍了。对于法哲学而言，既没有完成法学与哲学的密切结合和相互渗透，更没有使之从理论法学中真正分化出来而形成一门相对独立的学科。实际情况是，法哲学要么流于一种令人敬而远之的空洞的术语，要么同实证法律科学的法理学甚至法社会学混为一谈。察其根本原因，在于没有认清法哲学的特定研究对象，即法学的世界观和方法论。而恰恰这个特定对象，决定着法哲学在整个法学体系，包括理论法学体系中处于理论基础的重要地位。我们之所以打算写一本较为系统的法哲学的书，就是基于法律科学发展的必然趋势和对于法哲学的重要性的严肃认真的思考。

对于我们来说，撰写一部法哲学的专著是难度极大的。为此，我们不能不进行长期的理论准备和一点一滴积累创作的经验和成果。在我本人方面，探讨马克思主义经典作家法哲学观点的著作有《马克思恩格斯法律思想史》（与李光灿老前辈合编，法律出版社 1991 年出版），《列宁法律思想史》（即将由法律出版社出版）等；探讨西方法哲学观点的著作有《西方政治法律思想史（修订版）》两卷本（与谷春德教授合著，辽宁人民出版社 1986、1987 年出版），《西方法律思潮源流论》（纵向的学派研究，中国人民公安大学出版社 1993 年出版），《当代西方理论法学研究》（横向的课题研究，中国人民大学出版社 1997 年出版），《黑格尔法律思想研究》（中国人民公安大学出版社 1989 年出版）；探讨中国法哲学观点的著作有《现代理论法学原理》（与公丕祥教授合编，安徽大学出版社 1996 年出版),《中国和西方法律思想比较研究》(收入《架起法系之间的桥梁》,苏州大学出版社 1995 年出版)。我第一次有勇气公开发表自己关于法哲学整体性看法的论文是《马克思主义法哲学体系论纲》(载《中外法学》1992 年第 4 期)。此外,还发表了一批其他相关的学术论文。本书的另一位主编即西南政法大学的文正邦教授,对于法哲学的探讨是颇受学界瞩目的。据我所悉,自改革开放以来,他在报纸杂志上撰写的、直接阐发法哲学的论文不下数十篇。在他编著的书和主编的《外国法学研究》期刊上,也广泛地涉及法哲学问题。我从他那里受益匪浅。再者,我先后带培的博士研究生周世中、陈欣新、张钢成、曹茂君等对该书的贡献也很值得称道。本着师生互学、教学相长的精神,我与他们彼此之间就法哲学的基本原理进行了多年的锲而不舍和反复的切磋,其中所形成的部分见解亦凝集于书中。这使我感到十分欣慰。

从《法哲学论》写作提纲的拟定到清样的校对,王振东副教授都耗费了许多精力。

中国人民大学出版社的熊成乾编审、张玉梅副编审,不仅在编书技术上给予我们精心和周到的帮助,而且又同我们一起就书中某些理论表述进行了有益的、启发性的商讨。我们向他们表示深切的谢意。

虽然《法哲学论》的付梓使我们受到一定的鼓励,但我们绝不把它当作什么重要的成就,更不敢妄称其中构筑了什么法哲学的理论体系,顶多只能说是我们在探索法哲学奥秘过程中的一个初步的记录。我们深知自己才疏学浅,法哲学研究的征途还有很远的路要走。有鉴于此,我们坦率地承认,书中的不成熟之处、欠当之处乃至错误之处,很可能比比皆是。我们恳切地希望学界同仁和广大读者无保留地提出批评。

吕世伦

1999 年 2 月于中国人民大学

目 录 CONTENTS

第一编　法哲学总论

第二编 法的本体论

第三编 法的价值论

第四编　法学方法论

第一编

法哲学总论

引　言

马克思曾经指出,理论只要彻底,就能掌握群众。而所谓彻底,就是触及事物的根本。恩格斯也说过,哲学是时代精神的精华,一个民族如果缺少理论思维(即哲理思维),既不可能站在时代的前列,也不可能跃居文明的顶峰。开展法哲学的研究,有助于我们坚持法学理论的彻底性和科学性,有助于培养和提升法律工作者的理论思维。因为法哲学是关于法学世界观及其方法论的理论体系,是人类关于法的理论思维的结晶。它赋予我们以深邃的目光和高瞻远瞩的视野去探究法的根蒂和普遍性,体悟和追寻其中所蕴含的时代精神。开展马克思主义法哲学研究,还可以使我们的法学理论和法律实践经验得以用法学唯物论和法学辩证法的科学体系武装起来,为法律工作者学习、掌握和运用辩证唯物主义和历史唯物主义的世界观和方法论铺路搭桥,开辟广阔天地,避免犯唯心主义和形而上学的错误,有效地提高我们的思维能力和工作能力。显然,这些对于我国法学理论和法制建设的深化、发展和走向现代化,无疑具有深远的意义。

许多复杂的法理问题,若深入探究下去往往就是哲学问题;法律实践的指导原则和所遇到的疑难问题,归根到底也涉及世界观和方法论的问题;各个部门法学理论的进一步深化和发展、突破和创新,亦都有赖于相关的法哲学方法和理论之功力。因此,为了开创我国法学理论研究和法制建设的新局面,跃上新台阶,法哲学的研究和发展被提到了突出的地位。特别是值此世纪之交和即将跨入 21 世纪之际,要建设社会主义法治国家,要在建立和健全社会主义市场经济体制的基础上促进社会公正、安全、文明、健康地发展和全面进步,更需要强化和高扬法学的科学理性力量和功能,以正确规划和顺利实施我国法制发展战略,总结和吸取人类法律文明发展的宝贵经验和智慧,实现法制现代化和法学现代化,为建设中国特色的社会主义现代法治和法学而努力,这些都离不开法哲学的研究和发展。

然而,法哲学的内容和体系博大精深,开展法哲学的研究所涉及的问题和领域不仅极其深广,而且是异常复杂的。既不能图朝夕之功,求立竿见影之效,也不能企望有坦途和捷径,更不会有既定的方式和固定的模式以供达到绝对真理的体系。它乃是一个不断地学习、借鉴、探索、创造的过程。

改革开放以来,我国开展法哲学研究出现了以下几种方式和途径:一是评介古今中外已有的法哲学遗产和成果,特别是对马克思法哲学思想和近现代西方法哲学的研究和介绍已取得了令人瞩目的成就;二是对一些重大的社会、经济及政治法律问题的法哲学思考,也引起了人们越来越广泛的兴趣和注意;三是开展部门法哲学的探索和研究,如对刑法哲学以及诉讼法哲学等的探索和研究,并已出现了颇有分量的成果;四是尝试比较系统地构建中国当代法哲学,这正在热烈地探讨以及争论之中,人们提出了种种方案和设想,但尚未出现比较成熟的体系,因为这乃是最为复杂、艰巨和繁难的一项事业,也是我们开展法哲学研究不可回避的重要目标和任务。我们谨愿以我们的探究,去迎接我国法哲学研究的新高潮。

第一章　法哲学的历史沿革和发展

法哲学,即法律哲学(philosophy of law or legal philosophy),在人类法律文化史上,历史悠久,而在我国社会主义法制建设中,它又是一门需要大力发掘、倡导和建树的新兴理论法学学科。人类的法哲学思想传统源远流长,从古至今未曾中断。中国古代的儒、墨、道、法等各家都有其法哲学思想,近现代随着西方法学思想的传入,特别是马克思主义法学理论的传播,一方面中国传统法哲学需要进行深刻而猛烈的变革,另一方面如何创建中国当代的马克思主义法哲学理论——即以马克思主义为指导的、吸纳世界法律文化精华的、立足于中国当代社会主义法制实践的法哲学,成为最为艰巨、复杂的历史性任务。为此有必要对法哲学的历史沿革和发展作些探析。

第一节　中国传统法哲学概观

中国传统法哲学寓于中国传统法律文化和法律思想之中,且与伦理哲学、政治哲学交相渗透,紧密结合,既历史悠久,又有着非常丰富的内容。其发展变化,基本上可分为四个时期。

一、夏、商、西周时期的神权法和半神权法哲学

这一时期的法哲学思想倡导君权神授,君权出自"天命",主张对违抗王命、蔑视君权者应当由奴隶主国家的统治者来代"天"行罚,并倡行"亲亲""尊尊"的宗法思想。之后周公提出并实行"明德慎罚"、德刑并用、"以德配天"的思想来修正殷商的神权法思想,由重神权走向兼重人事。这种"明德慎罚"的法哲学思想为后来儒家所继承,表述为"德主刑辅",从而成为中国封建社会法哲学的主导思想。

二、春秋战国时期的多元化法哲学

春秋战国时期是中国由奴隶社会过渡到封建社会的变革时期,在学术思想空前繁荣活跃、百家争鸣的情况下,法哲学思想也获得了前所未有的发展。不少思想家对法的起源、本质、作用以及法与经济、社会变迁、国家权力、伦理道德、风俗习惯、自然环境的关系等基本问题都提出了许多有价值的见解。此时百家异说,且各家都涉及法律思

想,但最具有代表性的是儒、墨、道、法四家,特别是儒、法两家,从而形成了多元化法哲学和儒、法对峙的生动局面。

以孔丘、孟轲和荀况为代表的儒家主张礼治、德治和人治,在重视道德礼教、德礼教化的治本作用和强调圣君、贤相的个人统治力量的前提下,又不否认法及其强制作用;荀况并认为礼中有法、法中有礼,而这种礼法是圣人所制,君子所执。从而开创了作为中国传统法哲学主干的儒家伦理法哲学传统,支配和影响了中国法律文化两千多年的发展。

以墨翟为代表的墨家从"兼相爱、交相利"的原则出发,提出"天的意志"为法的根源,主张以天为法,循法而行,且"赏当贤,罚当暴",执法要严明公平。以老聃、庄周为代表的道家主张"道法自然",崇尚"天之道",鄙视一切违反自然法则的人定法和"人之道",反对制定各种礼法制度,要求一切顺应自然,强调"无为而治";庄周则更趋向于否定一切文明的法律虚无主义。墨家和道家的思想与儒家的重"礼治""德治"及其宗法思想相悖,也与法家强调法治的思想不同。

以李悝、吴起、商鞅、慎到、申不害和韩非等为代表的法家作为儒家的主要对立面积极倡行"法治",轻视乃至完全否定道德的感化作用,竭力排斥儒家的礼治、德治和人治思想。他们主张"以法治国"和"法治",认为法是人类历史发展到一定阶段的产物,并随时代变迁而变迁,法作为衡量人们言行是非功过、据以行赏施罚的标准和人人必须遵守的行为规范,应具有客观性、平等性、统一性和稳定性,并从趋利避害的人性论出发,力主严刑峻法。韩非主张把法、术、势相结合以强化法的施行力量。但是,法家主张的"以法治国"和"法治"并不是与民主政治相结合,其目的仍是维护统治者的专制统治,其基本要求是严明赏罚、严刑峻法。儒家主张的礼治、德治和人治也并不排斥法和刑的作用,只不过要求统治者应施"仁政",不能"无教而诛"。

三、秦汉至鸦片战争时期,封建正统法哲学思想的形成、发展和演变时期

秦王朝固然重视法制,但极端专制,禁锢思想学术,把法家的严刑峻法推向极端,导致二世而亡。汉武帝采纳董仲舒的"罢黜百家,独尊儒术"主张,奉儒家思想为正统,并采儒法合流,兼收各家有利于维护封建统治的思想因素,以"天人感应"的神学目的论,把君权及其法律神圣化,紧密结合家族本位的宗法思想,将"三纲五常"和"德主刑辅"绝对化为永恒不变的教谕,实现了对先秦诸子百家的否定之否定,形成了统治中国长达两千来年的封建正统法哲学思想。从此,以"三纲"为核心的封建礼教成为立法和司法的基本原则,"德主刑辅"成为统治人民的主要方针和手段。统治者实行神权政治、皇权独尊、法自君出、以孝率法、以礼导律、引经注律甚至引经断狱,维护"三纲"的伦理道德规范也纷纷入律。而且人分贵贱亲疏,法有差等。封建统治者并根据阶级力

量对比关系的变化而有所侧重地使德、刑并用。在这种情况下,法学成为儒学的附庸,且注释法学昌行,法哲学融于伦理哲学和政治哲学中。在经汉、唐、明、清历时近两千年的历史发展中,虽然封建正统法哲学思想遭到频繁的农民起义的冲击以及释、道和各种反对派、非正统派(包括历代特别是明清之际的进步思想)的批判,而有其复杂、曲折的发展、演化过程,但其固有模式始终没有被打破,而且通过宋明理学对儒家学说更加精致化和理论化的发展,封建正统法哲学的上述固有特征和属性愈加定型。

四、鸦片战争到中华人民共和国成立,封建正统法哲学面临变革

这是中华民族处于危亡以及救亡图存的关键时期,由于受到帝国主义列强频频入侵和风起云涌的人民革命运动的双重打击,封建正统法哲学也在西方资产阶级法制理论和马克思主义法学思想的冲击下面临着变革。这乃是中国近代化和现代化进程中政治法律思想领域中不可回避的紧迫而严峻的历史课题。但无论是改良派的变法和北洋政府的宪政闹剧,还是国民党政府矫言创设所谓“三民主义法学”,都未有根本触动它,封建主义法律思想及其影响依然顽固地存在,并在新形势下重新组合、改头换面地发挥作用。彻底变革封建正统法哲学、从而科学地创建以马克思主义为指导的中国当代法哲学的历史任务,落在了无产阶级及其革命人民和知识分子肩上。

由此可见,中国传统法哲学是以儒家法哲学思想为主干和正统,而儒家法哲学的基本特征就是伦理法,即以伦理关系来涵盖和分析法律关系,以道德准则来统率和引导法律,以伦理价值来作为法的价值,所以其是以伦理道德为法的本源、本体和价值取向的法哲学。而这种伦理道德,既是一种观念和理念,也可以外化为实体和器物;既包括人伦道德准则,也包括治国原则、政治制度和国家结构等。因此在儒家伦理法哲学体系中,虽然礼(义)和法、德(仁)和刑,都是既对立又统一的重要范畴,天理(或天道)和人欲、义和利更是尖锐对立的,但它是以前者统摄、包容甚至吞灭后者,即终归统一于“礼”或“理”。所以,儒家伦理法也可称为“礼法”或“理法”,甚至“礼”或“理”就是法,可以“以礼杀人”或“以理杀人”。

儒家这种伦理法,充分肯定了道德和法紧密联系、相互交织和渗透的关系,而且视法律为包容于伦理道德体系中的一个环节,甚至认为在许多场合下道德准则还可以替代和充任法律原则和规范。因此它比西方理想主义法哲学或价值侧重法哲学在重视伦理道德方面走得更远,乃至走向泛道德主义的极端,并在道德一元化的趋向中抹杀和消解了理想法和实在法的二元对立,使道德伦理既是法的本体,又是法的价值所在,从而无从对实在法进行分析批判。

儒家伦理法的又一要点是张扬君主权力,崇尚权力和权威,乃至权即法、权生法、权压法、权曲法,法依附于权力,并维护等级特权,法律不过是驭民教化的工具。这一切又都被吸纳入符合伦理道德的框架内,形成以伦理统率政治和法的基本格局,这是

儒家伦理法泛道德主义的又一重要特色。因此它同西方分析主义法学在崇尚国家权力、视国家权力为法的基础这一点上有其相似之处，但它又没有分析主义法学重在分析研究法的各种形式和结构的实证态度和精神，而只满足于对传统信条微言大义的注解和诠释，严重限制和束缚了科学思维。

儒家伦理法的这种泛道德主义同君权至上、皇权神圣的国家主义与重血缘家族情结的宗法思想结合在一起，使天理、国法、人情沟通联结，法、权、情相交合，从而导致权对法的吞噬、情对法的消融，形成官本位、权力本位、义务本位，重义轻利，讲身份等级，徇私枉法，中庸调和，忽视人的正当需要和利益，轻视人的权利，漠视人的尊严和人格，更与民主、自由、平等精神相悖。而且认为法即刑，并实行有罪推定，因而使人们贱讼、畏法、恐法、避法。显然，儒家伦理法的这些消极因素，是极不利于社会经济和政治的发展的，尤其不利于商品经济和民主政治的发展。从根本上说属于人治的范畴，而与法治精神相反对。它使专制制度和宗法制度的影响和残余长期存在，等级特权和家族伦理规范渗透到了生活的各个领域，使其至今成为我们厉行法治的销蚀剂。这就是儒家伦理法哲学在中外法哲学史上，尤其在近现代显得十分保守、落后的思想、理论和方法上的重要原因。

当然，儒家伦理法也是菁芜并存，断不可一概否定。只要我们以科学的态度经过严肃认真的分析批判和合理改造，仍然可以发现并拯救出儒家伦理法哲学思想所潜藏和包含着的若干合理内核，使之成为中国传统法哲学留给我们的宝贵遗产。

例如，儒家伦理法重伦理道德，重社会义务和道义，重个体修养和家庭建设，这些如果我们将其摆在合理的位置，使道德和法律相互支持，义和利、权利和义务相统一，兼顾社会利益和个体利益，从而使精神文明建设和法制建设有机结合、相互促进，这正是我们建设有中国特色社会主义法治的着眼点之一，也是保障社会主义市场经济健康、顺利发展所必需的。从一定意义上说，儒家伦理法的"重义轻利"思想含有合理的价值原则和成分，在不否认追求正当利益和合法权益的同时，崇尚社会道义和高扬理想人格，这正是中华民族传统美德的体现。尤其在市场经济条件下应予以大力弘扬和提倡的，其可以成为反对唯利是图、见利忘义、贪污腐败、拜金主义和极端利己主义的思想武器。可见，如何寻求道德和法的有机结合，"义"和"利"的辩证统一，这是作为"礼义之邦"和文明古国的中国传统文化和中国传统法哲学给予我们最重要的思想启迪。事实上，儒家伦理法之所以成为中国封建社会的正统法哲学思想并统治和支配中国封建社会意识形态长达两千来年，成为中国封建社会超稳定结构的思想政治要素和力量，一个重要原因就是由于它采取了道德和法相弥合的社会控制结构模式，使社会规范体系中最具有影响力（道德）和最强有力（法）的这两种行为规范体系相互支持和配合，这对于社会的稳定、正常发展乃是十分必要的。历史和现实经验均表明，法治并不排斥道德的力量和作用，理想的法治社会应在"以法治国"、厉行法治的前提下寻求其他社会规范的相互支持和配合，以发挥整个社会规范体系对社会生活的综合调节功能和作用。现代西方发达国家的法制发展之所以出现由传统"法治国"走向现代"文化国""文明国",由权利本位进到社会本位之趋势,也体现了这种客观必然性。由此可见,儒家伦理法的糟粕之处不在于使道德与法相弥合,而在于在道德和法相弥合的这种社会控制结构模式中过分偏重了道德的作用而走向泛道德主义的极端,从而使道德和法的关系错位,使法律道德化,弱化了法律的普遍、明确、统一的规范化作用,并使权力和人情因素渗透进法的各个环节和领域。这就使儒家所主张的德治具有浓烈的人治色彩,纵容和鼓励人治和专制政治,而与法治的精神和原则根本不相容。这是我们应该吸取的深刻教训。

此外,儒家伦理法不仅把法律与道德,而且把法律与社会、国家、政治等密切联系起来思考,并重预防,贵和谐,重调解,注意以法治官等。在今天,对这些如果处置得当,也可以作为加强社会治安综合治理、重视预防犯罪、注意化解矛盾以及加强行政法制建设等的思想养料。至于儒家思想体系中的民本主义和"天下大同"思想,若加以历史唯物主义的科学改造,对于我们实行富民为本,实现共同富裕,建设富强、民主、文明的社会主义现代化国家,也可以有其启迪作用。

第二节　西方法哲学发展历程的回顾和反思

这里所说的西方法哲学取其广义,包括马克思的法哲学。正如人们所熟知的,法哲学的思想在西方国家中甚为丰富,它们存在、活跃于从古代到近现代以来的诸多哲学家、政治学家、法学家的思想和著作之中。不仅像黑格尔、马克思这样的大思想家攀登了人类法哲学思想的高峰,而且随着"近 20 年来,法律哲学在英语世界里经历了一次可观的勃兴"[1],以及欧洲大陆法哲学固有传统的复兴和延续,使现代西方法哲学呈现出学说纷陈、流派众多、演化急速的繁盛景象。

从词源上看,古罗马哲学家西塞罗的著作《法律篇》中就谈到了法学和哲学的内在深刻联系,即寓意着法律哲学的概念和思路:法学并不来自裁判官的告示或十二铜表法,而来自最深刻的哲学奥秘。到了 17 世纪,德国哲学家莱布尼兹在其《法学教学的新方法》一书中便直接讲到了"法律哲学"[2]。但法哲学这一名称是到 18 世纪末 19 世纪初才开始盛行。历史法学派创始人胡果 1798 年出版了《作为实在法,特别是私法哲学的自然法教科书》,在当时颇有影响。而黑格尔 1821 年出版的《法哲学原理》影响更大,后来首创分析法学派的英国奥斯丁 1863 年又出版了《法理学或实在法哲学讲义》,这表明法哲学在欧洲大陆和英国都正式登上了学坛。

西方法哲学发展史同法律思想史及法学发展史交织在一起,前者寓于后两者之

---

① ［美］M. P. 戈尔丁:《法律哲学》前言,北京,三联书店,1987。
② 参见沈宗灵:《现代西方法理学》,6 页,北京,北京大学出版社,1992。

中。若是我们以西方法哲学史作为典型来进行分析,那么纵观西方法哲学发展史,可以把它划分为以下几个时期:

一、古希腊罗马时期奴隶制社会的法哲学

在古希腊,法哲学主要是围绕法律和神、自然、政治、道德、正义等关系进行探讨。如法律是神定的还是人定的? 法律代表正义、自然还是代表强权? 法律和国家、民主、自由、平等有什么关系? 是圣人政治还是法治? 正义、理性意味着什么? 自然法与实在法是什么关系? 等等。在古罗马,则围绕罗马法和斯多葛派的抽象自然法学说进一步展开了实在法与自然法的关系以及对法(特别是私法)的许多基本概念和原则的探讨。这一时期的代表人物主要有:探讨法的正义理论的柏拉图的理想主义法哲学;推崇和倡导法治论的亚里士多德倾向现实主义的法哲学;较系统地提出了自然法学说的西塞罗的理性主义法哲学。这个时期法哲学发展的显著特征是:一方面,朴素自然法哲学思潮兴起;另一方面则是实在法领域中罗马法的繁荣。

二、中世纪封建社会的法哲学

西欧中世纪,在神学世界观的统治之下,法哲学也摆脱不了神学法律思想的束缚,成为影响久远的托马斯主义法学的发祥地。所以总的说来,这个时期的法哲学也改变不了自己作为神学之婢女的地位。然而即便是意大利的托马斯·阿奎那的神学主义法哲学,仍看得出其继承了古代自然法哲学思维传统,作出了永恒法、自然法、神法、人法之区分。而且另一方面,与神学相对抗的、代表市民等级利益的注释法学派和人文主义法学派也得以产生和发展;至于16世纪意大利的马基雅弗利、法国人博丹的政治法律思想,则日益鲜明地反映了在封建社会内部不断成长的资本主义经济的发展要求。这些都对后世法哲学有着重要影响。

三、近代前期(17和18世纪)——资产阶级革命时期的法哲学

17和18世纪是欧洲资产阶级革命和建立资本主义国家及法制的时期。此时人们以理性的目光审视一切、评判一切,人权取代了神权,人的尊严取代了对神的崇拜,法学世界观代替了神学世界观。而古典自然法学说(相对于现代复兴了的新自然法学而言)就是当时的法学世界观的理论体现,它主张在实在法之上并作为实在法本原的自然法代表人类的理性或本性,是最高的法律,并设想出一个受自然法支配的人类最初的"自然状态",从而与"天赋人权论""社会契约论"等学说相结合,倡言了资产阶级的法治主张和国家观,成为反封建斗争的一面理论旗帜,为近代资产阶级民主、法治提供

了理论依据,提出了近代资产阶级法学和法制的一系列基本原则,推进了若干重要部门法的创立、改革和发展。所以,这个时期法哲学发展的显著特征,是古典自然法学说的勃兴及其在矛盾斗争中发展。

古典自然法哲学是人类法哲学发展史上的一个重要里程碑。它承先启后,既继承了从古希腊罗马乃至中世纪以来人类关于自然法的悠久思想传统,又在理论上加以深化和丰富,为法哲学的进一步发展提供了重要的思想营养和理论准备,孕育了后来频出的各法哲学支派。自然法哲学虽在 19 世纪曾有所沉寂,但它的理性主义原则和理想主义的法学价值观在哲理法学中得到了发扬光大。20 世纪以来,自然法学又得到了可观的复兴。可见其法哲学思维的久远影响和生命力。

17 和 18 世纪在自然法哲学的旗帜下汇聚着一大批法学家、哲学家、思想家,由于他们各自的经历和思想倾向有别,因而古典自然法哲学内部又存在如下几种不同的倾向,并由此演化出了 19 世纪的三大法哲学流派。

1. 英国人霍布斯的国家主义自然法哲学。

这种思潮和倾向的代表人物还包括荷兰的格劳秀斯、斯宾诺莎以及他们的先人马基雅弗利、博丹等。这种思潮是文艺复兴后新兴资产阶级要求发展商品经济,反对封建割据,要求建立中央集权的国家权力的反映。因此其拥护君主的绝对权力,认为人民的自由和生命只有在一个强大君主的保护下才能得到维护和发展。所以它们把国家权力作为法的基础,霍布斯就认为法是国家主权者发布的命令。这成为 19 世纪分析法学派产生和形成的思想渊源和基础。

2. 英国洛克的自由主义自然法哲学和法国卢梭的激进民主主义自然法哲学。

洛克的理论是 1688 年英国"光荣革命的产儿",此时英国资产阶级已不必再在君主的卵翼下发展,自身已取得了独立的强大的地位,所以这种法哲学把个人的自由意志作为法的基础,主张君主的权力以保护个人自由为前提,而国家乃是发展个人自由与权利的工具。这种理论的更彻底的发展和表现就是卢梭的人民主权思想,倡言主权属于人民,法不是君主意志的体现,而代表"公意",国家是人们订立契约的产物。它们成为 19 世纪以康德、黑格尔为代表的,强调法是自由意志的体现的哲理法学派的理论先驱。当然,这种继承关系并非是纯粹的,例如黑格尔也有着国家主义的浓烈倾向,因此受到了马克思的猛烈抨击。

3. 法国孟德斯鸠论法的精神和分权制约学说。

孟德斯鸠继承了洛克限制君主权力的分权理论,提出了著名的三权分立与制约学说,奠定了资产阶级政治制度和国家制度的理论基础。但关于法的精神的论述又有把社会的风俗习惯等作为法的基础和存在、发展条件的倾向,认为法的精神存在于与一切事物的联系之中,各个国家都必须根据不同的风俗习惯、政治制度和地理环境制定自己的法。因而成为 19 世纪历史法学派的思想先导。

总之,17 和 18 世纪古典自然法哲学的勃兴和鼎盛,表明源远流长的自然法哲学思潮达到了最高成就。但自然法哲学内部的三种倾向以及后来发展出的三大学派,又表明其已存在对自然法哲学的理想主义观念及方法提出的挑战。可见,人类的法哲学思想本身就是在矛盾斗争中发展的。

四、近代后期(19 世纪)——自由资本主义发展时期的法哲学

19 世纪是人类法哲学思潮通过批判、继承和扬弃,发生分化和重新组合,并经历伟大变革的时期。随着资产阶级统治的确立,资本主义国家立法的广泛发展,古典自然法哲学已不能适应现实的要求而趋于衰落。因此,这个时期的法哲学有如下重要内容和特征。

1. 从古典自然法哲学内部的三种不同倾向分化出了分析主义法哲学、哲理法哲学、历史法哲学。

它们三派鼎盛,分别代表着近代资产阶级法哲学中三种互相对立的倾向。英国法学家奥斯丁所开创的分析法哲学把法视为国家权力的象征,把实在法作为最高的价值尺度,只讲法的国家意志性、强制性,排斥法的公正性,否定法的社会基础,认为法是否体现公正、正义与理性,乃是"超法律"的问题。因而,他们一改自然法哲学的理想主义倾向,片面地研究国家与法的形式,着力于从实在法来分析法的构成,认为法就是国家制定的法律,法学所研究的是"实际上是这样的法律",而不是"应当是这样的法律",强调国家权力对法的决定作用。这种法哲学以实证主义为其哲学基础,同时深受功利主义的影响。与自然法哲学有着先后批判继承关系的,以著名的德国古典唯心主义哲学家康德、黑格尔为代表的哲理法哲学,则进一步把法看作是自由意志的体现,把理性、公正、正义作为衡量实在法的标准乃至构建法的基础,因而努力寻求法的理想状态和价值目标。康德法哲学系统论述了法学权利论,并区分和论证了理性与现实,"应然"与"实然"之二元对立。黑格尔法哲学通过论述意志与自由、自由与必然、理性与现实等的内在联系和辩证统一关系,把法哲学推向了一个高峰。所以,哲理法哲学不过是自然法哲学的哲理化形态。它进一步发展了人类理性主义或理想主义法哲学的传统。以德国法学家胡果、萨维尼为代表的历史法哲学,则是从社会的风俗习惯中寻找法的根源,认为法律是民族精神的体现,把习惯法与法典相对立,贬低理性对经验的指导意义,否定国家在法的形成中的关键作用。其哲学基础是实证论和怀疑论。

19 世纪从以往自然法哲学中分化出哲理法哲学、分析法哲学、历史法哲学,形成三派鼎盛,并不是偶然的。从认识论上说,它们是从不同的侧面和角度,强调了法的某种属性或特质,即初步分化出了对法的价值、形式、事实的分别认识——而这正是现代西方法哲学三足鼎立(新自然法哲学、分析主义法哲学、社会学法哲学)的认识基础。所以康德、黑格尔的哲理法哲学的某些思想演化出了后来的新康德主义和新黑格尔主义法哲学;奥斯丁的分析法哲学则由后来的纯粹法哲学和新分析法哲学所继承和发展;

而历史法哲学作为一种研究方法,则溶化在了后来的社会学法哲学或分析主义法哲学中。当然,这种继承和发展关系又并非完全泾渭分明,例如奥地利人凯尔逊的纯粹法哲学也因循了康德的法哲学思想。分析法哲学和新分析法哲学,历史法哲学和社会学法哲学等都有着实证主义的共同特征及哲学基础,从而与自然法哲学和哲理法哲学的理性主义或理想主义有所不同,表明法哲学史上一直存在着理想主义和实证主义两种基本倾向或态度。

但是,应当进一步更深刻地认识到,古典自然法哲学中的三种倾向以 19 世纪这三大法哲学流派的对立和区别,又表明它们是各执一端,各具有其片面性。虽然黑格尔的辩证客观理性主义法哲学力图摆脱这种片面性,但仍有其固有的缺陷。所以,这种对立和区别的基本内容和方面,分别表明了近代资产阶级法哲学中的意志观、国家观、社会观是在相互分离的片面化形式下发展的。因此,虽然它们各有其部分的合理成分,然而(包括古典自然法哲学在内)其共同的缺陷都是形而上学的思维方式和唯心史观,共同的特征都是理性与现实相背离;或者以理性为基础,像马克思所描述的,以往的一切社会形式和国家形式,一切传统观念,都被当作不合理的东西扔到垃圾堆里去了,理性似乎成为可以脱离现实而存在的东西;或者以某种现实性为基础,排斥理性,不区分现实中合理或不合理的因素,把一切诉诸经验和感性,或盲目地崇尚国家权力。这都是它们唯心史观和形而上学思想方式的不同表现。

2. 在分化中出现的统一化、综合化趋势——黑格尔法哲学的承前启后。

德国古典哲学和哲理法哲学的卓越代表黑格尔的历史功绩就在于,他看到了对法的认识的这种片面性,并试图克服之,以超然于一切法学派别的姿态企图把法哲学史上种种互相对立的思维方式和倾向统一联系起来,融合在他的辩证客观唯心主义体系之中。在神秘的方式中力图揭示意志背后的必然性、国家和法后面的决定力量以及社会历史发展的某种规律性,从而为马克思法哲学革命提供了理论准备和变革的契机。所以,黑格尔虽然属于哲理法哲学派,但又远远超越和突破了哲理法哲学派。

首先,他使自由意志建立在对必然的认识的基础之上,认为自由并不意味着人的恣意行为,而在于对客观必然性的认识,所以他强调自由意志是法的基础,实际上是要求对自由意志背后的客观必然性予以把握。其次,他使国家与法的形式与它们所反映的内容——人们在诸如家庭、市民社会等现实生活中结成的法权关系——相联系,反对把狭隘的国家权力作为法的基础,认为国家主权者发布的命令只是法的表现形式即法律,而法(权利)则是它的内容和形式的统一。最后,他把社会以及国家和法律制度看成是一个不断由低级到高级发展的机体,习惯法和成文法典是它的不同发展阶段而已。这样,黑格尔就把以往西方法哲学史上互相分离的意志观以及规律观、国家观、社会观统一了起来。

黑格尔辩证的法哲学观尤其表现在"凡是合理的都是现实的,凡是现实的都是合理的"这一著名命题的深刻含义上,即理性是现实的内在精神,现实是理性的具体体现。他在理性与现实、自然法与实在法之间搭起了一座由此达彼的桥梁,既反对自然法学的脱离现实的理性,而主张一切合乎理性的东西只有在现实中去寻找;又反对实证主义法学的脱离理性的现实,因为"现实"并不等于现存的一切,具有现实性的东西,乃只是客观事物发展的必然性——事物的理性的表现罢了。足见黑格尔法哲学力图克服近代资产阶级法哲学史上理性与现实相分离这一通病的努力。

不仅如此,黑格尔还以神秘的形式表述了个人与社会、权利与义务的统一,并意识到了自由主义和国家主义两种倾向的对立和统一。他倡导法律研究的辩证思维方式,用普遍联系和发展的观点、对立统一的观点研究和分析法律问题,把法律发展视为其自身矛盾运动引起的由低级到高级的辩证发展过程,把每一个法律问题都视为对立面的统一,以避免单纯自然伦理的方法、分析注释的方法及历史的方法各自的局限和片面性,使法律的价值标准、规范形式和历史传统及源流得以统一。

总的来说,黑格尔清醒地看到了法哲学发展和研究中的各种片面性,尖锐地提出了问题,并机敏地力图辩证地解决这些问题。然而,由于他唯心主义体系的窒息,而未能真正科学地解决这些问题。特别是他深刻地看到了现实的国家和法律制度不能从其自身来理解,因为它们是某种被决定的东西;但他却把这种决定力量看作是客观精神或理性。他力图揭示人类历史与法发展的内在规律性;但却把它归结为绝对精神发展的逻辑次序和进程。总之,他把一切都弄颠倒了:理性决定现实,国家和法律决定市民社会,而国家和法又是由理性原则、客观精神和意志所决定和派生的,所以黑格尔法哲学所贯穿的是一条从思想→法→物的唯心主义路线。

3.法哲学的伟大变革——马克思的法哲学革命。

把被黑格尔弄颠倒了的一切再颠倒过来,抛弃黑格尔法哲学的唯心主义杂质,吸取、拯救其辩证法的合理内核,从而科学地揭示法的本质和规律的历史任务落在了马克思的肩上。马克思法哲学革命的科学意义就在于:通过恢复法学的唯物主义哲学基础,揭示了法的社会本质并进而揭示了资本主义法律的阶级本质,同时也就揭示了法律发展的客观规律。具体说来就是:

(1)第一次揭示了法的物质依存性,即社会生产方式、经济基础对法的产生、存在和发展的决定作用和物质制约性,把法这一复杂的社会现象及其运动变化看作是基于社会经济关系的自然历史过程,从而奠定了法哲学的唯物主义基础。这样,才找到了法的真正根源和基础,也才能对法的本质和规律进行科学的说明。这是马克思主义法哲学中具有最普遍意义的科学方法论。

正如马克思所说,其研究得出这样一个结果:法的关系正像国家的形式一样,既不能从它们的本身来理解,也不能从所谓人类精神的一般发展来理解,相反,它们根源于物质的生活关系。马克思通过研究政治经济学分析解剖了这种物质关系,把它作为其他一切思想政治关系的基础,从而揭示了被以往的思想家弄得玄妙莫测的法律现象所由以派生的秘密。这样,就把法学理论从国家和法本身这一玄奥的庙堂中引导出来,使之根植于"市民社会"的经济、物质利益这一客观现实的基础之上。从生产方式的矛盾运动中,从人们的社会实践、社会关系中揭示法的本质和规律性,才能把唯心主义从法学领域中驱逐出去。所以,法国法学家 H. 布律尔说得好:马克思主义以前的法学均可以统称为唯灵论法学,这些观点虽然五花八门,但最终都建立在同一主导思想基础上,即法律是神对人的一种启示(是理性还是超自然的,这并不重要),这种启示向人指示应遵循的道路和应采取的行为。而马克思主义法学完成了对"以前的各种学派所坚信的法律规定的所谓理性基础"的批判工作,"剥去了法律的神圣外衣,甚至可以说,破除了法律的神秘力量,使人们得以把它作为社会生活的一项正常内容,人们能够,也必须像考察社会其他现象,诸如艺术、语言等现象那样来考察它。从此,道路开辟了,对于法律事实可以有实际的概念"①。

(2)深刻地揭示了法的阶级意志性。因为阶级社会中的经济关系本质上是一种阶级关系,所以法不过是经济、政治上占统治地位的阶级即统治阶级意志的集中表现而已,即以国家意志的形式体现了统治阶级的共同意志——它由统治阶级的共同利益所决定。

所以,以往那些无论是把意志、理性,或把权力,或把社会风俗习惯作为法的基础的旧法哲学理论都是片面的,都只抓住了法的形式上的某些特征;黑格尔从人类精神的一般发展来理解国家和法也只停留在表面上看问题。马克思主义法哲学透过这一切表面现象揭示了法的物质依存性和阶级意志性,就可以对法的概念作出如下界定:法是上升为国家意志(即法律)的,受一定物质生活条件制约的,由统治阶级共同利益所决定的统治阶级意志。这就解答了法哲学史上长期以来关于法的意志论的真实内容和客观基础问题,并对我们认识社会主义法的本质和价值取向也有重要的方法论指导意义和启迪意义。

历史上曾有过以自然法学为代表的法的"主观意志论"和黑格尔的"客观意志论",还有过霍布斯的"主权意志论"和卢梭的"公共意志论",但均未能找到法律意志的真正主体和客观基础,都把意志本身作为了法的基础,抽象地谈论意志。马克思的"阶级意志论"认为,固然,法是一种意志关系,但是:第一,并不是任何人的意志都能成为法,只有统治阶级或居于社会主体地位的阶级的共同利益所决定的它们的共同意志才能成为法,即才能上升为国家意志,以法律的形式由代表公共权威的国家机关制定、认可并由国家强制力保证实施;第二,人的意志自由不是随意的,总受着社会必然性的限制,既受物质生活条件的限制,又受所处阶级和社会地位的限制。所以,法的形式虽然是主观的,是人们意志的表现,但其内容和基础却都是客观的。

所以,马克思主义法哲学不仅实现了法的意志观、规律观、国家观以及社会观和利益观的辩证统一,而且实现了理性与现实、法的价值与事实、法的内容与形式的辩证统

---

① [法]亨利·莱维·布律尔:《法律社会学》,6、17 页,上海,上海人民出版社,1987。

一。马克思主义法哲学既反对"恶法亦法"的法律实证主义,认为法应当体现理性、正义,维护自由、平等,又反对抽象地奢谈自由、平等、正义,指出它们均受经济基础制约并具有其阶级性;任何法及其规范形式,都是它们的实际内容——经济关系的意志化(法权化)形态而已;法律应该以社会为基础,应该是社会共同的、由一定物质生产方式所产生的利益和需要的表现。因此,应该以是否有利于社会进步、有利于维护生产关系及适时变革,特别是有利于保障和促进生产力的发展作为对法进行价值评价的标准;法律不仅有自己的内在结构和特性,而且还是在与社会的经济、政治、文化等各种因素的相互影响和作用中存在和发展的。所以,马克思主义法哲学从法与经济、社会的真实联系出发阐明了法实际是什么和应该是什么,解决了法哲学史上理想主义与实证主义等一系列相对立的关系和问题。

马克思的法哲学革命从根本上变革了整个旧的法哲学观,并以此为理论契机而创立了历史唯物主义乃至整个马克思主义哲学,成为无产阶级革命和创建社会主义国家及法制的理论指导。当然,马克思主义法哲学既不是绝对真理也未结束真理,仍需要在新的历史和时代条件下继续深化、丰富和创新。而马克思主义法哲学的基本原理,特别是历史唯物主义和辩证唯物主义的方法论乃具有普遍的指导意义和恒久常新的生命力。

4.19 世纪西方法哲学发展中其他一些值得注意的情况。

(1)除了分析法哲学、哲理法哲学、历史法哲学三派鼎盛之外,还有英国斯宾塞的进化论法哲学,属于早期实证主义法哲学的边缘的功利主义法哲学及后来德国耶林的新功利主义法哲学,19 世纪后期还出现了早期的社会学法哲学,属于社会哲理法哲学的新康德主义和新黑格尔主义法哲学,以及自然法哲学思想的开始复兴。因此,20 世纪成为显学的若干重要法哲学流派,在 19 世纪已有其源头。

(2)19 世纪下半期,黑格尔和马克思之后,西方法哲学的对象发生了演化,出现了法哲学与法理学(法律的基本理论)趋同与合流的倾向,使"法哲学即法理学"的概念倡行。这既使法哲学的研究范围迅速扩展,又导致了对法哲学对象和内容的简单化、庸俗化。所以,19 世纪以来形成了这样一种观念:有多少法学流派也就有多少种法哲学,有什么样的法学理论也就有什么样的法哲学。这种情况的功过利弊尚难以最终界定,因此我们在叙述西方法哲学发展史,特别是现代西方法哲学时,也暂且沿用这种观念。

五、19 世纪末、20 世纪初以来,特别是第二次世界大战以来,西方资本主义社会和市场经济发展到高级阶段的法哲学

这是人类法律文化剧烈震荡、躁动和急速发展的时期。随着西方社会进入垄断资本主义和现代市场经济时代,各种社会关系、社会矛盾更趋复杂、激烈,经济和社会发展进程加速,国家加强了对经济和社会生活的控制和干预,法律社会化和法律改良运

动兴起,各派法学竞相寻求解释社会现象、解决社会问题的良方,法学研究领域大大扩展,新方法、新学说、新理论不断涌现,法学重心转换,法源呈现多元。这些都促使法哲学也出现了前所未有的蓬勃发展局面。

现代西方法哲学的发展有如下显著特点:

(1)高度分化,因而流派众多,学说纷繁,且论战激烈,从三足鼎立(社会学法哲学、新自然法哲学、新分析主义法哲学)到四强并立(加上经济分析法哲学),学派林立,呈现出理论多元化的格局和新说频出且论战迭起(如英国哈特的新分析法哲学同美国富勒的新自然法哲学之间的论战尤引人注目)的局面。不仅各派之间以及同一学派内部的理论观点纷乱杂呈,而且不同的研究对象、研究方法乃至术语的使用,都引起争论和分歧。

(2)在高度分化的基础上又高度综合,各学派相互影响、渗透、吸收并靠拢,出现了法学研究的统一化以及国际化趋势;同时,不仅法学与哲学,而且与其他社会科学(如经济学、社会学)及自然科学的交相影响和作用增强,从而促进了法哲学的发展。

(3)法学方法及研究手段更新,呈多样化、多元化,法学新学科层出不穷,且法学研究和发展与新兴科学技术相结合。这些都丰富和深化了法哲学。

现代西方法哲学主要研究和围绕的一些问题有:法的概念、性质、目的、意义、价值、效力、发展等;法与道德,应然与实然,法与社会,社会与人性,法制与法治,法与正义、自由、平等、安全、幸福、效益以及与科学技术的关系等;权利与义务、守法与违法、责任与惩罚等。

虽然现代西方法哲学的繁荣景象主要是指二次世界大战以后,但19世纪末到二次世界大战前西方法哲学也存在和出现了众多的理论和学说。如在德国,就有毕尔林等人的"一般法学",赫克的"利益法学",施塔姆勒的新康德主义法哲学,雷纳赫和富塞尔的法的现象学及利克尔特、柯勒和萨瓦等的法的文化哲学,巴姆加丁的幸福主义法哲学。在欧洲和美国,还有斯堪的纳维亚法学、心理学法学、自由法学、社会连带主义法哲学、实在主义法哲学、社会学法哲学等。二次世界大战以后,法西斯势力垮台,民主主义复兴,西方法学和法哲学获得了大发展的时机和条件,但也经历了一个逐步繁荣兴盛的过程。如有的学者认为,战后西方法哲学的发展大致经历了以下几个阶段:

(1)战后初期相对停滞阶段(1945年至50年代末)。此时虽有一些重要的法哲学著作问世,如澳大利亚的斯通的《法律的范围与功能》(1946年),美国庞德的《法理学》(1959年)等,但在总体上,西方的法哲学研究还是比较沉闷的。

(2)复兴和初步发展阶段(50年代末至60年代末)。50年代末,随着英国法哲学家哈特和美国法哲学家富勒围绕自然法哲学和实证主义法哲学的争论的展开,法学与其他社会科学的结合,西方法哲学进入了复兴和初步发展的阶段。

(3)兴旺发达阶段(70年代)。1971年,美国罗尔斯的《正义论》和美国波斯纳的《法律的经济学分析》相继问世,前者使新自由主义思潮在西方广为流传;后者标志着经济分析法学的形成。而紧接着德国学者卢曼的《法社会学》的出版,则进一步推动了法社会学的发展。

(4)继续发展阶段(80年代以后)。除经济分析法学获得继续发展之外,以美国昂格尔为代表的批判法学和以美国怀特为代表的"法与文学"运动也迅速崛起①。90年代以来,随着东欧各国和前苏联的政局剧变,宣告了战后东西方两大阵营长期对峙的"冷战"时代的结束和所谓"后战后"时期的到来,经济分析法学或法经济学等,又获得了新的重要进展。

现代西方法哲学(特别是二次世界大战以后)的发展轨迹以及派别的划分,可以说主要是围绕着如何解决法与道德的关系、法与社会的关系、法自身中内容与形式的关系这三大问题来展开的,从而分别形成了以下三大法哲学群体:

(1)新自然法哲学为代表的,对法与道德的关系作出了肯定的回答,并以追寻法的理想目标和价值标准为特征的法哲学群体。其中又分为非神学的,如美国的富勒、德国的拉德勃鲁赫、英国的菲尼斯等的新自然法哲学,美国人罗尔斯的正义论、德沃金的权利论、拉斯威尔的政策论等价值侧重法哲学;神学的,如法国马利旦为代表的新托马斯主义法哲学等,法国里纳德的团体法学也是一个支派。

(2)社会学法哲学为代表的,从法与社会的关系着眼,以讲求法的事实与功能为特征的法哲学群体。包括美国庞德、奥地利埃利希所代表的社会学法哲学,法国狄骥的社会连带主义法哲学,美国的弗兰克和卢埃林的实在主义法哲学;还有德国韦伯等所代表的法社会学,包括美国塞尔兹尼克强调价值研究的法社会学,吕曼的以运用系统论为特征的法社会学,美国布莱克和舒伯特以行为科学为特征的法社会学;此外利益法学、心理学法学、自由法学等也倾向于社会学法哲学;斯堪的纳维亚法学则与实在主义法哲学极为接近;社会学法哲学以及实在主义法哲学的理论前导和依据则是美国的霍姆斯的实用主义法哲学。

(3)新分析主义法哲学为代表的,否认法律与道德的必然联系(虽然后来有所修正),以寻求法律的形式与结构为特征的法哲学群体。包括英国的哈特、拉兹以及美国的霍菲尔德的新分析主义法哲学,凯尔逊的纯粹法哲学,麦考密克及魏因贝格尔的制度实证主义法哲学。

此外,新康德主义和新黑格尔主义法学、存在主义法学、比利时佩雷尔曼的新修辞学法学等虽难以列入上述派别,但也不能不认为它们或者是侧重于某种价值(前三者),或者是讲求一定形式(后者)的法哲学。

同时,随着现代西方法哲学各流派的相互渗透、吸收,出现了综合和一体化趋势,又出现了综合法哲学或统一法理学;随着资本主义商品经济的纵深发展,法与经济效益的关系又日益明显地成为影响当代法哲学发展的重要内容,因而出现了经济分析法

---

① 以上四阶段的划分请参见何勤华:《西方法学史》,456页,北京,中国政法大学出版社,1996。

哲学;随着对传统法哲学的批判性认识和反思,又出现了批判法哲学及后批判法哲学等。

下面,仅对现代西方法哲学中的几个值得注意的主要派别略加评述。

新自然法哲学是以对以往自然法哲学价值观回复的方式,从理想主义的角度体现了现代资本主义社会法律改良和法律社会化的趋势和要求。因为二次世界大战中纳粹立法的灾难性后果,当代资本主义社会经济和社会发展暴露出的诸多矛盾和问题以及政治法律制度的弊病和缺陷,都促使人们对"理想法"或"应有的法律"的向往并对现有法律价值观进行重新思考和探索。所以,新自然法哲学也强调超越于实在法的道德、正义和人的良知的作用,并以之作为现有法律的价值评价和补充。它在新的深度和广度上重新提出和论述了法和道德、正义等的关系这一重大问题,给人以许多启迪。无论是富勒的程序自然法、罗尔斯的正义论、德沃金的权利论等,都给现代法学以重大影响,对理想的法或法应该是怎样的进行了新的深入的探讨。然而,新自然法哲学的思想倾向往往把法和法律对立起来,把法律(实在法)看作是某种外在的东西,而认为法(即自然法)则是包括道德、正义、价值观等的内在体系,企图将法融合在社会规范性调整的总体系中。这就夸大了法律同这些社会现象之间的共同性,忽视了其差别性,从而不免导致法律与道德相融合的极端化观点。

社会学法哲学的兴盛是现代资本主义社会"法律社会化运动"的主要成果,是从现实主义的角度体现了法律的社会化趋势和改良主义要求。它把法律看作是实行"社会控制"的有效手段,是"社会工程"的工具,主张"社会本位",注重法与现实社会生活的密切联系以及法律的社会目的和效果,强调法的实际功能、作用而不是它的抽象内容。所以它主张研究"活法""行动中的法",将法放在多因素的社会关系之不可分割的联系中去进行动态的研究,反对概念法学的形式主义、教条主义研究倾向。以庞德为代表的社会学法哲学30年代就在美国广泛流行,几乎成了美国法庭上的官方学说。社会学法哲学的兴盛不仅加速了法律的社会化趋势,还导致了法社会学这一对当代资本主义国家立法思想和法律制度产生重大影响的学科的出现(社会学法哲学和法社会学这两个名称有时可以通用,而一般认为,前者是理论法学,后者是应用法学)。法社会学(以及与社会学法哲学有共同倾向的实在主义法哲学)强调对法律现象、法官的行为和心理作经验调查和社会统计与预测,从定量分析中来达到定性分析,主张对法学进行多学科的综合研究,并与先进的科学技术相结合。显然,这些都有其合理因素。但是社会学法哲学具有经验主义和非理性化倾向,否认探讨法的理性基础之必要,忽视了法和国家的一体关系以及法律规范的作用和法律的相对稳定性,乃至混淆了法律与人们的法律意识及其他社会规范、社会要素之间的界限,不免使法律变得难以把握和捉摸(但庞德等人例外)。60年代以后,社会学法哲学的非理性化倾向曾有所扭转,注意了基本理论的研究,以使社会学法哲学"回到正路",抢救了社会学法哲学。

分析主义法哲学强调以"科学实证"的态度对国家制定的法律规则的形式结构进

行分析研究,它严格分开"实际上是这样的法律"和"应当是这样的法律"。所以,它只管法实际上怎样,不管法应当怎样;只注重法的形式而往往忽略其内容。着重于对法律规范、法律概念、法律体系乃至法律语言的形式、结构、层次、等级类别等进行深入细致的剖析,揭示其中的逻辑联系,以便依靠逻辑推理来确定可适用的法律。这在法学研究中也算是独辟蹊径。因为法律本身的确也存在着形式结构问题,忽视了它,也不可能深入地认识和掌握好法律,不可能达到使法律体系内部和谐一致的要求,何况法的价值功能的变化都以其结构的变化为基础。所以,对法律的形式结构不仅应当而且非常必要进行专门、系统的研究。分析主义法哲学的研究方法之所以长久地发生作用,也在于有这种必然的客观要求。例如,霍菲尔德对权利—义务等基本法律概念分析的学说,就很富启迪意义,至今仍被视为是一种对法律概念进行逻辑分析的典范。但是,分析主义法哲学否认法律和道德之间的必然联系,否认法的价值标准和正义属性,把法看作是与外界隔绝的体系,单纯强调法的形式而割裂其内容,从而陷入了形式主义的孤立静态的研究,就容易只见树木不见森林,只及外表而不涉及实质内容,还可能导致"恶法亦法"的结果。尽管二次世界大战以后哈特等人的新分析法学为克服这种形式主义弊病作了很多努力,给分析主义法学注入了新的生机,但它的基本倾向仍不可扭转。

新的自然法哲学、社会学法哲学、分析主义法哲学的三足鼎立,表明法和道德、法和社会、法自身中内容和形式的关系交叉纵横,是支配当代西方法哲学发展演变的三条纲。这三大法哲学流派分别强调了法的价值、事实、形式三大要素,它们相互弥补,事实上不可分割。因而,这三大学派既各有其局部真理,又各有其局限和谬误。正因为如此,所以倡导建立综合法哲学或统一法理学(美国博登海默等),以取各家之所长,结合起来进行研究的主张便不奇怪了,当然综合法哲学能否实现这一重要使命,则又当别论了。

此时,一种新的法学运动也兴起了,这就是经济分析法哲学。它是运用经济学(主要是微观经济学)的原理和方法,以资源、成本和效益等经济学范畴来观察和分析研究法律及其功用,视法律制度为"非经济的法律市场",主张朝着实现经济效益的目标改革法律制度,以效益为分配权利的最高标准,认为一切法律活动的最终目的均在于增加社会财富的一种学说,因而很适应现代资本主义国家利用法律手段加强政府的社会经济职能的要求,是法学和经济学互相渗透,法律的"正义性"和它作用于经济运动时必须考虑与"效益性"相弥合的结果,也是现代资本主义国家交替推行的经济政策和社会福利政策之间的激烈冲突和矛盾的产物,表明在现代社会中经济因素对法学发展起着越来越重要的制约和决定作用。经济分析法哲学的发展还孕育、促进了法经济学这一时髦学科,或者说经济分析法哲学和法经济学是一个内容、两种界说。它们的主要代表人物美国的科斯和波斯纳都名噪一时(前者还被授予 1991 年诺贝尔经济学奖),该学派的发展目前仍方兴未艾。90 年代兴起的以美国的马洛伊为代表的所谓"新的"

法经济学还力图克服其前辈在对法律进行经济分析时忽视政治、道德等因素的缺陷，主张把促进建设"正义"社会的价值标准纳入法经济学的研究之中。

批判法哲学从又一个角度激烈地倡导法学新思维、新思潮，在批判法哲学的旗帜下，群集了一批以批判正统法律思想为特征的左派法学家（包括西方马克思主义法学家），其锋芒所向，不仅直接指向有关法律思想和制度，而且扩展到社会、政治理论和实际问题，对西方资本主义社会及其政治法律制度进行审视和质疑，甚至发起了一场以改革或改变现存世界为目的的思想运动。所以，这也是很值得注意的一种思潮。但是，"批判的武器不能代替武器的批判"，批判法哲学对现代资本主义社会的批判及其法律问题的见解，虽然不乏其启迪和参考价值，而由于其固有的局限性仍很难十分准确、系统、深入。正因为如此，作为对批判之批判的"后批判法学"也应运而生了。

综上所述，现代西方法哲学的多姿多彩繁盛景象，形成了人类法学思想发展的"百家争鸣"局面，对当代西方国家的社会发展、资本主义民主和法制建设起着不可忽视的影响和作用，一些重要的法哲学观点支配着西方法学发展的方向和理论导向。其中所包含着的人类法律文化发展的共同经验、智慧和成果，对我们社会主义民主、法制及其理论建设，也具有启迪、参考和借鉴价值。现代西方法哲学各个流派，也是从不同的侧面揭示了法的某一方面属性或规定，有其局部真理甚至片面的深刻。至于其法学研究的方法（如价值方法、分析方法、社会学的方法、定量方法、功能方法等）和一些法学观念（如人文主义、科学实证精神、法治主义、权利意识等）也值得我们分析批判地吸取。但是，现代西方法哲学都是站在资产阶级的立场上，为资本主义民主和法制服务的，都是抽象地超阶级地谈论政治和法律问题，都以唯心主义为其哲学基础，不同程度、不同形式地受现代资产阶级各哲学流派的影响，特别是受实证主义和实用主义、逻辑实证主义、新托马斯主义、新康德主义和新黑格尔主义、语言哲学和新修辞学等重要影响，同时存在主义和现象学、功能结构主义等也有影响。因此它们确有不少荒谬、武断、片面之处，我们当然不能毫无批判地全盘接受。

纵观西方法哲学发展史，可以发现贯穿其间的几条主线和所呈现的一些基本脉络。

（1）西方法哲学的源流演变，基本上可以划分为理想主义和实证主义这样两大倾向。从古代自然法哲学，到近代自然法哲学，再到现代新自然法哲学，包括康德、黑格尔的哲理法哲学，现代的若干价值侧重法哲学，都倾向于从理想主义角度来探讨法的基础和性质，即不满足于对实在法的说明，力求探寻法律的理想目标和价值标准，不主要描述法实际是什么，而强调法应当是怎样。虽然康德努力区分和论述了"应然"世界和"实然"世界的二元对立，黑格尔法哲学形式是唯心的，但内容是很现实的（恩格斯语），并力图解决理性与现实的对立统一，但他们仍都属于理想主义或理性主义法哲学的范畴。而功利主义法哲学、分析法哲学、历史法哲学、新分析法哲学群体和社会学法哲学群体则倾向于从实证主义或事实状况的角度来解说和研讨法律的性状及其功能和作用,而不着重探讨法律的价值和理想目标,所关注的是法律的实际过程和存在状况,而不是法律应该是怎样。虽然二次世界大战后,社会学法哲学或法律社会学也关注价值,新分析主义法哲学也对其传统观点有所修正,但都属于这种实证主义态度。所以,实证主义法哲学既包括分析实证主义法哲学,又包括社会实证主义法哲学——社会学法哲学。只不过分析实证主义法哲学是从法的形式结构着眼来看待这种实证事实,社会学法哲学是从法的功能、作用、效果着眼来看待这种实证事实,都认为自己坚持的是科学实证的精神和态度。

(2)西方法哲学对法的基础和本原的探讨,是从客体主义倾向(即把法的基础和本原看作或者是一种自然秩序,或者是超自然、超社会的神秘力量,或者是独立于人类和人类社会的客观精神),进到主体主义倾向(即从人自身和社会因素内部探寻法的基础和本原,把法看作是人的理性、意志或社会主义、国家权力、民族精神、社会利益等的体现),再到客体主义和主体主义的曲折统一。因此,西方法哲学在其发展历程中已从多方面揭示了法的诸种要素和质的规定性,包括法的意志质、规律质、功能质等等。

(3)西方法哲学的研究内容和范围,从法的外在方面,即法与道德、政治、经济、文化、国家、社会乃至自然环境的关系,到深入法的内在方面,如法律规范、体系、效力、渊源、权利与义务、守法与违法、责任与惩罚等,并达到内在方面和外在方面逐渐相结合。

(4)西方法哲学的研究方法和手段,从静态到动态,从单一到多样化,并从多学科角度包括运用新兴科学技术,从定性研究到定量分析等,且各种研究方法不断趋于融合。

(5)西方法哲学流派的演化脉络,呈现出从合到分、从分到合,又在新的综合的基础上进一步分化和在更新层面上综合的趋势。因此分化和综合这两种趋势既对立又统一,它们是推进西方法哲学源流演变,并使其内容和形式、内涵和外延不断深化扩展的重要力量。

马克思主义法哲学的新的更大发展,也应该权衡取舍所有这些利弊功过,通过科学的分析批判比较鉴别,把其中一切有益的成分和合理的因素有机地融合在自己的理论体系之中。

第二章　法哲学的对象和性质论辩

法哲学,即法律哲学,是从哲学的角度和用哲学的方法来研究和思考法学问题的一种综合学科。它既是应用哲学(或部门哲学)的一个门类,又是理论法学的一个分科,因而还带有边缘学科和交叉学科的性质。在人类法律文化史上,它既历史悠久,源远流长,有着古老而恒久的传统——在西方国家,人们研究法哲学的兴趣一直未曾衰减,特别是近二十年来,法律哲学在英语世界里经历了一次可观的勃兴;而在我国社会主义法制建设中,它又是一门需要大力发掘、倡导和建树的新兴学科,甚至有人称它还是一片尚待开垦的"处女地",很多问题和内容都有待进一步明确。因此,在法学的学科建设和发展中,恐怕再没有一门比法哲学的概念、对象和性质更容易产生歧义和争论,同时也更容易引起人们的浓烈兴趣的学科了。而要顺利地开展法哲学的研究,首先就必须廓清法哲学的概念、对象和性质。

法哲学的概念、对象和性质,无论是在国外或国内都颇多歧义,争论一直存在。但基本上可概括为"法哲学独立论"与"法哲学即法理学论"这两大系列观点之间的分歧和争论。我们赞同前论,认为法哲学是从哲学的角度和用哲学的方法来研究法律理论和实践问题的一门学科,它以法学世界观和方法论为研究对象;它既是应用哲学的一个门类,又是理论法学的一个分科,是介于哲学与法学之间并兼具二者属性的一门综合性、交叉性和边缘性学科。因此,同一般性(或专门)法的理论有所不同,其自有其独立存在的意义和价值。而"法哲学即法理学论"的产生是由于 19 世纪下半期以来,西方法哲学的对象发生泛化、不同程度地把法哲学混同于一般性法的理论,从而形成了法哲学与法理学趋同与合流的结果;它造成了对法哲学对象和内容的简单化、庸俗化,使其内涵和外延含混不清,对象和范围极不明确,其有极大的伸缩性和收纳度,内容十分庞杂甚至是包罗万象的。因此有必要对法哲学进行正名,廓清其概念、对象和性质,把泛化了的法哲学正本清源、还原归位。为此,我们将在引用大量资料的基础上,从法学和哲学及其相结合上进行论证,对一些质疑的观点进行答辩,并阐述法哲学在社会主义法学体系中的地位和作用,同时还就应该怎样正确认识和对待西方法哲学同法理学的趋同与合流这一实际存在的趋势进行实事求是、一分为二的分析和说明。

第一节 法哲学概念、对象和性质的歧义性

一、西方法学界对法哲学概念、对象和性质的两种解说

在西方法学史上,法哲学这一概念历来多有歧义,因而对它的对象和性质的理解和解释也殊有不同,然而只要我们仔细分辨就不难发现,西方法学家基本上是沿着两个方向来解释和研究法哲学的。

第一,认为它是研究法律的最一般的理论问题,即研究法律的普遍性,而与研究法律的特殊性的其他诸法学部门有所不同,并因此主张它是哲学的一个分科。如意大利法学家德尔·韦基奥认为:法律哲学是哲学的一部分,或准确地说,是实践哲学的一部分。对法律的普遍意义的研究构成法律哲学的对象,然而也应注意,对法律也可以就其特殊性来研究,在这种情况下,就成了法律科学或狭义的法学对象。① 德国《布洛克豪斯百科全书》称:法律哲学是哲学的一个分科,它以一定的方式,有系统地从事研究法律和法学的一般原理(意义和目的,起源和效力)。② 德国法学家拉德布鲁赫也认为,法律哲学是哲学的一部分,所以,首先必不可少的是阐明法律哲学的总的哲学设想。"法律哲学"的特征是研究法律文化的价值,"法律科学"的特征是研究法律文化的事实。③

第二,认为法哲学也即是法的基本理论或一般原理,是法学的一个分支,所以也叫法理学;或者可把法哲学作为法理学的一个组成部分,法理学也就包含了法哲学,因此不存在独立的法哲学。这是约翰·奥斯丁以来许多西方法学家所持的观点。特别是在英语国家中,这种观点更带有普遍性。最具有代表性的《不列颠百科全书》称:法律哲学就是系统阐述法律的概念和理论,以帮助理解法律的性质,法律权力的根源及其在社会中的作用。在英语国家里,jurisprudence(法理学)一词常被用作法律哲学的同义词,并且总是用以概括法学领域的分支学科。④

由此可见,法哲学历来有两种基本含义:一是狭义,即指对法的最一般理论问题的哲理性思考,或者说,是人们观察法、思考法所持有的一些最根本观点和总的看法,即一定社会人们的法学世界观的理论表述。我们可以把这看作是本来意义或严格意义上的法哲学概念。我们赞同这种观点。二是广义,即凡是涉及法的基本理论或一般原理,都可以归属于法哲学,也即是现在西方所称的法理学的内容。所以,这种广义的法哲学不仅指人们的法学世界观,也囊括各法学流派或重要法学家学说中的基本内容,

---

① 参见沈宗灵:《现代西方法理学》,10 页。
② 参见沈宗灵:《现代西方法理学》,9 页。
③ 参见沈宗灵:《现代西方法理学》,10 页。
④ 参见沈宗灵:《现代西方法理学》,5 页。

这是其对象和内容已经经过泛化了的法哲学。从以上两种不同理解似乎呈现出这样的分野:英美法系的法学家较多地倾向于法哲学即法理学,美国的综合法学(或统一法理学)的代表人物博登海默的一本名著就叫做《法理学——法哲学及其方法》;大陆法系的法学家较多倾向于主张法哲学不同于法理学。受实证主义特别是分析主义法学派影响较深的法学家倾向于主张法哲学即法理学;受哲理法学派影响较重的法学家则倾向于主张法哲学不同于法理学。前一种理解主张法哲学是哲学的一个部门,第二种理解则主张法哲学是法学的一个分支学科。当然,这种分野并不是也不可能是绝对的。例如,英国《哲学百科全书》就主张"法哲学是关于法律的普遍本质的思考"。它所关心的不是法律的知识,而是法律的思想。《牛津法律指南》也认为,法哲学是从哲学的观点,或通过把哲学适用于法律问题,来研究法律的,法哲学必然同社会哲学、道德哲学、政治哲学互相联系和部分重合。美国著名法哲学家波拉克也认为:法哲学就是从哲学角度研究法在指导人们正确生活方面的作用。与此同时,大陆法系的法学家也有持法哲学即法理学观点的。这种学术观点上的彼此交叉、渗透是经常发生的。国际法理学和法哲学学会会刊《法律和哲学》指出:法哲学意味着对法律进行的具有法律知识内容的哲学思考,或者说是根据哲学的观点和方法进行的法律分析。这显然是支持了第一种主张。

二、前苏联法学界对法哲学的理解

前苏联法学界大体上也倾向于上述第二种理解,而且认为法哲学的外延涵盖了法学原理、法社会学等。《苏联大百科全书》称:法哲学即法律哲学,是资产阶级法学的一个分科,它的任务是研究国家和法律的一般规律。在资产阶级法学界,只有某些代表人物使用这个名称,大多数法学家更喜欢用另外一些名称,如法学原理、法社会学、法律百科等。并举例说,俄国法学家谢尔森涅维奇就把自己的著作《法律一般原理》看作是法哲学的理论部分;十月社会主义革命前,俄国大学教学提纲中,则把关于国家和法的一般科学称作"法律百科",而把关于政治和法学观点的历史称作"法哲学史"。由此可得出如下印象:

第一,以往的前苏联法学界对法哲学带有一种贬意和否定的态度,认为它乃是资产阶级法学的分科,其研究方法和思维方式是不足取的,所以《苏联大百科全书》说:法哲学各派代表的显著特点是,他们想给法律概括地下个定义,不考虑具体的社会关系,而用逻辑抽象的办法来研究法律。在这里,历史哲学、法哲学、宗教哲学等等,也都是以哲学家头脑中臆造的联系来代替应当在事变中指出的现实的联系。前苏联法学界对法哲学的这种否定态度,也一直影响着新中国成立以后的我国法学界。我国直到20世纪80年代初出版的一本有影响的《法学词典》中还坚持认为,法哲学是"剥削阶级法学家用唯心主义哲学的方法抽象地研究法的一般问题的思想学说"。

第二，前苏联法学界一种颇具代表性的观点认为，法的一般原理，或国家与法的一般原理，是可以和法哲学相替代的。也就是说，如果需要用马克思主义观点来研究法哲学，那么它就存在于马克思主义关于法的一般原理，或关于国家与法的一般原理之中，因此没有必要另外单独存在一门法哲学学科。所以十月革命以后直到50年代，就理论法学而言，前苏联（以及后来东欧社会主义国家）就只存在"国家和法的理论"。60年代以后，前苏联的理论法学在与国家学说分开后便逐渐转向了以"法的一般理论"的方式存在——它是一个包容量和涵盖面极广的理论领域，包括了法哲学、法社会学、法律实证论（或专门法学理论）三方面的内容和特征，在理论结构上是三者的统一体。这种情况也一直影响着新中国成立以来我国的理论法学，我国开始是完全模仿甚至照搬前苏联的"国家和法的理论"。80年代以后在理论法学领域独领风骚的也只是"法学基础理论"（虽然也有人提出了要用法哲学、法社会学、比较法学等来丰富理论法学，但都远未达到法学基础理论的显赫地位）。但我们的"法学基础理论"并没有前苏联的"法的一般理论"所具有的作为法哲学、法社会学和专门法理论之统一的特点，而主要还是专门法的理论，或者可称为法学原理，它显然是与法哲学有很大差别的。

第三，前苏联法学界在早期实际上是认为，法哲学的外延大于法学原理或法律一般原理；后来他们又主张法的一般原理的外延大于法哲学即包括了法哲学。前者是指资产阶级的法哲学，法律一般原理不过是它的理论部分；后者是指马克思主义的法的一般理论，法哲学即存在于或包含于这种法的一般理论之中。

三、我国法学界对法哲学的态度

正是由于上述情况，所以新中国成立以后直到80年代以前，我国法学界对法哲学也是持贬意和否定的态度，认为它是资产阶级唯心主义的东西，并且认为它是马克思、恩格斯早已批判、否定过了的。只是到了80年代初，随着改革开放和思想解放，法哲学这个法学研究的禁区才被打破了，倡导应当开展法哲学研究的文章陆续发表，介绍现代西方法哲学以及宣传、介绍马克思法哲学思想的著作、译作、读物也相继问世，而且对社会主义法学体系的研究和讨论中，不少学者都明确主张把法哲学作为理论法学的一个重要部门和领域。然而，对法哲学的概念、对象和性质的理解也始终存在着分歧，大体上也相应地存在着与国外法学界相同的那两种不同的理解。因此对需不需要把法哲学从法学基础理论或法理学中分离出来，成为一门独立的学科也始终存在着争论。值得注意的是，我国一些学者力求从哲学和法学本身所固有的内在联系上来探讨和论证法哲学存在的必然性和必要性，以图通过对法哲学的研究和发展，来寻找和巩固哲学和法学这两大知识学科及其实践领域之间的联结点和结合部，从而使哲学和法学都得到了双向的深化和发展。因而他们在对法哲学的概念、对象和性质的理解上均持辩证统一说，即认为法哲学既是哲学的一个部门，又是法学的一个分科，可以亦此亦彼,具有跨学科即综合学科、交叉学科或边缘学科的性质;因而从不同的理论层次及研究方法的特点和着眼点之不同来看,法哲学有其独特的研究对象和领域,而从所依据的事实和材料而言,又同现有的法学基础理论以及一些部门法的基本理论有所交叉和重叠(绝不是等同,而有方法、角度、视野和理论层次归属的不同)。所以我国法学界不少法学家越来越倾向于认为法哲学不同于法学基础理论或法理学(狭义),因而主张并正致力于建立一门以马克思主义哲学为指导,立足于我国社会主义法制建设的理论与实践的独立的法哲学。

第二节　法哲学固有其特定的对象和性质

一、法哲学概念、对象和性质的界定

基于以上情况,我们认为有必要对法哲学的概念、对象和性质作出如下的理解和界说。

法哲学是从哲学的角度和用哲学的方法来研究法律理论和实践问题的一门学科,它以法学世界观和方法论为研究对象,是介于哲学和法学之间并兼具二者属性的一种综合性、交叉性和边缘性学科。

法哲学所研究的应该是法学理论和法律实践中的哲学问题——世界观和方法论方面的问题,或者说,它是对法的一般问题的哲学反思,是对法学理论的再抽象、再概括,是对法律实践的哲学分析和总结。简言之,是关于一定社会人们的法学世界观的理论体系。

而马克思主义法哲学除具有以上特点外,更以法学唯物论和法学辩证法作为自己的研究重点,以揭示每一特定历史阶段人类法律文化之最深刻本质和最普遍的发展规律为己任,从而组成自己的内容和体系。所以在马克思主义法哲学看来,法学领域中的唯物论与唯心论、辩证法与形而上学的对立统一,是法哲学思想发展变化的基本线索。

法哲学同哲学是一般与特殊的关系,即法哲学是研究法律特殊性中包含的一般性哲学问题,而包括法学基础理论在内的各门法学则是在法哲学一般原理的指导下研究特殊性的法律规律,所以法学基础理论要运用法哲学的成果,而法哲学又必须以法学和政法实践作为其事实和材料的源泉和基础。

法哲学相对于普通哲学例如历史唯物主义又是一般与特殊的关系,即它不是一般地研究社会存在和社会意识、经济基础和上层建筑及其相互关系,而是具体地研究根源于经济基础的法律现象、思想和理论的辩证发展规律,揭示法本身及其同其他社会要素之间的矛盾运动,从中提炼和总结出法学唯物论和法学辩证法的范畴、原理、原则和规律,以指导政法实践和法学研究。

按照毛泽东同志关于科学门类的区分应根据科学对象所具有的特殊矛盾性的理论,法哲学研究对象的特殊的矛盾性就在于:它既是法学特殊性之上的一般,又是普通哲学一般性之下的特殊,是这种一般和特殊的辩证统一,因而成为哲学和法学的联结点和结合部。它的独立存在的价值和意义就像美学、自然辩证法以及当前哲学改革中竞相出现的各种应用哲学,在当代科学发展一体化趋势中不断涌现出的一系列综合学科、边缘学科一样,是不以人的意志为转移的。

至于法哲学的性质和归宿,既可把它作为应用哲学的一个部门,又可把它作为理论法学的一个分科,现今许多综合学科、交叉学科、边缘学科在学科归属性问题上都具有这种"亦此亦彼"的特点。这正是法哲学对象特殊矛盾性所决定的,也是对于那种习惯于非此即彼的思想方法的一种挑战。

这里需要说明两点:

第一,固然现有的法学基础理论相对于法哲学是特殊,相对于其他具体的部门法学又是一般,但这种"一般"乃是从各部门法学抽取出来的"一般",它即使再抽象、再概括,也未达到法哲学的"一般"高度。

所以,从这种意义上说,法学基础理论同法哲学之间既有同中之异,又有异中之同。异中之同是指它们都以法的某种普遍性为研究对象,同中之异是指这种普遍性又有程度的差别以及角度的不同。即前者是从法学的角度研究这种普遍性,后者是从哲学的角度研究这种普遍性,这乃是两个不同的理论层次,不能互相取代,因而其是两门相对独立的理论法学学科。这就像一般文艺理论同美学、自然科学基础理论同自然辩证法是相对独立的、不同层次的学科一样。

第二,固然普通哲学和法哲学所研究的都是世界观和方法论,但普通哲学所研究的是人们在所有社会活动和实践中的一般世界观和方法论,法哲学所研究的是法学家和法律工作者在法学理论研究和法律实践活动中所特有的法学世界观和方法论,这二者也不能互相取代和混同,因而也属于相对独立的两门哲学学科。正如《不列颠百科全书》阐明的那样:就法律哲学和一般哲学具有某种必然联系或一致性而论,"法律哲学"这一用语可能引起误解;只有将这里所称的"哲学"从它的最非专业性的和最广义的意义来解释,"法律哲学"这一名称才不是用词不当。①

所以,法哲学既离不开法学,但又超越了法学,高于法学;法哲学既是哲学,但又不是普通哲学,而是关于法的哲学。

由此可见,把握一般与特殊,共性与个性的辩证关系(联系、区别及转化),是正确理解法哲学对象问题的关键,也是全面认识法哲学同哲学及法学的关系的关键。

---

① 参见沈宗灵:《现代西方法理学》,6 页。

二、法哲学同其他相关学科的关系

法哲学是一门既具有高度抽象性、概括性,又具有广阔的关联域的学科,它不仅同哲学(特别是历史唯物主义)和法学(特别是法学基础理论)紧密相联,而且同其他一些社会科学以及自然科学都相关联,还同历史科学(特别是哲学史和法律思想史及制度史)有紧密联系。

1.法哲学同哲学史、法律思想史及制度史的关系。

法哲学是一门纵横结合的综合学科,要从纵向上探寻人类法哲学思想的历史沿革和发展趋向,就离不开哲学史、法律思想史及制度史的知识。由于历史上每一个有影响的法学家、法学流派和学说都是在一定的哲学世界观的思想基础上产生、形成的,而且历史上许多著名的哲学家、思想家往往也有其法学方面的建树,所以哲学和法学的亲缘关系本身就有其历史传统。而人类的法哲学思想也是源远流长,从古至今一直未曾中断。从哲学史的角度来看,中国古代儒、墨、道、法等各家都有其法哲学思想;西方从古希腊的毕达哥拉斯、赫拉克利特、柏拉图、智者学派、亚里士多德到晚期希腊和罗马的斯多葛派、伊壁鸠鲁、西塞罗,再到中世纪的奥古斯丁、托马斯·阿奎那,近代从格劳秀斯、霍布斯、斯宾诺莎、洛克到孟德斯鸠、卢梭,以及康德、黑格尔、马克思等,都有丰富的法哲学思想。正如美国哈佛大学法学教授弗里德里克所指出的,任何法哲学都是一定哲学理论的一部分,因为它提供了各种建立在一般法基础上的哲学思考。这种思考要么直接来源于现有的哲学观点,要么或许倾向于这种哲学观点。哲学家的思考是第一种类型,法学家则是第二种类型,这就是法哲学史的特点。

近现代许多哲学流派就标志着一种法哲学流派,如实证主义和分析主义,新托马斯主义、新康德主义、新黑格尔主义、存在主义、西方马克思主义等。马利旦(新托马斯主义法学派)和罗尔斯(新自然法学派)等法哲学家本身就是哲学家。而深入系统地研究这种亲缘关系,揭示每一法学流派和学说的深刻的哲学基础,正是法哲学研究本身的重要任务,也是提高法学研究理论水平的一种战略性要求。所以,法律思想史和哲学史联系非常紧密。而由于法律思想史是揭示了人类法律文化的精神方面的发展源流,法制史是揭示法律文化的制度方面的发展源流,这两方面都是法哲学所应研究的。

2.法哲学同其他社会科学及思维科学的关系。

(1)与政治学、伦理学的关系。从更广义的角度讲,法哲学应包括政治哲学、道德哲学,黑格尔法哲学体系就是如此。因为法与国家、政治密不可分,它们都是社会上层建筑的核心;而哲学和伦理学也关系密切,后者就是从前者分化出来的,历史上许多思想家的法哲学思想就寓于他们的政治学说和道德学说之中。

(2)与经济学、社会学的关系。法是社会经济关系的意志化形态,它的存在、发展和发生作用,都必须以社会经济关系为基础,深深植根于社会物质生活条件之中,尤其是马克思的法哲学革命乃是以从法律问题的研究转向经济关系的研究为契机的。因此，不了解经济学就不可能深刻地理解马克思主义法哲学。而且法作为一种复杂的社会现象，不是孤立存在的，它与各种社会因素都互相影响和作用。犯罪本身就是一个严重的社会问题，社会组织、社会控制也都是法律问题。所以，法学和社会学婚恋产生了法社会学，而从广义上讲也可把法社会学（基础理论）视为法哲学的分支学科。

（3）与心理学、逻辑学的关系。立法、执法、司法、护法、守法以及违法犯罪都离不开人的心理活动，并贯穿着逻辑思维过程。因此，法制心理学和犯罪心理学、法律逻辑学中很多内容都是法哲学所不可离开的。

不仅如此，法哲学还同自然科学技术，包括当代新兴科学、技术，特别是科学方法论如所谓"老三论"（系统论、控制论、信息论）、"新三论"（耗散结构理论、协同论、突变理论）等联系紧密。因为：①法哲学要系统研究法学方法论及其更新，就要研究和引入这些新兴科学方法论；②法治现代化的一个重要内容——法治系统工程——更离不开这些新兴科学技术。

第三节　对法哲学对象质疑的答辩

一、不能以西方法哲学对象有不确定性来否认法哲学学科本身对象的确定性

如前所述，西方法学界有许多学者主张法哲学即法理学，因此不存在独立的法哲学。这是由于近代（特别是 19 世纪下半期）以来，西方法哲学的对象发生了泛化，乃至造成了法哲学同法理学的趋同与合流，即出现了把法哲学简单地等同于法理学（法律的基本理论），又把法理学的名称不予严格审定而随意使用的倾向。从而导致了对法哲学对象和内容的简单化、庸俗化，使其内涵和外延含混不清，对象和范围极不明确，具有极大的伸缩性和收纳度，内容十分庞杂甚至是包罗万象。正如英国法学家哈里斯不无幽默地指出的那样，法理学是一袋杂七杂八的东西。关于法律的各种各样的一般思辨都可以投入这个袋中。法律是干什么的？法律要实现什么？我们应重视法律吗？对法律如何加以改进？可以不要法律吗？谁创制法律？我们从哪里去找法律？法律与道德、正义、政治、社会实践或赤裸裸的武力有什么关系？我们应遵守法律吗？法律到底为谁服务？等等。这些就是一般法理学所包括的问题，人们可以不管这些问题，但这些问题却并不消失。① 显然，如果这样来理解法哲学的话，那么似乎可以说，对任何一个法学问题的任何一点理性思考或总括性阐述都可以叫做法哲学（而不管是否上升到了世界观和方法论的高度）。这样，法哲学同一般法学理论当然就无明显区别，实

---

① 参见沈宗灵：《现代西方法理学》，2—3 页。

质上就会带来取消和否定法哲学的后果。所以要顺利地开展法哲学研究,就不得不花很大气力来为法哲学正名,来廓清法哲学的概念、对象和性质。

为此,有必要分析一下西方法哲学发生泛化的原因——既有历史的原因,也有现实的原因,既有思想理论上的原因,也有社会实际的原因。

首先从历史上看,哲学曾作为"科学之科学"而代替一切科学。在古代,哲学和其他科学融为一体;在近代前期,法学和其他科学也都是哲学的一个分科。所以近代西方学术思想本身就是在自身的哲学襁褓中孕育成长起来的,以至于牛顿的力学名著也叫做《自然哲学的数学原理》(其中确不乏自然哲学之宏论),学者们乐于在称谓其学术成果或获取专业学位时冠以"哲学"之美名。因此把法学的基本理论也称为法哲学就似乎是很自然的了。随着被称为英国法理学之父的约翰·奥斯丁把他的一本代表作命名为《法理学或实在法哲学讲义》(1863 年),这就首开了把法哲学等义(或同义)于法理学的先河。但作为分析法学派鼻祖的奥斯丁所主张的法理学主要指分析实在法而不管法律本身的好坏与否,因此他所谓的"法理学或实在法哲学"(即加以限定的法哲学)的内涵和外延应比未作限定的法哲学狭窄得多。然而,这一重要限定和区分却被后继者所忽视而简单地沿用下来,笼统地主张法哲学即法理学。后来日本法学家穗积陈重 1881 年也提出用法理学来代替法哲学的称谓,并认为二者基本相同。这样,法哲学对象的泛化就成为一种不可避免的倾向。固然,奥斯丁和穗积陈重提出"法理学"这一名称以概括法的基本理论确是法学史上的一个贡献,但由此把法理学等同于或取代法哲学的做法却让人不能苟同。

其次,从法哲学研究主体的情况变化来看,从古代到 19 世纪以前,由于法学还没有从哲学中分离出来,从事法哲学研究的主要是哲学家和政治学家。那时,有些法律哲学家首先是哲学家,为了完成他们的哲学体系才是法学家,另一些法律哲学家首先是政治学家,由于他们感到有必要以法律形式来表达其政治思想才是法学家。[1] 从 19 世纪起,随着资本主义制度的确立及其国家立法和司法的广泛发展,法学遂逐步从哲学、政治学中分离出来成为一门独立的学科。从事法哲学研究的也就逐渐由主要是哲学家、政治学家转变为主要是法学家。"19 世纪以前,法律理论基本上是哲学、宗教、伦理学或政治学的副产品。大法律思想家主要是哲学家、僧侣、政治学家。从哲学家或政治学家的法律哲学向法学家的法律哲学的根本转变,还是距今不远的事实。这一转变伴随着一个法律研究、技术和专业训练巨大发展的时期"[2]。随着法哲学研究的主体转变为主要是法学家,由于专业的原因使他们当然是从法学的角度来研究法哲学。这固然是一种进步,即不仅研究法律的外在方面,更主要是研究其内在方面,即向纵深研究法律的专门理论、技术、知识和经验,从而就产生了用"法理学"这一学科概念来概

---

[1] 参见沈宗灵:《现代西方法理学》,8 页。
[2] 参见沈宗灵:《现代西方法理学》,4 页。

括关于这些内容的理性思考的客观需要。此时由哲学家研究法律哲学的势头日趋衰落,以往那种试图洞察和超然于法学专业问题的法哲学大家和法哲学论著再不易显现,原有的法哲学概念已丧失其神圣光环,似乎需要把法哲学转变为一种"世俗"的学问。这就很自然地出现了用法理学来取代法哲学、法哲学与法理学趋同与合流的状况,因此也不可避免地导致了把法哲学简单化、庸俗化的倾向。

再从现实社会的原因来看。20世纪初以来,随着自由资本主义已发展到垄断资本主义,市场经济也发展到了强化国家干预的现代市场经济。社会关系和经济关系,各种社会矛盾、冲突和纠纷更趋复杂化。于是随着法律社会化和法律改良运动的兴起,各派法学都竞相寻求解决社会问题的良方,并为自己的存在和合理性寻找理论根据,因而出现了西方法学流派和西方哲学流派交媾的"蜜月"时期——关系越来越密切、愈来愈靠拢,乃至出现同步发展和呈现一体化趋势。有什么样的哲学流派,就有什么样的法学流派,所以在各派法学学说中哲学观点和法学理论更易于交织在一起,这就加速和加剧了法哲学和法理学的趋同与合流之趋势,乃至有多少法学流派也就有多少法理学或法哲学,而这种泛化了的法哲学几乎可以把该派法学家的种种观点和见解收纳于其内。因而出现了西方法学百家争鸣、学派林立、众说纷纭、论战迭起、新说频出的空前繁荣的局面。但它们往往既各有其局部真理甚至片面的深刻和精辟,却又都难以完全自圆其说而有其悖谬之处,而倡导建立统一法理学的要求则反映了西方法理学在高度分化的基础上又欲趋向统一化和综合化,以舍取众说之短长的愿望。

应当怎样正确地认识和对待西方法理学与法哲学趋同与合流的趋向呢?我们觉得,应该从实际出发,并具体问题具体分析。一方面它固然是西方法学和法学研究深化发展的必然结果,因此我们并非绝对地反对用法理学来代替或表述法哲学,一些西方法理学论著中确实包含了不少相当深刻且精当的法哲学思考或论述。但我们认为,如果要用法理学来表述法哲学,就必须对法理学的概念和对象加以严格的界定,而不能使它成为不确定、庞杂和包罗万象的,更不能将我国现有的法学基础理论的内容简单换上一个"法理学"的名称。如果按约定俗成,并使法学界达成共识,那么作为与法哲学同义或等义的法理学的对象和内容,就应该限定为关于法律的哲理性思考和研究,即只能把够得上是法哲学理论层次的东西纳入法理学;而一般性的法的基本理论,可以叫做法学原理或仍沿用法学基础理论之称谓,以便与法哲学或法理学区分开来。然而另一方面,鉴于法哲学与法理学的趋同与合流事实上已带来了使法哲学的对象和内容简单化、庸俗化的不利后果,而且实际上在西方法学界和我国法学界,法理学同法的基本理论或一般原理也很难分开,从而使法理学既取代了法哲学,又混同于一般性的法学基础理论学科。因此,法哲学与法理学的趋同与合流带来的后果毕竟利少弊多,这种情况恐怕也违背了奥斯丁和穗积陈重的初衷。所以我们觉得最好还是不要用法理学来取代法哲学,并且还应把法哲学从一般性法律理论中分离出来使之成为一门独立的理论法学学科,并对法哲学进行正名,廓清其概念、对象和性质,把泛化了的法哲学正本清源、还原归位,使之真正成为关于法学世界观及方法论的理论体系,成为对于法这一重要社会现象和规范体系进行哲理性思考、探讨和研究的学问。而真正科学的法哲学既不应是哲学家脱离法学和法律实践的纯思辨的结果,也不是法学家或法律工作者在纯专业范围内的一般理性思考或总括性思维的产物。它应是哲学和法学、哲学家与法学家紧密结合和合作,通过长期、潜心、艰苦的研究而达到的一种理论升华和科学思维的成果,是哲学和法学有机结合而开放出来的绚丽花朵。虽然我们不能一下子就达到这样的理论境界,而必然会存在中间阶段及其中间成果(例如,对一些社会、经济及政治问题的法哲学思考,既有必要,也应予以鼓励和提倡),但我们应坚持向这一目标做不懈的努力,以建树真正称得上是法哲学的法哲学。在这种情况下,法理学的称谓若需要保留的话,那么就有必要对它进行狭义及广义之区分。狭义即专指以研究实证法律为对象的法律学(黑格尔语),或者叫做法学基础理论或可叫做法学原理;广义则是指可以包括法哲学以及法伦理学、法社会学、法经济学等理论法学甚至某些基础性应用法学学科在内的一个学科群,以显示法理学与法哲学的区别和联系。

二、不能因为马克思批判了黑格尔法哲学就认为应否定一切法哲学

因为,马克思从未否定过一切法哲学(青年马克思还曾为建立法哲学体系而苦苦思索过,马克思青年时代的学术思想正是在他那个时代以及其先辈的法哲学氛围中熏陶过来的);相反,正是马克思开创了科学的法哲学的优良传统——创立了马克思主义法哲学。而这是以批判黑格尔法哲学开始的。但是这种批判,从质上说,马克思所批判的是黑格尔法哲学中唯心主义的杂质和保守的政治内容;从量上说,马克思主要是批判了黑格尔法哲学中的国家学说及其基础——私有财产制。然而,马克思对法哲学这门学科并没有简单否定,反而持相当的肯定态度,正如他对黑格尔哲学并未简单否定,在批判的同时又高度肯定了它的理论贡献一样。所以他指出:德国的法哲学和国家哲学是唯一站在正统的当代现实水平上的德国历史,而它们在黑格尔的著作中得到了最系统、最丰富和最完整的阐述;并认为德国政治意识和法意识的最主要、最普遍、上升为科学的表现就是思辨的法哲学本身。①

正因为有这种科学态度,马克思才能批判地继承黑格尔法哲学中辩证法的合理内核,得出崭新的科学的法哲学观和法律观,实现了人类法哲学观的根本变革,并因此成为创立历史唯物论以及整个马克思主义哲学的理论契机——他把法学理论从国家和法本身这一玄奥的庙堂中引导出来,使之根植于市民社会之经济、物质利益这一客观现实的基础之上,从生产方式的矛盾运动中,从人们的社会实践、社会关系中揭示法的

---

① 参见《马克思恩格斯全集》第1卷,458、459、460页,北京,人民出版社,1956。

本质和发展规律,从而为科学的法哲学奠定了全新的理论基础,并因此也才有了他的第一个伟大发现——唯物史观。

三、不能以恩格斯对哲学对象的界定来作为否定法哲学的理由

恩格斯曾经说过,随着19世纪自然科学的三大发现,我们就能够依靠经验自然科学本身所提供的事实,以近乎系统的形式描绘出一幅自然界联系的清晰图画,就不必依靠用理想的、幻想的联系来代替尚未知道的现实的联系,用臆想来补充缺少的事实,用纯粹的想象来填补现实的空白的自然哲学了。当这种联系的辩证性质,甚至迫使自然哲学家也不得不接受的时候,自然哲学就最终被清除了。任何使它复活的企图不仅是多余的,而且是一种退步。他并且指出,历史哲学、法哲学、宗教哲学等等也都是以哲学家头脑中臆造的联系来代替应当在事变中指出的现实的联系。同时,由于现代唯物主义都是本质上辩证的,而且不再需要任何凌驾于其他科学之上的哲学了……于是,在以往的全部哲学中还仍旧独立存在的,就只有关于思维及其规律的学说——形式逻辑和辩证法。其他一切都归到关于自然和历史的实证科学中去了。

恩格斯上述这些论述,曾经被一些同志作为否定应建立和发展部门哲学的重要论据,因此是我们开展法哲学研究中应予以澄清的问题。

不可否认,恩格斯这些话的基本思想是强调了马克思主义哲学的科学性以及哲学与各门具体科学的正确关系,表明了马克思主义哲学的产生结束了作为“科学之科学”——凌驾于其他科学之上并企图包括和取代一切科学的旧哲学。这样,马克思主义才能正确地把哲学归结为关于自然、社会和思维发展普遍规律的科学,即关于外部世界和人类思维的运动的一般规律的科学。从而引起了哲学对象的深刻变革,摆正了哲学和具体科学的关系:二者既有联系,又有区别,是普遍和特殊的关系,哲学以具体科学为基础,具体科学以哲学为指导。

然而,很明显,恩格斯所否认的只是旧的自然哲学和法哲学,即唯心主义的自然哲学和法哲学,而对科学的自然哲学和法哲学,不仅予以高度肯定,而且亲自致力于研究——他所怀着巨大热情研究和写作的《自然辩证法》及其手稿,就是辩证唯物主义的自然哲学的经典著作。因为经验自然科学积累了如此庞大数量的实证的知识材料,以至于在每一个研究领域中有系统地依据材料的内在联系把这些材料加以整理的必要,就简直成为无可避免的。因此,自然科学便走进了理论的领域,而在这时经验的方法就不中用了,在这里只有理论思维才能有所帮助。而且,对于旧的自然哲学的合理之处,他也予以充分肯定。例如他赞扬过“古代人的天才的自然哲学的直觉”,高度赞扬康德的自然哲学在“僵化的自然观上打开第一个缺口”,指出康德关于所有现在的天体

都从旋转的星云团产生的学说,是从哥白尼以来天文学取得的最大进步。①　并且正是恩格斯辩证唯物主义自然哲学的天才思维,得出了生命是蛋白体的存在方式,这种存在方式本质上就在于这些蛋白体的化学成分的不断的自我更新的著名论断②,这至今仍是生物学上关于生命及其本质的科学定义。另外,恩格斯在他的《自然辩证法》中的其他许多论断,至今仍闪耀着真理的光辉。

从恩格斯对科学的自然哲学的推崇就足以看出他对科学的法哲学的态度。事实上,马克思主义法哲学本身就包含着恩格斯的重要贡献,恩格斯在他的一系列重要著作中,都曾经天才地论证、捍卫和发展了马克思主义的法哲学思想,这已是众所周知的,此不赘述。

总之,从恩格斯实际的理论活动来看,他并没有否定包括自然哲学和法哲学在内的部门哲学。那么如何正确理解恩格斯所说的全部哲学中只剩下形式逻辑和辩证法才能仍旧独立存在的话呢?——这看来是一个具有时代特点和历史痕迹的个别论断,因此必须作具体分析。

这是恩格斯在《反杜林论》的“引论”部分中的“概论”中的一段话(写于1876年),因为当时,“‘创造体系的’杜林先生在当代德国并不是个别的现象。近来,天体演化学、一般自然哲学、政治学、经济学等等体系如雨后春笋出现在德国”③。恩格斯愤慨地称这是一种“假科学”,一种“高超的胡说”。它把哲学和科学都庸俗化了。为了保持哲学的科学性、纯洁性和严密性,严格地界定哲学的对象,廓清它和具体科学的关系,特别是杜绝那种包罗万象、作为“科学之科学”的旧哲学的企图,而把各个特定的、具体领域的研究归还给实证科学,恩格斯把“关于思维及其规律”的研究作为哲学的特定对象和任务是有其合理性的,而这种关于思维及其规律的学说就是形式逻辑和辩证法(即辩证逻辑;而形式逻辑以往确是属于哲学的一个内容,只是后来才从哲学中分化出来作为相对独立的思维科学)。但是把哲学的对象只限定为“关于思维及其规律”又显然是不全面的,所以恩格斯在他后来(1886年)所写的《路德维希·费尔巴哈和德国古典哲学的终结》中又准确地把哲学规定为“关于外部世界(自然界和社会——作者注)和人类思维的运动的一般规律的科学”,从而予以补正。这说明,恩格斯自己关于哲学对象的思想、观点,都是不断发展、丰富和完善的,他(以及马克思)没有把自己的理论和观点视作绝对真理。相反,恩格斯还特别指出,在关于社会关系、法律形式和国家形式以及它们的哲学中,永恒真理的情况还更糟,在这里认识在本质上是相对的。④

---

① 参见《马克思恩格斯选集》,2版,第3卷,260、266、397页,北京,人民出版社,1995。
② 参见《马克思恩格斯选集》,2版,第3卷,422页。
③ 《马克思恩格斯选集》第3卷,344页。
④ 《马克思恩格斯选集》第3卷,429页。

第四节　法哲学在社会主义法学体系中的地位和作用

一、法哲学与当代科学的发展趋势

恩格斯说:"每一时代的理论思维,从而我们时代的理论思维,都是一种历史的产物,它在不同的时代具有完全不同的形式,同时具有完全不同的内容。"①综观古今,科学和哲学的发展都遵循着一个从合到分、从分到合,又在新的综合的基础上进一步分化的规律。在古代,科学和哲学都处于一个混沌的统一体中。中世纪,科学和哲学都是神学的婢女。近代,随着资本主义生产方式的产生和发展,科学和哲学开始分离开来,各门具体科学以及哲学中的本体论、认识论、逻辑学等又进一步分化开来。马克思主义哲学的创立,使哲学的各部门又实现了高度的统一。到了当代,随着生产力的迅猛发展,人类认识世界和改造世界的深度和广度都极大地扩展,从而使科学和哲学的发展都既不断地趋于整体化和综合性,又不断地走向专门化和高度分化。人类认识史也表明,人们对客观世界的认识总是随着社会实践的发展和科技的进步而呈现出两种趋向:一是要不断深入地认识物质运动的不同形式和特征,这就促使科学门类不断分化和走向专门化;二是要愈益广博地反映世界整体及其相互联系,这就促使科学门类相互渗透、过渡,从而不断地趋向整体化和综合。这两种趋势使各门科学和哲学一方面加深了相互渗透、交叉和吸收,另一方面又使其学科门类愈分愈细,学科体系越来越复杂和庞大。这两种趋势既对立又统一,从而导致出现了许多边缘学科、交叉学科和综合学科。所以我国改革大潮中出现的各种部门哲学和应用哲学,及中外社会科学、自然科学中涌现出的一系列新兴学科,都是历史的必然,决不以任何人的好恶而消失。法哲学之所以步入我国学坛并引起如此激烈的反响,正是我国哲学和法学发展顺应当代学术演化趋势的必然结果。它既是哲学体系分化和法学体系分化的结果,又是哲学和法学相互渗透和交叉的产物。

二、法哲学与理论法学的改革

所谓"理论法学",是指以围绕阐述法的基本理论为中心任务的一个学科群。法学的落后首先在于理论法学的落后。而我国理论法学的落后既表现在广度不够(即单一性,主要是"法学基础理论"),又表现在其深度不够(我国的法学基础理论未免内容老化、体系陈旧、方法落后)。因此,我国的理论法学必须改革,才能带动整个法学的进一步发展。而这种改革也就分两个方面或层次:第一,重建除法学基础理论之外的一些

---

① 《马克思恩格斯选集》,2 版,第 4 卷,284 页,北京,人民出版社,1995。

新兴理论法学学科,首当其冲的就是法哲学,同时还有法社会学、比较法学(总论)、法史学等(所谓"新兴",是相对于我国法学理论之现状而言,在国外,这些已不再是新兴学科)。这是从横广方面来改革理论法学。第二,对传统的法学基础理论从内容、体系和方法上进行更新,使其更具有科学性和理论结合实践的特点,更符合时代的要求,走在不断发展的应用法学的前面而真正起到对各部门法学的指导作用。这是从纵深方面来改革理论法学。而其横广方面是其纵深方面改革的展开,其纵深方面是其横广方面的浓缩。因此,不论深和广两个方面的改革,至关重要的都是要建立并开展好法哲学的研究。

在我国的理论法学学科群中,固然,法学基础理论起着中心学科和联结点的作用,然而我国现在的"法学基础理论",是从原先模仿前苏联的"国家和法的理论"而演变来的——把国家学说和无产阶级专政理论归于"政治学"和"科学社会主义",而力求专门研究法的基本理论。但在相当长一个时期其体系和方法上仍然没有摆脱"国家和法的理论"之影响和基本框架,只是在内容的量上增多了一些法的基本知识,而在质上并没有多大的改进,没能充分反映和概括社会主义现代化时期社会主义民主和法制建设的经验和成就。近些年来,我国法学家为深化、丰富和更新法学基础理论内容和体系虽作了不少努力,并取得了一些可喜的成果,但由于牵涉的问题既深且广,难度太大,方法也不完全对路,而致成效并不理想,尚未有实质性的突破。所以,我国现有的法学基础理论仍然新度不够,深度不够,专门化不够,因而指导现实的功能也不够。

开展法哲学的研究,既可以给理论法学拓展新领域,又可以为加深、更新法学基础理论提供可资利用的理论成果——从法学世界观和方法论的高度给它提供具体的哲学指导和奠定直接的哲学基础,同时还便于法学基础理论精简掉那些泛泛的一般性的哲学论述,而集中研究实证法本身的原理、原则和规律,也才能对部门法学和法律实践予以有力的指导和科学的概括、总结。这就可以从广度和深度两个方面推进理论法学。所以,开展法哲学的研究,既是哲学深化和发展的必然,又是理论法学改革的客观要求。

三、开展马克思主义法哲学研究的重要意义

我们不仅应开展一般的法哲学研究,更主要的是要深入开展马克思主义法哲学研究——以马克思主义为指导,立足于中国社会主义民主和法制建设的理论与实践,来创造性地开展法哲学研究。这就不能停留于对西方法哲学的评介,也不能满足于对马克思、恩格斯法哲学思想的研习,更不能满足于对哲学原理的简单套用(因为马克思主义哲学既不是单纯的证明工具,也不是实例的总和,而是完整的、系统的世界观和方法论);而应着眼于创建中国当代的马克思主义法哲学理论,即建立中国化的马克思主义法哲学,把马克思主义法哲学的一般原理与中国社会主义民主和法制建设的理论与实践有机地结合起来,从而深化、丰富和发展马克思主义法哲学,使之进展到一个崭新的

阶段——总结和指导中国社会主义现代法制的阶段。这是当代中国法学工作者以及哲学工作者的光荣任务。只有这样,才能把我国的法哲学研究提高到一个新的水平,使迄今为止的一般性宣传、倡导、评介、研习等工作发生质的飞跃和关键性突破。这是我国法哲学研究中最复杂、最艰巨和最困难的议题,需要我们为此不懈努力。

深入开展马克思主义法哲学研究还关系到能否真正发挥马克思主义哲学对法学的指导作用的问题,关系到能否把法学研究及政法实践真正置于马克思主义哲学的理论基础之上。

大量事实表明,我们远未把马克思主义哲学同政法实践及法学研究紧密地、有机地结合起来,在政法工作中如何自觉地运用辩证唯物主义的认识论,运用唯物辩证法,仍然是一个普遍的迫切问题。马克思主义哲学的指导作用并不是可以自发地发生的,除了主观上取决于人们的世界观和自觉努力的程度外,客观上还应有一门把马克思主义哲学同法学有机地、紧密地联结起来的重要学科作为桥梁和纽带。正是由于缺少了它,搞政法实际工作的同志总感到运用马克思主义哲学很吃力,理论和实际之间往往隔着很长一段距离,摆脱不了工作上的经验主义、事务主义。在法学教育中,教师和学生也都感到把马克思主义哲学原理同法学知识沟通起来很困难,这就既影响了对哲学原理的深刻理解,又妨碍了对法学知识的深入掌握。缺少它,还使我们在法学研究中站得不高,看得不远,缺乏理论的深度和广度,遇到问题只能就事论事,就法学谈法学,不能坚持法学的科学性和理论的彻底性,而且使法学工作者缺乏理论思维的素养,没有哲学上的高瞻远瞩。新中国成立以来,我国法学理论的发展走了许多弯路,至今还没有完全摆脱"幼稚""落后"的状况,这些都不能不说是重要的原因。

所以,开展法哲学研究,特别是深入开展马克思主义的法哲学研究,既具有重要的理论意义,又具有重要的实践意义以及现实意义。当前,开展马克思主义法哲学研究的重要意义不仅在于促进社会主义法学理论和法制建设的发展,而且还在于促进马克思主义哲学的发展。因为,正如随着自然科学的每一个划时代的发现,唯物主义都必然要改变其形式一样,随着社会科学和无产阶级革命及建设事业的新发展,马克思主义哲学也要不断地深化、严整化和体系化。例如,为了发展和丰富历史唯物主义的理论体系,就很有必要从法哲学的高度来概括无产阶级专政(人民民主专政)的历史经验,总结社会主义改革以及民主、法制和文明建设的成就和教训,研究社会主义上层建筑的发展规律等。由于上层建筑的核心部分是政法机构、设施及其思想观点,深刻地揭示它们的辩证发展规律,对于进一步揭示整个上层建筑的辩证发展规律无疑地具有重要意义。例如,上层建筑中的各种物质性的设施同相应的社会意识形态之间的关系及其辩证发展规律,长期以来没有得到应有的研究,这种关系在法学领域中又体现得最为明显和集中。如果通过法哲学的研究能予以揭明,就不仅会深化和丰富关于上层建筑的理论,还会为我们的机构建设、政治体制改革以及整个上层建筑领域的改革提供新的理论依据,并可能为历史唯物主义的研究和发展展现出新的领域。

　　在此，还需要对"马克思主义法哲学"这一概念作出正确的理解和界定。所谓"马克思主义法哲学"，既不能仅归结为马克思、恩格斯的法哲学思想，当然也不能以个别社会主义国家的法哲学来替代；它是马克思、恩格斯所开创，并应为世界各国劳动群众、进步人类及其思想家们所掌握和实践且不断丰富和发展着的科学的法哲学理论体系。而我们创建中国化的马克思主义法哲学，正是为了丰富马克思主义法哲学的理论宝库。因为，作为科学的马克思主义法哲学必须要体现到各个社会主义国家生动的法制建设实践中，它的生命力也正在于随着这种实践的深化而不断深化、发展和完善。并且，建立中国化的马克思主义法哲学的经验和成就，也必将对其他社会主义国家的法学理论及法律实践产生重要的影响；同时亦将影响世界各国的法哲学研究，丰富人类的法哲学思想宝库。

第三章　法哲学的内容、体系和方法

法哲学是一门内容博大精深、体系纷陈,其对象和范围又难以统一界定,其方法也不易被广泛理解和掌握的一门学科,因而被人们视为一种高深玄妙的学问。然而,只要我们仔细思考和认真研究,对法哲学的内容、体系和方法,也可以发现一些具有规律性的东西并提出若干有益的意见和建议。

第一节　从黑格尔法哲学的内容和体系谈起

在西方法哲学史上,黑格尔不仅对法哲学的对象、性质以及内容、体系等作出了比较明确的论述,而且他的观点很有特色,颇值得注意。

黑格尔的法哲学在他的客观唯心主义哲学体系中属于"精神哲学"中的"客观精神"(相当于我们所说的社会意识)部分。黑格尔认为,法哲学是以法的理念,即法的概念及其现实化为对象。① 也就是说,法哲学是旨在探寻法的最高真理或科学理性,即法的普遍真理及其在现实生活中的实现。而这种最高真理或科学理性的真实内容就是自由,"法的理念是自由"②,法就是"作为理念的自由"③,"法的体系是实现了的自由的王国"④。所以,在黑格尔看来,法哲学就应当是关于人类自由学说的系统化和现实化的科学,自由是黑格尔法哲学中最重要的一个概念,是其基本范畴。

黑格尔的独到之处还在于,其从唯心主义辩证法出发把自由与必然性以及意志相联系。因为黑格尔所理解的自由是内含必然性、规律性的自由,即自由不是任性和恣意妄为,而是对必然性、规律性的认识和把握;他认为法就是规律的一种,是社会和人生的法则,是理性的规律。因此,要获得自由就要认识必然性,遵循事物的规律性;要获得社会和政治的自由还要凭靠法和遵循法。所以,自由和必然是黑格尔法哲学中的一对基本矛盾,它们对立统一的矛盾运动就构成法以及道德演化发展的基本线索。自由的实现,就是这一系列充满矛盾的辩证运动的过程。

黑格尔还非常重视和强调意志作为法的基本要素的特殊地位和作用。他从其客观唯心主义哲学体系出发,认为"法的基地一般说来是精神的东西,它的确定的地位和

---

① 参见[德]黑格尔:《法哲学原理》导论,1页,北京,商务印书馆,1961。
② [德]黑格尔:《法哲学原理》导论,1—2页。
③ [德]黑格尔:《法哲学原理》,36页。
④ [德]黑格尔:《法哲学原理》,10页。

出发点是意志"。但是,黑格尔自有其道理。因为意志是人们采取"实践态度"的一种"特殊的思维方式,即把自己转变为定在的那种思维,作为达到定在的冲动的那种思维"①。也就是说,意志是人的思想转化为行动并支配其行动的精神要素和心理状态。所以,正是意志而不是一般的思维状态才是构成法的要素。因为,法的直接调整对象就是人的意志行为(即为达到某种目的、满足某种需要、实现一定利益,并因此承担相应后果和责任的行为)。但是,强调意志是法的要素并不排斥理性之重要意义,意志必须上升为理性并应当包含理性才会是正确的意志,才能反映必然性、规律性。所以意志不仅指人格化的主观意志,而应当升华为非人格化的客观意志,社会主体的共同意志或普遍意志,即理性化了的意志,才是法所需要的精神要素。

黑格尔进一步认为意志的根本属性或本性就是自由,"可以说,自由是意志的根本规定,正如重量是物体的根本规定一样……意志而没有自由,只是一句空话;同时,自由只有作为意志,作为主体,才是现实的"②。正是基于意志和自由的这种内在的本质联系,所以黑格尔认为法是"自由意志的定在"③,即法是自由意志的实现,自由意志乃是法的基础、本质、理念、真理。所以自由意志是黑格尔整个法哲学体系所围绕展开的中轴,自由意志通过一系列矛盾运动和辩证发展过程以不断实现自身,即不断实现为自由("法律是自由的具体表现","是自己实现其自身的自由"④),这构成法哲学的整个内容及体系。正因为这样,所以黑格尔法哲学的内容相当广泛,他所说的法的外延甚是广博。在他看来,法哲学与着重研究实定法或具体的法律的一般性法学不同,法哲学所研究的法,是自在自为的,不依人的意志为转移的法,就只能是"自然法"(黑格尔最初就把法哲学称为自然法学说)、应有法、法的概念运动或矛盾运动。所以他所谈的法不仅指实定法或法律,还包括道德(黑格尔认为道德是人们内心的法)、伦理(包括家庭、市民社会和国家,它们既是伦理实体,又是法律关系的承担者),因为它们都是自由意志及其矛盾运动在不同发展阶段的表现和实现。

自由意志这一法的理念经历了三大发展阶段。第一阶段,是自由意志的直接定在,即自由意志借助外物,占有财产来实现自己,这就是抽象法或形式的法(一般的法)的领域。此时,自由意志通过单一性表现出来,即人格,而其中首要的是人的权利能力。第二阶段,是自由意志在自身中的反思,在人们内心的实现,表现为行为主体为善为恶的内在信念。这就是道德的领域,是主观意志的法。第三个阶段,是前两个阶段的统一,是反思着的自由意志及其在外部世界中得到了实现,这就是伦理。它使作为实体的自由具有现实性和必然性,自由意志超越了前两个比较抽象的阶段而归于具体。黑格尔所说的抽象法即是相对于道德等其他社会规范而言的,以普遍权利(及相

---

① 参见[德]黑格尔:《法哲学原理》,10—12 页。
② [德]黑格尔:《法哲学原理》,11—12 页。
③ [德]黑格尔:《法哲学原理》,36 页。
④ [德]黑格尔:《哲学史讲演录》第 3 卷,224 页,北京,商务印书馆,1959。

应义务)为内容的、着重调整人的外部行为的社会规范体系,即人们通常所说的法的内涵和外延(但又不限于实定法或法律)。在黑格尔看来,它比起道德和伦理都更具有普遍性和抽象性,更注重意志自由的形式、程度、规格、界限;因为自由与权利俱在,权利就是人们行为自由的方式、程度、标准、界限、范围。所以在法的领域,意志自由的实际内容就是行为自由,黑格尔从唯心主义立场所倡言的意志自由其实际用意是在于强调法要体现、维护和保障人的行为自由。

抽象法又分为三个阶段:所有权、契约、不法和犯罪。固然,黑格尔从他的资产阶级立场出发,在整个抽象法部分核心论证私有制的合理性和私有财产的不可侵犯性。他把自由、意志、理性同财产权联系起来,认为占有财产的人才是自由的。但另一方面这也表明,黑格尔作为一个辩证法大师,又深刻地看到并论述了人和物、意志与利益、自由和必然、行为与规范的辩证统一关系,难能可贵地深入到经济现象中来考察法律现象中的诸种矛盾和关系。按黑格尔的法哲学体系,"所有权"要通过占有、使用和转让得以真正实现,而所有权还仅仅是有关单个人的自由,它的进一步发展便是具有所有权的双方在保持他们各自权利的条件下实现所有权的转让,这就过渡到"契约",契约是我放弃所有权的意志和他人取得所有权的意志之间达成的合意,即两个主体间为转移所有权而形成的合意行为。而"不法和犯罪"就是对所有权等权利的侵犯或违背契约,因此必定导致自己的否定方面——"刑罚"。刑罚扬弃了不法和犯罪,便是"法和正义"的恢复,从而过渡到道德并进一步发展到伦理。

从上述黑格尔的法哲学理论和观点可以得出以下几点认识:第一,法哲学的内容、体系以及方法同法哲学的对象和性质密切相关,前者以后者为理念基础和前提,对法哲学对象和性质的界定,也就决定了法哲学的内容、体系及方法的观念。第二,黑格尔法哲学的内容和范围相当广泛,不仅研究法和法律,而且还包括道德、伦理关系以及国家和市民社会等。因为事实上,家庭、市民社会和国家,都既是伦理实体,又都是法律关系的承担者;而法和道德,更是整个社会规范体系中不可分割并互相渗透、交互作用的两翼。所以实际上黑格尔是企图从整个社会规范体系乃至整个上层建筑及其与社会生活的密切联系和依序发展中来研究法,思考法律理论和实践问题的,即是从法与经济生活、物质利益、道德、伦理、社会(微观和宏观)、国家的关系着眼来构筑他的法哲学体系的。这一方面固然是由于他妄图建立包罗万象的哲学体系的需要以及论证绝对精神正、反、合三段论矛盾运动模式的需要,因而不免含有浓烈的客观唯心主义的虚妄成分。所以黑格尔把法哲学作为其哲学的一个部门,甚至认为"法学是哲学的一个部门"。这就使法哲学的研究范围无限制地扩展开来,而失去了其相对稳定和确定的界域,其不单是法哲学,而且也包括了道德哲学、政治哲学乃至历史哲学的内容。但是另一方面,也体现了以下合理思想:①法哲学与主要研究实定法(即法律)的一般法学不同,法哲学主要还研究应有法、应然法;法哲学所研究的法既是作为社会意识现象的法,又是作为社会制度结构中的法;既研究作为社会现象的法,又研究作为认识现象和文化现象的法,即研究社会体系中的整个法律现象——法、法律和法律文化。②法哲学研究法不能就事论事,就法谈法,孤立封闭,而应着眼于从整个社会体系中,从法与其他社会规范、社会要素和环节的内在联系中来对法进行理性思考,以树立正确合理的意志观、利益观、自由观、国家观、社会观、伦理观及其相应关系的观念等等。③法哲学更不满足于对法和法律的静态分析,尤着重于揭示其变化发展的矛盾运动和辩证规律,以辩证法的对立统一规律以及否定之否定、质量互变等规律为纲,来揭示和展现法演化运行的矛盾轨迹和基本线索。第三,因此,黑格尔法哲学的方法,固然是唯心主义的思辨方法,即唯心辩证法,但抛开其唯心主义体系和基础,取其辩证思维方法或辩证逻辑方法之合理内核而予以唯物主义的改造,就可以构建科学的法哲学方法。因此在唯物主义的科学基础上进行"思辨"和"反思"不仅是必要的,而且这乃是法哲学在研究方法和思维方式上的一个明显特征。

第二节 众说纷纭的法哲学范围、内容和体系

由于法哲学的概念、对象和性质历来颇多歧义和争论,所以法哲学的范围、内容和体系也是观点繁多,众说纷纭。

一、现代西方法哲学和法理学之内容及体系诸说

19 世纪下半期以来,西方法学发展过程中出现了法哲学同法理学趋同与合流的趋向,以至于不少法学家认为法哲学即法理学,但也有一些法学家主张法哲学不同于法理学。他们因而对法哲学(或法理学)的内容、范围、体系乃至方法的理解和阐述更是论述不一。归纳起来,大致有两分法、三分法、四分法、综合说、多义说等(为便于区分,姑且这样称谓),兹概述如下。

1. 两分法。

持法哲学即法理学的法学家通常把法哲学(或法理学)的内容划分为两大部分:法律的一般理论(法律的内在方面)以及关于法律的一般理论(法律的外在方面)。例如,美国法学家帕特森就主张,法哲学即法理学是法律的一般理论或关于法律的一般理论组成的。用这样两个命题,人们就可以大体上指出两类法律理论和分析:法律的内在方面和法律的外在方面。前者界定法律的范围,探究法律的一般概念、术语及法律自身各部分之间的关系;后者涉及与法律相关的其他社会要素和条件,探讨法律与社会、经济、政治、道德、哲学等的关系。

而戈尔丁又从另外的角度来进行两分。他认为,法律哲学研究两类问题:规范性(或论证性)问题与分析性(或概念性)问题。法律哲学家们既回答关于某些事情好不好,对不对,是否正义的问题,也试图对各种术语的定义和概念予以分析。

同时许多法哲学家(以及法理学家)都普遍重视对法学方法论的研究,因为采用什么样的法学方法,正是产生、形成和区分不同的法学流派以及它们之间相互对立及影响的根据和原因。所以对法哲学的内容还可以做这样的划分:关于法和法律的哲理体系以及关于法学的哲理(其中主要就是指法学方法论)体系。

2. 三分法。

无论是主张法哲学不同于法理学的法学家或主张法哲学即法理学的法学家似乎都更乐于给法哲学(或法理学)的内容和范围作出如下三种划分(或系统分析),即认为法哲学(或法理学)的内容和体系应由形式论、事实论、价值论所组成。

例如,明确主张法哲学不同于法理学的意大利法学家德尔·韦基奥在其《法律哲学》中就认为,法哲学由三大领域的问题构成:逻辑论(以法律的逻辑普遍性来界说法律),或者说研究法律的普遍概念(相当于形式论);现象论(探寻法律的起源及其历史发展的一般特征),或者说探讨人类法律发展史及其规律性(似相当于事实论);义务论(根据来自"纯粹理性"的正义理论对现行法律加以评价),即通过探求正义以评价现行法律并作为其标准(相当于价值论)。日本法学家高柳贤三的《法律哲学要论》也赞同此种观点。

而《不列颠百科全书》第15版第10卷中,在论及法哲学即法理学的内容时,也将之划分为"三个主要部分":①分析法学——其能对原理作明确的表达,为术语下定义和规定一些方法,其要义是使人们将法律制度看作一个独立体系,并最大限度地了解它的逻辑结构,以便将明确性和条理性贯穿在特殊法规的适用中。②社会学法学——即法理学中的社会学问题,涉及法律对维护特定社会有关的态度、行为、组织、环境、技巧和权力的实际综合效果。③正义的理论——主要根据法律的理想目标或宗旨对其进行评价和批评。显然,上述三部分更加典型地体现了形式论、事实论、价值论之划分。这一点,本书将在第四编中详加论述。

3. 四分法。

综合法学创始人美国法学家杰罗姆·霍尔又主张法理学可分为以下四个部分:第一,法律价值论,主要研究法律强制的可行性,特别是强制的伦理问题。第二,法律社会学,主要研究法律规则的目的、应用和效果等问题。第三,形式法律科学,主要对法律术语、规则、裁决等进行逻辑分析。第四,法律本体论,主要研究法理学主题的性质,也即基本概念问题。并认为以上几部分相互密切联系,且以本体论为中心。[①]

然而这种四分法基本上没有脱离三分法的框架,因为其第四部分法律本体论主要研究法律的基本概念,就相当于德尔·韦基奥的逻辑论,即仍可归于形式论或分析法学的理论和方法的范畴。

---

① 参见沈宗灵:《现代西方法理学》,3页。

4.综合说。

霍尔和埃德加·博登海默等人的统一(综合)法理学的主要理论趋向乃试图把分析主义法学、社会学法学、自然法学的观点和方法统一起来,在一个统一的体系下,包含了关于法律的形式学说、事实学说和价值学说。霍尔认为,以单一因素去阐明复杂现象的法理学是一种"谬误"。因此为了避免法理学理论中价值因素、形式因素和事实因素的孤立,必须创建一种"统一的法理学",从而把自然法学、分析主义法学和社会学法学的观点与方法统一起来。博登海默说,人类历史的经验告诉我们,不可能根据任何单一的、绝对的因素或原因去解释法律制度……法律是一个结构复杂的网络,而法理学的任务就是要把组成这个网络的各个头绪编织在一起。而这种法理学只能是"综合法理学"①。

可见,综合说是从收敛(综合)的角度表达了三分法;而三分法是从发散(三分)的角度表达了综合说。其所主张的法哲学(或法理学)的基本内容似乎是一致的。

5.多义说。

许多法学家还用列举的方法表述了法哲学和法理学的范围和内容。

如德国《布洛克豪斯百科全书》第15卷第512—513页列举出法哲学"主要的问题"是:①效力问题。法律要求每个人将它作为自己的行为准则加以承认和遵守。这种要求使法律与个人发生了对立,于是就产生了下述问题:提出这一要求的根据是什么? 立法者能否赋予任何一项规定以法律效力? 能否借助法律观念,借助自然法或道德准则来划定法律的界限? ②存在问题。实在法的形成、改变和消失。只要实在法得到承认和遵守,它就会影响人们的行为,进而影响社会结构。这里作为问题提出的是,法律效力的依据是什么? 它的特殊存在方式又是什么? ③意义问题。如果法律作为精神存在,它在无机物、有机物和心灵之外,具有独有的实际形式。这样一种形式的法律,其内容意义总是关系到价值,那就出现了下述问题:在"法律"中有哪些意义具有其确定的形式? 而又如何才能够从内容上来理解法律价值的核心——公正? ④自由问题。如果社会是按照法律程序建立起来的,那就会产生个人和团体对其行为(作为和不作为)应负的责任问题,以及产生法律的目的是否仅限于维护和促进各种文化(连同从属于它的法律观点)的承担者的人类社会? ⑤平等问题。由于人类实际上是不平等的,只是在法律面前才是平等的,客观的法律在对个人的适用上也就必然是不平等的,结果引起了法律和犯罪心理学的接近,后者试图同样地深入到罪犯、证人、辩护人和法官的心灵中去。

国际法理学和法哲学会刊《法律和哲学》,也从十分宽泛的范围内和程度上列举了法哲学问题。即:法律的理论,正义和法律,道德和法律,法律效力,法律和法律制度的性质,责任和惩罚,司法,法律推理,义务和不服从,法律和职业道德,有关证据和程序

---

① 参见[美]博登海默:《法理学——法哲学及其方法》,199—200页,北京,华夏出版社,1987。

的认识论问题,对有关法律和法律制度的概念和根本问题进行哲学研究,法律发展对哲学的影响,法律制度和其他社会制度的关系,法律理论和政治理论的关系,关于法理学和法哲学的问题的经济学分析,法律概念的本质和发展等。

《牛津法律大辞典》给法哲学界定了如下一些研究内容和问题:法律的定义和性质,法律与道德的关系,法律与社会和国家的关系,法律所要达到的目的,服从法律,法律概念和词语的解释,法律推理的本质和效力等等。英国法学家迪亚斯还说:法哲学研究涉及法的性质、功能、广泛的基础及其适用,改善和改革。①

日本法学家加藤新平在其《法哲学概论》一书中的《法哲学的基本任务与研究课题》一节列出了法哲学的如下内容和问题:法的概念规定;法的思维的各个范畴,如法的人格、法律关系、权利、义务、违法行为、责任、法的强制等;法的目的或价值观念;法的妥当根据;法和其他社会规范的区别和关系;法的机能,如形式上的法规范的评价机能以及命令的或指令的机能、制度构成的机能,实质上的法与自由的关系,法的阶级性等;法源;法学各子学科,特别是法解释学的逻辑,如对法史学、法社会学与各种史学、社会学的关系的逻辑与方法论的考察等;法的历史哲学的考察;法哲学史。井上茂先生在其《法哲学》一书中则依次考察"法的存在原理""法所遵循的逻辑""法的考察和法的实际""法秩序""法体系的动态""法过程的构造""正当性"等问题。平野秋夫先生的《法哲学原理》一书则依次讨论法与逻辑,法与事理、心理、伦理,法与社会,法与家族,法与公共体(国家、世界、世界共同体)的关系等。

可见多义说也以其不甚规则、不甚系统的非要式的方式涉及二分法、三分法、四分法以及综合说的诸内容和范围而又有很大程度的扩充。

二、前苏联法学界关于"法的一般理论"的内容和体系的观点

前苏联法学界一种颇具代表性的观点认为,法的一般理论,或国家与法的一般理论,是可以和法哲学相替代的,或者说,法哲学即存在于或包含于法的一般理论之中。围绕着这一基本观点,前苏联法学家们也主要从三个角度予以分析阐述。①从"国家和法一般理论"的逻辑认识论的角度。如克拉萨夫奇科夫认为从国家和法的一般理论可以划分出材料环节、理论环节和实践环节;阿列克谢耶夫则认为可以划分为一般方法学上的基础、实际材料和理论体系三个部分。②从"国家和法一般理论"的对象的角度。主张存在三个独立的一般理论学科:捷年巴尔姆提出分为国家和法的理论、国家理论、法的理论;阿列克谢耶夫倡议分为国家和法一般理论的统一基础学科、法的一般理论、包括国家学问题的社会政治制度理论;瓦西利耶夫则主张分成国家理论、法的理论和法律意识理论。③从"国家和法一般理论"的方法学的角度。一般认为它包括三

---

① 参见张乃根:《西方法哲学史纲》,1—2 页,北京,中国政法大学出版社,1993。

方面问题,即国家和法的哲学问题,国家和法的社会学问题以及专门法律问题。如阿列克谢耶夫在其《法的一般理论》一书中,说明法的一般理论把法在哲学、社会学、专门法律学三个方面的特征一元化地统一起来,因此,"法哲学"、"法社会学"、"专门法学理论(普遍实证理论)"是社会主义法一般理论的分支。雅维茨也指出:"从获得知识的方法的角度,一般理论明显地可以分为法哲学、实在法的法律观点(实证论)和法社会学……马克思主义法的理论是法哲学、法社会学和实在法的法律观点的有机的结合。"①这些都是从不同的角度和层面对法的一般理论所作的三分法。另外,还有一些前苏联法学家也直接提出了近似于西方法哲学和法理学中的形式论、价值论、事实论以及"统一(综合)法理学"的主张,认为从对法的概念的不同理解中,可以形成关于法的多面观念和多重理论,如"规范"说、"形成过程"说、"社会学"说;而把这些方面综合起来,又可以合成一个完整图像。因而阐明法学当前发展趋势之一是,加深作为一个整体的法的概念。

从以上我们可以感悟出世界法律文化发展中一些共同的理论趋势和学术走向。

三、中国法学界关于法哲学和法理学内容及体系的若干意见和建议

改革开放以来,中国法学界关于法哲学和法理学(主要指法学基础理论)的范围、内容和体系的探讨也是比较热烈的,其中既吸收了前苏联法学界以及西方法学界的一些研究成果,又提出了自己的探索性意见和建议,也存在着二分法、三分法、四分法、五分法、多论说以及多义说等观点。这种情况是很令人可喜的,它表明中国法学界对法理学和法哲学研究的积极投入和大胆探索,预示着法理学和法哲学研究将会有所重大进展和突破。

1. 关于两分法。

我国"法学基础理论"(现在又称为"法理学",但实际上仍然基本上沿用"法学基础理论"的体系框架)教学(材)体系,力求纵横结合构建其内容和体系(通常包括法的一般原理,法与其他社会现象的关系,社会主义法的基本理论,法的制定与实施以及正逐步增加的一些新内容),从其实际内容和体例来看,亦基本上包括法律的内在方面和外在方面。所以有的学者根据前述帕特森的观点直接而明确阐述道:"法理学一般包括两个方面的内容。一是法律的一般理论,即法律的内在方面。二是关于法律的一般理论,即法律的外在方面"。②

当然,我国法学基础理论或法理学的内容和体系也正在逐步深化发展中,并有一些新的课题和新鲜的内容。法律文化、法的价值、法律调整及机制、法治理论、法制现

① ［苏］Л.С.雅维茨:《法的一般理论——哲学和社会问题》,5—6页,沈阳,辽宁人民出版社,1986。
② 万斌:《法理学》,15—16页,杭州,浙江大学出版社,1988。

·47·

代化以及对法的内容与形式、本质与现象、整体与部分的分析等,均值得重视。

2. 关于三分法。

北京大学赵震江教授等的见解很具有代表性。他们认为,从方法论上着眼,法学一般理论迄今为止大体上存在着三种不同指向的学术发展:①道德理性指向,强调法律内在的理想目标及其价值正义性。②逻辑实证指向,强调法的相对独立、自我完善、结构稳定与逻辑合理。③经验科学指向,强调法律作为人们组织与改造社会的手段所具有的功能。认为这三种学术指向不仅是西方法学发展中的特有现象,而且它们在社会主义国家的法学发展中也得到某种体现,因为它们深刻地反映着法律科学自身内在的一般规律。因此着力指出:"如果对1979年以来我国法学理论的大体走向作细心考察,也可以依稀识别初具萌芽而尚未自觉的相应理论指向。"①

另外,中国人民大学郭宇昭教授则赞同前苏联法学家从"国家和法一般理论"的方法学角度对法的一般理论结构体系所提出的见解,认为中国的法学基础理论的内容基本上也由三部分组成:法哲学部分、法社会学部分和现实法部分。②

浙江大学万斌先生进一步把"法律的内在方面"细分为如下三类内容:第一,揭示适应于一切法律现象、法律制度的最基本规定,抽象出它们的共同点,阐明法律之逻辑的普遍本质;第二,揭示法律和法理思想历史发展的规律,把握它们发展必然遵循的逻辑和态势;第三,确立法律评价的一般准则,对具体的历史的法律制度作出合理评价,并预示法律发展的一般趋势。③

台湾地区法学家洪逊欣先生在其所著《法理学》一书中,则把法理学的研究范围和内容确定为:①法价值理念之探究(组成"法存在论"之重要部分);②法概念之确定及法源之研究(是从"法学认识活动"的角度);③法学尤其法科学研究方法之检讨。

同时,我国也有法学家直接提出或表达了关于法哲学内容及体系的三分法主张。例如西北政法学院武步云教授在其《马克思主义法哲学引论》一书中,就是从本体论、本质论、价值论三大部分来构建其理论体系,阐述其内容的,书中并提出了法的结构和功能等重要问题。

还有的法学家认为,应从如下三个方面来界定法哲学的内容:①研究法律怎样随着生产力的发展,随着生产关系的变革而产生和发展,揭示其运动和发展的规律;②研究法律与生产方式的关系,阐明它在建立、巩固和发展社会生产力和经济基础中的地位和作用,阐明在不同生产方式中以及每一种生产方式发展的不同阶段上法律的地位和作用的特殊性;③法律是社会上层建筑的一部分,法哲学应当研究法律与上层建筑其他部分的关系,阐明它在整个上层建筑中的地位和作用,研究法律在不同性质的上

① 赵震江等:《法律社会学的意义与研究框架》,见《法律社会学》,21页,太原,山西人民出版社,1988。
② 参见郭宇昭:《法学基础理论的现代和今后的建设》,载《法律科学》,1989(2)。
③ 参见万斌:《法理学》,15—16页,杭州,浙江大学出版社,1988。

层建筑中以及在每一种上层建筑不同发展阶段上的地位和作用的特殊性。[1]

3.关于四分法。

上海社会科学院法学研究所的林喆女士和倪正茂先生各自从四个方面提出和阐述了法哲学的内容和体系,颇引人注意。兹分别予以介绍。

林喆主张,法哲学的内容和领域可分为这样四个部分:

第一,法律现象学。主要研究法律的形式、关系和秩序。所以又可分为:①法形式论。它研究人的自然性与社会性的矛盾,人类传统习惯的形成以及社会目标确立过程中个体与群体的冲突,阐发法的诸种形式——自然法、习惯法,法律的演变过程。②法关系论。它通过人在社会交往中所形成的各种类型的法律关系,来展示人类在自然状态下固有的种种冲突和社会化环境中的不平衡状态,阐述人类对建立法秩序的需求的客观性和主观性。③法秩序论。论述立法、司法、执法过程中人的主观因素影响的表现形式和特点,违法的社会根源和守法的人文基础。

第二,法律本质说。又包括三方面:①法源论,总结法律现象学展现的法活动中人与自然和社会所发生的各种冲突的特点及规律;②法性论,通过分析民主与法制,人治与法治之间既相矛盾又相统一的关系,揭示各种法律现象最一般的本质;③法效论,即法律功能研究,包括法律、法律制度、法律组织机构、法制教育在不同形式的政治、经济、文化等活动中的职能、作用、效力、极限、禁区和实际效果。

第三,法律思维学。它从人的生理结构和功能、精神病理、心态、语义逻辑方面剖析法律的本质。主要研究影响法形成、生效、执行过程的人的生理机制、心理结构;探求人的思维与法的关系,包括人的法观念产生的生理基础;法律语言的特定逻辑和意义,立法、守法、违法现象以及社会"失范"现象产生的心理基础。

第四,法律价值学。主要由三组九对范畴组成:①需要论,包括法需要与法满足、善与恶、良心与罪;②权利论,包括自由与限制、权利与义务、责任与惩罚;③正义论,包括法意识与法行为、正义与法律、公平与效益。它以法需要与法满足这对范畴及其矛盾为起点,以权利与义务的对立统一关系为中轴,以公平与效益之间的冲突及其解决为依归,揭示出人的价值评判标准与法律的价值取向之间始终存在着实质的而又无法消除的差异,人与法的矛盾在人们的社会生活中主要表现为能否协调三种关系——个体需要与社会目标、应有与实有、法律与道德的关系。[2]

倪正茂先生认为法哲学的研究范围和内容为以下四类:

第一类,法哲学学科。包括:①法哲学定义;②法哲学的地位;③法哲学的研究对象和研究范围;④法哲学的特点;⑤法哲学的基本概念;⑥法哲学的基本原理;⑦法哲学史;⑧法哲学的发展规律性。

---

① 参见储士家:《"马克思主义法哲学"研究讨论综述》,载《争鸣》,1991(1)。
② 参见林喆:《法学应重视人与法的关系》,载《思想战线》,1989(6)。

第二类,法的哲理探讨。包括:①法律概念的哲理探讨;②法律判断的哲理探讨;③法律推理的哲理探讨;④法的原理的哲理探讨;⑤法的法理规定性的哲理探讨;⑥法的哲理规定性;⑦法的内部关系的哲理探讨;⑧法律制度内部关系的哲理探讨;⑨法律意识的哲学本质;⑩法文化的哲学本质;⑪法与法律秩序的关系的哲理探讨;⑫法律的起源的哲理探讨;⑬法的发展规律的哲理探讨;⑭法的方法的哲理探讨等。

第三类,法与其他事物关系的哲理探讨。包括:①法与人的关系的哲理探讨;②法与经济制度及经济状况的关系的哲理探讨;③法与政治制度及政治状况的关系的哲理探讨;④法与社会制度及社会状况的关系的哲理探讨;⑤法与科技进步的关系的哲理探讨;⑥法与道德的关系的哲理探讨;⑦法与宗教的关系的哲理探讨;⑧法与风俗习惯的关系的哲理探讨;⑨法与婚姻家庭制度的关系的哲理探讨;⑩法与心理的关系的哲理探讨;⑪法与意识形态的关系的哲理探讨;⑫法与社会思潮的关系的哲理探讨;⑬法与哲学的关系的哲理探讨;⑭法与逻辑的关系的哲理探讨;⑮法与语言的关系的哲理探讨等。

第四类,法哲学方法论。包括:①社会学方法的哲理探讨;②比较方法与法的比较;③评价法与法的评价;④统计方法与法的定量分析;⑤定性分析法与法的定性分析;⑥系统分析法与法的系统分析;⑦规划法与法的规划;⑧统筹法与综合治理;⑨优选法与法的优选;⑩最优控制法与社会的最优控制;⑪预测法与法的预测;⑫法律解释的哲理探讨等。

在阐明上述法哲学的研究范围和内容后,倪正茂先生在《法哲学经纬》中又依此进一步说明了他所主张的法哲学的体系的含义:其一,"法哲学学科"所涉的问题,体现在"法的哲理探讨"与"法与其他事物关系的哲理探讨"上;其二,法哲学方法论并不是外加的,而是从"法的哲理探讨"与"法与其他事物关系的哲理探讨"中概括、抽象得到的;其三,法哲学方法论又对"法的哲理探讨"与"法与其他事物关系的哲理探讨"起"反作用",即前者将用于后者的研讨。

此外,还有的学者认为马克思主义法哲学至少应包括以下四个方面:第一,研究法律现象产生、存在、发展的一般规律;第二,研究法律与其经济基础之间,法律与上层建筑其他因素之间,以及法律与其他自然、社会因素之间的相互作用的规律;第三,研究法律现象内部诸因素之间的相互关系的规律;第四,研究、探讨社会主义法学、法制建设发展的客观规律。①

4. 关于五分法。

文正邦先生对法哲学(特别是马克思主义法哲学)的研究方向和内容曾经作过如下概述:①对作为每一社会政治文明之重要内容的法律文化进行总体研究,在其与其他社会现象的相互联系中揭示它与该社会物质文明及精神文明的相互影响和作用,从

---

① 参见储士家:《"马克思主义法哲学"研究讨论综述》,载《争鸣》,1991(1)。

而探寻该社会法律制度及思想理论体系演化的基本规律和发展战略。②对法学的理论和实践中特具的唯物论和辩证法问题进行系统阐明。如自由与必然、行为与规范、权利与义务、国家意志与统治阶级共同利益等的矛盾如何贯穿在法学中？法律意识、法律规范、法律关系、法律制度和设施等之间的关系是怎样的？司法工作中的基本矛盾是什么？诉讼活动中认识过程有何特点以及它如何体现了认识深化发展的辩证规律？怎样在司法工作中坚持实践是检验真理的唯一标准？法律价值观的含义及法律正义的实质是什么？等等。③对法学的一些最基本理论问题如法的起源、本质、作用、结构、发展规律等进行哲学反思；对法律实践的基本过程包括立法、司法、守法等进行哲学分析，以解决法学理论的真理性和法律实践中的主客观统一问题。④进而对各具体部门法学及其实践过程进行哲学分析和研究，如宪法哲学、刑法哲学、民法哲学、诉讼法哲学研究等。⑤开展法学学和法学方法论的研究。此外，还应把马克思主义法哲学思想发展史、中外法哲学思想史、当代世界法哲学思潮述评等作为导论部分的内容。

文正邦先生认为，这并非是其关于法哲学内容和体系的定见，只能算是在探寻法哲学内容和体系问题思想历程中的不成熟的阶段性的结果。因为在法哲学研究过程中，其思维也处在不断深化、发展以及自我扬弃之中。

5. 关于多论说。

在探讨马克思主义法理学的内容和体系的过程中，一些法学家力图突破我国法学基础理论的原有框架而使其进一步拓展和深化。例如，吉林大学张文显教授主编的《马克思主义法理学——理论与方法论》（吉林大学出版社，1993）就包括法学方法论、法律范畴论、法律本体论、法律发展论、法律运行论、法律价值论、法律文化论、权利义务论、民主法制论、法治战略论。还有人民大学孙国华教授主编的《马克思主义法理学研究——关于法的概念和本质的原理》（群众出版社，1996），以及吕世伦、公丕祥教授主编的《现代理论法学原理》（安徽大学出版社，1996），也都有许多新的提法、新的概念、新的视角和新的内容。

6. 关于多义说。

有的法学家也从列举的角度来概述法哲学的范围和内容。如李敏生先生指出：法哲学研究的范围，要涉及法学研究的全部内容，但它又超出法学研究的范围，它要在更广阔的领域中研究法的文化，法与社会生活的各个领域的关系，法的社会意识、社会心理及其历史发展。比如，从世界观和认识论的角度，探讨人的社会主义法制观念的形成、发展及其在世界观中的地位作用；从哲学的角度总结、概括法的发展与艺术史、美学史的关系，通过研究人的法的意识在艺术和美学上的表现揭示社会存在和社会意识的辩证关系。除此之外，法哲学还要研究法与科学技术发展、法与人和自然关系的发展、法与社会矛盾的发展的相互作用，并对上述诸多方面进行哲学上的概括，展开唯物史观、辩证法和认识论的丰富内容。总之，法与人、自然、人的思维等各方面的联系，都是法哲学所必须涉及的。①

第三节　法哲学是关于法学世界观和方法论的理论体系

从上述可见，无论是西方法学家、前苏联法学家以及中国法学家对有关法哲学和法理学的范围、内容及体系的表明和阐述，都提出了许多有价值的、给人以启迪的意见、设想和建议。例如关于以三大主流法学派即分析主义法学、社会学法学、价值侧重法学的基本理论趋向和方法来构建法哲学和法理学的内容和体系，以及关于从本体论、价值论、方法论、认识论等方面来展示法哲学和法理学的理论领域和逻辑体系等等。但由于构建法哲学理论内容和体系的复杂性和繁难度，尤其是由于还存在着把法哲学同法理学或法学基础理论混同起来的倾向，因此也还有许多地方不确切，不严密，或者理论层次不到位。总之，还难以形成比较公认的法哲学理论体系和内容。

我们认为，构建法哲学的内容和体系要避免两种倾向：一种是过于哲学化，以至于太抽象、太玄妙，这不免会脱离或游离于重大的法学理论和法律实践问题而显得空洞、晦涩；再一种是过于法学化或专门法学化，从而过于具体化和表象化，而难以避免繁琐、庞杂，概括性不强，理论提炼和深度不够，理性思考不到位，逻辑力量缺乏。之所以会出现这两种情况，主要的原因就是没有准确把握并严格依据法哲学的对象和性质方面的特点来考虑法哲学的内容和体系。法哲学之不同于一般法学理论之处就在于，法哲学所研究的是有关世界观和方法论方面的问题；但法哲学又不同于普通哲学，它所研究的不是普通的世界观和方法论，而是关于法这种社会现象的世界观和方法论，我们把它称为法学世界观和方法论。法学世界观和方法论是潜藏于人们法律意识中最深层的东西，是各派法学的理论基点和核心。但它不会自然而然地就显露出来，要靠理论家、法学家们去发掘；同时不等于有了法学世界观和方法论也就有了法哲学，还要靠理论家、法学家把它们加以提炼、整理，予以理论化、系统化，形成特定的概念、范畴、原理、原则，才能构成法哲学的内容和体系。所以法哲学就是关于法学世界观及其方法论的理论化、系统化的学问，或者说是关于法学世界观和方法论的理论体系。

一、法学世界观解说

所谓法学世界观，就是人们对法这种复杂的社会现象的总的看法、基本态度和根本观点。它是哲学(普通哲学)世界观的一个特定组成部分，是运用这种哲学世界观来观察法、思考法、认识法所得出的结论，属于人们的社会历史观的范围。它属于人们的法律意识，是法律意识中最深沉的东西，人的法律意识只要不断向纵深追溯下去，都会

---

① 参见李敏生：《应当开展马克思主义法哲学研究》，载《光明日报》，1987 – 03 – 30。

触及到若干法学世界观的问题。例如:法是神定的还是人造的(这是古代社会和中世纪人们经常思考的一个法哲学问题)？法是与世俱来的还是人类社会发展到一定历史阶段的产物？换言之,法是先天就有因而是先验的、超验的东西呢,还是在人们社会实践中产生的,是适应生产斗争、阶级斗争需要而产生、存在和发展的？法纯粹是人类理性、意志的产物还是对社会现实生活的一种反映？法是全社会共有的保护神还是它总是要维护一定阶级、集团的利益？法是孤立、静止、永恒不变、万世永存的还是与社会经济、政治、文化紧密联系和相互影响,因而也不断变化、发展着,必须适时地立、改、废？法的变化发展有无规律性,规律性有哪些？法与社会进步和人的全面发展的关系,是它仅仅起一种消极的限制、束缚的作用呢,或它还具有对社会生活的积极、能动的促进和发展功能？等等。总之,世界观问题就是追溯世界和各种事物的终极原因、目的、意义、根据等而揭示出的一些最根本、最重大的问题。在法的领域,世界观问题几乎是到处体现并贯穿始终的。许多法学问题特别是法理问题,说到底就是一个哲学问题,即世界观问题。例如,马克思主义法学关于法的本质问题的理解是坚持法的物质依存性和阶级意志性,这实际上就是坚持了物质决定意识、社会存在决定社会意识,是从思维与存在、主观与客观的辩证统一上来认识法及其本质的,这就是具有世界观意义的法哲学问题。不仅如此,法律实践中也都处处存在着这类问题。例如,侦查破案工作实际上就是从已知的点滴情况中找联系,从联系中抓必然,从必然中获取自由,从而透过现象、排除假象、揭示本质,找到犯罪的真凭实据,达到破案的目的。又如法学上的因果关系一直是一个争论不休的领域,办案人员经常在一些复杂的因果链条面前陷入困惑。如果我们能从哲学上对原因和结果的对立统一关系狠下工夫(包括原因和结果的相互作用和转化,直接原因和间接原因的辩证关系),再结合必然性和偶然性、可能性和现实性范畴来予以综合研究,就不难找到较正确的答案。再例如诉讼证据问题,历来是法学上具有重要理论和实践意义的问题,之所以如此,从法哲学的观点看来,它体现着诉讼认识过程的特点和奥秘——证据作为案件事实的遗留形态,是我们认识案件事实的唯一依据和必由之路。案件事实是已发生并已经消逝了的客观事实,正像历史事件是以往发生并早已消逝了的一样。要认识历史事件就只有靠它遗留下来的历史文物和资料;要认识案件事实也只能靠它在客观世界留下的物品、痕迹和反映形象即证据,它们和案件事实之间存在着客观的必然的联系。可见诉讼活动中的认识对象——案件事实具有已逝性和间接性,这就决定了诉讼活动中的认识过程是非常复杂的,它必须以查证证据这种唯一的直接认识对象为中心,并以科学的认识方法和手段来揭示证据与案件事实之间潜藏着的必然联系,竭力排除种种假象和偶然性,避免任何主观随意性。在这里,稍一不慎就会滑向唯心主义和形而上学,所以必须要通过一系列严密的、法定的诉讼程序来层层设防,步步把关,使我们的认识尽可能客观和全面,以便准确地定性量刑。可见,诉讼证据中包含着无比丰实和深邃的法哲学问题。

总之,法学理论和实践中处处都存在着这类具有世界观意义的哲学问题。只有以这种哲理性的眼光来探究和审视各种法学理论和实践问题,才能对之理解和解决得更深刻、更彻底,它使我们在认识和实践中站得高、看得远、理解得深、揭示得透彻,使我们更有战略眼光和宏观性思考。这就是哲理性思维的威力和魅力。树立科学的法学世界观,其意义和价值也在于此。

每一种法学流派和学说都有其特定的法学世界观。近代自然法学的基本理论就是一种典型的法学世界观,它是文艺复兴以来的人文主义思潮、资产阶级启蒙思想以及近代形而上学唯物主义的法学表现。一方面,它反对宗教神学,用人权取代神权,用人的尊严取代对神的膜拜,用法学世界观取代了神学世界观。代替教条和神权的是人权,代替教会的是国家,这种资产阶级的经典世界观①在反对封建专制主义和蒙昧主义,建立近代资产阶级法治国的过程中起到了非常重要的作用。然而另一方面,它把人的理性、意志、本性作为法的基础和本原,而且把自然法看作是先天先验的,就陷入了唯心史观。同样的,哲理法学、历史法学、分析法学也都有它的哲学基础和思想渊源,有其特定的法学世界观。现代西方法学流派与现代西方哲学流派的关系更为密切。例如各种形式的实证主义,以及新康德主义、新黑格尔主义、新托马斯主义、存在主义等,既是一种哲学流派,又形成了相应的法学流派,其法学世界观就更为鲜明也更为复杂。

法学世界观具有概括性、间接性和稳定性等特点。概括性是指它是一种宏观性认识,是对法律现象的最普遍、最一般的把握,而不是指单个的或对某部分的把握;间接性是指它超越了对法的现象的直接感受和体悟,而必须经过一系列再思考再认识,即所谓"反思"才能达到;稳定性是指它不是变化无常,或完全因人、因时、因事而随意更易,人们的法学世界观一旦形成,就会对他们的法律意识及其行为起恒久的指导和支配作用,并在相关的情况下会反复出现和起作用。

二、法学世界观和法学方法论

世界观同时也就是方法论,有什么样的法学世界观也就会有什么样的法学方法论——法学方法论就是运用一定的法学世界观来观察、研究和处理法的理论和实践问题而形成的一些最根本的方法和原则(包括思想方法、工作方法以及研究方法)的体系。例如马克思主义法哲学所奉行的方法论原则就是经济分析方法、阶级分析方法、历史主义方法、矛盾分析法等等;还有社会主义法制实践中的一系列最基本的法制原则,如法律面前人人平等,以事实为根据、以法律为准绳,公检法三机关相互配合、相互制约等等,这都具有法哲学方法论的意义,都有其深刻的法哲学依据。这些都是马克

---

① 参见《马克思恩格斯全集》第 21 卷,546 页,北京,人民出版社,1965。

思主义的法学世界观所必然引导出的。如果说法学世界观是"体",那么法学方法论就是"用",在人们的思想和行动、认识和实践中,世界观和方法论、"体"和"用"总是紧密结合,融会在一起的,一般说来,在正常的情况下,二者总是一致的(也有不一致的情况,例如黑格尔的辩证方法同他的客观唯心主义世界观就是相矛盾的;近代形而上学唯物主义的自然观,同他们的机械的、形而上学方法论也是矛盾的。这是由于早期资产阶级的二重性造成的世界观和方法论的某种程度的分裂)。在正确的世界观和方法论的指导和影响下,才会形成正确的思想方法、工作方法及研究方法。树立和掌握正确的思想方法和工作方法及研究方法对于法学和法律工作者来说是至关重要的。法既是一种复杂的社会现象,又是一种复杂的认识现象和文化现象,既具有强烈的阶级性和实际应用性,又包含着人类政治文明、制度文明的普遍规律和共同智慧,蕴含着人们理性思维的结晶,而且在法的领域,一切活动和过程都要求按严格规范化的方式来进行。如果没有正确的思想方法、工作方法及研究方法,就很容易犯主观主义和片面性的错误,主观主义和片面性就是实际工作中的唯心主义和形而上学。这是政法工作的大敌,冤假错案,恣意枉纵,出入人罪,均由此而生。所以法学和法律工作者如果没有正确的世界观和方法论,找不到正确的思想方法、工作方法及研究方法,乃是一个致命的缺陷。为此,必须增强法哲学的素养,通过法哲学的学习和训练,才能比较便捷地提高这方面的素质和能力。

有和没有正确的世界观和方法论是大不一样的。例如,运用矛盾的普遍性原理,那么在司法工作中就不应回避和掩盖矛盾,而应善于揭露和处理矛盾。因为任何案件都是一个复杂的矛盾统一体,都有待于开展对立面的斗争以及把握同一来促使矛盾的转化和解决。如证据在查证属实之前都存在着真和假两种可能性;刑事案件事实在落实定案之前,其罪与非罪、罪轻罪重,都存在着是和否两种可能性。因此整个刑事诉讼过程是贯穿着控诉与辩护、证明与反驳等矛盾双方的对立统一运动的过程。认识到这一点我们才能自觉地既注意控诉证据,又注意辩护证据,力求客观全面,而且有意地设置对立面,提出多种可能和假设,并力求对当事人和有关人员的相互辩驳、诘难和发表的不同意见进行对照、比较、分析、鉴别,从中得出唯一正确的结论。又例如,运用矛盾的特殊性原理,我们就会知道,世界上没有两个完全相同的案件,因而应努力于具体问题具体分析,避免简单化、公式化、生搬硬套和削足适履,避免用案件事实来裁剪法律和我们的认识,这样才能避免形而上学和唯心主义。

三、法哲学和法学世界观

法学世界观和方法论是法哲学的研究对象,但并不等于说有了法学世界观就自然而然有了法哲学理论。法学世界观分为自发产生的和自觉形成的两种形式。自发产生的法学世界观是不系统的、零散的;同时,潜藏于人们法律意识中的法学世界观也不会自然而然地就显露出来,而要靠思想家、法学家们去主动发掘。通过思想家、法学家们的发掘、提炼、整理,从而总结和概括出人们自发产生的比较朴素的法学世界观方面的思想和认识,再借鉴、吸收和继承其他有益的法学遗产和哲学养料,从而形成理论化、系统化的法学世界观和方法论,即上升为法哲学理论。通过对它的学习和训练,而形成自觉的法学世界观。所以说,法哲学是关于法学世界观和方法论的理论体系,是理论化、系统化了的法学世界观。

法哲学除了具有法学世界观的概括性、间接性、稳定性的特点之外,还具有抽象性(即理论性或科学理性)和系统性的特点,它是系统的理论思维的结晶。思想家、法学家们通过提炼、整理、总结、概括人们自发的法学世界观而形成法哲学理论,一般是采取两种可行的途径:一种是对现有法学理论的再思考、再认识;一种是对法律实践经验的进一步总结和概括。而其共同点都是对职业人员法律思维成果的再抽象、再概括,再辅之以对广大人民群众法律意识中具有世界观意义的思想认识的采掘、提炼、总括,并吸取、继承其他有益的法学遗产和哲学养料予以比较、鉴别、取舍,而加以理论化、系统化,形成特定的概念、范畴、原理、原则,才能构成法哲学的内容和理论体系。所以,确切地说,法哲学是关于法学世界观和方法论的理论化、系统化的学问。

第四节　法哲学内容及体系的整合与方法之阐析

关于法哲学的内容和体系问题虽然观点繁多、众说纷纭,但只要我们仔细思索分析和比较研究,就可以探寻出一些有规律性的东西,从而为我们界定法哲学的内容,构建其理论体系提供比较恰当和易于取得共识的视角和思路。综上所述,这些思路有以下几点:

(1)法哲学的内容和体系既不应过于哲学化,也不能过于法学化。如前所述,法哲学是关于法学世界观和方法论之理论化、系统化的学问,必须上升到法学世界观和方法论的高度才能称得上是法哲学。然而,法哲学又离不开重大的法学理论和法律实践问题,它必须以此为事实和材料的基础和依据,是对法学理论成果的再思考、再认识,是对法律实践经验的哲理分析、总结和概括。因此,如何围绕法学世界观和方法论的理论化和系统化来展开探讨,并容纳进对重大法学理论和实践问题的高度理性分析和思考(即法哲学思考),以形成特定的概念、范畴、原理、原则之内容和体系,就是摆在我们面前的重要任务。

(2)法哲学的内容和体系应概括当代世界主流法学派的基本理论趋向和方法论原则。正如前面许多法学家所表述的那样,价值侧重法学、分析主义法学、社会学法学所代表的法的价值、形式、事实要素,或法学的道德理性指向、逻辑实证指向、经验科学指向,是世界法律文化发展中的一种相得益彰、互为辅补的普遍现象,它深刻地反映着法律科学自身内在的一般规律。而且,现代西方法学中新自然法学、社会学法学、分析实证主义法学之三足鼎立亦并非偶然,表明法和道德、法和社会、法自身中的内容和形式的关系交叉纵横,是支配当代西方法学发展演变的三条纲,它们所分别强调的法的价值、事实、形式三大要素相互弥补,事实上不可分割。因此,构建法哲学的内容和体系,如果忽视或偏缺了这三种学术指向,就不可能是完整的。

(3)法哲学的内容和体系既不应完全同于哲学体系但又可以适当借鉴和吸收哲学体系中的一些比较公认的科学概念和逻辑表述,以便于通过嫁接和改造,形成法哲学自身的逻辑范畴和理论系统。这是必要的,也是应该的,因为法哲学本身就是哲学的一个门类(即部门哲学)。如果完全抛开哲学体系及范畴来构建法哲学的体系及范畴,不仅吃力而且会割断与哲学的逻辑衔接和理论沟通。至于法哲学应否采用或吸收法学的一些基本概念或范畴,如前所述,它可以以这些概念、范畴为理论素材,对它们进行哲学的审视和反思,以便于提炼、升华为法哲学自身的概念和范畴逻辑体系。这同样也是必要和应该的,因为法哲学也是理论法学的一个分科。

一、法哲学内容及体系的整合

按照上述思路及方法论原则,并通过求同存异,可以把法哲学的理论内容和体系至少划列出如下一些相互递进和具有内在联系的部分或领域。

第一是导论部分。这自然是不可缺少的,它是关于法哲学这门学科的理论(法哲学学科的理论还包括其方法论)。主要应阐明法哲学的对象、性质和任务;法哲学的历史沿革和发展;法哲学的内容、体系和方法(特指法哲学的研究方法,应着重阐明法哲学在研究方法上的特征);以及其他重要问题(例如,与哲学基本问题相联系,法哲学有没有它的基本问题? 法哲学的基本问题是什么?)和开展法哲学研究应注意的问题等。

第二是本体论部分。这是法哲学理论体系的核心部分或基础理论部分,是从法学的理论高度来阐明法是什么(其哲学本质是什么,以何者为本体或存在的载体)以及它是怎样的(在社会矛盾中产生、存在和变化发展的)。因此,其中心内容是围绕对法的本源、本质及发展规律的哲学分析来展开。包括:法的本源及法哲学的逻辑起点;法的本原、本质、本体、本性、本位等重要概念的哲学含义;法的"自然历史规律"(即随生产方式、社会形态而变化发展的一般规律)与法的相对独立性(即法自身特有的演化规律)的辩证关系;对法的若干基本矛盾关系的论述和分析;法哲学的范畴逻辑体系探析等。

第三是结构论部分,这应是法哲学理论体系中不可缺少的重要组成部分,也是容易被人们所忽视的。为此有必要多说几句。

法的结构,乃是指构成法以及影响、制约法的诸要素的组合方式和组合规律。因此,研究法的结构,也就是揭示法的本质和规律、法的功能和价值以及法的运行机制的构造机理。研究法的结构不仅可以更深入地认识法的本质和规律,而且是深入认识法的功能和价值以及法的运行机制的理论前提。从系统论的观点看来,系统都是结构和功能的统一体,结构的变化必然引起功能的变化,一定的功能又要求一定的结构与之相适应。同一层次或等级的结构具有同一等级的功能,系统的层次性或等级性正是其结构等级与功能等级的统一反映。因此改变系统要素间的联结方式就能引起系统结构和功能的相应变化,而结构和功能的变化又会引起价值取向和运行方向的变化。这就为法学研究展现了新的广阔的天地。所以如果法哲学理论体系中不包括专门研究法的结构的内容,显然是一大缺陷。而分析主义法学之所以成为显学之一,甚至有久盛不衰之势,就是由于它弥补和代表了法结构研究这一必须的学术走向。当然,马克思主义法哲学研究法结构不应停留在分析实证主义法学那样仅研究法的形式结构,甚至只研究法的外在形式结构;而应该从内容和形式、内在形式和外在形式、静态和动态、宏观和微观之辩证统一,以及结构、功能、价值紧密联系的角度来研究法的结构。当然,我们可以从传统法学中有关法结构的观点入手,通过综合运用哲学方法、系统论、控制论方法以及分析主义法学的方法,研究法结构的类型、发展、演化,以及从上述各种辩证关系更深入全面地研究法的结构。

第四是功能论部分。法哲学功能论同法哲学结构论一样,都是有待开拓的新的理论领域。法的功能是指法作为一种特殊的社会规范所具有的对社会生活实行调整、控制和调节的各种机能和效能,它们是法发挥和实现其社会作用的内在根据,因此研究法的功能,就能揭示法发挥社会作用,实现其社会价值的客观机制和机理。法的功能比法的作用更内在、更稳定;法的功能范畴比法的作用概念其内涵和内容更丰富、更深刻,其外延和范围也更广泛、更具有普遍意义;而且法的功能更注重其效果,法的作用是重在过程。

法的能的发挥也不是固定不变的。在传统型社会中,由于实行专制政体,法采取义务本位,因此法的惩罚、制裁、规束、防范等比较消极的保护性功能非常突出;而在现代民主制社会中,法采取权利本位或社会本位,法的教育、引导、评价、预测以及组织和管理社会生活等积极的、发展性功能就尤显重要。特别是在我们发展社会主义市场经济条件下,更需要通过这些功能来充分调动和发挥经济主体的主动性、积极性和创造性,有效地组织和管理经济。而在以往社会,法的这些功能并不是不存在,只不过在专制社会中它们被抑制了,没有条件很好发挥。同样,在现代社会也不是完全排斥法的保护性功能,而应是在充分发挥其发展性功能并努力探寻法的潜在新功能的前提下,把法的保护性功能和发展性功能有机组合起来,即实现法功能的优化组合,以实现其整体最佳功能,从而有效地维护和调整社会关系、社会秩序,促进生产力发展和社会全面进步。社会学法学把法看作是实行社会控制的工程,主张研究"活法""行动中的法",强调法的实际社会效果和功能。它在法哲学上的理论意义和方法论意义,从直接来看是体现了法的事实要素,而从更深层次讲是体现了法的功能这一方法论学术指向之重要性和科学价值。因此,法哲学功能论部分似应研究:法功能的历史考察和类型分析,法功能的冲突与协调,法功能的实现与过程,法功能的优化与整合,市场经济条件下法功能的变化、拓展与更新等。

第五是价值论部分。法的价值研究作为法哲学和法理学的重要内容已是人所共识,然而法的价值研究在取得一些可喜进展之后,又处于难以深化和突破之境况。为此就需要从整个人类社会价值体系(包括哲学价值、伦理价值等)的关系中来进一步界定法的价值,揭示法的价值的哲学本质以及法学特征,以揭开法的价值之谜,给法的价值准确定位;并从与法的本质、结构和功能的内在联系中来研究法的价值范畴及其演化和拓展;还有法的价值结构、价值种类、价值关系,法的价值冲突及其解决途径和方式,法的价值评价及标准,法的价值变化与重构等,都是需要进一步深入研究的。因此法的价值与法的功能一样,也是多方面、多元和多层次的,也有在传统型社会和在现代社会的区分和变异。在现代社会,法的价值总的来说是趋向于民主性和文明性。自然法学以及价值侧重法学之所以源远流长,至今仍有其旺盛的生命力,对法学发展产生了深远影响,就因为它所代表的法的价值要素和学术指向是不可回避的力量,体现了人类对法的理想状态和理想目标的不懈追寻。

第六是实践论部分。法律实践是指把主体的法律意识转化为现实社会所要求的法律规范以及执行、维护和遵守这些规范的全部活动,它是人们社会实践的一个特定的重要领域,即通过调整社会关系来改造人、改造社会。因此,它既具有社会实践的一般特征,又有其特殊使命,有其特定的规则和规律。法律实践不同于而又包含了法的实施和适用(以及法的创制),同时法律实践又同法的实现、实效以及法律效果密切联系,通过这一系列活动,以获得所期望的法律效果和社会效果,这便是人们从事法律实践的基本目的。因此有必要从社会实践的角度来总结和概括法的创制及实施的整个运行过程,并对其进行哲学分析,以揭示其各种辩证关系和矛盾运动的轨迹,从世界观和方法论的高度探寻其中的运行机制和机理,从而为人们从事各种法律实践活动提供世界观和方法论的指引和依据,增强人们从事法律实践的自觉性和理性成分,排除那些影响法律正常运行和有效实现的因素和阻力。所以法哲学实践论是法哲学理论体系中极富特征且包容量又极大的一个理论领域,它既包括了整个法的创制和实施过程,但在理论层次上又超过了一般法学基础理论对它们的论述和概括,而必须从法哲学的高度提升出系列原理和原则。因此,法哲学实践论除了应阐明法律实践的基本特征、基本任务、基本问题之外,还应着重揭示立法活动的基本规律、司法工作的基本矛盾,并运用既是哲学范畴又是法学范畴的主体和客体的对立统一及否定之否定的原理,来从法哲学的角度深入探究法律实践的动因和矛盾运行轨迹,并对法的实现、实效以及法的局限性和漏洞等重要概念进行哲学分析。

第七是认识论部分。法既是一种复杂的社会现象,又是一种复杂的认识现象以及文化现象。人们从事的法律事业和活动,既是一种特殊的实践活动,又始终贯穿着复杂、曲折、充满矛盾的认识过程。法律实践之所以重程序,必须有一系列程序性的规则和要求,就是其认识过程之复杂性的表现。因此非常有必要对法律过程进行哲学分析,用辩证唯物主义认识论的原理去进一步探寻法律实践和法律程序的规律性,从而使我们的认识尽可能地具有真理性和符合科学性,能更有效地指导实践。从法哲学的角度来看,任何法及其对它的认识都有一个是否具有科学性、真理性的问题。法哲学认识论也就是关于人们在法律实践中如何获得真理性认识以及怎样验证(检验)认识之真理性的理论。这也是法哲学理论体系中颇具特征且内容相当丰富的一个理论领域,它还必然涉及和包括法律逻辑(不能停留在形式逻辑,而应深入到辩证逻辑)、法制心理学的重要原理。法哲学认识论的基本原则也必须坚持主体和客体、主观和客观的辩证统一,其研究的重点应放在法律程序论和对程序公正的哲学分析,诉讼认识论和诉讼辩证法研究,以及对诉讼活动中(以诉讼证据为中心的)认识过程的特点分析等。可见这也是一个亟待开拓的新的理论领域。

第八是方法论部分。法哲学方法论应是法哲学理论体系的固属领地。法哲学方法论从广义上应包括思想方法、工作方法、研究方法乃至法律技术操作方法等;从狭义讲,主要指法学研究方法。因此法学方法是一个庞大的体系,有其复杂的层次结构性,既有从哲学层面讲的若干方法论原则,又有适用于各门科学因而法学也不应例外的一般科学方法系列,还有法律科学自身所特有的各类方法。所以法哲学方法论起码不应缺少以下内容:法学方法的历史考察和对传统法学方法的评估及反省,法学方法的层次结构和分类,法学方法的拓展和更新(包括对现代科学方法的借鉴和引进)等。不同法学学说及流派的形成和特点,往往都与采用特定的法学方法关系甚密,法学理论的重大突破和变革,也往往以法学方法的更新和拓展为先导。而且它关系到法律职业人员工作方法、工作能力的改进和提高,关系到整个法律科学及其实际工作的顺利发展。所以方法论是法哲学理论体系中具有特殊重要意义的部分。而且要全面深入地研究法学方法论,还应开展法学学(即以法学本身为研究对象,是对法学的自我认识和反思)的研究,法哲学同法学学在许多理论内容上是相互沟通的。

至于范畴论、关系论(法与其他社会现象的关系)等,实际上已包含或贯穿于上述各论中,故可以不予单列。

为了阐述的简练明晰,本书将法哲学体系分为总论、本体论、价值论、方法论四大部分。我们认为,这四大部分基本可以概括法哲学的基本内容,因而是一个适宜的法哲学体系结构。

当然,由于法哲学的范围和内容博大精深,因此任何一种理论体系都不可能把它们包罗无遗,而只能论述其基本方面或主要部分;同时任何体系都不可能成为绝对真理的固定模式,都需要继续不断地完善;而且都应是开放式的,允许其多样性、灵活性,不应该排斥其他模式和体系。只有通过对各种体系和模式的探寻、比较、借鉴、舍取,才可能得出比较公认一致的符合特定社会和特定历史发展阶段要求的法哲学理论体系。再经过深入细致的研究、不断的调整完善和系统整合,才能构建起真正科学的,全面体现纵向和横向、结构与过程、联系层次与发展序列辩证统一,即实现从抽象上升到具体、历史与逻辑相统一的辩证逻辑要求的法哲学理论体系。这乃是需要几代法学家共同持续努力才能完成的事业。

二、法哲学方法之阐析

法哲学方法,是指法哲学这门学科自身的方法,即进行法哲学研究以及构建法哲学理论体系所使用的方法。至于作为整体的法学方法论(包括各种方法),在本书第四编将予以系统阐述。

关于法哲学的研究方法,当然也可以而且应该采用一般法学所通用的研究方法,如历史考察的方法、分析和比较的方法,以及采用系统论、信息论、控制论等现代科学方法等等,这些均可在法哲学方法论部分作详细阐述。关于构建法哲学理论体系的方法,如前所述,如果高标准、严要求就应采用从抽象上升到具体以及逻辑和历史相统一等辩证逻辑方法,这也可在相关部分作专门的论述。然而这里需要作特别阐明的,乃是法哲学在研究方法或思维方式上的特征,因为正是由于这种特征,才把法哲学同其他法学学科在理论层次和学科体系上区别了开来。因此,这是我们研究和学习法哲学首先应明了的。

法哲学在研究方法和思维方式上的特征,总的来说就是要从哲学的角度和运用哲学的方法来研究法律。"从哲学的角度",即力求上升到世界观和方法论的高度,来观察、思考、分析、解决法的理论和实践问题,这样才能站得高、看得远、探寻得深、揭示得透,才能坚持理论的彻底性和科学性,显现其理论威力和逻辑力量。也就是说,要尽量做到宏观性、长远性的理性思考,要有战略性的眼光,要有追根溯源、穷根究底的理论勇气和科学态度。

"运用哲学的方法",也就是运用理论思维或逻辑思维的方法,通过高度抽象和概括以穷究事物或问题的根本和底蕴,从而认识和揭示事物最深刻的本质和最普遍的规律性,才能堪称是上升到了世界观和方法论的高度。理论思维也可称为哲理性思维,它包含着对自然、社会和人生大彻大悟的巨大智慧。正如人们熟知的恩格斯的至理名言所示:哲学是时代精神的精华,因此一个民族不能缺少理论思维,如果没有高度的理论思维,人们既不可能站在时代的前列,也不可能跃居文化和文明的顶峰。科学的理论思维所具有的逻辑力量和理论威力,使人们可以透视过去、洞察现在、预测未来,可以从旧知得出新知、从已知导出未知。通过法哲学的学习和研究可以培养和训练我们具有这种理论思维,从而使我们的法学思维更加高远和深邃。

当然,这里所说的抽象是指科学的抽象。正如列宁所指出的,科学的抽象虽然远离了具体事物,但由于它反映了事物的本质和规律性,就比具体的感性认识"更深刻、更正确、更完全"地把握了事物的客观真实。法哲学是对法学理论的再思考、再认识,是对法律实践经验的高度总结和概括,概言之,是对一般法律思维成果的再抽象、再概括,其目的和作用也就是要"更深刻、更正确、更完全"地揭示法律现象的客观真实,把握法律认识的客观真理。而所谓再思考、再认识、再抽象、再概括,也就是黑格尔所说的"反思"(黑格尔哲学中的反思是对"自我意识"的反思,我们取其反思这种思维方式,用之于对已有法律思维成果的再思考、再认识)。因此可以说,法哲学思维方式的一个显著特点就是反思,通过反思,对各种法律思维成果进行再思考、再认识,经过不断的反思,抽象和概括出法律现象之最深刻本质和最普遍规律性,以究其底蕴和根本。这就需要对各种法律现象和法学问题用哲学的眼光和方法来进行察究和审视,并进行深入的反复的理性思考和逻辑思维,不断升华和上升到应有的理论高度,以得到具有世界观和方法论意义的结果和结论。这就必须运用唯物辩证的思想方法和逻辑方法,通过概念、判断和推理的辩证运动,一系列分析和综合、归纳和演绎的对立统一,以得出符合法学唯物论和法学辩证法的原理、原则和结论。这种逻辑思维过程,也可以把它看作是辩证唯物主义的"思辨"思维过程。所以,黑格尔的唯心辩证法的思辨我们固然反对,但辩证唯物主义的"思辨"是有其必要性和合理性的,它有助于我们进一步理解和把握法哲学在研究方法和思维方式上的特征。

总括上述,对法律思维成果的科学反思,即再思考、再认识,并对这些思想材料进行辩证唯物主义的逻辑思辨,以得出符合法学唯物论和法学辩证法的结论,这便是法哲学在研究方法和思维方式上的显著特征。当然,这种理解是否正确,尚待学界之批评指正,这里权且当作是一种探索或探析而已。

第四章　法哲学的逻辑起点问题

确定法哲学的逻辑起点,关系到法哲学理论体系以及整个法学理论体系的科学性、严密性。然而,由于我国的法哲学理论研究尚处在初创期和探索阶段,特别是构建立足于中国社会主义法制实践的法哲学理论体系或理论模式正处于艰难复杂的攻坚阶段。所以,一方面法哲学的逻辑起点问题还没有得到应有的重视和足够的理解;另一方面也说明该问题急需解决,否则就会影响到法哲学研究甚至整个法学研究的深化和发展。为此,这里专门对此问题作些理论探索,并为主张把行为作为法哲学的逻辑起点的观点提出一些新的依据和看法。

第一节　从科学的逻辑方法谈起

按照马克思主义辩证逻辑的观点,衡量一门学科的理论体系是否成熟的一个重要标志,就是看它能否运用从抽象上升到具体以及逻辑与历史相统一的方法来建造该学科的范畴逻辑体系。正如马克思曾指出的,理论思维的发展和形成应经历两条道路,在第一条道路上,完整的表象蒸发为抽象的规定;在第二条道路上,抽象的规定在思维行程中导致具体的再现。第一条道路可称作是从具体到抽象,也就是列宁所说的从生动的直观到抽象的思维,即首先我们应该在调查研究的基础上从无比生动丰富的客观事实和材料中通过反复的分析和综合、归纳和演绎等思考和研究,抽象概括出该门学科的一系列概念、范畴、原理和原则。这是理论思维由以进一步深化的基础和前提,是运用科学的研究方法而得出的思维结晶。但它们尚未系统化,尚未予以逻辑整理或"梳理",所以理论思维并不能就此止步,还必须经由第二条道路从抽象再上升到具体才算是完善和完成。因为第一条道路中的具体是感性具体,即生动的直观;第二条道路达到的具体才是思维具体或理性具体,即马克思所说的"在思维行程中导致具体的再现",只有达到这种思维具体,才能把客观对象的各方面规定和属性有机联结综合起来,在思维行程中作为一个统一体再现出来,从而深刻、完整、系统地把握住客观事物的本质和规律性,即体现事物的客观真理。这样,从感性具体经过科学抽象再到思维具体,才实现了思维活动矛盾发展的否定之否定过程。

第二条道路体现在科学研究上,就是应按照从简单到复杂,从低级到高级,从单一的规定性到多种规定性的逻辑顺序将研究对象的内容逐步深入地展开,组成概念、范畴的内在有机联系的动态的矛盾发展理论体系,即实现从抽象上升到具体的辩证思维展示过程。同时也要体现出逻辑的东西与历史的东西的统一,即逻辑地再现客观事物的历史发展顺序以及人类认识发展的历史顺序(但逻辑的东西并不是历史的东西的机械再现或毫无遗漏的反映,而是其科学抽象和实质再现,是对历史发展的一般进程和基本趋势的理论升华和凝聚)。即如恩格斯所说的:"历史从哪里开始,思想进程也应当从哪里开始,而思想进程的进一步发展不过是历史过程在抽象的、理论上前后一贯的形式上的反映"。① 例如,恩格斯在《家庭、私有制和国家的起源》一书中就运用了辩证逻辑这种重要方法。他先分析说明国家的产生,研究了国家在氏族制度废墟上兴起的三种主要形式(雅典国家、罗马国家和德意志国家),进而揭示国家的阶级本质,并以此为指导,具体分析说明奴隶制国家、封建制国家、资本主义国家,最后指出了将来阶级和国家消亡的历史必然性。马克思更是运用这种方法的典范。《资本论》中的基本线索:商品——货币——资本——绝对剩余价值的生产和相对剩余价值的生产,既反映了商品生产发展的客观历史进程,又反映了资本主义生产关系产生、发展的历史进程,同时也体现了这些经济概念、范畴从简单到复杂,由单一规定发展为多种规定的逻辑顺序和综合矛盾运动过程,从而步步深入地揭示了资本主义剥削的秘密及其种种矛盾。

运用从抽象上升到具体、逻辑与历史相统一的方法来构建科学的理论体系,首先就需要选准理论体系的逻辑起点,正如马克思把商品作为《资本论》的逻辑起点一样。按照从抽象上升到具体、逻辑与历史相统一的方法论要求,作为理论体系的逻辑起点,应当是从最抽象、最简单而又包含往后发展中一切要素之萌芽的关系或概念开始,而且它必须与历史上最初出现或存在的东西相符合。商品关系就是资本主义社会中最简单、最基本、最常见、最普通、最平凡,碰到过亿万次的关系;同时,它也是资本主义社会以及它由以发展出来的前资本主义社会中最早就出现和存在的经济现象和经济关系;所以它作为资本主义社会的"细胞"和"基因",包含着这个社会一切矛盾的胚芽。因此,把商品这个最简单、最抽象的概念作为起始范畴对它进行深入的分析,就便于层层深入地展开和再现资本主义生产方式的本质及其产生、发展和走向灭亡的规律性,从而做到联系层次和发展序列的辩证统一、结构与过程的辩证统一、空间与时间的辩证统一,也即体现从抽象上升到具体的过程及逻辑与历史的统一。

第二节　黑格尔法哲学的逻辑起点分析

关于法哲学的逻辑起点,乃是一个非常复杂的问题,它不仅与法的起源、发展有关,而且同法的本质、作用也相联系。但不是每一个法哲学家或每一种法哲学理论都明确了自身的逻辑起点,只有那些致力于构建严密的逻辑体系的法哲学家,才比较明

---

① 《马克思恩格斯选集》,2 版,第 2 卷,43 页,北京,人民出版社,1995。

确地显现了其理论体系的逻辑起点问题。黑格尔在法哲学史上第一个提出和运用了从抽象上升到具体以及逻辑与历史相统一的方法来构建他的法哲学理论体系。当然，黑格尔是从唯心主义辩证法出发来运用这种方法，从而颠倒了思维与存在的同一性关系。所以马克思指出："黑格尔陷入幻觉，把实在理解为自我综合、自我深化和自我运动的思维的结果，其实，从抽象上升到具体的方法，只是思维用来掌握具体并把它当作一个精神上的具体再现出来的方式。但绝不是具体本身的产生过程。"① 与此同时，马克思、恩格斯又都充分肯定了黑格尔的历史感和现实精神，认为"如果人们要像黑格尔那样第一次为全部历史和现代世界创造一个全面的结构，那么没有广泛的实证知识，没有对经验历史的探究……没有巨大的精力和远见，是不可能的"②。恩格斯也指出，黑格尔的法哲学形式是唯心主义的，内容是实在论的。③ 黑格尔的思维方式不同于所有其他哲学家的地方，就是他的思维方式有巨大的历史感作基础。形式尽管是那么抽象和唯心，他的思想发展却总是与世界历史的发展平行着，而后者按他的本意只是前者的验证。④

黑格尔在《法哲学原理》一书中阐述了怎样确定逻辑起点的问题。在他看来，法学是哲学的一个部门，它必须根据和使用概念来发展理念，或者说，"必须观察事物本身所固有的内在发展"。为此，作为科学的一个部门，它具有一定的出发点，这个出发点就是先前的成果和真理，正是这先前的东西构成对出发点的所谓证明。之所以如此，是因为"哲学形成为一个圆圈：它有一个最初的、直接的东西，因为它总得有一个开端，即一个未得到证明的东西"，也就是说"这个起点必然要在另一终点上作为成果显现出来"，从而形成"一条锁链"，构成一个完整的圆圈。⑤ 黑格尔在这里所表述的实际上是这样的意思：作为一门科学的理论体系的逻辑起点的，既是先前的思维行程中从具体到抽象而得到的成果，又是从抽象上升到具体的思维进程的起点。这样，就便于以此为支点，通过构建理论体系来展现事物本身所固有的内在发展。黑格尔就是运用了这种方法，把"占有"作为了他法哲学理论体系的逻辑起点。这是黑格尔整个客观唯心主义哲学体系内在逻辑所使然。

黑格尔的整个哲学体系就是所谓"绝对精神"或"绝对理念"通过一系列否定之否定（正、反、合）的环节和阶段，实现其自我运动、自我发展、自我完善的矛盾运动的辩证过程。从总体上说，绝对理念经历了逻辑、自然、精神三大阶段，相应于其哲学体系中的逻辑学（研究理念自在自为的科学，是他体系的中心）、自然哲学（研究理念的他在或外化的科学）、精神哲学（研究理念由他在而回复到自身的科学），后两者又都可以叫做

---

① 《马克思恩格斯全集》第46卷上，38页，北京，人民出版社，1979。
② 《马克思恩格斯全集》第3卷，190页，北京，人民出版社，1960。
③ 参见《马克思恩格斯选集》第4卷，236页。
④ 参见《马克思恩格斯选集》第2卷，42页。
⑤ 参见［德］黑格尔：《法哲学原理》导论，2—4页。

"应用逻辑学"。而精神哲学又分为三大部门：①主观精神，实际上是研究个人意识及其变化发展的，又分灵魂、意识、心灵三个环节；②客观精神，实际上是研究社会意识和社会关系的，分法、道德、伦理三个环节；③绝对精神，即研究所谓绝对意识，又分艺术、宗教、哲学三个环节。所以黑格尔的法哲学也就是关于客观精神的哲学，是客观精神通过否定之否定的矛盾运动转化为现实社会关系的内容和过程。因此黑格尔法哲学既研究法(他叫做"抽象法")，又研究道德(他认为道德是人们内心的法)，还研究实际的伦理关系和社会关系，即家庭、市民社会和国家，因为它们都是法和道德的现实化、一体化。这就表明法哲学逻辑起点的出现不是孤立的、偶然的，而是黑格尔整个哲学思维发展的一个必然结果，是绝对理念在完成主观精神阶段的发展后获得的一个成果，是为了展现客观精神无比丰富、复杂、深邃的辩证发展过程的必然要求。

黑格尔通过综合运用从抽象上升到具体以及逻辑与历史相统一的方法，明确地把"占有"作为了他法哲学的逻辑起点，以便于从"这个最初的抽象规定"，"通过一种内在程序而达到它""最丰富的规定"①，从而展现事物本身所固有的内在发展。因为黑格尔认为法是"自由意志的定在"，即法是自由意志的实现。而自由意志这一法的理念经历了三个发展阶段：第一阶段，是自由意志的直接定在，即自由意志借助外物，占有财产来实现自己，这就是"抽象法"或形式法的领域，是客观意志的法；第二阶段是自由意志在自身中的反思，在人们内心的实现，表现为行为主体为善为恶的内在信念，这就是"道德"的领域，是主观意志的法；第三个阶段，是前两个阶段的统一，是反思着的自由意志及其在外部世界中得到了实现，这就是"伦理"，如家庭、市民社会和国家。黑格尔把这些阶段和层次的排列演进都看成是一种从抽象上升到具体并体现着逻辑与历史相统一的过程。他把"抽象法"又分为三个阶段：所有权、契约、不法和犯罪。而"占有"就是所有权的第一个环节，是所有权最重要、最关键、最本质的规定，乃至于黑格尔甚至把占有与所有权视作同等程序、同一序列的概念，所以他说："占有，就是所有权。"②并且，黑格尔法哲学就是直接从占有引出所有权。当然，黑格尔并未把占有当作所有权的全部要义，按黑格尔的法哲学体系，"所有权"要通过占有、使用和转让得以真正实现；所有权特别是占有，还仅仅是有关单个人的自由，"是一般抽象意志的自由"③，它必然要进一步发展为具有所有权的双方在保持各自权利的条件下实现所有权的转让，从而过渡到"契约"；而"不法和犯罪"就是对所有权等权利的侵犯或违背契约，因此必定导致自己的否定方面——"刑罚"，刑罚扬弃了不法和犯罪，便是"法和正义"的恢复，从而过渡到道德并进一步发展到伦理。这充分表明了黑格尔的整个法哲学理论体系就是以占有为其逻辑起点的。

黑格尔把占有作为法哲学的逻辑起点，把所有权作为抽象法的第一阶段，一方面

---

① [德]黑格尔：《法哲学原理》，39—40 页。
② [德]黑格尔：《法哲学原理》，48 页。
③ [德]黑格尔：《法哲学原理》，48 页。

表现了他从资产阶级立场出发,在整个抽象法部分把论证私有制的合理性和私有财产的不可侵犯性作为其核心。所以他说:"人有权把他的意志体现在任何物中,因而使该物成为我的东西……这就是人对一切物据为己有的绝对权利。"①他把自由、意志、理性同财产权联系起来,认为占有财产的人才是自由的,"从自由的角度看,财产是自由最初的定在,它本身是本质的目的"②。"人唯有在所有权中才是作为理性而存在的"③,"所以人格权本质上就是物权"④。但另一方面也表明黑格尔作为一个辩证法大师,又深刻地看到并论述了人和物、意志与利益、自由和必然、行为与规范的辩证统一关系,深入到经济现象中来考察法律现象中的诸种矛盾关系,意识到了法同社会经济关系的某种内在联系,从利益和需要的角度来分析法的关系。"我把某物置于我自己外部力量的支配之下,这样就构成占有;同样,我由于自然需要、冲动和任性而把某物变为我的东西,这一特殊方面就是占有的特殊利益"⑤。当然这一切都是从唯心主义的立场来看待这些关系的,所以不可能像马克思那样进一步得出科学的结论。他并进而从各个方面分析和论述了占有的属性和规定性。

马克思曾经充分肯定过黑格尔把占有作为法哲学体系逻辑起点的合理性,认为黑格尔法哲学,是从主体的最简单的法的关系即占有开始的,这是对的。占有同所有权相比是"比较简单的范畴"⑥。马克思在分析财产法的关系的起源时也大量论述了占有的问题,指出:"**财产**最初意味着……劳动的(进行生产的)主体(或再生产自身的主体)把自己的生产或再生产的条件看作是自己的东西。因此,它也将依照这种生产的条件而具有种种不同的形式"⑦。不过,马克思是把占有作为先于法的关系而存在,但又具备发展为法的关系的要素和前提条件来看待的。正因为如此,所以马克思认为黑格尔直接从占有引出所有权乃是过于简单化了,因为并不是所有的占有都是所有权。而且所有权并不能仅仅或简单归结为占有,占有和所有权还存在分离的情况。无论是远古社会或是现实社会,都可能出现先占有,然后必须有待法律的规定和确认才拥有所有权的情况。在这种情况下,占有只是一种客观事实,还不是法的关系。而且马克思还认为:占有还要以其他比较具体的法的范畴为前提(如家庭),在家庭或主奴关系这些具体得多的关系之前,占有并不存在。相反,如果说存在着还只是占有,而没有所有权的家庭和民族,这倒是对的。⑧同时占有还受着种种因素的制约,占有首先受到必须占有的对象所制约,受自己发展为一定总和并且只有在普遍交往的范围里才存在的

---

① [德]黑格尔:《法哲学原理》,52 页。
② [德]黑格尔:《法哲学原理》,54 页。
③ [德]黑格尔:《法哲学原理》,50 页。
④ [德]黑格尔:《法哲学原理》,48 页。
⑤ [德]黑格尔:《法哲学原理》,54 页。
⑥ 参见《马克思恩格斯全集》第 46 卷上,40 页。
⑦ 《马克思恩格斯全集》第 46 卷上,496 页。
⑧ 参见《马克思恩格斯全集》第 46 卷上,39 页。

生产力所制约。其次,占有还受到实现占有所必须采取的方式的制约。① 在氏族社会,单个的人只是占有者,而不是所有者,氏族公社才是真正的实际所有者。个人所有是阶级社会出现的现象,它被国家法律宣布或确认为个人所有权或私有权。

第三节 马克思法哲学的逻辑起点问题

人们对马克思在《资本论》中把商品作为其逻辑起点印象很深,感到确实是十分精辟而深谋远虑。那么马克思是否和怎样选定了自己的法哲学的逻辑起点呢？这是一个需要深入具体分析的更为复杂的问题。

马克思虽然没有明确地提出过关于自己的法哲学逻辑起点的论断,但是从马克思的思想发展和马克思主义理论形成过程来看,也可以从中窥视到马克思对自己法哲学的逻辑起点的一些考虑和认识;同时,这些考虑和认识也有一个变化发展的过程。我们认为,这个过程大致可分为三个时期。

一、学生时代的马克思构建法哲学体系的最初尝试

青年马克思在大学研习法学期间,曾有过构建自己的法哲学体系的最初尝试,从留下来的有关资料可以看出,康德的法哲学体系曾对他产生过巨大影响,乃至于他建立的自己的私法理论体系基本上是康德式的。康德的私法理论把个人权利分为物权、人格权和物权性质的人格权。物权又包括占有、使用、处分等具体权利;人格权则是相对于物的所有权而言的,依契约而产生的权利;物权性质的人格权是指包括婚姻和家庭关系在内的个人权利。同样,马克思在草拟的体现他的私法理论体系的《关于有条件的契约的私法》这部分纲目中,也将个人权利分成:①人对人的权利;②物权;③在物上人对人的权利。一方面从内容上看,其同康德的个人权利的三分法无实质性差别,体系的纲目近似康德的纲目;但另一方面,从排列顺序上看,他则把人对人的权利放到了首位。这种微妙的变更反映了马克思对人的主体性地位和主体权利的重视,体现了青年马克思的革命民主主义思想。这可以看作是马克思法哲学一个重要的着眼点和出发点。虽然当时的青年马克思还是持唯心主义世界观,但这种重视人的主体地位和主体权利的思想在他后来转变为唯物主义并实现法哲学观的伟大变革后仍是一贯的。在资产阶级思想家视为是一般物的关系的地方,马克思都深刻地看到了其中所体现的人的关系即社会关系,他透过生产关系中人对物的占有、使用、处分、交换、分配等物质关系,揭示的仍是人与人之间的关系。黑格尔认为"人格权本质上就是物权",但在马克思主义观点看来,任何权利关系本质上都是人与人之间的社会关系,它们都受人们的经济生活所决定,在阶级社会都具有一定的阶级性。

---

① 参见《马克思恩格斯全集》第3卷,76页。

二、马克思法哲学思想转变时期

即从唯心主义向历史唯物主义法哲学观转变时期,马克思是把"异化劳动"作为其产生中的新的世界观的一个逻辑起点和理论契机。这个时期,马克思从费尔巴哈那里接受了"异化"理论,形成这个时期他的法哲学思想的核心,并运用异化理论来分析批判黑格尔法哲学,进而形成了"异化劳动"这一更深刻、更具革命批判精神的概念,指出私有财产是异化劳动的产物,(剥削制度的)国家和法则是市民社会和私有财产的异化形式,是由私有制决定并为私有制服务的。因此,要消灭国家和法等异化形式,就必须以消灭私有财产为前提,而要消灭私有财产,就只有消灭私有财产的根源——异化劳动。这样,马克思就通过使用"异化"这种思想方法和运用"异化劳动"这一理论武器逐步理清了政治现象和经济现象之间复杂的真实的内在联系,把费尔巴哈关于宗教问题的神秘的异化观点扩展到政治领域,又从政治领域扩展到经济学;把黑格尔颠倒了的国家及法律与市民社会的关系纠正过来,并从市民社会与国家的关系问题扩展到对市民社会本身的解剖,从而揭示了国家与法的真实的基础——现实的社会关系和经济关系。这表明,马克思从异化劳动出发,将之作为理论契机,已构筑了他的新的法哲学世界观的基本骨架,并由此还导出了消灭私有制及其对劳动者的剥夺的革命结论。

三、马克思历史唯物主义法哲学形成时期

如果我们仔细分析马克思历史唯物主义法哲学的形成过程,就不难发现物质利益(以及利益冲突、利益矛盾)对于马克思确立科学的法哲学观的重要意义。事实上,青年马克思正是由于看到了特权者的私人利益或特殊利益决定法这一严峻的客观现实与他当时所崇尚的理性自然法相矛盾,而陷入了苦恼的疑问,促使他去研究经济问题并对黑格尔法哲学进行批判分析。而最终解决这一苦恼的疑问的则是在《德意志意识形态》等著作中所得出的历史唯物主义结论,它们标志着马克思主义走向了成熟阶段。在此时,马克思把物质社会关系确定为包括国家和法在内的一切思想社会关系的决定力量,阐述了法随着社会分工的发展、私有制的出现、阶级和国家的产生而出现的过程。随着分工的发展产生了私人利益与公共利益之间的矛盾,出现了国家这种"虚幻的共同体"以社会整体利益代表者的形式来维护统治阶级的特殊利益,法也就是这种"虚幻的共同体"的伴生物,它是原始自然共同体解体过程中发展起来的,是个人利益转化为阶级利益,统治阶级的共同利益和意志采取国家意志的形式的结果。所以法是上升为国家意志即法律的、受到一定物质生活条件制约的、由统治阶级共同利益所决定的统治阶级意志,从而揭示了法的物质制约性和阶级意志性的本质。

由此可见,马克思创立的历史唯物主义法哲学世界观,正是从物质利益这一基础

范畴出发,通过分析人们的利益冲突和利益矛盾,解开了围绕法的问题的种种疑团,撕开了国家和法的神秘面纱,科学地揭示了法与利益、与物质生活条件的关系,从而步步深入地构建起历史唯物主义法哲学理论体系的。在马克思关于法的科学概念中,利益正是把统治阶级意志和经济关系联结起来的桥梁、纽带和衔接点,离开了对人们交互行为中的利益关系、利益冲突、利益矛盾的分析,就不可能理解经济关系怎样上升为法、反映为法的关系,也不可能理解统治阶级意志的内容,更不可能理解法的根本内容——权利的实质,进而则不可能理解法律运行及其机制的驱动力。因为马克思主义认为:利益是人们一切行动的客观动因。而马克思所揭示的法与利益的真实关系,既不同于黑格尔从唯心主义立场来论述这种关系,也不同于功利主义法学家从趋乐避苦的人类一般本性出发来谈论这种关系(虽然马克思也对他们有批判继承),而是把利益与社会生产方式的矛盾、与阶级关系紧紧相联系,才科学地揭示了国家和法的本质和秘密。

第四节　我国法学界对法哲学逻辑起点的探索

随着改革开放,我国法学界对法哲学研究的逐步开展和深入,也开始有学者关注法哲学的逻辑起点问题。有人主张应把从抽象上升到具体和逻辑与历史相统一的方法引入法理学的研究并选定法理学的逻辑起点,还有人结合从抽象上升到具体和逻辑与历史相统一的方法阐述了黑格尔法哲学的逻辑起点以及马克思的有关论述。同时,我国学者还在黑格尔和马克思的研究的基础上提出了自己关于法哲学逻辑起点的意见,迄今主要提出了"权利和义务论""行为论"这两种观点。

"权利和义务论"的观点是张文显教授在《改革和发展呼唤着法学更新》一文(载《现代法学》1988 年第 5 期)中就已提出来并在其专著《法学基本范畴研究》中予以详细阐述的。他指出,在全部法学范畴中,权利和义务最具备作为逻辑起点的诸项条件。首先,权利和义务是法律现象中最普遍、最常见的基本粒子,是对法律现象的最简单的抽象和规定。其次,权利和义务的对立统一蕴含着法律现象内部一切矛盾和胚芽。法律规范之分化为授权性规范与义务性规范,法律关系之对立于其他社会关系,法律责任之出现,法律制裁之运用,法律、法规、判决等之被评价为公正与不公正……均是权利和义务这对矛盾运动的特殊表现。法律领域的一切矛盾、冲突、纠纷、斗争皆导源于权利和义务的对立。再次,权利和义务是法的历史起点,人类的观念和社会关系中出现权利和义务的分离和对立,是法产生的征兆和标志。法区别于氏族习惯的主要之点在于:习惯是在相依为命的氏族成员长期共同劳动的生活过程中自发形成、世代沿袭并变成人们内在需要的行为模式。依习惯行事,是无所谓权利和义务的。正如恩格斯在《家庭、私有制和国家的起源》一书中所描述的:在以习惯为调整机制的氏族内部,权利和义务还没有任何差别;参加公共事务,实行血亲复仇或为此接受赎罪,究竟是权利还是义务这种问题对印第安人来说是不存在的;在印第安人看来,这种问题正如吃饭、睡觉、打猎究竟是权利还是义务的问题一样荒谬。遵循历史从哪里开始,思想进程也应当从哪里开始这一被马克思纯熟运用而且取得巨大成功的认识方法,把对权利义务的分析作为法学的起点,无疑是最佳选择。① 显然,作为法学的逻辑起点,其当然也是作为法学的最高理论层次——法哲学的逻辑起点。

张文显教授的以上观点无疑是相当深刻、新颖和颇有见地的,对于深入认识和理解权利和义务作为法学的基石范畴及其在整个法律系统中的核心地位有非常重要的作用和意义。而且我们作为权利本位论的积极支持者乃至权利本体论的倡言者,对于权利(以及相应义务)在法学理论和法律实践中的这种核心地位和作用也一直确信不疑。然而,我们认为,与其把权利义务作为法学及法哲学的逻辑起点,不如把它作为法学及法哲学的逻辑中项或逻辑中心更为适宜,正如马克思把劳动价值和剩余价值作为《资本论》的逻辑中项或中心,从而揭示了资本主义剥削的秘密一样。为此,我们在充分肯定并大力倡言权利义务的重要理论和实践意义的同时,提出应把行为作为法哲学的逻辑起点。这种"行为论"的观点曾在《理论法学的改革》一文以及文正邦教授主编的《走向21世纪的中国法学》(重庆出版社1993年出版)一书中作过阐述。主要内容如下:

应该以"行为"作为法哲学的逻辑起点,以"权利"作为其范畴体系的核心,建构法理学逻辑体系。因为"行为"无疑是最抽象最简单的概念。但是它又要受社会规范所调整和限制,受意志所支配,并包含权利与义务的关系和矛盾(权利以行为自由为前提,义务则是对行为的限定),同时行为不过是对利益的追求过程,利益则最终表现经济关系,而阶级社会中的经济关系乃是一种阶级关系。总之,它又萌芽形态地包含着法这一概念的种种要素于其内。这还便于把剥削阶级法看作是生产资料私有制造成社会大分裂,形成尖锐阶级对立的情况下法的一种特殊存在形态,此时,它几乎把一切权利赋予一个阶级,另一方面却几乎把一切义务推给另一个阶级。剥削阶级享有最大的行为自由,而劳动人民的自由受到极大的限制,使得行为与规范尖锐对立,权利与义务严重分离,所以剥削阶级法不能不把实行阶级统治、镇压被剥削阶级反抗的职能提到首要地位。社会主义社会消灭了剥削制度和剥削阶级,使社会从大分裂走向融合协调,人民以及与整个社会之间根本利益的一致要求在每个人身上都体现权利与义务的一致,行为与规范的统一。因此,社会主义法固然也要实行多数人对少数人的专政,但它远比剥削阶级法的职能和作用广泛得多,应成为人们改造自然和社会,实现从必然王国向自由王国飞跃的有力工具。这样,以行为为逻辑起点,以权利为法理学范畴体系的核心,以规范性和强制作用为法的存在方式,就可以合乎规律地逐步显现和揭示出法这一社会现象的丰富内容、种种属性及存在发展和发挥社会作用的全部机制和过

---

① 参见张文显:《法学基本范畴研究》,18页,北京,中国政法大学出版社,1993。

程,并便于既从横向又从纵向上逐步系统地展开法理学(或法哲学)的范畴逻辑体系,做到联系层次与发展序列的辩证统一,结构与过程的辩证统一,空间与时间的辩证统一,也即是体现从抽象上升到具体、逻辑与历史的统一。

由此可以看出,我国学者并不满于黑格尔把占有作为法哲学的逻辑起点,虽然黑格尔有其独到、合理之处。但正如马克思非常敏锐地看到的,占有还需要以其他比较具体的范畴为前提,占有并受着许多因素和条件的制约。而且黑格尔把占有作为法哲学的逻辑起点,与康德法哲学把占有作为私人权利(私法)部分首先予以研究并反复分析阐述非常相似;虽然黑格尔辛辣地抨击康德对私人权利的三分法,但仍不难看出他们之间在法哲学范畴体系及逻辑顺序上的继承关系,也看得出他们所受罗马法影响的痕迹。

可以看出,我国学者愿致力于在新的历史条件下尝试准确理解和进一步发挥、发展马克思关于法哲学逻辑起点的思想和理论。第一,如上所述,马克思并未明确提出过关于自己的法哲学逻辑起点的论断,需要我们后继者根据他的有关思想来进行分析理解,这就不免仁者见仁、智者见智。第二,如果说马克思把物质利益、利益关系、利益矛盾作为历史唯物主义法哲学的逻辑起点的话,这确实是非常深刻而精辟的,为我们提供了认清被剥削阶级和资产阶级法学家弄得玄妙莫测的国家和法的社会本质的锐利理论武器。所以马克思、恩格斯选定的法哲学理论的出发点主要是针对唯心主义法哲学家否认法对经济基础的依赖关系和宣扬法的超阶级性而提出的,即主要在于揭示法的物质制约性和统治阶级意志性,而且他们所分析的法的典型形态是阶级对立社会中的剥削阶级法,特别是资产阶级的法,也即是说他们所着重揭示的是法的一般的社会本质属性。而法作为一种特殊的社会现象和社会规范之区别于其他社会现象和社会规范的特有的质的规定性,以及不限于剥削阶级法的更普遍、更恒定的本质特征,就需要进一步探寻其理论切入口,才便于更系统地展现和具体地阐明。而且无论是把权利义务或是把行为作为法哲学的逻辑起点,同以利益作为逻辑起点,在理论上都有互为承接和包含关系。因为利益是权利的基本要素,也是行为追寻的实际目的,权利本身就是人们为满足一定需要、求取一定利益而采取一定行为的资格和可能性而已。因此,"权利和义务论""行为论"以及其他还可能提出的观点、理论对法哲学逻辑起点的新的探寻,应该说是无可厚非的。当然,所有这些都仍属于对马克思主义法学的理解、运用和发挥。

第五节　再论应把行为作为法哲学的逻辑起点

行为不仅是法律世界中最经常、最普遍、最基本、最常见的东西,因而其理论形态——"行为"概念或"行为"范畴,也是法学理论结构中最为抽象、最为简单的,其他法学概念和范畴往往都直接或间接地需要凭借行为概念来予以说明,而且,人的行为冲突、行为矛盾乃是法之所以产生、存在的初始动因。人的本质是社会关系的总和,社会是人们交往活动的产物,而社会关系和交往活动都是人的行为的结果,是人与人之间的行为互动或交互行为造成的。而人之为人、社会之为社会,就在于人的行为是有意识、有目的、有价值取向的,必须遵循一定的规范要求,而不同于动物之基于本能的生存举动,否则人类就会在行为冲突中自相损耗甚至同归于尽,更不可能在战胜自然和社会发展中获得自由。因为人的行为的本性就是追寻自由,意志自由和行为自由是人的本质要求,而真正的自由并非是恣意妄为,自由是对必然的认识和依此认识对客观世界的改造。因此人的行为必须遵循一定的模式,必须符合某种规范化要求,才能对其行为冲突和行为矛盾按照社会所需要的方向予以整合,从而使人们在认识世界和改造世界中获得真正的自由。法就是关于人的行为之规范化的最严密的系统,是对人的行为冲突、行为矛盾最强有力的整合体系

因此,行为作为法哲学的逻辑起点还有更深刻的原因,兹探析如下:

一、对人的行为的规范化要求是法由以起源的诱发动因

人的行为最基本最首要的是从事物质资料生产和生活的行为,法就起源于对人的物质资料生产和生活行为的规范化要求。正如恩格斯所精辟论述的那样:在社会发展某个很早的阶段,产生了这样一种需要:把每天重复着的产品生产、分配和交换用一个共同规则约束起来,借以使个人服从生产和交换的共同条件。这个规则首先表现为习惯,不久便成了法律。[①] 对人的行为的规范化要求的社会机理就是实现对人的行为的社会调整,或对行为冲突、行为矛盾的社会整合,即确定行为的方向、界限和范围,使之依循一定的目的、标准和程序。法的起源的一般规律性就表现为:它是从个别性调整(对人的行为进行单个的、孤立的对待和处理,这带有偶然性和任意性)飞跃到具有普遍性的即规范性调整(抽象概括出一种共同的行为规则,使其对同一类人或同类情况都普遍适用)的过程,同时也是从自发的调整到自觉的调整的过程,而且也是从不带阶级性、政治性的一般社会调整到具有政治性、阶级性的通过国家实现的调整的过程。在这个过程中,先是法(习惯法)同宗教、道德等社会规范混合在一起,后来法律的规范性调整系统逐步从其中分化发展起来,并成为一个庞大严密的体系。但法的起源过程不论怎样复杂,都是基于对人的行为的规范化调整这一初始的原因。这有力地说明了行为作为法哲学逻辑起点的一个最重要根据:行为是法的历史起点,是引发出法律现象的历史上最初出现和最早存在的东西。

---

① 参见《马克思恩格斯选集》第 3 卷,211 页。

二、行为是法律调整的直接对象,是法实现其价值功能的着眼点和立足点

正如马克思所深刻论述的:"对于法律来说,除了**我的行为**以外,我是根本不存在的,我根本不是法律的对象。我的行为就是我同法律打交道的唯一领域,因为行为就是我为之要求生存权利、要求**现实权利的**唯一东西,而且因此我才受到**现行法**的支配。"① 所以凡是不以行为本身而以当事人的思想方式作为主要标准的法律,无非是对非法行为的公开认可。② 当然人的行为要受意识的支配,追究人的行为的法律责任也应该考虑其主观意图,但衡量这种意图的客观标准也只能是行为,所以马克思诘问得好:"除了行为的内容和形式而外,试问还有什么客观标准来衡量意图呢?"③ 马克思认为,法律就是人的行为本身必备的规律,是人的生活的自觉反映。④

这些都雄辩而生动地说明,行为是法律调整的直接对象,法律对社会关系的调节,对社会秩序的维护,对社会利益关系的保障,进而对生产力的促进作用,都是通过对人的行为的影响而实现的,即通过设定和贯彻一定的行为模式来实现其一系列的规范作用和特定的社会作用,达到其价值目标,所以行为是法实现其价值功能的着眼点和立足点。行为在法律体系中的特殊地位和作用也体现出了法律调整与其他规范调整如宗教、道德调整的区别和特色,宗教和道德规范固然也要调整人的行为,但不仅仅是调整行为,它们重要的调整领域还在于人的内心信仰和信念,所以宗教讲虔诚和膜拜天国,道德讲塑造理想人格,而法律则重在规范人的行为模式及其体系。

三、行为是法的根本内容——权利的载体,是把统治阶级意志和社会经济关系联结起来的中间环节

所谓权利,实际上就是一定社会中所允许的人们行为自由的方式、程度、范围、界限、标准。而义务也可以理解为一种特殊的权利,即从相反的方面对行为自由的认定,或者说是行为自由的负值形态。但不论是权利或是义务,都是以行为为载体,否则就是抽象、空洞的,因为权利或义务的实际内涵就是表明人可以怎样行为或必须怎样行为或不得作出一定行为。正因为这样,所以行为是把法所体现的统治阶级意志与其所反映的社会现实生活及物质生活条件联结起来的中间环节。因为统治阶级意志的具体内容及其价值目标,必须通过对人的行为自由(或权利、义务)的认可或界定,才能反

---

① 《马克思恩格斯全集》第 1 卷,16—17 页。
② 参见《马克思恩格斯全集》第 1 卷,16 页。
③ 《马克思恩格斯全集》第 1 卷,138 页。
④ 参见《马克思恩格斯全集》第 1 卷,72 页。

映社会现实生活或经济关系的性质和要求;同样,社会生活、经济关系的性质和要求,也只有通过对人的需要和利益的触动从而导引出人对其行为自由的需求(即权利义务要求),才能引发出立法动机,上升为法律规范和体系。

四、行为是法律运行过程中的驱动器,是其中最活跃、最能动的东西

首先行为是法律规范转化为法律关系的中介,只有通过对特定社会主体法律行为的推动和所有社会主体的法律行为的接受(运用和遵守),自在状态的法律规范才能转化成自在自为的法律关系;而且引起各种法律关系产生、变更和消灭的最基本、最经常的事实也是相关的法律行为;同时法律的效力、效果、法律责任以及法律的最终实现,都离不开特定的行为,都必须根据其行为并以之为标准。总之,包括立法、执法、司法、护法、守法的整个法律运行过程,都是由相应的法律行为所牵引和驱动的。可以说,行为是把法律系统中的各个要素和环节联结起来并相互转化、运作的桥梁和纽带,是法律体系态动态运行机制中最活跃、最能动的东西。

由此可见,行为不仅堪作为法哲学的逻辑起点,而且是贯穿法律现象中的一个最关键的要素,是法律产生、存在、发展、运行和发生作用的一个基本条件。美国法学家劳伦斯·弗里德曼认为,我们一直花费很多时间研究法律规则及其结构,以制定和执行规则。但需要强调指出,法律系统并非仅指规则及其结构,在任何法律系统中,决定性的因素是行为,即人们实际上做些什么。如果没有人们的行为,规则不过是一堆词句,结构也不过是被遗忘的缺乏生命的空架子。除非我们将注意力放在被称之为"法律行为"的问题上,否则就无法理解任何法律系统,包括我们自己的法律系统在内。①所以法学不应仅仅把关注点放在研究法律规则及其结构和体系上,而应深入探究人的行为及其矛盾运动规律和过程。这将为法学研究开辟出一个十分广阔的天地,提供新的视野、新的思维方式和新的方法论。方兴未艾的行为法学研究热潮,其重要意义即在于此,此亦是其具有生命力之所在。

---

① 参见张文显:《法学基本范畴研究》,125页。

第五章　法的相对独立性

第一节　恩格斯关于法相对独立性学说的形成及特征

法的相对独立性问题,是法哲学中的一个重要问题,也是当今世界法哲学界关注的热点之一。

由马克思和恩格斯创立的历史唯物主义法律观,是一个开放的、不断前进的科学体系。它所包含的那些法发展规律性的基本原理是稳定的,但也需要通过总结新的实践经验而更加充实和完善。恩格斯晚年系统提出和阐发的法相对独立性学说,便是一个辉煌的范例。可以说,它是马克思主义关于法相对独立性学说的一个完整体系。

从恩格斯关于法相对独立性学说形成的历史背景和实际情况看,它至少表现出如下三个特征:

首先,这一学说是恩格斯同历史唯心主义者进行激烈论战的产物。1890 年,德国资产阶级社会学家、莱比锡大学教授保尔·巴尔特在其《黑格尔和包括马克思及哈特曼在内的黑格尔派的历史哲学》一书中,第一次把历史唯物主义歪曲为"经济唯物主义",硬说马克思、恩格斯从来不曾提出国家和法以及其他意识形态对经济的反作用,抹杀这些上层建筑对社会发展所具有的影响。不幸的是,巴尔特对历史唯物主义的诋毁,对于某些自命的"革命家"却是歪打正着。刚刚加入德国社会民主党的一批青年知识分子保尔·恩斯特、保尔·康普夫麦尔、汉斯·穆勒、麦克斯·席佩尔等人所组成的"青年派",恰恰犯了巴尔特莫须有地强加给马克思、恩格斯的那种错误。他们扬言,社会发展是在经济支配下"自动形成的",而"丝毫没有人的参与",国家和法等上层建筑对于经济力量是完全无能为力的。于是便导致社会发展决定论问题上的庸俗的宿命论。正是这种严峻的形势,使恩格斯深感必须全面地阐述以国家和法为中心的上层建筑对经济乃至整个社会历史的重要影响。

其次,这一学说也是恩格斯对马克思和他共同创立的历史唯物主义进行深刻反思的成果。通过同巴尔特和"青年派"的论战,恩格斯非常郑重地回顾历史唯物主义形成和演变的历程,指出:由于客观形势的需要,以往马克思和他突出强调了经济因素的重要性,而对其他的社会因素和它们的相互关系则讲得不够充分。恩格斯在致约·布洛赫的一封信中说:"青年派有时过分看重经济方面,这有一部分是马克思和我应当负责的。我们在反驳我们的论敌时,常常不得不强调被他们否认的主要原则,并且不是始终都有时间、地点和机会来给其他参预交互作用的因素以应有的重视。但是,只要问题一关系到描述某个历史时期,即关系到实际的应用,那情况就不同了,这里就不容许有任何错误了。"①继而,在致弗·梅林的信中,他又一次谈到这个"被忽略的"问题。"这一点在马克思和我的著作中通常也强调得不够,在这方面我们两人都有同样的过错。这就是说,我们都把重点首先放在从作为基础的经济事实中**探索出**政治观念、法权观念和其他思想观念以及由这些观念所制约的行动,而**当时是应当这样做的**。但是我们这样做的时候为了内容而忽略了形式方面,即这些观念是由什么样的方式和方法产生的。这就给了敌人以称心的理由来进行曲解和歪曲,保尔·巴尔特就是个明显的例子"②。恩格斯晚年历史唯物主义通信的主要精神就在于想要弥补这一缺欠。

最后,这一学说是在恩格斯生命的最后几年中完成的,它把历史唯物主义法律观推向马克思、恩格斯阶段的最高峰。

第二节 法相对独立性学说的主要内容

人类社会是由经济基础及其诸要素、上层建筑及其诸要素,还有经济基础与上层建筑的相互关系及其所包含的诸要素间的相互关系所构成的错综复杂的统一体。这些社会层面、因素和关系,都对社会发展具有不同性质和不同程度的作用。对此,恩格斯作出非常精辟的科学概括:"根据唯物史观,历史过程中的决定性因素**归根到底**是现实生活的生产和再生产。无论马克思或我从来没有肯定过比这更多的东西。如果有人在这里加以歪曲,说经济因素是**唯一**决定性因素,那么他就是把这个命题变成毫无内容的、抽象的、荒诞无稽的空话。经济状况是基础,但是对历史斗争的进程发生影响并且在许多情况下主要是决定着这一斗争的**形式**的,还有上层建筑的各种因素,阶级斗争的各种政治形式和这个斗争的成果——由胜利了的阶级在获胜以后建立的宪法等等,各种法权形式以及所有这些实际斗争在参加者头脑中的反映,政治的、法律的和哲学的理论,宗教的观点以及它们向教义体系的进一步发展。这里表现出这一切因素间的交互作用,而在这种交互作用中归根到底是经济运动作为必然的东西通过无穷无尽的偶然事件……向前发展。"③如上所述,在恩格斯的晚年更多阐述的是国家、宪法、法律和其他各种法形式以及人们头脑中的法观念、法理论,说明法意识形态怎样作用于经济,经济又怎样借助法意识形态而作用于社会历史。值得注意的是在论述过程中,恩格斯的杰出功绩远远不仅在于补救以往对于法等上层建筑的意义强调不够的缺点,而且在于提出一套完整的法相对独立性学说。它至少有以下几个要点:

---

① 《马克思恩格斯全集》第 37 卷,462—463 页,北京,人民出版社,1971。

② 《马克思恩格斯全集》第 39 卷,94 页,北京,人民出版社,1974。

③ 《马克思恩格斯全集》第 37 卷,460—461 页。

一、法对社会经济基础具有强大的反作用

恩格斯在讲到经济与政治、国家的关系时指出,这是两种不相等的力量的交互作用:一方面是经济运动,另一方面是追求尽可能多的独立性并且一经产生也就有了自己的运动的新的政治权力。总的说来,经济运动会替自己开辟道路,但是它也必定要经受它自己所造成的并具有相对独立性的政治运动的反作用。① 那么,法对经济,从而对社会怎样发生反作用呢? 早在1878年的《反杜林论》一书中,恩格斯就曾指出:它可以朝两个方向起作用。或者按照合乎规律的经济发展的精神和方向起作用,在这种情况下,它和经济发展之间就没有任何冲突,经济发展就加速了。或者违反经济发展而起作用,在这种情况下,除去少数例外,它照例总是在经济发展的压力下陷于崩溃。至1890年,恩格斯进一步发挥了这一观点。他指出,除了前述两种情形外,还可能或者是它可以阻碍经济发展沿着某些方向走,而推动它沿着另一种方向走,这第三种情况归根到底还是归结为前两种情况中的一种。② 只要法违背经济运行的固有轨道,就能给经济发展造成巨大的损害,并能引起大量的人力和物力的浪费。为了强化法对经济的巨大反作用的观念,恩格斯专门以法同生产和贸易的关系为例,说法虽然一般地是完全依赖于生产和贸易的,但是它仍然具有反过来影响这两个部门的特殊能力。③

法对经济的强大反作用是有普遍性的。剥削类型的社会,尤其资本主义社会是这样,社会主义社会也是这样。马克思主义关于革命的政治、无产阶级专政和社会主义法的理论,无一不是以承认上层建筑的反作用为前提的。恩格斯说得好:"如果政治权力在经济上是无能为力的,那么我们又为什么要为无产阶级的政治专政而斗争呢? 暴力(即国家权力)也是一种经济力量!"④这就是"物质变精神和精神变物质"的辩证法的生动体现。

鉴于铁的事实,恩格斯说:"如果巴尔特认为我们否认经济运动的政治等等反映对这个运动本身的任何反作用,那他就简直是跟风车作斗争了。"⑤

二、法和经济发展之间存在着不平衡性

对于上层建筑,特别是法同经济基础或经济状况之间的发展不平衡问题,马克思在研写《资本论》的过程中,已敏锐地发现了。当时,马克思指出两种情况:其一,法现

---

① 参见《马克思恩格斯全集》第37卷,487页。
② 参见《马克思恩格斯全集》第20卷,199页,北京,人民出版社,1971。
③ 参见《马克思恩格斯全集》第37卷,487、488页。
④ 《马克思恩格斯全集》第37卷,490—491页。
⑤ 《马克思恩格斯全集》第37卷,490页。

象的"变异"。他说,相同的经济基础——按主要条件来说相同——可以由于无数不同的经验的事实、自然条件、种族关系,各种的外部发生作用的历史影响等等,而在现象上显示出无穷无尽的变异和程度差别。① 例如,同样建立在资本主义经济基础上的大陆法系国家和英美法系国家,它们在法的渊源、诉讼程序、法律技术与方法论等方面都有很大的差别。其二,法现象发展的"不平衡性"。马克思早就提醒人们注意这里要说明的真正困难之点是:生产关系作为法的关系怎样进入了不平衡的发展。例如罗马私法(在刑法和公法中这种情形较少)同现代生产的关系。② 除此而外,在宗教、艺术、家庭等领域都存在类似的情况。例如,古希腊的艺术和史诗,至今还是人们感到高不可及的样板。马克思认为,这些都是上层建筑具有相对独立性的表现。

恩格斯在晚年,对于上层建筑现象的"不平衡性"也给予很大的关注。他不仅讲到经济上落后的国家在哲学上仍然能够演奏第一提琴,更强调"法也是如此"。③

关于法与经济之间发展"不平衡性"的原因,恩格斯认为,这个问题从分工的观点看是最容易理解的。随着社会生产力的发展,特别是商品货币交换的发展,使法集结为一个重要的部门,与此同时也产生了专门的法律家阶层。在形式上,法现象不仅区别于其他上层建筑现象,也区别于经济关系,因而获得独立性的外表。在职业法律家那里,法独立性的色彩就更为浓厚了。正像恩格斯所说的那样,经济关系反映为法原则的这种反映的过程,是活动者所意识不到的,法学家以为他是凭着先验原理来活动。经济和法之间的决定论发生了错位。尽管如此,这种"颠倒"都能够对经济基础发生反作用并且能在某种程度内改变它。④ 法和经济的不平衡发展,可能使法具有超前性,也可能使法具有滞后性,可能促进经济的发展,也可能阻碍经济的发展。这要根据实际情况来判定。

三、法有自己内部的和谐一致性

一般地说,任何一个国家的法都是一个有着严格内部结构的体系,资产阶级国家更是如此。恩格斯指出:"在现代国家中,法不仅必须适应于总的经济状况,不仅必须是它的表现,而且还必须是不因内在矛盾而自己推翻自己的**内部和谐一致**的表现。"⑤这个论述应从两方面加以体会:其一,从根本上说,法的内部和谐一致性是由其经济基础决定的。法赖以生长起来的经济关系是一种确定的存在,法所体现的意志是统治阶级的共同意志或国家意志,因此法的结构及其诸要素都应当是协调的。反过来说也一

---

① 参见《马克思恩格斯全集》第 25 卷,892 页,北京,人民出版社,1974。
② 参见《马克思恩格斯全集》第 46 卷上,47—48 页。
③ 参见《马克思恩格斯全集》第 37 卷,490 页。
④ 参见《马克思恩格斯全集》第 37 卷,488 页。
⑤ 《马克思恩格斯全集》第 37 卷,488 页。

样,只有法自身协调,才能有效地为经济基础和统治阶级利益服务。从这个意义上说,法是从属于经济的,是不独立的。其二,除此而外,法的内部和谐一致性还有自身的原因。就是说,只有法的整体结构上的协调,才能顺利地发挥它的功能。假如听任法内在矛盾无限滋生和发展,它的功能也就会被削弱以至于消失。于是,法就不成其为法了。从这个意义上说,法又有不完全受经济制约的、自我运行的相对独立性。

法是一种意识形态。法的内部和谐一致必然表现为思维逻辑和文字结构上的协调。这就产生了法与客观经济关系不一致的可能性甚至必然性。所以,为了达到这一点(指法内部和谐一致),经济关系的忠实反映便日益受到破坏。在资本主义社会,特别是在法典中,对法内部和谐一致的追求更为突出。其原因在于:其一,在那里,法得到空前的发展,因而解决法内在矛盾的工作也就越繁重。其二,由市场经济中存在的,尤其是资本和雇佣劳动之间存在的"自由""平等"的表面特征所决定,资产阶级法也必然以此为标榜,并形成"公平"的法观念。这就不能不掩盖法维护资产阶级统治的真相。就像恩格斯所指出的,法典愈是很少把一个阶级的统治鲜明地、不加缓和地、不加歪曲地表现出来,这种现象就愈是常见:这或许已经违反了"法观念"。举例说,在1792年至1796年时期,革命资产阶级的"纯粹而彻底的法观念"的许多方面,在拿破仑制定的民法典中已经被歪曲。就是说,它已经表现出许多的不公平。但是,法的"公正性"的程度,直接受到阶级力量对比关系的制约。所以,就这个法典所体现的这种法观念来说,它必然要由于无产阶级的不断增长的力量而日益得到各种缓和。因为,无产阶级的斗争在不断地迫使资产阶级作出让步,部分地兑现"公正"口号中的许诺。讲到这里,必须提醒的是,不管拿破仑民法典对客观经济的反映有多少扭曲,也不管它包含多少同资产阶级法观念的不一致,都不妨碍拿破仑法典成为世界各地编纂新法典时当做基础来使用的法典。① 因为,在总体上,拿破仑民法典毕竟还是反映资产阶级对封建阶级的彻底胜利,反映近代大规模市场经济发展需要的典型的资产阶级社会的法典。

既然法最终以经济的变化为转移,因而法的内部和谐一致性也只能是有条件的。恩格斯说:"'法发展'的进程大部分只在于首先设法消除那些由于将经济关系直接翻译为法律原则而产生的矛盾,建立和谐的法体系,然后是经济进一步发展的影响和强制力又经常摧毁这个体系,并使之陷入新的矛盾(这里我暂时只谈民法)。"② 这就是法体系的和谐与不和谐的辩证法。

四、法有继承性

马克思、恩格斯在第一部成熟的马克思主义巨著《德意志意识形态》中谈到不同历史类型法的继承问题时指出,法和法律有时也可能"继承",但是在这种情况下,它们又

---

① 参见《马克思恩格斯全集》第37卷,488页。
② 《马克思恩格斯全集》第37卷,488页。

不再是统治的了。《资本论》中也说,当资本力量尚薄弱,它就要从前资本主义社会中寻找法律的"拐杖"。

如果说从前马克思和恩格斯所讲法的继承,主要指剥削类型法之间的继承,尤其是指资产阶级对奴隶制和封建制法的继承的话,那么,在恩格斯晚年则把法继承原理普遍化,看作是一种规律性的现象了。恩格斯认为,法作为每个时代社会分工的一个特定的领域,都具有它的先驱者传给它而它便由此出发的特定的思想资料作为前提。①同时,还指出:这些法思想资料,是从以前的各代人的思维中独立形成的②,并且在这些世代相继的人们的头脑中经过了自己的独立的发展道路。意思就是说,经济在这里并不重新创造出任何东西。例如,从古代罗马帝国私法和法学家的法思想到查士丁尼《国法大全》及其编纂者们的法思想,再到波伦亚注释法学派及其成果,再到《拿破仑法典》及其编纂者和注释者们的法思想再到尔后的西方私法制度和私法学说,先后之间都存在着恩格斯所说的那种法"思想资料"的继承关系。

既然不同历史类型的法都能够在一定程度上冲破经济关系的差异而进行继承,那么根据相同的理由,现实的、包括不同阶级本质的国家之间相互发生法的借鉴、引进、移植、嫁接等亦是可能的,甚至是不可避免的。

五、国家和法比其他上层建筑现象更接近经济基础,对经济基础的反作用更大

详尽地分析和阐述社会上层建筑的各种因素的相互关系,是恩格斯晚年历史唯物主义通信的一大特点。而在这方面,法现象受到最大的重视。因为,与其他上层建筑的因素不同,国家和法是同经济基础发生直接联系的。

国家是社会的正式代表,而法又是"国家意志",它们都是现实的统治阶级力量的载体。国家和法一旦产生就成为一种"新的独立的力量",以自己特有的规律和方式发挥其社会职能,强劲地推动或者阻碍社会的前进。自近代以来,"国家迷信"和"法律幻想"益发高涨。市民社会中的一切要求都表现为"国家的愿望",并以法律形式取得普遍效力。更进一步,经济事实要取得法律上的承认,必须在每一个别场合下采取法律动机的形式。③ 国家和法对经济和社会的这种直接的、强大的作用力,是任何其他上层建筑所无法比拟的。

单纯就社会思想意识领域而言,国家观念和法观念也居于核心地位。这表现在:其一,在哲学、宗教、文学、艺术、教育等同国家、法之间的相互关系中,后者影响前者远远甚于前者影响后者。正如恩格斯所说的,"对哲学发生最大的直接影响的,则是政治

① 参见《马克思恩格斯全集》第 37 卷,489—490 页。
② 参见《马克思恩格斯全集》第 39 卷,95 页。
③ 参见《马克思恩格斯全集》第 21 卷,345—347 页。

的、法律的和道德的反映"①。为此,我们经常可以看到这样的事实,即其他的观念形态不仅要为经济制度服务,而且要为政治、国家和法律服务。其二,在同经济基础的关系方面,国家和法观念更接近经济基础。而那些更高的即更远离物质经济基础的意识形态,采取了哲学和宗教的形式。在意识形态的层次问题上,则是哲学、宗教、艺术等在上,国家、法在下。哲学、宗教、艺术等通过国家和法,才能反作用于经济基础;反过来,经济基础通过国家和法,才能作用于哲学、宗教、艺术等。国家和法作为这样一种社会"中介"现象,说明其相对独立性的范围是很宽阔的。

第三节　法相对独立性学说及其对社会主义法制建设的意义

恩格斯所最终完成的马克思主义关于法相对独立性学说,对我国社会主义新时期的法制建设,特别是对建设有中国特色的社会主义法制,建立社会主义法治国家,具有不可估量的意义。

在理论方面,我们至少可以得到如下启发:①法对经济的反作用的观点,要求我们坚持生产力标准,使法制有效地为提高广大人民的物质、文化生活水平和提高综合国力服务。但法对生产力的作用要通过经济关系来实现,因此法要充当经济体制改革,尤其是社会主义市场经济的完善的强有力的手段。②法与经济之间发展不平衡的观点,要求我们树立发展社会主义法文化的宏大志愿。即应尽可能地减少通常所不可避免的法落后于经济的现象,力争法的超前发展,使法始终能够成为经济及整个社会发展的向导。在这点上,不存在什么"搞过头"的问题,而只有搞得不够的问题。社会主义法必然要超越资本主义法的发展水平。③法必须内部和谐一致的观点,要求我们重视社会主义法体系本身的完善。对于像我国这样长期受到法律虚无主义影响的国家而言,这一任务尤其严重而紧迫。我们需要的是,以宪法为主导,以调整社会主义市场经济的法律为核心的、严整的法律体系。为此,就一定要确立统一的立法精神,使法的各个部分相互协调,消除相互抵触和不一致的地方。讲求立法技术,并使立法技术水平获得不断提高。④法的继承和移植的观点,要求我们进一步研究和吸收中国与外国的法文化遗产中一切民主性、科学性的合理成分;同时要吸收当代西方资本主义发达国家法文化中带有规律性的、对我们有用的东西。特别要深入分析、研究和借鉴西方国家借助法律调整市场经济的先进经验。当然,对于那些反马克思主义的法意识形态成分是必须摒弃的。⑤法和其他上层建筑诸要素相互关系的观点,要求我们处理好国家与法在经济基础与"更远离经济关系"的哲学、文艺、教育等之间的中介作用,加强对二者的积极影响。

在方法论方面,其也有深刻的教益:①社会主义法制建设是以马克思主义法律观

---

① 《马克思恩格斯全集》第37卷,490页。

为指导的,任何时候都不能忽视学习马克思主义经典作家的法学原著。在现今我国社会主义法制建设的新时期,要特别注重学习邓小平关于法的论述。其中主要观点有:法治比人治好;一手抓建设,一手抓法制;有法可依,有法必依,执法必严,违法必究;法律面前人人平等;民主与法制的辩证统一,民主需要制度化、法律化;加快立法,以保障和推动现代化建设;打击经济犯罪;开展对全体公民的法制宣传教育;一国两制;共产党必须在宪法和法律范围内活动。邓小平的这些观点,都是当前我国法制建设中带有规律性、根本性的观点。②恩格斯指出,任何社会科学都是历史的科学。法学当然也不例外。历史乃是社会的历史、人际关系的历史。法学所要研究的,正是调整不断向前运动的社会和人际关系的法现象。因此,法学的历史性是很突出的。既然如此,法学必须认真探讨在什么样的社会条件下产生出什么样的法和法现象,这些法和法现象又是如何作用于这些社会条件的;探讨法现象与其社会条件的相互转换关系,这种关系又是怎样持续发展下去的;探讨世界近代以来商业、工业、农业等经济与法现象的相互制约;尤其要探讨新中国成立以来在处理经济现象与法的关系上的做法及其经验和教训。③法学研究和法制建设必须紧密地为以经济(尤其是市场经济)建设为中心的社会主义事业服务。从实践上说,一方面要形成由国家根本法(宪法)、市场经济法、国家宏观调控法、社会物质保障法、社会安全法和精神文明建设法构成的一套现代化的法体系,另一方面要强化和完善由立法、执法、司法、守法和法律监督诸环节构成的现代化的法制度。从理论上说,就是以马克思主义法律观为指导,在着重总结我国新时期法体系和法制度建设经验的基础上,建立起具有中国特色的社会主义法学,使之成为推动我国社会发展的强大力量。

第六章　市场经济的法哲学思考

在我国发展社会主义市场经济,其时空条件是处在 20 世纪 90 年代并向 21 世纪跨进的交替期的国际国内经济发展环境,即它是与现代市场经济接轨的,其目标指向是发达的现代市场经济。而现代市场经济的一个重要特征就是崇尚经济法治,把法律作为对经济运行实行宏观调控和微观调节的最主要手段,其他各种手段也都必须纳入法制的范围,并要求整个社会生活的法治化与之相适应。只有这样,才能确立一整套完备的市场规则,形成和维护高度规范化的市场秩序,保障市场机制的良性运行。所以,现代市场经济必然是法治经济。以下就此主题进行一些法哲学的思考和探索,以期有利于深化对这一重大问题的认识。

第一节　市场经济必然是法治经济

在人类社会发展历程中,有了商品生产和交换就有了市场。然而,在严格的意义上,作为经济类型和经济范畴的市场经济,则是伴随着近代资本主义生产关系的产生,并在出现了权利本位、契约自由、法人制度等重要的法权关系和法治状态的情况下才正式形成的。从封建专制体制下的义务本位进展到权利本位,重视人权、自由、民主、平等,这是人类社会的一个伟大进步。当然,资本主义社会的权利本位实质是私权本位,即主张绝对私有权和私有财产神圣,把私权和私利作为推动人们从事一切活动和交往的原动力。这既给资本主义经济注入了活力,又注定了资本主义社会必然灭亡的命运。

由于权利本位的确立,使人们的社会关系实现了从"身份到契约"的重大转换,强调人的主体地位和平等权利。特别是契约自由原则又促进了商品生产者、经营者在平等、自愿、等价、有偿的原则下进行彼此有利的交往和交易,意味着可以凭靠契约规范来约束交易行为乃至全部经济行为,从而形成所谓"私法自治"的原则,即所谓"协议即法律"。正如《法国民法典》第 1134 条规定的:"依法成立的契约,在缔结契约的当事人间有相当于法律的效力。"因此,可以说,权利本位、契约自由,这是市场经济形成和发展的基本法治条件,也是市场经济对法律之需求的深厚基础和源泉。它们并通过民事责任制度中的过错责任原则(即"无过错便无责任")而得以强化,使对个人人格的绝对尊重和个人意志的充分自由成为市场经济自由发展的宽阔天地。近代发达的市场经济的形成和发展还得益于法人制度的产生和确立。因为生产要素商品化,法人以商品交换为纽带形成交换关系是市场经济运行的前提。法人作为社会积累的新的强有力的杠杆,使获得资本和积聚资本具有了稳定的法律形式。法人制度有利于确认和保护商品生产者、经营者的主体地位和权利,有利于确认和维护市场经济关系中社会组织的合法权益。它把法律的保护领域和规范范围从经济活动中的自然人个体扩大到社会组织及其行为,从而进一步促进了市场机制的社会化程度和进程。

发达的市场经济经由从自由经济向垄断经济的发展,虽然由于自由资本主义时期的私权本位被垄断资本主义时期的所谓社会本位或团体本位所补充,绝对私有权也受到一定限制,契约自由原则因团体契约和法规限制而有所修正,过错责任原则也因无过失赔偿之成立而受到冲击,但是市场经济存在和发展的法治条件不但未被削弱,反而得到了进一步的加强,市场经济对法律的需求越来越突出、迫切。包括对市场主体的法律地位及其权利、义务关系的确认,对诸如产权关系、市场体系、市场组织和结构等市场经济制度的规定,对各种生产要素的商品化、市场参加者的行为及相互关系等市场经济关系的界定,对市场经济运行机制和各环节的规范等等,以加强对市场经济秩序的法律保障,并反对不正当竞争和垄断等失序性行为。特别还有一个重要方面便是规范政府调控市场的行为,以法制权,以权利制约权力。这些都必须要靠强化法治,健全法制体系和完备法律手段,而且它们已成为市场经济发展的内在要求和有机构成。法律对经济运行不仅起着规范和保障的作用,而且起着调节、引导、组织、管理、预测等作用。它为市场交易行为和整个经济发展提供一种稳定、明确、普遍的准则和模式,提供一种平等、自由、公正、公开的空间和条件。这正是市场经济发展所极为需要的。因为市场经济运行的根本规律即价值规律所体现的社会必要劳动时间决定商品价值以及商品交换的等价原则和竞争机制决定了商品和市场都是"天生的平等派",都是自由、民主的载体,都要求体现公开、公平、公正。而且市场经济最需要有序化运转,否则,任一方面和环节脱序,都会造成交易行为和经济运行的紊乱。只有法律才是保障经济有序化的最权威、最重要,也最有力的武器,因为法律权威为全社会所共识,法定的权利为全社会所共享,法律规范也必须被全社会所普遍遵行。

市场经济具有二重性:既具有利益原动力和竞争机制所驱使的促进经济发展的作用和价值规律所蕴含的一定自我调节能力;又具有自发性、盲目性、时滞性、波动性等非有序化倾向和强调本位物质利益的消极方面,容易滋生拜金主义和利己主义。因此,适度的计划调控和必要的行政管理也是应当的,特别是现代市场经济所不可缺少的。否则就不利于保证经济总量平衡、防止经济剧烈波动、合理调整重大经济结构以及保护生态平衡和自然资源等,对于防止贫富悬殊、两极分化更是无能为力。计划与市场并不是绝对对立的,而是发展经济的两种不同的手段;计划机制与市场机制也是既具有相斥性,又具有互补性。计划经济中有市场,市场经济也需要计划,现代市场经济所要求的计划调控必须是以自觉运用价值规律为前提,社会主义市场经济所需要的计划调控是建立在市场经济基础之上的计划体制。而且无论是计划调控或是行政管理都必须依法进行,要符合法律的规定,由法律授权,受法律所监督和限制。否则,就会使受不到监督和限制的政府意志和权力任意施行和膨胀,从而反过来限制、干扰甚至侵害市场经济的良性运行。发达国家市场经济发展的经验表明,在一定的条件下,政府对市场事务的直接干预越小,政府机构的职能越是控制在一定范围内,市场经济运行的效率就越高。法治经济所需要的是有限的政府权能和受控的政府行为。总之,怎样做到使适度的计划调控和必要的行政管理与市场机制有机耦合,关键也要靠法治。法者,度也,只有靠法律的力量才能制衡作为权力主体的国家(政府)的干预与作为权利主体的市场参加者(生产、经营者)的行为之间的关系,使之均不失度、越轨。而且法律的规范性作用在于使社会"摆脱单纯的偶然性或任意性"的支配,以有效地防止政府权力的滥用和国家计划的随意性,保障市场机制的自主、独立和稳定性。如马克思在谈法律的这种重要社会功能时所说,这种规则和秩序本身,对任何要摆脱单纯的偶然性或任意性而取得社会的固定性和独立性的生产方式来说,是一种不可缺少的因素。由此可见,统一都纳入法律轨道的计划调控和市场调节,二者纵横结合,成为市场经济发展所要求的经济法治运作中的两翼。

至于为什么说现代市场经济必然是"法治经济"而不是通常所说的"法制经济",其中亦有其深刻的意蕴。"法制经济"与"法治经济"这两个概念虽密切联系,但又有严格区别,这正如"法制"和"法治"有严格区别一样。一般含义的"法制"即法律制度之谓,它与国家和法律相伴并随,与民主没有必然的联系(只是到了近代社会,法制才与民主政治成为形式和内容的关系)。因此,既有专制政体下的法制,当然也有民主政体下的法制,所以秦王朝的严刑峻法和秦始皇的暴政正是导致秦朝很快覆亡的重要原因,而希特勒也可以利用其法西斯主义的法律制度来残害人类,因为这些都可以说是一种"法制",都可以在"法制"的外衣下推行暴虐的专制独裁。可见专制政体下的法制实际上是人治,法律不过是最高统治者实行专制独裁的工具。而"法治"即依法而治,它与人治相对立,与民主相融而共存。作为一种先进的治国方式,法治乃是近代民主制度的产物,它必须以民主政治为前提,它与任何形式的人治和专制绝难并存。换言之,有了国家和法律也就有了法制,只不过其健全和完善程度不同而已。但有了国家和法律,建立了法制,却并不等于就实现了法治,它还须在法制健全的基础上充分实现民主政治,即彻底弃绝了人治,禁绝了专制,从而使良好的法律得到有效的执行和一体遵行,国家和社会生活的各个方面,包括最高权力层的行为都无例外地纳入了法制的轨道和范围。所以"法制"所重视的不过是法律体系的完善和立法、执法、司法、守法等过程和机构的健全,其关注点是维护公共秩序和约束公众行为;而"法治"所强调的则是整个国家体制和社会机制必须依法而治,其关注点是确保人民权利,有效制约和合理运用公共权力。因此如果仅提市场经济是"法制经济",还只能是从形式上说明了市场经济要依靠法制(这是不言而喻的,因为在市场经济体制确立之前,我们也都知道改革和经济建设离不开法制),但却没有揭示出市场经济需要什么样的法制,是适应市场经济客观规律,合乎民主、自由、公平、正义及效益的法制,还是适应计划经济体制要求的很大程度上是搞人治的法制。只有明确地提市场经济是"法治经济",才能更确切地表明社会主义市场经济的法律特征及其根本属性,才能准确地概括市场经济对法的内在的深刻的本质需求,也才能体现市场经济对法律的价值选择和理想追求。

第二节　现代市场经济的法治特征及其辩证分析

现代市场经济是市场经济所发展到的一个高级阶段,不仅市场领域和规模都空前扩展,市场机制也更加成熟,而且国家调控手段也相应完善,尤其是法律手段和法治条件被予以高度重视和强化。在现代市场经济的作用下,各个国家的市场经济模式,又各有其优劣和特色。

目前,从有关资料来看,发达国家的市场经济主要呈现五种模式:①美国模式,人称"分散型的市场经济",又称为"宏观需求干预型模式"。在这种模式下,微观经济由市场导向,政府通过法律条文和执法程序来保证市场竞争,同时通过财政金融政策对宏观经济进行干预。这样,投资者就敢于冒风险,把资金投入高科技产业,资金流动也比较灵活,有利于提高经济效益。②英国和北欧等福利国家模式。企业和家庭由市场维系,政府作为第三者调节社会福利和国民收入的再分配。③德国的社会市场经济模式。微观经济自发调节,宏观关系政府控制,实行"尽可能多的竞争,最必要的计划"。同时实施提供社会保障、社会公正和社会进步的社会福利政策,但它们都不能妨碍市场机制作用的发展,主张使带来效率的市场和政府提供的社会保障结合起来。④法国的指导性计划模式。生产和交换等由市场组织;由政府制定中长期规划进行指导。⑤日本的国家发展导向模式,或称为"协调型的市场经济"或"社团市场经济"。注重经济关系的协调与和谐,在发挥市场作用的前提下,政府通过产业政策进行引导,限制过度的市场竞争,并与企业巨头紧密协作实施指导性经济计划,着力于宏观经济体制的互相约束与彼此协调。

这些均说明,在现代市场经济中,无论是市场机制或是国家的宏观调控都达到了一个更高的层次。因为随着经济规模和领域的扩展,市场体系的日益复杂庞大,市场经济关系的覆盖面、触及面越来越宽广,现代市场经济已不能单靠"私权自治"或"意思自治"而自发运行和发展,还需要有良好的公共权能体系予以宏观调控,进行间接干预,才能保持在高层次、高水平上运转。但是这种宏观调控和间接干预必须适度和具有自控能力,否则就会打乱市场机制的正常运行,破坏市场经济关系,以至走向它的反面,成为市场经济发展的枷锁。而要使市场机制与国家的宏观调控有机契合,就只有靠法律,关键就是实行法治。从法治的观点看来,各种宏观调控手段,包括行政手段和经济手段,都可以归结为法律的手段,都必须由法律所武装和整合,受法律的监督和限制,并使其规范化、制度化和更具有权威性,以避免其随意性和偶然性,也便于使计划从指令性向指导性转化,政府职能从管理型转向服务型、协调型。经济调控手段法制化是市场经济发展的基本要求,法律手段是行政手段和经济手段的基础和效力依据。法律的手段比起其他手段所具有的优点在于:法律是一种具有普遍约束力的规范化调整手段,它与经济手段相比更具有权威性、普遍制约性,与行政手段相比也有其特具的优点:第一,它可以避免因政策性变换造成的短期行为等不利后果,有利于保持政策的稳定性、连续性。第二,它不是简单地抑制某一种社会现象,而是通过对人们权利、义务关系的调整,力求消除某一类社会现象产生的条件和原因,并保护和发展所需要的社会关系和社会秩序。至于制止经济活动中的违法行为、打击经济犯罪、矫正越轨的行为习惯和恢复被破坏的社会关系,就更得靠法律手段了。法律的调整手段比较有利、有效,也更少产生副作用和后遗症。

法律的作用不仅仅体现在对经济发展的总量和全局进行宏观调控,以及规范协调和统筹各种宏观调控手段,而且还深入到了微观经济领域。即无论是市场或是企业的管理和运行,都要靠法律的规范性作用作保证,都必须依法进行,这已无需赘言。同时,企业和市场的管理和运行所需要的一切依据有关法律、法规制定的内部规章,双边及多边协议、契约等,只要是涉及人们的权利、义务关系或具有一定规范作用,得到有关部门的认可并符合程序的都具有相应的约束力和效力,从广义上讲,都是经济法治的必要补充和组成部分。

由此可见,现代市场经济的一个显著特征就是发达的市场经济与现代法治相融合,其具体含义就是成熟的市场机制与良好的宏观调控机制都通过法律的整合作用而相契合、衔接。其中,法律贯穿始终、深入到各个环节和领域,通过发挥其全方位的整合作用而实现法治的整体效应,从而使现代市场经济成为一种新型的、规范化、制度化了的市场经济,即法治经济在现代市场经济中,以法律为纽带,以市场为中心,把国家(政府)、社会组织(企业)和个人的活动和行为紧紧地、广泛地与市场经济的各个环节联结在一起,以充分求和实现经济活动乃至一切社会活动的效率和效益。在这个过程中,法律的影响和作用无时不在、无处不在,经济利益和法律后果支配和左右着人的各种行为。一方面,有利可图成为人们行为的内在驱动力和经济组织、经济关系产生、形成、发展、变更的吸引力、聚合力;另一方面,行为自由和无所顾忌便是法无限止或有法可依,而法律所不允许者是人们作行为选择时必须最慎重予以权衡的社会禁令。因此,效益原则和合法性原则就是现代市场经济的两大基本原则,现代市场经济的利弊优劣都与此相关,现代市场经济社会中的一系列重大矛盾关系都与此相联系。

例如,现代市场经济既要求经济上的自由贸易和竞争,又要求秩序和机会均等;既追求效率和效益,又必须考虑社会公平和公正;既要求民主、公开的氛围和人的行为自由及独立、自主的权利,又要求对各种利益倾向、利益主体、利益集团施以统一、协调、制衡。但是,自由并不是为所欲为,真正实现自由贸易必须以反对不正当竞争为前提,反对对市场的垄断、操纵和诈欺行为,反对以权力等非经济因素来肆意干预、左右经济。正当的竞争是平等的竞争,是机会均等而且又是风险均等的竞争。然而竞争既带来效率和效益,又可能扩大社会差别和经济差距;这种差别和差距如果得不到适度的控制和缓解,就会成为妨碍经济进一步发展乃至社会稳定的因素。因此,即使是在现代资本主义国家,也不得不采取社会福利政策和社会保险措施来予以缓解,并通过调整生产结构和产业结构使企业得到平均利润。这一切都离不开法律和法治。法治既可以保障自由竞争和效率,又利于保障和协调社会分配,平衡利益冲突,达到必需的社会公平。公平是一个相对的概念,实现社会公平是一个动态的辩证的过程,它只能与经济和社会发展的一定历史阶段相适应,任何时候都不可能做到绝对平等和公平,公平和平等都以权利对等和机会均等为参照系。绝对平均主义既丢掉了效率又不可能达到虚拟的公平,因为如果缺乏在经济发展基础上的生产要素合理流动和机会均等,就不可能真正实现社会公平,而只能造成普遍贫困。走上现代市场经济道路的国家都无不重视运用法律手段来协调和平衡公平与效率的矛盾。

社会主义市场经济也摆脱不了效率与公平这一人类物质生产与生活的固有矛盾,然而通过改革而保持和发挥出的社会主义制度的优越性和生命力有条件比较更好地解决这一矛盾。我国社会主义建设的历史经验和改革十多年来的经验表明:既不能以单纯追求公平来牺牲效率,因为如果不以生产力的发展和劳动效率的提高为基础,就没有条件实现社会公平;又不可因着意强调效率而忽视、放弃社会公平,因为分配不公、不合理,不仅会刺伤劳动者的积极性,而且会减弱广大人民群众对改革的支持力和承受力,从长远来说,也不利于实现共同富裕。当然,防止分配不公,包括两方面的含义,即既不能再吃大锅饭、搞平均主义,又不应加大贫富悬殊、放任两极分化。至于诸如"脑体倒挂""非商不富"等不正常现象,则本身就是国民再分配不当、产业结构不合理造成的,是对按劳分配原则的扭曲,须尽快改变,否则也会加大分配不公。社会主义市场经济以公有制为主导,以按劳分配为主体,就是兼顾社会公平与效率的良好基础,提供了一种在新的基点和层面上来解决效率与公平的矛盾的条件和可能性,既允许先富后富,提倡多劳多得、不劳动者不得食,分配上拉开档次,经济发展和效益上体现出差距,鼓励在正当、合法的前提下发财致富,以有利于搞活经济、提高综合国力;同时,又要防止两极分化和贫富悬殊,避免加大社会差别和经济差距,特别是制止非法致富,禁止用不正当手段攫取社会财富和他人财富。并通过改革把劳保福利变为国家既承受得起,又有利于调动和保护劳动者积极性的手段,发展社会保障和公益事业,加强人权保障和环境保护等。这样,就便于通过市场竞争机制进行初次分配反映效率和差距,又通过国家调节的作用进行再分配体现社会公平,最终实现共同富裕。而这一切,更离不开法律和法治。

为解决好效率与公平的矛盾,还必须处理好物质生产与精神生产的关系以及它们在市场经济发展中的作用和地位问题。不能把精神生产排除在国民再生产和再分配体系之外。因为,科学技术和教育文化,都直接或间接地形成生产力(科学技术乃是第一生产力),特别在现代社会,它们对经济发展的重要作用正与日俱增。因此,科学技术和教育文化事业不仅要为经济建设服务,以经济建设为中心,而且它们本身就是整个社会生产系统中的重要组成部分。智力劳动及其成果,正越来越多地进入市场,变为商品,直接或间接地产生出经济效益。但是,又不能使精神生产、文化领域以及政治行为都一概简单地适用商品交换和市场法则,因为它们有自己特定的价值体系和对经济基础的相对独立性。经济基础的发展只能要求上层建筑与之相适应,而不能要求与之亦步亦趋甚至予以消融和吞并。否则,就不但会妨碍上层建筑对经济基础发挥积极能动的反作用,而且不利于社会分工和社会结构趋于合理,而社会分工既是任何社会发展的前提,又是社会发展程度的标示,与社会经济和技术发展互为因果。所以,发展市场经济绝不等于要全民经商和一切社会关系商品化、一切经济关系商业化。现代市场经济越是发达,就越是需要高度发展的科学技术、教育文化与之相配合,否则,经济发展就缺少后劲,还会失去动力。即使是在现代西方资本主义发达国家,也是物质生产与精神生产双重发展,也在努力建设为其物质文明服务的精神文明(只不过性质不同而已)。任何对精神生产和精神文明的削弱和损害,都将导致扼杀经济发展本身。为此,就必须为创造性智力劳动及其产品和服务提供有效的法律保障,使之有力地促进经济建设;同时从法律上明确地区分和界定生产要素和非生产要素,物质生产要素和精神生产要素,直接经济效益和间接经济效益等等,以避免构建市场经济关系时的简单化、庸俗化倾向。可见,现代市场经济使社会关系的商品化、市场化程度更高,领域更宽,范围更广,商品及市场经济关系更复杂、内容更丰富、形式更多样,市场经济运行的有序化要求也更突出,这就更需要有完备的市场规则和严密的法制保障。否则就会失序和乱套。

现代市场经济不仅覆盖物质生产和精神生产领域,而且要求把整个国内市场和国际市场都作为其运行空间,要求突破区域限制和关税壁垒。因为市场的存在和发展本身就具有广延性,市场机制本能地就趋向于广泛联系性和不受局限性。市场经济的发展必然要求市场的空间范围不断扩大,从区域性扩大到全国性,从国内扩展到国际。一般说来,市场空间越宽广,交换成本就越低,效益就越高,资源配置也越易趋于合理。所以,现代市场经济不但与条块分割及地方保护主义尖锐对立,并且与狭隘的关税保护、封闭的双边贸易不相适应,而要求整个世界市场都畅通无阻,连为一体。条块分割和地方保护主义既是封建主义的遗物,又是权力经济惯性的表现,使企业"婆婆""保姆"争属,令出多门,限制和阻隔了生产要素的合理流动,破坏了机会均等,是阻碍市场经济发展的顽敌。而关税壁垒不过是它们在对外贸易上的延伸,是闭关锁国习俗遗留下的经济屏障而已。恢复我国在世界贸易组织中的缔约国地位,是我国发展社会主义市场经济的必然要求,可使国内市场与国际市场相衔接,中国经济与世界经济相接轨,从而使我国社会主义市场经济与世界现代市场经济的发展进程相合拍。这对我国经济建设和法制建设既提出了严峻的挑战,又提供了发展的机遇,促使我们加快从计划经济向市场经济体制的转换,以及从人治向法治的转换。这就给我们提出了必须使国内法律制度和体系与国际法律体系规范相衔接,国内市场运行规则还应符合有关国际惯例的任务。为此,就既要考虑到中国国情,而不能简单、完全地移植西方市场经济体制;又必须打破空间界限,不囿于姓"资"姓"社",积极、大胆地引进和借鉴世界各国市场经济的丰富经验和法律规则,制定既符合中国国情又符合世界通例的市场经济法律体系,以便继承人类文明发展的共同财富,收到超前和简便之功效,从而有益于我国社会主义市场经济的发育和发展。在这个问题上,强调国际性与注意中国国情并不矛盾,现代市场经济的发展要求在国际化、全球一体化的大格局中来调配、适用各国各具特色的国情。

第三节　法治经济的特征和内涵分析

由此可见,发轫于 20 世纪 80 年代,正发育于 90 年代的我国社会主义市场经济,所面临的发展条件既有利又有弊。这主要是表现在与世界现代市场经济的关系以及在其发展进程中所处的地位问题上。由于世界主要资本主义国家市场经济制度的建立和发展已历经数百年,因此我国发展市场经济可以通过人类共同体的"获得性遗传"作用而有一个高的起点,即利用其已有的成就与现代市场经济相接轨,这样就不必从头做起,从而简约市场经济发展的历史阶段和行程。显然,这是一个难得的历史机遇。但另一方面,由于我国没有经过资本主义的充分发展而从半殖民地半封建社会跃进到社会主义社会,再加之以往"左"的错误的影响,使我国的市场发育至今还不充分,市场机制不成熟,长期计划经济的固有模式、传统习惯和观念都具有顽强的抗力。特别是市场规则和法制环境不完备、不健全,人治习惯还顽固存在。这些都给发展市场经济造成诸多阻力和困难,使我们尚未具备立即直接迈入现代市场经济的主客观条件。因此,必须清醒地认识到这些,努力创造好条件,排除种种阻力和困难,力争尽快地与现代市场经济接上轨。

在这个过程中,至关重要的一点就在于:必须高度重视法律在引导和保护市场经济发育、发展中的重要作用,深切认识和牢固树立现代市场经济就是法治经济的观念,以便增强我们运用法律手段来引导和规制从计划经济向市场经济转变的自觉性和主动性,从而大力加强经济法制建设以及整个民主、法制建设,加速这一转变过程,使我国经济发展快步迈向现代市场经济的新台阶。

为此,就需要正确理解"法治经济"的特征和内涵。

一、"法治经济"是相对于"人治经济"而言的,是人治经济的对立面

与法治经济相反,人治经济中弊病最多,危害最大,传统势力也最为顽固的,就是权力经济。因此,为使问题更明确起见,现特就法治经济与权力经济作一比较,二者的

对立除了以上所谈及的以外,还表现在以下几方面:

(1)权力经济是一种人治经济,无规则的非程序性经济,排斥平等、公开、公平、公正,也无自由、民主可言。封建社会的所谓"官商",现代社会的所谓"官倒",殖民地、半殖民地的"买办",都是权力经济的典型形态。其主要是靠手中的权力或特权来操纵控制经济,以攫取超额利润。权力经济的习惯势力造成政府对经济的过度干预很容易导致滥施权力,而政府权力无限制地介入经济活动,就必然造成不平等的竞争环境和发展机遇,从而成为市场经济发育、发展的破坏性因素。在当前发展社会主义市场经济中,权力经济仍继续以各种方式在顽强地表现自己。如国有企业利用独占生产经营权对市场进行垄断,经济行政管理部门利用行业管理权力实行操纵和控制,行政性冒牌公司牢牢抓权并利用权力抢掠式经营,地方之间为保护地方利益而实行经济封锁等等。这些既是权力经济的恶劣表现,又是计划经济带来的后遗症。从社会主义国家的发展史来看,计划经济只适合于政权初建和巩固政权并凭靠政权来变革旧的生产关系的"非常时期",要全面开展社会主义经济建设和现代化建设,就不能单靠体现权力和特权的人格化权威建立的服从与被服从关系,而主要靠体现各社会主体地位平等的非人格化权威即法律和法治形成的权利义务关系。法治经济是规范化的程序性经济,它通过完备的法律手段和良好的社会法治环境有效地保障和维护正常的经济秩序,保证平等、公开、公正、公平的竞争环境和发展机遇,并有利于给经济发展创立和维系一个民主、自由、宽松、和谐的空间和氛围,保护公民和法人的正当权益,促进经济的有序增长和繁荣,所以法治经济是我们建设社会主义现代市场经济的内在必然需求和最佳选择。

(2)权力经济是主观意志型经济,即靠长官意志来驱动经济,靠领导人的才智和经验来支配经济,但这些毕竟都是有限的,从而往往与客观经济规律相背离。例如在计划经济体制下,由于高度集中的决策所需的大量信息不可能完备和具有较高的真实性,就很容易导致决策失误甚至犯战略性错误。其严重后果就是不顾现实情况和客观经济规律,大规模地驱动人力、物力和财力搞群众性经济赶超运动和阶级斗争,实则是拔苗助长和自戕国力,造成国力的大破坏,人力、物力、财力的大浪费。法治经济通过法律的规范化、制度化功能来发展经济,避免因领导人的个人能力、品质和主张的差异及其升降进退而影响经济政策出现短期效应,有利于经济的稳定发展和实现长远目标,也便于通过法律来反映客观经济规律,引导和约束人们尊重客观规律,按客观规律办事,总结全社会的经验和智慧,使决策更具有科学性。

(3)权力经济保护特权,重视人的身份和地位,根据主体地位的不同来制定不同的法律和政策。例如在以往的计划经济体制下,不同的阶级出身、成分和所有制的性质所受到的法律保护和政策照顾事实上就不同。这种主体地位的不平等是市场经济所最忌讳的,也是与法治经济特别不相容的。法治经济强调主体地位的平等,以此为前提才能谈得上权利平等和机会均等,才能调动人们发展经济的积极性,也才能谈得上生产要素的合理流动和资源的合理配置。

（4）权力经济下虽然也讲法，但只强调法的限制、禁止、约束功能和惩罚职能，只重视使用强行性规范、禁止性规范和义务性规范，从而使人们畏法、恐法、避法，最多也是为解决纠纷、补偿损失而求助于法，而且只重视法的实体正义，不注重程序正义，这些都大大限制了法的功能和社会作用的发挥。法治经济重视法的引导、调节、预测等积极功能，强调运用法律来组织、管理经济，进行更深入广泛的参与，使法律真正成为经济发展的内在需求；并注重使用任意性规范、授权性规范、建设性和奖励性规范来调动人们的积极性；不仅重视法的实体正义，而且重视程序正义，通过实现程序正义来保证实体正义，更有效地维护主体的合法权益，并使法律更具有可操作性。

二、法治经济的内涵

"法治经济"不仅限于一般所说的"经济法制"的外延和范围，即不仅指经济领域的"有法可依、有法必依、执法必严、违法必究"或立法、执法、司法、守法等环节，它的外延比这更宽广，内涵也更深刻。它不仅要求直接从事经济活动的人员和组织及其行为必须依法守法，而且要求全社会的一切组织、个人及其行为都必须符合法治的原则和精神，都必须依法办事、依法行政、依法管理，在法治原则的导引下为经济发展服务，积极地参与经济建设并分享其效益。也就是说，它所追求的是"经济法治"，要求通过整个社会的法治化来发展经济，而不仅仅是指经济法规体系的完善和经济法律制度的完备（相应于"经济法制"的概念）。从系统论的观点来看，"经济法治"至少包括以下几个层次，即经济法治观念、经济法治制度、经济法治秩序、经济法治环境。只有从它们的系统整体效应着眼，才能完整地把握法治经济的内涵。

1. 经济法治观念。

即所有经济活动的参加者以及政府官员和每个公民，都须具有经济法治的意识和观念，才能适应现代市场经济的有序化发展需要。诸如效益与合法性相统一的观念，效率与公平兼顾的观念，平等、公开、公正的观念，宏观调控与微观调节法律一体化观念，政府职能有限观念，公民和法人权利保障观念，经济运行规则性观念，市场中心和适度计划的观念，法律保障智力劳动成果价值的观念，等等。具有强烈的经济法治的意识和观念，对于企业家和经济管理者、领导者来说尤其重要。他们必须崇尚法律，熟悉有关的法律规定，以法律作为其行为选择以及决策的重要依据，善于依靠法律来组织、管理经济，争得和维护企业的合法权益，并可凭借法律的导向和预测功能，科学地制定和正确实施企业的发展战略，避免和排除企业发展中的暗礁和阻力。

2. 经济法治制度。

即包括完备的经济法规体系，完善的经济立法、执法及司法体制，以及良好的守法和护法的机制和环境。就建设我国社会主义市场经济而言，应包括：①必须建立和完善一整套经济法规体系,以确立各类市场主体的法律地位,界定各种生产要素商品化的资格,规制所有市场活动和行为,维护市场关系和秩序,规范宏观调控和保障社会分配等,使市场经济的各个领域都有法可依、有章可循,从而稳定和调整各种市场经济制度(包括市场体系、产权关系、市场组织和结构、市场运行机制、市场调控手段与方式、市场行为约束和保障及投资收益与分配等),衔接和协调政府、市场和企业的关系,规制企业的经营管理,这就应把加强经济立法工作提到首要地位,健全经济立法体系。②还必须完善经济执法和经济司法,使无论是政府执法或是经济检察、经济审判以及行政审判,都能严格依照法律的规定和程序进行。为此,就必须按照为市场经济服务的要求大力加强经济执法、经济检察和经济审判,并改革和完善执法和司法体制,充实薄弱环节,消除其中的漏洞和弊病,维护法律的尊严,树立法制的权威,解决好法与权的斗争以及法与钱的较量的严重问题,反对以权代法,严禁贪赃枉法和权钱交易,制止假借法来保护本地区本部门狭隘利益,并认真落实经济案件的执行。③同时还须强化经济法制监督体系,加强经济法制的宣传教育,努力提高广大干部和群众懂法、用法、护法、守法的能力和自觉性。

3. 经济法治秩序。

经济法治观念、规范和制度综合作用的结果,都是要落脚到维护和发展良好的经济法治秩序,以保障和促进经济的发展和繁荣。而良好的经济法治秩序来自良好经济法治效果,即每个经济主体权利的充分享有和权益的实现,义务的切实履行和承担。各经济法治部门和环节都高效而有序地运转,既保证了生产效率和经济效益,又体现了社会公平和公正,同时有效地预防和控制了经济违法犯罪,从而充分调动和发挥劳动者的积极性和创造精神以及经济单位的潜力和活力。社会主义市场经济秩序除了靠国内市场规则还要靠国际市场规则形成的一体化效应,才能实现资源的优化配置,并最大限度地利用人力、物力和财力。

4. 经济法治环境。

是指包括政治、文化等在内的整个社会环境,即要求整个社会的法治化、民主化、文明化与经济法治相配合和适应。因为法治经济必然要求有法治政治,法治政治同时也就是民主政治、文明政治;要求法律有极大的权威,民权至重,宪法至尊,使国家权力服务于公民权利,各利益主体间相协调,各权力机构间相制衡,才利于资源的合理配置和社会劳动的合理分配。就当前我国建设和发展社会主义市场经济而言,最紧要的是实现政府机构合理化,转变政府职能,以优化社会权力结构体系,这样才能为市场经济的发展提供必需的政治保证。因此,要搞好机构改革,落实政企分开和所有权与经营权相分离、国家行政权和财产权相分离,科学地界定政府的权能,明晰企业的产权和责任,实现每个经济主体的权、责、利相统一。同时进一步加强整个社会的民主、法制和文明建设,提高全民的民主意识、法制观念和文化素质,把整个社会的经济、政治和文化建设都纳入全社会法治化的进程和轨道之内。这样,以现代市场经济为坐标模式,以法治经济为价值取向,我国社会主义市场经济的建设和发展就将会是比较顺利、高效并且廉价的,可以少走弯路,少付代价,积极又稳步地进行。而且,在可以预见的下个世纪内,进一步向发达的现代市场经济靠拢,从而为全面实现社会主义现代化创造十分丰厚的物质基础。

第七章 "一国两制"的法哲学思考

随着香港、澳门的陆续回归以及海峡两岸统一大势的不可抗逆,一种罕见的政治法律现象就将呈现在世人面前,因为"一国两制"的国家结构必然导致"一国两法"(一国之内两种社会性质的法律制度并存)和出现多个法域(祖国大陆主法域及我国香港、澳门等辅法域)的奇特法制体系的建立和形成。它的基本构架是:以宪法为龙头,以特别行政区基本法为纽带,以社会主义法为主干,以上述特区的资本主义法为支干,并以它们彼此相互间的区际冲突法为胶合剂的,两种性质的法律相得益彰,各法域共促共生的,多层次、多色调、多板块,结构复杂,内容和形式异常丰富多彩的法制体系。这在中外法制史上都是史无前例的。对它的深入研究不仅将大大地丰富和更新我们的政治和法学理论,而且将促进我国的政治体制和法制建设的发展和创新,从而对人类文明和社会进步具有不可估量的意义。在此试作一些法哲学的思考和探究,以期能有助于中国法制发展的这一跨世纪战略任务的解决。

第一节 "一国两制"的法律意义和特征

"一国两制"即"一个国家、两种制度",就是一个统一的主权国家根据自己的宪法和法律的规定,在本国的部分地区实行不同于国家主体部分的政治、经济和社会制度及生活方式。

众所周知,"一国两制"是中国共产党和中国政府为解决我国台湾问题,恢复对香港、澳门行使主权,实现祖国和平统一所提出和制定的一项重大国策,它已以特定的方式载入了我国宪法。1982 年我国《宪法》第 31 条规定"国家在必要时得设立特别行政区。在特别行政区内实行的制度按照具体情况由全国人民代表大会以法律规定"。按照"一国两制"的方针,已使香港问题和澳门问题得到合理合法的解决。1984 年 12 月19 日和 1987 年 4 月 13 日中英两国政府和中葡两国政府分别签署了具有法律效力的关于香港问题的联合声明和关于澳门问题的联合声明,各自确认中华人民共和国政府于 1997 年 7 月 1 日恢复对香港行使主权和 1999 年 12 月 20 日恢复对澳门行使主权,并在 1990 年 4 月 4 日,七届全国人大三次会议通过了《中华人民共和国香港特别行政区基本法》,1993 年 3 月 31 日,八届全国人大第一次会议通过了《中华人民共和国澳门特别行政区基本法》,从而使"一国两制"的重大国策得以制度化、规范化,赋予了它以更加充分而深厚的法律依据和意义,使其具有合宪性、合法性和稳定性。

由此可见,"一国两制"的确定和实施,必须具有宪法和法律的依据和保证,而且也只有通过法律的手段和法制的形式,才能建立起祖国大陆与我国港、澳不同的社会制度地区间的稳定联系,并妥善解决其间发生的某些纠纷和矛盾。"一国两制"既涉及国体,又涉及国家结构和政体,既涉及我国的经济制度,也涉及我国的政治和法律制度。法与国家,法律与经济制度和政治制度总是紧密联系,不可分割的。法制是国家机器的重要组成部分,而且广义的政治制度就包括了法律制度,经济制度的稳定建立和发展,也离不开法律。因此,"一国两制"的确立和实施,必然会引起我国法律制度或体制发生重大变化,这种变化集中表现在两个方面:第一,从单纯的社会主义性质的法律演变为祖国大陆社会主义法(占主体)与港、澳资本主义法并存,即"一国两制"必然导致"一国两法";第二,从单一法域国家变成多法域国家,即形成祖国大陆主法域和我国香港、澳门等辅法域。由此派生出"一国两制"法制体系下的诸多复杂现象和关系,也决定了其间所存在的法律冲突的复杂性及其解决的繁难度。

值得注意的是,上述两个方面中第一方面是首要的和基本的,也是最能体现我国"一国两制"法制体系特色的。也就是说,我国"一国两制"法制体系的基本特征,并不在于其多法域,而在于"一国两法"。即在于两种性质不同的社会制度和法制制度的并存。这正是决定我们的"一国两制"以及"一国两法"在理论上和实践中具有特殊复杂性的根本原因,也是同世界上其他一些多法域但却仍是"一国一制"的国家结构和法制体系国家的最大区别。例如美国、瑞士、澳大利亚等都是这样的多法域国家。美国有50个州,每个州都有自己的民法,然而它们都属于在资本主义制度范围内的法制区别和法律冲突。这些多法域国家由于实行"一国一制",因而各地区的法律其阶级本质和基本原则相同,法律体系之间的共同点是主要的,不同点是次要的,出现的法律冲突也是浅层的,不能与我们"一国两制"下祖国大陆同我国香港、澳门之间基于不同性质的法制区别和法律冲突相比。当然,我国"一国两制"下的法制体系也有一般多法域国家法律冲突的某些共同特征,如所属法系的不同与冲突,各法域之间的差异和冲突等,这就更增加了其复杂性和繁难度。

从纵向上看,"一个国家、两种制度"虽然历史上也不乏其例,但还没有进展到建立起较稳定的法制体系并妥善解决其法律冲突的地步。我国历史上社会制度形态比较落后的少数民族以武力征服了社会制度和形态比较先进的汉民族地区后,都出现过两种不同社会制度(奴隶制与封建制)并存的情况。公元646年大化革新以后的日本,也存在过类似的情况。美国独立战争后至南北战争以前,则出现过在北方发展资本主义的同时,在南方的几个州保留奴隶制的状况。新中国成立后不久在西藏等少数民族聚居地区暂时保留其原有制度至民主改革之前,实际上也是属于"一国两制"的特殊情况。上述这些情况由于是在改朝或改制的过渡时期出现的暂时现象,没有具备充足的法律依据和保证,因而,缺乏稳定性和典型意义,虽可作为我们现今实行"一国两制"的历史参照,但却不能与其深刻含义和重大意义相比拟。

第二节 "一国两制"法制体系的要素和构成

一、"一国两制"法制体系的法权基础探析

"一国两制"法制体系是以主权与治权既相统一又相对分离的法权关系为基础的。所谓统一,意即香港、澳门不是一个独立的政治实体,而是中华人民共和国大家庭中的一员,是中央政府下辖的一个行政单位或行政特区(特别行政区)。因而国家主权都归于并集中于中央,中央政府都对它们行使主权,与它们的关系是中央与地方的关系,而不是平列的关系,更不是"一国两府"或"一国两区"的关系。特别行政区直辖于中央政府,其一切权力(包括各种治权)都是由中央授予并由国家宪法和特别行政区基本法所规定的,关系到国家主权和国家安全的外交和国防事务则统一由中央处理,中央还行使由宪法和特别行政区基本法所规定的应当在这些地区行使的其他权力。所以从这种主权统一以及主权与治权也相统一的根本意义上讲,中央政府与特别行政区的关系相似于中央政府与其他行政省及民族自治区的关系。这种不仅主权统一,不容分离及转让,而且主权与治权也本质上相统一的原则,是实行"一国两制"的根本前提,是统一祖国大业中必须毫不动摇地坚持的原则,也是主权国家政制和法制建设中不可移易的一条基本准则。

相对分离,意即我国香港、澳门作为特别行政区之所以"特别",是指它们具有高度的自治权。也就是说,这种自治权不仅大于民族自治区的自治权(例如,香港特别行政区享有除外交、国防以外的行政管理权、立法权、独立的司法权和终审权,此外还具有自行处理在经济、贸易、金融、航运、通讯、旅游、文化、体育等方面的部分对外事务的权力),而且在某些方面甚至超过了联邦制国家中成员邦的权力和权利(例如香港保持财政独立,全部财政收入不上交中央,中央也不在香港征税,香港自己发行货币;香港为独立关税地区;香港有自己独特的政治体制;香港保持原有的法律;全国性法律除《香港特别行政区基本法》及其列于附件三者外,不在香港实施)。这种特别行政区所享有的高度自治权,就是主权与治权相对分离的表现,是实现"一国两制"条件下地方分权的一种特殊形式。况且这种"分离"是"相对"的,而不是绝对的;这种治权,终究是由中国人所享有(即所谓"港人治港"之意谓),而决不交给任何外国人。《香港特别行政区基本法》规定:香港特别行政区应自行立法禁止任何叛国、分裂国家、煽动叛乱、颠覆中央人民政府及窃取国家机密的行为,禁止外国的政治性组织或团体在香港特别行政区进行政治活动,禁止香港特别行政区的政治性组织或团体与外国政治性组织或团体建立联系。这就表明了维护国家统一和领土完整也是特别行政区的神圣职责。

二、"一国两制"法制体系的基本构架及辩证关系剖析

如前所述,"一国两制"法制体系是以"一国两法"及多法域为显著特征,那么构成这一庞大复杂的法制体系的应包括祖国大陆和我国港、澳、台的所有符合"一国两制"要求的法律部门和领域。而按照它们在"一国两制"法制体系中的特定地位和作用,就可以把它们归纳为以下几个层次:①作为祖国大陆和我国港、澳等特别行政区共同母法的宪法;②联结祖国大陆和各特别行政区的特别行政区基本法;③居于主体地位的祖国大陆社会主义法;④作为辅助的我国港、澳等各特别行政区的资本主义法;⑤用以解决祖国大陆和各特别行政区及特别行政区相互之间的法律冲突的区际冲突法。这样,我们就可以勾画出"一国两制"法制体系的基本构架:即以宪法为龙头,以特别行政区基本法为纽带,以祖国大陆社会主义法为主干,以各特别行政区的资本主义法为支干,并以它们相互彼此之间的区际冲突法为胶合剂的,两种社会性质的法律并存且相得益彰,各法域共促共生的,多层次、多色调、多板块,结构十分复杂,内容和形式都异常丰富多彩的法制体系。这不仅在中外法制史上是史无前例的,而且在当今世界也是独一无二的。其中,存在着如下几种(或几层)重要关系,正确认识和处理好这些关系,有助于我们把握住"一国两制"法制体系的本质特征及规律性。

1. 祖国大陆社会主义法与特别行政区资本主义法的对立统一关系。

它是"一国两制"法制体系中的基本矛盾,"一国两制"法制体系的基本特征——"一国两法",就集中地体现于此,并由此派生其他的矛盾关系。所以处理好这对基本矛盾,对于实现和稳定"一国两制",建立和完善"一国两制"法制体系,具有关键性意义。其基本原则就是既坚持以祖国大陆的社会主义法为主体(是矛盾的主要方面或主导方面),以特别行政区的资本主义法为辅助和必要补充;又要充分认识和正确估价适合于这些特别行政区的资本主义法的特殊地位和作用,从而不但不能以大陆的社会主义法加以排斥甚至吞灭,而且应看到它们两者之间除了有相拒斥性一面之外还有可以相互借鉴和吸收的一面。其根本的原因在于:"一国两制"范围内的社会主义经济制度与资本主义经济制度并存、互促和相得益彰,这是与社会主义初级阶段多种所有制和分配方式并存相对应的,即都是与现阶段我国不同地区经济和社会发展不平衡状况及其历史原因相关联的。而其更深刻的原因就是发展和繁荣市场经济、提高综合国力和人民生活水平、保持社会安定这一共同需要。它有利于我们借鉴和利用发达市场经济已有成就和经验(包括市场经济法制和规则),也有利于我们加强国际联系,吸取、借鉴资本主义发达国家先进的技术、管理经验和法制手段等。同时祖国大陆的社会主义制度和社会主义法制不仅是我国港、澳经济和社会发展的强大后盾,而且也必有其可以认同之处,从而产生相互吸收、借鉴的效用。当然对这种相互借鉴和吸收不能作简单化、机械化地理解,因为不仅有制度性质和意识形态的分野甚至对立,而且有经济和社会发展程度之差距和异质文化的冲突。所以既不能简单移植,更不能动辄就搞什么

"西化"或"中化",应经过非常细致的分析取舍和不断探索试验的过程,权衡利弊,取优舍劣,使对方之所长有机融合进自身的制度发展和主体文化中,特别是注意把那些体现人类制度建设共同经验和法律文明发展普遍规律性的东西尽可能地加以利用和吸收,来促进和完善本身的制度建设和法制建设。

2. 分属不同法系的法律之间的关系。

祖国大陆与我国香港、澳门及我国台湾地区的法律分属于社会主义法系、英美法系、大陆法系,但他们都有中华法系的传统,我国台湾法又受到英美法系的影响,祖国大陆法也含有大陆法系的因素和成分。它们之间既相区别,又相联系。固然,法系的不同使法律在立法方式及立法技术、法律形式及渊源、司法程序及制度等许多方面都各有其特点,因而法律的结构、体例、术语以及法律事实和行为的定性也往往不同。但由于我国香港、澳门及我国台湾地区同祖国大陆固有的历史联系,特别在"一国两制"的条件下这种联系将进一步得以强化和巩固,这就为它们之间的法律的相互借鉴和吸收以便取长补短提供了更多的可能性和更有利的条件。充分认识到这些,能使我们更客观、全面地看待我国港、澳、台的法律及其与祖国大陆的关系。一方面,有利于我们认识和把握属于英美法系的香港法的特征,并便于我们通过比较而借鉴、吸取其有益于我们法制建设的那些成分(如判例法的适当引用,民商法的实用价值,法律技术水平的臻于完善以及重视对个人的权利、自由的尊重和保障等);另一方面可以使我们清醒地认识到属于大陆法系并有中华法系传统的我国台湾法在法律形式、法律体系和体例、法律心理结构以及法律文化传统上同我们更为接近,并有某种同根同源的关系,互相借鉴和吸取有益成分就更有必要,也更为直接。

3. 各特别行政区法之间的关系。

它们虽然都同样属于资本主义性质的法,因而异中之同可能会更多;然而仍因所属法系不尽相同,以及历史及文化背景上的差异,使之在法律结构、法律体系、立法技术和司法程序等方面仍各有其特点。注意到这些,对于我们加深对各特别行政区法的认识,无疑是有意义的。

三、"一国两制"法制体系中的法律要件分析

"一国两制"法制体系中最具特殊性的是特别行政区基本法和区际冲突法。前者是联结祖国大陆和特别行政区的纽带,后者是协调祖国大陆主法域和各特别行政区辅法域及辅法域相互间各部门法关系的胶合剂。它们是"一国两制"法制体系中的特殊构件,尤其是特别行政区基本法,完全是一种崭新的法律现象,中外法制史上未曾有过,是当代中国对人类法律文化的独特贡献。

1. 特别行政区基本法。

特别行政区基本法是体现"一国两制"国策的最主要的法律形式和最集中、直接的法律表现,是祖国大陆社会主义制度和法律体系同我国港、澳、台等资本主义制度和法

律体系的结合部和衔接点。它具有以下特点:第一,从它的地位和法律效力来看,它具有仅次于宪法而又高于一般法律的效力。既含有宪法性法律的特征和属性,以至于有人称它是"小宪法",尤其是在结构上与宪法相似。如《香港特别行政区基本法》和《澳门特别行政区基本法》都包括序言、总则、居民的基本权利和义务、政治体制、经济、文化和有关社会事务等章节。但它又是根据宪法制定的,是我国宪法关于"一国两制"方针在法律上的具体化、系统化。也就是说,从法律渊源体系上讲,它是从属于国家根本法之下的国家基本法律,其效力仅次于宪法而又高于其他法律。第二,从它的适用范围和在特别行政区的作用来看,它既是全国人民代表大会制定的全国性法律,因而在全国范围内都有效,各省、自治区、直辖市,各级国家机关,各个部门和团体都必须遵守,全国人民和各级干部都必须了解、熟悉和不得违背;但又主要是适用和实施于特别行政区的特殊性的法律。而在特别行政区它又是一项根本性法律,是特别行政区的立法基础,是国家主权在这些地区的法律表现,在这些地区具有最高的法律地位和效力,特别行政区的各项制度和政策,都必须以它为根据,特别行政区的任何法律都不得与之相抵触。第三,从它的任务和内容上看,主要是"一国两制"的法律体现和法律保证,而且主要是调整中央与特别行政区的关系以及特别行政区内部的关系,同时它所调整的这类社会关系主要是一些最基本的关系,而同调整具体关系的其他部门法有所不同。第四,从性质上看,虽然基本方面具有社会主义性质,根本目的也是为了有利于我国的社会主义现代化事业,但又是对特别行政区资本主义制度的确认和规范化。它既反映了工人阶级和其他劳动者的意志,又反映了爱国统一战线中资产阶级的意志。

2. 区际冲突法。

我国区际冲突法产生和存在的必然性、必要性,是为了解决我国香港、澳门、台湾等特别行政区建立后与祖国大陆之间以及这些特别行政区彼此之间所必然产生和存在的区际法律冲突。区际法律冲突是一个主权国家领土范围内具有独特法律制度的不同地区之间在同一平面上的法律冲突。一国内部各个具有独特法律制度的地区一般称为"法域",各法域之间法律地位是平等的。而其内部具有数个法域出现区际法律冲突的国家称为复合法域国家或多法域国家。"一国两制"实现后的我国就是这样的多法域国家,无论是我国香港、澳门及我国台湾地区或是祖国大陆,从区际冲突法的视角看,都是相对独立的法域。也就是说在"一国两制"的国家结构和法制体系下,一方面,就行政关系而言,中央人民政府与特别行政区之间的关系是中央与地方的隶属关系;另一方面,从区际法律冲突关系而言,祖国大陆、我国香港等法域都是相对独立的法域,都允许保持性质不同、各具特色的法律制度。在这种情况下,随着各地区人民间的交往就会产生大量涉外法域法律因素和法律关系,从而要求各法域互相承认外法域人的民事法律地位以及外法域的法律在自己区域内的域外效力。这就使区际法律冲突的产生具备了主客观条件,而区际法律冲突的存在,又使以解决区际法律冲突为宗旨的区际冲突法具有了客观必然性。

我国区际法律冲突的复杂性、特殊性决定了我国区际冲突法的复杂性、特殊性。

第一,我国区际法律冲突存在着不同阶级本质的法律之间的冲突,而不同于"一国一制"下的一般多法域国家的区际法律冲突,后者的法律冲突往往是浅层次的,不涉及法律的本质方面。我国"一国两制"条件下祖国大陆与我国港、澳、台地区之间的社会主义法与资本主义法之间的冲突,由于体现了不同阶级的利益和意志,其基本的法律原则和立法精神都存在重大差异,不可避免地存在许多不同规定甚至相对立的情况,因此其法律冲突在质上是深层次的,在量上也是相当广泛的。第二,我国区际法律冲突体现了当今世界三大法系(社会主义法系、大陆法系、英美法系)之间的法律冲突,而不同于其他多法域国家多数是属同一法系,只有极少数(如美国、加拿大)属两大法系之间的区际法律冲突。第三,我国区际法律冲突是单一制国家内享有高度自治权的地区之间的法律冲突,而目前世界上区际法律冲突大都发生在联邦制国家,并且联邦法院常常具有协调成员邦之间法律冲突的职能。"一国两制"条件下的我国,包括祖国大陆和特别行政区在内的各法域事实上都有独立的司法权和终审权,这就意味着区际法律冲突是在没有共同的最高司法机关进行协调的情况下展开的,这样法律冲突不仅表现在一些低级规范上,而且也表现在一些重要原则上。第四,我国区际法律冲突还涉及适用国际协定上的冲突,这也是由于"一国两制"条件下特别行政区享有高度自治权,包括享有部分对外事务的权力的结果。例如,根据《基本法》规定,香港、澳门两个特别行政区可以分别以"中国香港"和"中国澳门"的名义,在经济、贸易、金融、航运、通讯、旅游、文化、体育等领域单独同世界各国、各地区及有关国际组织保持和发展关系,并签订和履行有关协定;中华人民共和国缔结的国际协定,中央人民政府可根据情况和香港及澳门地区的需要,在征询香港和澳门特别行政区政府的意见后,决定是否适用于该地区;而中华人民共和国尚未参加,但已适用于香港和澳门地区的国际协定仍可继续适用。这就会出现一些国际协定适用于某地区而不适用于其他地区的情况,从而导致各地区的本地法同其他地区适用的国际协定之间以及各地区适用不同国际协定之间的冲突。而在其他多法域国家,中央政府缔结、批准或参加的国际条约适用于其全部领土,地方政府无权对外缔结国际条约。

为解决如此复杂的区际法律冲突,在如下三大层面上提出和展开的中国区际冲突法的主要任务和基本内容,即管辖权问题、法律适用问题及判决的承认和执行问题(司法协助问题),当然也就十分复杂和极富有特色。为此,研制和发展我国的区际冲突法,就必须在坚持国家主权原则、"一国两制"原则、平等互利原则以及有利于各法域经济发展原则的前提下,遵循一定的途径和适当的步骤。因为区际冲突法固然应是"一国两制"实现以后,我国香港、澳门回归祖国,我国台湾和平统一后,解决祖国大陆和各特别行政区不同法域相互彼此之间民、商事法律冲突的必要而可行模式,但需要经过一个努力探索和积极筹备的相当过程。在统一的区际冲突法颁行以前,则还须探寻其他解决区际法律冲突的方式和办法。例如可以考虑先制定一些有关的法律适用、管辖、裁判、执行(以及其他司法协助)的双边或多边协定,以便于逐步过渡到制定全国统一的区际冲突法。

3. 宪法。

在"一国两制"法制体系中,宪法具有最高的法律效力,是"一国两制"的根本法律依据,是"一国两制"具有合宪性、合法性、稳定性和国家主权统一的基本象征。值得注意的是,随着"一国两制"的全面实现,祖国统一大业的最终完成,不仅将大大地发展、丰富我国的宪政实践和理论,而且必将促进我国现行宪法的进一步修改和完善,乃至于会出现制定一部"大宪法"的必要性和可能性。

为此,这里特提出一些探索性意见,以尽可能地为"一国两制"的全面实施寻求更充分、完备的宪法依据,并就教于学术界。若有不当之处,权当一孔之见。

实现"一国两制"后,就使我国的国家结构从一般单一制变为了多法域(或复合法域)的特殊单一制(即既不是联邦制更不是邦联制等复合制国家,又不是只有一个法域的一般单一制国家,而是在统一的主权下有多个独立法域并存的特殊单一制国家),法制体系也因大陆的社会主义法与特别行政区的资本主义法并存,以及出现特别行政区基本法和区际冲突法等崭新的法律现象而趋于十分复杂。这样,随着我国香港、澳门的回归祖国以及海峡两岸统一大业的完成,"一国两制"所引起的如此极其复杂而丰富多彩的政治法律现象,就必然使现行宪法的有关规定显得远远不够。《宪法》第31条规定:国家在必要时得设立特别行政区。在特别行政区内实行的制度按照具体情况由全国人民代表大会以法律规定。就此规定看,它既不能反映全国实现"一国两制"后我国政治、经济以及文化发展状况的全貌,又不足以作为在此情况下诸特别行政区及其独特法律体系存在之充分而完备的最高法律依据。而且如果更严格讲来,从第31条的这一规定中,还不能必然得出"在特别行政区内可以实行与大陆的社会制度和法律制度性质不同甚至相矛盾的制度"的结论,还必须要靠正式的宪法解释或配套立法,才可能具有这样的含义。然而即便是辅以宪法解释,并对宪法第31条作出补充,明确规定"在特别行政区可以实行和保留其原有资本主义的社会经济制度"等,也还是不够。因为最紧要的是在什么情况(前提和条件)下才允许保留和允许在多大限度内予以保留,以及怎样构设特别行政区的经济、政治、法律制度及其权限。这些关系到国家根本政治结构和体制的重大问题,不能简单、笼统地涉及,必须有极其明确、系统和普遍性的规定。也不能使这些重大任务,概由根本法之下的各个《基本法》来承担,而应当率先在宪法中予以高度概括和总结。并还需要对"一国两制"全面实现后我国的整个政治、经济以及文化发展、变化作出根本法的规定和概括。

为此,就需要对现行宪法作出重大修改和变动,使之无论在国家结构、国体和政体等重要方面都充分而明确地体现出"一国两制"的重大国策及其全面实现。这必将引起我国宪政理论和实践的重大变化和发展,乃至有必要和实际可能制定出一部体现和确认祖国统一并巩固统一成果的"大宪法"来,以作为祖国大陆和各特别行政区均一体遵行、普遍实施的共同母法,为"一国两制"及其全面实现提供更充分、明确、完备的根本法依据,从而改变现行《中华人民共和国宪法》基本上(多数条款)不在特别行政区实施的状况。

制定这部"大宪法"的总的指导原则就是坚持"一国两制",即在坚持"一国"的大前提和根本基础上认真地实行"两制"。坚持"一国",即强调国家主权统一和领土完整,以及各民族团结平等,实行中央政府统一领导下的地方分权,坚持国家结构形式的单一制,不搞联邦制,坚持规定统一的国旗、国徽、国都、国歌等。实行"两制",既应坚持在中华人民共和国的主体部分实行社会主义的政治、经济制度,坚持四项基本原则;又要允许特别行政区保留资本主义的经济、政治制度,享有高度的自治权(包括其独特的政治体制、司法制度、法律体系等)。即求同存异,在国家利益至上和主权统一的大前提下承认不同地区制度发展的特殊性、不平衡性。为此,就应在宪法中从总体上较系统地规定特别行政区共同条款,以作为订立和实施各特别行政区基本法的更充分的法律依据;还应就解决祖国大陆和各特别行政区彼此间的区际法律冲突的总的指导原则作出规定,以便使订立和实施区际冲突法有所依循。

第三节 "一国两制"对我国民主、法制建设的拓展和促进

我们的理想目标是要建设高度民主、文明且法制完备的社会主义现代化强国。在一定意义上可以说,没有民主也就没有社会主义,而社会主义民主要靠社会主义法制来保证,这是本世纪社会主义发展豪迈而艰辛历程留下的最重要经验和教训之一。值此世纪之交和迈向 21 世纪之际,"一国两制"的历史创举,不仅给法学研究带来了一系列全新的理论和实践课题,而且对我国民主和法制建设既提出了严峻的挑战,又提供了难得的机遇;既是巨大的冲击,又是有力的促进。关键是我们要有科学的态度和解放思想、实事求是的精神,从而勇敢地迎接挑战,善于抓住并利用这种机遇,就可能成为我国民主、法制建设新的发展契机和驱动力。

"一国两制"对我国社会主义民主和法制建设的影响和促进是多方面的,除了以上所涉及的之外,现就下述问题作些探究和分析。

一、"一国两制"对我国社会主义民主建设的拓展和促进

除了以上所述,其主要还表现在以下几个方面:

第一,"一国两制"为我国的国体和政体建设增添了新内容,使社会主义民主和资本主义民主两种民主制度能够通过和平竞赛,互相取长补短,从而有利于进一步发展和完善我们的社会主义民主制度。

我国的国体是人民民主专政,其政体是采取民主集中制的人民代表大会制,这都是社会主义民主的重要表现和形式。"一国两制"的实现使特别行政区各阶级在社会中的地位和政权组织形式同国家主体部分不相同。在这些地区政权的性质是资本主义的,政权组织形式基本上是采用资产阶级议会制,即实行资本主义民主制,从而形成

国家主体部分的社会主义民主与特别行政区的资本主义民主并存,使这两种民主制度在服从于共同目的——国家统一和富强的大前提下,可以通过和平竞赛,互相取长补短、共存共荣,最终有利于进一步发展和完善我们的社会主义民主制度。民主作为一种制度乃是人类社会政治文明和制度文明发展的重要内容,它们除了有阶级属性和阶级基础的不同之外,还包含着人类社会政治文明和制度文明发展中的一些普遍要求和共同规律。特别是现代民主制度乃是现代市场经济发展的政治条件和保证,体现了市场经济发展的普遍政治要求。例如自由平等原则、分权制衡原则、以法治国原则等等,这些无论是资本主义民主或是社会主义民主都不可回避(虽然有阶级性之不同),其经验和成就是人类社会政治文明发展的共同财富。经过几百年发展的资本主义市场经济和民主制度已积累了这方面的若干经验,对我们的社会主义民主建设不无启迪作用。例如香港与贪污腐败作斗争的产物——廉政公署制度,就是其法治原则的重要体现,是维护资本主义市场经济和民主制度的有力武器,其经验很值得我们学习和借鉴。当然,我们社会主义民主的真实性和广泛性,也值得它们学习和借鉴。

第二,"一国两制"引起了我国国家结构的新变化,是对国家高度集权的重大突破,便于发挥地方的积极性和中央政府的宏观调控作用,从而在一种新的构架上使国家权力得以合理分解、运行和制约,推进我国的政治体制改革。

"一国两制"的实行,使我国从一般单一制国家变为特殊单一制国家,从而开创了具有中国特色的社会主义国家结构新模式。因为特别行政区享有高度自治权(行政管理权、立法权、独立的司法权和终审权等),这些权利和权力既大大超过了我国省级以及民族自治区政权的权力,又在许多方面甚至超过了某些联邦制国家中成员邦政权的权力。从而使我国的国家结构具有了某些复合制的特征,但她仍然是单一制而不是联邦制,更不是邦联制,乃是一种特殊单一制。在这种特殊单一制下,我国的国家结构形式在中央政府统一领导下由三种地方行政单位构成,即普通行政单位、民族区域自治单位和特别行政区的高度自治单位,由原来的两种地方分权形式发展为三种地方分权形式,突破了单一制下地方政府传统权力的范围。这符合当代国家结构发展的基本趋势——是朝着深化国家权力分解程度的总方向发展的,即需要降低国家权力集中程度,改变国家权力过分集中状况,以便于发挥地方行政单位的积极性、主动性,有利于中央政府简政放权,进行宏观调控。这也是一种民主化的趋势,便于在一种新的层面和构架上探寻如何使国家权力得以更科学、合理地分解、分配、运行、使用和有效监督及制约。而且享有高度自治权的特别行政区的行政、立法、司法经验同内地行政单位之间可以互相借鉴和参考,以便建立一种高效率的、充满生机活力的政治体制,促进我国的政治体制建设和改革。

第三,"一国两制"扩大了我国爱国统一战线,进一步发展了多党合作制度,赋予人民民主专政阶级联盟新的形式和内容,有利于调动一切积极因素,实现强国富民。

"一国两制"实现后,我国港、澳、台地区存在的比较发达资本主义条件下的资产阶级也加入爱国统一战线,我国的多党合作、政治协商制度使港、澳、台地区各阶层人士及其政治代表都在爱国统一战线的旗帜下团结起来,其代表人物参加到全国人民代表大会和政治协商会议等政治机构之中。这样,无论是祖国大陆还是我国港、澳、台地区的所有公民都有决定国家制度和管理国家事务的平等权利,从而赋予人民民主专政的阶级联盟以新的内容和形式,有利于调动一切积极因素,振兴中华,实现强国富民,也有利于促进和扩展社会主义民主。

二、"一国两制"对我国社会主义法制建设以及法学理论的促进、丰富、深化和拓展

其比较集中地表现在以下方面:

第一,在法的性质和规律性方面,充分体现出法的阶级性与社会性的统一,并使法的类型和更替呈现出复杂性。

很明显,"一国两制"法制体系中的特别行政区基本法、区际冲突法等的阶级属性非常复杂,既不能把它们完全归于社会主义性质的法律,又不能完全归于资本主义性质的法律,也不能简单地说是两者兼而有之,或者概念化地称为两者的对立统一。这种复杂而奇特的法律现象,充分表明法既具有阶级性,又具有其社会性,是阶级性和社会性之不同形式的统一。固然很多情况下法律的阶级性特别明显,但以上这几种跨法域的法律又是其社会性的突出表现(对于整个中国社会的发展有利),是社会主义性质的法律与资本主义性质的法律发生交叉、渗透、重叠的结果。

不仅如此,在"一国两制"的情况下,社会主义类型的法和资本主义类型的法将在我国社会主义初级阶段中的相当长一个时期内合法地并存,都统一于有中国特色的当代法制的框架之内,成为其不可割裂的组成部分,而且还发生交叉、重叠出现一些新的法律现象。这也是人类法制史上的一种奇特景象。它表明不能把法的历史类型和更替简单化,既不必然是非此即彼,也不一定是纯而又纯,虽然其总的历史发展趋势不可规避,但在某种特定情况下,无论是剥削阶级法之间以及剥削阶级法与社会主义法之间都可能在时间和空间上并存,并会有所交叉和重叠。从而以新的事实证明法不仅具有历史的继承性,而且同一时空内不同类型的法也可以相辅相成。

第二,在法的体系方面,使法律体系既具有统一性,又具有差异性、多样性,并大大丰富了我国法律体系。

在"一国两制"的情况下,这种差异性和多样性表现在:其一,各法域的法律体系所赖以存在的经济基础的性质不同,祖国大陆法域建立于社会主义公有制经济基础之上,其他法域建立于资本主义私有制经济基础之上。其二,祖国大陆法域和其他法域所反映的阶级意志不同,前者主要反映工人阶级的意志,后者主要反映资产阶级的意志,当然也包括反映其他阶层和劳动者的意志。其三,它们各自的指导原则也不同,祖国大陆法域的指导原则主要是四项基本原则,同时也是"一国两制",而其他法域的指导原则是"一国两制"。其四,它们所属法系及其所体现的法律文化背景和条件也各有

不同。这样,我国的法律体系就会出现多样性和多层次性,不仅有作为主体的祖国大陆社会主义法律体系和作为辅助的特别行政区资本主义法律体系的重要区分,各特别行政区之间基于现状和历史传统不同的各自的法律体系也有区别并相对独立,而且这些自成体系的法律体系的内部又有其各具特征的层次结构性,以及不同部门法之间的分野。因此,"一国两制"情况下我国法律体系的统一性和协调性问题就更加复杂并具有了新的意义。这种统一和协调乃是在具有极其多样性和丰富差异性的情况下的统一、协调,是在"一国两制"和发展市场经济的基础上的统一和协调。所以各法律体系之间既对立又统一,既相互冲突和独立,又彼此联系参照。因此如何解决它们之间的冲突,协调其间的矛盾,就是"一国两制"情况下亟待解决的重要法律问题。其中,特别行政区基本法就起着统一和联结的特殊作用,区际冲突法和区际司法协助就发挥协调的机制和功能。

　　第三,在立法体制以及法律解释和法的渊源方面,都出现了多样性、复杂性和特殊性。

　　由于享有高度自治权的特别行政区享有立法权,这种立法权不完全同于祖国大陆的地方权力机关(包括民族自治地方)所行使的地方性法规的制定权。特别行政区的立法权只受中央权力机关的有限监督,它显然比祖国大陆地方权力机关的立法权的权限要大些,范围也要宽些。因为,特别行政区权力机关还可以制定自己的民法、刑法,凡属自治范围的事项均可立法,制定的法律只要符合其《基本法》和法定程序均属有效。这样,我国的立法体制除了原有的在中央国家权力机关统一行使国家立法权的前提下,在赋予最高国家行政机关和地方机关制定行政法规、地方性法规、自治条例和单行条例等权限的体制外,又赋予了特别行政区享有相当大的立法权;虽然这种立法权仍然属于中央授予的地方立法权的范畴,但它是特别行政区高度自治的重要内容和体现。因而使我国立法体制具有了新的形式和特点。

　　依此道理,在法律解释方面也出现了新情况、新特点。以香港为例,由于香港的法律制度遵循英美法系的判例原则,法律解释一律由司法机关即法院在审判案件中作出。也就是说,我国香港只存在司法解释,而不存在立法解释和行政解释,即不是像祖国大陆现有法律解释体制那样,在由全国人大常委会行使立法解释权为主导的情况下,再由最高人民法院和最高人民检察院行使司法解释权,以及由国务院及其主管部门行使行政解释权。因此,"一国两制"情形下,香港特别行政区法院也行使法律解释权,不仅可以解释由香港特别行政区立法机关制定的法律,而且也被授权可对全国人大制定的《基本法》依法进行解释。突破了内地只有最高人民法院可以就审判工作中具体应用法律问题进行解释,而地方各级人民法院无法律解释权的状况。可见,"一国两制"实现后,我国的法律解释体制也有所变化。

　　"一国两制"的全面实现,会使我国的法律体系就其法律传统而言,从单一的社会主义法系成为同时还存在大陆法系和英美普通法系的状况,这会引起法的渊源从单一的制定法向同时包括判例法、习惯法的方面扩展。所以"一国两制"实现后,我国法的渊源体系就颇具复杂性、多样性。它既是一元化的(即祖国大陆和特别行政区的法的渊源都离不开中华人民共和国宪法,大陆的各种法的渊源以及特别行政区基本法都必须以宪法为根据),又是多体系的(祖国大陆是以宪法为最高效力的,依次结成的法律、行政法规、地方性法规的渊源体系;各特别行政区又以其《基本法》为首,形成各自特定的法的渊源体系)和多层次(不仅有具有最高法律效力的宪法与我国所有其他法律的层级区别,而且祖国大陆和各特别行政区的法的渊源体系,其内部又都有主从有序的、效力大小不同的层次区别)、多样性的(既有制定法为主体,又有判例法,还有习惯法)。这无疑将有利于各具特色的法的渊源体系之间的相互比较、借鉴和吸收,从而促进我国法制的发展。

第四,在司法体制和法律适用方面,更出现许多引人注目的新情况、新特点。

例如,按照《香港特别行政区基本法》和《澳门特别行政区基本法》之规定及其精神,两个特别行政区均各自享有独立的司法权和终审权,设立终审法院,法院都独立进行审判,不受任何干涉,司法人员或法官履行审判职责的行为不受法律追究(即实行审判独立并赋予法官享有司法豁免权)。香港特别行政区司法机关实行陪审制度和无罪推定原则,采取抗辩式诉讼模式,并遵循判例的原则;原在香港实行的司法体制,除因设立香港特别行政区终审法院而产生变化外,予以保留。澳门特别行政区也建立起独立的比较完备的司法制度,并设立行政法院,澳门原有刑事起诉法庭制度仍继续保留。这些均表明两个特别行政区都各自建立起独立的司法制度和独特的司法体制。不仅如此,由于特别行政区享有高度自治权,其法律体系也具有独立性和独特之处,全国性法律基本上不在这些地区实施(除香港特别行政区、澳门特别行政区的《基本法》及其附件三所列的主要体现国家统一和国家主权原则的法律外),香港原有法律和澳门原有法律均基本保留(除同《基本法》相抵触或经各自特别行政区立法机关作出修改者外)。这样,在香港特别行政区实行的法律为:《香港特别行政区基本法》及其附件三所列,香港原有法律(普遍法、衡平法、条例、附属立法与习惯法),香港特别行政区立法机关制定的法律。在澳门特别行政区实行的法律为:《澳门特别行政区基本法》及其附件三所列,澳门原有法律、法令、行政法规及其他规范性文件,澳门特别行政区立法机关制定的法律。这些也会给香港和澳门特别行政区在法律适用方面带来若干不同于内地的新情况、新特点。这种独特的司法体制和法律体系及其运行机制,对我国司法体制的建设和改革以及法律适用的理论和实践,亦不无启迪和促进。

第二编

法的本体论

引　言

　　无论是现在的还是过去的,是西方的还是中国的法哲学家,都不满足于仅仅看到一个个法律文本,仅仅看到法律被适用,仅仅看到一个个的司法判决。他们要探求具体的法现象背后的普遍意义,探求法律彼岸的理想和价值。这种无穷无尽的追溯源于法哲学家的一种使命感:正因为他生活在纷繁复杂的法现象世界,他渴望探求某种超越法律现实的东西;正因为他身处个别法现象之中,他热切探求某种普遍的东西;正因为他体验到法现象的无穷变化,他亟欲探求某种永恒的东西。这是法哲学家们的形而上情结。但是,也正因为这种情结,有些法哲学家也会走向另一个极端:否定超现实的法律理想和价值的存在,否定法律现象背后存在着普遍、永恒的看法,而表现出坚持由一个个法律规范构成的法律就是唯一真实的法律帝国的观点。如法律实证主义即持此观点。

　　因此,法的现实与理念、个别与普遍、暂时与永恒、具体与抽象之间的对峙与紧张,不断出现在法学家的思维之中,使法本身永远成为问题。在此,我们把它们称作事实与价值、现象与本体之间的对峙紧张。法哲学家的思想全都贯穿于这种对峙与紧张之中。正因为这样,法哲学家们意识到自身的思想就是一个问题——这就是法哲学家的思想的命运和实质所在。

　　在法哲学家们的思维世界中,法律事实与现实同属于形而下的领域,法的价值与本体同属于形而上的王国。而法律事实与法的价值之间问题的解决,最终取决于法现象与法本体之间的问题的解决。无论是在哲学史上,还是在法哲学思想史上,本体论都是被作为价值论的根据提出来并加以说明的。法本体论是法哲学大厦的根基。

一、法本体论的含义

　　本体是世界本源性的存在,即宇宙的大全,或者叫事物存在的最终根据。本体有如下特征:

　　第一,本体是本源性的存在。本体如同植物的种子,包含着植物的大部分生物密码,一旦生长成植物后,自己就隐去了。道家称之为"道",古希腊人称之为万物之"始基",恩培多克勒称之为"根",阿那克萨哥拉称之为"种子"。这种种子就是本源性的存在。所以它是现象存在的根据,一切现象都从它那里衍生。

　　第二,本体是本然性的存在。本体之存在,是世界的存在本身,而不是事物的性质或属性。如果认为本体是事物存在的属性,本体就成为一个经验性的对象,成为实证科学研究的东西。本体是大全世界的存在本身,因此是本然性的存在。

第三,本体是反思的对象。本体是存在,但不是具体事物的存在。具体事物的存在是经验性的、感性的存在,是人们可直接感知到的存在。

本体的存在是本源性的、本然性的存在,它不是由人直接认识到的存在,而是通过反思才能把握的存在。因此,具体事物的存在是某一部门科学进行实证研究的对象,只有本体性的存在才是哲学反思的对象。

第四,本体是不能定义的。因为,本体是大全世界的存在本身,不可能找到比它更大的属。所以,不能用种差加属来定义它。

第五,本体是 Being(存在)本身。Being 不是宾词,不是客体,而是存在本身。它最直接地向人显示其意义。因此,它是自明的概念。

本体论,就是关于事物存在的终极根据的学说。法本体论,就是关于法现象的存在的最终根据的学说。它通过"法是什么"的陈述来展示其内容。

二、法本体论的基本问题

1. 法本体与法本质的关系。

如前所述,本体是大全,是不能用形式逻辑的方法下定义的。然而,本体又是必须由本体论者加以解释和描述的。由于没有与本体平行的概念,因此,只能通过较本体低一级的概念"本质"对本体进行阐释和描述。于是就产生这样一个问题:本体与本质能达到统一吗?这是本体论自身对自身的可靠性提出的问题。

如果本质与本体是不能统一的,那么本体是否存在,或者本体是否就是本体论者所要论证的本体,或者本体能否为人所知,就成为问题了。受当代分析哲学影响的分析主义法学派,就主张取消法本体论。在他们看来,法本体论不过是一种形而上的虚构,它不可能告知人们关于"法是什么"的知识。

然而,法本体论者无一不认为法本质与法本体是能够统一的。例如自然法学家认为法的本体是人类理性,法的本质是正义。正义是人类理性的体现。正义也就是人类理性的化身。当然,这是一种唯心主义的解释。马克思主义认为法的本体是一定的社会生活条件(生产关系总和)。人们通过它的存在方式——一定的利益关系,认识法的本质,从而沟通本质与本体。也就是说,法的本质是可以认识的。法本质与法本体是能够统一的。

2. 法本质与法现象的关系。

法本体的提出,是人们把法的存在二重化的结果。当西塞罗提出自然法与人定法的区分时,法的存在就二重化为法本体与法现象了。在西塞罗看来,自然法是人类理性、良知的产物。人类理性是完美的,自然法也是完美的。相反,人定法是由具体立法者制定的,如果它体现了自然法,就是良法;如果它违反了自然法,则是恶法。所以,人定法不过是现象。自然法高于人定法。人类理性是法的本体,是人定法的根据。随后,托马斯·阿奎那把法的存在分为永恒法、神法(《圣经》)、自然法和人定法。永恒法、神法是最高的存在,是终极的本体;自然法是永恒法、神法的体现,是次一级的本体;而人定法则是世俗的君主制定的、调整世俗之人的行为规则。人定法有好坏之分,是一种纯粹的现象。近代自然法学者也是把人类理性当作理想性的本体,人定法是现象。直到现代的自然法学者仍有恶法非法,即恶法(现象)不属于法(自然法、本体)的说法。

从历史上看,自然法论者有一个共同点,他们都把人类理性的法则当作正义的化身,强调理性法是人定法追求的目的和理想。这使法的本体的内涵得到了深化。这样一来,法本体实际上从两方面反映了人与法的存在的关系:一方面,法本体作为完美的实体与人定法(现象)相分离,成为人的目的、理想和人定法的价值目标。另一方面,人类又总是立足于现象界,在人定法支配的基础上去追求这个目的和理想。法本体与法现象的关系在这里展开为理想与现实、普遍与特殊、价值与实事等各种矛盾。这是一种价值化的本体论。西方法哲学从古罗马的西塞罗到现代的德沃金、富勒的自然法本体论的发展,可以说是沿着这一思路展开的。只是古罗马和近现代的自然法论者强调本体的理想性、理性的一面,而中世纪神学自然法论者强调本体的目的性一面。

自近代末期以来产生的社会学法学派的本体论,与自然法本体论不同。社会学法学派的本体论者没有把本体与现象截然分开。狄骥认为,法的本体是社会连带关系,法律则是从社会连带关系中引申出来的行为规则。社会连带关系是法律追求的目的和理想。庞德认为,法的本体是现存社会的利益关系,法律是平衡社会利益与个人利益的社会控制工程。

在近代,以萨维尼为首的德国历史法学派,也试图把法的本体与法的现象统一起来。萨氏认为,法的本体是一个国家中的民族在其历史过程中形成的共同信念和具有内在必然性的共同意识;它们长期地、逐渐地、有机地变成和发展为法律规则。所以,法律现象绝不是任意地、故意地创造出来的。据此,他还反对法律移植。因为法律这种现象,一旦被移植,很难嫁接到法的本体——民族精神上去。

在黑格尔的法哲学本体论那里,法的本体与法现象在唯心主义的基础上得到了统一。黑格尔认为,法本体是一种能动的、客观的理性精神——自由意志。自由意志依据自身的客观必然性,依次展现为抽象法、道德和伦理三个阶段;在伦理阶段又依次展现为家庭、市民社会、国家及国家的法律和司法制度。他认为,这是自由意志的发展从抽象到具体的辩证过程,越具体的法律现象就越丰富、越高级。自由意志正是通过现象的各个环节来实现自己的。特别是在国家阶段,个体特殊的利益与普遍利益,在现实国家的基础上得到了统一。在他看来,现象的各个环节都是本体的展开,故每一种法律现象都有其必然性,因而是合理的。他对法的本体与法现象的关系作了如下的概括:"凡是合乎理性的东西都是现实的;凡是现实的东西都是合乎理性的。"①他不承认本体高于现象,本体具有的目的性和理想性在法现象(尤其是国家)中都得到实现。在黑格尔那里,由于法本体丧失了理想性,法现象便成了十全十美的东西。因此,他主张人们应该把法现象的高级形式——国家,当作地上的圣物加以顶礼膜拜。

自奥斯丁开始直到现代的凯尔森、哈特等的法律实证主义者,看到了自然法学派由于把法本体与法现象区别开来造成的法存在的二重化结果,以及看到了萨维尼和黑格尔为了把法本体与法现象统一起来而不得不虚构出一种被他们称为能够将法本体与法现象统一起来的"民族精神"和"自由意志"。法律实证主义者都否认法本体与法现象的区分,否认法与法律的区分,认为法律规范本身就是法。法律实证主义企图消除法本体的做法,也使他们陷入困境:作为法律现象的规则,它们的最终效力来自何处?奥斯丁求诸主权者;凯尔森求助于规则之上的规则;哈特则在主要规则之外求诸次要规则,以及对规则的态度和规则构成的最低自然法标准,这其实也是一种追根溯源的方式,即本体论的思维方式。但是,他们对法本体与法现象的关系都不能作出科学的解释。这一任务便历史地落到马克思主义法本体论的身上。

马克思主义法本体论对法现象与法本体的关系,作出了与上述所有法本体论者不同的理解。法律规范、法的价值观念、司法行政过程都是法的现象。这些法现象与本体统一于一定的社会物质生产关系总和之中。一方面,一定的社会物质生产关系决定着法的内容和性质以及法的产生、发展和变化。另一方面,法现象又是法本体——一定的社会物质生产关系的外化形态,体现和反映着社会物质生产关系的内在的、客观的要求。这样一来,一方面法现象是法本体的显露,它不是脱离法本体的现象,而是本源性的现象;不是现象的存在,而是存在性的现象即本体性现象。另一方面,本体不是超验的理性、客观精神、民族精神或上帝,而被还原为、显现为活生生的社会生活,以及在此基础上形成的人与人之间的利益关系本身。因此,我们所看到的法本体,就是我们生活在其中的现实世界,法现象直接关涉的世界。这个世界对于我们来说,不是一个纯客观的世界,而是一个价值的世界、意义的世界,关系到我们的存在和发展的世界。概言之,人们生活在其中的社会物质生产关系,使法的本体与法的现象统一起来了。

三、法本体与法内核的关系

法的内核,是指法律关系的核心——权利与义务、权力与职责和法律责任。弄清法本体与法内核的关系,也是法本体论必须解决的问题。

在古罗马,法(jus)即有权利的意味。近代自然法论者认为法本体——人类理性的

---

① 〔德〕黑格尔:《法哲学原理》,11 页。

具体体现就是权利。洛克说:"自然状态有一种为人人所应遵守的自然法对它起着支配作用;而理性,也就是自然法,教导着有意遵从理性的全人类:人们既然都是平等和独立的,任何人就不得侵害他人的生命、健康、自由或财产。"①理性对人的生命、健康、自由或财产的尊重,就形成了生命权、健康权、自由权和财产权。近代的自然法学家大多持这种看法。可见,自然法本体论者大多把权利与义务的说明作为本体论的任务之一。但是,由于自然法学家从抽象的人类理性(本体)出发,不懂得权利义务的真正基础,从而得出理性是权利、义务的本质的错误观点。这是不可取的。

马克思主义法本体论认为,法本体是一定的社会物质生产关系,法的本质是统治阶级意志的体现,法的内核——权利与义务、权力与职责及其相互关系和法律责任是法的本体及其存在的方式——一定的利益关系、法本质的具体化(经由法的实体)。它体现了一定的阶级、集团和个人在一定的社会生产关系和政治关系中的地位与意义。这就从根本上说明了权利与义务关系(法权关系)、权力与职责关系的来源和本质问题。

四、本体论与价值论的关系

本体论与价值论有着密切的联系。本体论的目标,就是"在事物的进展中确立基本的东西,在知识的相对性中找出常存的东西,这过去是现在仍然是本体论的目的"②。本体论通过对存在的本源和本质的说明,来为人们解释世界提供可以遵循的出发点,也为界定存在着的世界的终极性问题提供理论的支撑点,从而为价值世界确立一个形而上的根据。对于法的存在来说,只有通过法的本体论回答法的本源及法的本质是什么,才能为法的价值世界"应该是什么"提供一个绝对可靠性的根据。

问题是,本体世界与价值世界能否统一? 本体世界是一个本然性的世界,即法就是这个样子。而价值世界是一个应然的世界,是"应该是这个样子"或"应该是那个样子"的世界,是一定的社会主体理想中的世界,它带有可能性。价值世界是可以选择的。例如,在一定时期内同样是资本主义国家,有的国家选择效率优先的法价值系统,有的国家选择公平优先(高福利)的法价值系统。

法的价值世界不是要告知人的行为怎样才具有合法性(这是部门法或实证法学的研究对象),而是要论证何种法律才是符合正义的,何种合法性才具有合理性。这就是法的价值论。而法的价值标准必须是绝对的、必然的,否则便不能据以论证某一种法律是良法还是恶法。价值论的这种内在要求,自然就与法的本体论联系起来了。概言之,法的价值论需要本体论对法的终极存在的论证,作为价值标准的合理性的支柱。

---

① [英]洛克:《政府论》下篇,6页,北京,商务印书馆,1981。
② [法]R.莫察克:《从黑格尔到卢卡其的本体论的问题》,载《国外社会科学》,1991(2)。

从这个意义上说,法的价值论不过是法的本体论关于终极存在的看法的一种能动选择。

另外,本体论者总是受其价值观的支配建构他的本体世界的。这就使法的本体论不可避免地融入了法的价值观。

认识到法本体与法价值的关系是极为紧要的。在法哲学史上有几种迷失,都与此有关。

一是自然法学派。他们认为,自然法是真正的法。即凡是符合人类理性、人类正义的法才是法。这是一种价值的本体化的观点,即把法的价值标准——人类理性、正义当作法的本体。但实际上,对何为正义,以及理性是否就是正义本身,则缺乏本体论论证。他们把本体完全理想化了,把需要本体论论证的价值标准直接当作法本体本身,而真正的法的本源性存在,却被他们遗忘了。

二是本体的价值化倾向。这种倾向,在黑格尔的法哲学中表现得最为充分。在他那里,法的本体是一种客观化的理性精神——自由意志。自由意志按照其客观必然性的逻辑展现为抽象法、道德、伦理过程。而自由意志展现出的每一个环节和现象(如国家等)都是合理的,合乎自由意志的目的的。他歌颂普鲁士王朝国家是地上的圣物。很明显,在黑格尔那里,法的本体论不是为法的合理性、价值观提供终极的论证,而是把本体当作价值,本体论直接成为价值论,这样的本体论自然是缺乏批判性和理想性的。

三是否认法本体论与法价值论相联系的观点。这是分析主义法学的主张。这一派虽然不是典型的本体论,但又离不开本体论的论证方式,如对法的效力、法的本质的追寻。他们只承认规范是法,而应然、价值与法本体无关,不承认法的价值观对法的本体的影响,从而得出"恶法亦法"的结论。

我们认为,法的本体论与价值论是相互联系的。本体论是为了论证值观、价值标准的合理性而存在的。反之,价值观又影响本体论对本体的建构,本体渗透了本体论者的价值观。本体论论证的是"法是什么"和"怎么是";价值观则论证"法应该是什么"。因此,如果没有本体论,价值观的合理性便失去其基础;如果没有价值观,就只知道法是什么而不知道该法是良法还是恶法。因此,法的本体论与法的价值观是相互联系的。

五、法的本体论与方法论的关系

一般的哲学本体论与认识论有着千丝万缕的联系。许多哲学体系,既包括本体论又包括认识论,当然也包括方法论。而在法的本体论著作中,认识论与方法论是合二为一的,并以方法论的形式渗透到对法本体论的论证过程中。可以说,有什么样的方法论,就会建构出与之相应的本体论。

　　马克思以前的法本体论,由于受到哲学认识论的主体与客体二分化的影响,把法本体纯粹当作一个客观的对象去论证,结果导致现象与本体的分离。例如按照康德的看法,人们认识到的只是客体的现象,而事物(客体)的本体是不可能认识到的。如果人们试图从认识论的角度去把握本体,就会出现一系列的二律背反。

　　受主体与客体二分化的对象性思维方式的影响,法本体论者在把握法本体论时,只把法当作一种客观对象,而不是把法本体看作是人们生活在其中的社会生活本身。例如,自然法学派把法的本体即人类理性看作是人类自身固有的客观的属性,是一种超历史、超现实的存在;黑格尔把法的本体——自由意志看作是客观精神的体现,它只是抽象法、伦理、国家等法现象存在时才光顾人类的生活。这种对象性的思维方式导致的结果是,把法的本体看作是一个纯客观的、超历史现实的实体性存在,而把法的真实存在,即人生活在其中的世界、一定社会物质生产关系给遗忘了。

　　马克思主义法本体论的产生从根本上改变了这种思维方式。对现象与本体的新理解,也使关于本体与方法、本体与认识关系的理解发生了变化。在马克思主义看来,人们所要认识、追寻的法本体不是超验的实体,而是人生活在其中的世界。这个世界既是法现象得以产生与存在的根据,又是法的本体存在于其中的世界。这个世界的一个最大特征是具有意向性。它指向人们生活在其中的社会生产关系以及由此决定的利益关系:人的地位和人的意义。这样一来,人们对法本体的认识和论证,不是为了追求关于法的客观真理(这个任务只能由实证的法认识论去解决),而是为了认识人们自己生活在法的世界中所处的地位和具有的价值与意义(如本质、权利、义务、责任等),并以此作为法的价值论的合理性的最终根据。这种法本体论的方法,是唯物和辩证的方法。

　　在本体论上述的基本关系中,本体与本质、本体与现象、本体与内核的关系是通过"法是什么"的陈述来展开的;法价值论是通过"法应该是什么"的判断来展开的。法本体论与方法论的关系,则将方法论(马克思主义法本体论的方法论)融入对"法是什么"与"应是什么"的分析之中。由于本编主要是讨论法本体论,法价值论的基本内容则在本书第三编中论述。但是如前所述,在本体论的讨论中,也涉及法价值论。

第八章　法与法律的概念

第一节　法与法律之语源学解释

一、中国古代关于法与法律的语言、语源的解释

法本字为"灋",《说文》解释："灋者,平之如水,从水;廌所以触不直者,去之,从去。"《说文》在"廌"字下解释曰："廌解廌兽也,似牛一角,古者决讼,令触不直者。"在中国古代,法与律是可以通用的概念。《尔雅》曰："法,常也。""律,法也常也。""常"在古代即为规律之意。老子的《道德经》曰："天行有常。"常即天体、自然运行的规律。法律是人对天运行规律的效法。《唐律疏义·名例》："法,亦律也。"《大学衍义补》曰："春秋之世,子产所铸者,谓之《刑书》;战国之世,李悝所著者,谓之以《法经》,末以律名也。律之言昉子《虞书》,盖度量衡受法于律,积秦以盈,无全锱铢爽,凡度之长短,衡之轻重,重之多寡,莫不于此取正。"由此可见,法在春秋时期称刑,战国时期称法,秦以后称律,三者只是不同时期的不同称谓,但义则通用。

法之语源有如下几种含义：

第一,法与律的第一层含义是规则、模范、秩序之意。法、刑有模范、秩序之意,在《说文》刀部中没有"刑"字,只有"刑"字。在土部中找"型"字。"刑"字之义,当于《说文》土部求之,《说文》土部下说是"铸器之法也",这与法互注。段注云："以木为曰模,以竹曰范,以土曰型。"而《说文》木部"模"下,竹部"范"下皆训为"法"。《尚书·吕刑》曰："苗民弗用灵,制以刑,惟作五虐之刑,曰法。"《周易·蒙·初六》曰："发蒙利用刑人,用说,桎梏以往吝。"《象》卦曰："利用刑人,以正法也。"又《周易·系辞传》："见乃谓之象,刑乃谓之器,制而用之谓之法。""刑"字从"井",井之语源,出于井田,《说文》井下云：辖八家为一井,象构形。在西周时期,实行的是井田制,"井"字表示一种秩序之意,所以有"井井有条"等成语。"刑"字又从"刂"者,刀以解剖、事理,使之有序。从"刑"字可看出,"法,刑也"表示"法""刑""灋"有模范、秩序之义。

律也有规则、规范、秩序之义。《虞书》说："乃同律度量衡,所以齐远近,立民信也。"《汉书·律历志》亦说："律以疏气类物。"律字本为齐一的意思。"齐一"是以律起规范的作用。《说文》释"律"曰："律,均布也。"段注云："律者,所以范天下之不一而归于一,故曰均布。"桂馥《义证》云："均布也者,义当是均也,布也。"《乐记》:乐所以立

均。《尹文子·大道篇》:以律均清浊。"均"原义指音乐中不同声音之均韵、和谐,引申为规则。"布"即颁布。《韩非子·难三》曰:"法者,编著之图籍,设之于官府,而布之于百姓者也。""均布"即颁布,具有普遍性规范于百姓之中的意思。《史记·律书》曰:"王者制事立法,物度轨则,壹禀于六律,六律为万事之根本焉。"《国语》曰:"律所以立均出度。""律"原是音节调和之义,引申为规则、有序,与"均"义近。将法称为律,即有天下之人行为之规范之意,是人们行为的标准,即所谓"立均出度"。从而,成为诉讼判案的标准。《大学衍义补》曰:"律以著法,所以裁判群情,断定诸罪,亦犹六律正度量衡也。故判刑之书以律名焉。"

第二,法律具有公平断讼的标准之义。"廌"为一种兽之角,古代决讼,带有神明裁判的色彩。"廌"即为决讼之神兽之角,能别是非曲直。在《神异经》中记载着古代决讼之兽。该文曰:"东北荒中有兽,见人斗则触不直,闻人论则咋不下,名曰獬豸。"何谓"獬豸"?《论衡》曰:"獬豸者,一角之羊,性识有罪,陶治狱,令羊触之。"可见,似一牛之角或一羊之角或一鹿之角,至于为何兽,很难确定,有神话神化之色彩。这与神明裁判相关。《墨子·明鬼》曾记载:"昔者齐庄君之臣,有所谓王里国、中里徼者,此二子者,讼三年而狱不断。齐君由谦杀之恐不辜,犹谦释之。恐失有罪,乃使二人共一羊,盟齐之神社。二人许诺,于是泄洫,挢羊而漉其血;读王里国之辞既已终矣,读中里徼之辞未半也,羊起而触之,折其脚,祧神之社而槁之,殪之盟所。当是时,齐人从者莫不见,远者莫不闻。"

这是否属实,很难确定,即使是神话,羊角也有一种象征公平断是非之意义。故《后汉书·舆图志》称"法冠"为"獬豸冠",该文曰:法冠或谓獬豸冠,獬豸神羊,能别曲直,故以为冠。中国汉以后的执法官以獬豸为冠服,即取其去奸佞(触罪者)之义。① "灋"从水,亦表示神角触佞不直,有如水平之义。

律也有公平断诉的标准之意。《大学衍义补》曰:"律之言昉于《虞书》,盖度量衡受法于律,积黍以盈,无全锱铢爽,凡度之长短,衡之轻重,重之多寡,莫不于此取正。律以著法,所以裁判群情,断定诸罪,亦犹六律正度量衡也。故制刑之书以律名焉。"律字出现在法字之后。律已经舍弃了法字中的以神兽之角作为公平的象征成分。径直宣称律就是一种定罪判罚的公平标准。

第三,法、律均有刑罚之义。《韩非子·定法》说:"法者宪令著于官府,刑罚必于民心,赏存于乎慎法,而罚加乎奸令者也。"法、律与刑可互训,从时间发展的逻辑上看,先是有刑,继而有法,最后是律。据夏勤《法学通论》考证:尚书作五虐之刑曰法。法之名起于是。然非成文也。郑之刑书,晋之刑鼎,略其成文。而不以法称,成文而称法者。……至萧何作九章律,始改称律,自是晋隋宋明清编纂成一代法者,皆称律(元称典章),然法经所网罗不外刑罚法。而所谓律者大抵亦刑罚法耳。据蔡枢衡《中国刑法

---

① 参见梁治平:《法辩》,载《中国社会科学》,1986(4)。

史》考证,法,逼双声,逼变为法。《释名·释曲艺》:"法,逼也。人莫不欲从其志,逼正使其所限也。"这有禁的意思。《左传·襄公二年》注:"逼,夺其权势。"《尔雅·释言》:"逼,迫也。"意谓强制服从。法一方面是禁止,另一方面是强制服从,那么,以什么手段来保证这类禁止性的规则呢?古音法伐相近,法借为伐。伐者攻也,击也。这里,法就有了刑罚之意,《管子·心术》:"杀戮禁诛谓之法。"《盐铁论·诏圣》:"法者,刑罚也,所以禁强暴也。"都表明法是一种刑罚。法、律与刑的互释,表明法、律的主要内容是刑,刑罚是法、律的存在方式。法、律以刑罚作为后盾。

从法与律的语源学上看,法与律其含义大体上是相通的。只是法出现在律之后,并且与刑亦相通。概言之,法、律的含义归结为讼诉公平、规则、刑罚三层含义。

有人认为儒家学说的"礼"也是一种法,一种广义上的法。我们认为这种观点值得商榷。不错,由于中国自汉以后是一个以儒家为正统思想的国家,儒家经典常常被执法官当作判案的根据。汉以后,儒法合流,"礼入于法",礼的观念渗透到法典之中。不过,虽则合流,礼与法还是有重大区别。所谓"德主刑辅""明刑弼教",一方面表现法对礼的服从,礼对法的支配,另一方面也表明礼与法毕竟是两种不同的范畴,起着不同的作用。如前所述,法与刑相通,以刑罚作保证,而礼在颇大程度上则是一种伦理规范,它主要靠人们自觉遵守和教化来实现其作用。由此可看出,礼与法是两个不同的范畴,在古代中国不存在法与法律的区分。

二、西方法与法律之语源学的解释

据学者考证,拉丁语词汇中能够译作"法"的词很多,最有代表性的是两个,即 jus 和 lex。jus 的基本含义有二:一为法,一为权利。罗马法学家塞尔苏斯的著名定义即"法是善与正义之科学"(jus ect ars boni et aequi),是取其第一种含义;拉丁格言:"错误不得产生权利"(jus ex injuria non oritur),则取后一种含义。[①] 此外,jus 无论是"法"的含义,还是"权利"的含义,都带有公平、正义的道德意味。以拉丁语作词根的英语 just 和 right 两词都具有正当、正义之义。just 指合理的、正确的、正当的、公平的。right 除权利之义外还有"真的""正确""妥当的""正当的"含义。相比之下,lex 的含义较为简单,它的原意指罗马王政时期国王制定的法律和共和国时期各立法机构通过的法律。一般来说,lex 具体明确,可用于纯粹的司法领域,可以指任何一项立法。相反,jus 只具有抽象的性质,这种词源现象在印欧语系的希腊、日耳曼等语族中具有相当的普遍意义,如下表:

---

① 参见梁治平:《法辩》,载《中国社会科学》,1986(4)。

语种	希腊语	拉丁语	法语	德语	意大利语	西班牙语
I	dikalor	jus	droit	recht	diritto	derecho
II	ruos	lex	loi	gesetz	legge	ley

表中第一栏字兼提法、权利,同时又有正义、衡平、正当的含义。其含义含混、抽象,富有道德哲学意味。第二栏字指具体规则,其义明确、具体、技术性强。

需要指出的是,英语中与 jus 相近的词是 right(权利和正当)。拉丁语词根引申出来的 just 则指正当、公正、正义。而 law(法律)则不含权利、正义之义,而与 lex 含义大体相同,即指立法机关制定的法律、规则。jus 与 lex 两个词的二元对立,是西方法文化中的一个最重要特征,它孕育着后来自然法学与法律实证主义等纷争的种子。自然法学派注意 jus 的含义,法律实证主义则偏重 lex 的含义,而前苏联法学家则把 jus、right 称为主观法,lex、law 称为客观法。

通过对法的词源的简要分析,我们可以看出中西关于法的词源上的共同性和差异性。

共同性:第一,中国古代法、律概念与西方的 lex、law 都具有规则的意思,即法、律,lex、law 是人们的行为规则,是司法适用的权威性依据。

第二,中国古代的法、律概念与西方的 jus 都具有公平性。这表明无论是中国还是西方在关于法的概念中都有价值观的意味,即都把法看作是判别是非曲直的标准。

差异性:第一,在西方,法的词源开始便具有二元色彩,将法分为正当、公平、正义、权利和规则、法律。前者用 jus 表示,后者用 lex 表示。jus 表示一种抽象的、形而上的道德权利、正义;lex 表示一种具体的、明确的立法机关制定的规则,它本身与正义、权利无关。而在中国法词源上,法与律、刑可以互释,没有法与律之二元分野。法与律既是国家制定的命令、规则,又具有正当性。法与律只有形而下性质,而没有形而上的性质;它与人类抽象的理性无关,只是统治者的命令和权威、统治手段(术)。

第二,在中国法的词源上,法、律虽然具有公平之意,但这仅仅是一种诉讼上的、程序上的公平,即规则是解决争讼的公平标准,而不是一种实质公平,不涉及法对社会利益的公平分配。因此,这种公平是不含有实体权利的意思的。不仅如此,中国法、律在词源上与刑联系在一起,公平只是一种刑罚,定罪量刑的公平标准。而在西方,jus 既表示公平又表示权利。公平作为一种善,既是分配社会财富的标准,也是一种程序正义,即作为一种权利,它是个体按正义标准获得的一种利益。权利即有正当性的利益的道德意味。正义 jus 即"giving to each man his due"(给每个人以其应得)。"应得"即个人据正义标准应得的利益。所以,西方的 jus 与权利是密不可分的。而中国法的词源上则缺乏权利的观念。由此可见,中国法、律词源上的公平与责任、义务是不可分的。它是一种义务、责任本位上的法观念在词源上的反映。

总的来说,在词源学的意义上,中国法律与西方的 jus 有着根本的区别。中文法与律大体上相当于 lex。正因为如此,中国的古代到近现代,没有法与法律相对立的纷争,而西方自罗马时期直到现代则存在法与法律之分的争论。

第二节　西方法学家关于法与法律概念的论述

一、自然法学派的观点

自然法学派最早把法与法律区别开来。无论是古代的自然法,还是现代的自然法,都认为法(自然法)先于和优于人定法(法律);自然法是评判法律好坏的标准。

最早,系统的自然法代表人物是罗马法学家西塞罗。西塞罗的自然法的理论基础是斯多葛主义哲学。这种哲学的信条是人们应当按照自然生活。自然(nature)一词,在古希腊哲学中指宇宙物质世界及其规律。斯多葛哲学赋予"自然"以新义。他们认为,自然除了自然的物质世界之外,还包括道德世界,即包括人类的思想、惯例和希望。在后期斯多葛哲学中,自然则主要是人类的理性或德性。这种理性像自然的四季交替一样,是人类自身的规律。西塞罗在此基础上认为,人与上帝的第一份共同的财富就是理性。人的理性即人的本性的自然,它意味着人是具有理智、力量、灵魂、预见性、综合性和判断力的动物。这一高贵的地位是上帝赋予人依据理性知道哪些行为该做或不该做,哪些行为可做或不能做,这种理性的规律或法则就是法。西塞罗进一步指出,法是理性的体现,正义是理性的正当选择。所以,自然法也就是正义的法。自然法早于成文法、人定法。自然法也是评判人定法好坏的标准,只有符合自然法的人定法才是良法;否则就是恶法。而恶法根本就不是法,就如一个专门开毒药药方毒死人的恶棍根本不是医生一样。

近代的即古典的自然法,是从格劳秀斯开始的。格氏认为,自然法根源于人类的本性。在他看来,人虽然既有感官的欲望,又有理性的判断力,但总是理性的判断力占主导地位。理性的判断力能判断和鉴别利益关系,计往知来。自然法就是人类理性的准则,它是不可变更的,即使上帝也不能改变,因为上帝不能颠倒是非。而一切人定法,是源于自然法的。

法国启蒙思想家孟德斯鸠,把法分为一般的法即自然法与人为法两类。他认为,一般的法是"由事物的性质产生出来的必然关系"①。这实际上就是指事物存在和发展的规律。自然法就是理性的规律。在自然状态下,自然法保障人们正直、和平地生活。后来,社会进入了战争状态,便开始或由君主制定法律(在君主政体下),或由人民制定法律(在民主政体下)。但人为法是自然法的适用和具体化。自然法表示人与人之间的公道关系,它先于人为法而存在,人为法只是确认这些公道关系而已。

---

① [法]孟德斯鸠:《论法的精神》上,1 页,北京,商务印书馆,1987。

霍布斯的自然法理论是以他的人性设计(人性恶)为基础的。他认为人在自然状态中,人性有两面,一是欲望,一是理性。欲望的驱使使人与人间处于战争状态;理性引导人们放弃战争状态,彼此订立契约,使每个人的生命、自由得到保障。凡是由理性支配的、有利于人类自我保存的法则,都是自然法。自然法和人定法即法律二者的区别在于:自然法是不经过国家中介的;而法律是国家即主权者的命令,它代表着国家的意志。法律的理性是立法者即主权者的理性;而自然法的理性是人类的普遍理性。

洛克的自然法理论认为:"自然状态有一种为人人所应遵守的自然法对它起着支配作用;而理性,也就是自然法,教导着有意遵从理性的全人类;人们既然都是平等和独立的,任何人就不得侵害他人的生命、健康、自由和财产。"①然而,在自然状态下,由于没有专门执行自然法的机关和个人,每一个人都有权惩罚违反自然法的人。这种缺乏公力救济的状态,容易使人们陷入无休止的战争状态。为了摆脱这种状态,人们彼此订立契约,建立政治社会,把处罚违反自然法行为的权力交给政治社会中的国家权力机关行使。政府一旦成立,便依据自然法制定和颁布法律,以确保人们的财产、自由和生命的安全。康德继承英、法的自然法思想,他认为法有自然法与实在法之分,自然法的核心是自然权利。自然法就是人的自然权利的最基本的法则,自然权利是自由。自由既不是经验的,也不是立法机关赋予个体的,而是人与生俱有的实践理性能力,即人自主地、独立地选择自己行为的能力。自然法或理性法就是:"任何一种行为,如果它本身是正确的,或者它依据的准则是正确的,那么,这个行为根据一条普遍法则,能够在行为上和每一个人的意志自由同时共存。"②这是权利的普遍法则,它也可以表达为:外在地要这样去行动;你的意志的自由行使,根据一条普遍法则,能够和所有其他人的自由并存。概括地说,这是自然法的根本原则,它要求每个人的自由与他人的自由相协调。康德从这个原则出发把法律分为私法和公法。私法即民法,是涉及私人权利的法则,而公法则是公共权利的法则。

从以上典型的自然法学家的观点来看,尽管他们对理性的理解各有不同,但都把理性当作自然法的基础,认为理性的法则就是自然法。人定法即法律来源于自然法,国家应根据自然法的原则制定法律。如果违反了自然法,就是恶法,不能称为法。可见,他们都把法(自然法)与法律分开,把自然法当作法律的渊源和价值评判的尺度。他们为判断良法还是恶法找到了价值标准和本体的根据。这是自然法的一大贡献。但是,他们把人类理性当作法的本体,不懂得社会物质生活条件对法的决定作用,这显然是历史唯心主义的。

---

① ［英］洛克:《政府论》下篇,6 页。
② ［德］康德:《法的形而上学原理》,40 页,北京,商务印书馆,1991。

二、意志论法学派的观点

最典型的意志论法学的代表人物是黑格尔。他从客观唯心主义立场出发,认为世界的运动和发展是"绝对精神"自身的运动和发展。绝对精神的运动行程经历自然、社会历史、人类精神三大阶段;而人类精神又经历着抽象法、道德和伦理三个阶段。按照黑格尔的观点,法就是人类精神(客观精神)和通过现实人的精神(自由意志)所体现出来的精神世界之间的统一。归结起来,法体现个人自由与普遍自由之间的真实关系,即把个人"冲动的自由"纳入普遍自由之中,使自由与必然得到统一,在自由意志运行的不同阶段,法表现为不同的形态。在抽象阶段,法是保卫人格的禁令,承认人格的抽象权利;而人格的和权利的外部实在,是所有权、契约(中介的所有权)和不法(对所有权的侵害)。在道德阶段,人格的权利进行自我实现,使自己的自由意志与普遍意志协调一致。道德法表现为故意和责任、意图和福利、善和良心。在伦理阶段,客观法(抽象法)、主观法(道德)通过社会群体(家庭、市民社会、国家)得到统一,变成绝对法。国家作为绝对法的最高形态,具有神圣性,是必须绝对服从的。在黑格尔看来,法律只是国家主体最高形态的法的产物,他说:"法律自在地是法的东西而被设定在它的客观实在中,这就是说,为了提供于意识,思想把它明确规定,并作为法的东西和有效的东西予以公布。通过这种规定,法就成为一般的实在法。"①黑格尔的意思是说,法律是将法规定下来,变成明确的规范,从而获得了客观普遍性和真实的规定性。在黑格尔看来,法与法律的区别在于:法律只是法发展的最后阶段,即国家的形成才出现的;它需要立法机关的立法、公布,并由司法机关执行。而法是自在自为的存在,它虽然有强制力,但不像法律那样依严格的程序行使强制性、实证性、普遍性、明确性和确定性。一言以蔽之,法是法律的实质,而法律是法的表现形式(定在)。

黑格尔看到了法与法律的区别,这是正确的。但他完全是站在唯心主义的立场分析法与法律二者的关系的。他用思辨的体系和形式掩盖了二者之间联系的真实基础。

三、分析主义法学派的观点

近代以来的分析主义法学派创始人是英国的奥斯丁。奥氏认为,法律"是什么"与"应该是什么"是两回事。它们分属于两个不同的领域,前者属于法理学范围,后者属于伦理学或立法学的范围,二者不能混同。

奥斯丁将法律分为四类:第一类是神法或上帝法,即上帝为人类所创造的法。第二类是制定法,所谓纯粹的和严格意义上的法。第三类是实在道德及其规则。第四类

① [德]黑格尔:《法哲学原理》,218 页。

是隐喻性或象征性的法。奥斯丁认为,法律一词或所谓严格意义上的法律,是命令。如果法律不是命令,则不成其为法律,或不能算作严格意义上的法律。神法是上帝的命令,所以是严格意义上的法。实在道德及其规则,有些是严格意义上的法律(当它被变成命令时),有些则不是,因为这些实在道德及其规则是靠舆论的力量形成的。隐喻性或象征性的法律,则不是严格意义上的法律。

奥斯丁进一步指出,法理学研究的内容只限于制定法,即纯粹且严格意义上的法。这些法是由政治上的优势者为政治上的劣势者所制定的法。但是,并非所有命令都是法律。一项命令要构成法律,必须有三个根本性的条件:一是必须由政治上的优势者作出。二是以政治上的优势者的强制力作后盾,如不遵守就受到它的惩罚。三是对某类行为或不行为具有普遍的约束力。满足这三项条件的命令才是真正的纯粹严格意义上的法律。它可以是立法机关颁布的法律文件,也可以是法官在审判时作出的判例形的规则。

据此,他认为习惯在司法机关适用和认可前不是法律,而是人们的道德习惯,只有当它变为法官的判案根据或为法官所适用时,才变成实在法。由此可见,奥斯丁是将严格意义上的法即法律与一般意义上的法严格分开的。就是说,他实际上主张严格意义上的法就是法律,法律就是法,即法是法律规范的总和。按照他对法律一词作出的限定,实际上否定了神法、实在道德、隐喻性或象征性的法是法律的主张,它们甚至不是法理学研究的范围。

四、社会实证主义法学派的观点

最早完成社会实证主义法学体系的人,是 19 世纪至 20 世纪之交的奥地利学者 E. 埃利希。他明确地反对把法简单地归结为理性的观点,更反对把法当成死的条文(成文法)的观点,认为法就是作为社会事实上的"活法"。

埃利希指出,社会与人类同时出现,而国家是后来的东西,并且仅是人的社会联合的形式之一。相应地,社会秩序高于法律,社会秩序就是法律,是法律的实质。

埃利希接过德国历史法学派 F. K. 萨维尼关于体现"民族精神"的"活法"的说法,认为法有两种:①人类联合的内在秩序,它永远是"基本形式"的法,即"活法"。②国家制定的法或"国家法"。活法比国家、立法和司法都早得多。即令在今天,国家对社会生活的作用大大强化了,但活法仍比国家法的力量大得多。这突出表现在,人们一般都能自动地去履行社会关系中产生出来的义务。因为人们能想到,如果不履行义务,就会同亲属、邻居、朋友发生争吵,降低自己的社会地位和尊严,从而落得个坏名声。可见,日常生活中,调整人们行为、解决社会争端的手段主要是活法,而非国家法。所谓活法,包括习俗、习惯、道德、宗教、家规和族法等规范性的社会事实的综合体。

基于活法的普遍意义,也基于国家法总是落后于现实生活的情况,埃利希主张法官在处理案件过程中,应当自由地发现活法,作为判决的根据。

埃利希的活法理论为社会学法学奠定了重要的基础。后来,庞德、列维林—弗兰克等人提出的区分"行动中的法"与"书本中的法"的观点,均源于此。

第三节　马克思恩格斯关于法和法律的概念的观点

马克思和恩格斯在使用法与法律的概念时,是将它们区别开来的。他们在谈到法与法律时,法一般是指社会生产条件下形成的应有权利与应有义务关系,即法的关系;而法律是经过国家意志中介制定的行为规则。法是内容,法律是形式,是法的表现。

马克思早期思想汲取了自然法学派和黑格尔法哲学的某些观点,认为法是事物规律(法律是法的表现),是事物的法的本质的普遍和真正的表达者。因此,事物的法的本质不应该去迁就法律,恰恰相反,法律倒应该去适应事物的法的本质。按照马克思早期的观点,他所说的法的本质即事物的本质,是指法的理念如自由、理性等。法律应该反映法,否则就是非法,不是法。他以出版法为例,认为出版法就是出版自由在立法上的认可。它是法的表现,因为它就是自由的肯定存在。① 而普鲁士的书报检查法,由于它是限制和禁止出版自由的,即使它千百次地具有法律的形式,也永远不是合法的(因为它违反了法的理念与本质)。应该说,马克思早期思想仍未完全摆脱古典自然法学派及康德和黑格尔等人的影响。但是对法与法律进行区分,仍是他后来一贯的立场。

后来,马克思、恩格斯从历史唯物主义的角度批判了自然法学派、康德和黑格尔的唯心主义法学观。马克思认为:法的关系正像国家的形式一样,既不能从他的本身来理解,也不能从所谓人类精神的一般发展来理解,相反,它们根源于物质的生活关系。② 在这个历史唯物主义的基础上,马克思恩格斯认为法就是在一定社会物质生活条件下产生和形成的法的关系,即原始的权利义务关系。马克思指出,法的关系是一种反映着经济关系的意志关系。按照马克思的观点,法具有以下特征:第一,法是一种意志关系。这是因为,一切生产关系都是有意识的人们在生产过程中建立起来的,因此,体现一定生产关系的法的关系,也是一种意志关系。只有将其意志体现在物之中,人们才能取得对物的支配权,才能把物当作商品进行交换。为了使这些物作为商品彼此发生关系,商品监护人必须作为有自己的意志体现在这些物中的人彼此发生关系,因此,一方只有符合另一方的意志,就是说,每一方只有通过双方共同一致的意志行为,才能让渡自己的商品,占有别人的商品。所以商品交换首先是交换者的意志行为。第二,在商品交换中,交换双方都必须彼此承认对方是私有者。③ 他们起初在交换行为中作为

---

① 参见《马克思恩格斯全集》第 1 卷,71—72、179 页。
② 参见《马克思恩格斯全集》第 1 卷,183 页。
③ 参见马克思:《资本论》第 1 卷,102 页,北京,人民出版社,1975。

这样的人相对立:互相承认对方是私有者,是把自己的意志渗透到自己的商品中去的人,并且只是按照他们共同的意志,就是实质上是以契约为媒介,通过互相转让而互相占有,这里边已有人的法律因素以及其中包含的自由因素。马克思在这里提出了在交换过程中包含的"人的法律因素"就是在交换过程中形成的原始权利义务关系,即双方都承认对方是商品的所有者(对财产的所有权),以及在交换中义务按共同的约定(即契约)让渡自己的商品。这就是在生产关系中形成的原始权利义务关系,法的关系。这种具有契约形式的法的关系即使不通过法律的形式将其固定下来,它仍然是存在的。第三,这种法的关系或意志关系的内容是由这种经济关系本身决定的。法是一定的社会经济关系产生和形成的法的关系、意志关系,即原始的权利义务关系。

至于什么是法律,马克思明确指出它是由国家权力机关颁布的直接的或调整人们行为的肯定的、明确的和普遍的规范,称之为法律或"现行法"(诸如书报检查令、林木盗窃法等等)。他说:应当认为没有关于出版的立法就是从法律自由领域中取消出版自由,因为法律上所承认的自由在一个国家中是以法律形式存在的,法律是肯定的、明确的、普遍的规范,在这些规范中自由的存在具有普遍的、理论的、不取决于个别人的任性的性质。① 在《德意志意识形态》中,马克思恩格斯把法律看作是"以国家为中介"的共同规章。

关于法与法律的关系,马克思指出,法是法律的内容,法律表现法。各种最自由的立法在处理私权方面只限于把已有的权利固定起来并把它提升为某种具有普遍意义的东西。而在没有这些权利的地方,它们也不去制定这些权利。马克思在这里说的"已有的权利"是指在一定社会物质生活条件下形成的习惯权利或应有权利。它是先于法律而存在的事实,法律只是对事实的公认。② 由此,马克思恩格斯批判了将法归结为法律的错误观点。在19世纪30年代到40年代,青年黑格尔派宣扬唯心主义的法学观。其代表人物是施蒂纳。施氏使用的伎俩是将法等同于法律,取消这两者的区别,德文recht,含有法、权利、公道等义。施蒂纳利用"法"一词的多义性搞文字游戏,混淆、抹杀这二者的区别。认为法就是统治者的意志,而统治者的意志就是法律,从而得出"法＝法律＝统治者的意志"这个唯心主义法学公式。其实质是把政治权力当作法的实在基础,从而抽掉法的真正基础——社会物质生产条件,将法单纯地看作是统治者的意志的体现。马克思和恩格斯在分析施蒂纳这种错误观点时指出,施氏之所以把法等同于法律,其原因是由于法律是国家制定和认可的,是经过国家这个中介物产生的,因而极容易产生法、法律是国家统治者的意志的产物的错觉。因为国家是属于统治阶级的各个个人借以实现其共同利益的形式,是该时代的整个市民社会获得集中表现的形式,因此,他们认为可以得出一个结论:一切共同的规章都是以国家为中介的,都带

①　参见《马克思恩格斯全集》第1卷,71页。
②　参见《马克思恩格斯全集》第4卷,121—122、124页,北京,人民出版社,1958。

有政治形式。由此便产生了一种错觉,好像法律是以意志为基础的。同样,法随后也被归结为法律。将法归结为法律的错误就在于只看到法律是由国家制定的,具有国家意志性,而看不到法律是法的表现,看不到法律本身包含着社会物质生产条件的内容,因而陷入了历史唯心主义。

从马克思恩格斯关于法与法律的论述来看,他们的观点是:法是一定社会生活条件下的意志关系,即原始的习惯性权利义务关系或法的关系。法律是经国家中介对法包含的权利义务关系的认可,是具有普遍约束力的共同规范。法与法律是两个层次不同,又相互联系的概念。

第四节　前苏联和我国法学家关于法和法律的概念的论述

在前苏联,关于"法是什么"的问题曾引起了长期的争论。争论的焦点是:法是法律关系中的权利体系,还是国家制定的规范总和? 或者是二者的统一? 前苏联法学家叶甫根尼·B.巴舒坎尼斯在其代表作《法的一般理论和马克思主义》中指出,严格地说,有两类法律的存在:主观法律和客观法律即罗马法上的 jus agendi 和 norma agendi,……同时,法律的这个双重性质——这个把法律分成规范和法律权利的二分法——其重要性不下于把商品分成价值和使用价值的二分法。他还进一步强调,法不过是商品生产社会中的法律关系,因此只有私法即作为自私利益主体之间的关系,才是真正意义上的法律。法学家尼古拉·B.克雷连科则对此持不同的看法,认为法是规范体系,是在一定生产关系基础上形成的、为了该社会统治阶级利益而调整并由强制力保护人们相互关系的成文法和习惯法。其后,尤金在《社会主义和法律》一文中对巴舒坎尼斯的观点提出了批评,并得出结论:法律是国家为保障社会组织的现存秩序而制定的一个规范体系。它是统治阶级的积极反映的意志,它把这个阶级的政治的和经济的利益规定为不可侵犯和永世长存的。安德烈·雅·维辛斯基在尤金关于法的定义的基础上,于1938 年 7 月召开的苏维埃国家和法律科学问题的第一次代表大会上,提出了对前苏联法学界和中国法学影响极大的法的定义:"法是以立法形式规则的表现统治阶级意志的行为规则和为国家政权认可的风俗习惯和公共性规则的总和,国家为了保护、巩固和发展对于统治阶级有利的和惬意的社会关系和秩序,以强制力量保证它的施行。"[①]克雷连科、尤金和维辛斯基关于法的定义的特点是强调法的阶级性和国家强制性,而否认主观法(权利)的存在,否认法(主观法)和法律(客观法)的区分。50 年代,以安德烈·A.彼昂特考夫斯基为代表的一批法学家对维辛斯基的定义提出了批评。彼昂特考夫斯基认为,法律作为上层建筑,不能仅仅归结为法律规范体系,还应该包括这些规范而形成的法律关系,认为把法归结为法律规范的总和的观点是片面的,法是主观法

---

① ［苏］A. Я. 维辛斯基:《国家与法的理论问题》,100 页,北京,法律出版社,1955。

(法律关系的主体权利)和客观法(规范总和)的统一。① И. Е. 法尔别尔进一步指出，彼昂特考夫斯基说的主观法是法律关系的参加者主体者的权利——主观权利。主观权利的特点首先是，如果没有规定这个权利(如劳动权、休息权等)的内容和范围，法律规范就不能存在。其次，法律关系参与者一方的主观权利，经常与法律关系参与者另一方的法律义务相对应，作为权利能力的人可能行为的范围的主观权利是在于他真正可以支配自己的权利(作为或对作为的限制，实现或不实现自己的权利)，可以向他人(义务人)要求一定的行为。最后，在任何人妨碍实现他的权利时，或如果义务人违反法律规范的规定或破坏他的主观权利时，其可以向有权的国家机关请示帮助。② 雅维茨在70年代是通过考察法的形成的两种途径来说明法的概念。一是大陆法学的形成途径，制定法的形成，即把统治阶级的意志上升为具有普遍约束力的法律规范，并通过赋予人一定的权利与义务调整人们的行为，在这种情况下，法律规范产生于主体的权利之前。另一种途径是判例法的形成，法院对具体权利的确认发生在一般法律规则之前或与之同时发生，在这种情况下，权利义务并非只是法律规范的单纯派生物，它可以先于法律而存在。他认为，苏联传统上法学家只注重前一种法的形成途径，忽视后一种法形成的途径，从而得出法是规范总和的结论，这是片面的。不能把法归结为法律规范的总和；它还体现在社会关系参加者的权利之中，这就是法律上的(由司法所保障的)权利；它们是由国家普遍承认和保护的，并有法律义务与它们相适应。这些权利和义务，被规定在立法的一般规范中，法院的判决中，在习惯法中形成。他认为法律规范是客观法；具体的法律关系的主体权利是主观法。客观法可以解释为动态的具体权利与义务，法律联系与法律关系的抽象的静态的表现。而主观权利可以解释为一般法律规范的具体动态的表现。认为法是主观法与客观法的统一。在此基础上，他认为法的定义是：法是物质地被决定的上升为法律的阶级的共同意志(在社会主义条件下是全民意志)，不仅直接表现在具有国家约束力的一般规定中而且直接表现在这些规定所确认社会关系主体的实际权利中，它们的性质和内容在客观上是被决定的。③ 这个定义的优点在于：第一，提出了法的本体是物质条件，法的本质是统治阶级的共同意志。第二，将主观法与客观法统一起来了。其缺陷是，雅维茨与彼昂特考夫斯基一样把主观法(主体权利)仅仅看作是法律权利；并把权利看作是与法律规范不可分的(不管是在法律之前或之后)国家保障的权利，而看不到最早权利的形态是一种道德或习惯上的权利，即在一定的社会物质生产方式中客观地形成的权利义务关系。它们先于法律而存在，它们在道德上具有正当性和合理性。法律权利义务只是对它们的确认。将主观法归结为国家强制力保障的法律的权利，实际上割裂了本体(物质生活条件)与主观

---

① 参见[苏]А. А. 彼昂特考夫斯基：《国家和法的一般理论的几个问题》，224—227 页，北京，中国人民大学出版社，1956。

② 参见[苏]И. Е. 法尔别尔：《论法的阶级意志性》，载《政法译丛》，1958(4)。

③ 参见[苏]Л. С. 雅维茨：《法的一般理论——哲学和社会问题》，138—140，93 页。

法的联系。此外,无论是概念法(大陆法、法典法)和判例法,都只是法律规则形成的途径不同。在(道德、习惯)权利义务与法律规范的关系上,都是前者先于后者。由此可看出,雅氏关于法的定义并未准确地反映马克思关于法的概念的思想。前苏联法学家C.C.阿列克谢耶夫则主张把法与法律区分开来。他认为有两种意义上的法:一是直接社会意义上的权利(法),另一是法律意义上的法。直接社会意义上的权利(法),是一种非法律意义使用的术语,它指的是由一定的社会物质条件、客观规律直接决定的社会关系的参加者具有的行为自由(权利)。它体现了社会关系的参加者的行为的正当性,社会合理性。因此,它是社会关系的参加者直接的社会权利。① 法的另一种意义是法律意义上的法,其定义:"法是社会阶级的、规范性的调整器,它反映并应该保障在经济上占统治地位的阶级(在社会主义社会中是以工人阶级为首的劳动者)的被奉为法律的国家意志,体现在通过主体的权利和义务发挥作用并依靠国家强制力来维护的、具有普遍约束力的、正式确定的规范体系之中。"②阿氏关于法与法律区分的观点以及关于法与法律两者的概念,在一定程度上恢复了马克思的原意。

新中国成立以后,我国法学界长期受维辛斯基关于法的定义的影响,强调法是规范的总和,法是阶级和阶级斗争的工具。直至1982年,我国有些法学家在吸收国内外的研究成果的基础上,提出了一个法的定义。如孙国华教授给出的定义是:"法是由一定的物质生产条件决定的统治阶级意志的体现。它是由国家制定或认可并由国家强制力保证实施的规范体系,它通过对人们的权利和义务的规定,确认、保护和发展有利于统治阶级的社会关系和社会秩序。"③该定义与维辛斯基的定义相比,其共同点是强调立法的阶级性、国家意志性、强制性、目的性和规范性,不同之点是把社会物质生活条件当作法的根本内容和基础,使法律的定义回到历史唯物主义的立场上来。但该定义没有对法与法律进行区分,只承认法是由国家制定或认可的规范总和,这实际上是法律的定义而不是法的定义。

第五节　法和法律的一般定义

一、"法是什么"的几种表达形式

从西文"法"字的语源学及西方、前苏联和马克思主义经典作家对法的概念的论述看,法的概念包含着丰富的内容。"法是什么"的陈述至少可以分解为五个陈述:

(1)法是"jus being"。"being"(是)不是一个系动词,而是存在本身。being 即法的

---

① 参见[苏]C.C.阿列克谢耶夫:《法的一般理论》上册,61—67页,北京,法律出版社,1988。
② [苏]C.C.阿列克谢耶夫:《法的一般理论》上册,61—67页,北京,法律出版社,1988。
③ 孙国华主编:《法学基础理论》,62页,北京,法律出版社,1982。

存在本身,being 与法(jus)是等值的。因此 being 是不带表语的"有""存在",即不带 "what"。因为宾语"what"是由主体引申出来的客体性质,用以说明"法"的,更确切地 说,"being"是"法本体本身",是"有",或"是"本身,它比"what"更原始、更根本。 "what"是具体的东西,"being"在"what"之前就已经存在。

拉丁语 jus 词源上即有法本体的意味,它是抽象的正义本身,从这个词的词源至 今,自然法学家都有把本体价值化的意味,从而把法本身的存在遗忘了。只有到马克 思主义那里,法的本体才真正被揭示出来,即它是一定的社会经济基础。

(2)"法是什么","是"似有存在性的意味。"是什么"中的"什么"(what),是从法 的 being 分化出来的性质,即"法的本质是什么"。

(3)"法是什么"是指"法是规范"。这是本体、本质的外化和客观化、形式化,是一 种客观法,是指"实际上是这样的法"。

(4)"法是什么"隐含着"法应该是什么",即法是否应该体现正义,它是否就是正 义本身,也就是法的价值标准是什么。

(5)"法是什么"指法的内核是什么。它是法本体、本质的具体化、个别化和法的构 成的内化。其表达式为"法是权利"的陈述,又称主观法。

在词源学中,西方的 jus 以及相近的词含有本体、本质、法的内核、法应是什么的四 层含义;lex 相近词主要是指法的形式,即规则(法的构成的主要方面)。

在西方法学家关于法和法律的论述来看,自然法学派所说的自然法含有法本体、 本质、价值标准和法的内核(侧重于道德的权利与义务),实在法则指具体的、国家制定 的行为规则。法律实证主义的法学家只承认实在法(law、lex)。社会学法学派所指法 的概念主要是法的构成。他们各执一端,不可能把握法的概念的全貌。马克思、恩格 斯关于法的定义包括法的本体、本质、法的构成、法的内核和法的价值标准。法与法律 的区别主要是法的价值内容和法的构成上的区别。前苏联法学家维辛斯基、尤金等人 关于法的定义不符合马克思、恩格斯关于法的概念的思想。雅维茨关于法的定义,在 一定程度上体现了马克思的思想,但他说的只相当于马克思说的法律,他并未真正掌 握马克思关于法与法律区别的原意。雅氏关于法的定义似有国家权力产生法的意味。 阿列克谢耶夫关于法与法律区分的看法,在一定程度上体现了马克思、恩格斯的本意, 但缺乏本体论的论证。

二、本书作者关于法和法律的定义

我们认为,法和法律是有区别的东西,因而,必须分别地予以定义。

1.法的概念。

(1)法的概念及特征。

法是人们在社会生产、交换、分配过程中长期地习惯地形成的,反映统治阶级普遍意志的,具有正当性的权利义务关系的社会共同规范。

这个定义有如下几个特征:

第一,该定义把本体与价值统一起来了。一方面,它指出了本体是一定社会物质生活条件;另一方面,它又指出了社会物质生活条件下形成的权利义务关系体现了社会发展客观的、必然的、内在要求,因此是合理的,具有应然性和理想性。本体与价值的统一,实际上也是实然与应然的统一,是存在性的事实与价值的统一。

第二,法是在一定的社会物质生活条件下产生和形成的权利义务关系的规范。它具有原始性、直接性、经验性和习惯性的特点。所谓原始性和直接性,指它是在法本体——社会物质生产方式基础上直接产生的,即是在人们的生产、交换和分配的过程中直接产生的、未经过国家权力机关中介的;所谓经验性和习惯性,指它在形成的过程中不是人们有意识地创造和制定的,而是在人们的生产、交换、分配过程中习惯地形成的,它是人们交流经验积淀的产物。因此,法的内核即权利义务关系具有浓厚的道德意味。

第三,法的构成则是以习惯、风俗、惯例、道德等规则的形式表现出来的社会规范,不包括国家权力的因素。

第四,法的本质是一种由统治阶级的意志占主导地位的意志关系或社会共识。它是意志关系而不是一种物质关系。因为法是在一定的社会物质生产方式过程中产生和形成的,在这个过程中,无论是生产还是交换和分配,无不渗透着一定的社会主体的意志;法作为一种社会共同规则是在生产、交换、分配过程中的意志化形态。在法这种意志关系中,统治阶级的意志占主导地位。因为在生产关系中占统治地位的阶级,即生产资料的所有者阶级,他们必然在生产、交换和分配中占主导地位,从而影响、制约和支配着被统治阶级的意志;由于被统治阶级只能在统治阶级支配的社会物质生产关系中生存和发展,因此,被统治阶级的意志只能服从统治阶级的意志。由此形成的法的关系即权利义务关系——意志关系,是以统治阶级的意志为主导的关系。

第五,法主要是通过人们自觉遵守来实现的。这是因为,法不是国家制定认可的行为规则,而是人们在社会物质生产关系过程中习惯地形成的。因此,它没有国家强制力作后盾。它是依靠人们的习惯、人们的自觉遵守来实现的。总之,法的概念是法的本体、本质与法的价值标准的统一,是法的构成与法的内核的统一。

(2)法与法本体的联系与区别。

第一,法与法本体的联系。首先,法本体是法产生的根据和基础,一定时代的法是在一定的社会物质生产关系的基础上产生和形成的,离开了一定的社会物质生产关系,法就失去了存在的根据和基础,也就无从产生。其次,法的内容是由一定的社会物质生产关系决定的,有什么样的社会物质生产关系,就会有什么样的法的内容。最后,法是社会物质生产关系的意志化形态。

第二,法本体与法的区别。首先,法本体是一种不依人的意志为转移的客观社会存在；而法是人们在社会生产过程中形成的普遍的、习惯的意志化形态，它凝结着人们的经验、理性和意志。其次，法本体具有根源性；而法是从法本体中派生出来的意志形态或社会规则，具有派生性。因此，不能把这两者混同，更不能说法是社会客观存在本身。

2.法律的概念和特征。

法律是由国家制定或认可的，并由国家强制力保证实施的，体现统治阶级的利益要求和意志为主导的，具有明确的权利与义务、权力与职责关系的普遍行为规则体系。

法律的定义有如下特征：

第一，在法律所体现的利益关系、意志关系中，统治阶级的利益和意志居于主导地位。

第二，法律必须经过国家意志的中介。因为，统治阶级必须借助国家的力量，才能将其意志施加于社会；统治阶级对社会的统治，只有借助国家意志的形式，才能获得普遍有效性。法律是统治阶级实现其阶级政治统治的主要形式，它必须经国家制定或认可并由国家强制力保证其实施，从而获得社会一体遵行的效力。

第三，法律是具有明确的权利与义务关系的并以国家强制力保证其实施的规则。法律将统治阶级的意志和利益化为权利与义务关系，用以调整人们之间的行为，使人们知道哪些行为可以做，哪些行为不可做。

第四，法律的形式是一种规则体系。这种规则体系既包括成文法，也包括不成文法（如习惯法等）。

第五，法律是一种普遍的社会规则体系，它具有普遍的约束力。

第六，法律具有强制性，它是国家意志化形态，以国家强制力作后盾的规范。法律调整的对象是普遍的，它不是调整个别人的个别行为，而是全社会的同类行为。也就是说，法律规则是非人格化的、一般的抽象的行为规则，舍弃了个别人的特征，把所有的人的行为概括为抽象性的规则。

3.法与法律的共通性与差异性。

（1）法与法律的共通性。

第一，法与法律同属于上层建筑，二者的本体的基础都是社会物质生活条件。按照历史唯物主义的观点，法和法律都根源于一定社会经济基础，受一定的经济关系的制约。

第二，法和法律的本质都是体现以统治阶级的利益和意志为主导的利益关系和意志关系。

（2）法与法律的联系。

法是法律的原型；法律是法的反映。在没有国家制定法律之前，法已经存在于一定社会物质生产关系之中，并约束着人们的行为。例如，在没有制定合同法之前，人们在买卖关系中，就以一种平等的、自愿的、非暴力的方式进行交易，在这里，已经包含有权利义务关系、契约关系，人们在买卖过程中自觉地遵守这些规则。法律是国家权力机关对法的认可,或者是在法的基础上制定出比法更明确、更抽象、更普遍的权利义务规则。从这个意义上说,法律是法的表现形式。

(3)法与法律的差异性。

第一,法是法律的原型,法律是再塑型。

第二,相对地说法的外延比法律的外延要广。如前述,习俗、道德等都属于法的范围。而法律则限于经国家制定或认可的规范和法院在审判过程中形成的判例。国家在制定或认可法律时,并非将全部的法都提升为法律,而是从统治阶级的根本利益出发,把当前迫切需要的东西,提升为法律。当然,在"公法关系"方面,则主要是法律的创造物。如国家机关的职权与职责的规则,主要通过立法创制。

第三,二者与社会经济关系的联系的程度和形式不同。一般来说,法对一定社会经济生活条件的反映是直接的,是社会经济活动中形成的原始权利的要求和义务关系。它与社会经济生活条件的联系是直接的、内在的,而法律虽然也要反映一定的社会物质生活条件,但这种反映通常需要掌握国家权力的统治阶级作为中介的环节,因而这种反映、联系是间接的。

第四,二者与国家权力的联系程度也不同。一般说来,法与国家权力并无直接的必然的联系,政治权力不是法的实在基础。那种认为权力产生法,或者认为权力产生权利的观点,不仅是唯意志论的观点,而且势必导致法学上的专制主义的观点。这无论在理论上还是实践上都是十分有害的。法律则与国家权力有着直接的必然联系,法律所具有的普遍性、规范性和国家意志等特征,正是以国家强制力作后盾的。

第五,法与法律虽然都以一定的规范形式表现出来,但法的规则是人们在一定的社会物质生活条件下直接产生和形成的,它具有经验性、直接性、原始性的特点,它与国家权力无关;而法律规则则是经过国家权力机关自觉创造的,它具有理性化、普遍性、明确性、自觉性、间接性和国家意志性的特点。

第六,两者的效力不同。一般来说,法的规则由于不是由国家制定或认可的,它的效力主要是靠人们自觉遵守的,而没有国家强制力作保障。而法律规则主要是依靠国家强制力保证实施的。

第七,法与法律都是一种意志关系,但两者的意志关系的质是不同的。法作为一种意志关系,它是一定的社会物质生产关系中一定主体的意志的体现。它是在生产、交换、分配过程中形成的意志化形态,不带有国家意志性。而法律规范是国家制定和认可的,具有国家意志性。

总之,法与法律的关系是原型与再造型的关系。

在这一章里,我们从语源学和法学思想史的角度考察了法与法律两概念的区别及相互关系。这种考察在我们以下的分析中具有方法论的意义。即通过我们的分析,发现法与社会经济关系具有直接的联系,而法律则与国家权力具有最直接不可分的联系。这就为我们对法本体论的分析找到了一个突破口:通过透视法与法律的联系来揭示被法律与国家权力的直接关系所掩盖的法的本体——社会物质生产关系,从而为我们进一步探讨本体、构成和内核找到了切入点。完成这一任务后,考虑到我国法学界对法与法律的概念不作严格区分的习惯,在以后各章的论述中,我们所称的"法",更多地是指法律。

第九章　法的本体

法的本体是法现象(法律规范、法的意识、法的实施等)存在的最终根据和理由,是法现象的本源性存在。

第一节　关于法的本体的诸学说

在马克思主义法本体论诞生之前,法本体论者关于法的本体有几种观点:①自然法学派认为,法的本体是人类理性。自然法是人类理性的体现,是人类实定法存在的合理性的根据。②法本体即上帝意志。这是中世纪神学关于法的本体论的观点。如托马斯·阿奎那认为,上帝不但是宇宙的创造者,而且是人类社会的创造者;不仅创造了人类社会,而且根据其意志为人类规定了善恶、正义的标准;上帝的意志是最高的善,是正义的化身。人间法律的制定必须按照上帝的意志创制出来,否则就是恶法而归于无效。③自由意志说。这一派认为法的本体是自由意志。黑格尔认为,法的本体是客观的理性精神的自由意志,法是自由意志的定在。康德则认为,法的本体是人的实践理性——个人的自由意志,法是各个个人的自由意志的彼此协调。④国家权力说。如奥斯丁认为,法是主权者的命令。主权者即国家,是法律存在和具有效力的最终根据。这是一种国家主义观点。⑤历史法学派认为,法的本体是民族精神、民族风俗和习惯。⑥社会学法学派认为,法的本体是社会连带关系(狄骥的观点),或现实的利益关系(庞德的观点)。

上述有关法的本体的观点尽管各不相同,但有一个共同点,即大都是离开一定的社会历史条件,尤其是人生活在其中的世界来说明法的本体,因而都具有历史唯心主义的色彩。庞德的观点有一些唯物主义成分,但由于他的阶级偏见,未能将他的合理的一面贯彻到底,即不能把利益关系进一步置于生产关系,尤其是社会物质生活条件中,因而也是不全面的。

在我国法学界,大多数学者认为法的本体是社会物质生产方式(社会物质生活条件),但也有些学者持不同的看法。主要有如下三种:

一、国家权力决定法(权利)

有的学者认为,在原始社会,人们之间无所谓权利与义务。当社会发展产生了私有制和国家以后,才通过法,也就是法律认可或者赋予一部分人以权利,而把义务推向另一部分人。是国家决定权利和义务,不能反过来先定个人权利本位。他们认为,从来是国家权力决定一切的,哪里有权利决定权力之理? 依此观点,先有国家后有法;法就是法律,法律规定权利与义务;国家决定权利与义务。这种观点与奥斯丁"法律是主权者的命令"的观点颇为相似。

二、法律意识的本原是法律

有的学者认为,法律意识的本原是法律。其理由是,法律是社会存在,法律意识是社会意识,在法律与法律意识的关系上,法律是第一性的,法律意识是第二性的;法律意识是对法律的反映。并进而否认社会物质生活条件是社会存在,认为社会存在是独立于人们的社会意识之外的现实社会生活中全部现象及其发展过程的总和,主要包括社会主体(个人或群体)、社会家庭、社会生产、社会生活、社会组织、社会制度、社会秩序、社会规范和社会活动等。而社会意识是反映社会存在的思想与心理及其发展过程的总和。法律是法律规范和社会制度的一部分,所以,它属于社会存在;而法律意识是社会意识的一部分,是对社会存在(法律)的反映。

三、法的本体是多元的

有的学者反对用经济基础、经济关系作为解释法律现象的最终根据。认为法律是由外部社会环境、科学技术、地理基础、上层建筑(尤其是国家权力),当然还包括经济这些众多的因素决定的。经济关系只是其中一种因素,而不是唯一决定力量,甚至不是最终、最重要的决定力量。其认为这才是马克思恩格斯的真正观点,特别是马克思和恩格斯晚年的观点。中国当代法理学落后的根本原因是大多数法学家(尤其是法理学家)把经济决定论绝对化了。

上述三种观点尽管各有不同的侧重点,但都有一个共同的特点,就是要从本体论的层次否认经济基础、一定的社会物质生产方式对于法和法律的决定作用,即否认经济基础是法的本体。这是我们不敢苟同的。本书将从马克思主义法本体论的角度,从正面阐述"法的本体是什么"的观点,并在此基础上对上述三种观点略加评述。如果我们的正面观点站得住脚,那么上述三种观点也就不攻自破了。

第二节　法的本体是社会的经济关系(物质生产关系)

法现象是社会上层建筑的一部分,要解读隐藏在它之中的决定力量,必须从经济基础与上层建筑、社会存在与社会意识之间关系的原理出发。

一、马克思主义关于经济基础与上层建筑、社会存在与社会意识之间关系的本体论原理根据

马克思在《〈政治经济学批判〉序言》中,从社会本体论的高度对经济基础与上层建筑、社会存在与社会意识之间的关系作了经典性的论述:人们在自己生活的社会生产中发生一定的、必然的、不以他们的意志为转移的关系,即同他们的物质生产力的一定发展阶段相适合的生产关系。这些生产关系的总和构成社会的经济结构,即有社会的和政治的上层建筑竖立其上的并有一定的社会意识形式与之相适应的现象基础。物质生活的生产方式制约着整个社会生活、政治生活和精神生活过程。不是人们的意识决定人们的存在,相反,是人们的社会存在决定人们的意识。从马克思恩格斯的观点来看,经济基础与上层建筑、社会存在与社会意识在本体论上的关系是:

社会存在决定社会意识。社会存在是指不以人们的社会意识为转移的社会物质生活过程和条件,它具体包括:人们的物质生产活动赖以进行的自然条件;活动本身及其结果——生产力;人自身的生产——人种的繁衍;人的物质生产活动借以实现的社会关系即生产关系。在上述诸要素中,起决定作用的是生产力与生产关系(二者的统一构成生产方式)。因为人口的繁衍和自然条件是从属于社会物质生产的,它们只有在物质生产过程中才具有意义,离开一定的社会生产关系,自然条件只能是一种自在的存在。在生产方式中,仅就生产力与生产关系而言,生产力决定生产关系,生产关系是适应生产力的水平、状况而形成的;但就生产方式与社会意识的关系而言,生产关系对社会意识的作用更直接,影响更大。因为生产系是人们在生产过程中结成的社会关系,是生产力得以进行的社会形式。它把人的自然能力和自然条件以一定的社会形式结合起来了,从而使人的自然属性转化为社会的属性,使人的自然血亲关系转入社会阶级关系,使自然条件的自在存在为人所用,成为人化自然,成为交换的对象和资源,从而打上社会的烙印。社会意识通常有广义与狭义两种用法:广义的泛指社会的人的一切意识要素和观念形态,包括个人意识和群体意识,社会心理和政治法律思想、道德、艺术的方式从不同的方面反映物质的社会关系的意识及其形式。① 马克思主义认为,社会存在与社会意识在两者谁为第一性,谁为第二性的问题上,社会存在决定社会意识,社会意识是对社会存在的反映。这是马克思的重大发现之一。正如恩格斯《在马克思墓前的讲话》中指出的那样:正像达尔文发现有机界的发展规律一样,马克思发现了人类历史的发展规律,即历来为繁茂芜杂的意识形态所掩盖着的一个简单事实:人们首先必须吃、穿,然后才能从事政治、科学、艺术、宗教等等;所以,直接的物质的生活资料的生产,因而一个民族或一个时代的一定的经济发展阶段,便构成为基础,人们

---

① 参见冯契主编:《哲学大辞典·马克思主义哲学卷》,523页,上海,上海辞书出版社,1992。

的国家制度、法的观点、艺术以至宗教观念,就是从这个基础上发展起来的,因而,也必须由这个基础来解释,而不是像过去那样做得相反。马克思这个发现,拨开了千百年笼罩于社会历史观上的迷雾,戳穿了所谓英雄、上帝、人类理性等创造历史的唯心主义神话。

经济基础决定上层建筑。经济基础与上层建筑也是历史唯物主义的一对基本范畴,这二者的统一构成了一个社会的社会形态。经济基础是人们在社会生产过程中结成的社会生产关系的总和。它包括所有制关系(即生产资料归谁所有)、交换关系、分配关系等社会关系。其中,起主导作用的是所有制关系,它决定着人们之间的交换关系和分配关系。上层建筑是指建立在一定经济基础上的政治、法律制度以及哲学、宗教、法律、政治观点与意识形态。也就是说,上层建筑包括制度与观念两个层面,而观念则是上层建筑最顶端的部分。经济基础与上层建筑在本体论上的关系是,经济基础决定上层建筑,上层建筑是适应经济基础而建立起来的。这个思想也是马克思恩格斯的重大发现,是他们对社会历史观的重大贡献之一。

在社会存在与社会意识、经济基础与上层建筑这两对范畴中,经济基础是联结它们的核心和纽带。也就是说,社会生产关系(也称经济关系)相对于上层建筑来说是经济基础;相对于社会意识(尤其是狭义的社会意识)来说是社会存在(或者说是社会存在的核心)。所以,社会经济关系(生产关系的总和)是理解历史唯物主义的关键。即作为社会存在,它决定着社会意识;作为经济基础,它决定着社会的上层建筑(上层建筑最上层的部分就是社会意识)。但应该看到,第一,生产关系的总和并不是社会存在的全部;社会存在的外延除生产关系的总和外,还包括生产力及其结果、人口繁衍和自然条件。所以,在考察社会意识之源时,除生产关系外,其他因素也不能忽视,应把它们作为一个整体对待,这样才能了解社会意识的全貌。第二,社会存在与社会意识的关系和经济基础与上层建筑的关系的解决方法是不同的。社会存在与社会意识的关系是存在与思维(意识)关系的具体化。存在与意识的关系是近代哲学探讨的基本问题,它是从认识论的角度切入本体论的,即从人们的认识(意识、思维)的发生、发展来寻找意识之源和本质的,它是近代认识论的主体与客体关系的本体化。马克思和恩格斯为了清除社会历史观中的唯心主义认识论,顺着近代哲学的基本问题即存在与思维的关系的思路,将社会存在引入历史认识论领域,把社会意识看作是社会存在(社会物质生活条件)的反映,从而完成了历史唯物主义认识论的根本性变革。但是,社会存在与社会意识的关系主要解决的是历史认识论的基本问题(尽管这一问题通过本体论的方式解决),它从其切入点来说毕竟不是本体论,而是认识论;尤其是社会政治制度、法律制度等制度性的事实已经不是单纯的社会意识,而是社会意识的制度化和客观化(且附有物质设施——监狱等)。这就决定了人们不可能仅从社会存在与社会意识的相互关系来了解社会历史的全貌。有鉴于此,马克思和恩格斯在完成对历史唯心主义认识论的批判之后,便从更广阔的视野,即从人类社会最基本的三个要素:生产力、生产关系和上层建筑三者的相互关系考察社会历史的发展,寻找社会历史发展之源和根本动力。其以本体论的方法为切入点,来揭示社会历史的发展规律。这个规律就是:生产力决定生产关系,经济基础决定上层建筑;而生产关系对生产力,上层建筑对经济基础(生产关系总和)具有反作用。这是人们理解社会历史的一把钥匙。考察经济基础(生产关系之总和)与上层建筑的关系,是在承认生产力对生产关系具有最终决定作用的基础上(因为生产关系是生产力发展过程的社会关系形式,它离不开生产力的状况和水平)揭示上层建筑的产生、发展和变化的规律的。关于生产力与生产关系的关系问题,是政治经济学研究的内容。

法的现象既包括制度(规范、设施)层次,也包括观念(法的意识、价值等)层次。它们都是上层建筑的范畴。因此,要揭示它们存在之源,必须深入到经济基础的大厦去寻找。马克思指出,法的关系正像国家的形式一样,既不能从它们本身来理解,也不能从所谓人类精神的一般发展来理解,相反,它们根源于物质的生活关系,这种物质的生产关系总和,黑格尔按照18世纪的英国人和法国人的先例,称之为市民社会。显而易见,主张法律是法律意识的本原的观点,实际上并未跳出上层建筑的圈子,它与马克思主义主张经济基础决定上层建筑的历史唯物主义本体论的思想是相反的。

二、法的本体及其特征

法的本体是指法的现象存在的根据,是法现象的产生、发展变化的决定性力量和根源。法的本体是在一定生产力发展过程中形成的社会生产关系的总和,即经济基础(也称经济关系)。作为法之本体的经济关系,其在与法现象的相互作用中,具有如下特征:

1.法本体的根源性。

根源性是法本体最根本的特征,它指在社会经济关系与法现象的关系上,经济关系是第一性、基础性的,而法现象则是第二性、派生性的。马克思指出:"法的关系,是一种反映着经济关系的意志关系。这种法的关系或意志关系的内容是由这种经济关系本身决定的。"[①]恩格斯也指出:"在社会发展某个很早的阶段,产生了这样的一种需要:把每天重复着的生产、分配和交换产品的行为用一个共同规则概括起来,设法使个人服从生产和交换的一般条件。这个规则首先表现为习惯,后来便成了**法律**。"[②]恩格斯在这里说明人们的生产、交换和分配的方式即经济关系是法现象的根源。马克思在批判资产阶级法学者认为法和法律是社会和经济关系的创造者时指出:其实,只有毫无历史知识的人才不知道:君主们在任何时候都不得不服从经济条件,并且从来不能

① 马克思:《资本论》第1卷,102页。
② 《马克思恩格斯全集》第18卷,309页,北京,人民出版社,1964。

向经济条件发号施令。无论是政治的立法或市民的立法,都只能表明和记载经济关系的要求而已。① 下面我们考察经济关系与法的关系的具体联系。

社会经济关系的性质和内容决定法的性质和内容。一般来说,有什么样的社会经济关系,便有什么样的法与之相适应,法的性质和内容随着社会经济关系的变化而变化。

奴隶制社会是人类历史上第一个阶级社会。在那个社会里,生产力水平极为落后,劳动者主要使用青铜器、铁器等工具,人的体力在生产力的构成要素中居主导地位。与此相适应的经济关系是奴隶主国家所有制,奴隶主不仅占有土地和其他生产工具,而且还占有奴隶,奴隶是奴隶主的生产工具。由于生产力极为落后,剩余产品不多,因而交换关系也极不发达。与这种对奴隶大规模的、超经济的剥削方式相适应的法律制度是刑法占主导地位,而民法极不发达(古罗马是一个例外)。这种法律制度通过用严厉惩罚的方式如杀头、剜眼、割鼻、封宫、膑脚、削面等刑罚来控制奴隶的反抗。在具体的法律内容上,奴隶主对土地、奴隶及其他生产工具拥有绝对的所有权在政治上拥有一切特权;而奴隶无人格权、财产权、婚姻自主权等,只有绝对服从、依附奴隶主的义务。

古罗马法是奴隶制法的一个例外。古罗马是一个奴隶制国家。当时的地中海贸易很发达,商品流转关系频繁,因此,罗马的民法很发达,对契约、合伙、收养、监护、侵权等法律关系都有详细的规定,尤其是关于债权债务关系的规定与现代民法有关的债权债务规定极为相似。但罗马民法毕竟产生于奴隶制的生产关系中,它不可能像现代民法那样反映平等主体间的人身关系和财产关系。罗马民法对人的身份关系规定极为严格,分为自由人、奴隶。奴隶的身份除非经主人或皇帝、长官的命令释放,否则永远是奴隶。奴隶虽然有权代理其主人与他人订立契约,但契约取得的利益一律归其主人。这说明奴隶完全没有人格权,其行为受到其身份的严格限制。所以,主张用罗马法代替我国现代民法,或者认为现代民法是罗马法的翻版的观点是不妥的。

从11世纪中叶开始,欧洲进入了典型的封建社会。虽然生产力水平仍很低,主要使用的工具仍是铁器,牛、马、马车是主要交通、运输工具,但工具的性质有了改进,种类也比奴隶制社会时多了,这在一定程度上减少了劳动力在劳动过程中的体力因素的作用。因此,像奴隶制社会那样依靠国家权力直接强迫大批奴隶直接从事生产已经不可能了。这就决定了该社会的经济关系的特征是:在所有制方面是领主所有制。这种所有制是大封建主(大领主)把土地的其中一块留给自己经营,其余部分分封给封臣,如此层层受封,形成从封主到封臣的封建等级所有制,任何受封(采邑)的土地都不归受封者私人所有,每一层封臣都只能占有、经营土地,而不能出卖土地;每个领主(封臣)在其领地上又具有较大的独立自主权。领主所需的东西主要由领地内农奴或维兰

---

① 参见《马克思恩格斯全集》第4卷,121—122页。

提供,一个领地与其他领地之间的商品交换极少,形成了自给自足型的经济模式。在这种生产关系基础上形成的法律制度是:封建法、庄园法、城市法、王室法及教会法等等,其中最典型的是封建法和庄园法。

封建法实际上是封建社会的政治法或根本法。与分封的领主所有制相适应,封建法的特征是:第一,受封的领主对其领地只有占有权、使用权和收益权,而没有处分权。但他们的占有权却是任何人都不能强行剥夺的,甚至他的领主也不能违背他的意愿没收他的受封地。第二,由于封建领主所有制是层层分封,受封的封臣又具有较大的自主性,同时又受到他的领主与他的封臣关系的制约,因此在法律上产生了一种不完全所有制度即"领有权"。与一般所有权的绝对排他性、不可分割性不同,领有权的领主对他的土地都没有绝对的排他权利,甚至对他的领地(或封地)的权利也是可以分割和共有的。一个领主或封臣可以在某块土地上享有有效对抗他的领主的一定的权利(包括司法管辖权、管理权),而这个领主可以在同一块土地上享有有效地对抗领主的领主甚至可能是国王的其他权利。这意味着土地不为任何人绝对所有,只是梯形的占有权结构。① 第三,由于每一层受封的封臣(或领主)都有相对的自主权(如领有权),因此,在法律关系上,领主的封臣的封臣不是领主的封臣;领主与封臣的封臣没有直接的权利义务关系。第四,等级特权制。由于层层分封,每一领主或封主都有自己的领地,在其领地内享有一系列政治、司法和经济等特权。每个领主或封主的特权与他受封的等级成正比。第五,封建主与封臣(附庸)之间的关系是一种相互承担义务的契约关系。契约是互惠性(但不是平等性)的,包括效忠契约和忠诚契约。效忠契约是建立在终身奉守的神圣誓言上的,不能基于当事人的同意而解除。这种契约的内容是封臣变成领主的人,而领主则成了封臣的领主,这实际上强化了封臣对领主的人身依附关系。忠诚契约是领主与封臣的主要契约形式。忠诚契约的双方的权利义务关系是:封臣保证对领主的忠诚;领主也得保证对封臣忠诚,而且领主还常常授予封臣一处采邑。封臣的忠诚保证包括:忠实地经营采邑的义务;领主的忠诚保证包括不逾越其法律权限的义务和许多特定方面帮助封臣的义务;如果一方违背其义务,另一方有权撤回忠诚。此外,在封建法中,经济权利与政治权利是结合在一起的,两者一体化是封建法的一个重要特征。

庄园法是在领主所有制关系基础上产生的另一个法律制度。它是调整封臣(庄园主)与农奴、维兰关系的法律。庄园是一个独立的政治经济实体。其主要成员是庄园主、农奴、维兰、骑士等。在庄园主与农奴的关系(所有制关系)上,农奴持有(占有)领主的一小部分土地,自耕自收;领主的大部分土地由农奴耕种,收成归领主。这是庄园经济的双重农业体制。这种经济关系反映在法律关系上,即,庄园主拥有一系列特权,

---

① 参见[美]伯尔曼:《法律与革命——西方法律传统的形成》,381—384 页,北京,中国大百科全书出版社,1993。

如向农奴征税、治安和司法审判等。农奴的权利则是:①与奴隶不同,他们并不为一个主人所拥有,也不得被买卖;②与奴隶不同,他们能够订立合法的婚约;③与大多数奴隶不同,他对房屋、土地(如对其持有地)和财物享有某些权利。农奴的义务是:①未经主人许可不能离开土地,当土地转移时随土地一起转移。②农奴必须在领主的领地上从事繁重的劳役;不过,从11世纪开始,法律规定对领主有权要求农奴的劳役种类和每种劳役的数量作出了限制,例如,对周工作制的每周工作的最多天数给予限制,或可以以支付金钱代替劳役。③对自己持有的土地向领主以实物和货币交纳各种捐税。④使用和处分土地的权利受到严格的限制,当他们死亡时,财产权归领主所有。总的说来,农奴与奴隶的法律地位是不同的。与奴隶完全没有人格权和财产权相比,农奴具有一定的人格权和财产权,不过,农奴对领主仍有较强的人身依附性。

维兰是依附于领主的农民,他们与领主的关系是建立在租佃关系基础上的。他们是永久性的佃农。这决定了维兰与农奴的法律地位是不同的。在民事权利方面,维兰受到的限制比农奴要少得多。表现在人身关系上,维兰没有完全依附领主,可以自由离开土地,可以自行结婚。在财产关系上,维兰的地租、捐税数额和服役天数依契约而定。

中国自东周以后逐渐走向封建社会。中国封建社会实行地主土地所有制。这种土地所有制的特点是:土地归地主私人所有,地主对土地拥有绝对的所有权,皇帝是最大的土地所有者。在分配关系上,地主对农民的剥削形式,由奴隶制时代奴隶被强迫无条件终身束缚在土地上的劳役制,改为租佃制。地主把自己的土地出租给农民,农民则根据收成的多少或根据租田的数量按比例向地主交租。在交换关系上,交换不发达,是一种自给自足的经济。在这种生产关系的条件下,不可能产生用以调整平等主体之间的人身关系和财产关系的民法制度,民法的一些内容如契约、所有权、婚姻等被纳入刑法的体系中,刑法在中国封建社会法中占主导地位。不过,由于农民与地主的关系是建立在租佃关系上的,尽管不是平等主体之间的契约关系,但却是在双方自愿的条件下达成的契约,这使得农民对地主的人身依附关系变得松散了。地主对农民的剥削只能通过租佃关系才能实现。反映在具体的法律关系上,地主没有处分农民的权利,如汉朝以后的法律规定,地主不能买卖农民,更不能随意杀戮,农民有了起码的生存权、人格权、财产权(尽管只是其剩余劳动的一部分)。总之,地主与农民的权利与义务关系是由土地的租佃关系决定的。农民对地主的人身依附关系是通过租佃关系而间接发生的。这比奴隶制社会中奴隶的法律地位有了明显的提高。

资本主义的生产关系是建立在高度发展的生产力水平的基础上的。这种生产关系的特点是,生产资料归资本家所有,交换关系空前发达,一切可用于交换的东西都商品化了,除货币外,劳动力、生产资料和生活资料,都可以转化为资本,资本家凭自身拥有的生产资料和货币资本,到市场购买劳动力。劳动力变为可变资本,而工人则在劳动力市场(资本市场的一部分)出卖自己的劳动力,由这种雇佣劳动产生的分配关系是,资本家通过雇用工人而剥削工人创造的剩余价值,工人只得到其劳动成果的一小部分(由工人的必要劳动所创造)。在人身关系上,由于土地可以自由买卖,劳动力也可以自由买卖(包括工人对其自身的劳动力可以自由处分),资本家与工人之间的关系不再以土地为纽带。这样,资本家成了"自由资本",工人则成了"自由劳动力",封建的人身依附关系消失了,代之而起的是自由的雇佣劳动关系。在这种生产关系基础上形成的法律制度特征是:第一,资本主义民商法成为调整资产者之间的财产所有权关系和财产流转关系、资产者与工人之间的雇佣关系以及各种人身关系等的重要法律,通过赋予每个民事主体平等的民事权利能力(资格平等,也叫形式平等)以掩盖其资产者与无产者在财产上的不平等。第二,制定宪法,赋予公民政治权利(主要由资产者享有)和限制国家权力的行使,防止国家权力侵犯公民的权利,限制国家权力过多地、直接地干预资本的自由经营,以保证资本的自由增殖。第三,资本主义的刑法的重要职能是镇压工人阶级的反抗,保护资本主义的私有财产和资产阶级的国家政权。此外,还通过行政法等保护资本主义的经济关系和资产阶级的国家政权。概言之,资本主义法律制度是在适应资本主义的生产关系的基础上建立起来的,是为资本主义的生产关系服务的。

社会主义经济关系的核心是生产资料公有制。我国正处在社会主义的初级阶段。在这个阶段中,国家所有制、集体所有制和个体经济并存。其中,国家所有制与集体所有制是我国生产关系所有制的主要形式,它们在整个国民经济中占主导地位,个体经济是公有经济的补充形式。工人、农民包括个体劳动者既是生产资料的主人,又是劳动者。在交换关系上,社会主义市场经济是商品交换的主要形式,由于工人和农民包括个体工商户是生产资料的主人,因此,其所进行的交换与资本主义市场中一切都可作为商品进行交换的情况有着根本的不同。在分配关系上,按劳分配是主要的分配形式,它从根本上消灭了剥削制度,人与人之间是平等的关系。与这种新型的公有制占主导地位的生产关系相适应的法律制度是,在历史上第一次真正赋予每个公民平等的权利和义务,在宪法中规定每个公民享有平等的选举权和被选举权;在民事法律关系上,每个民事主体都具有同等的民事权利能力;在刑事法律关系上,谁触犯了刑律,谁都将受到刑事制裁,不允许任何人凌驾于法律之上和超越于法律之外。这表明,在社会主义公有制基础上产生和形成的社会主义法律关系真正实现了法律面前人人平等。它是迄今为止的一切社会形态中最进步的法律制度。

了解社会经济关系对于法律现象的根源性,是认识复杂的法律现象秘密的一把钥匙。马克思针对一些资产阶级学者(包括小资产阶级思想家)关于买卖是所有权的根源的观点,举了黑奴买卖的例子说明所有权的真正秘密是所有制。对黑奴的所有权,马克思指出,并不是由出售产生,而只是由出售转移。这个权利在它被出售以前,必须已经存在;不论是一次出售,还是一系列的出售,不断反复的出售,都不能创造这种权利。也就是说,黑奴买卖只是所有权的转移,而不是产生所有权;只有私有制关系才是对黑奴所有权的根源。马克思针对资本主义土地所有权产生财富的假象,指出资本主义的土地所有权及由这种所有权产生的财产权利,其根源是资本主义私有制关系。他说,一些人之所以能把一部分社会剩余劳动作为贡赋来占有,并且随着生产的发展,占有得越来越多,只是由于他们拥有土地所有权。但是,创造这种权利的,是生产关系。一旦生产关系达到必须改变外壳的程度,这种权利和一切以它为根据的交易的物质源泉,即一种有经济上和历史上的存在理由的,从社会生活的生产过程产生的源泉,就会消失。① 马克思上述两个例子不仅指出所有制对所有权的根源性,而且还具有典型的方法论意义,即一切法律现象的秘密都蕴藏在一定的社会生产关系之中。

2. 法本体的必然性。

法本体的必然性,指法现象的产生是一定的社会物质生产关系运动的必然要求。法现象产生的必然性在于:

第一,由于社会分工和商品分属不同的所有者,以及个人及其需要的自然差别,为了满足不同的需要,交换成为必需。不同的商品所有者为了满足自己的多种需要,就要进行商品交换,个人 B 用商品 b 为个人 A 的需要服务。同样,个人 A 用商品 a 来满足个人 B 的需要。每个人为另一个人服务,目的是为自己服务;每一个人都把另一个人当作自己的手段互相利用。这两种情况在两个人的意识中是这样出现的:①每个人只有作为另一个人的手段才能达到自己的目的;②每个人只有作为自我目的(自为的存在)才能成为另一个人的手段(为他的存在);③每个人是手段同时又是目的,而且只有成为手段才能达到自己的目的,只有把自己当作目的的才能成为手段。也就是说,这个人只有为自己而存在才把自己变成为那个人而存在,而那个人只有为自己而存在才能把自己变成为这个人而存在,这种相互联系是一个必然的事实,它作为交换的自然条件是交换的前提。但是,这种相互关联本身,对交换主体双方中的任何一方来说,都是他们毫不关心的,只有就这种相互关联把他的利益当作排斥他人的利益,不顾他人的利益而加以满足这一点来说,才和他有利害关系。换句话说,表现为全部行为的动因的共同利益,虽然被双方承认为事实,但是这种共同利益本身不是动因,它可以说只是在自身反映的特殊利益背后,在同另一个的个别利益相对立的个别利益背后得到实现的。概言之,交换是社会客观的必然的现象。它首先是直接为了个人的利益而进行的。为了使交换能够得以进行,就要注意一种不能违背与此有关的前提条件(每个人既是手段又是目的)。为个人利益而进行的交换,所以会得到社会的承认,是因为社会上各个个别利益的满足,正好就是一般社会利益的实现。

第二,商品是物,必须由它的监护人或者商品所有者把它拿到市场上去,才能进行交换;这就要求交换的主体必须对商品拥有所有权,这是所有权出现的必然性。

第三,在商品交换的过程中,双方的当事人意思表示必须一致,否则交换行为就成

---

① 参见《马克思恩格斯全集》第 25 卷,874—875 页。

为不可能。这就意味着一种非暴力的共同规则出现的必然性。

所以,本体的必然性一方面意味着社会物质生产关系本身是必然的。它的产生和发展是不以人的意志为转移的,并且决定着法的产生和发展。另一方面,法的产生和形成是不以人的意志为转移的,它是社会生产、交换和分配的形式条件。

3. 社会生产关系体现了人的主体性。

社会物质生产关系不是纯粹的、脱离人的那种客观存在,而是人生活在其中,并由人们的生产活动推动其向前发展的社会存在。在人们的各种实践活动中,社会物质生产活动是人类最基本的社会实践活动,它是人类赖以生存和发展的社会基础。人们的社会生产活动是有目的有意识自觉地改造着自然的活动;人们在改造着自然的同时,又自觉地改造自身活动的能力和自身的活动方式,即生产关系、政治关系和法律关系。人在社会生产关系、政治法律关系的形成和发展过程中处于主体性地位。因此,法的本体是客观必然性与人在其中的主体能动性的统一;正是这种统一,使得在社会生产方式中产生和形成的法的关系、社会主体之间的利益关系、权利义务关系,既具有客观必然性,又体现了人的主体性。从这个意义上说,法的本体不是一个纯粹的脱离人的存在的客体,而是一个活生生的人的世界、人的存在方式。

4. 社会物质生产关系是一个涵盖法现象的大全世界。

在一切法现象中,都可以找到社会经济关系的因素。首先,从法律规范来看,它是在社会物质生产过程、交换过程和分配过程中形成,经国家权力的中介确认的。其次,一切法律制度、设施都是为了适应一定的社会物质生产关系而建立起来的。再次,法的实施和适用是为一定的社会经济服务的,等等。由于社会物质生产关系是法现象的大全,所以,离开它去解释各种法律现象,是不可能得到正确的答案的。

法的本体是一定的社会物质生产关系,而不是自由意志、人类理性,也不是国家权力。我们回过头来看看本章开头引述的观点。第一种观点认为国家权力产生法,是一种国家主义的观点。它只看到法与国家权力联系的环节,而看不到法与社会经济关系的本源性关系,从而为国家权力的假象所迷惑。对此,马克思曾作过深刻的分析:"因为国家是属于统治阶级的各个个人借以实现其共同利益的形式……因此可以得出一个结论:一切共同的规章都是以国家为中介的,都带有政治形式。由此便产生了一种错觉,好像法律是以意志为基础的,而且是以脱离现实基础的**自由**意志为基础的。"①这里说的"自由意志"是指国家意志。在马克思看来,国家权力产生法,只是人们对国家的一种迷信,一种错觉。实际上,那些决不依个人意志为转移的个人的物质生活,即他们的相互制约的生产方式和交往形式,是国家的现实基础,这些现实的关系绝不是国家政权创造出来的,相反地,它们本身就是创造国家政权的力量。在这种关系中占统治地位的个人除了必须以国家的形式组织自己的力量外,他还必须给予他们自己的由

---

① 《马克思恩格斯全集》第3卷,70—71页。

这些特定关系所决定的意志以国家意志即法律的一般表现形式。① 不是国家权力创造法,而是经济关系创造法;国家权力也是在经济基础上发展起来的。

证明了法律现象来源于一定的社会经济关系,那种认为法的意识来源于法律以及否认经济基础是法律的终极来源的观点,也就不攻自破了。

法的本体论是法学大厦的基础。法的本体又是法本体论的核心。马克思恩格斯将法现象奠基在一定的社会经济关系上,使法本体论乃至整个法学理论走上了历史唯物主义的科学大道,戳穿了所谓人类理性、自由意志、国家权力、神的意志创造法律的神话。是否承认法的本体是社会经济关系,成为区分法本体论是历史唯物主义还是历史唯心主义的分水岭。

第三节　经济关系的本源性与法现象的相对独立性

一、法存在的一般规律与特殊规律

通过对法本体的分析,我们知道了,从一般意义上说,法现象是由社会经济关系决定的,一定的法现象总是与一定的社会经济基础相适应的,这是法产生和存在的一般规律。但是,法现象也有自身存在和发展的特殊性。这就形成了法的一般规律与特殊性的矛盾。这个矛盾表现为两种类型。

第一,虽有相同经济基础,却有不同政治的、法律的制度的变异和程度差别。马克思在谈到与生产力发展相适应的徭役劳动的社会生产关系及其上层建筑时曾指出:从直接生产者身上榨取无酬剩余劳动的独特经济形式,决定着统治和从属的关系,这种关系是直接从生产本身产生的,而又对生产发生决定性的反作用。但是,这种由生产关系本身产生的经济制度的全部结构,以及它的独特的政治结构,都是建立在上述的经济形式上的,任何时候,我们总是要在生产条件的所有者同直接生产者直接关系——这种关系的任何形式总是自然地同劳动方式和劳动社会生产力的一定的发展阶段相适应——当中,为整个社会结构,从而也为主权和依附关系的政治形式,总之,为任何当时的独特的国家形式,找出最深的秘密,找出隐蔽的基础。不过,这并不妨碍相同的经济基础——按主要条件来说相同——可以由于无数不同的经验的事实,自然条件、种族关系、各种从外部发生作用的历史影响等等,而在现象上显示出无穷无尽的变异和程度差别,这些变异和程度差别只有通过对这些经济经验所提供的事实进行分析才可以理解。② 马克思在这里虽然只谈到徭役劳动的社会生产关系与上层建筑的状况,但这种状况即相同的经济关系的结构与各国不同的政治法律制度的差别,在其他

---

① 参见《马克思恩格斯全集》第 3 卷,378 页。
② 参见《马克思恩格斯全集》第 25 卷,891—892 页。

社会形态中也是存在的。就法律现象来说,近代以来的大陆法系和英美法系都有着相同的经济基础,即资本主义的经济关系,但两种法系的法律渊源、审判方式等却大异其趣。即使同属于一个法系的英国与美国,它们之间又各有特点:英国没有成文宪法,而美国却制定了世界上最早的成文宪法;两国都注重判例并承认判例的法律效力,但对"遵守先例"的态度却有程度上的差异。

第二,不同的经济关系可以有相同的法律形式和部分相同的法律内容相伴随。最典型的例子是罗马法的命运。罗马法是在奴隶制的商品经济条件下产生的,但在欧洲13世纪和14世纪资本主义生产关系形成过程中得到复兴;欧洲大陆各国资产阶级革命后,资产阶级国家以罗马法为蓝本制定民法典,把罗马法中平等主体(自由人)之间的人身关系和财产关系注入了平等劳动力买卖、自由竞争等内容,使罗马法在资本主义民法中得到新生。恩格斯在谈到资本主义民法时指出:如果说国家和公法是由经济关系决定的,那么不言而喻,私法也是这样,因为私法本质上只是确认单个人之间现存的,在一定情况下的正常的经济关系。但是,这种确认所采取的形式可以是很不相同的。人们可以把旧的封建法的形式的很大一部分保存下来,并且赋予这种形式以资产阶级的内容,甚至直接给封建的名称加上资产阶级的含意,就像在英国与民族的全部发展相一致而发生的那样;但人们也可以像在西欧大陆上那样,把商品生产者社会的第一个世界性法律即罗马法以及它对简单商品所有者的一切本质的法律关系(如买主和卖主、债权人和债务人、契约、债务等等)所作的无比明确的规定作为基础。这样做时,为的仍然是小资产阶级的和半封建的社会的利益,人们可以或者简单地通过审判的实践贬低这个法律,使它适合于这种社会的状况(普通法),或者是依靠所谓开明的满口道德说教的法学家的帮助把它改造为一种适合于这种社会状况的特殊法典;这个法典,在这种情况下即使从法学观点看来也是不好的(普鲁士国家法);但是这样做时,人们也可以在资产阶级大革命以后,以同一个罗马法为基础,创造像法兰西民法典这样典型的资产阶级社会的法典。因此,如果说民法准则只是以法律形式表现了社会的经济生活条件,那么这种准则就可以依情况的不同而把这些条件有时表现得好,有时表现得坏。

由此可见,法现象与社会经济关系并不总是保持高度一致的。法现象具有与经济关系不一致的相对独立性。马克思指出:"这里,我完全不涉及极其重要的一点,即虽然一定所有制关系所特有的**法**的观念是从这种关系中产生出来的,但另一方面同这种关系又不完全符合,而且也不可能完全符合。"①

二、法的相对独立性的原因分析

法的相对独立性的原因是很多的,这里谈的是主要原因。

① 《马克思恩格斯全集》第30卷,608页,北京,人民出版社,1974。

1. 法的继承性。

法律是一种高度理性化、操作性极强的制度性体系，它具有极强的继承性。这种继承性甚至可以跨越时空和经济形态的界限。例如，罗马法的立法体例、法典化以及某些原则、规则对近代乃至现代大陆法系国家都有深刻的影响，而近现代英美法系国家的法律制度主要继承古老的英国判例法传统。

2. 哲学、宗教等意识形态对法的影响不同，会导致法现象的差异。

哲学和宗教是离社会经济关系最远的意识形态。哲学以其抽象性、概括性、思辨性、理性把握社会生活乃至整个宇宙和人生；宗教则以超验、天启、领悟的方式把握宇宙和人生。尽管哲学和宗教都远离社会物质经济关系，但其仍以独特的方式影响着人们法的观念甚至法律制度。佛教和基督教等都已诞生了两千多年，但至今为许多人信奉。

哲学对法的影响最典型的例子，是经验主义对英美法的影响以及理性主义对大陆法的影响。英美法的主要特征是判例法，它源自英国的经验主义哲学传统。英国有着经验主义传统。尤其是近代以来，经验主义哲学一直占主导地位。近代的培根、洛克、休谟都是著名的经验论哲学家，其中培根是经验主义哲学的鼻祖；现代的波普尔也是现代经验论的著名代表。经验论的哲学特征是，认为人们对世界的把握以经验最为可靠，人们的认识方式以归纳法为主。归纳法得到的结论虽然不是绝对的（因为从经验不可能得出绝对可靠的结论，它的结论所包含的知识是有限的），但它是人们在一定时期对事物的认识所能达到的最高水平，并且，归纳法得到的经验性结论是新知识，是开放性的，由此，经验论哲学认为理性主义哲学崇尚的演绎性认识不是绝对可靠的知识。周延的大前提推断出来的结论不是新知识，因为结论已经包含在大前提之中了。受这种思维方式影响，英美法认为立法应以判例法为最佳立法形式，因为判例法以案情为根据，由法官归纳出规则；以后的法官以先前的规则为根据，或者直接适用，或者根据新的案情归纳、引申出新的规则。法的规则虽然是理性化的，但它是经验的总结。这种法的思维方式深深地扎根于英美法学家的思想中。大陆法系源自罗马法，而罗马法在立法方法上，受亚里士多德演绎方法、体系化的哲学以及古希腊、罗马抽象的正义理论的影响。近代的欧洲大陆哲学是从法国的笛卡尔开始的理性主义哲学。这种哲学是亚里士多德哲学的一种复兴。笛卡尔之后，经莱布尼茨、沃尔夫转承到康德、黑格尔，从而成为欧洲大陆哲学的主流（尽管内容不同，但其方法是相同的）。理性主义哲学认为，不论是哲学还是其他科学，都必须从不证自明的公理、观点出发，然后一步步地演绎，才能得出绝对可靠的知识。受这种思维方式影响，法国和德国的立法者自然而然地继承罗马法的传统，并将理性主义的思维方式贯穿在法典之中，认为法典是立法者高度理性和抽象化的产物。制定法典不仅可以反映现实的社会生活状况，而且可以预测未来各种可能发生的事件。因此，在他们的法的观念中，认为法典化是最合理的立法形式，也是最好的法的适用工具。

宗教对法的形式和内容的影响也是很大的。基督教是那样深刻地影响了欧洲中世纪的法律,甚至有专门的教会法,与世俗法并驾齐驱;而现代伊斯兰教国家的法律仍深受伊斯兰教的影响。

3. 独立的法学家团体的存在,也是法具有相对独立性的原因。

法学家团体的影响主要表现在:

第一,法学家团体内部成员之间进行思想、学术交流乃至参与立法活动,容易产生一些共同的假定和价值准则,如法律的公正性准则等等,这些准则由一代代的法学家承袭下去。

第二,法学家在塑造法律中起着重大的作用。法律是一种知识性、技术性、科学性、连续性、整体性极强的规范体系,因此,在立法活动中,离不开法学家的参与。法学家在参与立法过程中必然将自己的知识、价值观念融入法律规范体系中,成为法律规范的制定人、参与人和解说者。

第三,大学的法学教育没有严格的国界限制。例如在欧洲中世纪末和近代,各国的学生都可以选择某一个大学法学院接受法学教育和训练。这些学生中有相当一部分人后来成了法学家,成为一个跨国的法学家共同体。他们拥有相同的法学知识和法律价值观,在参与本国立法的过程中将其从外国大学法学院接受的知识和价值观念渗入本国的法律中,使该国的法律与同样法学传统的国家的法律具有相似性,尽管该国的经济基础与其效法的国家的经济基础不大相同,或者与其效法的历史上的法律的经济基础不同。例如罗马法对近代欧洲大陆各国民法的影响与欧洲大陆法学院的不分国界的法学教育是分不开的。

由此可见,法律的内容和性质从根本上来说是由经济基础决定的。但法律的形式、术语、概念甚至某些内容也会受到法律的继承性、哲学和宗教等意识形态、法学家共同体以及来自法律自身特点的影响,使法律与社会经济基础并不总是保持绝对的一致,而具有相对的独立性。

需要指出的是,我们要正确地看待法的相对独立性。

第一,我们要正确看待法的继承性。法的本体是一定社会的经济关系,法是一定经济关系的反映。罗马法的某些形式和内容尽管还能为今天的民法借鉴,但由于产生罗马法的经济基础与现代民法尤其是中国民法的经济基础有着根本不同,所以它的主要内容根本不可能移植过来。那种认为在社会主义市场经济条件下一定要复兴罗马法的精神的观点,从根本上来说是错误的,有害的,也是行不通的。

第二,哲学、法学家共同体对法律的影响不可能改变社会经济基础在法现象中的本体地位。从根本来说,哲学、宗教、法学家的价值观念和法学知识都是一定的社会经济关系的反映。哲学用抽象的形式,把自己与经济基础联系的许多中间环节省略掉了。宗教则以虚幻歪曲的观念形式反映着社会经济基础。头脑中发生这一思想过程的人们的物质生活条件,归根到底决定着这思想过程的进行。而法学家不过是他生活的那个时代的社会物质生活产生的各种观念(哲学、宗教、法的价值观念)的承载者。这些观念归根结底是他那个时代的社会经济基础的反映。

总的来说,法现象是由一定的社会经济关系决定的,但法现象又具有自身的相对独立性。因此,一方面,如果看不到社会经济基础在法现象中的本体性、终极性地位,必然陷入唯心主义。另一方面,如果看不到法的相对独立性,看不到意识形态、法的继承性和法学家对法的影响,认为法与经济基础总是保持绝对的统一性,必然会陷入机械论。只有把社会经济基础对于法的本体性、终极性与法自身的相对独立性统一起来,才是唯物辩证的观点。

第四节 法本体的存在方式——利益关系

一、利益和利益关系

1. 利益的含义和特征。

关于利益的含义,许多哲学家均作过探讨。在西方,较为著名的利益定义是霍尔巴赫提出的。他说:"所谓利益,就是每一个人根据自己的性情和思想使自身的幸福观与之联系的东西;换句话说,利益其实就是我们每一个人认为对自己的幸福是必要的东西。"①这个定义是一个关系定义。霍氏把利益两项最主要的要件表达出来了:一是人的需要,即与人的幸福相关系的需要;一是满足这种需要的东西。

我国有些学者也试图给利益下定义。有学者认为:"利益是需要主体以一定的社会关系为中介,以社会实践为手段,使需要主体与需要对象之间的矛盾状态得到克服,即需要的满足。"②该定义的合理之处是提出了利益的三项要素:①需要是形成利益的自然基础;②社会关系是构成利益的社会基础;③社会实践活动及其结果是形成利益的手段和客观基础。③ 但该定义与哲学意义上的价值概念无区别。

苏宏章提出:"所谓利益,就是指在一定的社会形式中由人的活动实现的满足主体需要的一定数量的客观对象。"④他还认为,该定义包含了五项要素:①利益的自然基础(或主观前提),即引起利益范畴的需要;②利益的社会基础(或社会性质),即赋予需要及其满足过程以社会形式的社会生产关系;③利益的实物内容,即满足需要的客体对象或者社会劳动成果;④利益的社会内容,即人的活动;⑤利益的质的规定性和量的规定性。该定义的合理之处是几乎包括所有的利益的内容和要素;不足之处是将利益的

① [法]霍尔巴赫:《自然的体系》,271页,北京,商务印书馆,1964。
② 王伟光、郭宝平:《社会利益论》,68页,北京,人民出版社,1988。
③ 参见王伟光、郭宝平:《社会利益论》,66—68页,北京,人民出版社,1988。
④ 苏宏章:《利益论》,21页,沈阳,辽宁大学出版社,1991。

上位概念看作是客体对象,事实上,有些利益不一定表现为客体对象,如人的内心的安宁、国家安全、和平等,很难归入客体对象类属中。

我们认为,利益的定义是:利益是适合社会主体存在与发展需要的因素或条件。该定义包括几项要素:

(1)社会主体的需要。所谓需要,是主体对资源的依赖状态。需要是利益的自然基础;没有需要就不可能有利益的产生。

(2)客观条件或因素。即适合主体存在与发展的需要的条件或因素。例如,财产、知识、名誉等,都是适合主体存在与发展需要的条件或因素。

利益概念有如下特征:

(1)利益的主体性。需要是主体的需要;各种客观要件或因素只有适合主体生存与发展的需要时,才成为利益,因此利益具有主体性。利益总是一定社会主体的利益。

(2)利益的客观性。首先,主体的需要是客观的。主体的需要不是凭空产生的,而是在一定的社会物质生活条件、文化背景下产生和形成的。其次,适合主体存在与发展需要的条件或因素,如财产、知识等也是客观的。

(3)利益的社会性。一定社会主体的利益是在一定社会条件下产生和发展的,每一时代的一定主体的利益都具有一定的社会内容。例如,在封建社会,财产主要是土地,地主离开了土地便什么也不是;在资本主义社会,财产主要是资本。所以,不同社会中利益的内容是不同的。

2.利益关系及其分类。

利益关系是指人们在社会生活中形成的具有一定利益内容的社会关系。它是一定的社会主体之间的社会关系的具体表现。

利益关系可以按不同的方法进行分类。

从主体间的关系来看,可以把利益关系分为个人利益、社会利益与国家利益之间的利益关系;也可以分为家庭内部利益关系,阶级之间的利益关系,国家间的利益关系。而各种主体之间的利益关系都包含有经济利益关系、政治利益关系的内容。

从利益内容来看,可以把利益关系分为经济利益关系、政治利益关系等。

二、利益关系是法本体的存在方式

本体的存在方式,是指事物的运动方式或表现形式,它是事物自身状态的显露。恩格斯在《反杜林论》中对唯物主义的本体论的本体即物质及其存在方式——时间和空间作过经典的论述。物质与时空的关系是:物质(本体)是在时间与空间中存在的;物质是质与量的统一,它是运动的。运动是在空间中运动,运动表现为时间性。所以,物质只能在时间和空间中存在。时间与空间之外的物质是不存在的。同时,时间和空间也只能依赖于物质而存在。没有物质及其运动,不可能有时间与空间;物质及其运动通过时间和空间表现其存在,人们只有通过时间与空间才能认识物质及其运动。

如前所述,法的本体是一定社会的经济关系(生产关系的总和)。其存在方式是利益关系。两者的关系是:物质生产关系表现为一定的利益关系,没有不表现为利益关系的生产关系;一定的利益关系依赖于一定的物质生产关系,利益关系是一定的社会物质生产关系的显露,离开了一定社会物质生产关系的利益关系是不存在的,一定的社会物质生产关系体现在法律关系上,只能通过一定的利益关系才能对其作出解释。

1.任何社会关系都表现为利益关系。

第一,经济关系(生产关系)表现为利益关系。经济关系是人们在社会生产、交换、分配中结成的具有经济内容的关系,经济关系表现为利益关系。首先,人类的社会生产的目的是为了追求经济利益。经济利益是人类生存与发展的基础。人类的社会生产,是最基本的社会实践活动。通过社会生产,人类按自身利益的需要创造出劳动成果,如房屋、钢铁等物质财富,以满足人类生存与发展的需要。其次,利益是人类生产的动力。人类对物质财富的需要是无限的,然而,人类已创造出来的财富是有限的。这种矛盾构成了人类社会生产的内在动力。它推动人类不断去创造新的物质财富。再次,交换是主体之间的利益交换。通过交换,双方都从对方那里得到自己需要的财富,或者满足自己个人的消费,或者用于生产或扩大再生产,从而产生更大的利益。最后,分配是利益的分配。在经济关系中,由于每个人的地位不同,所得到的利益也不同。在剥削阶级社会中分配就是不同等级的人们之间的利益分配。因此,利益关系贯穿于经济关系的各个环节之中。人们为了追求利益而生产,为了利益而交换,为了利益而分配。利益关系贯彻于经济关系的始终。利益关系是社会经济关系的具体表现。

第二,政治关系表现为利益关系。政治关系是一定的社会中形成的统治与被统治的关系,即统治阶级与被统治阶级之间的关系。政治关系也是一种利益关系。首先,政治关系最直接的动因是追求政治权力。统治阶级对被统治阶级的统治是通过其掌握的政治权力的行使来实现的。谁拥有政治权力,谁就是统治者,谁就可以将其意志施加于社会及其成员,谁就可能通过政治权力实现其目的,如对经济利益的分配,立法与执法等,从而巩固本阶级在社会中的统治地位。所以,政治上的争权夺利构成了人类社会中最残酷的利益冲突。战争是争夺政治利益、政治权力最激烈的方式。因此,任何政治斗争都是利益之争。其次,政治关系的存在方式是各阶级的政治利益即政治权力的分配。无论是专制政治,还是民主政治,都是统治阶级与被统治阶级之间、统治阶级内部之间的权力分配。所不同的是,专制政治关系中,权力的分配是自上而下层层任命的;民主政治则是自下而上,层层选举而产生权力的。

第三,个人与组织、个人与社会、个人与国家之间的关系也是利益关系。一定的经济利益和政治利益落实到一定的主体上,便有个人利益、集体利益、社会利益和国家利益之分。个人与组织的关系是因为利益关系而结成的关系。个人参与、加入组织是为实现自己的利益;组织把各个个人组织起来是为了获得比各个个人单独行动产生的更大的利益。如个人加入某个公司,是为了获得自己的经济利益,以及个人能力的培养;公司吸收某个人加入其组织,是为了获得更多更大的利润。

个人与社会的关系也是利益关系。一方面,个人要为社会作出贡献;另一方面,社会要给予个人一定的回报。

个人与国家的关系也是利益关系。个人向国家纳税,国家也通过自己的力量为社会各个成员提供安全的保障、和平的环境、就业的机会等。

所以,个人、社会、国家之间的关系都是利益关系。这些利益关系,是经济关系和政治关系的具体化,从而也是经济利益关系、政治利益关系落实在不同主体上的表现。

2. 社会物质生产关系是一切利益关系的基础。

一定的利益关系是一定的社会关系的表现,在一切社会关系中,经济关系是最基本的关系。所以,社会物质生产关系是一切利益关系的基础,一切利益关系都是从其中衍生出来的。

(1)社会物质生产关系决定着人们的经济利益关系。

社会物质生产关系是一定生产力水平决定的生产关系。生产关系是社会生产力存在和发展的社会形式,是社会的经济基础。它决定着人们之间的经济利益关系。生产关系的所有制形式决定着人们之间经济利益的分配关系。所有制形式是生产关系的核心。它是指占有生产资料或拥有资本的形式,由此决定着人们在生产关系中的地位和剩余产品分配关系。谁拥有资本或生产资料,谁就是生产关系的主人,谁就能决定利益的分配关系。不拥有生产资料或在所有制关系中居从属地位的人,在生产关系中居服从的地位,在利益分配关系中处于被剥削的地位。在封建社会的生产方式中,地主拥有大量的土地,农民主要靠租佃地主的土地而生活。在这种生产关系中,地主居主导地位,由此决定了在利益的分配关系中,地主主宰着地租的分配。在资本主义社会,资本家拥有生产资料,由此决定了在利益分配上,资本家能够剥削工人创造的剩余价值。

(2)社会物质生产关系决定政治利益关系。

首先,政治关系是由经济关系决定的。政治关系作为上层建筑,其基础是经济关系。经济关系的性质决定着政治关系的性质,有什么样的经济关系,必然有什么样的政治关系与之相适应。在经济关系中占统治地位的阶级和集团,凭借其自身的经济优势,必然在政治上占统治地位,取得国家政权。

其次,经济利益关系决定政治利益关系。在经济关系中占统治地位的阶级或集团,必然是在政治关系中占统治地位的阶级或集团。所以,经济利益关系决定政治利益关系。第一,经济利益关系的分配决定政治利益关系的分配。政治利益关系只是经济利益关系分配的形式。第二,政治利益的最直接表现是掌握国家权力。而政治权力的最终目的是维护在经济关系中占支配地位的统治阶级的经济利益。政治权力是经济利益关系的后盾和保障,是分配经济利益的工具。

　　再次,生产方式决定着个人、社会和国家之间的利益关系。个人、社会与国家之间的利益关系是一定的经济利益关系和政治利益关系的具体化。在一个社会中,这三者的利益关系究竟是哪个居主导地位,是由一定的社会生产关系决定的。在中国奴隶制社会和欧洲的封建社会,其生产关系是以国家的名义或者国王的名义占有土地(普天之下,莫非王土),在政治上是社会与国家一体化,即统治阶级集团与国家融为一体,国家与统治阶级的分离不明显,因此统治阶级的利益就是国家的利益,国家利益居主导地位。在自由竞争资本主义社会,其生产关系是资本家占有生产资料,资本分散在大量的资本家手中,政治上则是资本家及其代理人占主导地位,政府只是作为一个守夜人的角色,其目的是维护自由竞争,此时的利益关系是个人利益至上,社会与国家都在为个人利益最大化服务。而在垄断资本主义社会,由于经济垄断妨碍了资本主义经济的发展,经济上不得不需要公平,即反垄断和不正当竞争;政治上公民的选举权利扩大;因此,在利益关系上出现了以社会利益为重心的利益关系。但这种社会利益仍是以资本家利益为其内核的,因为资本家的利益在利益体系中占主导地位。这是一种以社会利益之名行个人利益之实的利益关系。

　　从上面可以看到,任何社会关系都表现为利益关系,而经济利益关系都是由经济关系(生产关系)决定的。所以,一方面,法的本体——一定社会的经济关系必然表现为一定的利益关系,在一定的利益关系中存在和发展;另一方面,利益关系又是由经济关系决定的,利益关系依赖于经济关系。利益关系是法本体的存在方式。

　　从法本体中析出其存在方式——一定的利益关系,对于研究法的本体论具有重要的意义。如前所述,法的本体是一个本源性的存在,是法现象的大全,是一个反思的对象。这就给分析法本体与法现象之间的关系造成了困难。只有借助其存在方式——一定的利益关系与法现象之间的关系,方能使法现象与法的本体沟通,才能将法现象还原为社会经济关系,才能认清法的本体和本质的真面目。这是因为,第一,利益是可以分割和量化的,具有可分析性;第二,在许多法现象中,如人格权、生命权、健康权等等,我们不可能从一定的经济关系中直接引申出来,只能借助一定的利益关系,以此为中介才能找出这些法现象中所隐藏的经济根源。这就是我们为什么要在法的本体论中讨论利益关系的原因。

第十章　法的本质

第一节　法本质的概念和研究法本质的方法

一、本质的一般含义

本质是与现象相对应的范畴,指事物的内部规定性。它体现了事物诸要素之间的内在的必然关系,是事物的根本属性,是此物区别于他物的标志。本质与现象的区别与联系是:本质具有相对稳定性和确定性,现象具有多样性;本质具有相对统一性和普遍性,现象具有多样性和丰富性;本质是现象的根据,现象是本质的表现。

本质与现象不是一对相互排斥的范畴,而是同属一个层次的范畴。马克思主义哲学以前的哲学家,把本质与现象看成是对立的范畴,认为本质是深藏于现象的背后的自在之物。这种二重化的结果到了康德哲学那里陷入了悖论——二律背反。马克思主义哲学认为,本质不是脱离现象之外的"自在之物",而是现象的本质。本质既不在现象之外,也不在现象的背后,而就在现象之中,是同一事物的各种现象之间内在的、必然的有机联系。因此,要认识事物的本质,不要在现象之外寻找(例如依靠神的启示),而要通过对现象的分析、综合和抽象,揭示各种现象之间的内在联系。这就是本质。

二、法的本质与法的本体之间的关系

1. 法的本体先于法的本质,本质是本体的展开和生成。

法本体是法的终极性的存在,是法现象存在的根据和理由。它决定着法现象的产生和变化。法本体是法的未分化的存在,没有规定性的始源性的存在。法本质则是法本体的展开、生成、初步分化和显露,是对法本体的规定。它使法本体成为具有规定性的存在,使法成为其要成为的那个样子。例如,法本体的变化——展开和生成为奴隶制社会的法、封建社会的法、资本主义的法等。

2. 法的本质是对法的本体的描述。

法的本体是一个终极性的存在,是大全世界本身,是不可定义的,因为不可能找到比其更大的属。但是,本体终究是要被说明的,否则就成了一个现象背后的神秘的不

可知的实体。对法本体的说明,是通过比其低一级的范畴——本质来说明的。而所谓本体论的根本任务之一,就是论证本质与本体的统一。但是,由于不同的法哲学家对本体的理解的差异,以及对本体的诠释方法和原则的不同,导致了对本质的不同认识。

三、揭示法本质的方法论

揭示法本质的方法,主要是本质的还原法。

形而上学的独断论,一是把本质与现象割裂开来,认为本质是在现象背后或在现象之外;二是对法的本质武断地下结论,即不经过对现象的分析便对法的本质作出结论。这是不足取的。我们认为,揭示法的本质的方法应是本质的还原法。本质还原法所承认的理论前提是:本质既不在现象之外,也不在现象的背后,而就在现象之中;现象是存在性的、本质的现象。在此前提下,本质还原法主张,通过对法现象全面的、辩证的分析,剔除现象中的假象,将现象中的非本质因素排除出去,进而将本质的本来面目还原、显现出来。在下面的分析中,我们将通过对法的诸现象——法的内容、法的目的、法的效益、法的职能等的阐析,还原法的本质。

第二节　法的本质

法的本质,是法的诸现象之间内在的、必然的联系,法的内在规定性,是法律与其他社会现象相互区别的根本标志。

一、法学界关于法的本质的主要观点

法的本质学说在整个法学理论中具有极为重要的地位。我国法学界对此展开了长期的争论。争论的焦点是法的阶级性与社会性问题。主要有几种观点:

1. 认为法的本质是阶级性。

阶级性是法的唯一本质属性。20 世纪 50 年代中期,大多数法学家持这种观点。其典型表达为:法和国家一样,是阶级矛盾不可调和的产物,是统治阶级的意志和利益的反映,是统治阶级用以进行阶级斗争,镇压被统治阶级的工具。因此,法本身具有明显的阶级性、政治性、思想性和原则性。法是专门为统治阶级利益服务的工具。[①] 这种观点自 50 年代到 70 年代末,在法学界占主导地位。这种观点的合理之处在于,它强调阶级性是法的本质属性。其缺陷是把阶级性、政治性推向极端,否认法的社会性和其他属性,把法当作纯粹的阶级斗争的工具,在理论和实践上都产生了消极的影响。

---

① 参见王勇飞、张贵成主编:《中国法理学研究综述与评价》,60 页,北京,中国政法大学出版社,1992。

2.认为法的本质属性是社会性、规范性和强制性,而阶级性不是法的本质属性。

有的学者认为:"从总体上看,阶级性不仅不是法的唯一本质属性,而且也不是法的本质属性。法的本质属性是:依赖于客观存在的社会性,区别于道德的强制性,不同于一般习俗和习惯的规范性。"①

3.认为有些法律规范具有阶级性,有些法律规范如种子法、森林法等只有社会性,没有阶级性。

4.认为法的本质属性是多层次的,是一个复杂的系统。不能把阶级性看作是法的本质的唯一属性。法的本质属性不仅具有阶级性,而且更重要的是具有人民性和客观规律性。规律性是法最深层的本质。

5.法的本质既具有阶级性,又具有社会性。

我们认为,第一种观点只承认阶级性是法的本质属性,是片面的;第二种观点否认法的本质的阶级性是不科学的;第三种观点将法分为阶级性的法与社会性的法,是一种机械的形而上学的方法,不可能把握法本质的全貌;第四种观点把规律性当作法的深层本质,将法看作是同自然规律、客观规律一样的东西,实际上是试图舍弃法的阶级意志和内容,否认法的阶级性,这也是不科学的。

本书作者基本赞同第五种观点。但必须加上国家意志性作为法的本质属性。

二、法的本质的阶级性

法体现、维护以统治阶级为主导的社会经济关系、政治关系以及由此形成的利益关系,反映了统治阶级的意志,由此决定了法的本质具有阶级性。

从社会经济关系中划分出阶级,是分析法的阶级性的前提。法的本体是社会物质(经济)关系,法的本质是法的本体的展开。法的阶级性,是法的本体展开的一个重要方面。阶级表征的是一定的社会经济关系中的人们的社会地位。列宁曾指出:所谓阶级,就是这样一些大的集团,这些集团在历史上一定社会生产体系中所处的地位不同,对生产资料的关系(这种关系大部分是在法律上明文规定的)不同,在社会劳动组织中所起的作用不同,因而取得自己所支配的那部分社会财富的方式和多寡不同。所谓阶级,就是这样一些集团,由于它在一定社会经济结构中所处的地位不同,其中一个集团能够占有另一个集团的劳动。从列宁关于阶级的定义来看,阶级是指不同的社会集团,由于他们各自在社会生产关系中的地位不同(即占有生产资料与否),生产过程中所处的地位不同(即管理者与被管理者),分配得到的财富不同,而形成社会地位不同的集团。其中,在生产关系中占主导、支配地位的集团在经济上、政治上必然要成为统治阶级,而在生产关系中居被支配地位的阶级是被统治阶级。法的本质的阶级性就是

---

① 张宗厚:《对法的三个基本概念的质疑》,载《法学》,1986(1)。

指法体现统治阶级的根本或整体利益,维护统治阶级的经济关系,反映统治阶级的共同意志。

1.法律是对社会各阶级的利益关系的不平等性的确认和维护。

在一个社会中,经济关系决定利益关系。在经济关系中占统治地位的阶级,在利益关系中也就居统治地位。法律总是维护在经济上、从而也在政治上占统治地位的阶级的利益,而不是对每个阶级都一视同仁的。

首先,在任何一个社会的法律制度中,都规定任何人均不能侵犯统治阶级的根本利益。例如,《唐律疏义》中所讲的"十恶",无不是从维护封建社会的基本利益出发的,资本主义法律规定任何人均不能侵犯其根本利益——私有财产和国家政权。社会主义国家法律规定任何人都不能侵犯社会主义公有财产和国家政权。一旦对它们进行侵犯,造成危害,便受到严惩。而对于在统治阶级看来较次要的利益,例如在剥削阶级社会中的劳动者的利益受到侵犯时,法律给予的惩罚要轻得多。

其次,法律所体现和维护统治阶级的利益范围,要比体现和维护被统治阶级的利益范围大得多。法律所保护的所有权关系、继承关系、人身关系及商标、专利等利益,在统治阶级和被统治阶级之间,其意义是不同的。因为,享有这些利益的人主要是统治阶级即富人。例如,在财产所有权关系中,只有富人才能拥有土地、公司、大量的股票,而穷人很少或根本没有这些财富的所有权。在继承关系中,实际上是保护作为富人的被继承人合法地将他的私有财产传给他的亲属(继承人),而穷人很少有财产可以继承。商标权只归有产者的制造商所有。所以,在法律所体现和维护的利益关系中,大多数是统治阶级的利益,而被统治阶级受法律保护和被体现的利益份额和比重要比统治阶级所拥有的份额和比重少得多。

再次,法律统治的价值目标偏向统治阶级。法律指向被统治阶级的程度比指向统治阶级的程度要重得多。从宏观的主次方面来看,被统治阶级是作为一个整体受到法律的统治,即法律统治的客体。统治阶级作为一个整体是法律统治权的操作者,即法律统治的主体。法律仅对统治阶级中的部分人的越轨行为才具有惩罚的意义。从具体的法律适用方面来看,它比立法还要不公正、不人道得多。法律保护大规模的社会掠夺行为,却制裁微小的侵犯行为。即使是同样的违法犯罪,位高、权大和富有的人可以逍遥法外,而社会底层的人则要受到惩罚。

2.法律维护统治阶级的共同和整体的利益。

法所体现维护的统治阶级的共同利益的特征如下:

第一,统治阶级的利益具有相同性。统治阶级的利益在性质上是相同的。在奴隶制社会,奴隶主阶级占有土地、奴隶和其他生产资料,其财富都是从奴隶身上榨取的;在封建社会,每个地主都是靠占有土地来剥削农民的劳动果实,即地租;在资本主义社会,每个资本家都是靠占有生产资料来剥削工人创造的剩余价值。统治阶级利益性质的相同性,是其共同利益的首要特征。

第二,统治阶级利益的整体性和普遍性。每个统治阶级的成员,均有自己特殊的利益,如每个地主都有自己的土地,如果没有法律的限制,他们都企图扩大其土地的数量、范围,以扩展自己的利益。每个资本家都有自己的工厂或公司,都企图最大限度地获取最大的利润。统治阶级内部成员的利益的特殊性、局部性,表明统治阶级内部存在着利益的冲突。但作为法律所体现的统治阶级的利益,它舍弃了其个别成员的特殊利益或局部利益的要求,而保留了统治阶级利益中具有普遍性的成分。例如在资本主义的法律中,体现资产阶级最普遍的利益的是资本所有权、雇佣劳动制度、契约自由、损害赔偿等。这些利益涉及资产阶级作为统治阶级的生存和发展,因而必须在法律中体现出来。而对于各个资本家的特殊的利益要求,如私人垄断市场等,法律不但不予以肯定,相反为了维护资产阶级的整体利益,保护资本主义市场的健全和发展,而对其严加禁止。法律所体现的统治阶级利益的整体性和普遍性还表现在,统治阶级的个别成员一旦侵犯其他成员的合法利益,法律便对侵害人加以制裁,以确保统治阶级的整体利益的安全。因为,如不这样做,必然会助长彼此间的相互侵害,从而危及统治阶级的整体利益。

3. 法是统治阶级意志的体现。

有的学者认为法不仅体现统治阶级的意志,而且也体现其他阶级或者人民的共同意志,从而否定"法是统治阶级意志的体现"的命题。有的学者还对法的意志性作具体的分析,提出"法是统治阶级意志的体现"的命题,不能作绝对化的理解,不能把法的意志成分看作是"纯而又纯的",认为法的意志成分应该由领导者阶级的意志、同盟者阶级的意志和对立者阶级的某些意志这三部分组成。所谓领导者阶级的意志是指在参与国家政权的各阶级中居领导地位的阶级的意志,这是构成法的意志的核心成分,它在任何时候都对其他成分起着组织、指导、决策、把握方向的作用。所谓同盟阶级的意志,是指与领导者阶级结成同盟而参与国家政权的阶级的意志。这种意志是构成法的意志的基本成分之一,起着支持、巩固、补充和扩大领导者阶级意志力量的作用。据此,其认为法所体现的意志有各阶级的共同意志,无论是统治阶级或是与之对立的被统治阶级,它们除了有各自基于自己的特殊利益而形成的特殊意志外,在一定的方面和一定的情况下,它们还会有某些共同的意志。这种共同的意志主要来自两种情况:其一是基于维护人类生存、发展的一般条件的共同需要而产生的;其二是在复杂的阶级斗争、政治斗争中,由于各自在某些暂时的、局部的利益上达成妥协或一致而形成的。前者应该本来就是一种超阶级的共同意志,后者则是在特定条件下出现的共同意志。① 此外,无论是否认"法是统治阶级意志的体现"还是肯定"法是统治阶级意志的体现"的学者,都把统治阶级的意志与利益混淆起来了。

我们认为,上述观点是值得商榷的。首先,法律中所体现的意志是一种具有支配

① 参见孙育玮:《关于"法是统治阶级意志的表现"命题的几点思考》,载《中国社会科学》,1988(2)。

力量的意识形态,具有这种支配力量的意志只能是统治阶级的意志。因为,一方面,法律作为这样一种意志,它必定是一定主体的意志,而且这个主体不是别的,只能是各该社会的统治阶级。在阶级社会中,统治阶级的意志在每一时代都是占统治地位的意志。这就是说,一个阶级是社会上占统治地位的物质力量,同时也是社会上占统治地位的意志力量。支配着物质生产资料的阶级(即在生产关系中占统治地位的阶级),同时也支配着该社会的意识形态和意志的形成。因此,那些没有意识形态和意志产品的人,一般是受统治阶级的意志支配的。另一方面,法律的意志不过是经济关系,从而是利益关系的意志化(法本体的展开),而在一个社会中,占统治地位的经济关系只能是统治阶级生活在其中并居统治地位的经济关系。因此,占统治地位的意志不过是占统治地位的经济关系在意识形态上的表现,不过是以意识形态表现出来的占统治地位的经济关系。这样,从法律意志的主体形式和内容两方面看,都决定了它必然是该时代在经济上占统治地位的那个阶级的意志表现。

其次,法律中的意志是一个同质的整体形态。只有同质的意志才能成为一个共同的或整体的意志,支配、统治着社会各阶级。法律是社会各阶级都必须服从的意志,只有占统治地位的意志才具有支配其他阶级的力量。在阶级社会中,统治阶级及其同盟者与被统治阶级的意志在性质和地位上是不同的。统治阶级的意志在整个社会中占绝对支配地位,它体现统治阶级根本的利益和要求。而统治阶级同盟者的意志是依附统治阶级的,他们很难有自己独立的地位和意志;被统治阶级的意志则是受统治阶级支配和控制的。因此,不同性质和地位的意志不可能成为一个整体的意志具有支配力的形态。而在统治阶级内部,尽管有利益冲突和矛盾的一面,但其对社会具有支配性的意志,则是共同的,因而成为一个同质的整体意志。这种在统治阶级内部成员和集团之间在共同利益基础上通过相互交往协商形成的共同意志,对社会其他阶级具有支配力和控制力。它规定、影响和支配着其他阶级的意志,其他阶级的意志则处于服从的地位。因此法律中的意志只能是统治阶级的意志。这里需要指出的是,法律表现的阶级意志是不可分的,只能是统治阶级的意志;但是法律中体现的利益不仅包括统治阶级的根本利益,而且可能包括某些被统治阶级的利益(这一点将在本章关于法的社会性中详述)。在这里,我们只拿法律中的意志与法律中的利益作比较。与意志不同,利益是具体的,可分的。尽管在各阶级的利益关系中,统治阶级的利益占主导地位,但它与各阶级的利益有相同的地方。如在现代社会中,财产、生命、健康对各阶级来说都是共同关心的利益,这就是各阶级的利益具有相同之点。因此,反映在法律中的各阶级利益是可以共处的。也就是说,法律中的利益既包括统治阶级的根本利益,又包括被统治阶级的某些利益,只是程度不同而已,但这些利益一旦被意志化,它便成为一种抽象的支配力量,变成支配被统治阶级的利益的工具了。法律越是意志化,也就越具有支配性(这一点在国家意志中表现更为突出)。由此可知,那种认为法律中包含统治阶级以外的阶级的意志的观点,是没有根据的;那种把法律中包含的统治阶级意志与法律中体现的利益内容混淆起来的观点,也是不对的。

4.法本质的阶级性的普遍性。

法本质的阶级性的普遍性是指任何社会的法和法律以及任何法律规范的本质都具有阶级性,没有超阶级的法和法律。

否认法本质的阶级性的普遍性主要有两种观点。一种观点认为法和法律不是阶级社会特有的现象,认为原始社会和社会主义社会都是没有阶级的社会,因此它们的法是没有阶级性的。更有甚者,认为一切社会中的法都没有阶级性,或者认为是超阶级性的。另一种观点认为有些法律规范有阶级性,另一些法律规范没有阶级性(如环保法)。这两种观点都有一个共同点,这就是否认法本质的阶级性的普遍性。对此,本书作者不敢苟同。

(1)法是阶级社会特有的现象,所以法的本质具有阶级性。

第一,原始社会没有法,只有习惯。

否认法是阶级社会特有的现象的学者,常以原始社会有法作论据。其列举了马克思恩格斯所谓原始社会有法的七条材料,论证其原始社会就有历史的法、严格的法则和诉讼活动、审判职能的观点。对此,有学者指出,其所列举马恩原著中的七条材料,恰恰是马恩关于原始社会没有法的证据。在此,我们不再赘述。从马克思、恩格斯一贯的论述来看,原始社会是没有法的。

其一,原始社会是原始公有制,与这种公有制相适应,在原始社会没有法,习惯是其基本的调整规范。恩格斯指出:在原始社会的氏族制度下,没有军队、宪兵和警察,没有贵族、国王、总督、地方官和法官,没有监狱、没有诉讼,而一切都是有条有理的,一切争端和纠纷,都由当事人的主体即民族或部落来解决;或者由各个民族相互解决,或者由各个氏族相互解决,血族复仇仅仅当作一种极端的、很少使用的手段,我们今日的死刑只是这种复仇的文明形式,而带有一切文明的好处与弊端。虽然当时的公共事务比今日更多……可是,丝毫没有今日这样臃肿复杂的管理机关。一切问题,都由当事人自己解决,在大多数情况下,历来的习俗就把一切调整好了。[①] 恩格斯的论述,十分清楚地说明,在氏族制度下,没有统治与奴役存在的余地,不存在作为压迫工具的公共权力及其物质设施,氏族制度的一切问题都由当事人自行解决,氏族习俗是调整人们之间关系的基本规范和手段。一句话,原始社会没有法,只有习惯。

其二,法产生于原始社会末期。由于生产力的发展,出现了私有制,社会分裂为剥削阶级(奴隶主阶级)和被剥削阶级(奴隶阶级),调整原始社会公有制下平等成员之间关系的原始习惯在复杂的阶级矛盾面前显得无能为力了。在这种情况下,社会就要求一种具有更具权威的力量来压制它们的公共冲突,顶多容许阶级斗争在经济领域内以

---

① 参见《马克思恩格斯全集》第21卷,111页。

所谓合法的形式进行。① 这种站在各阶级之上的第三种力量就是法律和国家。奴隶主通过掌握在自己手中的国家政权,以国家暴力机器作后盾,把本阶级的意志强加于整个社会,将原始社会末期形成的奴隶主对奴隶的压迫和剥削以及公共权力产生和世袭等规则和习俗变成法律,使人类历史上第一次出现了法律,即奴隶主国家的法律。

其三,主张原始社会有法的论者,显然是混淆了习俗(习惯)与法律(包括习惯法)的区别。

原始社会的习惯与法律有着本质的区别。

首先,原始氏族习俗是原始公有制的产物,它是适应原始公有制的经济基础的。在原始社会,人们之间不存在对抗性矛盾,部落和氏族内部成员之间是平等的关系,没有"你的"与"我的"的严格界限。因此,氏族习俗没有严格的权利义务界限。如血族复仇,对于氏族成员来说是权利还是义务,是分不清的。而法律则是适应阶级社会的需要而产生的,由于在阶级社会中存在着阶级差别和矛盾,因此,阶级之间、社会成员之间必须通过严格的权利义务关系来规范和调整,才能维持社会秩序。

其次,原始习俗是氏族成员在长期的生产和生活过程中逐步形成的、由全体成员共同信仰、共同遵守的行为规则,它代表着氏族全体成员的共同意志和共同利益。习俗对全体氏族成员均有同等的约束力。如氏族内部禁止通婚,氏族成员的相互继承权,同一氏族人必须相互援助和保护,全体氏族成员选举首领等,全部氏族成员包括氏族首领在内都必须遵守。而法律反映的是统治阶级的意志。统治阶级制定和认可法律,但统治阶级成员常常不受法律约束,凌驾于法律之上,这在奴隶制、封建制社会的法律中尤其突出。

再次,氏族社会的习俗,是通过舆论来维持和实现的。每一个违反氏族习俗的成员包括首领,都会受到社会的共同舆论的谴责。除了舆论之外,它没有任何强制手段。② 氏族首长或军事首领若违反氏族习俗,全体氏族成员可以通过选举等将其撤换。而在阶级社会中,诉讼程序和诉讼活动是法律得以实施的核心。只有通过诉讼程序和诉讼活动,法的实体权利义务才得以实现。

习惯法是法律的一个组成部分。它具有如上所述法律的一切基本特征。原始社会只有习俗习惯,而没有习惯法。只有在出现了阶级之后,才通过奴隶主国家将习惯认可为习惯法,使之成为具有强制性的法律。不过,此时的习惯法与原始社会的习惯已有本质的不同,它已注入了统治阶级的内容,具有鲜明的阶级性。人类历史上,最早的一批法都保留了大量的原始习惯形式,如古代巴比伦的汉穆拉比法典、古罗马的十二铜表法等。这些法律既保留了原始社会的习俗,同时又把奴隶主阶级对奴隶阶级的压迫和剥削神圣化了。

---

① 参见《马克思恩格斯全集》第21卷,193页。
② 参见《马克思恩格斯全集》第21卷,100页。

通过以上分析,我们可以得出结论,原始社会没有法,法是阶级社会特有的现象。那种认为原始社会就有法的观点是站不住脚的。

第二,社会主义法也是统治阶级意志的体现。

社会主义法是否是统治阶级意志的体现,这在我国法学界仍有不同的看法。

第一种观点认为,社会主义法仍然是统治阶级意志的体现。其主要依据是党对我国目前社会状况的估计。《中国共产党章程》总纲部分指出,在剥削阶级作为阶级消灭以后,我国社会存在的矛盾大多数不具有阶级斗争的性质,阶级斗争已经不是主要矛盾。由于国内的因素和国际的影响,阶级斗争还在一定范围内长期存在,在某种条件下还有可能激化。据此,有学者认为,统治阶级就是掌握国家政权的阶级。我国目前的统治阶级是无产阶级及其领导下的广大人民。社会主义法是工人阶级领导的广大人民意志的体现,是实现人民民主专政的工具,在社会主义社会,必须对一小撮破坏社会主义制度及其他刑事犯罪分子实行人民民主专政。[①]

第二种观点认为,不能把社会主义法简单归结为统治阶级意志的体现,而是一定阶级的意志的体现。如沈宗灵认为,在我国剥削阶级和被剥削阶级已被消灭,已经不存在统治阶级与被统治阶级,故社会主义法是工人阶级领导下的全体全国人民意志的体现。他不承认"人民的意志是统治阶级的意志"。我国现在还存在着阶级,人民的意志也是一定阶级的意志,但不能说社会主义社会还是统治阶级的意志。[②]

第三种观点认为,法不是统治阶级意志的体现,所有的法,包括社会主义法都是没有阶级性的。

本书基本赞同第一种观点,对第二种观点持保留态度,对第三种观点持反对态度。

我们的观点是,社会主义法仍然是统治阶级意志的体现。但是,对于什么是统治阶级和被统治阶级,我们的看法与持第一种观点的学者有所不同。按第一种观点,统治阶级是工人阶级或掌握国家政权的阶级。这实际上是从政治统治的角度来区分统治与被统治阶级的。而按马克思、恩格斯、列宁的观点,阶级首先是一个经济上的范畴,然后才是政治范畴。在私有制社会里,统治阶级就是在经济上属支配地位的阶级,即剥削阶级;被统治阶级则是在经济关系中属于被支配地位的阶级,即被剥削阶级。经济上占统治地位的阶级同时是在政治上占统治地位的阶级;反之,是被统治阶级。在社会主义社会,生产资料所有制形式是以公有制为主体,重要的生产资料如土地等归国家所有和农村集体所有。这意味着每个公民都是公有制的主体成员。工人、农民都是公有制的主体成员。其中,农民是农村集体所有制的主体成员;工人阶级则是国家所有制的主体成员。从这个角度来看,工人阶级和农民阶级在生产关系上都是统治阶级,他们都是生产资料的主人。在政治关系上,由于共产党是工人阶级的先锋队组

---

① 参见孙国华主编:《法理学教程》,147—176 页,北京,中国人民大学出版社,1994。
② 参见沈宗灵:《研究法的概念的方法论问题》,载《法学研究》,1986(4)。

织,共产党又是执政党,所以工人阶级在政治上居领导地位。但并不就是说统治阶级就只有工人阶级。我国宪法第 1 条规定我国的国体是"以工人阶级领导的、以工农联盟为基础的人民民主专政的国家"。这里说的"工人阶级领导的"含有工人阶级是领导阶级,"领导"阶级不等于说就是"统治阶级",而是统治阶级的领导者。我国宪法第 2 条规定,中华人民共和国的一切权力属于人民。这里的人民包括工人阶级、农民阶级和一切爱国爱社会主义的人。也就是说,这三种人在我国都是属于统治阶级。他们的意志是同质的,他们之间因此才能形成共同的意志。他们的共同意志是统治阶级的意志。由于我国是一个以公有制为主体的国家,故不存在一个被剥削的被统治阶级。但在公有制内部,存在一小撮破坏社会主义经济关系、专挖公有制墙脚的蛀虫,他们侵吞集体和国家的财产,贪污受贿以及从事其他经济犯罪活动。此外还存在一小撮企图颠覆社会主义制度,危害国家安全及其他刑事犯罪分子,他们都是法律打击、惩罚的对象。这部分人的意志不可能成为法律中所体现的意志。所以,认为社会主义法是全民意志的体现,或说是无阶级意志——全社会成员的共同意志的体现,是与现实相悖的。社会主义法仍然是统治阶级意志的体现,即是工人阶级领导和工农联盟为基础的以及一切爱国爱社会主义制度的人的共同意志的体现。

(2)任何法律规范都具有阶级性。

有的学者认为,法律规范分为两类:一类是有阶级性的,如宪法、刑法;另一类是没有阶级性的,如环境保护法、交通规则、森林法等,这类法律只具有社会性,而没有阶级性,它是为社会公共利益服务的。我们认为这种观点是不妥的。

第一,环境保护法、交通规则是国家制定的、全社会成员都必须遵守的共同规则,它们是为社会公共利益服务的。这是问题的一方面。另一方面,它们作为国家制定和认可的行为规则,体现了立法者的意志,即统治阶级的国家意志。它属于统治阶级的国家意识形态。

第二,这类法律规范保护的是特定的社会关系,而不是单纯的物。如我国森林法保护的是我国的森林资源公有制关系。该法第 3 条规定:根据宪法关于现阶段生产资料所有制的规定,森林属于社会主义全民所有和社会主义劳动群众集体所有。该法还规定了各级政权机关设立有关部门或人员来专门从事管理、保护森林的工作;规定如何保护森林的措施,以及破坏森林的法律后果。这些规定都是保护森林所体现的社会主义公有制关系。又如交通规则,虽然看似是纯粹的交通技术性规范,但实质上是国家对交通运输中背后的财产关系、公路所有权、货物所有权、车辆所有权以及人身关系的保护,这些社会关系具有阶级性。

第三,任何一部法律都是法律制度的一部分。各种法律规范是相互联系的。上述法律要发挥作用,也离不开其他法律规范的配合。如要使交通规则发生法律效力,须有警察法对警察管理交通的权力的规定、民法中关于动产(车辆)所有权的规定、工商法中关于车主的营业执照的规定、税法关于车辆运营的税收规定等法规的配合。只有这样,交通规则才能作为法律发挥其作用。最终,一切法规都是国家统一的法律体系的有机组成部分。

第四,交通规则、环境保护法等,必须依靠国家强制力保证其实施。

所以,任何一种法律规范都是统治阶级意志、国家意志的体现,有阶级性。试图把一部法律说成是无阶级性、超阶级的,纯粹为公共利益服务的行为规则,是没有说服力的。

法的本质的阶级性是马克思主义法本质论的一块基石。它是法的本体——一定的社会物质生产方式的展开,即在阶级社会中,在生产关系中占主导地位的阶级在法的关系中必然居支配地位,由此决定法是统治阶级的根本利益和共同意志的体现。否认法的本质的阶级性,不可避免地要抽掉马克思主义法本质论的基石。这必然导致得出这样一个结论:存在着一种适用于任何社会任何国家的法律通则。这不仅是一种天真幼稚的幻想,而且是十分危险的。

三、法的本质的社会性

1.关于法的本质的社会性的观点。

关于法的本质的社会性,大致上有以下几种观点:

第一种观点:认为法的社会性就是指法的非阶级性,或称法的共同性。持这种观点的论者又可分为:(1)法的社会性就是法的时代性、民族性、历史相关性,即非阶级性。(2)法的社会性就是法反映全社会的利益和要求。其中有一部分法具有阶级性,另一部分法具有社会性而没有阶级性。(3)法的社会性就是法具有反映全社会成员的意志,维护全社会利益的属性;因而法有着超阶级的属性。(4)法的社会性就是指法具有执行社会职能的特性,执行社会职能是不具有阶级性的。

第二种观点:认为法的社会性与法的阶级性是一致的,法的阶级性已经包含了法的社会性,因此法的社会性是不存在的。

第三种观点:认为法的社会性并不是非阶级性,而是指法是一种社会规范,具有调整社会关系,执行社会职能的特性,对全社会成员都具有约束力。持这种观点的论者大都认为法的本质既包含阶级性,也包含社会性,社会性是法的本质的一个方面。

上述三种观点,是关于法的本质论争过程中提出来的。从目前法学界的情况来看,多数学者基本肯定第三种观点,否定第一、二种观点。

第一种观点把法的社会性说成是非阶级性,否认法的阶级性,是不符合马克思主义法学的基本观点的。这已在法的本质的阶级性中作过评述,在此不再赘述。

第二种观点否认法的社会性,也是不符合马克思主义法学的基本观点的。它同样是把法的社会性与阶级性割裂开来。这也是一种形而上学的观点。正如有的学者指出的那样:"如果只承认法的阶级性,不承认法的社会性,法也就没有存在的必要和发展的可能,即使形成一些行为规范,充其量只不过是本阶级政党的章程,无需成为国家强制力保证执行的特殊的行为规则。事实上,没有社会性只有阶级性的法是不存在的。"①

2.本书作者关于法的本质的社会性的基本观点。

本书基本赞同第三种观点。但认为法的社会性还具有其他内容。我们认为,法的本质的社会性是法的本体的展开,指法反映和维护的社会利益关系中,以统治阶级的根本利益为主导,同时也包括被统治阶级的部分利益。法的性质、作用、效益和职能具有普遍的社会性。

(1)利益集团之间的妥协与让步是法的本质的社会性的基础。

社会是以共同的物质生活条件为基础而相互联系的人们的总体,也就是人们在一定的社会生产关系基础上共同生产、生活的共同体。在这个共同体中,尽管有统治阶级与被统治阶级的区分和对立(在阶级社会里),但是,他们之间又是相互依赖而存在的。因此,在这样一种共同体中,各种利益集团之间的彼此妥协和让步,是构成一个具有普遍性的、对共同体内每一个利益集团以及每个社会成员均有约束力的共同规则的前提,是法本质的社会性的基础。

利益集团是多种多样的,区分不同的利益集团主要有两个层次:一是统治阶级内部之间的利益集团。例如:在封建社会的欧洲诸国中,统治阶级内部有封主与封臣、大领主与小领主的利益集团;在中国封建社会,有豪门望族与士族、大地主与小地主的利益集团;在资本主义社会,有大资产阶级与小资产阶级,此垄断集团与彼垄断集团等。二是统治阶级的利益集团与被统治阶级的利益集团。由于两者存在着利益上的根本对立,因此他们之间的利益不平等的界限是泾渭分明的。

在统治阶级内部的各个利益集团之间拥有共同的利益,因而利益关系具有较强的一致性,同时,在他们之间,由于享有特权多寡的不同,社会地位也就存在着差异,存在着利益的冲突。例如,在资本主义社会,垄断资产阶级与中小资产阶级的矛盾很大,有时甚至是很尖锐的。这一事实表明,如果他们之间彼此不作出相应的妥协和让步,必然会导致统治阶级内部关系的不稳定,危及统治阶级的整体利益,妨碍统治阶级内部的每个集团、每个成员利益最大化的实现。这无论是对于整个统治阶级,还是对每个利益集团,甚至是每个成员来说,都是有害无益的。因此,在统治阶级内部各个利益集团之间必然会通过谈判、讨价还价,最后彼此作出让步和相互妥协,使各个利益集团的利益都在法律上得到体现和维护,每个利益集团的利益都被置于具有普遍性的法律规则的约束之下。

在统治阶级与被统治阶级之间,利益冲突和矛盾远远大于其利益的一致性,因此,要相互妥协和让步是很难的。但是,这种可能性依然是存在的。其理由概括地说就在

① 王勇飞、张贵成主编:《中国法理学研究综述与评价》,127 页。

于,统治阶级与被统治阶级之间的相互妥协和让步,会降低他们之间的交易成本。交易成本在这里表现为彼此为冲突而付出的代价。如果统治阶级一味地强化自己的利益而无视被统治阶级的利益,必然会加剧二者之间的矛盾和冲突,激起被统治阶级的强烈反抗,以至于会通过暴力革命来剥夺统治阶级的财富和权力。这种状况当然是统治阶级不愿看到的。因为,他们为此出的代价太大了。反之,如果统治阶级在不危及自己的根本利益的前提下,作一些妥协和让步,常常会缓和同被统治阶级之间的矛盾,从而对双方均有好处。因此,在统治阶级对被统治阶级作出妥协和让步时,被统治阶级也会作出相应的让步和妥协。这样,双方的利益不至于在反抗与镇压的无休止争斗中消耗殆尽。所以,法律作为社会关系的调整器和统治工具,必然确认、表达和实现被统治阶级的最低限度的利益。马克思说,法律应该是社会共同的,由一定物质生产方式所产生的利益和需要的表现。① 有学者也指出:"法作为阶级矛盾不可调和的产物或表现,不可能置其他阶级和全社会共同利益于不顾,因而在法的具体规定中不仅反映统治阶级的特定的阶级利益,而且也反映其他阶层,甚至是被统治阶级的某些要求。"② 例如在资产阶级法律中,往往也规定一些"保护劳动人民利益"的条款,诸如限制劳动时间、劳动保护、最低工资、失业救济和罢工自由等。这些规定在一定程度上反映了工人阶级和其他劳动者的某些利益,是他们长期以来同资产阶级进行斗争所取得的成果。当然,这些利益并不是工人阶级的整体利益,它与资产阶级的根本利益相对而言,其比重是很小的。它不仅不违背而且符合和服从资产阶级的根本利益。

(2)从法律产生的效益来看法本质的社会性。

第一,法律调整使个人、集团、阶级的交易成本降至最低限度。

在一个社会特别是现代社会中,如果没有法律作为社会生活的规则,尤其是权利、产权不明的情况下,每个人的交易成本至少会包括如下几个变量:其一,个人的防御费用。由于权利或产权没有法律上的根据和合法性,占有财产的人经常会受到他人的骚扰或侵害。而私人之间的谈判,由于缺乏一个共同的有强制拘束力的规则,它是不可能取得成功的。在这种情况下,该占有财产人必须付出很高的无止境的防御费用。至于个人应该享有的权利,如生命、自由、名誉等,如果没有合法性的根据,也会产生与占有财产类似的防御费用。其二,外部性成本和公害,即未经所有(占有)人同意的情况下,而强加给他的成本。在有外部性成本或公害的情况下,如果没有法律的权威和干预,仅靠私人之间的谈判解决是不易取得成功的。其三,对策费用。这是指在没有法律规则指引的情况下,当事人尤其是被侵害人要寻找对策来对付加害人。当然,加害人也因为被害人对其提出的利益赔偿要求寻找对策。要形成一个谈判对策,各方当事人都要力求避免风险,预测对手会做多少让步。假设各方在估计对方的妥协程度或风

① 参见《马克思恩格斯全集》第6卷,29页,北京,人民出版社,1961。
② 孙国华主编:《法学基础理论》,61页,北京,中国人民大学出版社,1987。

险大小上犯了错误,而且每一个都构筑强硬防线,那么每一方都会发现对方并不让步,其结果是以达不成协议而告终,并为此而付出代价。其四,信息传递费用。当利益各方发生冲突时,掌握有关冲突的信息和解决冲突的信息是至关紧要的。但在没有法律作为公用信息源的情况下,各方当事人为了寻找对自己有利的信息会付出很大的代价。诸如托人、请客送礼等。除了上述四种因素外,个人的交易成本还有许多项,在此不一一列举。所有这些集中说明了一点,就是在不存在法律的情况下,各方当事人的交易成本是很高的。

法律是国家制定和认可的具有明确权利义务关系的普遍性规则。以法律作为社会生活的调整器,作为解决各种利益纠纷的手段,可以减轻因没有法律而产生的各种交易成本。其一,建立法律以便使私人协议失败造成的损害达到最小。一套健全的法律系统,包括规范产权以及各种权利系统,可以使财产占有人或其他利益所有者的利益转化为权利,享有法律上的所有权和其他权利。通过私人交纳税收等建立国家的立法、执法机关,保护财产所有人和其他权利享有者,将个人在无法律保护下支出的防御费用的一部分交给国家;由国家拥有最强大的、最有权威性的法律保护机构来取代个人自我防御。用法律的禁令和赔偿的方法来取代无法律依据或者不可能产生的私人协议,使私人因协议失败而造成的损害、付出的成本降到最小。其二,建立法律以降低私人的信息传递费用和对策费用。法律作为一种国家权威的命令,蕴含着明确的、可操作的信息源,而且这种命令又是公布于众的。因此,当事人在发生利益冲突时,加害人可以通过法律的信息预测自己的行为后果,甚至加害人在行为之前都可以预测自己行为可能带来的法律后果。被害人也可以推测自己应得的赔偿。双方当事人都可以减少因为无法律状态下信息的不确定作出错误决策,以及多种不确定的非诉讼费用而形成的交易成本。从上述两种法律效用中,所有社会成员均或多或少地受益。

第二,法律提供的公共产品——社会稳定,归各个阶级、集团和个人所享用。

如果从宏观的角度出发,就可以看出,法律本身是公共产品的提供者,即为社会各阶级和每个社会成员提供一种相对的和平、安全、秩序的状态。和平、安全和秩序,是人类社会得以存在和发展的必要条件。这些公共产品,除了依靠法律供应外,还依靠政府的权力以及道德来供应。但是,在社会分割为对立的阶级以来,仅靠政府权力和道德是不可能给社会带来和平、安全和秩序的。单以国家权力本身而言,若没有法律的约束,不但不能给社会带来和平、安全和秩序,反而会带来动乱、不安全。因为,不受法律约束的权力必然具有无限性。权力将支配和控制一切,肆无忌惮地剥夺社会成员的财产、自由和生命,从而加剧社会的动荡、人类的不幸和痛苦。

而在一个健全的法治社会中,人们花很少的代价便可以产生较大的效益。例如,建立国家专门的立法和执法机关,国家权力机关依法治理和控制社会,阻止他人对公民和社会团体的合法权益进行侵害;公民或利益集团也可以通过司法机关追究国家机关或其他社会成员的侵害责任,使自己得到法律的救济,等等。概言之,法律提供和平、安全和秩序等公共产品,社会成员都是这些公共产品的消费者,都从中受益。当然,社会各阶级以及每个社会成员由于其经济、政治地位和文化水平的不同,其对公共产品的享用、消费的程序也不同。总的来说,在政治、经济、文化上占优势者,他们从公共产品中得到的效益比劣势者多得多。所以,同样是拥有和平、安全和秩序的社会环境,但富人和穷人、统治阶级与被统治阶级各自享用的意义是不同的。对于统治阶级来说,和平、秩序和安全意味着他们可以安全地剥削被统治阶级创造的劳动成果;而对于被统治阶级来说,则是顺从地接受统治阶级的压迫和剥削。但是,即便如此,在平常的情况下(尤其是在没有革命形势的情况下),被统治阶级也需要和平、秩序和安全的生活环境。

（3）法律执行社会公共职能。

法的社会职能与一定的社会分工是密切相关的。当社会分工发达到一定程度,特别是社会分裂为阶级以后,便产生管理的必要性;一旦对社会的管理职能集中到国家手里,那么它就要借助法律来表现和实现。马克思所说的社会分工本身表现为固定法律、外在法规并受规章支配①,就是这个意思。

马克思指出:一切规模较大的直接社会劳动或共同劳动,都或多或少地需要指挥,以协调个人的活动,并执行生产总体的运动——不同于这一总体的独立器官的运动——所产生的一般职能。一个单独的提琴手是自己指挥自己,一个乐队就需要一个乐队指挥。② 这种指挥或管理就是一种集权,甚至就是一种专制。否则,社会生产便无法进行下去。这一点对于一切形态的社会是共同的。不过,这种管理职能在有阶级的社会中必然有两个方面:一是由共同劳动过程的性质产生的职能,谓之社会公共职能;二是由社会对抗的性质产生的职能,谓之阶级统治职能。社会公共职能是建立在"生产一般"基础上的公益事务,如修筑道路、运河等工程。它便利于劳动者,也使商品流通易于进行,促进生产力的发展。这种浩大工程,通常是个人无能为力的,即使个人有这种能力,也往往因无利可图甚至亏本而无人问津。所以,它只能由国家统一地掌握起来。

在资本主义社会,情况亦是如此。马克思指出,资产阶级国家完全同在专制国家中一样,在那里,政府的监督劳动和全面干涉包括两方面:既包括执行由一切社会的性质产生的各种公共事务,又包括由政府同人民大众相对立而产生的各种特殊职能。③ 这一结论,是马克思在仔细地考察资本主义工场情况后得出的。在这里,监督劳动的职能具有二重性:一是要尽可能统一与协调同工场全部活动有关的事务,表现一个指挥意志;二是要保证工场主对劳动者的剥削。起先,监督劳动这两方面职能由资本家自己来执行;但后来,资本家有了足够的财富,便把这种费力的事交给"管家"。这意味

---

① 参见《马克思恩格斯全集》第 47 卷,357 页,北京,人民出版社,1979。
② 参见《马克思恩格斯全集》第 23 卷,367 页,北京,人民出版社,1972。
③ 参见《马克思恩格斯全集》第 25 卷,432 页。

着所有权与监督职能的分离。国家职能正是从社会总体上对监督或管理职能的集中和放大。国家职能也同样具有二重性：它一方面要管理公共事务，这是维持全社会生产和生存所必要的，是全体社会成员都需要的；另一方面，是为了保证资本家对劳动人民的剥削而实行的统治和镇压，这仅仅对于资本家阶级说来才是需要的。但是，只就国家对社会公共事务的管理职能而言，并不是资本主义生产关系所特有的，或者说仅仅同这种生产关系有直接的、必然的联系。相反，马克思强调：只要资本家的劳动不是由单纯作为资本主义生产过程的那种生产过程引起，因而这种劳动并不随着资本的消失而自动消失；只要这种劳动不只限于剥削别人劳动这个职能；从而，只要这种劳动是由作为社会劳动的劳动形式引起，由许多人为达到共同结果而形成的结合和协作引起，它就同资本完全无关，就像这个形式本身一旦把资本主义的外壳炸毁，就同资本完全无关一样。① 在"炸毁"资本主义外壳以后，即在社会主义国家，管理公共事务的职能不仅依然存在，而且会得到更大的发展。

马克思关于国家和法律职能二重性的原理，是以历史唯物主义观点考察经济现象与政治法律现象相互关系的典范。任何国家以及作为国家意志的法，其职能都包含着既要管理公共事务、又要管理统治阶级特殊事务的二重性。这两种职能是紧密联系在一起的。其中，管理本阶级事务的职能，或者叫政治职能、阶级职能、统治职能，则是矛盾的主导方面。但若不同时执行社会职能，国家和法的政治职能也无法维持下去。正如恩格斯所说的，政治统治到处都执行某种社会职能基础，而且政治统治只有在它执行了社会职能时才能持续下去。另外，社会管理职能或监督社会劳动职能是一切国家的共同职能这一原则，也包括不同历史类型的法律制度间的批判继承的必要性和可能性，甚至必然性。一个新的法律体系，如果完全拒绝以往法律体系中包含的作为人类智慧和经验结晶的合理成分，是不可能长期存在下去的。但这又不是阶级本质的继承。

（4）法律规范对社会成员具有普遍的约束力。

法是调整人与人之间相互关系的行为规则，这种规则是一种普遍的社会规范。马克思曾指出，法律是肯定的、明确的、普遍的规范。② 自从人类进入阶级社会以后，人与人之间的关系呈现复杂的局面，如前所述，既有统治阶级与被统治阶级之间的关系，也有统治阶级内部之间的关系，还有被统治阶级内部之间的关系等等。法律作为人们之间的调整器，它通过规范的形式，舍弃社会上各种个人的愿望和要求，而普遍地、概括性地抽象出社会成员应当享受权利和承担义务的一般规定。正如马克思所指出的：法律应该以社会为基础。法律应该是社会共同的，由一定物质生产方式所产生的利益和需要的表现，而不是单个的个人恣意横行。③ 具有普遍性的法律就成为全社会成员必

---

① 参见《马克思恩格斯全集》第 25 卷,435 页。
② 参见《马克思恩格斯全集》第 1 卷,71 页。
③ 参见《马克思恩格斯全集》第 6 卷,292 页。

须遵守的行为规范,也即对社会全体成员均有约束力的社会规范。以债的效力为例,当事人之间一旦产生了债权债务关系,对双方当事人均有约束力,而不问债权人或债务人是什么样的人。作为债权人均有请求权,作为债务人都有给付的义务。债务人不履行债务,就要承担由此引起的法律责任。再如雇佣合同中,如果工人履行了劳动义务,雇主便成了债务人,工人便有请求雇主履行给付报酬的权利;雇主必须履行给付义务。这就是说,债的效力对全社会成员都是适用的。正因为法律具有普遍的约束力,所以任何人,包括统治阶级的内部成员都有可能受到法律制裁。如一些国家领导人违反选举制度,便受到弹劾或法院审判。又如交通规则,不管是穷人还是富人,都必须遵守,若违反便要受到处罚。环保法的规定,每个生产者都要遵守。对于宪法,统治阶级也要遵守,如果违反,也要受到制裁。

3. 法本质的国家意志性。

法本质的国家意志性,指法本质中包含着国家意志性,即在法律规范、法律关系、法律制度和法律秩序构成的法现象中体现着国家意志。具体地说,法律规范是由国家制定或认可的,起着宣示国家意志的作用,是国家意志表达的文本。它通过公布的规范性文件(包括判例规则),向全社会表明国家允许做什么、要求什么和禁止什么,表达国家对每个阶级以及每个社会成员的支配和控制。国家意志性在上述法现象中是有层次的:法律规范是国家意志的文本,起着宣示国家意志的作用;法律关系是一定的主体之间依据法律规范形成的;法律制度是为了实施法律规范而建立起来的立法和执法机关及其活动的统一体;法律关系和法律制度都是国家意志的具体化;法律秩序则是法律规范、法律关系和法律制度运动的结果,即国家意志的现实化。

法的本质的国家意志性的特征如下:

(1)法的国家意志性的主体是国家。国家的核心是公共权力。它是统治阶级实现其阶级统治与社会统治的组织形式。国家可以凭借其垄断的政治权力将其意志施加于社会的每一个成员,不管人们愿意与否。国家又是社会的正式代表,它从社会中分离出来,反过来成为社会的主宰。

(2)法的国家意志性具有强制性。国家意志与个人意志、社会团体意志不同,后二者不是公共权力的意志,不具有强制性。而国家意志的主体是国家,由于国家本身就是公共权力的集合体,垄断了对武力的支配和使用,因此,由它表达的意志具有强制性。所谓法的国家意志的强制性,就是以国家意志形态出现的法是不能违反的,一旦违反且造成危害的后果时,便招致国家对其法律制裁。从这个意义上说,如果没有国家权力就不可能有法律。

(3)国家意志具有普遍性。由于国家是公共权力的代表,是凌驾于社会之上的一种普遍力量,因此,国家意志又是一种普遍性的意志形态。同时,由于国家意志是以权力作基础的,所以,国家意志的普遍性又是一种具有强制性的普遍性。它表现为国家意志对全社会各个阶级、每个社会成员的支配和约束作用。

4. 法的国家意志性、阶级性和社会性三者之间的关系。

(1) 法的国家意志性与法的阶级性、社会性的联系。

在法的国家意志性、社会性和阶级性的关系中,法的国家意志性与法的社会性、阶级性不是处在同一水平上的关系。法的阶级性内容即统治阶级的利益要求和意志,只有经过国家的认可,才能上升为国家意志,成为国家意志的内容的核心部分。统治阶级的利益要求,在未经国家的认可之前,仍然处在自在的阶段,即特殊性、偶然性的阶段。只有当它上升为国家意志,成为法律规范的内容,才处于自为阶段,才取得为全社会各阶级必须服从的普遍性、必然性的意志并表现为具有强制性的行为规范。至于法的社会性即法所体现的社会各阶级的利益要求,与统治阶级的利益要求,也有相似之处。在社会各阶级的利益要求仍未经国家的认可而上升为国家意志之前,它所具有的普遍性是一种抽象的、没有保护力和约束力的普遍性。只有当它上升为国家意志之后,它才具有普遍的强制性的约束力和保障力,才成为一种具体的、现实的普遍性。

法的阶级性与法的社会性是法的本质中同一层次上的两面。它们之间既是对立的,又是统一的。这种统一的中介是国家意志性。一方面,国家把统治阶级的根本利益要求提升为国家意志,使统治阶级的根本利益要求和意志上升为全社会必须服从的意志。另一方面,国家也把社会各个阶级的共同利益要求提升为国家意志,使之成为全社会包括统治阶级在内的社会各个阶级必须遵守的普遍性形式。国家意志性使法的阶级性与社会性统一起来,并使法的阶级性和社会性转化为具有普遍约束力和保障力的社会规范并行使公共社会职能,从而使之与道德规范区别开来了。

(2) 法的阶级性与社会性的关系是对立统一的关系。

一方面,两者在一定条件下是相互对立的。法的阶级性与社会性的对立关系是有条件的,而不是无条件的;是相对的,而不是绝对的。其对立关系表现在:从法所体现的内容上看,如果法过分地体现统治阶级的利益,其他阶级、阶层体现在法中的利益比重就会减少,法的社会性就会减弱。从法的职能看,如果法被过分地强调阶级的统治职能,成为纯粹的阶级专政的工具,法的社会性的其他方面,如对社会公共事务的管理职能等,就会减弱。一般来说,法的阶级性和社会性的对立程度与各阶级、各阶层的利益关系的对立程度成正比。其一,阶级利益关系对立程度越高,界限越分明,法的阶级性就越强,法的社会性就相应地减少。其二,社会各阶级之间的利益关系越复杂,包括统治阶级内部的利益关系越复杂,其对立的程度就越少,法的阶级性会减弱,法的社会性会增强。资本主义社会的利益关系较封建社会的利益关系复杂,不仅有资产阶级与无产阶级的利益关系,还有大资产阶级与中产阶级之间的利益关系以及中产阶级与工人阶级之间的利益关系。这些利益关系体现在法律中,使资本主义社会的法比封建社会的法具有更大的社会性。

另一方面,法的阶级性与法的社会性在一定条件下又是统一的。首先,法的阶级性与社会性的统一基础,是一定的社会物质生活条件下形成的利益关系。如在资本主义社会中,资产阶级为了获得更大的利润,就要不断地发展科学技术,资产阶级这些利益要求都反映在法律中;而科学技术的进步不仅有利于资产阶级,也有利于工人阶级自身素质的提高,有利于工人阶级自身生活条件的改善。其次,法的阶级性与社会性的统一的中介是国家意志性。没有国家意志性,阶级性与社会性的统一就不是法的阶级性与社会性的统一,而更多的是一般的道德规范中的阶级性与社会性的统一。最后,如同前述,法的阶级性与社会性的统一,也表现在法的职能(统治职能与公共管理职能的统一)与法的作用的结果(既有利于统治阶级,也局部地有利于被统治阶级的统一)方面。

由上可见,法的阶级性和社会性是法的本质的同一个层次上的两个方面,法的阶级性与社会性的关系是既对立,又在一定条件下相统一。那种把法的阶级性与社会性绝对对立起来或绝对统一起来的观点,都是错误的。特别需要提出的是,有人把法律规范机械地分为阶级性规范和社会性规范的做法,也是不对的。事实上,无论是什么样的法律规范,都既包含阶级性也包含着社会性。例如,表现上看,交通规则是没有阶级性,只有社会性。而实质上,交通规则不仅符合被统治阶级的利益,更符合统治阶级的利益。因统治阶级拥有的车辆最多。如违反交通规则,对统治阶级的办事效率影响最大;如果出现交通事故,统治阶级的损害最为惨重。所以交通规则使统治阶级受益最多。有些法律规范表面上看是纯阶级性的,如刑法,但实际上,如果没有刑法,社会秩序就无法维持下去。这不仅会危及被统治阶级的利益,而且也会危及统治阶级的利益。可见,刑法中也包含社会性。

综上所述,法的本质是在一定的社会物质生产关系的基础上,通过国家意志的中介实现的阶级性与社会性的统一。法的国家意志性、阶级性和社会性是法的本质中不可缺少的要素。

第十一章　法的实体

第一节　法的实体的概念

法的实体是法本体、本质的外化,通常又称法的载体。

法的实体,指由法的主要现象(要素)构成的整体。它是一个结构性的、系统性的概念。

法的实体与法的本体是不同的。首先,法的本体指的是法的本源性、本然性、必然性的存在,是法赖以存在和发展的根基。法的实体指的是法的诸要素的结构整体,它表征着法的各种要素之间的构成关系。其次,法的本质是一个抽象性的范畴。它虽然存在于法的现象之中,但并非由人们的直观认识所能把握,而必须通过人们对法现象的反思才能把握。法的实体是由法的各种要素构成的,因此人们通过对法的各种要素的分析和综合就可以认识。虽然它有理想、价值的要素,但基本上仍是一个实证性的范畴。所以,在本体论中,把法的本体当作实体是不可取的。因为,把法的本体当作实体,是人们在思维上把现象与本体、主体与客体二重化和二分化的产物,是康德以前的法哲学的一种本体论的缺陷。在法的实体论中,我们把法当作一个实体来把握,是在法的实体论层次上即把法作为一种对象性的存在的角度去把握的。其目的是为了弄清法的结构整体是由哪些要素构成的,法的载体是什么。这一点,成为分析主义法学派与社会学法学派的实证主义法哲学同一般法哲学本体论的分野。

法的实体与法的本质的概念也是不同的。首先,法的本质是法的本体论范畴,是法本体的展开和对法本体的描述。法的实体是一个结构性概念,即经验性的概念。其次,法的本质是表征法现象之间内在的、必然的关系和规定性。法的实体虽然也包含着法诸现象(法的诸要素)之间的关系,但法的实体论只探讨法的诸要素之间的结构性、功能性的关系,即具体的联系,而不探讨它们之间本质的、必然的抽象关系。所以,虽然法的本质与法的实体都要探讨法的诸要素之间的关系,但二者探讨的角度和层次是不同的。第三,在表述上,虽然法的本质与法的实体的表述都是采取"法是什么"的陈述方式,但其含义是不同的。法的本质陈述的"法是什么"的"是"(being)是一个存在性的术语,是"存在"本身(即本体本身),"法是什么"是对法的本体的陈述和表达,是本体自身的显露和展开,"法是什么"具有形而上的性质;而在法的实体论中,"法是什么"的"是"(is)为一个系词或连词。因此,"法是什么"在实体论中表达的是"法是由什么构成的"或"法的载体是什么",不具有形而上的性质。正因为如此,不能用法的实体论来取代法的本质论;也不能用本质论取代实体论。

虽然法的实体与法的本体、本质是不同的,但它又是法的本体和本质的外化,它不能脱离法的本体和本质而独立存在。

第二节　分析主义法学派、社会学法学派关于法的实体的思想

分析主义法学派、社会学法学派并不直接讨论法的本质,尽管这两个学派与别的学派一样,不能回避"法是什么"的法本质问题。但他们讨论"法是什么",不是从本体论即抽象性的层次上去把握的,而是从法的实体论即经验性的层次上去把握的。这实际上是讨论法的构成,即"法是由什么构成的"。

一、规范法学派关于法的构成的观点

在法的实体论的角度上,纯粹法学派的代表人凯尔森认为,法律必须是具有强制性效力的规范。换句话说,法律是由规范构成的。规范就是规定人们应当如何行为的规则。一个国家的法律,就是由各种等级的规范构成的。每一个规范的效力,都来自另一个更高的规范;而一个不能从更高规范中引出其效力的规范,称之为"基本规范"。法律的实体,就是规范体系。据此,他认为自然法所说的理性—正义不是法的构成因素。因为,理性—正义是道德的、价值的主观判断,而法律与道德有根本区别,它们的效力是完全不同的。道德靠人自觉遵守,它是关乎人的良心,而法律则具有强制性的效力。法律与价值观也不同。法律涉及的是实在的领域,是指"实际上是什么"的判断。而价值观点指"法律应该是什么"的判断,此判断是不能从"法律实际上是什么"推论出来的。法律既可能是良法,也可能是恶法,恶法亦法,良法亦法。所以,法律与价值观即与良法还是恶法的价值评价无关。法律应具有客观效力,而不是主观的(价值观是主观的)。因此,在法的实体中不包含理想的要素,我们更不能把它当作法的终极根据。

新分析主义法学的创始人哈特对法的实体作出了新的解释。作为一个法律实证主义者,哈特也反对法律道德化,认为法律表明的是"实际上是什么"的问题;而"法律应该是什么"属于道德问题,即法是良法还是恶法的问题,两者之间无必然的联系。在此基础上,哈特认为法律构成的核心是第一性规则与第二性规则的结合。第一性规则设定义务,它要求人们去做或不做某种行为,而不管他们愿意与否;第二性规则在某种意义上依附于第一性规则或者对第一性规则来说是第二性的,它授予权力:公权力或

私权力。即规定人们可以通过做某种事情或表达某种意思,引入新的第一性规则,废除或修改旧规则,或者以各种方式决定它们的作用范围或控制它们的运作;第一性规则涉及实体运动或变化有关的行为,第二性规则的适用不仅引起实体运动或变化,而且引起义务或责任的产生或变更。① 哈特认为,法律制度(实体)的核心是第一性规则与第二性规则的结合。而且第二性规则居主导地位。

哈特认为,在一个简单的社会中,即只有由血亲关系、共同感受和信念紧密联系,并处于稳定环境中的小型社会,才能依靠这种非官方的规则(即第一性规则)体系维持其秩序。也就是说,在这个社会中,仅存在第一性规则,即设定义务的规则,如禁止人们使用暴力、盗窃、欺骗以及为人们设定对共同生活做出贡献等义务,还不存在授予权力的第二性规则,即不存在官方的规则。因此,这种规则是"非官方的规则"②。这种小型社会中的行为规则,是一种简单的社会控制形式,它具有三种缺陷:第一是不确定性。即这些作为群体据以生存的规则构成不了一个体系,而是一些分散性的、单独的标准,除了它们是一个特定的人类群体所接受的规则外,没有任何确定或共同的标志。因此,如果对于这些规则是什么或某一给定规则的精确范围提出怀疑,那是根本不存在通过引用权威性文本或依靠具有权威性的官员对这些疑点的解释来解决怀疑的程序的。……这种由第一性规则构成的简单的社会结构中的缺陷,我们称之为它的不确定性。③ 第二是静态性。即在这种社会中,规则的唯一变化将是缓慢的成长过程以及相反的衰落过程——经此一度被认为是随意采用的行为方式首先成为习惯或常例,然后变得有约束力;或者一度严加处理过的偏离行为,后来被容忍、忽略过去。由于没有有意识地通过清除旧规则或引进新规则而使规则适应正在变化的情况的手段,在一种极端的情况下,这些规则可能在更彻底的意义上处于静止的状态。由于规则的静止状态,因此常常出现这种情况:因情势之变化使义务之履行已成为不必要,或者不应该继续履行,但由于没有改变规则的规则,使义务人仍受旧规则的约束,致使义务人受重大损失,而义务人履行义务行为却使本不该得利的人受益。第三是用以维护这些规则的分散的社会压力的无效性。即当规则被违反时,没有授权去最终地和权威地确定违犯规则的事实机关,没有对违规行为的惩罚以及其他形式的包含物质力量或使用武力的社会压力的专门机构,而是留给受影响的个人或群体。而群体无组织地捕捉和惩罚罪犯的努力往往是无效的。上述三个缺陷表明,仅有第一性规则,还不可能有法律。换言之,第一性规则仍不足以成为法律,它只能维持简单小型的社会秩序。而在一个复杂的、大型的社会中,必须要有一种不同于第一性规则的规则来补充第一性规则,即第二性规则。第二性规则是处于与第一性规则不同的一个层面上的。因为它是关于这种规则的规则,即就第一性规则涉及个人必为或不得为的行为,而第二性规则涉及

---

① See H. L. A. Hart:The Concept of Law,p.78—79,Oxford University Press,1961.

② See H. L. A. Hart:The Concept of Law,p.90—91.

③ See H. L. A. Hart:The Concept of Law,p.90—91.

第一性规则本身这一意义而言,它具体规定了第一性规则得以决定性地确定、引入、取消、改变以及违犯这些规则的事实得以最终决定的方式。第二性规则比第一性规则更根本,更具有法律的特征;通过第二性规则对第一性规则的三种补救合起来使第一性规则体制转换为无可争议的法律制度。

对第一性规则的不确定性的补救方法是引入承认规则,即规定:任何其他规则如果具备了所需的特征,就可以被决定性地认证为这一群体的、由它所施加的社会压力为后盾的规则。换言之,通过承认规则对第一性规则的承认,第一性规则才取得法律效力,才具有权威性。

对第一性规则体制的静态性的补救办法是引入改变规则,即授权个人、集团实行新的规则,取消旧的第一性规则。这种改变规则包括两种:一种是授予公权力(即公法上的权力),如规定哪一机关有权立法以及立法的程序等。显然,在这一方面,"改变规则和承认规则之间有着十分密切的联系:在改变规则存在的地方,承认规则必然表现为引证立法作为确定规则的特征,尽管它不必提到有关立法程序的一切细节。通常,按照承认规则,某一正式证书或正式文本将被当作合适的制定法的充分证明"①。但承认规则不如改变规则具体。另一种是授予私权力(即私法上的权利),例如根据这种规则,私人有权订立遗嘱、缔结契约、出让财产等,通过这种改变规则,改变了人的原来按第一性规则所处的地位,如通过缔约、立遗嘱等行为,人们相互间发生了新的权利和义务关系。

对简单的第一性规则体制的第三个补救,旨在补救它的分散的社会压力的无效性,是由授权个人或组织对特定情况下第一性规则是否已被破坏的问题作出权威性决定的第二性规则构成的,哈特把授权作出这种权威性的决定的第二性规则称为"审判规则"。审判规则不仅决定谁有权去审判,而且还决定审判应当遵循的程序以及依据规则对违规者采取什么制裁方式。显而易见,审判规则与其他第二性规则一样,它与第一性规则是处在不同的层面上的:虽然它们可能由对法官设定审判义务的其他规则所强化,但它们并不设定义务而处于仅授予审判权和对违反义务的行为作出司法宣告的特殊地位②,并界定了法院、审判权、审判等权力法律概念。

哈特认为,在以上三种第二性规则中,承认规则是最重要的,改变规则须以承认规则为前提和依据:拥有审判规则的制度也必然要求借助于一种初级的和不完善的承认规则。……因为如果法院被授予权力去就一个规则已被违反的事实作出权威性决定,这些决定不能不被看作是关于规则是什么的权威性决定。所以,授予审判权的规则也是一个承认规则,它通过法院的判决认定第一性规则,而这些判决也就成了法律的"渊源"③。所以,承认规则是法律制度的基础,它提供了用以评价这一制度及其规则的效

① H. L. A. Hart:The Concept of Law,p. 93.
② See H. L. A. Hart:The Concept of Law,p. 94—95.
③ See H. L. A. Hart:The Concept of Law,p. 94—95.

力的准则。

哈特认为,第一性规则与第二性规则(承认规则、改变规则和审判规则的统一)的结合便成为法律制度(实体、构成)的核心。由此产生义务与权利,法律的效力与渊源,立法和司法,公权力与私权力(私权利)等法律概念,其中,第一性规则引出的是权利与义务范畴,第二性规则引出公权力、立法、司法、法律效力、制裁、责任等范畴(这实际上是指合法化,我们将在下章论述)。

值得注意的是,哈特反对在法律的构成概念中加进价值的形而上因素,即排斥"正义"作为法律的内部构成要素,实在法仅仅是"实际上这样的法律";而正义则是"应当是这样的法律",即把"正义"作为评判法律好坏的标准,使法律成为纯主观的范畴。这是哈特所不能同意的。然而,哈特并不是完全排除价值因素在法律实体中的地位。而是把价值因素消融在他的规则理论之中。

首先,用实证性的、近似心理学的态度把价值因素引入法律的实体范畴之中,这就是哈特关于法律规则的内在与外在观点。

持内在观点的人是指接受规则并以此作为其行为的指导的人。持外在观点的人是指他本人并未接受规则,但却是观察规则的人。持外在观点的人也有不同的情况。例如有一种人可能是并未接受这些规则,但却仅仅从外部来陈述持内在观点的人如何关心、接受规则的情况。而另一种人可能根本不陈述内在观点,而仅记录可观察到的、关于人们符合或偏离规则的规律性,包括由于偏离规则而出现的敌对反应,即谴责或惩罚。而在经过一段时间后,一个外在的观察者就都能以这种规律性为基础,相当准确地预测到偏离这一规则将会遭到的不利后果(如遭惩罚等),以此来调节自己的行为。

哈特进一步指出,规则的存在是以内在与外在观点为基础的。换言之,规则存在于持这两种观点的人之间的紧张关系之中。他说:"在任何特定时间,依据规则(法律规则和非法律规则)活动的任何社会都可能存在这样的紧张状态:一方面是接受规则和自愿合作以维护规则,并因而从规则的观点来看待他们本人和他人行为的人;另一方面是拒绝这种规则,仅从把规则作为可能惩罚之征兆的外在观点出发才注意这些规则的人。"①内在观点将法表达为:"这……就是法"(It is the law that)。它不仅是出自法官之口,而且也是出诸生活在该法律制度下的普通人之口,而这两类人都是自愿接受并以此作为自己的行为(包括私人行为和权力行为)标准的。外在观点将法表达为:"在英国,他们把女王、议会制定的东西承认为法律。"这是一种该制度的旁观者的自然语言,他本人没有接受这一制度的承认规则,只是说出了他本人接受规则的事实。

从内在观点与外在观点的价值态度出发,哈特认为在一个具有法律的社会里,既有从内在观点出发将法律规则当作已接受的行为规则的人,也包括了必须以武力或武

---

① H. L. A. Hart: The Concept of Law, p. 88.

力的威胁为之强行设定这些法律规则的人。这实际上是指法律规则中离不开内在观点和外在观点的要素。如果仅有内在观点,法律规则便成为完全由人们自觉遵守的规则,成为人们内心(良心)的道德准则,而无制裁之必要了;而如果只有外在观点,法律规则成为纯粹惩罚人的工具,人们就可能反抗它,从而产生动乱的威胁,这样一来,规则存在的基础就成为问题了。只有两种观点的统一,法才能得以存在下去。

如前所述,哈特认为第二性规则比第一性规则更根本、更具有法律的特征。而在第二性规则中,承认规则又是最根本的、最终的规则。因此,法律的效力最终是由承认规则决定的。而法律规则的效力与内在观点有着不可分的联系。说一规则是有效力的,就是接受了承认规则,承认它通过了承认规则所提供的一切检验,因而承认它为该法律制度的一个规则。易言之,某一特定规则是有效力的这种陈述意味着它符合承认规则所提供的一切标准,而不是遭到人的拒绝或漠视。

哈特在总结内在观点在法律实体中的地位时指出,对一个法律的存在来说,有两个最低限度的条件是必需和充分的。一方面根据这个制度的最终效力标准是有效的那些行为规则必须普遍地被遵守;另一方面,该制度规定法律效力标准的承认规则及其改变规则和审判规则,必须被官员有效地接受为公务行为的普遍的公共标准。第一个条件是公民需要符合的唯一条件,即他们可能是出于外在的态度被动地接受,也可能是出于内在的态度自觉地接受。第二个条件是这个制度的官员必须符合的,他们必须以内在的观点把这些规则作为公务行为的共同标准,并批评地评价他们自己的和相互间的偏离行为。① 显然,关于对规则内在的和外在的态度的观点,实际上一种价值观念的观点。而内在态度的观点实际成了规则的内在道德,尽管哈特未承认这一点。

其次,哈特虽然主张法律与道德是两个不同的规则体系,法律制度的存在不取决于道德、正义对它的支持与否,法律的效力也不必须依赖于道德正义的原则,但他同时又认为任何法律都会受到一定的道德的强烈影响。并提出在一个法律制度中必须依照最低限度的自然法作为其价值准则。不过,"最低限度的自然法"要成为法律,必须由第二性规则授权,承认成为第一性规则,它才能成为法律制度的有机组成部分。

总之,哈特虽然羞羞答答,不愿改变其实证主义立场,但仍在其论述中承认价值包括道德因素作为法律实体的构成要素。

二、社会学法学派关于法的构成的观点

社会学法学派代表人物庞德,也不对法的本质作形而上的分析,而仅对法的构成要件作具体的、实证的分析。

庞德认为,法律作为一个实体概念,它包括三大项构成要件:一是法律秩序,即通

---

① See H. L. A. Hart:The Concept of Law,p. 113.

过有系统有秩序地运用社会政治组织的强力,来调整关系和安排行为的制度。二是一批据以作出司法和行政决定的权威性资料、根据和指示。三是司法行政过程,即为维护法律秩序而根据权威性指示,以解决各种争端的过程。这三项要件用社会控制的观念即结构—功能系统,使其得到统一。因此,法律就是一种制度,它是按照一批在司法和行政过程中运用权威性律令来实施的,高度专门形式的社会控制。庞德进一步分析法律实体的第二项要件的构成,指出法律是由律令、技术和理想构成的一批权威性的律令,并根据权威性的传统理想或以它为背景,以权威性的技术对其加以发展和适用。①　其中,律令又包括规则、原则、概念和标准四项。规则,是律令的最初形式。它指的是以一个确定的、具体的法律后果赋予一个确定的、具体的事实状态的法律律令。如"故意杀人的,处无期徒刑或死刑"。原则,是指用来进行法律推理的权威性出发点。如民法中主体之间平等原则,刑法中罪刑法定原则。法律概念,是指可以容纳各种情况的法律上的确定范畴。因而,当人们把这些情况放进这一范畴时,一系列规则、原则和标准都可以适用了,即对原则、规则和标准起着统摄的作用。技术也是权威性资料的组成部分。如世界上的两大法系——普通法系与民法法系的差别,主要是技术成分上的,普通法系审判依据的是先例形成的规则,民法法系审判依据的是成文规则。理想,也是权威性资料的组成部分。它是指公认的、权威性的法律思想,即在一定时代中形成的社会秩序和社会控制的目的的法律传统,以及解释和适用律令的背景。它在新案的判决中具有决定的意义,尤其在判例法国家更是如此。

概括起来,庞德认为法律的实体范畴的构成是:

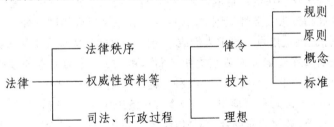

法律实体就是由上述诸要素构成的结构—功能性的系统或整体。

庞德不像老的分析实证主义法学如凯尔森那样排斥法的价值观,也不像新分析主义法学家哈特那样羞羞答答地把价值观引入法的实体范畴之中,而是明确地把法的理想即价值融入法律的权威性资料之中,使之成为法律实体的有机组成部分。这种看法有一定的合理性。

---

① 　参见沈宗灵:《现代西方法哲学》,299 页。

第三节　法的实体构成和特征

一、法的实体构成

我们认为,法的实体是相互联系、相互作用的法现象的诸要素构成的整体。这些要素包括规则、原则、法的价值观念和法的实施四项。有些法学家把规则和原则均看作是法律规范,并不作区分地使用。其实,这二者虽然都有一定的共同点,但仍有层次之别,故这里将它们分列为两个要素。

1. 规则。

规则是指具体权利和义务、权力和职责关系及具体法律后果(法律责任)的准则,或者说是对一个事实状态赋予一种确定的具体后果的各种指示和规定。规则有较为严密的逻辑结构,包括假定(行为发生的时间和空间、各种条件等事实状态的预设)、行为模式(权利和义务、权力与职责的规定)和法律后果(含否定式后果即法律责任和肯定式后果)三部分构成。缺少其中任何一个部分,都不能构成一个有效的规则。规则可以有不同的划分方法。如按内容,可把规则分为义务性规则和授权性规则;从形式特征上,可把法律规则划分为规范性规则和标准规则;从功能的角度,可把规则划分为调整性规则和构成性规则。其中最有意义的是从内容的角度对规则的划分方法,这也是下一章论述合法化和法的内核的基础,在此有必要对之加以分析。张文显教授依这种划分方法将规则分为义务性规则、授权性规则和权义复合规则三种。①

(1)义务性规则是指直接要求人们或一定的权力机关从事或不从事某种行为的规则。义务性规则依其规定人们或权力机关行为的方式,分为命令式规则和禁止式规则。命令式规则是要求人们必须作出某种行为的规则,例如1996年3月全国人民代表大会通过的《中华人民共和国刑事诉讼法》第6条规定,人民法院、人民检察院和公安机关进行刑事诉讼,必须依靠群众,必须以事实为依据,以法律为准绳。禁止式规则是禁止或严禁作出某种行为的规则,例如《中华人民共和国宪法》第37条规定,禁止非法拘禁和以其他方式非法剥夺或者限制公民的人身自由,禁止非法搜查公民的身体。义务性规则的一个最显著的特征是具有强制性,它所规定的行为方式明确而肯定,任何人或任何机关都不得随意变更或违反,其使用术语是"应当""应该""必须""不得""禁止""严禁"等。

(2)授权性规则是提示人们可以作出或要求别人作出一定行为的规则。授权性规则的作用在于,它赋予人们一定的权利去建立或调节国家所需要的法律秩序。② 这种

① 参见张文显:《法学基本范畴研究》,52—54页,中国政法大学出版社,1993。
② 参见张文显:《法学基本范畴研究》,52—53页。

规则大量地存在于民商法、婚姻法、继承法等法中。如《中华人民共和国继承法》第16条规定,公民可以依照本法规定立遗嘱处分个人财产,并可以指定遗嘱执行人。公民可以立遗嘱将个人财产指定由法定继承人的一个或者数人继承,公民可以立遗嘱将个人财产赠给国家、集体或者法定继承人以外的人。授权性规则的特征是具有可选择性即任意性,它既不强令人们必须作出一定行为,也不禁止人们不得作出一定的行为,人们可以在行动与否之间作出自由的选择。① 哈特指出:"规定有效合同、遗嘱或婚约之订立方式的法律规则,并不要求人们必须以某种方式行动,而不顾他们愿意与否。"② 这一特点表现在其所使用的术语是:"可以""有权""有……的自由""不受……干涉"等。

(3)权义复合规则指兼具授予权利(权力)和设定义务(职责)两种性质的法律规则。这类规则绝大多数是有关国家机关及其工作人员的职权与职责的规则。依其指示的对象和作用又可分为:其一,委任规则。它指示国家机关修改、制定或废除法律、法规。依张文显教授的看法,委任规则又可分为强式与弱式两种。强式如《中华人民共和国增值税暂行条例》第28条:"本条例由财政部负责解释,实施细则由财政部制定。"弱式如《中华人民共和国宪法》第100条:"省、直辖市的人民代表大会和它们的常务委员会,在不同宪法、法律、行政法规则相抵触的前提下,可以制定地方性法规,报全国人民代表大会常务委员会备案。"其二,组织规则。它确定有关国家机关的权力与职责,我国宪法第三章关于国家机关和有关国家机关组织法均属此种规则。如《中华人民共和国宪法》第126条:"人民法院依照法律规定独立行使审判权,不受行政机关、社会团体和个人的干涉。"其三,审判规则。它指示司法机关依法定程序执行审判检察职能。刑事诉讼法、民法诉讼法和行政诉讼法有关证据收集、验证和使用,有关审判程序等都属于这类规则。如《刑事诉讼法》第91条:"讯问犯罪嫌疑人必须由人民检察院或者公安机关的侦查人员负责进行。讯问的时候,侦查人员不得少于二人。"权义复合规则的特点是,一方面被指示的对象有权(职权)按照法律规则的规定作出一定的行为,另一方面作出这些行为是他们不可推卸的职责。在逻辑上,每个复合规则都可以进一步分解为授权性规则和义务性规则。③ 关于国家机关职权的规则都是权义复合规则,而不仅是授权性规则。授予国家机关某项职权,同时也规定其相应的职责;国家机关的行使职权不能像公民、法人的权利那样有自由选择的余地。

规则的特点和优点是:第一,确定性和可预测性。规则设定的权利、权利和义务、职责是肯定的、明确的,人们在作出行为之前就可以根据规则提供的信息指示知道自己行为的结果——受到何种法律保护和支持,或者受到何种法律制裁。第二,可操作性。即只要一个具体的案件符合规则假定的条件,执法机关即可直接援用或适用该规则。规则成为适用法律最直接的标准。

---

① 参见张文显:《法学基本范畴研究》,53页。
② H. L. A. Hart:The Concept of Law, p. 27.
③ 参见张文显:《法学基本范畴研究》,55—56页。

2. 原则。

"原则"一词来自拉丁语(principium),其语义是"开始、起源、基础"。在法学中,法律原则是指可以作为规则的基础或准则。原则的特点是,它不预先设定任何确定的、具体的事实状态,没有规定具体的权利与义务、权力与职责,更没有确定的法律后果;但是,它是调节全部社会关系或某一领域的社会关系的法律准则,是法律规则和司法适用时的内在灵魂,尤其是遇到新的案情或疑难案件,需要平衡互相冲突或重叠的利益关系,为案件寻找合法的解决方法时,原则是必不可少的要素。

法律原则可分为政策性原则和公理性原则两大类:

(1)政策性原则是国家关于必须达到的目标,或实现某一时期、某一方面的任务而作出的政治决定,一般来说是关于社会的经济、政治、文化、国防的发展目标、战略措施。例如我国《宪法》第20条:"国家发展自然科学和社会科学事业,普及科学和技术知识,奖励科学研究成果和技术发明创造。"《宪法》第19条:"国家发展社会主义的教育事业,提高全国人民的科学文化水平。"这些都是政策性原则的例子。

(2)公理性原则是从社会经济关系、政治关系甚至全部社会关系中抽象出来的,得到广泛认同并上升为法律的公理。如我国《宪法》第2条:"中华人民共和国的一切权力属于人民。"第33条:"中华人民共和国公民在法律面前一律平等。"《民法通则》第4条:"民事活动应当遵循自愿、公平、等价有偿、诚实信用的原则。"许多国家刑法规定"罪刑法定"原则。这些原则分别是从民主政治、商品市场关系、人身关系产生并经概括、提炼出来的法律公理。

无论是政策性原则,还是公理性原则,都有基本原则和具体原则之分。如在民法原则中,公平原则、自愿原则、诚实信用原则等是民法基本原则。而"情势变更原则"则是民法的具体原则,是公平原则的具体体现。一般来说,基本原则体现着法的本质和根本价值,是整个法律运行的指导思想和根本出发点,构成法律体系的灵魂,决定着法的统一性和稳定性。具体原则是基本原则的具体化,构成某一法律领域或某类法律活动的指导思想和直接出发点。

在法的构成中,原则的优点和独特功能是:第一,宏观性与指导性。每一法律原则都是从广泛的社会生活和社会关系中抽象出来的标准,它所涵盖的社会生活和社会关系比一个规则要丰富得多。这就决定了它在较大的范围和较长的过程中对人们的行为或权力机关的活动有方向性的指导作用。第二,稳定性强。某个法律原则一旦确立,便具有较长时期的稳定性。如民法中的平等、公平、自愿、诚信原则,是近现代各国民法的基本原则。

在法律运行过程中,原则与规则之间有两个重要的区别。美国法学家迈克尔·D.贝勒斯详细地分析过这两者的区别:①规则是以要么有效要么无效的方式,即非此即彼的方式适用的,如果它们适用于一种情况,它们就限定了它的价值。例如,要求一个不是死者亲笔所写的遗嘱需要两个证人的法律就是一个规则。假如,一个遗嘱只有一个证

人,它就是无效的。相反,当原则适用的时候,它们并不必然限定一种估价(evalua-
tion)。可能有这样一个原则,人们可以根据自己的意愿以"遗赠"(遗嘱)的方法自由
地处分他们的财产,但这并不必然随之要求一个自由订立的遗嘱应当受到保障,因为
相对的原则(如一个人应当为未成年子女作出适当的安排或分给适当的遗产)也将适
用。这表明法律原则在适用时比规则灵活。②因为原则不是以要么有效要么无效的
方式适用,并且原则可能互相冲突,所以,原则有"分量"(weight)。就是说,互相冲突的
原则必须互相衡量或平衡,有些原则比另一些原则有较大的分量,一些原则比另一些
原则优先。而规则是以要么有效要么无效的方式适用的,所以它们并不必须互相衡量
或平衡。① 例如一个规章规定申请合资企业的审批权在外贸部,另一个规章规定申请
合资企业的审批权在国家工商总局,这两个相互冲突的规则在适用时必定有一个是有
效的,另一个是无效的。不存在哪个优先问题,不存在两者的平衡问题。

　　3.法的价值观念。

　　价值观念能否成为法的要素,这是自然法学派和分析主义法学派长期争论的焦
点。如前所述,凯尔森等人是反对将价值观引入法的实体范畴中的。哈特以实证主义
的方式将价值观念引入法的实体范畴中,这反映了实证主义向自然法靠拢的倾向。而
自然法学派则视价值观念为法的核心。当然这不是从实证意义上说的。事实上,古
代、近代的自然法关于法的价值观具有一种形而上的意味,一般是指决定人定法好坏
的标准和根据,而极少涉及在一个实在的法律实体中,价值观念处于何种地位的问题,
这就容易把法律与道德混为一谈。而当代的自然法学派例如富勒、罗尔斯等则着重探
讨法的价值观念在法的构成中的地位,视之为法的要素。这反映了富勒、罗尔斯等人
的自然法学向实证主义靠拢的倾向。

　　我们认为,法的价值观念是一定时期占统治地位的社会生产关系的内在要求在法
的意识中的反映,它体现了对法的态度、理想和追求的目标。

　　法的价值观念受道德观念的强烈影响,是一定时期人们的道德观念的具体化。但
它又与一般的道德观有着不同的特点:第一,道德观首先关心的是人们行为的动机,动
机成为决定人们行为善恶的关键。而法的价值观念首要关心的是法应以何种方式、何
种价值标准处理人的行为,易言之,应以何种标准处理案件才是合理的。两者关心的
重点不同。第二,道德调整的范围要比法的价值观念广泛得多。以两者对人们的私生
活关注为例:道德关注人们私生活的所有领域,从人的行为的内心世界到行为后果的
处理,无不纳入道德的视野。而法的价值观念着重关心的是如何安排、调节人们的私
生活领域中的权利与义务,对侵犯私生活权利的行为应如何处理。第三,由于道德侧
重关心人的行为的动机,所以道德观念具有模糊性,如对杀人行为,道德观念有可能对
杀人的动机给予更多的关注,而相对忽略杀人本身及其处理。尤其是某些报仇杀人案

---

① 参见[美]迈克尔·D.贝勒斯:《法律的原则》,12—13页,北京,中国大百科全书出版社,1996。

件,在某种狭隘的群体如宗族的道德观念中,被认为是可以宽恕的。而在法的价值观念中,杀人者的动机虽然被考虑,但更多地考虑的是如何处理杀人案件才是公正合理的问题。

在法的价值观念中,人们的正义、公平观念占有重要的地位。但它与自然法的抽象正义观不同。自然法抽象的正义观是建立在人类理性的至善至美的假定上的,认为人类理性体现的正义是衡量人定法好坏的标准,符合这个标准的人定法是良法,否则是恶法。这是一种形而上的价值观(一种形而上的追溯思维方式)。而作为法的价值观的正义、公平等价值观念,是人们在社会生产、生活过程中形成的合理利益要求的反映,它具有现实性和社会性的特征。这是一种形而下的、实证性的价值观念。

作为法的实体的价值观中的正义观念与一般的社会正义观也是有区别的。一般的社会正义观如罗尔斯的社会正义观,关注的是法律制度与社会制度安排的内容,它们对人类的影响以及它们在人类幸福与文明建设中的意义与价值。① 换言之,社会正义就是关于作为法律制度大厦组成部分的规则、原则公正性和合理性的标准,即如何分配权利与义务才是合理的标准。它与自然法的抽象正义观离开一定的社会物质生活条件来设定正义的价值标准具有许多相似之处,它同样是一种形而上的价值观念。而作为法的实体要素的法的正义观念是一种现实的、可行的(甚至是可以应用处理案件的)价值观念,它深深地扎根于人们的生活观念之中。进一步的区别是:一般的社会正义观是站在法律制度之外看待法的内容及其规范是否具有合理性和公正性,而法的正义观是在法律制度之内考虑法律制度本身的内容、规范是否具有公正性和合理性,它本身就是法的要素。这些正义的要素是很具体、明确的。如"法无明文不为罪","当发生不可抗力的事件时,当事人不应负责任","法律面前人人平等"等等。其中有些已被当作法的原则而载入法律文献中,它不是游离于法律规范之外的因素,而是作为法的精神存在于法律文件中,存在于人们的守法观念中和立法、执法者的观念中。

法的正义观念在司法实践中是经常被应用的,甚至可以说,它作为法的内在要素支配着法官的执法活动。在处理新的案件或疑难案件过程中尤为明显。新的案件是指事实已经实际发生,但法律规范又没有明确指示如何处理的情况。此时法官不可能拘泥于法律规范,而只能依公平、正义观念处理案件。疑难案件是指依相互冲突或竞合的法律规范处理会造成相互冲突或不公正的结果。这时法官就须依公平正义观念对此加以衡平,以求案件得到公平合理的处理。

在现代的法的价值观念中,效率的观念也是其中的一个重要的要素。这是因为,在现代社会,效率是企业的生命,是个人成功的标志。效率的观念已在立法、执法和人们的守法意识中占有重要的地位。

---

① See Edgat Bodenheimer:Jurisprudence the Philosophy and Method of the law,p. 196,USA, Harvard University Press,1981.

法的价值观念还包括态度。法律的态度是人们对法律的看法。如前所述,哈特认为态度包括对法的内在观点和外在观点,并认为法的效力最终取决于人们及司法机关对承认规则的内在观点。新自然法学派代表人物之一德沃金走得更远。他认为法律是一个整体性概念,法院、法官、规则是法律不可缺少的要素,但阐释的态度(包括法官和公民对法的规则的阐释、态度)是更重要的要素。"法院是法律帝国的首都,法官是帝国的王侯,但却不是它的先知或预言家。"①"法律既不可能由任何原则或规则体系阐述得淋漓尽致,每种这样的体系都有自己控制的具体行为领域。任何官员与其权力也不可支配我们的生活。法律的帝国并非由疆界、权力或程序界定,而是由态度界定。……从最广泛的意义上说,它是一种谈及政治的阐释性的、自我反思的态度,它是一种表示异议态度,使每个公民都应该想象什么是他的社会对原则的公共承诺,而在新的情况下这些承诺要求的又是什么。法律的异议性质和私人决定的创造性作用由司法判决的回顾性判断的性质所确认,而且也得到调节性的假设所确认。这种假设认为,虽然法官拥有最后决定权,然而法官的最后判决却不因此就是最佳的决定。法律的观念是建设性的:它以阐释的精神,旨在使原则高于实践,以指明通往更美好的未来的最佳道路,对过去则持正确的忠实态度。最后,它是一种友好的态度,我们尽管对计划、利益和信念各持己见,但对法律的态度却表达了我们在社会中是联合在一起的。"②不管哈特和德沃金的观点正确与否,但有一点是可以肯定的:无论是实证主义还是新自然法学派都把对法的态度当作法的实体中不可缺少的要素,这反映了对法的态度在法的构成中的地位。

我们认为,作为法的构成要素的态度有两种:一是把法律规则、原则和价值观念当作自己的行为准则,在公民、法人方面表现为遵法守法的意识;表现在国家权力机关方面是接受法的规则原则约束,行政机关依法行政,司法机关依规则原则适用法律。这是一种主动的态度。二是人们站在旁观者的立场上,虽然不愿意接受法律规则和原则的约束,但在衡量违法与守法之利弊后,认为在行为过程中守法的代价较违法的代价小得多,从而决定守法,是一种被动的态度。至于抗拒法律的态度,它本身不是法的要素。它是对法的否定,因而同时遭法的谴责。

4. 法的实施。

法的实施,又称法律的实行,在我国法理学界有不同的表述。主要有如下几种观点:

(1)孙国华认为:"法的实施是使法律规范的要求在社会生活中获得实现的活动。法的实施是一个过程。它是将法律规范的要求转化为人们的行为、将法律规范中统治阶级的意志转化为现实关系的过程,是使法律规范的抽象规定具体化,由可能性转变

---

① [美]德沃金:《法律的帝国》,361—362 页,北京,中国大百科全书出版社,1996。
② [美]德沃金:《法律的帝国》,366—367 页。

为现实性的过程。"①

（2）沈宗灵认为："法的实施，就是国家的法律在社会生活中的具体运用和实现。概括地说，法律实施包括执法、司法和守法。"②

（3）赵震江认为："法律实行就是使法律规范变成人们的行为，使法律条文转化为社会现实。在我国，实行法律的过程，就是公民和社会组织依法行使权利，履行义务的过程；就是有关国家机关依法履行职责、适用法律解决纠纷，规范社会的过程。"③

上述三种表述，基本上概括了法的实施的主要内容。不足之处是把法的价值观念排除在法的实施之外，忽视了法的价值观念在法的实施过程中的作用。

需要指出的是，在我国法理学界，对"法的实施"的下位概念"执法"和"法的适用"的使用缺乏逻辑上的严密性。有的学者认为"执法"的主体主要是行政机关，不包括司法机关；"法的适用"的主体则限于司法机关，不包括行政机关。这很容易给人们造成这样的误解：行政机关的执法活动不是适用法律，而司法机关对法的适用不是执法。

沈宗灵教授和孙国华教授的解释较为合理。沈宗灵认为：执法有广义与狭义两种。狭义上的"执法"主要指国家行政机关在法律职权范围内，按照法定程序对社会所进行的组织和管理的活动。广义上的"执法"不仅指国家行政机关，也包括司法机关具体适用法律的活动。④ 孙国华教授在使用"法的适用"的概念时，认为"法的适用"的主体除了司法机关外，还包括国家权力机关和法律授权的单位。当然，"法的适用"的最典型形式是司法机关运用法律规范处理具体案件的活动。

我们认为，"执法"既包括国家行政机关做出的抽象行政行为，即行政机关依据宪法和法律制定各种行政规则和规章的行为，也包括国家行政机关依法做出的具体行政行为（如公安机关对违反《治安管理处罚条例》的公民做出的处罚行为）和司法机关运用法律处理个别案件的活动。"法的适用"是指一定的国家机关根据法律对具体案件做出处理的行为。其主体包括国家行政机关、司法机关和法律授权的单位（如仲裁委员会）。可见，"执法"的概念中包括"法的适用"的主体和内容，而"法的适用"也包括"执法"的部分内容即行政机关依法做出具体的行政行为和司法机关依法处理个别案件的行为。"法的适用"的概念从属于"执法"的概念。

我们认为，法的实施是指特定的国家机关将法的价值观念、法律规范贯彻、运用的过程和社会主体对法的价值观念、法律规范遵守和运用的过程，是法的价值观念由抽象转化为具体，从可能性转化为现实性的过程。它包括行政机关执法、司法机关适用法和社会主体对法的运用和遵守。

（1）行政机关执法。指国家行政机关依照法律和法的价值观念对社会生活进行组

① 孙国华主编：《法理学教程》，411 页。
② 沈宗灵：《论法律的实行》，载《法学研究》，1988（2）。
③ 赵震江：《中国法制四十年》，112 页，北京，北京大学出版社，1990。
④ 参见沈宗灵主编：《法学基础理论》，374 页。

织和管理的活动。其主要内容包括两大项:一是组织和实施宪法和法律。它通过大量的组织活动,根据宪法和法律制定行政法规并加以强制推行,制定并执行社会、经济、文化、教育的发展计划等等。二是采取行政强制措施,保证组织实施宪法和法律的活动的正常进行,如公安机关对违反治安管理所给予的行政处罚;各个国家专门业务部门领域内在管理方面的行政罚,如工商管理部门对违法经营者的处罚。

行政执法的特征是:第一,行政执法的主体是国家行政机关和工作人员。其他机关和人员无此权力。第二,行政执法的主体是以国家名义对社会实行全方位的组织和管理活动。第三,行政执法具有严格的程序性。依法定程序处理行政事务,是现代行政的一个特征。它在一定程度上能够防止权力滥用。第四,行政执法具有强制性,即是以国家强制力来保证其实现的。第五,行政执法是一种依法主动干预社会生活的行为。通过主动、积极地干预社会生活,使公民、法人的权利得到实现,社会秩序得到维持。

(2)司法机关适用法,也可称为司法机关执法,简称司法。是指司法机关和法律授权的组织依照法定职权和程序,应用法律处理、解决各类案件或社会纠纷的专门活动。其特征是:第一,其主体是司法机关和法律授权的组织,如仲裁委员会(它对各类经济纠纷的仲裁具有法律效力)。第二,独立性。司法机关在适用法律(包括法的价值观念)处理案件时,任何其他国家机关、社会团体和公民个人都无权干涉。《宪法》第131条规定:人民检察院依照法律规定独立行使检察权,不受行政机关、社会团体和个人干涉。第121条规定:人民法院依照法律规定独立行使审判权,不受行政机关、社会团体和个人的干涉。第三,司法具有严格的程序性。第四,强制性。司法是以国家强制力作后盾来保证其实现的。司法适用的对象(当事人)不得违反和抗拒,否则将招致国家权力的惩罚。

(3)社会主体对法的接受。是指社会主体对法的运用和遵守。社会主体包括公民、法人和其他社会主体(国家机关不在此列)。社会主体运用法,就是运用法律行使法律赋予的权利,实现自身利益和履行自己的义务的过程。例如,公民或法人主动地订立、履行合同,行使其诉权等。法的遵守是公民、法人和其他社会组织自觉接受法律的约束和履行法律赋予其义务。社会主体对法的运用和遵守都是法的实施不可缺少的内容。在大多数法理学教科书中,一般认为守法(法的遵守)是法的实施的组成部分,但对社会主体运用法则很少提及,这不利于引导社会主体运用法律武器保护和实现自身的利益。

法的实施的三种形式是相互联系的。行政适用法和司法适用法的最终目标是使社会主体接受法;社会主体拒绝接受法便招致行政机关或司法机关适用法对其惩罚或制裁;行政机关适用法而被社会主体拒绝接受时,需要司法机关适用法来处理和解决,如行政诉讼。

通过上述分析,我们认为,法的实体是由规则、原则、法的价值观念和法的实施四要素构成的。由此决定了法的实体的特征。

二、法的实体的特征

第一,法的实体的整体性。也就是说,法的实体是由上述四个要素有机地结合而成的,缺少其中一个要素都不可能构成法的实体。

第二,法的实体的结构—功能性。法的实体作为一个整体,是一个结构性的整体。所谓结构性,指法的实体的诸要素之间是相互联系、相互补充和相互依存的关系。法的价值观念规定、影响着法律规则和原则的形成并影响法的实施;法律规则和原则是法的价值观念的形式化和规范化,是法的实施的依据;法的实施则使法的价值观念从观念转化为现实、法律规则和原则从抽象转化为具体。换言之,没有法的价值观念,不可能形成法律规则和原则;没有法律规则和原则和法的实施,法的价值观念只能是人们心中的虚幻;没有法律规则和原则,法的实施就失去其依据,从而成为权力者的胡作非为;没有法的实施,法律规则和原则的效力就不可能实现。正是法的实体的结构性,所以当它与一定的社会现实相关联时,它便显现出其独特的功能性特征。这种功能表现在法的实体结构主动地干预社会现实。例如,当某些人违反法律时,社会主体包括国家、社会对这种违法行为予以谴责和否定,司法机关依法的价值观念、法律规则和原则施予惩罚,自觉守法的公民、法人对其谴责等等,法的诸要素发挥着综合的功能。

第三,法的实体既包括法的理想、价值层次,也包括法的形式层次和现实层次。法的理想(正义观念、效率观念)是法的内在的价值标准;法的形式层次是法律规则和原则,是人们在现实社会物质生产关系中形成的利益关系的正当化形式;法的现实形态是法的实施,它把法的价值观念和法律规范都现实化了。

总之,法的实体是一个结构—功能性的、整体性的范畴。它是法的本体、本质的外化。对法的实体范畴的认识,有助于人们进一步加深对法的本体、本质的理解,法的实体与法的本体、本质分属不同的层次。前者是形而下的范畴,后者是形而上的范畴。自然法学派强调法的本体、本质这一形而上的层次,而分析主义法学派、社会学法学派则强调法的实体这一形而下的层次。自然法学派与分析主义法学派之间的争论是形而上与形而下两种层次的争论。这两种学派都有各自的片面性。法的本体、本质与法的实体之间的关系,只有在马克思主义法本体论的基础上才能得到真正的、科学的统一。

第十二章　法的内核

权利与义务、职权与职责和法律责任是法的本体、本质的具体化。

一定的社会物质生产关系和统治阶级的根本利益和共同意志,经由法的价值观念、法律规范的内化,转化为一定主体的权利与义务、职权与职责关系,并通过国家公权力的中介,强制违法主体因侵犯权利与义务、职权与职责的关系而承担法律责任。权利与义务、职权与职责是人们在一定的社会物质生产关系以及由此决定的政治关系中的地位与意义的确证和标志。

第一节　正当化、合法化

一、正当化与正当性的含义、特征、关系

1. 正当化的含义和特征。

正当化是指社会主体通过一定的社会规范将一定社会物质生活条件下形成的利益关系内化为一定的权利义务关系。简言之,正当化是社会利益关系的规范化。正当化有两种形态,一是道德化,一是合法化(法律化)。道德化是一定的社会关系的道德化。具体地说,是指通过一定的社会舆论对一定的社会利益关系形成社会共识,并将利益关系内化为习惯性权利(应有权利)与应有义务的关系。合法化是指一定的社会关系的法律化。具体地说,是指通过国家中介的作用,将人们在一定的社会物质生产关系过程中形成的利益关系内化为明确的权利义务规则。

无论是道德化,还是合法化,都有一个共同的特点,即规范化。规范化是正当化的标志。规范化的一个最大作用就是把一定社会利益关系内化为一定主体间的权利义务关系,为解决利益关系的冲突提供一个权威的依据。

在一个缺少规范化的社会里,人们之间的社会利益关系常常处于冲突的状态之中。这是因为,一个社会的利益资源总是稀缺的,而人的需要和欲望又总是无止境的。这就形成了利益资源的有限性与人的需要的无限性之间的矛盾。这个矛盾在任何社会、任何情况下都是存在的。但是,这个矛盾在规范化的社会与非规范化的社会中表现是不同的。在一个缺少规范化的社会里(这是一种假设,其实任何阶级社会都是有规范的,只是规范的形式、类型不同,法治社会以法律规范为主,德治社会以伦理道德规范为主),由于没有规范的权威和根据,社会主体之间的利益关系处于不确定、不明

晰的状态,资源的有限性与人的需要的无限性的矛盾就转化为各个利益主体之间尖锐的、无休止的利益之争。只有在规范化的社会里,通过规范厘清各个主体之间的利益关系的界限,才能克服主体之间利益关系的不确定、不明晰状态,从而为缓和利益关系的冲突,解决利益冲突,提供一种普遍的权威性的标准和依据。

2. 正当性的含义和条件。

正当性是指人的行为方式、人的利益、愿望等符合社会生活中现行规范和政策的要求,或者符合社会发展的客观需要和人民的利益。它有两种方式:一是道德的正当性,是正当化的产物,即合理性;一是合法性。

正当性的条件是:

第一,正当性代表社会发展的客观必然要求,是生产关系适应生产力、上层建筑适应经济基础的体现。

第二,正当性是利益、行为具有普遍性。普遍性即各个主体之间的利益关系具有协调性;各个利益主体之间的利益具有相通性。如果利益、行为是个别的、特殊的,则不具有正当性。例如,某个人的某种需要、利益与社会大多数的利益、需要相冲突或不协调,并且与社会规范评判标准相悖,那么它就不具有正当性。一般来说,正当性意味着各个主体之间的利益关系具有相互协调和共同性。

第三,需要、利益的一贯性。满足这个条件的最典型形式是习俗、惯例和法典。

第四,规范性。即社会主体的利益要求是符合现行社会规范的要求的,社会规范是判断主体的行为、利益正当化的标准。

3. 正当化与正当性的关系。

(1)正当化与正当性的区别。

正当化与正当性的最大区别是,正当化是一定的社会主体通过一定社会规范的形式将一定的社会利益关系规范化。"化"具有"成为""变成"之意义。而正当性则是主体的利益、目的与现行的社会规范相一致或相符合,"性"具有"这种样子""那个性质"之义。这两者的方向是不同的。正当化是社会规范赋予主体的利益需要以普遍性和根据,方向是自上向下;正当性则是主体的利益、需要自觉地引向规范的,是自下向上方向。

(2)正当化与正当性的联系。

正当化是正当性的前提和基础,即任何一种利益关系,只有经过正当化之后,它才具有正当性。

正当化是正当化的结果。任何一种利益,只有经过正当化了的,才是正当的。

二、合法化与合法性的特征、关系

1. 合法化的特征。

合法化是通过国家权力中介,将人们在一定社会物质生产过程中形成的利益关系上升为具有权利与义务关系的内容的法律规范。换言之,合法化就是统治阶级的国家将符合统治阶级的需要的,在一定社会物质生产过程中形成的利益要求上升为统治阶级的国家意志化形态。

合法化除了具有正当化的一般特征外,还具有自身的特征:

(1)合法化是以国家权力作中介的。国家权力机关通过立法(立法机关颁布法律和法院在审判中建立规则,如判例法国家)将一定的利益关系规范化,从而使社会利益关系具有国家意志化形态。国家权力的参与,是合法化与道德化的一个重要区别。

(2)作为合法化的标志,法律规范与道德规范具有不同的特点。首先,两者形成的途径不同。道德规范是人们在社会生活中逐步形成的。其次,道德规范具有经验性、习惯性和约定俗成性;而法律规范具有理性化、自为性。再次,道德依靠社会舆论的监督和个人的自律来维持;而法律规范主要靠国家强制力保证其实施。简言之,法律规范较之道德规范更具有普遍性、抽象性、强制性和现实性。

(3)合法化是道德化的现实化。道德化的过程是社会主体的理想化过程,道德化了的社会利益关系——应有权利与应有义务关系,是一定社会主体理想与价值的载体,它具有理想的性质。合法化是在道德化的基础上,对现存的社会利益关系进一步明确化、形式化、抽象化,使应有权利与应有义务关系转化、提升为具有客观性和现实性的、明确的法律权利义务关系。从这个意义上说,合法化所"化"的利益关系已经不是原始的利益关系,而是经过道德化蒸馏过的利益关系。合法化的过程就是国家将应有权利与应有义务上升为法律权利与法律义务的过程,是法转化为法律的过程。这个过程隐含了合法化与道德化的矛盾。因为统治阶级在合法化过程中,并不是将全部的应有权利与应有义务提升为法律权利与法律义务,而是按照自身利益的需要,将应有权利与应有义务转化为法律权利与法律义务,或者在不触动自身根本利益的前提下将被统治阶级的部分应有权利上升为法律权利。合法化与合理化(道德化)之间的矛盾的结果,又导致道德上的正当与法律上的正当(合法性)之间的矛盾。在道德上是正当的,法律未必是正当的;合乎道德的,未必是合法的。

2.合法性是指人们追求、实现自身的利益的行为符合现行的法的价值观念和法律规范。

3.合法化与合法性的关系。

(1)合法化与合法性的区别。

两者的区别在于,合法化是国家权力机关通过建立法律规范,使一定社会主体之间的利益关系形式化、理性化、权威化、客观化和现实化,并内化为明确的权利义务关系。而合法性则是主体的行为、利益接受法律规范的支配和约束。马克斯·韦伯曾深入分析过这两者的不同。他指出:在合法化和合法性中间,有一点重要的不同。合法化是一个统治集团为他们自己所提出的要求——他们自然希望所有别的人都接受的要求。而另一方面,合法性则涉及其上述要求被期望去服从它的人们当作"正当"而接受。合法化来自上层,而合法性则是下层的赠品。① 简言之,合法化是统治阶级的国家政权通过立法、命令为社会利益关系定格的;而合法性则是人们的利益、要求、行为符合统治者颁布的法律。

(2)合法化与合法性的联系。

两者的联系是:合法化是合法性的前提和基础,合法性只有经过合法化的转化后才具有合法性。合法化是合法性的根据和基础,而合法性是合法化的内化——其结晶是法律权利与法律义务,法律权利与法律义务是合法性的表现形态。

(3)合法性的内在根据。

这里需要指出的是,合法性是以合法化为基础的。而合法化是通过国家权力作中介实现的。但不能因此得出结论说,国家权力是合法性——法律的正当性的基础。这是因为,作为合法化标志与合法性根据和标准的法律规范,虽然是通过国家权力作中介形成和建立起来的,但国家权力在合法化过程中只起到手段、工具的作用,而法律规范的真正基础是一定的社会物质生活条件下形成的利益关系,法律规范的本质是一定社会利益关系的正当化、形式化,是一定社会利益关系的外化形式。因此,合法性的根据和基础并不是国家权力,而是一定社会物质生活条件下主体必然的利益要求。从终极的意义上说,无论是道德上的正当性还是法律上的正当性(合法性),最终根据是社会物质生活条件。规范主义法学派的缺陷在于只看到国家权力在合法化——建立规范中的作用,看不到法律规范蕴含的社会物质基础,从而得出权力是权利的来源、权利的正当性来源于权力的错误观点。我们认为,国家权力只是合法化的中介,是合法性的外在保障,而不是合法性——正当性的内在根据。

第二节 合法化的内化——法的内核的生成

合法化的内化,是指法律规范将一定的社会利益关系转化为一定的法律关系。权利与义务、权力与职责构成一定法律关系的核心内容。法律权利与义务、权力与职责既是合法化内化的结果,又是合法性的表现形态——一定社会主体的利益合法性的表征。

所谓内核,是一切法律关系中的核心内容。概言之,权利与义务、权力与职责是一定的社会物质生活条件及其存在方式——利益关系的合法化的内化,它们构成了法的内核。

一、权利与义务

1. 权利。

法律权利是法律赋予一定的法律关系的主体享有的利益以及实现利益的手段的

---

① 参见[英]玫兰克·帕金:《马克斯·韦伯》,112—113 页,成都,四川人民出版社,1987。

资格。其特征有以下几点：

（1）权利内容的利益性。

首先，利益性意味着权利能够给权利享有者带来利益。这种利益包括现实利益（如已出租的土地带来的地租），潜在的、预期的利益（如未来将享有的权利带来的收益）；实现利益的手段如经营活动、买卖等。效益则是利益的放大形态。任何权利的内容都是利益，没有利益的权利是没有意义的。马克思、恩格斯把青年黑格尔派代表人物施蒂纳等人仅仅强调意志性而忽视利益性的权利观，斥之为法律的幻想。认为，这种把权利归结为纯粹意志的法律幻想，在所有制关系进一步发展的情况下，必然造成这样的现象：某人在法律上享有对某物的占有权，但实际上并没有占有某物。例如，假定由于竞争的缘故，某一块土地不再提供地租，可是这块土地的所有者在法律上仍然享有占有权利以及使用和滥用的权利，但是这种权利对他毫无用处；他作为这块土地的所有者，如果除此之外没有足够的资本来经营他的土地，就一无所有。① 也就是说，如果某人在法律上对某块土地享有占有权即所有权，但他没有资本经营这块土地，其收益等于零或负于零，那么，这种土地所有权是没有意义的。所以，能否享有某种利益，是判断一个主体实际权利的标志。某人享有某种权利，即意味着某人有权享有某种利益。如《摩奴法典》第 8 章第 471 条规定："婆罗门可以毫不犹豫地去拿首陀罗的东西；因为他不存在任何财产；因为他的钱财本来就应该被主人拿的。"又如《法学总论》第 3 卷第 17 篇规定：奴隶无论为他的主人，为他自己，或为他的同伴奴隶，或不指名的人缔结要式口约，其利益一律归属于他的主人。从这些法律规定来看，是否有资格享有和追求利益，是衡量一个人是否享有权利的标志。

其次，利益关系是一定社会统治关系及其他社会关系的存在方式。权利以利益为其根本内容，体现了权利与社会物质生活条件及其他社会关系内在的必然的联系，体现了权利是一定的社会利益关系从而是一定的社会物质生产关系的合法化的产物和结晶。

（2）正当性——合法性——权利成立的价值准则与根据。

权利 right 一词与正当性有着密切的联系。在西方，right 既指权利又指"正当"。"jus"一词也是如此。权利与正当、正义具有内在的逻辑统一性。斯图亚特·穆勒指出，我们称之为权利的东西，是与我们所采纳的正义理论明通暗含的。倘若要对权利的存在及权利冲突的实际解决作出系统的判断，必须以完满的正义理论为中介。当代有的学者认为，在英语里，与 justice 一词最切近的词即"应得的"，而"应得的"就是古罗马正义一词的含义。其实早在古希腊时期，人们便意识到正义与利益之间的联系。起初，正义主要指调节人与人之间财产关系的道德准则，如正义女神就手拿丈量土地的两脚尺。在希腊文中，正义与直线是同一个词，表示一定之规。正义与法官也是同一

---

① 参见《马克思恩格斯全集》第 1 卷，382 页。

个词。希腊人认为正义就是利益冲突各方适可而止,保持一定的度。正义的规则由法律来确定,通过对现实利益的分配来显示。① 梭伦的立法改革就是按照这种要求进行的。梭伦认为,正义就是对立双方都要抑制自己的欲望:贵族要节制自己的为所欲为的行为,平民要在对自由地行使财富的分配要求上适可而止。所以,正义就是利益冲突各方适可而止,使公与私、私与私、贵与贱、上与下、贫与富之间的利益关系达到一种平衡。概言之,正义就是义与利的统一。这个思想到了亚里士多德那里得到了系统化的表述。亚里士多德系统地研究了正义理论。他把正义分为两大类:一是广义的正义,它是普遍的正义或政治上的正义,通过全社会的公共利益的分配来体现。二是狭义的正义,其又分为分配的正义与矫正的正义两种。分配的正义是依据人的能力、身份来分配财富和政治职位,其标准是以平等对待平等,以不平等对待不平等;矫正的正义是对被侵害或损害的利益的补偿与矫正。矫正正义是由于破坏合同而产生的,在"损失与攫取之间的中道,正义在于使调解前和调解后具有相等的份额"②。亚氏关于分配正义与矫正正义的观点,实际上是指"应得与应予"的标准与根据,即某人应得"应取"与他人、社会对该人"应予"应让的依据与标准是什么。按照他提出的正义标准对利益进行分配或补偿,实际上是义与利的结合。这就蕴含了权利与义务的观念。尽管当时希腊人并未创造出权利的概念。

如果说,古希腊人把正义主要看作是一种道德准则,那么,到了古罗马法学家那里,他们便把它适用到法学上去。认为"法乃正义之学"或者说法学乃义与利结合之学。③ 古罗马法学家西塞罗认为,正义就是使每个人得其应得的东西。也就是说,一个人给某人应得的东西,那么对后者的行为是合乎正义的行为,因为后者所得到的东西,是他应该得到的,即是他的权利。换句话说,某人有资格获得他的应得的利益份额,便是他的权利。罗马法学家正是将正义与法学结合,并创造了概括权利的概念。梅因指出:"概括权利这个术语不是古典的,但法律学有这个观念,应该完全归功于罗马法。"④

近代启蒙思想家如卢梭、洛克等人认为权利有两种,一是自然权利,一是契约上的权利。自然权利是指人作为人应有的权利,其价值依据是人是一个具有理性和善恶判断力的人,所以,人应有自由、生命、财产的权利。即自然权利的价值根据是人的理性。契约上的权利是通过契约设立的权利。因为契约是各方当事人的合意,所以,它本身是正义、公平的形式。因此,由契约设立的权利,其价值标准也是正义,契约上的权利是正当的权利。由全体市民之间设立的契约即是法律。所以,契约权利也是法律权利。法律权利也是以正义为其价值准则。

从权利史上来看,正义是一种人们在分配、占有某种利益时的道德准则,即价值准

① 参见夏勇:《人权概念起源》,31页,北京,中国政法大学出版社,1992。
② [古希腊]亚里士多德:《尼各马科伦理学》,95—98页,北京,中国社会科学出版社,1990。
③ 参见夏勇:《人权概念起源》,34页。
④ [英]梅因:《古代法》,100页,北京,商务印书馆,1984。

则是人们获得、享有利益的道义上的根据。利益本身之所以不能成为权利,而必须以正义、正当性为根据,其理由是:

其一,权利资源即利益的稀缺性。这是一种人类无法克服的事实。这种稀缺性表现为个量社会财富与总量社会财富之间的矛盾。这个矛盾是一定社会生产方式造成的。马克思认为,分工一出现之后,每个人都有了自己一定特殊的活动范围,这个范围是强加于他的。他不能超出这个范围。① 分工意味着个人生产能力的有限性,即不能生产出自己需要的全部产品。而分工的固定化使分工者在自身范围内所生产的财富更加不能满足其多方面的需求,甚至他生产出来的产品不是自己需要的产品,而是他人需要的产品;他自己需要的产品则由其他人生产出来。这就导致了权利资源的稀缺,每个生产者都不能从自己和社会总量财富中满足自身的需要。因此,在个量财富与总量财富之间,就需要交换作中介。即个体对社会财富的获得,只能通过交换来实现。而交换本质上不是产品本身的交换而是权利的交换,在交换之前,每个交换都既必须对自己占有的物品拥有所有权,同时又要承认对方拥有物品的所有权。这种所有权是排他性的;并且,在交换过程的任何阶段,必须存在处理"犯规"的救济措施。因此,"如果说在简单的初级分工阶段,交换尚可通过共同自觉形成和遵守的约定俗成来实现。那么,当分工发展到交换者互不相识,互不知道的相当复杂阶段,就只能依靠具有普遍性、明确性和强制性的法律规范来界定权利而得以实现"②。这里说的"界定权利"应为通过合法化,为一定的主体间的利益关系划定界限,使某个主体拥有的利益具有正当性、合法性,即为正当性合法性的利益——也就是权利。从而,主体不仅可以交换,而且当对方犯规的情况下,可以通过诉权而寻求公力的救济措施。

其二,利益具有矛盾性。其表现在:第一,不同的利益主体均有不同的利益要求。这就形成个人利益与社会利益与国家利益之间的矛盾。为了防止不同利益主体之间的矛盾的激化和无休止的争斗,就必须对各自的利益划定界限。第二,有些利益,对不同利益主体其意义是不同的。如言论,有些言论对统治阶级有利,对被统治阶级不利;有些对统治阶级不利,而对被统治阶级有利。这就需要以正义为标准确定哪些人能够发表何种言论,哪些人不能发表何种言论。

实现利益的手段分为正当与不正当两种。利益是依靠一定手段实现的。有些手段是正当的,有些则是非正当的。公平竞争是正当的经营方式,因为它符合市场经济的内在要求,符合社会绝大多数经营者的利益。而垄断性经营、不公平竞争(如巨额有奖销售等),则是违反市场经济的内在要求的,侵犯其他经营主体的利益的。因此,是不正当的。

其三,负利益的存在。负利益是指对人类生存与发展造成不利影响的因素或行

---

① 参见《马克思恩格斯全集》第3卷,37页。
② 田培弟、蒋飞康:《权利与效率》,载《法学研究》,1992(2)。

为,如吸毒等,这些行为不仅对行为者的身心成严重损害,而且与社会发展客观要求、社会的公序良俗相违背。诸如此类的行为或因素,不具有合理性,因此不能让它成为某些人的权利。

正当性作为权利成立的价值根据,意味着权利的社会权威性。

在罗马法的权利概念中,正当性观念便与社会权威结合在一起。在罗马法中,权利概念包括如下内容:一是受到法律支持的习惯或道德权威(authority),如家父权;二是受到法律支持的习惯或道德的权力(power),如财产所有人的财产处分权,债权人对债务人的权利;三是受法律保护的自由(freedom),如放弃遗产继承的权利;四是法律身份(legal status),即罗马公民或外来人在法律关系中的地位。① 正当性(合法性)之所以使权利具有社会权威性,乃是因为习惯、道德和法是社会权威的象征。具体地说,习惯是人们在长期的社会生活中的约定俗成。它反映了社会主体的共同需要和愿望,具有社会的合理性。道德也是人们在长期的社会生活中形成的调整人们行为的规则,是衡量行为善恶的标准。法律是国家制定和认可,反映社会发展的内在要求、习惯和道德,并以国家强制力保证其实施的社会规范,因此具有至上的权威。合法性(正当性)是正当化合法化的内在形态,它意味着主体的利益得到习惯、道德或法律的认可。因此,它具有社会权威性。从而使权利保障获得了道义上或法律上的根据。如果某种行为或事实没有正当性的支持,则没有社会权威,也得不到道义上或法律上的保障。例如,非法占有他人的财产、不当得利、非法婚姻。像这些行为由于没有道德或法律的根据,不具有正当性、合法性,因而没有社会权威性,更不可能得到法律上的保障和道义上的支持。

(3)权利的固有属性:自主性。

权利是通过自主性来体现其存在的。这是因为,在一般的情况下,具有正当性的利益——权利的质既包括现实的利益,也包括实现某种利益的可能性或手段。从权利的性质来说,权利更多的是法律对某种主体实现某种利益的可能性的确认和保障。对现实的利益,权利人可以自由地处分;至于可能的利益能否变成现实的利益,取决于权利人的意志,权利人可以自由地作出选择。而权利本身就包含着多种选择的可能性,权利只不过为权利人自主地作出选择提供了一个范围的尺度。因此,自主性意味着权利主体有权作出某种选择。自主性是主体具有根据自己的意志支配和实现其利益的自由。例如,财产所有权意味着法律保障所有权人自主地占有、使用、收益和处分财产,排除其他人对所有权人自主性的妨碍和干涉。债权意味着法律保障债权人要求债务人为一定给付的有效性,从而排除债务人对债权人在财产流转过程中的自主性的妨碍。当然,债权人既可以行使请求权,也可以放弃。政治权利意味着法律保障权利人政治参与的自主性,排除不正当干涉。所以,权利并不意味着强迫权利主体去做任何

① 参见夏勇:《人权概念起源》,35 页。

事,而是由法律赋予权利主体自由选择的行为方式。权利主体的自主性也表现在有权放弃、转让权利的自主性。权利意味着权利主体具有自主性,但不是说权利的自主性一定是由权利主体直接行使。自主性是权利固有的属性,而自主性的行使可通过权利主体的法定代理人或委托代理人行使。如未成年人的权利可通过他的法定代理人行使,企业法人的自主性可通过其委托代理人行使。而代理人制度本身也是权利自主性的一种表现。

（4）权利的存在方式:国家强制力的保障。

法律具有国家意志性,这种意志性的最大特征是国家强制性。强制性对于权利来说,不是强制权利主体主张权利或放弃权利,而是表现在制止或制裁侵犯合法权利的行为上。表现在对相应义务的强制约束上。当权利受到侵犯时,国家通过强制力的方式保障主体获得救济,使权利得到实现。可见,权利与自由并不是等同的。

2. 法律义务。

对于法律义务的含义,学者有不同理解。有的学者认为,法律义务是指法律所规定的义务人应该按照权利人要求从事一定的行为或不行为,以满足权利人的利益的法律手段。该定义的优点在于指出了法律义务的法定性(合法性)、利他性和服从性。不足之处是过于简单,未把约定义务等反映在该定义中。

张文显教授将义务定义为:"义务是设定或隐含在法律规范中,实现于法律关系中的主体以相对抑制的作为或不作为的方式保障权利主体获得利益的一种约束手段。"[①] 该定义基本上把义务的特征揭示出来了,缺点是把义务仅看作是消极的行为即"相对抑制的作为或不作为"的方式。其实,义务既可以是消极的行为,也可以是积极的作为,如履行债务;国家公务人员执行公务行为,如公安人员遇到犯罪人正在作案时必须制止,如果公安人员临危逃脱或旁观,便构成渎职罪。

我们认为,法律义务是设定或隐含在法律规范中的,并且是对具体存在于一定的法律关系中的主体,以必须或应该作为或不作为的方式保障权利主体实现或获得利益的一种约束。法律义务有如下特征:

（1）法律义务内容的利他性。

与权利的利益性相反,义务是利他的。所谓利他性,是指义务人为了实现他人的利益而必须作为或不作为。换言之,义务是义务人为了实现他人的利益的一种手段。英国新实证主义伦理学的创始人之一穆尔从伦理学的角度指出,只能把我们的义务规定为:"比任何其他可能的选择都会在人类中产生更多的善之行为。"而伦理学的"善"则是人在内心对道德律的信奉和行为上的利他性。[②] 法律义务主要是主体行为的利他性。具体上有两种情形:一是在单务法律关系中,义务人履行义务主要是一种贡献,如

---

① 张文显:《法学基本范畴研究》,87 页。
② 参见[英]穆尔:《伦理学》,157 页,北京,商务印书馆,1983。

纳税人交纳税金。二是在双务法律关系中,义务人同时也是权利人。最典型的是买卖合同双方的当事人,从权利的角度而言,双方当事人都是获利者;从义务的角度而言,双方当事人都要把自身的某种利益转让给对方且满足对方的利益的要求,并为对方的利益的实现创造条件。

(2)义务的固有属性:服从性。

与权利的固有属性自主性相反,义务的属性是服从性。义务意味着义务人的行为、利益必须服从权利人的利益要求,接受权利人的意志支配,义务人不能自主地支配自己的行为和利益。义务的服从性表现在:一是义务人必须依法或依约定做出一定的行为促进权利人的权利的实现;二是义务人不得妨碍权利人的权利的实现。义务的服从性实际上是法律对义务人的自主性的限制和对权利人的自主性的肯定。

(3)义务的价值依据:合理性(正当性)与合法性。

义务的内容的利他性和固有属性的服从性,表明义务人是一种工具性的存在。他失去了自身的自主性。但是,义务的利他性和服从性具有合理性和合法性。它的合理性在于:第一,它为一定社会生产关系中形成的利益关系设定了界限,保证权利资源的有效配置。通过设定义务,使权利人的利益实现权利最大化。第二,社会的发展是有规律性、必然性的。人的行为总是要受到客规律的制约和限制。如果人的行为没有一定的约束和限制,必然会受到客观必然性的惩罚。如乱砍伐森林、任意生育等会使人类自食恶果。义务是人类在认识客观必然性的基础上作了自我限制的法律形式,其目的是协调人类的社会行为,克服人的主观任意性,界定行为自由的空间。对此,黑格尔曾指出:"具有约束力的义务,只是对没有规定的主观性或抽象的自由和对自然意志的冲动或道德意志(它任意规定没有规定性的善)的冲动,才是一种限制。但是,在义务中个人毋宁说是获得了解放。一方面,他既摆脱了对赤裸裸的自然冲动的依附状态,在关于应做什么,可做什么这种道德反思中,又摆脱了他作为主观特殊性所陷入的困境;另一方面,他摆脱了没有规定性的主观性,这种主观性没有达到定在,也没有达到行为的客观规定性,而仍停留在自己的内部,并缺乏现实性。在义务中,个人得到解放而达到了实体性的自由。"①这意味着个人的自由同时受到普遍必然性的约束,意味着对义务的限制同时也具有实现自由的价值。义务合法性表现在,义务的履行是符合法律的规定的,义务人履行义务的行为受法律的肯定和保护。

(4)义务的存在方式:强制性。

义务的利他性和服从性是以强制性的方式存在的。作为合法化产物的法律义务,国家强制约束人们必须做出或不得做出一定的行为,不管人们的主观愿望如何,拒绝履行义务或中止履行义务将受到国家强制力的制裁,以迫使义务主体履行义务。

义务的强制性和权利的保障性,都是国家强制性的体现。不同的是,国家强制性

---

① [德]黑格尔:《法哲学原理》,167—168页。

作为权利的存在方式,表现为对权利主体合法权利的保护而不是强制约束,国家从来不应当强制权利主体去做法律允许做的行为;强制性作为义务的存在方式,表现为对义务主体履行义务的强制约束上,国家也不应当允许义务主体做出法律禁止的行为或不做出法律要求做的行为。所以,强制性对于权利主体和义务主体所具有的意义是不同的。

3. 权利与义务的关系。

权利与义务是法最基本的内容,两者在本体论上的关系如下:

(1)权利与义务的同源性。

权利与义务都根源于社会物质生活条件。具体地说,权利和义务是人们在一定的社会物质生产过程中产生和形成的利益关系配置的规范化,旨在保证社会生产、交换和分配及社会生活的正常进行。其中,权利是主体享有的利益和实现利益的手段;而义务则是主体的负担。所以,在本体论的层次上,权利与义务没有先后之分,也没有谁优谁次之分。

(2)结构上的相互关联性。

法学家们普遍认为,权利与义务是相互关联的。它们是在某一法律关系中相互对立,又相互依赖、相互作用和相互统一的两个方面。离开其中一方,另一方就失去存在的根据和意义。例如,婚姻关系中夫妻之间的权利与义务关系、借贷关系中债权人与债务人之间的权利与义务关系等等都是相互关联的。这种关联性表现在:一方面,某个主体享有某项权利,意味着另一个主体或其他主体就一定对相应的权利界定负有义务。如果其他主体在法律上并不负有让我这个主体做我所愿意做的事情的义务,那么,我这个主体在法律上也就没有做我所愿意做的事情的权利。我这个主体在法律上的权利,总是以其他主体负有义务为前提。只有在别人有不妨碍我做或不做某件事的法律义务时,我才有做或不做某件事的法律权利。如果我这个主体在法律上享有对某栋房屋的所有权,那么其他每一个人都负有不妨碍我对该栋房屋行使权利的义务;如果其他人妨碍我对该栋房屋行使所有权,那么他们就违反了法律为他们设定的义务,会使他们招致制裁。如果我这个主体(贷方)对借贷关系享有债权,借方便有偿还贷款的义务。没有对其他某个主体的法律义务,也就没有对某个主体的法律权利。权利的内容的实现,最终依赖于某个主体的义务的履行。另一方面,某个主体负有某项义务,意味着另一个主体享有某项与该项义务相应的权利。一个人负有向其债权人偿还借款的义务,另一个人就享有要求借款人偿还该项借款的请求权;一个人负有不杀害别人的义务,意味着其他人享有生命不受非法剥夺的权利,即生命权利。进一步地说,甲对另一个人乙负有义务 a 行为,相当于乙的 b 行为,即乙对 b 行为有一种权利,即乙具有一种要求甲为 a 行为的权利。债权人接受货物的权利就相当于债务人对这笔债务(货物)交付的义务。如果债权人拒绝接受这批货物,债务人也就不能履行其债务。甲之所以负有义务向乙交付货物(甲负有在自己的行为方面对乙的义务),乙之所以有权从甲那里接收这一批货物(乙有在他自己行为方面的权利),就是因为乙享有甲应该向他交付货物的权利(因为乙有对某个别人的行为的权利)。一个人负有某种义务,意思就是他负有相当于或相应于某个别人享有的权利(或要求的行为)的那种行为的义务。反之亦然。所以,一个人对一定行为界限的义务,始终是关于这个人对别人行为(权利)的一个义务。

权利与义务是相互关联的。这种关联的形态至少有三种情况:一是同一主体既有权利,同时又负有义务,而且二者大体相当。最典型的形态是在平等的主体间的法律关系中,如双务合同关系中,合同的债权人同时又是债务人。社会主义婚姻法律关系中,夫妻之间享有平等的权利和负有同等的义务。二是权利与义务分属于两个相互对立的主体。其中一部分人只享有权利而不负有义务,而另一部分人只负有义务。三是虽然同一主体既享有权利也负有义务,但不同的主体享有权利和负有义务是不平等的。例如封建社会中,地主与农民的租赁关系,虽然地主和农民均享有权利与义务,但地主享有的权利要比农民享有的权利多得多,而农民负有的义务要比地主负有的义务多得多。第二、三种的权利与义务的相关关系,是一种特权与义务的关联性,它是经济关系、阶级关系不平等在法律上的体现(赠与、继承等民事法律关系例外)。

(3)权利与义务在功能上的互补关系。

法律作为社会关系的调节器,是通过规范人们的权利与义务关系来指引人们的行为,调节人们的社会关系的。权利与义务各有其独特的而总体上又是互相补充的功能。

第一,权利直接体现法律的价值目标,义务保障价值目标和权利的实现。法律总是以确认和维护某种利益为其价值目标,并且以权利的宣告直接体现其价值目标。当价值目标得以确立并且由权利加以体现之后,义务的设定就是必不可少的。[①] 因为单纯的权利宣告,如果没有相应的义务履行,权利就不可能实现。法律规定了所有权,但如果没有规定相应义务(不得妨碍所有权人行使所有权的义务等等),所有权就不可能得到实现。在债权关系中,如果没有与债权相应的义务,债权的请求权就不可能得到实现。

第二,权利提供可能性的指引,义务提供必然性的指引。权利与义务都有指引人们行为的功能。但它们指引行为的方式及其结果是不同的。权利总是与权利主体某种有利的,至少一般来说不是主体不期望的后果相连。且由于权利具有自主性,权利主体对其享有的权利具有多种选择性,如诉讼权利主体可以承认、放弃和变更诉讼请求;债权主体可以请求债务人履行义务,也可以放弃和转让其债权等等。即使人们放弃其权利,也不会招致法律的谴责,所以,权利主体是否追求实现有利于他的结果,或者认为哪种结果对他才是有利的,取决于权利主体的意愿。这就决定了权利指引给人

---

① 参见张文显:《法学基本范畴研究》,86 页。

们留下了各种可能选择的余地,它所预设的法律后果带有较大的或然性,即不确定性。一般说来,义务总是与某种不利的,或一般来说主体不希望发生的后果相连,如果违反义务还会招致法律的制裁(剥夺生命、自由、财产等处罚)。为了避免这种后果的发生,人们必须依法做出法定的或约定的要求的行为,抑制法律禁止的行为,而不容许义务人有选择的余地。因此,义务指引能够产生必然的、确定的结果。

第三,权利引向自由,义务引向秩序。权利的自主性、可选择性将社会引向自由。人们享有的权利越多,社会越趋向自由(无论是个人自由还是社会自由的总量都会增加)。而义务由于具有利他性、服从性,决定了其以强制某些积极行为发生,防范某些消极行为出现和限制权利、权力的行使的特有的约束机制,而有助于建立秩序。自由和秩序都是社会的基本价值目标,因此权利与义务对一个健全的社会来说都是必需的,缺一不可的。由权利与义务引向的自由与秩序的统一,便是一种社会的正义。

权利与义务关系还有价值上的主次关系,即所谓以权利为本位或以义务为本位。这是法的价值论方面的内容,在此不加以讨论。

二、权力与职责

权力与职责也是合法化的产物,是法的核心内容之一。如果说权利与义务主要是公民法人之间的法律关系的内容,那么,权力与职责则主要是国家权力之间、国家机关与公民法人之间的法律关系的内容。

1. 权力的含义、特征。

英语中"权力"(power)一词来自法语 pouvir,后者源自拉丁文的 potesas 或 potentia,意指"能力"(两者都源自动词 potere,即能够)。在罗马人看来,potentia 是指一个人或物影响他人或他物的能力。potesas 还有一个更狭隘的政治含义,是指人们通过协同一致的联系和行为所具有的特殊能力。西塞罗由此得出"权力在于人民,权威在于元老院"的结论,即人民结成一体具有的力量是最大的。

然而,自 17 世纪以来,由于自然科学及社会科学方法的影响,权力概念也随着自然科学和社会科学方法的更新而不断演化。

霍布斯最先把 17 世纪的机械力学方法引入权力的研究中。他认为权力应定义为一种因果关系,即一种主动出来的"行动者"和被动的"承受对象"之间的因果关系。他说,权力和原因是同一回事,原因和结果与权力和行动相对立;而且,双方是相同的事物,无论由于什么原因使行动者拥有对其对象产生作用所需的所有条件(即各种属性之结合),我们认为,他只要愿意便有权力产生这种影响。所以,行动者的权力和有效的动因是一回事。对权力关系作这种机械的因果关系论的理解尽管有简单明了的优点,但其缺陷也是明显的。即由于把权力看作是一方主动而另一方被动的机械关系,而主动一方必有目的因才对被动一方施加影响,这就必然得出权力施行的目的就是出于掌权者一种利己的目的。这样,在霍布斯的权力理论中,权力是实现利己的一种必不可少的手段。利己是人的一种本性,所有的行为主体都试图得到好处以满足自身的欲望。所以,他推断出全人类共同的爱好,便是对权力永恒地和无休止地追求,这种追求至死方休。这种欲望只有靠主权者的最高权力才能加以控制。

20世纪初的著名社会学家马克斯·韦伯在霍布斯定义的基础上,把权力定义为:在社会交往中一个行为者把自己的意志强加在其他行为者之上的可能性。这仍是一种机械主义的观点。不过,韦伯关于权力的定义是把权力纳入一定的社会关系中去考察的,这比霍氏纯粹的力学观点进了一步。陶奈也表达了相似的看法。他认为,权力可以被定义为一个人(或一群人)按照他所愿意的方式去改变其他人或群体的行为以及防止他自己的行为按照一种他所不愿意的方式被改变的能力。《不列颠百科全书》把权力定义为:一个人或许多人的行为使另一个人或其他许多人的行为发生改变的一种关系。

行为主义政治学特别是其中的多元主义者认为,权力的行使是这样一种关系式,即行为者 C 公然试图使另一行为者 R 按 C 的意图去做 R 所不愿做的事。如果 C 的权力意图得逞,那么 C 被认为对 R 拥有权力,尤其表现在 R 与 C 有分歧的问题上 C 对 R 拥有权力。这仍然是一维的、机械性的定义。

比德·巴克拉克和莫顿·巴拉兹提出二维论的权力定义。他们认为政党权力具有两面性。权力的一面是以公开和可以看得见的形式使用。权力的另一面是隐蔽的,它在某些场合被秘密地使用,难以直接观察到,例如:C 可能会行使权力操纵日程安排,以便把讨论、辩论和决策限定在“保险”的问题上;C 也可能趁机利用政治体制中已经确立的有利于使 C 的利益压倒 R 的利益的优势基础。

我们认为,权力是一个社会关系的范畴。它表征着在一定的社会关系中,一方支配、统治另一方,并使另一方服从自己的意志的力量。对权力可以作不同的分类。但最基本的划分是将权力分为经济权力、政治权力和精神权力。经济权力是占统治地位的经济关系中居主导地位的阶级、集团在社会经济生活中的统治力量,他们控制一国的经济命脉。政治权力是指在政治关系中统治阶级支配被统治阶级乃至全体社会成员的统治阶级的力量。精神权力是支配人们的精神生活、信仰的统治力量,其最典型的形态是宗教力量。在这三种权力中,在法律关系中调整范围最大的是政治权力。政治权力是随着阶级划分的出现,从共同体的权力分化出来的一种特殊的公共权力。由于社会的公共利益、公共事业是多层次、多方面的,从而形成各种政治权力,它们共同构成一个政治权力系统,这个权力系统包括国家权力、政党权力、社会团体(如工、青、妇社会团体)和公民权力。在这个权力系统中,公民权力实际上是公民在法律上享有的政治权利,如选举权与被选举权等。政党是一定的阶级在某种信仰或纲领下而结成的社会组织,它以参与国家权力的分享作为其存在的目标。社会团体是以某种身份或职业为纽带,以一定的政治目标为宗旨而形成的社会组织,它们以一定的方式参与或影响国家权力。概言之,公民权力、政党权力和社会团体权力均以追求国家权力作为其存在的目的。国家权力是各种政治权力的核心,是政治权力的最高形态。因此,在一国的法律制度中,除了以权利与义务为内容的法律关系外,还有权力与职责,权力与权利、义务之间的法律关系。如诉讼法中司法权与公民法人的权利义务的关系;行政法中国家机关的权力与公民法人的权利义务之间的关系。后两种法律关系的核心范畴是权力,权力是构建这两种法律关系的关键。国家权力有如下两个根本特征:

(1)国家权力是一个垂直性的社会关系范畴。

国家权力是一个社会关系范畴。政治权力存在于一定的社会关系中,但并非任何社会关系都是权力关系。社会关系是一个非常复杂的系统,可以对其进行不同的划分。如果从社会关系的参加者(主体)之间的地位和相互作用的意志的性质来看,可以将它们区分为:命令服从关系;协商合作关系;相互冲突关系。"命令服从关系"是一个地位上不平等、意志上不平衡的关系,一种命令与服从、支配与被支配、统治与被统治的关系。"协商合作关系"是一种主体间平等的、意志上平衡的关系,如民事法律关系,它们之间是一种平等的权利义务关系,而不是权力关系。"相互冲突关系"则是一种相互排斥的关系,这种关系实际上是"命令服从关系"的极端形式,即统治者与被统治者之间矛盾的激化形态。它或者是两方在斗争中同归于尽,或者重新恢复到统治与被统治关系的常态。所以,权力关系只有在"命令服从关系"中才具有典型的意义。①

如前所述,国家权力是阶级社会的产物。因此,国家权力存在于阶级、集团之间的统治与被统治的关系之中。其中,统治阶级或集团掌握着国家权力,处于统治和支配的地位;而被统治阶级处于被动、被支配、被统治的地位。国家权力就是统治阶级(集团)压迫、支配被统治阶级的最强大的政治力量。也就是说,国家权力是一个垂直性的社会关系范畴。

第一,国家权力的主体是国家,这就决定了国家权力的一元性、公共性、普遍性。国家是凌驾于社会之上的代表,是脱离社会成员的公共权力,是一种一元性的权力,在一国之内不允许有几个国家权力并存。它是以执行整个社会的各种职能为基础的权力。政治统治都是以执行某种社会职能才能持续下去。

第二,国家权力是统治阶级的整体力量的普遍化。统治阶级要想进行政治上的统治,必须取得国家政权,在政治关系(主要是阶级关系)中实现其意志。在国家权力行使中,统治阶级是以一个阶级的整体力量发挥其作用,压迫被统治阶级的。因此,国家权力是统治阶级在政治上的整体力量。

第三,不平衡性。权力作为一种一个阶级统治、支配其他阶级的力量,是一种不平衡的关系,即统治阶级与被统治阶级之间的意志是一种从属关系。这种不平衡关系是社会经济关系中不平等关系在政治上的反映。

---

① 参见武步云:《马克思主义法哲学引论》,208 页,西安,陕西人民出版社,1992。

第四,强制性。由于国家权力是以被统治阶级的服从为特征,并凭借国家暴力相威吓和镇压。这就决定了统治与被统治之间,是一种强制性关系。一方必须服从另一方,不管被统治方愿意接受与否。

第五,国家权力的客体是它统辖的机关、组织以及社会成员。权力主体与权力客体的相互作用,即统治者与被统治者、管理者与被管理者的相互作用,具体地形成了支配与服从、统治与被统治的权力关系。

(2)合法性。

法律和国家权力都是阶级社会的产物,是阶级矛盾不可调和的必然现象。两者是相伴而生的。

国家权力的产生、存在和运行必须有其价值根据,即正统性和合法性。所谓正统性,指国家权力的产生、存在和运行有其合理的依据。合法性则是国家权力的产生、存在和运行在法律上的依据。它是国家权力取得正统性的主要依据。

其一,从权力的产生来看,不管权力以何种方式产生,都离不开法律。

权力产生的方式之一,是依据传统——习惯法。最典型的方式是前资本主义社会的王位继承制。先王死后由其长子或其他亲属继承王位,以此代代相传。通过这种继承方式,王权取得了正统性的地位。一般来说,此种习惯已成为法律制度的一部分(如王室法)。对此,哈特指出,在王位继承中,王位继承的规则是:"预先规定了王位继承制度,概括地提名或指定立法者的资格或确定立法者方式。……如规则规定了长子继承制,那么国君二世就有资格继承。在其父去世之时他就有权力去制定法律,在他的第一道命令发布时,我们就可以有适当的理由说:他个人与其臣民之间任何习惯性服从关系有时在建立之前,它们已经是法律了。"①

权力产生的方式之二,是社会革命。社会革命是阶级矛盾不可调和的产物。在社会革命中取得胜利的阶级往往要废除旧政权的法律制度,代之以新的法律制度,以便建设新的政权,使新政权取得正统性的地位。

权力产生的方式之三,是依据严格的选举程序和实体法的规定选举国家领导人。在选举中获胜的候选人代表其阶级或利益集团组成政府,从而取得正统性的地位。

所以,不管权力以何种方式产生,都离不开法律。法律是评价一个国家权力产生是否具有正统性的主要依据。之所以如此,是因为国家权力作为一个阶级压迫、统治另一个阶级的机器,它必须以法律确立其地位;同时为了不使其统治受到其内部个人任性的左右,又必须将他们的共同利益以及由此共同利益决定的整体意志用法律的形式确定下来,取得正统性的地位,从而取得社会各阶级各利益集团的认可和服从。

其二,法律规范是国家权力存在的依据。

奥斯丁的主权者学说认为,主权者(如君主、立法者)为臣民制定法律,而且是他不

---

① H. L. A. Hart:The Concept of Law,p.53.

受任何法律限制地制定法律,根本不存在,并且也不可能存在对他创造法律的权力的法律限制。其理由是,只有立法者处于习惯服从另一个立法者的命令之下,才能存在对立法权力的法律限制;而这样一来,他就不是主权者了。如果他是主权者,他不服从任何其他的立法者,因而也不能存在对其立宪权力的法律限制。这种观点实际上是否认了法律是最高国家权力的依据。

任何一种国家权力的存在,都离不开法律作为其正统性的根据。即使是专制社会里,君主具有至高无上的政治权力,君主之言即具有法律效力,但君主这种政治权力和地位是法律规则赋予的。易言之,君主可以一言立法,一言废法,是法律赋予他有这种法律资格或权力。所以,尽管他可以制定约束他之外所有人的法律,他不受法律约束,也是法律赋予他这种资格的。正是因为如此,他的权力才被统治阶级乃至整个社会认为是正当的。哈特指出:"在一个新的立法者开始立法之前(指在君主制下),就显然存在着一个公认的规则——它赋予新立法者作为一个阶级或某一世系的一员接任后进行立法的权利。由此,我们可能发现,在国君一世有生之年该群体普遍承认:其言语应被人们服从的人不限于国君一世一个人,而是当时在某一方面有资格的人,如某一祖先的直系亲属中目前最年长的后裔;国君一世仅仅是在特定时期有此资格的特定人。"①君主的权力地位是法律赋予的。

其三,法律是国家权力行使的根据。

首先,法律规定了国家权力的权限。法律对国家权力的规定本身就是为国家权力设置了界限。即使在专制社会里,君主权力无限,但这种无限的权力也是法律赋予的。在现代社会法律通过对立法权、行政权和司法权的严格规定,为各种权力设置了严格的界限,从而形成了权力相互制衡的机制。

其次,权力的运行必须依法定的程序。

权力运行的程序化,是权力合法性的一个极为重要的内容。所谓权力运行的程序化,是指任何一个国家职能部门行使权力必须依法定的程序。不依法定程序行使的权力是非法的,非正当的。例如,行政权的行使要通过立法机关的批准和授权,并且要依一定的行政法律程序。司法权要依刑事诉讼法、行政诉讼法和民事诉讼法规定的程序行使。权力行使的程序化的法律意义在于:一是使各种权力机关在职权范围内行使其权力。二是使各种权力机关在行使过程中相互配合、互相制约,防止权力滥用和越轨。三是权力行使的程序化,使权力的行使趋向合理化和科学化。法律对程序的设计是一定的统治阶级总结权力行使的经验的理性化、抽象化,使其具有合理性和科学性的成分。四是权力行使的程序化,使权力的行使发挥其管理社会的职能,防止权力侵犯公民和社会组织的合法权益,使权力行使中造成的负效应降至最小,产生的积极效益最大。

① H. L. A. Hart:The Concept of Law,p.57.

有一种观点认为,最高立法权力机关行使立法权是不受法律限制的(如全国人民代表大会及其常务委员会行使立法权就是如此)。我们不敢苟同。首先,规定人民代表大会有立法权本身就是法律限制;其次,人民代表大会立法活动是严格按程序进行的;再次,人民代表大会立法的内容也是受法律限制的,如制定部门法不能与宪法相冲突。所以,认为立法权力机关不受法律约束是没有根据的。

法律作为国家权力产生、存在和行使的根据表明,合法性是国家权力取得正统性的主要依据。没有法律根据的国家权力是非法的,不正当的。

2. 法律是国家权力的意志表征。

第一,法律是国家权力机关制定和认可的行为规则。如前所述,法的原型是一定社会物质生产关系中形成的习惯性的权利与义务关系规则,是一定的统治阶级意志化形态。但是,如果没有国家权力作中介,法不可能上升为法律。

第二,法律的实施必须通过国家权力作保证。没有国家权力作后盾的行为规则,至多不过是道德规范而已。

可见,法律的存在也离不开国家权力。但是,并不能因此得出结论说国家权力是法、法律的基础。法、法律和国家的基础都是一定的社会物质生活条件;法律和国家权力都是阶级矛盾不可调和的产物。国家是统治者进行统治的组织形式,法律是国家权力行使的意志形式。所以,从个人的物质生活方式中所产生的国家同时具有统治意志的形式。[①] 国家和法律是政治权力(国家权力)的两个方面。国家权力是政治权力的载体和施行者;法律则是国家权力行使的形式和规则。正因为如此,权力才成为法的内核。

3. 职责的含义和特征。

职责是指一定的权力机关及其工作人员在其职权范围内必须履行的义务。职责的特征是:职责既包括积极的作为,也包括消极的不作为。积极的作为是国家权力机关及其工作人员必须以一定的行为方式履行其义务。如当社会出现骚乱时,军队、警察必须出动加以平定,恢复社会秩序。消极的不作为是指国家权力机关应该负有不得滥用权力,不得非法侵犯公民及其他社会组织的合法权益的义务。

4. 权力与职责的关系。

第一,职责必须以职权(权力)为基础。某一国家机关的职责是与其权力相适应的。例如,检察机关享有国家的检察权,与此相适应,检察机关必须履行其控诉犯罪人,监督公安治安活动、法院审判活动合法与否的职责。

第二,权力与职责的区分不是绝对的,而是相对的。权力及其行使有时既可以理解为权力,也可以理解为职责。例如,工商管理部门依法对工商企业的经营活动进行管理,既可以理解为工商管理机关的职权,也可以理解为工商管理机关必须履行的职

---

① 参见《马克思恩格斯全集》第3卷,397页。

责。所以,也可以把职责理解为权力必须正当地行使。渎职既是指权力不行使和不正当地行使,也是指权力机关不履行其应该履行的义务或不正当地履行职责。

三、国家权力与权利、义务的关系

1. 国家权力与权利的关系。

权力与权利的关系是对立统一的关系。

(1)权力与权利相互依存。

首先,国家权力来源于权利。从最终的意义上说,国家权力来源于客观经济关系中的经济权利。因为经济权利是一定时期经济关系的最直接的意志化形态。从直接意义上来说,国家权力来自政治权利。在前资本主义社会,奴隶主贵族和封建贵族拥有政治特权(政治权利的极端化形态)。国家权力来自特权,如国王死后,其王位由其亲属继承(继承之特权),等等。在现代资本主义社会,由于宪法赋予公民选举权和被选举权,国家权力由选民选举产生,如公民选举州议会、国会议员,选举各级政府领导人等。尽管有虚伪的一面,但从法律上说,国家权力来自权利。在社会主义社会,由于公民拥有平等的经济权利和政治权利,所以,国家权力是公民依宪法赋予的平等的选举权和被选举权选举产生的,权力来自权利得到了完整的体现。

其次,国家权力是实现权利的手段。权利是国家权力存在的目的。权利的主体一般是公民和法人(国家在民事法律关系中也作为民事权利的主体)。各个权利主体的利益并不总是一致的,有时是相互冲突的。如果没有国家权力的干预,各权利主体的权利就会因彼此的冲突而得不到实现和保障。如前所述,国家权力来自权利。如果权利得不到保障,必然会危及国家权力。所以,任何一种国家权力都把维护一定主体的权利作为其存在的目的。如资本主义国家权力把维护资产阶级的私人财产所有权、契约自由权等作为其存在的最终目的,社会主义国家政权则把维护公民平等地享有各项经济权利、政治权利、文化权利作为其宗旨。在这里,国家权力是实现权利的手段;而权利是国家权力的目的。手段与目的在此是相互依赖、相互统一的。没有权利作为目的,国家权力就失去了其存在的意义。从这个意义上维护公民、法人的合法权利,是权力机关的重要职责。

(2)权力与权利的区别。

首先,权力与权利的主体及其行为性质不同。国家权力的主体是国家机关,公民、法人(社团法人)不是国家权力的主体。国家权力行为的性质是职权行为,或称公共权力行为。如立法行为、行政行为和司法行为等。它以社会公共利益为目的,而不能以权谋私。这种公共权力的行为具有直接的强制性。权力行为的对象必须直接服从权力的施行者,否则便会受到权力行为者的直接干预。权利的主体一般是公民和法人,权利主体行为的性质直接体现其利益,如民事权利主体在从事民事活动中,以获利为其目的;政治权利主体在从事选举等行为中,以维护自己的利益为目的。国家机关在参与民事活动中,可作为民事权利主体为其利益从事民事活动(如购置办公用品等)。但此时的国家机关是以法人身份从事民事法律行为,而不是公共权力行为。权利行为不具有直接的强制性。当权利受到侵害或损害时,权利主体只能向国家司法机关请求救济,而不得自行对侵害人直接施以强制(如不能为索债、排除妨碍而拘禁债务人、侵害人)。权力的强制性是国家权力机关直接行使的,而权利的强制性必须以国家权力作中介,是间接性的。

其次,国家权力与权利受法律限制的方式不同。权利有所谓"剩余权利",即法律上未规定为权利,而又未加禁止并且是符合社会成员和社会公共利益的事,可以推定为权利主体有权利做,即所谓"法不禁止即可为"。这实际上是允许从应有权利推定出法律权利,我国宪法对公民行使权利只作了一条限制,即"不得损害国家的、社会的、集体的利益和其他公民的合法的自由和权利"。除受此限制外,权利主体都有权利做。

国家权力则不然。由于国家权力具有普遍性、强制性、垄断性和扩张性的特点,若不对之加以严格的限制,它就可能凭借其强大的力量滥施于社会,并以武力作后盾侵犯公民、法人的合法权益。因此,法律必须对权力的行使加以严格的限制:对权力作出严格的界定,规定其职能;确定权力行使的方式和范围,权力必须依法行使,即"依法行使职权"。依法行使职权具体包括:"依法行政",行政机关必须根据法律行使行政权,没有法律上的授权,行政机关不能为;"依法司法",司法机关在执法和适用法律时必须依法办案,不能超越法律之外,另立一套办案标准,即使是最高法院作出的司法解释也必须有法律上的依据。概言之,无论是行政权还是司法权的行使,必须严格限制"自由裁量权"。至于立法权的行使,有学者认为从总体上是不受任何法律的限制的,理由是它自己可以修改宪法和制定与修改法律。这种观点与我国步入法治社会的历史进程是不合拍的。在法治社会,法律具有普遍性和至上性,不仅执法机关(行政机关、司法机关)权力的行使受到法律的限制,而且立法机关的立法行为和内容也受到法律的限制,如制定法律不得违反宪法的规定,不得违反立法法的规定,如宪法和立法法规定立法机关不能制定侵犯公民正当利益的法律,不得制定违反社会公共利益的法律等等;修改法律必须经法定程序进行,修改宪法必须有1/5的代表提议,有2/3的代表通过才能生效。所以,虽然立法机关有权制定和修改法律,但本身又受到其制定的法律的约束和限制,否则就会导致立法权的滥用。可见,在现代法治社会,无论是在行政权或司法权的行使中,国家权力不存在"剩余权力",不应允许"权力推定"。

(3)权力与权利的对立。

国家权力与权利既有相互统一的一面,又有相互对立的一面。具体有以下几种情形:

第一,国家权力剥夺权利。这里有合法与非法之分。从合法意义上看,国家权力剥夺权利主要是因为个人、法人违法犯罪而被国家剥夺权利。如犯罪分子被剥夺政治权利;被判处死刑的罪犯被剥夺生命权;经济组织(合伙、个体工商户和公司)因违法经营而被工商管理部门吊销营业执照,这都是国家权力依法剥夺权利。国家权力也有非法剥夺权利的情况。如在专制社会里滥杀无辜。即使在现代社会,有时国家权力也有可能被某些人滥用,剥夺公民、社会组织的合法权利,如某国家机关滥用职权,非法吊销合法经营者的营业执照等。

第二,国家权力限制权利。这也有合法、正当与非法、非正当之分。从合法意义上说,国家权力对权利的限制是基于国家权力有责任使个体权利与社会权利、个体利益与社会公共利益之间保持平衡。国家权力机关在出现个体利益与社会公共利益、某个个体权利与其他个体的权利发生冲突时,依法从社会公共利益出发,对个体权利进行适当的限制和干预,如实行计划生育以限制人口的增长,从而限制了公民的生育权;对某些行业如建筑安装、加工企业实行经营范围、技术等级的限制,防止因经营能力的缺陷而导致社会公共利益和其他公民合法权益受到侵害和损害。这些限制都是国家权力机关依法对权利的限制,是合法的、正当的。国家权力也有非法限制权利的情形。如公安机关或其他国家机关非法限制公民的人身自由(包括无法律根据拘禁公民、超过法定的羁押期不放人);工商管理机关非法限制工商企业的经营权等等。这些是非法的、不正当的。

第三,权利限制、制约国家权力。在法治社会,为了防止国家权力被滥用,法律除了规定以权力制约权力外,还通过权利来限制和制约权力。国家权力被滥用,是因为权力过分集中于少数人手中,公民的权利范围太小的缘故。制约权力、防止国家权力滥用最有效的办法是使公民在法律上享有广泛的权利,如选举权、被选举权、言论自由权等民主权利,使公民通过选举、报纸、电视、电台等途径对国家机关及其领导人进行有效的监督和制约;对滥用权力或失职的机关和人员,行使检举、控告、罢免等权利,以制止权力对权利的非法侵害和因权力机关及其人员的失职对社会公共利益及公民、法人的合法权益造成的损害,直至在选举中将失职、不称职和渎职的领导人撤换,从而使人民当家作主的法治精神得到体现。

2. 国家权力与公民、法人义务的关系。

国家权力与公民、法人义务的关系有两种情形:①国家权力与公民、法人义务的关系,是国家权力与公民、法人权利关系的展开。在权利与义务关系中,义务既是对权利的限制(对义务主体),也是保障权利实现的手段(对权利主体)。当权利与义务的法律关系被破坏(如侵权、违约)时,权利主体有权请求国家权力机关(如司法机关)对其救济。此时的义务主体不仅要对权利人履行义务(如赔偿损失、继续履约),而且负有服从国家权力的义务,如服从判决之义务。这种义务是从权利与义务关系中派生出来的,是一种次生性义务。②国家权力机关在行使社会管理职能中要求公民、法人必须服从其管理的义务,如工商行政管理机关在对工商企业行使工商管理职能中,要求工商企业服从管理的义务;税务机关在征税法律关系中,纳税人必须履行纳税的义务。

这是一种直接与国家权力相对应的义务。在这两种权力与义务关系中,一方面,公民、法人履行义务是国家权力得以正常行使的前提;如果义务人拒绝履行其义务,国家权力的行使就会受到阻碍。另一方面,如果国家权力不正当地、不依法地行使,就会使义务人的权利受到其侵害,如乱摊派加重义务人的负担,增加义务人的义务。所以,法律的任务不仅要对权力与权利的关系作出严格的界定,而且也要对权力与义务的关系作出严格的限制,尤其要对权力作出严格的限制。

第三节　违法与法律责任

一、违法行为

1. 违法行为的概念。

违法行为是违法主体违反法律规定的权利义务和当事人依法设定的权利义务关系的行为。它有狭义与广义之分。狭义的违法行为是指违反法律强制性规定的行为,或者称违反法定义务的行为。刑法上的犯罪行为、民法上的侵权行为以及行政违法行为属于狭义的违法行为。广义的违法行为,除了指违反法定义务外,还包括违反契约的行为。无论是广义的违法行为,还是狭义的违法行为,都有两个共同的特征:第一,都是违反义务的行为。狭义上的违法行为是违反在不特定主体之间负有不得侵害之义务,即任何人对其他人之合法权益均负不得侵害的义务,此乃法律规定的强制义务。广义上的违法,除了包括狭义上的违反法定义务外,还包括违反当事人间彼此约定之义务。约定义务是民事法律关系的各方当事人依法通过意思表示的民事法律行为创设的义务(也包括设定权利),其有效行为设定的权利义务关系受法律的保护。所以,违反约定义务的行为也是违反法律的行为。第二,违法行为是对权利、权力的侵犯。狭义的违法是侵犯法定的权利和权力的行为。侵犯法定的权利,如侵犯公民的身份权利、人格权,侵犯公民、法人的财产权利等等。侵犯法定权力,是指侵犯危害国家主权,如颠覆政府的行为;侵犯国家机关法定的权力行为,如侵犯社会管理行为(逃脱罪,偷税、漏税罪,妨碍公务罪等)。广义的违法行为除此之外,还包括违反契约的规定,不履行或不适当履行义务致使债权人的权利不能实现的行为,这也是对权利的损害。

2. 违法的构成。

违法构成是引起法律后果所必须具备的法律事实系统,是一种特定的事实构成,只有具备这一事实系统的全部事实要件,才能构成违法。① 这些要件是:

(1)违法客体。任何违法都有被侵犯的客体。这就是法律所保护的社会关系。它有三层含义:第一层含义是法益(权益),即是社会关系提升为法律关系的内容。法益

---

① 参见孙国华主编:《法理学教程》,502 页。

是法律所保护的权益,如公民个人、法人的人身(人格)权、财产权,国家的财产权,国家的主权(如国家安全)。第二层含义是统治阶级的利益和意志。因为权利是统治阶级的利益意志的规范化形态。第三层含义是占统治地位的社会经济关系以及由此决定的政治关系。一切违法行为,都是侵犯了占统治地位的经济关系、政治关系以及由此决定的统治阶级的利益和意志及其规范化形态——权益(权利)。它们是违法的外显形态。

(2)违法的客观方面。这是一种违反法定义务或约定义务,侵犯一定主体的权利或权力的行为,包括作为和不作为。违法行为的作为是违法主体积极的作为,如故意杀人;违法行为的不作为是消极的行为,如公安机关工作人员对犯罪行为视而不见,见而不管。

(3)违法主体。即指违法主体必须是具有一定法定责任能力的人和国家机关及其工作人员。刑事责任能力人必须是达到一定年龄并具有正常精神控制能力的人,如我国刑法规定年满 18 岁的自然人或者年满 16 周岁、不满 18 周岁,具有劳动能力之人。没达到法定能力或精神病患者由于不能或不能完全控制自己的行为,不构成违法主体。国家机关及其工作人员也可能成为违法主体。国家机关及其工作人员在行使职权的过程中,侵犯公民法人的权益或应履行其职责而不履行,从而使公民、法人的权益遭受侵害时,也构成违法主体。在不同的部门法中,由于法律关系不同,违法主体也不相同。

(4)违法的主观方面。违法的主观方面包括故意与过失两种形式。故意是违法主体明知其行为会造成危害结果的发生,仍希望或者放任这种结果的发生的主观态度。过失是违法主体应当预见自己的行为可能发生危害社会的结果,因为疏忽大意而没有预见,或者已经预见而轻信能够避免,以致发生这种结果的情形。概括地说,违法的主观方面就是违法主体的故意或过失违反法定或约定的义务并以侵犯公民、法人或国家的合法权益为目的的态度。

概言之,违法是一定的主体主观上故意或过失违反法定义务或约定义务并侵犯一定主体的权益的行为。

3.违法的本质。

违法的本质是一个阶梯式结构。第一,它是违反了法定或约定义务并侵犯了公民、法人权利和国家权力的行为。第二,它是侵犯了统治阶级的根本利益的行为。第三,它是侵犯了统治阶级的根本意志和国家意志的行为。第四,它是侵犯了占统治地位的生产关系和政治关系的行为。因此,违法行为是应受到法律谴责和制裁的行为,即应该承担法律责任的行为。

二、法律责任

法律责任是权利(权力)—义务(职责)实现的保障,是法的内容不可缺少的核心要素。

1.法律责任释义。

在当代法学中,法律责任有如下几种释义:

(1)处罚论。它将法律责任定义为"处罚""惩罚"或"制裁"。哈特认为:当法律规则要求人们作出一定的行为或抑制一定的行为时,(根据其他规则)违法者因其行为应受到惩罚,或强迫对受害人赔偿。在很多情况下,他既受到惩罚又被迫赔偿。在这种意义上,某人在法律上应对某事(行为或伤害)负责,等于某人因其行为或伤害在法律上应受到惩罚或被迫赔偿。中国台湾学者李肇伟在《法理学》中说:所谓法律责任,乃为义务人违反其义务时,所应受法律之处罚也。前苏联有的学者也认为:"对应负法律责任的人来说,法律责任(按其内容来讲)意味着最终要实施法律制裁(法律规定或契约规定的制裁)。"①

(2)后果论。它把法律责任定义为某种不利后果。林仁栋教授指出:"法律责任是指一切违法者,因其违法行为,必须对国家和其他受到危害者承担相当的后果。"②

(3)责任论。它把法律责任界定为特殊的责任。孙国华教授认为:法律责任有广义、狭义之分。广义的法律责任与法律义务同义,如每个公民都有遵守法律的责任(义务)。狭义的法律责任,专指违法者对自己实施的违法行为必须承担责任,这是一种追溯责任。③ 又如沈宗灵教授认为:"法律责任是指人们对违法行为所应承担的那种带有强制性的法律上的责任。"④

(4)义务论。它用义务作为法律责任的指称范畴,把法律责任解释为某种义务。例如,《布莱克法律词典》将法律责任释义为:"因某种行为而产生的受惩罚的义务及对引起的损害予以赔偿或用别的方法予以补偿的义务。"前苏联有的学者也持此观点,认为,法律责任是一种通过国家强制或与之等同的社会强制而履行的义务。

(5)义务与处罚结合论。如前苏联法学家雅维茨认为:法律责任不仅是法律义务(是违法者由于做出从法律的观点来看应指责的行为而受到痛苦的一种特殊义务),因为它必然意味着受某种痛苦。它可以包括恢复被侵犯的权利、赔偿所遭受的损害等等的义务,但是也必然包括一定的惩罚。

(6)新义务论。张文显教授认为:"法律责任是由于侵犯法定权利或违反法定义务而引起的,由专门国家机关认定并归结于法律关系的有责主体的、带有直接强制性的义务,亦即由于违反第一性法定义务而招致的第二性义务。"⑤

上述法律责任的释义,不管有何差别,都从不同的角度揭示了违法行为与法律责任之间的因果关系,即违法行为是产生法律责任的原因,法律责任是违法行为引起的

① [苏]巴格里·沙赫马托夫:《刑事责任与刑罚》,3页,北京,法律出版社,1984。
② 林仁栋:《马克思主义法学的一般理论》,186页,南京,南京大学出版社,1990。
③ 参见孙国华主编:《法理学教程》,509页。
④ 沈宗灵主编:《法学基础理论》,289页。
⑤ 张文显:《法学基本范畴研究》,187页。

后果。违法行为是承担法律责任的前提。任何一个人,只要他没有违法行为,就不能追究其法律责任。这是上述释义的合理方面。但是,上述释义也有其不足和局限。处罚论的缺点在于只能说明法律责任的必为性,而不可能说明法律责任的当为性(正当性);它还容易导致单纯的报复主义或复仇主义。后果论虽然正确地指出了法律责任与不利后果之间的内在联系,但不能说明为什么有些不利后果不属于法律责任的情况,如在债的关系中过了诉讼时效,债权人失去请求权,债权人的不利后果就不属于法律责任范畴。这犯了概念不周延的逻辑错误。责任论把"责任"作为法律责任的属(指称范畴),违背了"定义项不能直接或间接包括被定义项"这一形式逻辑规则。义务论虽然揭示了法律责任的当为性,但它把这种当为性归结为受惩罚或被迫赔偿。而事实上,惩罚除了具有义务之性质外,还具有制裁之性质。义务与惩罚结合论的不足之处是只把惩罚当作目的,而不同时把惩罚看作手段,从而否定了法律责任的积极意义。新义务论揭示了法律责任与原定义务之间的内在联系,指出了新义务是从原定义务派生出来的,这就把法律责任纳入权利—义务的逻辑格局中,使法的内核成为权利——义务——法律责任的逻辑模式,使权利与义务的实现得到保障,此其一。其二,该定义不仅说明了法律责任的必为性,而且说明了法律责任的当为性(即法律责任的价值根据是侵犯了权利和违反了法定义务)。其三,该定义一方面说明了违反法定义务与法律责任之间的内在联系,另一方面又为说明保险责任(约定责任)、"有限责任"、"无限责任"、"无过错责任"等所谓的"责任"不属于法律责任提供了依据。这是我国法学界关于法律责任释义较为合理的观点。但该定义也有不足之处。首先,该定义把违反义务局限于法定义务,而把约定义务排除掉,这就不能说明违约责任为何成为法律责任的问题;其次,该定义把惩罚排除在法律责任之外,至少没有在该定义中反映出来,这就不可能解释诸如刑罚等问题,因为惩罚不仅仅是新的义务(违反原定义务),而且包含着法律(通过国家权力机关)对违反义务的主体的否定评价、谴责等。

我们认为,法律责任的定义应为:法律责任是由于侵犯法定权利(权力)或约定权利并违反法定义务(职责)或约定义务而引起的,由专门国家机关认定并以强制力保障其执行的一定的法律关系的有责主体承担的一种特别债或惩罚。

这个定义有如下特点:

第一,它把法律责任看作是一定的有责主体由于违反法定义务(职责)或约定义务,并侵犯法定权利(权力)或约定权利而承担的特别债或惩罚。这就把法律责任纳入法的内核即权利(权力)与义务(职责)的逻辑结构之中,把法律责任看作是保证权利(权力)与义务(职责)得以实现的手段和中介。

第二,它把法律责任看作是由于违反义务(职责)并侵犯权利(权力)的结果,即以违反义务并侵犯权利(权力)为因,承担法律责任为果。这不仅说明法律责任的必为性,而且说明了法律责任的当为性(正当性)。违反有效的义务并侵犯合法权力(权利)是构成其承担法律责任的道义上和法律上的根据。

第三,它指出了法律责任是由专门国家机关认定并保障其执行的特别债或惩罚,这意味着法律责任伴有诉权,即由受侵犯权利一方的当事人起诉(在公诉案件中由检察机关行使诉权),由司法机关认定并保障其执行,从而使法律责任成为联结公民、法人权利与国家公权的中介,使权利(权力)通过法律责任而得到保护。

第四,它指出了法律责任的外延包括两种形式:一是特别债,一是惩罚。所谓特别债是指法律责任与一般的债不同,一般之债主要是给付、交付之义务;而法律责任作为一种特别之债须由专门国家机关认定并保障其执行,即具有直接强制性的、有别于第一性义务的新义务。其目的不在于给付和交付,而在于保障原先存在的权利(权力)与义务(职责)关系的实现,为一种特定的行为,包括实际履行义务、返还财产、停止侵害、恢复财产原状、赔礼道歉、赔偿损失等。此特定行为在权利人方面为特别请求权(通过诉权行使),在义务人(特别是债务人)方面为强制性义务(责任)。所谓惩罚,即是由特定的国家机关对责任主体的一种制裁。如剥夺有责主体的政治权利,吊销有责经营主体的营业执照,剥夺罪大恶极的犯罪分子的生命。惩罚不仅仅是有责主体的义务(有责主体有义务接受此种不利于他的后果),而且是法律赋予特定的国家机关对有责主体的行为作出否定性的评价和制裁。将法律责任的外延分解为两种情形。解决了新义务论所不能说明的情况,即有些法律责任不仅是一种新义务而且是惩罚。

第五,它说明了无过错责任不属法律责任的范畴。无过错责任是指当损害发生后,既不考虑加害人的过失,也不考虑受害人的过失而对受害人所受损失给予补偿的一种法定责任形式。无过错责任是与保险制度联系在一起的。①

它以保险的存在为前提,而不是以加害人违反法定义务或约定义务为前提。所以,它没有道德和法律上的可非难性,丧失了惩罚与教育的功能。故不属于法律责任的范畴,而属于法律制裁的范围。②

---

① 保险制度是无过失责任的基础。保险制度是保险方与投保方约定一旦发生双方约定的保险标的受损害的事实,保险方即给予投保方以补偿。保险制度的功能在于转移、分散危险和危险造成的损失,它为无过失责任提供了现实的基础。通过责任保险制度,加害人只需向保险公司支付廉价的保险费,当损害发生并负损害赔偿责任时,加害人将损害赔偿转嫁给保险公司,保险公司将损害转嫁给千万户投保人,从而达到所谓损害的社会化。由此可见,由于加害人的加害行为而产生并转嫁给保险人的补偿责任,是第一性义务,而非第二性义务。故无过失责任不属于传统的民事责任,从而也不属于法律责任的范畴。

② 法律责任与法律制裁是两个不同的概念。法律责任的概念已在上文讨论过,它以违法为前提。法律制裁是国家保护和恢复法律秩序的强制性措施,它包括恢复权利性措施和对构成违法、犯罪者实施的惩罚性措施。恢复权利性制裁旨在消除非法行为造成的损害,恢复被侵犯的合法权利,保证已有义务的履行。惩罚性制裁旨在使违法者承担惩罚性责任,即追加一个承受不利后果的新的负担(新的义务)(参见孙国华主编:《法理学教程》,511页)。可见,法律制裁概念的外延比传统的法律责任概念的外延大。惩罚性措施属于法律责任的范围。恢复权利性措施,如无过错责任,无意识的不当得利的返还责任等,由于不是对责任人追加新的义务,而是一种第一性的义务或约定的义务(无过错责任就是通过保险关系约定义务的),故不属于法律责任的范围,而属于法律制裁的范围。

2.法律责任的本质。

法律责任的本质是理解法律责任的关键要素之一。自近代以来,法学理论形成了三大主流派:自然法学派、社会学法学派、规范法学派。相应地,关于法律责任本质学说形成了三种比较流行的学说,即道义责任论、社会责任论和规范责任论。

道义责任论源自古典自然法学派,并为古典法哲学派所推崇。它从人定法(法律)与自然法(道德法)的二元论、道德过错的主张、意志自由的假定出发,论述法律责任的本质。该学说认为,人是一个理性的动物;凡是一个达到一定年龄、无精神欠缺的人,都有意志自由。一个人的行为是受其意志自由支配的,他有选择善恶的自由,有作为与不作为的自由,有滥用权利的自由,故人应对受其意志支配的行为负有道义上的责任。人的主观有过错,是他主动选择了恶,故有道德上的可非难性。而法律乃自然法的复写和实证化,行为的过错不仅是对法律的违反,也是对自然法的违反,故过错受道德上的非难,也受法律的非难。法律责任的根据就是在于行为人的主观的过错具有可责难性,即道义上的可非难性。如果一个人没有意志自由或无选择善恶的能力,没有行为选择的可能或他的行为是无法避免的,他就不该对自己的行为承担任何责任,国家也没有理由让他承担法律责任。概言之,法律责任是以道义责任为前提的。对违法者的道义责难是法律责任之本质所在。

社会责任论来源于社会学法学派,尤其是庞德倡导的社会学法学派的观点。它从目的论的角度出发,认为法律的目的是通过法律控制来保全社会,故认为探求法律责任的本质,应从人类社会中寻求其根据,与意志自由无关,以行为之社会危害性或反社会性为法律责任的基础。庞德认为,社会是一个由个人利益、公共利益和社会利益构成的互动系统。法律则是调整各种利益关系的措施,亦即保护各种利益之行为规范。人是社会之人,他在社会中生活,他应该为他在社会生活中从事的行为(活动)负责。故若他的行为不符合社会生活规范之法的要求,便应受到社会的非难,故法律责任本质上是对行为人的反社会的危险行为之否定,是对行为人侵犯社会各种利益尤其是侵犯社会公共利益(在社会学法学中,社会公共利益也包含个人利益,如个人的社会福利)的补救和维护。因此,法律责任本质上是一种社会责任。从对受侵犯的社会各种利益之补救和保护这一法律责任的目的和功能出发,社会责任论认为自然法学派的道义责任论是个人主义时代的形而上学的产物,以主观道德和法律的二元论为基础的过错责任,原则上已经不适合现代社会对利益保护的客观要求了。而依社会责任论,对于社会危险性行为,社会为保全自己,自有采取措施之必要。人的行为,仅仅是行为人之社会危险性的表征,故法律责任应以行为之危险性,而不是以行为,也不是以自由意志为否定之对象。据此,它认为法律责任与意志自由和意志能力无关,故在民事责任方面主张用"无过错责任""危险责任""公平责任"来补充和取代过错责任;而对于刑事责任方面,主张即使行为人无自由意志之能力(无责任之能力),只要其行为危害了社会,即不能免除其对社会之责任,亦应为一定之措施。但其措施,因责任能力之不同而有分别,对于无责任能力人施以保安处分,对于责任能力人则科以刑罚。

　　规范责任论源自规范法学派。凯尔森、哈特都是规范责任论者。他们主张要从对行为的规范评价出发论述法律责任的本质,认为法律体现了社会的价值观念,是指引和评价人们行为的规范,是主权者的命令和权威。对于合乎法律规范的行为,法律给予肯定性的评价、承认和保护;对于违背规范的行为,法律给予否定性的评价,否定性评价体现在对法律责任的认定和归结中。法律责任是对行为评价的结果。因此,对行为的否定性规范评价就是法律责任的本质,法律责任使对有责主体的制裁和惩罚的法律规范的效力最终得到体现和实现。凯尔森指出:"法律责任(responsibility,liability)是与法律义务相关的概念。一个人在法律上要对一定行为负责,或者他为此承担法律责任,意思就是,他作相反行为时,他应受制裁。在正常情况下,这就是说,在制裁针对直接不法行为人时,一个人要对他本人行为负责。在这种情况下,法律责任的主体和法律义务的主体是一致的。"①凯尔森在此是说,法律责任是以违反义务为前提(在他那里,规范就是关于义务的规范);一个人违反义务的行为,即是违反规范的行为;规范是评价人的行为妥当与否的标准;若违反规范即受到规范作否定性的评价,故应负法律责任的主体与义务主体是同一的。哈特也认为,义务是法律规则要求履行的义务,如果一个人行为未履行义务或违反义务即偏离了规则,行为人就应负法律责任。

　　上述三种理论从不同的侧面探讨了法律责任的本质,均有一定的合理因素。但是,由于它们都离开一定的社会物质生活条件而就事论事,故都未能揭示法律责任的本质。道义责任论注意到了法律责任与道德责任的一致性,并把意志自由作为道德责任和法律责任的基础,这具有合理的因素。但它看不到自由意志所选择的内容是一定社会物质生产关系决定的阶级关系、利益关系,只停留在人的主观的层面上寻找归责原则,因而是唯心主义的。社会责任论强调法律责任的本质是恢复受到侵犯的社会各利益构成的系统,限制个人的任性和权利的滥用,这无疑是正确的。从这个角度来看,与历史唯物主义有相似之处。但它不敢正视法律责任之归责根据是有责主体侵犯的利益的阶级性,因此与历史唯物主义又有根本区别。此外,由于它过分强调了行为的外在的社会危险性,忽视了行为的内在动机、目的尤其是认知能力等因素在法律责任的根据中的地位,这就使法律责任的认定归结和承担失去其合理的限度,从而得出,无行为能力人也要负法律责任的荒唐结论。规范责任论说明了法律责任与法律规范的内在联系,突出了违法性与法律责任之间的必然联系,有其合理的因素。但它侧重于对行为的规范评价(形式评价)方面,忽视行为所触及的规范所包含的社会内容,这就不可能真正揭示法律责任的本质。马克思主义法学认为,探讨法律责任本质离不开法的本体和本质。法律责任的本质是法的本质的具体化和个别化,它从违法与后果的相关联性进一步展开法的本质。因此,法律责任的本质有四个层次:第一,它是对违法主

---

　　① [奥]凯尔森:《法与国家的一般理论》,65 页,北京,中国大百科全书出版社,1995。

体所侵犯的权利与义务或权力与职责关系的修复和矫正,以保证原有的权利与义务或权力与职责关系的实现;或者是对违反义务(职责)和侵犯权利(权力)的行为的惩罚。第二,它是对被侵犯的统治阶级的根本利益的维护和补救。第三,它是对统治阶级的意志(占主导的国家意志)的维护,强化统治阶级的国家意志的权威。第四,它是恢复对占统治地位的社会经济关系和政治关系(已变成为法律关系)的手段。

总之,合法化为在一定的社会物质生产关系中形成的社会利益关系的主体规范了各自的利益界限——权利与义务、职权与职责及其相互关系。违法是对合法化的反动,从而遭到了法律的否定,有责主体必须承担法律责任。这样,我们看到,合法化——内化为一定的法律关系并生成权利(权力)——义务(职责)——法律责任的逻辑结构。这就是法的内核。法的内核是法的本体和本质的具体化,它体现了一定的阶级、集团和个人在一定的社会物质生产关系、政治关系中的地位和意义(是享有权利或权力,还是负有义务)。它也是法的构成(实体)的内化和现实化。

※　※　※

总之,对法本体论的全部探讨,归根结底,无非是确证法或法律是什么,我们应该有什么样的法。

我们的全部论证,得出这样的结论:所谓法律,就是由一定的社会物质生产关系决定的,体现统治阶级的根本利益和共同意志的,经国家制定或认可并由国家强制力保证实施的,具有普遍约束力的权利与义务、职权与职责的社会规范。这一结论具有非常重要的理论意义和现实意义。

(一)历史唯物主义是阐释法本体论唯一正确的方法

自古至今,无论是自然法学派、分析主义法学派、社会学法学派,其理论的根本错误都与法本体论的迷失有关。自然法学派把法的本体看作是抽象的人类理性,其本体成为一种虚构;分析主义法学派只看到法的形式构成,看不到决定规范的本体力量,使法失去其存在的根基;社会学法学派将法的本体看作是超越一切社会物质生产关系的规范性的社会事实。三大法学派有一个根本的共同点,即都看不到一定的社会物质生产关系在法现象中的本体地位,因而全都陷入了历史唯心主义。

十多年来,我国法学界大胆探索,取得了许多可喜的成果。但是,应该看到,有一些学者在探索过程中存在着严重背离历史唯物主义法律观的倾向。其主要表现为:否认社会经济关系是法的最终决定力量,认为意识形态、国家权力、法的继承性决定法的本质;否认法的阶级性,认为法是超阶级的,或者至少部分是超阶级的;认为法是人类理性的体现,等等。这些观点,是不符合马克思主义的法本体论的。

通过分析,我们集中地论证了:法的本体是一定的社会物质生产关系,法是一定社会物质生产关系的必然产物,有什么样的社会物质生产关系,就必然有什么性质和内容的法与之相适应。意识形态、国家权力、法的继承性等因素对法的形式和内容具有不同层次上的和不同程度的影响,但不是决定性、根源性的影响;这些因素本身也是由一定的社会物质生产关系决定的。这样一来，所谓法是多元的，法是由国家权力、意识形态或者人类理性、法的继承性决定的观点，就失去了存在的根基。法的本体——一定的社会物质生产关系的展开，表现为一定的阶级关系。在生产关系中占统治地位的阶级，必然在政治上、法的关系上占统治地位。由此决定了，法的本质体现统治阶级的根本利益和共同的意志，即国家意志，法的本质必然具有鲜明的、强烈的阶级性。任何否认法的本质是超阶级的观点，都不免要导致历史唯心主义。只有站在历史唯物主义立场上，才能对法的本质、内容乃至法的运动和变化作出科学的解释。

（二）深化了对"法是什么"的认识

"法是什么"是法的概念的表达式。无论是什么法学派别，都不能回避这个问题。然而，各个法学派，以及不同的法学家对此的回答是不同的。

历史上，自然法学派所说的法是人类理性，其陈述形式是"法应是什么"。这是一种价值论的命题，同时，自然法学派又将"法应是什么"转换为"法是什么"，把法的价值标准本体化，并进一步把人定法看作是与自然法相分离的现象。所以，自然法所说的"法"是人类理性本身，即本体、本质和价值标准，而不包括法的实体；而法律（人定法）则是没有本体的形式和现象。

分析主义法学派拒绝讨论法的本体和本质，将法的本体斥为形而上的虚构。在他们那里，"法是什么"只有"法是由什么构成"的陈述，而没有"法的本体是什么"和"法的本质是什么"的陈述。

社会学法学派着重讨论法的根源和法的构成，但由于他们没有从本体论的高度论述法的根源，因而不能科学地回答"法的本体是什么"和"法的本质是什么"的陈述。

我国法学界有学者提出，法和法律是社会存在，是客观规律本身，这同样是片面的。社会存在是一个物质范畴，法和法律是一个意志范畴；法和法律是现象，社会存在（经济基础）是本体，两者分属不同的层次。认为"法是社会存在""法是客观规律"，无疑是把法本体当作法和法律本身了，不懂得法本身是经济关系的意志化形态，不懂得法和法律除了本体层次外，还有本质、实体和内核的层次。

有些学者根据法的词源 jus、right 含权利之意，便认为法就是权利，把法等同于权利，这是片面的。权利与义务是人们在一定的社会物质生产过程中产生和形成的。权利与义务产生和形成的过程，必然伴随着社会规范（先是道德规范，然后是法律规范）形成的过程。社会规范是在一定的社会物质生产关系基础上形成的利益关系的形成化和普遍化，权利与义务则是社会物质生产关系基础上的利益关系的具体化和个别化。社会规范与权利义务是同一个过程，即一定的社会物质生产过程的意志化形态的两个方面。两者是密不可分的。

我们的论述表明，法的本体（一定的社会物质生产关系）展开为法的本质（上升为国家意志的统治阶级意志）；本体、本质外化为法的实体（法的价值观念、法律规范、法的实施）；法的实体又把在一定物质生产关系基础上形成的利益关系和统治阶级的意志内化为一定的权利与义务、职权与职责关系，最终使法的本体落实在具体的人和具体国家机关的地位上(享有权利或权力，承担义务或职责)。也就是说，法是法的本体、本质、实体和内核四者的统一。这是一种在本体论基础上的统一。这就从本体论的高度说明了"法是什么"的陈述。

(三)澄清了"法本体"一词的含义，确立了法本体论在法哲学中的地位

本体一词，在法学著述中屡屡出现，甚至成为一种时髦。但许多论者并没有弄清它的含义。如前苏联法学家 C. C. 阿列克谢耶夫认为，法的本体、实体，是在法律文件中以正式形式表现出来的规则、命令。显然，他把法的现象(实体)当作法的本体了。在我国绝大多数法理学论著中，法的本体被当作法的本质，本体论成了本质论；甚至有的学者干脆把法律制度本身的理论叫做"法的本体论"。

由于法学界对本来意义的"本体"搞不清楚，所以妨碍了对法本体论的研究，乃至整个法哲学的研究。例如，大多数法理学教科书在讨论法本体论时，花大量的篇幅讨论法的本质，而对法的本体很少谈及，甚至不说明法的本体是什么，更没有将法本体论作为法价值论的基础和根据，这就使法本体论、本质论和价值论的研究得不到深化。至于把法的形式或法律制度当作法的本体，这更是与法本体论风马牛不相及了。

在我们的论述中，法的本体是一个终极性的范畴，即法现象存在的最终根据。法的本质是法的本体的展开，它与法本体不是同一层次上的范畴，而是比法本体低一级的范畴，是对法本体的描述性范畴。法的实体与载体不过是法本体的外在或形式表现，而不是法本体自身。而法本体论，是作为法的价值论的基础被提出来的。换言之，法的本体论即"法的本源是什么"，是为法的价值论即"法应该是什么"，进而也为法的实体论即"法实际上是什么"提供最终理论的支撑点的。

(四)对法本体论的研究，有助于我们把握社会主义市场经济与法制建设的大方向

既然法是一定社会经济关系的产物，就必须建立一套与之相适应的法律制度。

我国目前正处在经济体制的改革过程中。如何建立一套与社会主义市场经济相适应的法律制度，是法制建设面临的一项重要任务。在法学界，有学者主张在社会主义市场经济中应该"恢复罗马法的精神"，或者直接移植外国法。要弄清这些观点是否正确，必须要明确市场经济与法之间的关系。

一个国家的经济制度包含着三个层次的内容：第一个层次是生产资料的所有制关系，即生产资料归谁所有；第二个层次是交换关系(劳动力及其产品的交换)；第三个层次是产品的分配关系。市场经济主要是一种交换关系，即通过市场交换，使自然资源、人力资源和其他资源得到合理的配置。它的性质是由所有制关系决定的。在资本主义市场经济中，资本家是生产资料的所有者，他们主宰和控制着市场，把市场作为实现剥削工人阶级创造的剩余价值的手段。而在社会主义市场经济中，占主导地位和起支柱作用的主体是国家所有制和集体所有制的工厂、公司、农村经济组织。私营企业、外

商、三资企业和个体工商户是公有制经济的补充,在整个国民经济中居次要地位,但其也是社会主义市场经济的有机组成部分。这就决定了社会主义市场经济的性质基本上是社会主义的,同时又不像计划经济体制下那么"纯粹"。概言之,劳动力的流动、自然资源的配置和资金的投放,必须从总体上符合社会主义经济建设总体的要求。这表明,社会主义市场经济既不同于古罗马时期的奴隶制商品经济,也不同于资本主义的市场经济,而是有中国特色的社会主义市场经济。因此,在法制建设中,我们要注意分清三个层次上的法律规范。第一层次是适应社会主义公有制要求的,旨在巩固、维护社会主义公有制经济也兼保护其他经济成分方面的法律,如所有权制度、人民民主专政的国家制度等。第二个层次是适应市场经济交换关系需要的法律。它是市场交易的规范和形式条件。如合同法、票据法、海商法等等。第三个层次的法律是分配关系的法律。如企业内部的分配制度以及作为产品再分配形态的社会福利制度的法律。这三个层次的法律制度都体现着同一的社会主义本质和社会主义市场经济的需要。表现社会主义公有制经济关系的法律制度,是不可能移植西方和古罗马的法律制度的。所能移植的仅仅限于经济体制的非本质性的具体制度,特别是有关自主经营的具体制度。第二个层次的法律主要是交易的规则和形式条件,它们也体现社会主义劳动交换关系,但在这方面仍有一些可借鉴的因素,如借鉴发达国家有关合同法、票据法方面的立法技术和实践经验,有保留地参加一些有关货物买卖、知识产权方面的公约。第三个层次的法律是仅次于生产资料所有制关系的、反映社会主义经济性质的分配关系即"各尽所能,按劳分配"关系的法律制度。同时,也调整以按劳分配为主的兼有其他形式的分配关系(按其他生产要素的分配关系)的法律制度。一般来说,所有制关系决定分配关系,所有权制度决定分配制度。所以,我们不可能套用反映西方资本主义分配关系即剥削关系的法律制度。但可以而且必须借鉴国外(特别是西方发达国家)某些法律实践方面的经验,以及有利于促进经济效益的一些措施。总之,我们一方面要根据社会主义公有制的内在要求以及其他经济成分发展的要求,建立社会主义的法律制度。另一方面,又要借鉴古今中外的立法技术和经验,制定适应市场经济的法律规范,使之成为社会主义法律制度的有机组成部分。但是,不能忽略或抹杀不同历史类型法律制度的区别,即不能不加批判地恢复所谓的"罗马法精神"和盲目地照搬西方法律制度。

第三编

法的价值论

引　言

一、法价值论在法哲学体系中的地位与法价值研究的理论和现实意义

在法哲学体系中,法价值论的研究占有独特的重要地位。这不仅是由于"在法律史的各个经典时期,无论在古代或近代世界里,对价值准则的论证、批判或合乎逻辑的适用,都曾是法学家的主要活动"①。而且更主要是由于下述几点原因:

第一,法价值是法的灵魂和存在根基,是法律这个现代圣物得以充满生机和活力的精神源泉。如果说法本体论重点研究"法是什么""法是怎么样"的问题,那么,法价值论则重点研究"法应该是什么""法应该怎么样"的问题。在现代社会,为了不使法律成为暴政的工具,人格化的法律必须有自己的价值追求。界定和研究现代法价值不仅是当代法哲学家义不容辞的责任,而且是传统中国法律文化向现代法律文化递嬗的客观历史要求。历史上和当代众多法学家对法律问题的争论,从一定意义上说是由于法律价值选择的差异造成的。传统中国社会不是没有法律,而是没有理性的价值取向的法律,给传统中国法律躯壳注入现代价值因素,这是现代法哲学家在法价值论研究中必须予以解决的迫切问题。同时,这更是法价值论在现代法哲学体系中占有重要地位的直接客观依据。

第二,法价值研究是马克思主义法哲学理论研究的应有之义,是发展当代马克思主义法哲学理论研究的客观要求。由马克思主义法学的历史任务和社会作用所决定,对法律现象进行价值研究,对现行法律进行评价,并在评价的基础上提出应有的价值主张,是经典作家在创立马克思主义法哲学理论的时候就孜孜以求的。当代马克思主义已经从毛泽东思想发展为邓小平理论。当代中国法哲学家在丰富和发展自己法哲学理论体系的时候,更要在继承经典作家进行法价值研究的基础上,立足当代中国现实,创造性地进行有利于中国现代法治化发展的价值选择,这不仅能够促进法哲学理论研究的深化,而且对走向现代法治社会的当代中国来说是必需的。

二、当代中国法价值研究现状及主要研究领域

正是认识到了法价值研究在法哲学理论体系中的地位及现实意义,近年来,有越

---

① ［美］庞德:《通过法律的社会控制、法律的任务》,55页,北京,商务印书馆,1984。

来越多的法学理论工作者投身到法价值理论的研究行列当中,使这一研究领域呈现空前活跃的景象,形成了法哲学领域研究的一个热点。现在,我们已经完全可以淡忘数年前法价值研究刚刚提出时还被一些人讥讽为资产阶级法学研究的情景,从而可以潜心投入到构建当代中国法价值理论的研究中。本书作者把法价值论作为法哲学体系的一编来安排,正是基于这样的考虑。

具体说,本书对法价值论的研究采取总论和分论的结构体系。其中,总论主要研究法价值的若干理论问题,包括法价值的概念、法价值的分类、法价值的评价以及传统中国法价值的历史考察等等;分论主要研究当代中国法所要追求的具体价值以及法与这些具体价值之间的关系,包括法与正义价值、法与公平价值、法与自由价值、法与权利价值、法与秩序价值、法与效率价值等等。作者通过这样的安排和对法价值的具体研究考察,希望并确信有助于增强中国法的现代精神的研究。

第十三章　法价值的概念和特征

法价值是法价值论的中心范畴。法价值论的首要任务,就是要探讨一切类型法价值的本质及其特征。然而,对于法价值的本质究竟是什么,不仅西方法学中不同派别的法学家看法相距甚远,就是在我国法学界,也没有一个统一的、大家都接受的看法。

关于法价值的内涵,国内存在着作用说、关系说、意义说和评价说等理论。这些理论从不同的角度阐述了法价值的内涵,但都有其局限性。我们力图吸收这些理论的合理因素,对法价值的内涵作一更明确的界定。

关于法价值的特征,我们认为,法价值具有客观性和主体性。客观性通过法的客观性和法的属性的客观性等因素表现出来,主体性则体现为个别性、多维性和时效性。正确理解法价值的本质和特征,是我们认识和把握法价值论的关键。有关法价值论的其他理论,如法价值的分类、法价值的评价、法价值的实现,都是建立在法价值本质的基础之上的,要把握这些问题就一定要对法价值的本质和特征有一个正确的认识。

第一节　价值与法价值

价值与法价值是有着紧密联系的两个范畴,价值是一般,法价值是特殊,要给法价值下定义,首先必须明确价值的含义。

一、价值的一般概念

马克思曾在批判德国庸俗资产阶级政治经济学家瓦格纳时指出,"价值"这个普遍的概念是从人们对待满足他们需要的外界物的关系中产生的。[①] 这里讲的是价值的产生,但也为我们理解什么是价值指明了方向。价值是一个主客体之间需要与满足的关系范畴。一方面是主体的需要,另一方面是客体对主体需要的满足。客体之所以能够满足主体的某种需要,是由于它具有一定的属性和功能。法律之所以具有某种价值,是由于它能满足主体的某种需要,它之所以能够满足主体的需要,是由于它具有一定的属性和功能。然而,问题并不如此简单。这里有两个问题:第一,价值的构成要素问题。如果说价值是一个主客体之间的需要与满足的关系范畴,那么,主体的需要或客

---

① 参见《马克思恩格斯全集》第 19 卷,406 页,北京,人民出版社,1963。

体的属性和功能,都不能单独构成价值。只有某物的属性和功能同主体的需要之间形成一种特定的关系,即需要与满足之间的关系时,才会有价值的存在。价值的构成要素应该是:主体、客体和将二者统一起来的实践,或者说是主客体的相互作用。第二,作为价值要素的主体需要和客体功能的性质和结合方式问题。我们如果从价值是主客体之间的需要与满足这一观点出发,进一步加以思考时,就会发现:主体的需要或客体的属性与功能,不仅是多样的、纷繁复杂的、多层次的,而且往往是相互矛盾的。比如,一种发明,对于一些人来说,可以为之带来极大的利益;对于另一些人来说,很可能是一种莫大的灾祸。一种法律,对于统治阶级说来,可以满足其统治被统治阶级的需要,并为之带来利益和自由;对于被统治阶级说来,则很可能是一个极大的压迫、祸害和不自由。如此等等。于是就产生了这样一个难题:是否凡是能够满足主体需要的东西都具有价值? 如果回答说是,那么价值就是没有客观标准的,或者说,它的标准就是满足任何人的任何需要,如实用主义者说的"有用即真理"一样;如果回答说否,那么,我们就又面临这样一些问题:究竟什么是价值? 如何定义价值? 价值的标准又是什么?

对于价值问题的考察,可以有几种不同的思路。一种侧重于主体,着重从主体的地位和作用方面理解价值的本质和特征,认为价值主要因主体而产生,是主体赋予客体以价值,是人的需要选择了客体的某种属性,即价值是客体的人化,因而认为价值具有主观性。另外一种观点是从客体的角度思考价值,认为客体是价值的载体,客体的属性和功能是产生价值的主要依据,如有的学者说:"所谓价值,就是客体主体化后的功能或属性,也就是已经纳入人类认识和实践范围内的客体的那些能够满足作为主体的多数人的一般需要的功能或属性。"[1]还有一种观点从主客体的关系中来理解价值,认为价值是一个关系范畴,只有将主客体统一起来,才能正确地理解价值。比如,有的学者提出,"因为事实上,价值是'从人们对待满足他们需要的外界物的关系中产生的',只有主体的需要或只有客体的属性和功能,都不能形成价值"[2]。我们应当从主体的需要和客体属性的关系中去分析价值。

比较上述三种观点,它们尽管在文字上的表述不同,强调的重点不一样,但是,我们可以将其归纳为一个相同点和两种不同的方式。所谓一个相同点,即三种观点都以肯定价值是主客体之间的统一为前提。所谓两种方式,即面向主体为主的方式和面向客体为主的方式。面向主体为主的方式,就是把考察价值特性的根据,解决价值问题的出路,更多地放在对价值关系中主体的研究方面。例如,要说明物对人的价值,就应在把握对象属性的前提下,着重分析主体的结构、需要和能力等等,以此来说明物对人的价值是怎样产生和变化的。这种研究方式就是确认"价值",就像交通规则中的"左"

---

① 李剑峰:《客体价值论》,载《探索》,1988(3)。
② 武步云:《马克思主义法哲学引论》,440 页,西安,陕西人民出版社,1992。

"右"一样,"右侧通行"和"左侧通行"中的左和右,实质上不是马路固有的方位,而是依行进者(主体)自身特征区分的方位。因此,要说明价值(判断交通规则指定的方位),重点不在说明客体(马路),而在于说明主体(行进者)。面向客体为主的方式,就是把考察价值特性的根据、解决价值问题的出路,更多地放在对价值关系中客体的研究方面。这种说法往往表现在直接把价值客体叫做价值,如"某物是一种使用价值"。我们认为,把握价值的内涵,应该注意如下几个问题:

第一,价值是主客体之间的一种统一。单有主体的需要,或者单有客体的属性,都不能形成价值。

第二,作为"价值"的这种统一,是主体统一于客体,还是客体统一于主体?面向客体为主的方式在理论上的一个必然前提,是对价值主体作了整体化的、一般的、稳定形态的解释或设定,即按照"主体不变,价值取决于客体"这种思路进行研究。面向主体为主的方式,则是首先强调价值主体——人的具体历史性和个性多样化,而把客体放在基本稳定的形态下加以考察,其基本思路是"不管客体变不变,具体的价值以主体的需要和结构、尺度为灵魂"。比较两种方式,各有其合理因素,但面向主体为主的方式,在理论上更深刻、更全面,在实践上更复杂、更深入。

第三,主客体统一的方式是实践。价值的形成,是人们在改造自然和改造社会的过程中发展起来的,离开了实践,人们就无所谓需要,也就无所谓价值。

把上述三点结合起来考察,我们可以这样说,价值的性质和程度如何,主要地取决于价值关系中主体的情况,而不是由客体所决定的。价值不是对物、客体及其属性的描述,而是对它们与人和主体活动的概括。物为人的需要"服务","物为人而存在",都不是物本身所固有的属性,而只能在人实践地占有或利用物及其属性的意义上来理解。可见,就客体来说,客体与价值的关系不是实体与属性的关系,而是实体及其属性同主体活动的关系。所以说价值主要因主体而产生,是主体的需要选择了客体的属性。从这一立场出发,我们可以这样说:价值是指客体的存在、作用以及它们的变化对于一定主体需要及其发展的某种适合、接近或一致。

在界定价值含义的基础上,我们可以进一步研究法价值的定义。我们认为,从法哲学的高度确立正确的法价值概念,应从两方面思考:一方面,要研究法学界已有的习惯用法,并予以充分的尊重;另一方面,要考虑哲学上的价值概念,特别是要用马克思主义哲学的价值观,来指导法价值概念的研究,从而使法价值这一特殊的概念与一般的价值概念统一起来。

二、法价值的概念和本质

对法价值的概念和本质,现代西方法学界、前苏联法学界和国内法学界同仁都提出了各种不同的看法,现分别加以研究。

1. 现代西方法学界关于法价值的概念和本质的观点。

关于法价值的概念,西方法学界一般从两种含义上来理解:一是指法律秩序的目标、目的或理想状况,它既构成了对法律进行评价的标准,又是各种法律活动应当遵循的原则。二是把法的价值看作关于法的"应然"的问题,即法应当是什么的问题,把法的价值与法的事实对应起来,以此划分法学的研究领域和有关法律问题的性质。这种含义把法的价值作为有关法的主观方面的问题,与法的客观方面相对应。迪亚斯认为:法的价值被看作是法律秩序的目的,它指导法院的判决,提供衡量有关相互冲突利益的标准。法的价值作为整个法律体系的目标和原则,是评判法律规范和法律实践的标准,对官方和公民法律行为和法律规范的选择具有重要的影响。迪亚斯罗列了法的主要价值:国家和社会安全、个人尊严、财产神圣不可侵犯、社会福利、平等、国际间相互尊重等。彼得·斯坦和约翰·香德认为,法的价值是解决"法是为了什么"的问题,实际上也是法律的目的。他们认为在法律制度中有三种基本的价值:秩序、公平和个人自由。这三者构成了法的目的,成为评价法律的主要标准。① 社会学法学派中的一些代表人物也很重视对法价值概念的研究。庞德在《通过法律的控制》一书中专章讨论了法价值问题。他认为法价值问题是"法律科学所不能回避的"问题。这是因为法律是一种行为准则,它必须对各种互相冲突和相互重叠的利益进行评价,因此要有一个被人们普遍接受的评价标准,这个评价标准就是法的价值问题。法律实证主义一般地把法的价值和法的事实、应然和实然对应起来,主张在事实和价值之间存在根本的区别。他们认为法律制度是什么的问题属于法律事实的问题,而关于评价法律制度好坏的问题则属于法的价值问题。为此,提出了相关的两套不同的评价标准:一套标准用以判断法律制度是什么,另一套标准用以判断法律制度的好坏。在法的价值与法的事实之间存在一道不可逾越的鸿沟,不能从法的事实(实然)有效地推导出法的价值(应然),以此作为反驳自然法理论的主要依据之一。大多数法律实证主义者甚至公开拒绝研究法价值问题。

纵观西方学者的法价值理论,可以看出,这些理论主要表现为三种倾向:

(1)以主观唯心主义的态度解释法的价值,把法的价值完全看作是一定主体的心理反映。法律实证主义把价值与事实的区别加以绝对化,认为二者是对立的,不可能统一起来。凯尔逊认为,法的价值完全是主观情感的反映,是不可能加以科学认识的,要把价值因素从法学中彻底清除出去。这种观点实质上是把法的价值看作人对法的一种主观心理态度,如兴趣、情感和偏爱等,而不是法本身固有的,从而否认法的价值的客观性。

(2)对法的价值作客观唯心主义的理解,把法的价值看作客观的、不依个人的意识

---

① 参见[英]彼得·斯坦、约翰·香德:《西方社会的法律价值》,3 页,北京,中国人民公安大学出版社,1990。

而独立存在的特殊的世界。如存在主义法学家芮克森斯认为,法的价值是一个非存在于空间和时间之中,理应获得客观的和先验的效力之理想客体。它们不是通过经验或观察可以得到的,而是通过直觉过程接触的。法本身并不是一种纯粹的价值,而是用以实现一定价值的规范体系。这种观点既不把法的价值看作主体随意附加给法的,也不把它看作是从法自身中产生出来的,而是看作法的一种潜在的意义和真正的本质,它无法通过经验和逻辑的方法加以认识,而只能通过非理性的直觉加以把握和解释。

(3)西方自然法学派一般对法价值持自然主义的态度。他们认为,法之所以为法,就是由于它表现、代表了正义。法与道德具有必然的联系,二者是统一的,不可分割的,法必须合乎正义,非正义的法不能成为法。富勒认为,法作为用规则治理人类的有目的的事业,具有一系列内在道德,它们包含在法的概念中,提供了评价法和官员行为的标准,反对把应然法和实然法加以分离。① 这种观点实质是把法和道德都看作是抽象的、永恒的现象,法的价值是法的客观的特性,是不依赖于人的社会活动的。这种观点实质上也是一种客观唯心主义的变相说法。

总的来看,资产阶级学者对法价值的研究,采取了唯心主义的方法和观点。这主要表现在:他们一方面极力宣扬资产阶级的法价值观,另一方面又攻击和反对马克思主义法价值的观点,否认社会主义法的价值。当然,在现代西方法学家对法价值的研究中,仍然有不少合理的东西,对这些合理的东西,我们应当借鉴和吸收。

2. 前苏联法学界关于法价值概念和本质的观点。

在前苏联,50 年代以前,在国家和法的理论中一般没有使用"法价值"这个术语,更不用说对法价值问题进行研究了。那时的学者对西方关于法价值的学说从根本上持批判态度,甚至否认其在法学中的地位。从 60 年代起,许多学者开始重视法价值的问题。其主要原因是:①60 年代以后,前苏联法学界进一步突破个人迷信在法学中造成的僵化状况,开始系统总结社会主义民主和法制建设中的经验和教训,深刻认识到轻视法律、忽视法的价值和作用,是民主和法制遭受严重破坏的重要原因之一。随着社会主义法制建设的发展,前苏联的学者认识到,为了提高法在社会中的地位和作用,培养公民尊重社会主义法的观念,就必须开展法价值的研究。②西方资产阶级法学家二战以后在法的价值方面发表了大量论著,新自然法学和新分析主义法学围绕法与道德等问题展开了激烈的争论,并借机攻击马克思主义法学,美化资本主义法,在法价值方面宣扬唯心主义观点。③前苏联哲学界已着手对价值问题进行了具有一定深度的研究,发表了一批论著,这对法学界也产生了重大影响。法学界开始普遍认为法价值问题应当成为法学的一个重要内容,随即开始对法价值进行广泛的研究。

前苏联的学者认为,法是和一定社会中的阶级、社会个人的利益分不开的,应从利益的角度来分析法的价值。C.C.阿列克谢耶夫提出了法的价值和法律价值两个概念。

---

① 参见张文显:《当代西方法学思潮》,25 页,沈阳,辽宁人民出版社,1989。

法的价值指法作为工具,是实现社会目的的手段,即法的工具性价值。他说:法作为一种非常有效而合理的社会阶级调整器,其价值首先是辅助性的,或者按另一种说法,是工具性的。也就是说,是用以保证其他社会制度(国家、社会管理、道德等等)、其他社会利益发挥职能的工具和手段的价值。① 而法律价值则是指法本身的价值,他说:"如果说法是一种社会价值,那么在说明法时,在理论上完全有理由认为,法的属性,法的调整机制、保护机制、程序机制以及多种多样的手段,仿佛就是某种特有的法律价值。"②在阿列克谢耶夫看来,法律价值指法通过自身的属性和功能使纪律与自由结合起来。法从其本性看总是与专横和非法相对立,是社会进步的因素,法律价值体现为法的属性,法的调整机制、保护机制、秩序机制等多种法律手段。前苏联著名法学家Ⅱ.拉宾诺维奇从意义的角度给法的价值下定义。在《社会主义法的价值》一书中,他认为,法的价值是法对于满足主体需要的积极意义(作用)。也有的学者反对拉宾诺维奇的定义,例如,前苏联学者В.Ⅱ.图加林诺夫曾形象地指出:"有的同志通过意义概念来规定价值概念,然而有意义或意义并非只属于价值,有害的东西也有意义。战争、犯罪和疾病对社会和个人有重大意义,但谁也不能把这些现象称作价值。……(意义)的范围比价值概念要宽广。价值概念只同肯定性质的意义相联系。"③从前苏联学者对法价值的研究来看,他们的成果有如下的特点:第一,注重从法的阶级性即法是阶级统治的工具的角度来考察法的价值。他们认为,法的价值之一在于为一定的阶级利益服务。法作为政治和阶级现象的最高的社会价值,就是要保证统治阶级的经济上、政治上、意识形态上的利益。第二,分析了法作为一般社会调整器的价值。法作为有效而合理的调整器,能够保证社会生活的组织性、纪律性及整个社会机体的正常运转和有效地进行社会管理。第三,注意到法本身的一些价值,能够把一些有积极意义的东西,例如人们相互关系中人的安全、业已形成的关系的稳定性、各种权利和社会义务的有保证性及在发生争执的情况下真理、正义和公理必胜的精神,纳入法价值的领域。所有这些对法价值概念和本质的研究都是有积极意义的。当然,在当时的条件下,前苏联法学界过于强调法的统治工具价值,也是有其局限性的。

3.当代中国法学界关于法价值的概念和本质的看法。

在我国,关于法价值的研究是80年代初才逐渐开始的。十一届三中全会以后,随着社会主义民主和法制建设的发展,人们一方面反思、总结我国法制建设发展的教训,一方面陆续介绍、研究西方、前苏联关于法的价值的理论。80年代初,在我国的法学论著中开始使用"法的价值"等概念,法的价值问题成为人们关注的热点。1986年以后,我国一些法理学专著和教材设专章研究了法的价值问题,一些出版社也出了一些法价值论方面的专著,不少刊物刊登了法价值论方面的论文。从这些研究成果看,关于法

---

① 参见[苏]C.C.阿列克谢耶夫:《法的一般理论》上册,98页。
② [苏]C.C.阿列克谢耶夫:《法的一般理论》上册,100页。
③ [苏]В.Ⅱ.图加林诺夫:《马克思主义中的价值论》,11页,北京,中国人民大学出版社,1989。

价值的概念和本质的观点,主要有如下几种:

一是作用论。

有的学者认为,法律价值是标志着法律与人的关系的一个范畴,这种关系就是法律对人的意义、作用或效用,和人对这种效用的评价。这种观点认为,法律的作用是法律价值的重要方面,也是最根本的东西。它是法律这种社会现象在参加社会运动中与人发生关系时,其属性对人的作用或效用。这种作用或效用是客观存在的,不以人们的意识为转移。虽然法律是由人制定的,但当它存在于社会中并参与社会运动之后,就不以某些个人的意志为转移,就会以存在和属性来满足人们的某种需要,因而它对人就是有价值的。承认法律价值的这一方面是很重要的,因为这就意味着法律的作用是法律价值的一个重要方面。而法律的作用是多方面的和发展变化的,只有充分认识了法律的作用,才能认识法律的价值。

二是关系论。

有的学者把法的价值界定为一定主体的需要和法的属性、功能之间的关系,或者是它们之间相互作用的过程。持这种观点的学者是按照这样一种逻辑关系来推断法律价值的:价值是一种关系——→法价值也是一种关系——→法价值是法与主体之间的一种关系——→法价值是法对主体的满足关系(包括满足过程)。比如,有的学者说,法律价值是主体通过认识、评价和法律实践促使法律适应、满足和服务于主体的内在尺度而形成的法律对主体的从属关系。持这种观点的同志认为,法价值的这种关系,并不是先验的或意识领域的,而是在法律实践中主体积极地、能动地作用于法律的结果,是客观的现实,它在本质上仍然是体现并凝聚在法律中的社会关系,即马克思所说的"人的本质力量的对象化"。

三是意义论。

不少学者从意义的角度给法价值下定义。如有的学者说,可以把法的价值表述为:法对满足主体需要的积极意义(作用)。也有的学者认为法对主体的意义,并不限于积极意义,还有消极意义或无意义。所以,他们主张对法的价值的概念和内容应作以下界定:法的价值是标志着法和法律现象与人的关系的一个范畴,这种关系标志着法和法律现象对人的意义。这里的意义是多元的:当法律对人有积极意义时,法的价值是正价值;当法对人既没有害处,也没好处时,法的价值是零价值;当法不仅不能满足人的某种需要,反而阻碍人的需要实现时,法就具有负价值。

四是认同和评价论。

也有不少人认为,法的价值是主体对法这一独特现象的认同和评价。如有的学者说:法的价值是由法这一独特的社会现象的品格所决定的,它所体现的价值实质是人所普遍认同并鼎力追求的普遍原则。还有的学者提出,法的价值包含了主体对法的作用的评价。主体对法律所提出的价值要求有两方面:一是法律所要达到的目标,即所要追求的价值;二是对法律的评价及其标准,这是人们对已制定出来的法律的价值所进行的测量。如果某一制定出来的法律没有达到或背离了人们原来的设想,那人们必然会认为此项法律不好,作出无价值或负价值的评价。这样,法律的价值也就内含了人们对法价值的评价。

上述各种观点分别从不同的角度阐述了法的价值,具有合理因素。但是,这些定义在理论上是值得商榷的。作用论者将法的作用等同于法的价值,这是片面的。法的作用与法的价值有着紧密的联系,离开法的作用,我们就无法确定法的价值。但是,法的作用与法的价值是完全不同的两个概念,不能将两者等同起来,作用论正是犯了这样的错误。意义论者从法对满足主体需要的意义来表述法价值的定义,这样表述虽然比较通俗、明确,从功能的角度阐明了法价值的含义,但是用"意义""积极意义"来界定法的价值,难免有同义反复之嫌。"意义"这个概念含义比较复杂,它一般指语言文字或其他符号所表示的内容,其本身就有价值、作用的含义。说"价值是意义"与说"意义是价值"一样,反映不出更多的实质内容。一般认为,有意义就是指有价值,有价值在某种程度上就是有意义,这在定义方法上犯了同义反复的逻辑错误。当然,如果把意义就看作是对主体需要的肯定与满足,用意义来规定法的价值的概念也是可以的,但这就需要在给法的价值下定义时首先对"意义"的含义加以明确规定。而意义论者并没有这样做。认同和评价论者把"评价""法的价值评价"包括在法价值的定义之中,也是值得商榷的。人对法律效用或法的价值的评价是主观形态的范畴,是指人们对法的价值的主观态度,这种主观评价具有主观随意性,而法的价值则是客观的,是主体需要与法的一种现实的、客观的关系表现,不以人的意志为转移。法的价值关系诚然包括法对人的作用和人对法的作用两方面的活动,但这种双向的运动都是一种客观过程。法的价值正是在这种客观的价值关系中表现的。如果把人的主观要求、目的、法的价值评价包括在法价值的概念中,从一定程度上否定了法价值的客观性,难免重蹈西方法价值论中主观唯心主义的覆辙。如:实证主义法学认为法的价值是主观的心理和情感,主观的评价因人而异,在价值问题上没有客观的标准。这种把法的价值等同于法的价值评价的观点,实质上是用主观评价取代客观价值。可见把法的价值评价包含到法的价值中,就否定了法的价值的客观性,实际上是把法的实践与法的意识混同起来了。法的价值是客观的,属于现实的法的实践关系,有其确定的内容;而法的价值评价则是主观现象,它往往因人而异,表现出很大的随意性。很显然,法的价值不能包含法的评价。关系论认为,法价值表示的是主体与客体之间需要与满足需要的关系。这个定义着重揭示了法的价值是产生和存在于一定的主客体关系之中,有其合理之处,但它并没有说明法的价值是什么。我们认为,法的价值的确是一个关系范畴,是主客体之间形成的一种特定关系的表现,但法的价值与法的关系是不同的。这主要是因为:①法的价值关系表明了一种特定的主客体关系,法价值则是价值关系及其作用的特定效应和表现。②法的价值关系是法的价值产生的根据,而法的价值体现了法的价值关系的结果。因此,用法的价值关系来说明法的价值的含义是必需的,但用法的价值关系来界定法的价值概念就不妥了,实际上是混同了法的价值与法的价值关系之间的区别。

既然上述观点都有不妥之处,究竟如何给法价值下定义呢? 要给法价值下定义,我们首先必须明确构成法价值的条件,即法价值包含了哪些内容。我们认为,法价值包含了以下三方面的内容:

(1)法律内在机制的状况。法律内在机制就是指法律的内在要素、结构、功能和相互关系。法律作为社会关系的调整器,它总是表现为一种特殊的有机系统。而这一有机体的状况正是法律具有价值属性的客体条件。从某种意义上说,法律价值也正是法律内在机制的要素、结构和功能的反映。法律规范的内容是决定法律内在机制具有良性状态的先决条件。法律规范是构成法律这一有机系统的基本细胞,法律规范的好坏,直接关系到一个法律部门乃至整个法律制度发挥作用的效果。法律规范的逻辑结构,以及法律规范与法律部门、法律制度之间的相互关系,也是完备的法律机制的形式条件。法律规范作为法律机制中的基本要素,它与这个有机体密切相关。法律规范必须在其体系中才能发挥它的功能。当法律介入社会运行并与运用它的人发生关系之前,法律内在机制的状况,只是作为一种潜在的法价值存在着,但它却直接影响法价值的实现。如果一国现行的各种法律规范之间是互不联系、杂乱无章的,它就没有实现价值的可能性。

(2)人对法律的要求。人对法律的要求就是指作为主体的人对法律提出具体的愿望和条件,并希望得到满足和实现。愿望和条件是人对法律要求的基本形式。由于愿望和条件不是一成不变的,因此,法价值的特性具有时代性、历史性和客观社会性。在不同的社会阶段和社会发展过程中,人对法律提出的愿望和条件的具体内容是不同的,而且这些内容是不以人的意志为转移的。现实的法律价值离不开人对法律的要求。没有人对法律的要求,就不会存在法律,更谈不上法价值。法律作为价值的客体与一般价值论中论及的“自然客体”不同。因为,法价值的对象性是受客体创造者和运用者的有目的活动所制约的。人制定法律并参加到法律实践中的“秘密”就在于目的性,法律实践的特点在于它的目的性,在于将现有的东西改造成应有的东西的意图。人为了借助法律实现自己的愿望,就要不断地向法律提出一定的要求。人对法律的要求一般表现为一定的法价值标准,它制约着人们提出法律应该是什么或不应该是什么以及人们对法律评价的标准。

(3)法律实践。法律的内在机制是形成法价值的客体条件。相对地说,它总是以静态的方式存在于社会之中,它自己是不能自发地去调整社会关系并展现其潜在价值的,而仅仅具有一种满足人需要或不满足人需要的可能性。要使可能过渡到现实,就必须将其置入法律实践。这一过程一般是通过两个途径来实现的:一是通过国家机关对法律的适用、执行和公民遵守法律的行为来实现,这是法律作用于人并使其指向人的需要的过程;二是人对法律的立、改、废,这是人作用于法律的过程,是人对法律的改造。只有在这两种趋向的交叉结合中,才能建构法价值整体。由此可见,法律实践是实现法价值的媒介,法律实践的状况决定着法价值的产生、存在以及大小程度。法律实践是法价值的必要条件之一。总之,法价值包含着以上三个不可分割的方面,任何一个方面都不能单独构成法价值,只有综合考察这三方面的内容,才能得出正确的定义。

基于以上的认识,我们认为,法价值是法律的内在机制在实践中对人的法律需要的某种适合、接近或一致。这个定义有如下特点:第一,它把法律的内在机制作为法价值的形成基础。法律的内在要素、结构、功能、属性、作用等,是法价值形成的前提,没有法律的这些要素,就根本谈不上法价值。第二,它把人对法的需要作为法价值形成的主体要件,没有人对法律的要求,就不会存在法律,更谈不上法的价值。第三,强调人在法律实践中,使法律与人的需要相一致,是法价值的核心所在。实现法价值的途径,只能是人的法律实践。实践使人的需要与法律相结合,完成法律主体化、主体法律化的过程。法律有没有价值的关键,在于法律是否与人的需要相适合、接近或一致。如果两者是相一致的,我们说它是有价值的;如果两者是不一致的,我们说它是没有价值的。

第二节 法价值的特性

法价值具有价值的一般特性,即法价值的客观性和主体性。客观性体现法价值有其不依赖于人的意志的属性,主体性反映了法价值与人的紧密联系。这似乎是一种悖论,但是,法价值不仅具有客观性与主体性这两种特性,而且是客观性与主体性的有机结合。

一、法价值的客观性

法价值的客观性,是指法的价值不管主体认识不认识,是否去认识,都是客观存在的。承认不承认法价值的客观性,是唯物主义的法价值理论与唯心主义法价值理论的一个重要分歧。唯心主义的法价值理论往往把法价值说成是纯主观的。在他们看来,法律是人制定的,是"人造物",这就决定了法律的价值受制定者的主观情况的影响,它只能是主观的,而不是客观的。再说,法价值只是当人们评价法律时才会产生和存在,而评价归根到底又不过是人的主观欲望、兴趣、情感、态度、意志等等的自我表现,离开了这些主观因素,不可能有法价值的存在。这些观点的根本错误,就在于完全否认了法律和法律制度的客观基础,否认了人的主观评价必然有其客观的、不依赖于主观意识的物质因素。

法价值的客观性可以从法价值客体的客观性和法价值主体的客观性两方面来考察。

1. 法价值客体的客观性。

从价值学的观点来看,当我们试着论证或否认价值的客观性时,常常着眼于揭示或否定价值与客体之间的联系,好像只有当一切都从客体那里得到了说明时,价值才是客观的。以这种理论为前提,揭示价值的客观性,就必须揭示客体的客观性,因为没有客体也就无所谓主体,当然也就没有价值和价值的客观性。而且,客体应是客观的。如果它不是客观的,那么它与主体的所谓相互作用,所谓价值,也都不可能是客观的。

对于法价值来说,其客体是法、法的属性与功能、法律制度等因素,这些因素既有主观方面的东西又有客观方面的东西。我们不能完全按照一般的价值理论来套用,而应从其特殊性出发,即从它们的客观方面来论述法价值客体的客观性以及这种客观性所决定的法价值的客观性。对于法的客观性,学术界有不同的看法。有的学者认为,客观规律就是法。规律是客观的,法必须体现客观规律,因此法是客观的。如有的学者说:法律是客观规律在人们意识上的反映,是由社会最高权力机关(或国家)制定、认可并保证其遵守的社会行为规则。正确反映社会发展规律需要的法律是真正的法律,是广大人民意志的表现,维护与协调各种社会关系,促进社会正常发展;违反或歪曲反映社会发展规律需要的法律是特权法律,一般是篡夺了社会最高权力的剥削统治阶级意志的反映,是维护剥削阶级特权,实行阶级压迫(专政)的工具。这一法的定义和本质,强调法必须和客观规律保持一致,确立了法的客观性。还有的学者认为法是一种"社会关系""生产关系"或"社会事实"。其共性是都把法看成是一种客观的社会关系,社会关系是客观的,法也是客观的。如有的学者在区分法与法律时说,法是"客观存在的社会法则",是"社会生产与生活中人们自发形成的共同意志关系""法的关系""共同规则",而法律则是"立法者主观意志的产物"。法和法的关系,都属于社会存在,而法律则属社会意识。① 上述关于法的客观性的种种提法,尽管有其片面性,有其不足之处,但是,它们都发现了法的客观性并对此作了专门的研究。从马克思主义的观点看,法的客观性,主要是指法的内容是一定物质生活条件需要的反映,决定于一定的物质生活条件,而一定的物质生活又是历史地形成的,反映着一定的生产力水平,法的内容不是社会主体的凭空臆想,而必然受社会物质生活条件和客观规律的制约。由此可见,法的内容、法所反映的对象是客观的,而法的形式是主观的。

对于法的属性和功能,其客观性则更明显,更易理解。属性是一物区别于他物的特征。属性分为两种:根本属性和非根本属性。法的属性有很多,如法的规范性、强制性、概括性、阶级性、社会性、继承性、相对独立性、对物质的依赖性。在这些属性中,有的属性是法的根本属性,如法对社会物质生活条件的依赖性;有的则是非根本属性,如法的继承性。法的属性不是由法同人的关系产生,而只是在同人的关系中表现出来。法的属性是由法内在的质和量的规定性所决定的,法的属性只表现它自己所固有

---

① 参见郭道晖:《论法与法律的区别——对法的本质的再认识》,载《法学研究》,1994(6)。

的东西。这正是法的属性区别于法的关系、区别于法的作用之所在。法的功能则是一个关系范畴,指法对社会和人们的行为的影响。法是社会调整控制系统中的一个子系统,与其他社会控制手段共同进行社会管理和调整。法的功能取决于法的内部结构,即法律系统内部各要素之间以及各要素与整体之间存在必然的结构关系。法律体系的各要素都具有自己独特的功能,同时各要素之间相互关联、相互配合、共同实现法律体系的整体功能。法的属性与功能是客观的,不管我们是否认识、是否承认,它都存在着。比如,过去我们否认法的社会性,片面强调法的阶级性,其结局是可悲的。

论证法价值客体的客观性,说明法和法的属性、功能等要素是客观的,其目的是要阐述法价值的客观性。法价值不表示在法主体、法客体之外的第三种实体,不能把它理解为一种独立存在物;法价值也不是在孤立的法主体或客体身上存在着的法价值这种属性,不能把法价值理解为法之固有属性。法价值是一个关系范畴,它表明法主客体之间一个特定关系方面的质、方向和作用。法价值之所以能产生,是因为法具有某种客观的属性和功能。如果法不具有规范性、强制性、阶级性等属性,如果法不具有宏观调控和微观调整等阶级和社会的控制功能,就不可能产生法的价值。法律的一定属性和功能是形成一定法价值的客观前提、必要条件和要素。但是,单有法律的属性和功能,这些属性与功能不同主体发生关系,同样不能产生法的价值。

从上述分析可以看出,法及其属性的客观性,是我们理解法,价值客观性的前提。法的客观性、法的属性和功能的客观性,是影响和决定法价值客观性的重要因素,但并不是唯一的因素。仅仅用法及其属性的客观性,还不足以说明法价值为什么必定是客观的。法对人是有益的还是无益的,是好的还是坏的,不是法律本身所固有的属性,而是主体对法的认知和实践的结果。因此,要充分说明法价值的客观性,就必须在承认法的客观性前提下,进一步揭示法价值主体及其活动的客观性。

2. 法价值主体的客观性。

法价值作为主客体之间的一种统一,其特征就在于这种统一是以主体需要的满足、主体尺度的体现和主体利益的实现为实质内容的。因此,法主体的需要、利益、活动的客观性,对于理解法价值的客观性来说,具有重要的意义。

作为主体的需要,具体表现为在国家中居于统治地位的阶级和集团能动地认识到了法能够满足和适应阶级社会中社会调整和社会控制的要求,并通过国家机关制定和适用法来达到这一目的。从法的历史和实践活动看,从古希腊到古巴比伦王国,不同民族、不同国家在彼此隔绝的情况下,一踏入文明社会的门槛,都不约而同地创造和运用法对国家和社会事务进行调整和控制,这本身就说明了法的产生是人类在一定条件下的必然要求。"需要"作为一般的范畴,表现了有机物、人和整个社会的一种特殊的摄取状态,整个生物界都存在着需要的问题。但人与动物不同,人可以通过自我意识反映各种需要,形成主观的动机、目的、情感和欲望。正因为如此,人们往往把"需要"误认为是一个主观的概念。实际上,需要从本质上是一个客观的范畴。首先,人的需要直接反映了人的生活和生产存在和发展的必然要求,人们具有什么样的需要,并不取决于他们自己的主观意志和愿望,而主要取决于他们的客观存在,如历史条件、社会经济和政治地位、个人经历和文化水平等。其次,需要是人们实践活动的产物,而不是主观的产物。人类在社会生产中创造需要的对象,因此也就生产着需要本身。人们的实践能力的发展是一个客观的、历史的过程,这就决定了人的需要的发展也是一个客观的历史过程。最后,人们需要的满足也是通过客观的对象实现的,客观的对象和环境包括自然的和社会的生活条件,通过人的实践活动决定着人的需要的产生和发展。人对法的需要也是一个客观的过程。人类需要或者不需要法,并不取决于他们自己的主观意志和愿望,而取决于他们的客观存在。法是人类社会发展到一定阶段,伴随着私有制和国家的产生而产生的。即使是实践已经证明人类需要法,而这个法是一个什么样的法,是良法还是恶法,这也不取决于人的主观愿望。从人对法的需要的满足过程看,这是一个客观的、实践的过程,它必须通过人的法律实践来实现。我们可以这样说,人对法的需要,不仅可以表现为人的态度、情绪、意志等一系列心理活动,而且反映了人的法律实践的内在要求,这种内在要求是人类法律实践发展的内在动力和源泉。人对法的需要,不仅具有客观性,而且还具有社会性。

与人对法的需要紧密相联的另一个范畴是主体的利益。一切法律都必然要维护一定的利益,换句话说,法律首先是一定利益的表现。那么,什么是利益呢?利益是主体与客体之间的一种关系,表现为客观规律作用于主体而产生的不同需要和满足这种需要的措施。利益反映着主体与其周围世界对其生存和发展有意义的各种事物和现象的关系,它使人与世界的关系具有了目的性,构成人们行为的内在动力。利益的实质是个人、社会生存发展的需要。但利益不能等同于需要,利益是需要的社会表现形式;除了体现需要以外,利益还包括了满足需要的措施。在利益的属性问题上,学者间存在着严重的分歧。有人认为,利益是人们对于满足一定需要的意志指向性,是主观的现象。这种观点显然是混淆了客观上存在的真实的利益与人们主观上对这种利益的认识的原则界限。有人认为,利益是主观东西与客观东西的统一,是主体和客观环境的统一。客观环境通过需要反映在人们的意识中,促使人们采取一定的行动,利益是消除主客观的形式。这种观点实际上也否定了利益的客观性,因为把主观因素引入利益的内涵,就会把利益说成是一种不确定的东西,取决于主体的意志和愿望的东西。我们认为,利益是一个客观现象、客观范畴。利益的认识和实现要通过人,并不意味着利益是主客观的统一。利益是形成意志、意识的基础,但它是意识、意志之外的客观存在。意识、意志可以正确地反映客观存在的利益,也可以错误地认识或理解客观存在的利益而形成"主观利益"和对利益的错觉。应该把客观上存在的利益和人们主观上对这种利益的认识即"主观"利益区别开来。认识利益的客观性有重要的意义,因为利益是人们立法活动的出发点,认识到这种利益就会形成人们的法律动机和立法意志,而认识和实现相应利益的过程是以最后达到人们的目的而告终的。法律一旦达到了目的,也就满足了创制它们的社会主体的需要。确立利益的客观性,能使我们明确法价值主体的客观性,进而明确法价值的客观性。

法主体的客观性除了表现为需要和利益以外,还表现为法主体活动的客观性,即作为法价值的主体——人的生存发展实践的客观性,在人和法律的相互作用过程中,法主体的活动就突出表现为法律实践。一方面,人们根据自己的需要,以自己的利益为尺度,制定出各种各样的法律;另一方面,人们将这些法律适用到社会生活中,调整各种法律关系,包括人身关系和财产关系。这一双向的运动过程,突出表现了主体活动的客观性。这是因为:第一,主体的需要和利益是客观的,这就决定了法律的制定并不是随心所欲的,法律必须反映人们的需要,符合人们的利益。第二,法律的适用,是一个实践的过程。这一过程的完成,需要许多制度化的构成物。比如,国家机关(主要是立法、司法机关)及相关的各种社会组织,法律制度(如婚姻制度、继承制度、律师制度等),保障法实现的一系列物质条件和技术装备(如现代司法信息系统)。法价值的主体必须通过一定的法律活动和法律行为,运用这些中介性机关、组织、制度和物质条件,将法律适用到现实生活中,完成从法到生活和社会的转化。一般来说,法律主体为了实现需要和利益所从事的与法有关的法律活动,都属于法的实践活动。法律实践活动是客观的。

综上所述,法价值主体的客观性,是指人所具有的不依赖于任何人的主观意志的存在、本质、本性、能力、条件和活动方式等等社会的客观规定性,它包括法价值主体的需要、利益、活动等一切并非由人主观随意决定的东西。

二、法价值的主体性

法价值的客观性是从宏观上考察法价值关系所看到的一般特点。在这时,法价值关系的主体基本上被看作是一般的人的整体。如果再进一步对法价值关系的微观特点作考察,那么,法价值的另一个重要特点是其主体性。

法价值的主体性是指法价值本身的特点直接同主体的特点相联系,法价值的特性表现或反映着主体性的内容。换言之,法价值的主体性是说法或同一种法律制度对不同的主体的价值是相同的,并且对不同时间、不同地点条件下同一主体的价值也是不同的。法价值的主体性表现为法价值的个体性、多维性和时效性。

法价值的个体性、多维性和时效性,都离不开法价值主体的内容和形式。在我们阐述法价值主体的上述特征之前,有必要确定法价值主体的几种主要形式。就法价值主体的活动结构而言,法价值主体主要有以下几种形式:①个人主体,即法价值主体是自然人。法价值的个人主体在一定的法价值关系中相对独立地从事法的价值的享受、评价等活动。在一个国家中,凡能够参加、从事法律活动,享受一定法律权利和承担法律义务,可以对各种法律关系进行认识、评价,并借以实现一定需要和利益的自然人,都可以成为法价值关系的主体。②集体主体,即由一定的人群所构成的主体。集体主体主要包括两类:一类是按照一定的信仰、目的、规范等组织起来的共同群体或组织,如政党、社会团体、企事业单位等。这类主体与一定法律之间所存在的价值关系是较为重要的,如执政党可以通过其在国家政权中的活动,运用法律工具去实现其所代表的利益。另一类集体主体是由国家机关所构成的,如各级国家权力机关、行政机关、司法机关,它们执行国家的权力,本身具有法、执法和司法的职能。它们负有法律规定的一定职权,并需要通过法律手段予以实现。它们与法律的联系最为密切,是许多重要的法的价值关系的主体。③社会构成,是指作为一个整体的国家、民族、人民等,它们具有共同的利益和意志。国家主体集中体现了在国家中居于统治地位的阶级和集团的利益和意志,同时也执行一定的社会公共职能,是法律创制、实施的形式主体。法与国家的关系是一种最为根本的法的价值关系。社会构成中的国家和人民在法律价值关系中代表了最重要的法的价值主体,在研究法的价值关系主体方面具有重要的作用,对其他主体形式影响巨大。正因为法价值主体是多元的,决定了其特性是特殊性与多维性、时效性的有机统一。

1. 法价值的个体性。

法价值关系是一种以主体为尺度的关系,它依主体的不同而表现出每一主体的特殊性、个性:以人类作为主体的法价值,具有人类性或社会性;以一定历史阶段上的社会为主体的法价值,具有时代性;以民族为主体的法价值,具有民族性;以阶级为主体的法价值,具有阶级性;以个人为主体的法价值,具有个人性。这是法价值的一种普遍现象,即我们所说的法价值关系的个体性或独特性。

法价值的个体性或独特性,根源于主体结构和条件的特殊规定性。一个主体,它自身有什么样的结构和条件,就同法律发生什么样的价值关系。法律作为一种统治阶级的工具的价值,对国家主体、集体主体和个人主体就具有完全不同的意义。对国家而言,国家与法是相伴而生、相辅相成、缺一不可的,没有国家,就没有法律;反过来,没有法律,国家也将难以为继。对某一集团来说,如阶级,法律的价值具有明显的阶级性。但是,由于阶级分为统治阶级和被统治阶级,法的价值又有不同的意义:对统治阶级而言,法是维护统治阶级的统治,保障其政治和经济利益实现的重要手段;对被统治阶级而言,从正面说法律主要用以维护其合法权益,防止他人侵害,以及在受侵害时寻求法律的保护。对个人主体而言,由于个人主体之间的社会地位、需要、利益、能力和生活上的个性差异,其法价值表现出来的独特性,就更加细致和明显了。

由于法价值具有主体性特点,所以我们看到,在社会生活中,法价值的标准、评定和表现是极其复杂的,是多层、异向、异质的。常常出现这种情况:同样一种法律,对某些人是善的、好的东西,对另一些人却未必是善的、好的。比如,奴隶制的法律,对奴隶主来说,它是善的、好的,因为它能够满足奴隶主的统治需要;而对奴隶来说,它未必是好的,甚至是恶的,特别是那些残酷镇压奴隶的法律,更是可恶的。这一事实表明,各种不同的法价值态度并非出自主体的主观意志,而确确实实是他们各自的实际情况的体现。只要这个主体仍然存在并且没有根本改变,别人就无法用其他价值去取代他的价值。这是因为社会生活中的主体,普遍地有着差异和个性。每一个主体都有一套法价值坐标系,不同主体之间总会存在着法价值关系上的差异和矛盾,不可能彼此重合或代替。

2. 法价值的多维性。

任何一个层次的法价值主体,对外都表现一定的整体性,成为一个个体。在个体内部,其结构和规定性又是复杂的、立体的、全面的。因此,每一法价值主体的价值关系都具有多维性。

所谓法价值的多维性是指法律主体是活生生的个人或个人的社会共同体,它自身结构和规定性的每一点、每一方面和每一过程,都产生对法律的需要,都可能形成一定的价值关系。例如,人生活在一定的经济关系中,需要用法律来调整各种经济关系,这时,法律对经济人来说,具有经济价值。但是,人不仅是经济人,而且是社会人,人必须生活在一定的社会关系中,与他人、其他集团发生各种政治联系,法律对人来说,又具有了政治价值。同样是这样的人,他不仅是经济人、社会人,而且是一个充满激情,有思想、有文化、有追求的人,法律在调整精神产品的生产、交换、分配和消费的过程中,发挥着必不可少的作用。因而,法律对人来说,又具有满足人们对精神产品的追求的价值。

法价值关系的多维性,还表现为人们具体的法价值体验是可变的、可选择的,这种变化和选择,往往是相互区别的法价值方向之间的综合和转换。如马克思所说,忧心忡忡的穷人甚至对最美丽的景色都没有什么感觉;贩卖矿物的商人只看到矿物的商业价值,而看不到矿物的美和特性,他没有矿物学的感觉。对于同样一种法律,执法者看到的是法律的权威,体验到适用法律、处罚违法者的快感;违法者则感到对法律的恐惧,畏惧法律对其违法行为的惩罚;而守法者依主体的不同,心态各异:有的是自觉地认同和遵守法律,有的则是出于对法律的威慑作用而被迫接受法律。这种种情况表明,人们对法律的价值体验,往往只是反映了他多方面的价值关系中最切近、最直接的部分,在这种体验的背后,还潜藏着无限多的深层的价值可能性。人们通常只是依据现实的条件和法律的直接特性,选择和发现自己本质和需要的方面。其他那些未被觉察的方面不是不存在,而只是此时此地未被觉察。

承认并强调法价值关系的多维性,对于理解人类法律活动的多样性、丰富性十分重要。前面所说的个体性告诉我们,对于一定的主体,不可用不同主体的价值标准去要求它、衡量它,而只能根据它本身的生存和发展去理解它;法价值的多维性则进一步告诉我们,对于每一主体,都不可只看到它的某些方面的需要和法价值关系,而忽视或否认其他方面。人们法律活动的丰富多彩,都是人所需要的方面,都是人的法价值关系的具体展现。我们只能分辨这些法价值关系的好与坏,不能主观地决定它们的有与无。

3. 法价值的时效性。

法价值关系的个体性和多维性，是从同时态考察所看到的特性。从历时态来考察则应看到，由于法价值关系具有具体主体的个性，那么它必然随着主体、法律及条件的变化而变化，表现出时间上的过渡或流变。

法价值的时效性是指每一种具体的法价值都具有主体的时间性，随着主体的每一变化和发展，一定法律对主体的价值或者在性质和方向上，或者在程度上，都会随之变化。以法的理性价值为例，在古希腊，自然理性是法的价值的最高体现，因为人本身乃是一种理性动物，因而要受到自然理性原则的规制。到了中世纪，宗教神学一统天下，自然理性转变为神学理性，一切法律都是从永恒法产生，而永恒法乃是神的理性的意志的体现，神学理性成了法的最高价值。到近代西方社会，人类理性否定了神学理性，人类理性成为衡量一切事物的唯一尺度，人们用人类理性来解释世界，解释社会、制度和宗教，坚定地相信人类理性的能力，强烈地渴求法律文明的进步和发展，这一例子表明，随着社会的发展，主体的价值水准不断改变、更新、转移和提高，法价值的内涵也随之发生变化。

法价值的时效性归根到底取决于主体人的不断发展和需要的不断增长。人对法的需要有不断增长和变化的特点，这一特点决定了法价值在时间上的有限性。任何一种法律，都是人们某种需要的产物。人类社会海商业的存在和发展，导致了海商法的产生和发展；人类社会证券业的发展，产生了规范人们证券行为的需要，证券法就应运而生了。任何一种法律，都随着人们需要的变化而变化，随着人们需要的消亡而消亡。这就使法的价值在时间上显示了其有限性。

法价值的时效性与法本身有关。如果没有法的相应属性，就不会产生满足主体一定需要的价值。例如，法如果没有阶级属性，它就不可能满足阶级主体的需要，形成一定的统治工具价值。法如果没有其社会属性，它就不可能满足社会的需要，产生某种社会价值。而且随着社会主义社会的发展，国家与法的阶级属性的减弱和社会属性的增强，法价值的社会价值部分必将日益增大，而阶级统治价值会日益缩小，直至完全消亡。

法价值时效的转移或更迭，通常有两种渠道：一种是"刷新式"，即新的价值推翻、取代原有的价值，如资本主义法的价值取代封建主义法的价值；另一种是"积淀式"，即新的价值在更大范围或更高程度上扬弃旧价值，把它的有效成分作为新价值的因素继承和发展，使旧价值得以沉淀、升华，人类法文化的总进程、法文明的发展就是如此。无论哪种形式，都是法价值的辩证否定，是法价值的发展，是每一具体法价值在时间上从产生到消失的过程。

在讲到法价值的时效性时，人们自然会问到：有没有永恒的法价值呢？譬如，资产阶级法学家笔下的公平、正义、自由等价值，是不是人类法的永久的价值？对这一问题的回答应是否定的。从抽象的意义上看,公平、正义、自由是法永久追求的目标,但是,抽象的公平、正义和自由是不存在的,任何一个社会的公平、正义、自由都是具体的。在奴隶社会中,奴隶主可以随意处置奴隶,这一行为在奴隶主看来是公平和不正义的,而在奴隶眼中是极不公平和不正义的。公平、正义和自由总是和一定的社会制度相联系的,在不同的社会形态下,有不同的公平、正义和自由;即使是在同样的社会中,不同的主体也有不同的公平、正义和自由。所以说,永恒不变的法价值是不存在的。

第十四章　法价值的分类

第一节　法价值分类的理论前提

一、分类的一般原理

按照认识论的一般规律,理解和把握客观事物,既要认识其本质,也要了解其形式。辩证唯物主义基本原理告诉我们,事物的内容决定事物的存在形式,而事物的存在形式又反映和体现着事物的内容,并对事物的内容起着验证和引导作用。在一定意义上,对形式认识的正确和科学与否,直接影响着对事物本质的把握。分类是正确认识事物的一个常用基本方法。从认识主体方面来说,它是一种认识手段,但从被认识的客体方面来说,它又是客体内容的一个间接表现形式。它不仅总结了主体认识一定阶段的成果,而且巩固和加深了主体对事物本质的领悟程度。因此,加强对事物的分类研究,是正确认识事物规律所必不可少的。

在一般意义上,分类就是指主体为了一定认识目的,根据特定的标准将某些事物现象进行鉴别归纳,分别归入不同的类别,在同一类别中,事物的属性、功能、形态等主要因素具有相同或相近的特征。分类作为认识的一个阶段,具有自身的独特性,主要表现在以下几个方面:一是标准明确,这是进行分类的基本前提。所谓标准明确,既指标准的表述具体鲜明,又指标准的设立统一,须尽量做到涵盖全面。二是层次恰当科学。分类所设的纲目层级既要照顾到事物的各方面特性与表现形态,也要做到划分合理,层次鲜明,避免模棱两可、相互矛盾。三是揭示性,即根据特定的标准划分出不同事物种类,各事物种类具有自身鲜明的特征,同时又与其他事物种类相别。

二、法价值分类的必要性及含义特征分析

法价值作为一种客观存在的现象,其本质的揭示,其价值域的发掘,需要人们去研究认识。如前所述,法价值认识同样需要遵循认识论的一般规律,即需借助分类等认识手段,同时作为法价值一种间接表现形式,法价值分类的科学与否直接关系到对法价值本身的认识,此其一。其二,就法价值本身特性而言,法价值由主体的需要、客体的属性、客体属性对主体需要的满足以及主体对这种满足程度的评价等一系列要素组

成。其中,法的价值主体的需要(主要体现为主体的利益需求)是丰富多彩、形式多样的,它随主体位势的变迁、心理偏好的变化以及客观社会环境的改变而不断发展变化。作为法价值客体的法律现象包括法律规范、法律部门、法律调整方式、法律手段和功能以及形式多样的法律实践,这些现象具有不同的特征和内容,并且都处于不断发展变化之中。因此,法价值的客体是变动不定的,其基本属性是多层次多样式的。此外,主体需要与客体属性之间的关系也是多方位多角度的,随着主客体任何一方因素的变化,它们之间的关系内容与表达形态也会发生相应变化。就主体评价层面,评价主体的差异、评价需要与方式的不同等均会造成法价值含量不同。如同一法现象,对一主体来说具有正价值,对另一主体来说就有可能是负价值或零价值。而且,同一主体采取不同视角或在不同时间对同一法现象所作价值评价也会不同。这都说明,对法价值作分类研究是必要的。其三,法价值作为法学理论中的一个基本问题,其重要性与独特性也决定了对其分类研究的必要。

那么,法价值分类的内涵到底指什么?该如何界定?目前学界对这个问题并未过多地重视,人们常常注重法价值具体分类标准的寻找,而对法价值分类的概念并未从定义学角度予以揭示,太多只是进行特征性表述。其中比较有代表性的定义,如法价值分类是指根据各种法的具体价值特点所进行的分别归类。这一定义,从分类的具体标准角度对法价值分类定义作出了概括规定,但在具体研究中,这一定义日益显示出其过于简略与单一的缺陷。深入研究法价值,必须从科学的角度对之进行规范性的定义。依据前文提出的分类的一般原理,我们可以对法价值分类作出如下界定:所谓法价值分类,即指主体为了特定认识目的,按照特定的标准和尺度将法价值现象分别划归入不同表现类别;这些不同类别相互之间既存在着差别,也具有某些共同特性,同时同一类别内部各部分则具有相同或相近的特征、属性和功能。法价值分类具有以下特征:首先是多样性,如前所述,法价值构成要素的丰富多彩与富有弹性无时无刻不在影响着法价值本身的变化,规定着法价值表现形式的不稳定性。同时,由于法价值影响因素的变化和评价主体经验的积累与认识的深化,导致人们对法价值分类的标准与根据呈现出不同的形式与特征,所有这些无不造就了法价值分类的多样性。其次是层级性,由于主体思考、研究法价值的需要角度不同,他们将法价值分成不同层次的领域。如为了从整体上把握法价值,就会按照某一个或某几个统一标准对整个法价值现象进行区分;为了研究法价值某一方面特性,则会根据该方面的属性按照一定标准进行细致分类。这样就会使法价值分类存在不同层次交叉并存,但又范围鲜明的状况。最后,法价值分类还具有科学性。它既要遵循分类的一般规律,也要符合法价值本身的内在规定性,具有客观性、规范性。

需要注意的是,以往法学界在研究法价值分类的问题上存在这么一种理论误区,其表现就是仅仅从静态横断面角度区分法价值的不同表现形式,并没有赋予其动态发展的价值机制。在一定范围内,这种误导仍在影响和制约着我国法学的发展。作为追求真理的人们,我们有责任拨开这一迷雾。从发展论的角度来看,分类并不是目的,而是为了达到一定目的的手段。因此,分类本身就意味着创新,表述性的语言背后隐藏着革新的因素。具体到法价值领域,法价值分类只是认识法价值的一个基本环节,是整理研究现状成果与继续研究的需要,为了到达真理的彼岸,我们不能就此止步。

三、法价值分类的标准与方法探讨

标准又称尺度或参照系,它是进行分类所必须具备的一个基本要素。标准合理程度以及标准不同指向,都在很大范围内制约着法价值的分类。学理上,法价值分类标准的设立应遵循下述基本原则:第一,科学原则。它包括两层含义:一是标准结构的科学性,即指标准作为分类的依据,既要具备完善的形式结构要素,同时又要求各要素之间结构严谨,表述规范,合乎逻辑。二是标准衡量价值的科学性。标准的设立是为了衡量、区分法价值系列现象,因此提出的分类标准必须具备这种区分功能,并能有效体现设立者预定的目的。第二,创造原则。正如上文所讲到的,法价值分类标准的确立并不仅仅只履行着区分的功能,它的价值还应体现在其发展的功能上。通过具有评价意义的区分标准,我们可以比较鉴别不同的法价值现象,对其进行科学扬弃,从而赋予法以新的更加符合理性的价值,最终促进法的发展。

探讨法价值分类的标准,必须从内容结构上对其明确揭示。一般而言,法价值分类标准应由下列层面构成:实质标准,这是法价值分类标准的主体构成要件,它根本上规定着标准的质,即进行法价值分类的理论依据。实质标准的界定从终极意义上确立了分类的原则立场。形式标准,这是实质标准的体现形式也即文字表述,它以简明扼要的文字和逻辑严谨的规范形式详细表达法价值分类标准的实体内容即分类依据、宗旨与原则。法价值分类标准还包含标准的延伸力要素。所谓标准的延伸力,从文义上讲就是指标准的伸展效力、变化适应功能。这是一个动态观念,它适应了客观形式以及法价值自身要素变化所带来的不恒定性,从而使法价值分类标准保持了持续发展可能和自身调适机制,内在地决定了法价值分类标准的多样性、层级性和科学性。

法价值分类标准具有不同于一般事物分类标准的独特表征:其一是明示性。标准作为参照系,它必须明确揭示并为所有主体所知晓。具体来说,标准必须以简洁明确的语言文字表述出来,同时表述的内容必须是标准的关键要素,表达清晰,切忌使用模糊语言。其二是时代性,主要体现为原则性与灵活性的结合。原则性是指标准的选择应反映和总结一定阶段的研究成果,在一定时期内具有统一性、稳定性。灵活性则是指标准的规定还应反映特定情势的需要,尤其要体现发展与修正功能。其三是操作性,又称实践性。这是创造性原则的外在表现。标准的寻找不是目的而是手段,是为了运用这一工具去达到认识法价值本质的目标。因此,科学的分类标准应便于操作运用,具有与法学研究现实的直接切入性,这是法价值分类标准的根本意义所在。

怎样才能确立一套切实可行的法价值分类标准呢？我们还必须进行一番方法论的思考。同研究其他社会法律现象一样，研究法价值分类需要运用分析、比较、归纳等方法。比较的方法是人们认识事物的一个常用方法，通过对众多同类或不同类法律价值现象的鉴别对照，找出其中的规律性。"有比较才有鉴别"，通过比较，可以扬长避短，去伪存真，找到合理的分类标准。归纳法是科学认识论常用方法之一（另一种是演绎法），其特点在于透过众多法律现象归纳总结出一般发展规律。需要强调的是，我们在选择法价值分类标准时还应保持一种分析的眼光，借用分析实证的方法，尤其是语义分析的方法。这既是当前法学研究的一种基本走向，也是进行科学研究应该坚持的视角。当然，分析并不是纯粹的不动的，而是贯穿于整个法价值分类标准乃至整个法学研究之中。法价值分类标准的确立方法还有其他一些方法，比如调查方法、实验方法、系统方法等等。

第二节　法价值分类的学界争论与评析

一、法价值分类的学界分歧原因

把"法价值"的概念作为一个基本法学问题进行研究，在我国始于 20 世纪 80 年代。当时，中国刚刚完成了拨乱反正，开始推行改革开放，在此背景下，西方国家发达的物质文明成果不断被引入中国。与此同时，西方人开放型的思维观念对中国传统文化形成巨大的冲击，理性、价值、自由等观念不断被中国人内化。这既是对人类文明的吸收与继承，也表明人们开始从人类自身的立场出发来观察社会，评价社会现象。法价值的观念就是这种社会与心态环境的产物。它的引入对于丰富我国法学研究，完善法哲学框架体系无疑产生了重大现实意义。

如上所述，法价值既是一种新的思维观念，又是人们一种内在心态的培育。由于其产生、发展的背景错综复杂，造成了人们对法价值的看法不同。有的从主体角度出发，有的注重客体的功能属性，还有的可能侧重法律实践。这种情况必然形成人们不同的价值观念和不同的价值分类。另一方面，在具体研究法价值分类过程中，研究者坚持的立场不同、研究的目的各异，所有这些都直接导致他们对法价值分类的观点不一致。其中最显著的原因还在于分类标准的不同，这在上一节已作过详细分析，在此不再赘述。

二、法价值分类的学界分歧

考察我国法学界研究现状，有关法价值分类的主张大致可以分为下述几大类，在每一类当中又由于具体环节要素的差别形成一些更具体的分类。

1. 主体说。

持这种观点的学者大多从法价值的主体方面要素出发来评价法价值,如主体自身的位势层次、主体活动的范围、主体的需要及主体的需求评价等都以主体为核心和目的归宿,以这种认识辐射作为客体的法以及主客体之间的诸多关系。因此,从总括意义上说,主体说具有主观性、主动性的特征,其分类标准就是主体及其需要。目前,学术界有关主体说的法价值分类有以下几种:

(1)主体层次说。这种观点根据法价值关系主体的社会层次进行分类,从而把法价值分为法的个人价值、法的群体价值和法的社会历史价值等。① 这种划分揭示了法对于各种社会主体的具体价值。法律现象对于不同的主体的需要具有不同的意义。就个人价值而言,主要体现为协调、保护公民在政治、经济、文化以及人身家庭关系中享有国家认可和保障的社会合法权益,并履行一定的社会责任和义务。法的群体价值指法在满足一定社会群体的需要和利益中发挥的积极作用。由于社会各群体在社会中居于不同地位,法的价值表现也不尽相同。法的群体价值最鲜明的表现是法的阶级价值。法的社会价值主要揭示了法律现象对整个人类发展的巨大的价值,一方面在阶级社会中,法作为社会调整控制系统中的最为重要的国家工具,对社会的有序、稳定和发展发挥着历史进步作用;另一方面,不同时代的法律现象作为文明的结晶、历史的遗产,对以后社会发展具有借鉴意义,即使在阶级意义上的法消失以后,法律现象中许多有效的社会调整和管理方式也会继续存在下去,成为维系社会秩序的积极因素。

(2)主体需要说。该说学者借用教育、心理、生理科学等基本理论,根据主体的人在不同年龄阶段、不同环境条件下的不同需求以及人的需求强烈程度的先后顺序将法价值分为生存价值、享受价值、发展价值或法的生理价值、安全价值、社会价值、信誉(尊严)价值以及自我实现价值等。比如,就年龄要素分析,低年龄段的人的生理、安全价值突出,而对高年龄段的人尤其是对成年人而言,社会价值、信誉价值及实现价值就比较重要,他们对法律的评价也多倾向这些方面。

(3)主体活动领域说。一些学者根据法价值主体进行活动的范围空间,即社会的基本存在形态把法价值分为政治、经济、文化、科学、道德价值等。② 在政治活动领域,法发挥着巩固政权、维护社会秩序以及保证国家各项政策措施贯彻实施等功能。在经济领域,法起着促进经济发展,保障市场运行,维护交易秩序及主体合法权益等等作用。在科学、文化、道德等领域,法同样具有其调适价值。

(4)主体评价说。即按照法满足主体需要的性质对法价值进行的分类。它具体表现了法价值的主体性特征,同时也表现出法价值的客观性特征。根据这种分类标准,该派学者将法的价值分为法的物质价值和精神价值,认为法在满足人类物质生产需要

---

① 参见杜飞进:《法律价值概念论析》,载《学习与探索》,1994(3)。
② 参见孙国华主编:《马克思主义法理学研究》,283 页,北京,群众出版社,1996。

和人类自身生产的需要方面都具有巨大的作用。在现代经济关系中,尤其在建立社会主义市场经济体制过程中,没有法律调整就难以建立和形成有机稳定的经济秩序,重大的正式的经济活动也难以产生有效的结果。法的精神价值是指法通过调整社会关系和人们的行为,直接或间接地满足人们心理、精神、文化等方面的需要。法的物质价值和精神价值是根据主体的需要满足性质所作的基本划分。人的需是多种多样并不断发展的,由此决定客体法满足主体需要的性质也是多样的,这些必然导致法价值也在不断变化和发展之中。

2. 客体说。

这种分类从法价值的客体出发,就客体的属性、功能、存在形态等静态因素和法客体的运行规律特性等动态因素整合标准来划分法的客观性价值,其特征是主体性相对弱化,客观性相对增强,重视客体的属性。在这个大范围内,客体说主要存在这么一些分类形式:

(1)存在形态说。该说根据法价值不同阶段的存在形态将法价值划分为法的潜在价值和法的现实价值。[①] 法的潜在价值指法所具有的满足主体需要的可能性,这是法实现其现实价值的前提条件。法的现实价值是指已经在社会生活中实现了的法的价值,是在法律实践过程中对一定主体需要的满足和利益的实现。法的潜在价值与现实价值是可以相互转化的,法的潜在价值为法的现实价值提供了可能性,法的现实价值是法的潜在价值的现实表现和直接肯定。只承认法的潜在价值或法的现实价值,都难以全面认识法的价值的含义。

(2)效果说。其划分的标准就是法价值的最终效果。据此,一些学者把法价值分为法的正价值、法的负价值、法的零价值,也有人将之称作法的真实价值和法的虚假价值。[②] 法在一定程度上满足了主体合理需要就体现为法的正价值;如果法不能满足主体的需要,产生了有害的作用,便体现为负价值;如果介于法的正价值和负价值之间,即一定的法律现象对主体既无益也无害,那它就体现为零价值。法的这三种价值形态都具有存在的可能性。

(3)法律部门说。这种分类的标准就是法律部门体系。依据这个标准,法价值可分为各部门法的价值,如宪法价值、行政法价值、民法价值、刑法价值、诉讼法价值等。他们认为,部门法价值的整体效应等于法的体系的价值。由于社会需要的不断发展和变化,各国法律体系中各部门法的门类也经常发生变化,各部门法在不同时期其价值也不尽相同,甚至会有很大差异。如在新中国成立之初,阶级斗争和镇压反革命势力的任务繁重,因此刑事法律等公法的价值就比较明显地占法价值的主体地位;而在国家工作重心转移到经济建设方面后,尤其是在整个改革开放过程中,民法、商法等私法

---

① 参见谢晖:《价值法律化与法律价值化》,载《法律科学》,1994(3)。
② 参见陈友清:《论法的负价值》,载《法律科学》,1990(2)。

体系的价值就会日趋突出并将最终占据主导地位。

（4）法制说。这种学说在我国法学界具有一定代表性，其特点就是把法价值的实现作为一个过程，涵摄于整个法制系统之中。按照法学的基本原理以及我国建设社会主义法制的基本实践，具有中国特色的社会主义法制包括立法、司法、执法、守法和法律监督（即护法）几个环节，通常我们又称之为"有法可依、有法必依、执法必严、违法必究"等十六字方针。这不仅是法律发展的科学要求，更是中国法制实践的经验总结，是邓小平法制思想的基本内容的概括化。持法制说的学者把法价值相应地分为立法价值、司法价值、执法价值、守法价值、护法价值等，其中立法价值又称法的创制价值，后四种价值称作法的实现价值。

（5）属性目的说。从法价值属性和法的目的的角度，法价值被看作是值得追求的或美好的事物，法价值表现为法对美好事物的追求和实现。如安全、秩序、平等、自由、正义等都是人们希望获得的，因而它们被视为法律价值的存在和表现形态。西方许多学者持此看法。弗里德曼在其名著《法理学》中认为，西方现代民主制度中法律价值是个人权利、法律面前人人平等、政府民有、法治等。迪亚斯认为，个人尊严、尊重财产、国家和社会安全等是法的价值。古希腊的亚里士多德还把正义划分为分配正义和矫正正义两种形态。当代学者罗尔斯在此基础上提出法的社会正义价值和个人正义价值。

3. 结合论。

这种分类的特点就是结合了主体说和客体说两方面特征，从法价值主客体及关系因素出发，认为法价值既包括法本身的价值，也包含法作为工具中介其他价值的价值，即法在社会中的适用、遵守等法在实践中所具有的价值，通常由主体通过一定标准与程序予以评价。根据分类标准的不同，学界有关结合论的法价值分类主要表现为以下两种：

（1）法本身价值与法的工具价值说。这种理论在我国流传已久，从20世纪50年代自苏联传入我国之后，法学界一直没有间断对它的研究，并根据不同时期人们认识的发展和法学内容的变化，这种分类学说也不断得到全新的解释和论证。总的来说，持此说的学者认为："法不仅具有工具性的价值，即中介其他价值的价值，而且还有其本身的价值。法的工具性价值是讲法是分配或保护某种价值的工具，法本身的价值则是指法在执行这一使命中的特殊性能，即它是以什么素质实现其工具的使命的。"[①]如果说法进行工作是其工具性价值，那么法本身的价值就是这个工具的水平和质量的指示器。法本身价值的实现为实现法的工具性价值奠定了基础，法的工具性价值的充分体现又肯定了法本身的价值，二者在法的实践中相互依存、相互促进。

其一，法的工具性价值。在他们看来，法是适应着主体的需要而执行着一定职能

---

① 孙国华：《论法的价值》，载《中国人民大学学报》，1989(3)。

的,因此它的价值是中介性、服务性的,或者可以说是工具性的价值。这可以从以下几个方面来观察:

一是法的分配性的工具价值,即法是国家分配社会财富的工具,是满足主体最重要的需要的参与者。"是社会财富形式上的来源,是保障主体生活的工具。严格说来,财富是由国家通过法来分配的,社会主义条件下,法执行分配产品和分配劳动的调节者的职能"①。法的分配性工具价值大小取决于两个因素:第一是主体需要,主体需要什么以及需求量的大小;第二是通过法进行分配才能满足主体需要的财富性能以及多少。工具性价值论者还提出了一些运算法的分配性工具价值的指标,指出由于社会生活的变化,这些指标的数值也会变化。因此,法的这种价值的提高和降低不在于法本身,因为法本身并不能生产物质财富和精神财富,法在这方面的价值是派生的、从属的、第二性的价值。

二是法的表述性的工具价值。法律规范总是要表述、标示、指示国家认为应予满足的某些主体需要,法律规范所表述的信息可以使主体了解情况,是主体寻求手段的手段。如《中华人民共和国宪法》序言中用描述性的语言规定了我国的统一战线政策。同时,法律文件还常常运用一些命令性或禁止性规范把有价值的行为规定为人们的义务,把创利行为(即能给权利人和其他主体带来利益的行为)规定为权利,并禁止一切有害价值实现的行为。总之,法的作用不仅在于它是表述满足需要的手段,同时它还直接或间接地指出国家所支持、赞同、承认或者至少是允许的需要。

三是法的衡量性的工具价值。价值对象客观上是分等级的,主观的价值等级应该与客观价值等级相符合。法律规范在规范性法律文件体系中的安排,反映了各种不同价值的相互关系和价值等级上的差别。法的衡量性价值通过以下途径实现:第一,是通过不同规范等级反映客观的价值等级,其做法是依据价值的不同意义,把分配或保护各种价值的规定分别安排在法律效力不同的规范性法律文件中,于是就有了宪法、基本法以及普通法规的区别。第二,是不同法律部门之间存在主次关系,可以把各种价值分别规定在不同法律部门中反映其差别。第三,在同一规范文件不同部分规定不同价值,通过排序先后来反映这种差异。第四,在发生价值冲突时,优先保护某种价值也可体现法的衡量性。第五,通过一定奖惩措施来鼓励、引导或禁止某种行为,并根据违法行为侵犯客体的价值等级规定不同的制裁方式。

关于法的工具性价值,学术界还有其他分类形式,比如法的保护性价值、法的认识性价值、法的评价性价值、法的矫正性价值等,这种分类在上述几种分类中业已包括,比如保护性价值、评价性价值和矫正性价值可以归属到法的衡量性价值当中,法的认识性价值则贯穿于前述几种工具性价值之中。

其二,法本身的价值。持该论的学者认为,法的产生和存在之所以有其必然性,除

---

① 孙国华:《论法的价值》,载《中国人民大学学报》,1989(3)。

了物质生活条件的要求之外,主要由于法具有其他社会规范所不具有的特殊优点和功能,正是由于法具有自身的价值,具有一系列特殊性能,它才能够作为高效的工具实现其他社会价值。法本身价值最主要的标志就是法在满足社会主体特殊的需要中所具有的能力,而能够借以确定其特殊价值的法的性能是这种中介能力的基础。法本身的价值通过其一系列特质价值体现出来:

一是法的规范性价值。法律是一种高度发达的社会规范体系,它对形成和维护一定社会秩序具有重要意义。马克思指出:这种规则和秩序本身,对任何摆脱单纯的偶然性或任意性而取得社会固定性和独立性的生产方式来说,是一个必不可少的要素。①法律规范具有一般性或普遍性的特点,它是抽象的、普遍性的规则,包含了法律面前人人平等的原则。法正是适应了阶级社会规范性调整的需要,把个人和组织的行为纳入一定的范围,有目的地安排在一定秩序之中,为个人和组织的社会行为规定方向。法的规范性价值深深植根于社会关系的规范化和秩序化的必然性中,是使社会关系具有稳定性的重要条件。

二是法的国家意志性价值。法与国家具有密切的联系,国家使一定的规范上升为国家意志,从而使法具有国家强制力和普遍约束力。同时法作为工具是体现和实现国家意志的必不可少的手段,法与国家之间并不存在因果关系,而是一种职能联系。具体表现为国家创制法律和保证法律的实现,同时法律规定国家政权的结构和约束国家的活动。

三是法的权利义务性价值,又称法的权义性价值。法通过规定法律关系主体的权利和义务来确认法律关系主体在社会中的地位、利益、行为方式和行为界限。法律权利和义务是一定社会生产方式的要求在法律上的表现。法律权利意味着法律关系主体有权自己做出一定行为或要求他人做出一定行为;法律义务则是指法律关系主体应从事一定行为或不应从事一定行为的责任。法律关系主体正是通过权利的行使和义务的履行,来实现一定的利益和需要。在社会主义社会,法律权利和义务应当是一致的、统一的,以充分保障公民在政治、经济上的平等和自由。

四是法的国家强制性价值。法是由国家强制力保证实施的社会规范体系,这是法律规范区别其他一切社会规范最为显著的特征。法的强制性突出地反映了统治阶级使自己的特殊利益和意志成为社会普遍利益和意志的需要,满足了统治阶级实现有利于自己的社会关系和社会秩序的要求。由国家强制力保证的法如果符合社会经济条件和社会规律,法的强制力就能发挥积极作用,否则就会发生相反的作用。

五是法的公开性价值。法的公开性是法本身性质所决定的,是法的一种必备的属性。法的公开性不仅是指规范性法律文件制定以后的公布,也包括法律的实施应当予以公开,如审判公开等。这样才便于公众进行批评和监督,有利于法律有效地实行。

① 参见《马克思恩格斯全集》第25卷,894页。

法律只有公开,才能满足人们了解国家制定的规范的需求。持该说的学者提出这是实行法治的最基本要求之一。

六是法的稳定性价值。法律一经创建就是对既有的社会关系和社会秩序的确认和维护。法本身适应了使社会关系固定化和稳定化的需要。但由于社会的变化,法的稳定性有时会成为阻碍社会关系发展的桎梏,这便构成了法律的稳定与社会变化之间的矛盾。如美国学者庞德所说:"法律必须是稳定的,可是它又不能静止不动。因此所有法学家都为了协调法律稳定性与法律的变迁性而苦思冥想。"①但无论如何,稳定性都是法律的一个永恒目的。

(2)主客体转化价值分类说,又称价值法律化与法律价值化理论。② 这是按法律从产生到实现的全过程来对法价值进行的分类。价值法律化是指主体对客体的价值需求通过凝结这一需求的另一客体——法律而表现出来并规范化、稳定化。价值法律化表明了下列内容:一是法律属价值需求的规范形式及法律价值是一种应然价值。法律价值是一种应然价值,它是蕴含在法律中的一种潜在价值,而不是体现在主体行为中的一种实在价值。价值法律化只为主体创造了实现价值的条件、手段和机会,而不是主体价值追求的实现本身。正是法律价值的应然性或法律对价值的确定性,才会出现法律的价值,产生法律的运用,实现主体的价值追求。二是法律是客观化的主体意志表达。当主体的价值追求上升为国家的价值追求之时,它必须要客观化,要借用法律这一客观形式来表达价值追求。三是法律还是主观化的客体记载方式,是特定社会经济关系下人类价值需求的标记。法律价值化是法律对主体需求的满足状况。法律的客观性及其所决定的价值客体特征,使法律成为人类创造的能够满足其价值追求的实存物。此时,主体便产生了对法律的价值需求,法律价值化即是法律特性对主体价值需求的满足,它将潜隐的法律价值转变成现实的法律价值。

4.历史形态论。

这种分类所依据的标准是人类社会发展的一般规律。到目前为止,人类社会先后经历了原始社会、奴隶制社会、封建制社会、资本主义社会和社会主义社会,法作为阶级社会的产物,先后存在于奴隶社会至社会主义社会等四种社会形态。各种社会形态因其生产力发展水平不一样,从而决定了作为上层建筑一部分的法追求的价值差异。同时,从奴隶制社会到社会主义社会的发展反映了人类社会从落后向文明的进化。法作为一种确认和记载的手段准确地体现了这种进化,并在其价值追求上表现出从追求原始野蛮正义发展到追求社会理性正义,从压制性走向自由性的这么一个发展过程。

---

① [美]庞德:《法律史解释》,1 页,北京,华夏出版社,1989。
② 参见谢晖:《价值法律化与法律价值化》,载《法律科学》,1994(3)。

三、法价值分类学术分歧的辩证思考

在第一个问题中我们曾经对我国法学界有关法价值分类产生分歧的原因进行过宏观探讨,即从法价值在我国产生发展的历程以及法价值体系的结构要素的特征等方面进行总体分析。简言之,之所以会出现法价值分类的各家争鸣局面,归根到底是由社会经济基础这只有力的大手所把握和决定的,是不依人的意志为转移的客观规律在精神领域的体现和反映。同时,这种反映也具有自身的客观性。因此,法价值分类是介于主客观关系之中的一种社会现象,存在着错综复杂的特性。

作为一门科学,法价值分类是在比较研究中不断发展的。我们具体介绍了目前法学界有关法价值的不同分类学说,介绍了其特征及主要的理论观点,那么我们的研究是不是就此达到了目的呢? 对法价值分类问题我们是不是已经体悟得很深刻了呢?回答是否定的。表述别家的理论并不是我们的目的,而是我们研究事物的一种方法和手段。通过对比认识,我们可以把握学术界思想脉络,同时可以去伪存真,吸取经实践检验是符合规律的、正确的东西,剔除误解,以此作为我们研究的素材,在此基础上融入我们自己的理解和价值信念还有科学的方法论,揭示新的更为科学的结论和规律。在作出终结性注解之前,我们先分别对前述学说进行一番评析。

关于主体说。比较主体说的几种主要分类,我们可以发现,无论是层次说、需要说,还是领域说、评价说,一个共同的特征就是它们都从主体性立场出发,以主体范围层次、活动领域以及主体的主观需要(当然需要在某种意义上也具有客观性)来认识、评判法现象的价值,将主体的理想、信念与追求赋予客体对象,在一定意义上说就是主体价值的客体化,即价值的法律化。就这点而言,主体说不说创造性和合理性。但是,正如我们在法价值概念一章中所讲到的,法价值由主客体以及法律实践等要素组成,所以法价值分类不能偏离这些内容,舍其大部而求其一点。具体说来,法价值主体分类说主要存在下列弊端:①片面性。如上所述,法价值既表现出强烈的主体性,同时又具有很强的客观性以及主客观混合的特性,而主体说只突出法价值的主体性价值部分,却忽视和回避了客观性价值及实践关系价值,所以这种分类方法注定是片面的,违背了辩证唯物主义的基本原理。②分类层次混乱。马克思主义认识论告诉我们,分类必须遵循统一的标准,即使为了某种特定目的而确定不同的分类标准,各标准之间也应协调一致,避免重复交叉及相互包含的现象发生。当然,这里还涉及一个原则性与灵活性的关系处理问题。在一般情况下,法价值分类同其他事物一样,其根本标准应是稳定的、宏观的,能够适应一个较长时期和诸多环境条件的发展规律,在此基础上总结出较为恒定的分类规律。同时,法价值本身会随着人们理想追求和社会发展的不断变化出现新的形式和具有新的内容,所有这些无不决定着法价值分类形式的变迁。因此科学的法价值分类还应保留有自己的自由活动区间,使其能够适应法价值的变化而

不断矫正着分类的趋向,保持认识的灵活性。需要指出的是,不论法价值分类形式怎样变化,但其分类的精神、追求客观科学规律的精神以及理性明了的精神,将会永恒地体现于各个时期各种形式之中,这是最根本的原则。

关于客体说。同主体说相对应,客体说从一个极端走向另一个极端,即从强调主体性、主观性转变到强调客体性、客观性价值而抛弃了主体性价值。就其强调的客观价值而言,它在一定程度上弥补了主体说的不足,肯定了客体价值,并从法客体属性、功能领域等方面对之进行详细的分类探究,不乏可取之处。但是,我们不能被这些显性的进步所迷惑,还应看到隐藏在进步背后的遗憾和欠缺。"没有批判就没有发展",只有用分析鉴别的眼光去看待这种分类的价值,我们才能找到符合理性的分类方法。那么,客体说在哪些方面给我们留下了批判思维的空间呢?第一,以特征当标准,分类形式不具备。比如,其中的属性目的说把人们对美好事物的追求作为基本价值,由此将法价值分为正义、自由、平等等。具体考察这一分类,我们不难发现所谓的分类标准无非是概括了其所分法价值各种类别的共同特征,根本没能达到区分的作用。事实上,分类就是将特征不同的事物区分开来,作为区分的依据,分类的标准必须明确、具体地揭示被分类对象的不同特性,使被分出的类型各具自己独立的特征。法价值分类同样应该遵循这个基本规则,即分类标准应该明确显示区分的特征和功能,从而在实践操作中直接区分出不同法价值类型。客体说中有些分类,比如属性目的说,就是将特征概括当作分类标准,混淆了标准与特征描述。第二,纵横交叉的分类同时并存,违背了分类的基本原则。在分类的一般原理中,我们谈到分类层次问题,正确的方法是先从整体上把握,然后从具体层次上入手;但是必须做到涵盖一致,杜绝以偏概全的现象存在。客体说的分类层次不一致,主要表现是高层次的分类与低层次的分类并存,而且二者的关系界定不明显,低层次分类并不能穷尽高层次分类的主要内容,所以导致片面性、局部性的分类与高层次的整体分类共存,不利于科学研究的顺畅进行。

关于结合说。从发展的角度来看,结合说吸收了主体说和客体说各自的长处,并就二者的结合提出了自己的创建和主张,可说是一种新的更加符合辩证法的尝试,在一定意义上向着正确科学的分类迈出了一大步。同时,结合说的提出还在某种程度上剔除了前两种分类的致命弱点,其进步性主要表现为以下几个方面:①全面性和系统性。正如前文分析所言,无论是主体说还是客体说,不管其在各自分类体系构建乃至理论确立上多么完备严密,但最根本的一点就是它们都只是片面地分析法价值的一个组成部分。而忽视了其他方面。从系统论角度看,这种认识根本不可能做到分类的科学和涵盖全面,其分类也是不完整的。结合论把主体说和客体说联系起来,在分类上照顾到主体价值与客体价值两个方面,所以在层次上得到提升,理论上得以丰富,并在逻辑上更加符合辩证规律。②具体理论创建上出现新的领域,主要表现在工具性法价值的构想上。学理上,价值总有一个积淀形成的过程,同时,价值还应有一种归宿和落脚点,也即价值目的。除此之外的其他环节,都是为此目的而服务的,都是实现目的价值的手段与工具。法价值作为一个过程性的价值序列,它包括手段性与目的性两种价值,其中手段性价值是实现目的性价值的基本过程与前提,目的价值则是手段价值的归宿。工具价值论揭示了法的工具性(倾向于手段性)价值这一重要价值环节和领域,从而在朝着完整划分法价值前进的过程中有了质的飞跃。再如主客体相互转化,即价值法律化和法律价值化理论,既从辩证的哲学角度结合了价值的主体方面和客体方面,同时又从运动学角度赋予法价值动态运动特性。价值法律化将主体价值寓于法律客体之中,属于一种潜隐化价值;法律价值化将客体价值主体化,属于一种现实化价值。

结合说虽然比前述分类有所进步,但仍然回避不了片面性、局限性,因而注定要被科学的形式所取代。具体而言,结合说在下列领域存在着明显的不足,在某些地方存在着难以掩饰的漏洞:①把法价值划分为法本身价值和法工具性价值不合理,曲解了法价值的含义。法价值作为人类的一种理想追求及其一定程度的满足实现,广泛地大规模地存在于主客体之间的复杂关系以及相关的广阔的法律实践之中。法律本身并没有价值。存在主义法学的代表人物西奇思断言,法律本身并不是一种价值,而只是一种用来实现某种价值的规范制度。① 正如经济学中的商品价值一样,如果主体将物品生产出来只是用来满足自身消费,那么该物品对他人而言并没有价值(只有使用性或使用价值)。如果把它拿到市场上去交易,则该物品就成了商品,因而拥有了商品价值。法自身只是一种客观载体,它凝结了主体的理想和期望(主要指立法者),但这种理想和期望只是被动地静态地被记载着,作为一种价值可能存在,但还不是价值事实。法的这种价值可能只有当它满足了主体的需要,与主体之间形成需要与满足的关系,并且以法律实践的形式存在,这时价值可能才会变成价值现实。法价值分类是对事实上存在的法价值进行的分类,它不可能对不同概念的两种现象(如价值和价值可能)在同一标准下进行分类,否则就违背了分类的一般原则。法本身及法工具价值分类说将法本身也看作一种价值,这样就把实在价值与价值可能相等同,混淆了法价值的概念。此其一。其二,法的工具价值发挥是法的目的价值形成的一种途径,而通过该种途径所实现的价值才是法所追求的价值。所以,简单地以工具性价值来统括目的价值,既没有法理的基础,也没有逻辑根据。该种分类所及的法价值充其量只是法价值现象的一个组成部分。②含义界定的凝固性。"工具性"意味着法本身属性作为一种客观的被使唤利用的对象,没有丝毫自己的主动性,同时工具性的提法内含着某种强行性,表达着一种功利的目的。事实上,法是记载人们价值信念的载体,它本身凝结了立法者的期望,而这种期望变成现实则体现着法的手段性价值。这时的价值,既是主体价值的体现,也是法运动过程中产生新价值的手段。纵观这一变动的全过程,一种动态的目的性价值自始至终支配着整个价值关系。它表达着主体的希望,但不是纯靠强制;

---

① 参见吕世伦主编:《西方法律思潮源流论》,223 页,北京,中国人民公安大学出版社,1993。

它显示着主体的一定目的,但不是纯粹的功利表现。③主客体转化说理论解释不充分。该说的分析视角为我们提供了一个有益的探索途径,但其揭示的问题仍未走出片面的窠臼。转化论将法价值截然分成两个不同阶段,即价值法律化和法律价值化,这样就把主体的活动区间与客体的运动区间人为地割裂开来,支离了法价值关系的存在状态。所以,据此而划分出来的两种所谓的法价值并不一致。价值法律化的结果是形成法价值可能,而法律价值化则形成现实的法价值,二者是价值应然或价值理想与价值实然或价值现实的关系,同样不属于法价值的根本分类。这一局限最终制约了它对法的目的性价值的揭示,所以其分类理论仍不彻底、不完善。

关于历史决定论。这种分类的优点是将法价值与社会变革联系起来,比较客观地揭示了不同社会发展阶段的法价值内涵,由此形成一个纵向的法价值类别系列,有利于考察法价值的社会历史发展形态,并确定新的社会主义条件下正确的法价值观。其不足主要表现为:不能从法价值这一系统内部来考察认识,因而不能横向研究法价值分类,所以其不会成为法价值分类的主流。

从发展趋向来看,从主体说、客体说到结合说、历史说的历程,反映了人们探求水平的不断提高以及法学发展的合理深化倾向,这不能不说是一个好现象。所以,忽视既有研究成果,一概否定学界分歧,是没有理由和依据的。而且,上述各种学说目前正通行于整个法学界,其影响之深远是显而易见的。但是,我们也应清醒地看到各种理论的长处与不足,并认真开展对它们的比较研究。总的说来,学界分歧给我们提出了两个现实的理论课题:一是分类的必要和不必要的分类;一是科学的分类和分类的不科学。

所谓分类的必要是指研究法价值必须要通过分类来认识其自身,因此必须强调法价值分类的重要性。目前法学界对法价值分类问题并未给予足够的注意和重视,这不能不说是法学研究的一大缺憾。我们之所以特别突出分类的作用乃至详述分类的一般原理,其目的就在于引起学界的共鸣。所谓不必要的分类指在进行法价值分类过程中应该根据客观需要,合理划分分类的角度与领域,正确区分分类标准,而不能造成交叉重复,出现一些没有价值的分类学说,比如在前文所列各种学说中,将生理学、心理学等需要层次分类引入到法价值分类领域并作为一种基本分类标准,除了具有解释性和描述性的意义之外,对正确区分法价值并没有什么重大价值意义。

在第二个课题中,科学的分类是指法价值分类应该依据分类的一般规律,做到区分鲜明准确,在具体操作上,必须严格掌握前文所讲的分类的基本原则精神,不能超越这些标准。所谓分类的不科学顾名思义就是违反了上述基本要求和准则所进行的分类。总之,在研究法价值分类时,我们既应该重视分类,同时也应以科学性作为分类的内在目标。只有这样,我们的研究才能取得理想的效果。

第三节　法价值分类的理性思考

一、法价值分类的理念更新

通过前文分析,我们发现以往各种法价值分类存在着种种弊端,究其根源首先来自观念上的问题,即分类标准的庞杂和思维的形而上学,所有这些都直接支配着法价值的分类。我们主张,正确划分法价值的类型应该树立下列新观念:

1. 多元观念。

价值多元作为一种价值选择取向,是随着社会文明的发展而出现并逐渐流布的,其内容即生活的丰富性是现代文明的标准,因此在价值选择上应是多元的。法价值作为当代中国文化发展的产物,其决定因素是多种多样的,由此决定了不同领域以及不同层面的价值效果。主体在选择法价值时只有树立多元观念,才能多角度、多标准、全方位地概括法价值。传统思维将法价值当作一种恒定范畴,以一种统一的标准或原则去进行法价值的取舍,事实上就否定了现实生活的本来面目,其结果必将导致大一统观念和封建专制观念的成长。在价值哲学理论上,与价值多元相对的观念是一元价值,它以追求统一标准原则为基本发展方向,因此又称价值导向。我们主张法价值分类的多元观念顺应了价值发展的事实,但强调价值多元与价值导向之间并不矛盾。相反,二者是和谐统一的,这也是被实践证明了的规律。

2. 动态观念。

传统法价值分类学说大都将法价值当作一种被动的存在对象对之进行静态的分类,犹如将一条线段分割成更小长度的线段,各条线段并不存在发展的联系,只存在分割点上的静态接触。事实上,任何事物都是运动的、变化的,法价值分类也是如此。因为主客体都在不断变动,主体的法律实践也是形式多样的,由此决定了主体进行法价值选择与区分的标准不可能始终恒定。按照动态的观念,法价值本身是一个发展的过程,是多环节的组合,每一种价值既是客体属性对主体需要的满足,是一种目的价值,同时又是实现其他价值的中介和手段,而所有这些手段性价值现象最终要实现法的终极性目的价值,即人的全面发展。

3. 整合观念。

在学理上,整合就是指运用系统论的方法对特定对象进行组织、排列、构建,形成逻辑严密的系统体系。因此,法价值分类应坚持系统方向,整合分类体系,形成分层科学、标准合理的有机整体。

二、法价值分类的具体构思

法价值的多元性和动态性决定了法价值作为一个价值序列都有其价值目标(目的)及构成实现这一目标的必要的有价值的手段,即每一价值系列都包含着目的性价值与手段性价值,而所有不同系列最终的目的性价值构成人的全面发展,即人的价值。因此,我们依据手段与目的结果的过程性标准,将法价值分为法的手段性价值和法的目的性价值。同时,手段性价值和目的性价值各自又都是一种价值系列,其划分只具有相对的稳定性。在这里,我们面临着许多相关性的问题需要加以考察。

首先,人的价值系列并不是与如法的手段性价值、法的目的性价值等处于平行的价值系列。它是将价值主体自身作为价值目标从而包容了这些价值系列的全部最终目的性价值要素。从实践理性原则及可普遍化原理来说,人只能是目的而不是手段。否则,其就不能被同意而成为一条价值原则。从这一意义上说,人的全面发展是任何价值主体的终极目的性价值。

其次,法的手段性价值与目的性价值的区分应是在同一价值系列中进行,它包括两个方面:其一,主体直接愿望或要求的目标的实现为目的性价值,而构成实现这一价值的诸要素的价值手段为手段性价值。如果正义为主体直接愿望或要求的目标,那么其他构成达到这一目标的要素(如立法、司法、守法、法律监督等等)则为手段性价值。其二,从共同的价值标准来评价。如果一种法价值对于一个主体的价值活动来说是正价值,而对于另一个主体来说则不一定具有正价值,那么它是手段性价值;否则,就是目的性价值。易言之,如果一种价值包含了价值手段与价值目的的同一性,它即是目的性价值;反之则为手段性价值。

再次,在同一价值系列之间来区分。一种较大的手段性价值可以成为另一较小的手段性价值的目的性价值(当然这在一定意义上是存在的,而且这里的目的性价值并非我们作为第一层级区分的法价值两大种类之一的目的性价值)。此外,任何其他价值系列的价值,对于某一价值系列的价值来说只能是手段性价值,而不会是目的性价值。需要注意的是,如果主体移换位置或主体的特征发生变化,则手段性价值与目的性价值对于该主体来说是会转变的。但在价值主体不发生变化这一情况下,手段性价值与目的性价值的区分是固定的。

手段性价值与目的性价值是法价值实现的相关性范畴。这样分类的意义在于:其一,每一价值系列的目的性价值的实现,不能以其他任何价值系列的目的性价值来替代,甚至不能成为本价值系列的具有最大正价值的手段性价值。因此,价值多元也是价值实现的规则。其二,既然不同价值系列的目的性价值是并列的,那么每一价值系列的目的性(正)价值(由手段性价值构成)的最大实现,是人的价值(总的正目的性价值)实现的必不可少的条件。由此确认了价值多元的合理性。但与此同时,不能以某一价值系列的目的性价值来代替另一价值系列的目的性价值。同样,不同价值系列的手段性价值也是不能替代的。手段性价值与目的性价值同属价值系列的两个基本组成部分,二者的地位是平行的,但其作用与体现的先后是不一致的。一般来说,手段性价值是法价值实现的先期体现,只有通过手段性价值的中介,才能达到实现目的性价值的目标,所以二者是一个整体的两个环节,前为手段、途径、过程,后为目的、结果、目标。没有手段性价值的运作,法的目的性价值就不可能实现;同时没有目的性价值的导向,法的手段性价值也不能正确发挥作用。

1. 法的手段性价值。

什么叫做法的手段性价值? 其内涵特征以及内部分类又是怎样的? 按照我们的理解,所谓法的手段性价值指法为了满足主体的需要,通过丰富多彩的法律实践并借助法自身的特性展现出来的执行一定职能的价值系列。它是服务性的、中介性的,其实现的结果作为一种基础和途径为法的理想价值服务。学界有人把它称为工具性价值或中介性价值。但法的手段性价值又不完全等同于法的工具性价值(二者既有联系又有区别),它具有以下特征:①中介性。手段又称途径或方法,它本身并不是目的,而是认识或达到其他目的所用的一种方法。就这点而言,其功能类似于工具性价值。但在持结合论的学者看来,工具性价值实施的结果是为了实现法本身的价值,而事实上法本身只是一种价值载体,它并没有价值,因此工具论服务的目的价值是虚假的。而手段性价值则通过自身功能的发挥,为最终实现主体所期望的法价值状态服务,因此这种价值是现实的。同时,手段应是一种过程,是不断运动着的,它不仅仅是被动地服务于主体需要,更是主体实现法价值的一个主动环节,具有创造性。②多样性。作为一个价值系列,法的手段性价值因主体的选择目标以及法自身的特性的变动而呈现出不同方式。例如,为了实现法的正义价值,主体就会利用法的规范功能选择其平衡、矫正手段价值来实现;而为了实现法的自由价值,主体就会利用法规定权利义务的特性选择其保护性手段价值来实现。

法的手段性价值作为一个价值系列,由不同的价值因素组成,因而具有多种体现形式,比如保护性价值、确认性价值、引导性价值等。我们可以根据各种法价值的功能、作用不同将法的手段性价值进行二级分类,即法的分配性价值和矫正性价值。

法价值作为一种关系价值首先是以关系划分为基础的,只有确立了各种关系的主客体名分及其归属范围,才能引致正常的关系运作,以实现法价值。在此意义上,如同民法上的所有权关系,只有确定财产的所有者并保证其自主地位,才能形成权益交换的条件机制,以实现所有权。

正如所有权关系一样,在其权能交易运作过程中并不是始终遵循平等规律的,交易一方利益可能受损,此时必然需要一种法律秩序来矫正这种偏离状态。法价值关系同样存在这种必要,当分配性关系不能正常运转从而影响其价值的实现时,法就会以一种平衡性、矫正性的关系状态来平衡恢复被破坏的关系,形成法的矫正价值。

　　具体而言,法的分配性价值是法在适应主体一定愿望,通过自身属性,将一定的权益和义务(责任)分配给不同的社会主体,形成合理的秩序状态这一过程中所体现出来的价值关系。法的分配性价值具有自己的内在特性:第一,确认性。分配的目的在于确认一定的关系或事实。具体说,主要是确认各种主体在法律关系中的地位、权利义务关系、利益的归属等等,形成社会资源的合理配置和社会关系的良好组合,最终整合成全社会的法律秩序状态,即法治。第二,主体性。法分配价值是主体先期价值期望通过法规运行的体现。它表征了主体理想的指引作用。但这种主体指引并不是静止不动的仅以一种价值设想存在的,而是通过法律实践变成了分配关系,同前文所讲的价值可能是有着本质区别的。实践中,法的分配性价值主要包括以下几类:①认识性价值,即主体依据已有知识利用法律认识众多法律现象,对其进行识别区分并以此来指引自己的行为。例如我国宪法规定,国旗、国徽是国家的象征。公民通过识别这一法律规定,认识到爱护国旗、国徽是每一位公民的光荣义务,就会积极维护国家尊严,抑制污损国旗、国徽的行为。这样,法的认识性价值就得到了体现。②确认性价值,指主体通过法律规定各种社会资源的归属关系所体现出来的价值。这是进行分配的前提和基础,也是社会正常运转的基本保障。如宪法明确规定,我国实行生产资料社会主义公有制,一切财产归全民、集体或公民个人合法所有。这样就使财产以不同形式隶属于不同主体,有利于管理和运用。③权义性价值(权利义务性价值的简称),指主体通过立法以规范形式明确主体各自享有的权利以及相应承担的义务。它是对确认性价值的具体化和补充,具有明确的范围界定和具体的权利义务设定,有利于适法者遵守执行。我们还以宪法为例,我国《宪法》第二章详细规定了公民享有广泛的政治、经济、文化等权利,同时也相应地规定了公民在享受权利的同时还须履行的义务。这种规定满足了我国人民对社会权利的分配以及责任约束的要求,因而实施的结果证明它是科学的,有价值的;而且它体现了我国社会主义法律的优越性、人民性。④表述性价值,又称描述性价值,它是对法价值关系的描述、表达,同时又是对法价值的实现。在这个问题上,我们可以借鉴工具论者的思考。法律规范表述着立法者的需求与理想,人们通过法律规范透露的信息洞察立法者的意旨,从而自觉地将自己的行为归属到法律的旗帜下,形成法律的有效运行。同时,价值对象的等级性又决定了相应的法律规范的层次性安排,以反映各种不同价值的相互关系和价值等级上的差别。比如,将比较重要的具有全国意义的价值规定在宪法中,而将一些局部性价值规定在一般法律中。另外,同一法律规范的不同部分标示的法价值等级不同,立法者大多把高位次的价值规定在显要位置。再者,不同法律部门所体现的法价值也不同。

　　但是,社会资源的分配以及权义关系的确立并非一帆风顺的。由于人们各自的位势不同以及不同的心理偏好,资源的优劣多寡以及权义的内容范围不同等,均会影响到法的分配价值的实现。但人是理性的,而法是人类理性的体现,所以完善的法治状态不允许逍遥法外的分配关系。因此,法的手段性价值还表现在第二个方面,即纠正被歪曲的分配关系,我们把它称为法的矫正性价值。

法的矫正性价值与法的分配性价值是法的手段性价值的两个不同表现方面。分配性价值是对社会关系的确认,而矫正性价值则是对这种关系的维护和修正,其目的仍在于保障分配价值的顺利实现。从范围分析,法的矫正性价值包括如下几类:①评价性价值,即按照主体需要的性质对客观法现象进行的评价判断,它是认识法价值关系的基本途径和方法。评价性价值分为两类:一类是肯定性评价,即对某种法现象给予法律认可;另一类是否定性评价,它是肯定性评价的对称,即对某类价值关系的否定或摒弃。评价性法价值一个显著的特征就是其保障性,伴随着主体评价意向,法规范就会以奖励或制裁的方式来推行这种评价,使之成为具有法律效力的结果,也即形成法的评价价值。其中,奖励或允许同肯定评价相适应,制裁则随否定评价而变动。②法律救济。在法价值领域,法律救济意指法律权义分配所形成的关系状态不能满足主体的需求时,赋予法律一定的补救机制,从而保障权利得到正当行使,义务得到有效履行。简言之,其就是对权义关系不能行使所设的保障机制,通常以相应的引导和约束机制来体现。例如我国法律既规定公民有受教育的权利,同时又对违犯法律破坏教育的人予以法律制裁,从而以法律强制形式辅助了义务教育的推行。

2.法的目的性价值。

法价值的另一部类是法的目的性价值。所谓目的性价值指主体通过法的手段性价值所实现的一种主体目的状态,是法追求的目标的现实化。法律的目的性价值取决于法的质的规定性,法律既记载着主体最基本的价值需求,并成为主体的信仰对象,而且法律也规定了社会各领域的具体奋斗目标。我们可以通过其特征来理解其内涵。其特征如下:首先是过程性,目的价值虽是主体愿望的现实化,但它并不能以法的属性来直接体现这种需求,而必须借助这种客体满足主体需求的关系的过程,最终实现主体设想的价值状态。因此,法的目的价值以手段价值为前提和基础,从某种意义上说,法的目的价值较之法的手段价值更具有间接性。其次是结果性,法的目的价值与法的手段价值虽同属一个层次上的两个部分,但其表现形式并不完全一致。法的手段价值始终作为一个中介过程而存在,发挥着工具性作用;而法的目的价值则是这种中介过程所实现的结果,是一种理想状态的现实化。在这一点上,我们不妨借用法律价值化来描述。

法的目的性价值是一个价值系列,在这个系列里,主体需要的大小强弱受主体所处环境以及主体内在素质和法本身特性的影响,表现出不同形态。因而,法的目的性价值内部又可根据主体需要被满足的程度分为两个层次。需指出的是,这两个层次是一个价值系列的两个不同发展阶段,它们不是同一阶段的静态分割。第一层次是法的基本目的价值,又称一般目的价值。它是指通过法的手段价值运行的结果所达到的主客体之间满足关系的一般状态,是主体直接赋予法客体的价值期望的实现,表现为平等、自由、正义等。第二层次是法的终极目的价值,是法追求的最终目标,表现为人的全面发展。当然,法价值以人的全面发展为归宿并不意味着人的价值仅仅体现为法价值。事实上,法价值只是人的价值系列的一个支撑点,是人的全面发展价值实现的一个途径和领域,除此之外,人的价值还体现于道德、经济、文化等诸多领域。法的目的价值的两个层次是顺次相连,密不可分的。法的基本目的价值为法的终极价值创造基础和实现的环境,为人的全面发展提供良好的法治状态;而人的全面发展的目标价值指引着法的一般目的价值追求,从而促进主体选择利用高效的法手段性价值,二者是相辅相成的。

(1)法的一般目的价值。

首先是正义。它既是一种分配方式,分配的合理性是正义衡量的标准;它又是通过正当的分配达到的一种理想的社会秩序状态。法律是正义的体现,司法程序是正当地分配利益或不利益过程。正义是法律的首要价值,正因如此,在古今中外的法学思想中,正义都是法律的同义语。正义可分为一般正义和个别正义。基于事物的共性得以成立的法律体现为一般正义。个别正义是由事物个性决定的、法律适用中对特殊事件的具体合理性。衡平是沟通一般正义与个别正义的桥梁,通过衡平,一般正义和个别正义、法律的目的与法律的具体实施过程得到统一。

其次是自由。古罗马法学家西塞罗曾说:为了得到自由,我们才是法律的臣仆。① 自由是一种制度性事实,也是一种价值理想。这种在价值论意义上的应然,来自认识论意义上的必然。自由是法必须和必然追求的价值目标之一。但同时,法又必须严格规定自由的界限,因此自由总是与责任、限制联系在一起。合理的法律限制从另一角度也可以看作并不是外在地限制自由,而是现实的自由概念内在地包含的基本规定。自由是正义的前提和基础,也是形成秩序的基本条件之一。

再次是秩序。它是指人们普遍地依据法律规则、原则、制度去进行社会活动从而体现着的一种社会有序状态。它包括三个要素:一是法律规则体系,二是守法行为,三是立法、执法、司法行为。法律秩序不同于道德、宗教仪式,它具有自身独特的表征:其一,其形成以国家权威为前提。其二,法律秩序包含着阶级利益的冲突,构成法律秩序之核心的法律规则是矛盾着的、冲突着的阶级利益的平衡和缓和。其三,法律秩序的实现依赖于两种方法:一种方法是靠人们自觉地遵守法律,依法行事;另一种则是由国家以强制力惩罚违反法律规则的行为,使其被迫服从。前者是积极的法律秩序实现,后者则是消极的,但都实现了法的秩序价值。

法的基本目的价值除了上述三种价值以外,还有很多类别,比如法的公平价值、效率价值、安全价值,等等。它们和上述几种价值一起构成法目的价值的基本层次。我们可以将之概括成法治的价值,也即通过法律的运用所达到的社会规则治理状态。这是人类不断追求的理想,也是我们建设法治国家的基本目标。

① 参见王哲:《西方政治法律学说史》,56 页,北京,北京大学出版社,1988。

(2)法的最高目的价值,即人的全面发展价值。

它是通过法的一般目的价值的实现所渐次达到的一种价值境界,是马克思主义法价值观的重要组成部分,而且也是评价人类历史上所有法价值的最高标准。马克思在《论犹太人问题》中,首次使用"政治解放"和"人类解放"的概念,认为只有当现实的个人同时也是抽象的公民,并且作为个人,在自己的经验生活,自己的个人劳动,自己的个人关系中,成为类存在物的时候,只有当人认识到自己的原有力量并把这种力量组织成为社会力量因而不再把社会力量当作政治力量跟自己分开的时候,只有到了那时候,人类解放才能完成。① 社会主义的诞生是对人的自由的充分肯定,它使每个人都享有充分的自由发展权利,而法律则是这种权利享有的保障,同时也是对人的自由发展的一种制约。因此,社会的发展必将推动着法律的普遍化和理性化,使之逐渐地充分展示其服务特性,融入人的发展环境之中。此时,人的全面自由发展成为全社会的普遍价值,人成为自己的主人即自由的人。

以上我们分析了法价值的两种类型,并对其内部结构进行了深入探析,但我们的研究并未到此结束。正如前文所述,我们划分法价值类型应该树立一种动态和发展的观念,这也启示我们不妨从动态的角度来宏观疏理上述各类法价值的关系。法的手段性价值与法的目的性价值是法价值的两大基本类型,两者是手段与目的的关系,前者为后者服务。法的手段价值的两种类型中,分配性价值决定着矫正性价值发挥功能的范围,矫正性价值则是分配性价值的反馈与修正。在法的目的价值中,一般目的价值的实现是最高目的价值实现的前提条件,最高目的价值又指引着基本目的价值的选择和发展。最后,由基本目的价值与最高目的价值组合成的法目的价值,又对法手段价值的分配和矫正功能起着回馈修正作用。这样,整个法价值类型就形成一个服务与回馈相互作用的运动系统。我们可以图示如下:

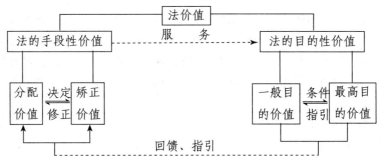

当然,法价值的多元特性决定着其分类具有相对性,主体需求不同、客观实践不同等均会影响和产生新的不同分类。因此,在法价值分类问题上,理性的态度是永远都不要绝对化。

---

① 参见《马克思恩格斯全集》第 1 卷,443 页。

第十五章 法价值的评价

法价值评价指主体对法律是否满足其需要的估计、衡量和评判。法律作为一种社会存在物,自它产生的那一天起,由于它对人们发生着作用,就必然受到人们的评价。自古以来,人们不断地以各种方式评价着法律。当人们对某种法律作出好或坏、善或恶、正义或非正义的判断时,当人们对某种法律条文的合理性进行分析时,当人们在研究古今中外的各种法律制度时,都是以某种方式在进行着法律评价。不过遗憾的是,至今大家对评价问题的研究仍然是简略而粗糙的,特别是对法价值评价的实质、法价值评价的标准、评价的方法等缺乏科学的论述。因此,有必要对此从理论和方法的角度进行一番探讨。

第一节 评价的一般概念

法价值评价的理论基石是哲学上的评价范畴,要阐明法价值评价的概念,首先必须明确评价的含义及基本形式。

一、评价的含义

评价是生活中无时不表现出来的精神活动内容。在日常生活中,评价表现为人们对价值客体的态度。例如,人们在某一自然现象面前,会从各种不同的角度表现出对它的各种不同的态度:觉得它美或不美,因而喜欢或不喜欢它;感到它是有利或是有害,而欢迎或是害怕它;根据对它的知识,决定是利用还是回避它。这些不同的态度表现都是评价。

评价表明了在主客体之间的价值关系中,客体是否能够或已经使主体的需要和愿望得到满足,客体是否适合主体的需要并使主体意识到了这种适合。因此,评价有两种基本的结果:肯定和否定。主体的满意、满足、接受等表示,是肯定的评价;不满意、不满足、拒斥等表示,是否定的评价。在复杂的客体和复杂的关系中,或者在价值关系的历时变化中,肯定和否定常常以相互并存、相互渗透、相互交叉和转化的面貌表现出来。

评价本质上是一种认识,是精神对物质、意识对存在的一种反映。我们可以将认识分为两类:知识性认识和评价性认识。知识性认识以反映客体本身的规律和尺度为主导内容,它们是客体性认识的过程和结果。评价性认识则以反映主体本身的需要和尺度为主导内容,它们是主体性认识的过程和结果。评价是一种评价性的认识。它不是别的,就是一种关于价值的反映。当然,评价与知识性认识相比,在反映的对象、主体和形式上,有着自己特殊的个性。

二、评价的形式

人们以何种精神活动方式表现其肯定或否定的态度,就是评价的形式问题。在现实生活中,人们评价事物的方式是极其多样的。从无意识的、不自觉的反应,到有意识的、自觉的论证,从难以名状的感受,到有计划有步骤的行动,应有尽有。概括地说,评价的形式有以下几个不同的层次和水平:

(1)本能的生理反应形式。这是主体在没有相应的精神准备的情况下,对来自客体的刺激所采取的价值反应。这种行为尚未达到情感等心理的水平,但是它体现着业已到来的客体作用同主体结构和需要之间是否一致,是否和谐。主体对此是肯定还是否定,以瞬间的本能反应形式表达出来。这一类反应动作不是对客体的认知,而是表达主体一种不自觉的反应。因此,它属于低级的评价行为,或者叫"潜评价"。

(2)评价的心理水平。这是以意识的心理水平表达评价态度的形式。某些价值关系及其后果,使主体对它们形成一种也许是未经思考的欲望、愿望、动机、兴趣和意志等,这些也就是评价。心理水平的评价是大量的、自然而然发生的。它是主体价值心理的直接外露,是价值心理的对象化形式。这种评价往往适用于可感觉的对象。

(3)理论和观念的评价水平。这是经过自觉思考的评价形式。在这种评价中,主体的认知、知识、信念、信仰和理想起着重要的作用。主体对客体及其作用的认知、知识,使主体对一定价值关系的效果能够有比较深入的了解,然后根据自己的信念、信仰和理想作出态度上的判断或决断。这种评价比前两种具有持久、稳定、深刻、理智感强等特点,它能够对心理水平上的各种评价形式起到调节的作用。这种评价适用于包括不可感觉的事物在内的一切对象。

上述各种评价形式,可以在不同主客体的不同价值关系中各自独立地表现出来。但是,就人类社会的发展而言,人们对各种现象的评价,总是使它们成为一个逐层提高的过程整体。就是说,人们的评价活动,是一种有层次的、不断深化的动态过程。

第二节　法价值评价的含义和特征

法律是有价值的,对法律价值的评价,是指对某种或某个法律的价值的评估。它涉及许多方面的问题,如评价的本质、结构、特征、种类、标准和方法等。本节先就前三个问题进行论述。

一、法价值评价的概念

人们对法律的认识和评价,是一个渐进的、逐渐深入的过程。这一过程可以分为法的事实认识、法的价值认识和法的价值评价几个阶段。

(1)法的事实认识,是指人们在法的实践和法学研究中,对法本身的属性和特征的认识。事实认识是以法律事实为对象,是主体对法律事实本身的属性和规律的反映。如下述命题就是人们关于某种法律事实的认识:我国宪法确立了社会主义公有制;某国议会通过了关于安乐死的法律;游行示威法规定了游行示威的申请程序和方式。在这些命题中,表述的是某种法律的事实状况,是一种客观的描述,传递某种思想和信息,一般的人只要认识不产生错觉或不获得错误的信息,就会作出正确的认识。

(2)法的价值认识,是指人们对法的价值和价值关系的了解和反映。法的价值和价值关系也是一种客观存在的事实,我们称之为价值事实。法的价值认识主要是以价值事实为对象,是指法律事实对人的意义。换言之,法的价值认识,是对主体与法之间的实际价值关系的认识、反映。人们对这种价值关系即法在实际上是否满足和符合一定主体的需要和利益是可以科学认识的,并可以得出科学的结论。如我们说:罗马法有效地促进了商品经济的发展,维护了商品生产者利益。在罗马法与商品生产者之间存在价值关系,对这种价值关系可以科学地加以阐明,因而对于作为认识主体的我们而言,商品生产者和罗马法都是客体,两个客体的价值关系是客体间的关系,这种价值关系可以客观地揭示,属于法价值认识的范围。

(3)法的价值评价,是指法律意识主体从一定的地位出发,依据一定的需要和利益对法律现象所进行的主观选择与判断。如某种法是有益的还是有害的,是好的还是坏的,是公正的还是偏私的,包括了法律主体对法律现象的态度、目的,对法律的信念、信仰和理想等,是法律主体在意识层次上对法律现象的一种主体定向。正是法律主体对法律现象的主观态度,反映了人们依据自己需要、利益对法律现象的评价,如关于法律规定是否合理、法是否符合正义的目的等,反映了主体依据一定利害关系所进行的主观评价。

法的事实认识与法的价值认识是紧密联系的一对范畴。事实认识是价值认识的前提。法的事实认识是对法律现象的属性、结构、关系和实际变化过程的反映,揭示了法律现象的自身的客观运动和客观联系,法的事实认识的对象是法律认识关系中的客体,所认识的内容,必须是法本身所固有的东西。法的价值认识是以法的价值现象为对象,是对法满足人的需要的表现和意义的反映,是法与主体之间的法律价值关系的反映。人们只有认识了法律事实,才能进一步反映和认识法律的价值。比如,我们首先要了解法律制度是什么、怎么样,然后才能认识法律制度的好坏问题。反过来,当我们明确了法的价值时,又进一步强化了我们对法律事实的认识。

法的价值认识与法价值评价也是一对既有联系又有区别的范畴。人们往往把法价值认识与法价值评价混为一谈,以为法价值认识就是法价值评价。这种看法是不对的。法价值认识强调的是人们对法与人的价值关系的了解和把握。如社会主义法与广大人民群众的价值关系,是一种客观的关系,有的人认识到这种价值关系,有的人没有认识这种关系,还有的人否认这种价值关系。这就是一种价值认识的问题。而法价值评价,强调的是对法价值的判断的问题。仍以社会主义法与广大人民群众的价值关系为例,人对这种价值关系的评价,并不是讲价值关系是否存在,而是讲这是一种怎样的价值关系,是有意义的、能满足广大人民群众的需要的,还是无意义的、不能满足广大人民群众需要的。法的价值认识是人作出法价值评价的前提。我们只有认识到法的价值是什么,然后才能进一步对法的价值作出明确的评价。

法的事实认识与法的价值评价也有紧密的关系。法的事实认识与法的价值评价都是在法的实践中产生的,都是法律主体在主观上对法律现象的反映,二者在现实法律意识中密切地结合在一起。法律主体在法律认识活动中不仅要认识法律事实自身的特性、属性和规律,而且还要认识法律现象对法律主体的意义。只有把法律事实认识和法律价值评价结合起来,才能全面认识、评价法律现象。法的价值评价与法的事实认识具有密切的关系,法的价值评价必须要在法的事实认识的范围内进行。比如,一定的法律主体必须具有关于某法律对某事项所作规定的知识,才可能在主观上形成遵从或规避法律的选择和意向,才可能评价法律的好坏与善恶。法的价值评价体现了主体的内在尺度,是主体性的意识过程,而法的事实认识则属于客体性的意识,反映了客体自身的尺度、属性、结构和规律。在法律实践过程中,法价值评价和法的事实认识是法律主体与法之间相互作用的两种特殊的形态:一方面,法的事实认识构成了法价值评价的前提;另一方面,法的价值评价又制约着法的事实认识。在具体的法律实践中,法的价值评价与法的事实认识具有相互补充的功能,法的事实认识为法律实践提供了可能性,法的价值评价使法律实践具有目的性和定向性,对法律实践具有一定的推动作用。当然,我们在分析法的事实认识与法的价值评价的关系时,必须看到法的价值认识所起的中介作用。一个完整的法价值评价,是从事实认识开始,途经价值认识,最终形成价值评价。没有明确的法价值认识,就不可能有完整的法价值评价。

二、对法价值评价几种观点的评述

法价值评价这个概念,在我国法学界存在种种歧义。从对这一概念的使用情况看,主要有如下几种观点:

1. 法律评价论。

有的学者认为法价值评价就是法律评价。如有的学者说:"法律评价,特别是其中的主观评价,是在一定的价值标准下对法律价值所作的评判。"①这种看法揭示了法价值评价的一部分内容,但给人的印象是法律评价就是法价值评价。事实上,法律评价本身有多种含义,不同的人从不同的角度对其有不同的理解。有的人把法律评价理解为用法律去评价他人和自己的行为是否合法,还有的人把法律评价理解为对法律本身的评价。很显然,第一种理解并不是我们所要讲的法价值评价。第二种理解也并不就等同于我们讲的法价值评价。因为对法律本身的评价,涉及两方面的内容:一是对法律自身状况的评价,主要涉及对法律的内容、形式、性质、特征等状态的评价,这实际上是对法律的事实认识;另一方面,是对法律自身价值的评价,即对法律是否满足主体需要的评价。只有第二方面的评价,才符合法价值评价的本意。所以,笼统地讲法律评价,不利于我们准确地理解法价值评价的内涵。

2. 法律认识论。

法律认识论将法的事实认识与法的价值评价等同起来。如前所述,法的事实认识与法的价值评价有着紧密的联系,但是,如果将这两者相等同,则是错误的。法的价值评价与法的事实认识尽管存在密切的联系,但二者之间存在明显的区别。这些区别表现在:第一,法的价值评价与法的事实认识的对象具有不同的特点。法的事实认识是对法律现象的属性、结构、关系和实际变化过程的反映,这种认识所带有的主观因素愈少就愈可靠。法的价值评价则以法的价值现象为对象,反映了法与主体之间的法律价值关系。第二,法的价值评价与法的事实认识的方式不同。法的事实认识是一种建立在经验材料基础之上的,以抽象思维形式反映法的本质及其规律性的理性认识,它由一定的概念、判断和推理构成了完整的理论体系,即它是以抽象的理论思维作为认识形式的。而法律评价则不同,尽管评价必须建立在科学的法价值认识的基础上,也要采取一定的理论思维形式,但它与事实认识不同,还要依据一定的主体需要和利益对法律现象的好与坏、善与恶、公正与偏私进行价值评价,其形式除了抽象思维以外,还有其他的一些形式,如各种非理性的形式。第三,法的价值评价与法的事实认识的方向不同。在法的事实认识中,认识主体一般是以作为认识客体的法律现象的属性、结构和规律为对象的,从法律现象出发看认识的结果是否符合法律现象的实际属性和过程。而在法的价值评价中,法律价值主体是从自己的需要和利益出发,以主体的需要和利益作为衡量法律效用的标准,来评价法律现象的意义的。第四,法的价值评价与法的事实认识的目的不同。法的价值评价的目的主要是认识法律现象对主体的具体意义,对法律现象根据自己需要提出一定的要求,解决法律现象"应然"的问题,即法律应当怎样;它的主要任务是对法律作出评价,从而为主体行为提供一定的导向,使主体活动符合自己的需要和利益。法的事实认识的目的在于认识法律现象的本质和规律,即法律现象实际上是怎样的,目的在于使主观符合客观,使主体活动符合法律的运动

---

① 严存生:《法律的价值》,214 页,西安,陕西人民出版社,1991。

规律,以指导自己的行为。第五,法的价值评价与法的事实认识的结果不同。法的事实认识的结果是观念地解释和描述法律现象,从而掌握法律现象的本质和规律。而法的价值评价是在法的认识的基础上形成关于法律现象的价值判断,从而选择和确定主体的法律价值目的。从法的价值评价与法的事实认识的区别看,我们不能将两者简单等同。

3.客观检验论。

有的学者认为,法价值评价可以分为两种:客观评价和主观评价。"所谓客观评价即社会实践检验。任何一种法律在其颁布之后,必然产生一定的社会效果。这些社会效果是好还是坏,对人有没有价值以及其价值的大小等,都会受到历史的客观的评价。社会实践检验就是人们通过自己的实践活动,用时间对这种法律作出评价。"①这种观点实际上是把法价值评价同社会实践检验混同了。法价值评价毕竟不同于法律的实效。前者是一种主观范畴,具有明显的主观性,离开有意识和判断能力的社会主体的存在,法价值评价将失去物质载体。而法律的实践检验,是一种客观的过程,它以时间为尺度,通过法律实践活动来完成,其本质是一种客观的范畴,不应将实践检验归入评价范畴。如果将两者混同,会使法价值评价这一范畴的概念性工具的价值大为减弱,无助于人们把法价值评价作为一项科学的、高级的理性活动来认识。当然,法价值评价与法的实践活动是有紧密联系的。社会主体参与法律实践活动是法价值评价的起因,法价值关系在法律实践活动中形成,法价值评价的最终实现,都离不开法律实践活动。对此,我们也应有正确的认识。但是,我们绝不能将法律的社会实践检验看作是法的价值评价。

既然上述观点都有其片面性,我们就应该予以克服,从而确定法价值评价的内涵。我们认为,法价值评价是认识活动与评价活动的有机统一。法的事实认识和价值认识是人们进行评价的前提,对法的价值的判断与评说则是认识活动的必然结果。从这一立场出发,我们可以将法价值评价界定为社会主体对法律、法律现象的属性与自身需要之间的客观法律价值关系的反映,是社会主体对法律价值的判断和表达。

三、法价值评价的特征

法价值评价的主要特点有:

1.法价值评价是一种主体性活动,它随着主体本身不同而不同。

法价值评价不同于科学认知、知识活动,其主要特征就在于:在这种活动中,总有价值主体的"我"在内,因此它总是包含着态度、选择、情感、意志等等在内。社会主体是具体的、历史的、不断变化的,法价值评价则把变化着的法律现象,同不断发展着的

---

① 严存生:《法律的价值》,208 页。

主体和主体需要联系起来。因此,法价值评价总是随着法价值关系主体的变化和发展而变化和发展的。

具体到某一法价值关系中,法价值评价的主体性表现在三个方面:①法价值评价总是评价主体"从自己出发",它总要与法律建立价值关系,它为了自己的某一法律目的而决定自己的法律认识目标、认识方向。法价值评价的这一方面的特点有人概括为自主性,即以自己的目的为出发点来决定评价活动,它不需要也不能借助于外力来强行干预。②法价值评价具有自觉性,即社会主体自觉地意识到自己在法律关系中的意义并自觉地将自己作为主体同法律现象相联系,因而使评价主体处于与法律现象发生影响的主动地位上。③创造性。法价值评价不纯粹是一种法律现象的直接摹写,它渗入评价主体的创造性,使本不存在的评价关系得以建立。在有些情况下,评价主体有时甚至超越现实,对现实中不存在的东西进行观念上的创造。在法价值主体性中,自主性是核心,自觉性是标志,创造性是最高体现。

2. 法价值评价包含以认知为基础的预见。

法价值评价,特别是自觉的、有意识的评价,总是包含着对一定价值关系可能后果的预见、推断。而这些预见、推断必须以一定的认知为基础和前提,即确信过去、现在和未来的因果联系,没有这种联系就不能进行评价。只有以科学的认知为基础,才能作出严格正确的评价,而不致把一切都任意推到自由意志身上。因此,愈是要深入地、全面地评价法律价值,愈是要提供对未来有指导意义的评价,就愈要求深刻而全面地把握主体、法律现象的本质、特点和规律,把握它们的相互作用。法价值评价的预见性表明,法价值评价总是有一定随机性和盖然性。因为,法律主体受各种历史条件和主客观条件的制约,不可能最终一劳永逸地把握全部决定条件和因素。正因为如此,法价值评价及其预见性应该不断充实、发展和验证,不能作为绝对的、一成不变的指标和律条。

3. 法价值评价的对象是法价值关系。

法价值评价的对象不同于法事实认识的对象,也不同于法律评价的对象。法事实认识的对象是法律事实本身,法律评价的对象一般是有一定意义的法律现象,既包括法律事件,也包括法律行为,同时也包括法律本身。法价值评价的对象之所以是法价值关系,这是由法价值评价的性质和特征所决定的。法价值评价是对法与主体之间的价值关系的评价,它不仅涉及法律现象本身,而且涉及法律现象对主体的效用。只有将法价值关系作为法价值评价的对象,才能全面反映法价值评价的全貌。

4. 法价值评价的形式是以各种精神活动的方式表达出来。

法价值评价不只是以抽象思维的形式,如判断、推理,而且以多种意识形式,如情感、意志等各种非理性的形式表现出来。具体说,法的价值评价中的价值判断属于理性认识,它是对法的好坏的判断;法律价值评价中的态度主要以情感的形式表现对法的价值的肯定或否定;法的价值评价表现为意志形式,表现为主体为了实现法的价值而进行自觉的努力,往往成为起支配作用的因素。法价值评价不仅是专业工作者的任务,更多体现在公民的法律活动中,任何参加法律实践的人都可能对法的价值关系进行价值评价。同时,除了采用意识的观念形式、情感、意志等以外,人的本能动作和行动也是表示法价值评价的形式。

法价值评价的上述特征表现了法价值评价的本质,即法价值评价是法律主体在对法价值关系的科学认知的基础上,对法律、法律现象与主体之间价值关系的判断和表达。

第三节　法价值评价的标准

法价值评价,是主体依据一定的评价标准,对法律客体属性满足主体需要程度以及由此构建的价值关系的评判。因此,法价值评价标准就成了法价值评价的关键。评价标准的科学与否,直接决定着评价的正确程度。作为一个复杂的理论课题,法价值评价标准包括四个相互联系的问题:法价值评价标准的客观性、法价值评价标准的前提基础、影响法价值评价标准选择的因素、具体的法价值评价的标准。

对于法价值评价的标准,人们往往只注意其主观性,而否认其客观性。凯尔逊在他著名的告别演说《什么是正义》中阐述了这种观点。他认为,决定价值的等级问题基本上是一个价值判断的问题,对于这一问题的回答不是取决于理性的认识,而是取决于个人的情绪、嗜好和偏爱。在矛盾的价值判断之间,要作出一个理性的科学的决定,是不可能的。归根到底是我们的情绪、我们的意志,而非我们的理性,解决着这个矛盾。可见,有关正义所作的价值判断就其性质而言是主观的、相对的和有条件的,是建立在人们的思想、感觉和希望的情绪上面的,既不能用事实来证明,也不能用逻辑来证明。北欧实在主义法学主张把价值判断从法学中彻底排除出去,如 A.哈格施特列姆断言世界上根本不存在什么善与恶的价值评价,这种评价仅仅表示对某种事实和状态的赞成与反对的易动感情的态度,根本不存在什么客观的法的价值。[①] 行为主义法学的一个原则就是认为在经验世界中不可能存在价值判断,所以法的价值判断在科学的法学中没有认识论的意义。[②] 这些观点的一个主要特点就是否认法的价值的客观存在,把法的价值评价与法的价值混同起来,同时把法的价值评价完全看作主观随意的产物,认为不可能进行科学的法的价值评价活动。

我们认为,在世界上不存在抽象的、永恒的法价值评价的标准,也不存在永恒的正义原则,法价值评价的标准总是具体的,从一定主体状况出发,人们之所以对同一法律现象的评价众说纷纭,莫衷一是,其实质就在于每个人、每个阶级和集团都是以自身的

---

① 参见张文显:《当代西方法学思潮》,92 页,沈阳,辽宁人民出版社,1988。
② 参见张文显:《当代西方法学思潮》,183 页。

需要和利益作为标准而进行评价的。在阶级社会中不同的阶级和集团的需要、利益和愿望往往存在许多差别甚至是尖锐对立的。他们对利害、好坏、善恶也具有不同的价值评价标准,他们在评价中把符合自己需要和利益的法律和法律行为叫做好的、公正的,反之则是不好的、不公正的。所以说,人们有多少种需要和利益,也就可能对同一法律现象作出多少种评价。诚然,人们根据各自不同的需要和利益,对一定法律现象作出的评价可能都是真实的,都是符合形式逻辑和实际的真判断,但真的并不简单等于好的,并不一定符合社会历史进步的需要。如对犯罪分子进行惩罚,保护了国家和人民的利益,人民认为是有利的、应当的,而犯罪分子则认为损害了他们的利益,是不应当的。犯罪分子的评价是依据他们不正当的需要和利益作出的,尽管也是真实的,但他们的评价从根本上说是错误的。而人民的评价是依据社会进步和先进阶级的需要和利益作出的,这种评价才是正确的、真理性的评价。从这个例子可以看出,尽管这两种评价都是真实的,都符合评价者各自的需要和利益,但并不能证明真实的评价都是合理的、正确的,并不能简单地从逻辑的真判断推导出正确、合理的评价,并不等于说二者的评价都是符合社会发展和进步、经过实践检验的真理性评价。可见,人们从自己的需要出发对一定的法律现象作出不同的,甚至对立的价值评价,就其社会意义而言并不可能都是正确的,一定的法律现象对什么主体具有什么价值是由主体的需要和利益客观地决定的,并不以人的意志为转移。对于同一个法律现象,有人认为合乎正义,是有利的,有人认为违反正义,是有害的,究竟哪一种判断是正确的,必须依据一定的客观标准才能加以判明。问题的关键和核心在于:人们是以什么样的需要和利益进行评价,是以什么标准进行评价。只有根据合理的、正当的需要和利益,依据正确的标准进行法的价值评价,才能得出正确的评价性结论。这里所说的合理的、正当的需要和利益,不是个人或某个阶级的特殊需要和利益,而是社会的需要和利益,或者说是符合社会发展和进步的阶级的需要和利益。如果个人和阶级的需要和利益与社会的需要和利益相符合、相一致(归根到底是有利于生产力的发展),那么这种需要和利益就可以作为正确的客观评价标准,用来帮助人们正确地进行价值评价。以上分析表明,社会需要和利益是法价值评价的最基本的客观标准和尺度。

既然法价值评价的标准是客观的,我们怎样才能选择正确的评价标准呢?这就必须分析影响人们选择需要和利益的因素。影响人们选择需要和利益的因素是多样的。

从主体方面分析,主体正确选择需要和利益涉及三个方面的因素:

(1)主体的需要是否合理。主体需要是法价值评价的基础和标准。因此,正确选择评价标准,就必然涉及主体需要是否合理的问题。主体需要从本质上说是主体为生存和发展自身而对外面世界的一种要求,从这个意义上说,主体需要都是合理的。但在实践中,主体需要往往通过众多具体需要表现出来。具体需要的产生与主体所处的特殊的社会历史条件相关,并且相互之间又处于特殊的具体关系之中。因此,具体需要就有合理、不合理之分,由此决定了法价值评价是正值状态还是负值状态。

(2)主体需要是否被认识。它包括两层含义:其一指主体的多种法律需求能以观念的形式全面地反映到主体意识中,以形成完整的主体利益体系。其二指主体的客观法律需求与主体之间的客观关系能够正确地反映到主体意识中来。

(3)主体能否对各种利益进行正确的比较。根据各种利益形成主体的评价标准体系,权衡各种利益孰轻孰重,人们就能创立各种利益关系,并在此基础上,构造法律价值评价标准。

从客体方面看,影响人们选择正确法价值评价标准的因素有:

(1)法律规范形式,包括制定形式以及规范本身的表现形式。从制定形式看,法律由什么机关制定,以何种程序制定,所有这些都直接影响到法律本身的性质和功能,从而决定着法律规范的价值以及对这种法律规范的价值评价。比如,由最高国家权力机关制定的法律规范,在一国法律体系中居高层位置,相对于其他低层次的法规(如行政法规),具有更高的法律效力。

(2)法律反映客观规律的功能。法律是行为准则的一种,而行为准则是在认识客观规律的基础上制定的,是意志化、规范化的法律,作为客观规律的反映,法律规范指引着主体的行为,法律反映客观规律的程度愈高,其规律功能就愈明显,因此其评价就愈趋正态价值量。

(3)法律所要实现的目的。美国研究系统论的哲学家拉洛兹在谈到价值标准时说:"价值标准是行为者努力奋斗所要实现的目标。凡是前进方向是要达到某种目的的任何活动,都是价值定向的活动。"[1]这就是说,一个事物的价值与它的目的有关。凡能达到目的的就叫有价值,反之则为无价值。当然这里所讲的是法律所要实现的目的。人们经常把正义看成法律的价值或评价法律的标准,就是因为正义是法律的目的,法律是实现正义的工具。由此看来,在确定法律评价的标准时,法律所要实现的目的是必须考虑的一个因素。如果某一法律有几个目的,那么这几个目的往往都可能成为衡量该法律价值的标准。

从主体需要出发,立足法律的属性和功能,我们可以确定一定的法律评价标准,以此来进行正确的法价值评价,当然由于上述诸种主客观因素的影响,法价值评价标准呈现出多样化模式,组成了一个评价标准系统。根据法律自身的功能和主体需要的特性,我们可以将法价值评价的标准分为各种不同的类型。

根据评价标准的内在尺度和外在尺度来划分,可以将法价值评价标准分为内在标准与外在标准。所谓内在标准,是指人们在对法价值进行评价时,所依据的内心标准或所参照的内心依据。这种内心依据首先表现为人们对法律的需要,这一点前面已作了阐述。除主体需要以外,人们在对法价值评价时,还往往依据真理、理想和公德。真理,是人们对客观规律的认识。法律是立法者在认识客观规律的基础上为全体社会成

---

① [美]拉洛兹:《用系统论的观点看世界》,95页,北京,中国社会科学出版社,1985。

员所制定的行为准则。法律与客观规律的这种内在关系,必然使人们在评价法律时要从客观规律那儿寻找根据。西方的自然法思想就是这一要求的反映,它把世界的普遍规律作为衡量实在法的最高标准,这其中无疑包含着合理的因素。不足的是,其不懂得客观规律不会自己去衡量法律,它需要人去认识和评价,而被人认识了的客观规律就是真理,人们是以自己所认识的真理去衡量法律的价值。理想,是人们为自己所树立的奋斗目标。这种奋斗目标有个人的和社会的,有经济的和政治的。这里我们所指的主要是一个社会的政治理想或该社会的人们所追求的理想的诸制度,如未来社会的政治制度、经济制度、婚姻家庭制度等。社会理想对法律规范的产生和评价有很大的作用。一个社会的人们往往以社会理想为模式来创制道德和法律规范,并把道德和法律视为实现这一理想的重要手段。因此,从一定意义上讲,社会理想是法律规范的出发点和归宿点,它成为人们评定法律价值的一个重要标准。公德,是一个社会人们所公认的道德。社会公德以整个社会的共同生活条件为基础,以维护社会的共同福利为目的。社会公德对法律的制定和评价关系极大。实际上许多法律是社会公德转化而来的,是公德的具体化和条文化,是法律化了的社会公德。所以,每一个社会的人们,在评价法律的价值时,必然要考虑公德这个标准。在日常生活中,当我们听到有人说某个法律是好是坏时,大多是以社会公德为直接标准的。如第二次世界大战后,人们对法西斯国家法律的否定和批判,正是从全人类公德这个角度进行的。

所谓外在标准,指的是从人们的内心之外寻找到的对法价值进行衡量时所使用的标准。这种标准,我们将其称为效果标准,即通过法律实践,用实践后的效果来评价法律的价值。这种评价标准通过一定的形式表现出来,其表现形式有:第一,表现为法律实施后所产生的社会反响。即社会各界人士对所实施的法律的态度:是坚决拥护还是强烈反对? 是支持还是抵制? 等等。一般地说,一种法律如果受到热烈欢迎和普遍遵守,在国际上受到普遍好评,就是一种较好的法律,反之,则是不好的法律。第二,表现为法律实施的程度。法律是立法者根据自身的需要制定的特殊规范。因此,立法者法律需要能得到满足以及满足程度的大小,直接取决于法律实施的程度。法律能被有效贯彻执行和遵守,证明法律符合人民的利益和要求,因而是有正价值的法律。相反,如果法律制定后实际上没有发挥什么作用或作用很小,这些法律就没有价值或价值很小。第三,表现为法律实施的效果。任何一种法律,只要被贯彻实施,必然产生一定的社会效果。从认识论角度看,效果是人们认识和评价事物价值的重要客观依据,法价值评价也一样。通过法律实施效果的好坏,我们可以判断法价值的性质和法价值的大小。从社会效果看,法律或者促进了社会的发展,或者阻碍了社会的发展。要对某一法律的价值作出客观的和全面的评价,就必须了解各种社会后果,并从质和量两个方面加以分类和对比,只有权衡利弊之后才能对法价值作出科学的评价。当然,法价值标准的类型还有很多,如实践标准和理念标准、理性标准和非理性标准、主体标准和客体标准、个人标准和社会标准等等,我们在此就不作具体分析了。

第四节　法价值观

法价值观是近年来法价值理论研究中的一个热点问题。法学界同仁从不同的角度对此作了探索,取得了一定的成果。但是,相对于法价值理论的其他问题而言,法价值观的研究还有待深入。本节试图从法价值观的含义、特征和构成等几方面,对法价值观作一分析。

一、法价值观的含义

观念,作为哲学的一个基本范畴,其含义是指客观世界的主观映象。即人们对客观事物的一切反映,包括一切看法或认识,都可称为观念。此外,它还在另一种意义上使用,即指人对社会存在的反映,是社会意识的一部分。这时,观念不仅指人对社会领域的具体事物及其关系的认识,而且还指观念形态,即指一定的思想和思想体系。那么,什么是法价值观呢? 现在学术界对此有不同的看法。一种观点认为,法价值观就是法律与主体需要之间的关系在人们的意识中的反映,简称反映论。① 另一种观点认为,法价值观指的是一定社会的人们内心所使用的衡量价值的标准,这一套标准表现为一套统一的价值观念体系,简称标准论。② 这两种观点从不同的角度给法价值观下定义,都有合理之处。反映论从主体对法律的看法和认识的角度,确定法价值观是一种反映论。标准论从主体对法律的评价标准,界定法价值观是人们内心的评价标准。但是,这两种观点都有片面性,反映论把人们对法律的所有看法和认识都看作是法价值观,这就使法价值观停留在一种感性认识的基础之上,忽视了法价值观中的思想和思想体系的内容。标准论过于强调人们对法价值的评价标准,无法体现法主体的全貌,包括法主体的愿望、要求、欲望、理想、需要、利益等等。我们认为,要给法价值观下定义,首先必须给这里所讲的观念定位,即法价值观并不是主体对法律的感性的、表面的认识和评价,而是一种关于法律的观念形态,是一种思想和思想体系。从这一立场出发,我们认为,所谓法价值观,是主体以其需求系统为基础,对主体与法律之间的价值(价值关系)进行整合而形成的观念形态(即思想和思想体系),它综合地体现了主体的愿望、要求、欲望、理想、需要、利益等等。这一定义有两点要注意:第一,法价值观并不直接以愿望、要求、欲望、需要表现出来,它以一定的思想体系来综合体现这些因素。第二,这里所谓的整合,包含有选择、调整、组合等意思,它强调法主体的能动性。

为了进一步探讨法价值观,我们有必要从发生学意义上对法价值观形成的微观机

---

① 参见杜飞进:《法律价值论》,22 页,西安,陕西人民出版社,1992。

② 参见严存生:《法律的价值》,14 页。

制作进一步的考察。我们知道,要探求法律主体活动的规律,就不能不考虑法价值主体的需求、目的、激情和意志因素,因为作为法价值主体的人是有血有肉的,活生生充满着激情和欲望的。对于充分体现法律主体创造性的法价值活动的考察更是如此。法价值活动,表现为法价值系统内各要素间的互动过程。法价值系统,是由若干基元要素构成的系统。这些基元要素有:客体要素——法的性质和属性;主体要素——法价值主体所具有的认识要素(知)、情感要素(情)、意志要素(意)、实践要素(践)即法实践活动。实践要素是法价值和法价值关系形成的基本途径,又是法价值现实化、对象化的根本手段。在法价值系统结构中,由于基元要素的相关性,因而客体要素和主体要素都获得了新意义:客体要素(法律)获得了某种社会意义、效用,即对法价值主体的意义;而法价值主体,也完成了对象化的过程(即人的本质的外化过程),将自己的本质以法律的形式表现出来。法律与人的相关性构成的法价值系统的新质,便是法价值。考察法价值活动的整个过程,我们可以看到,它始终伴随着主体的情感、意志、欲望、需求等因素。法价值认识、法价值评价虽然以客观存在的法价值关系为内容,然而对法价值关系的意识却需经过主体需求系统的整合。而法价值主体需求系统包含了利益、欲望、期望、情感、信念、意志等心理因素,因此,作为这种需求系统的整合物,被深深地打上了情感、意志等的烙印。在法价值认识、法价值评价的活动中,法价值主体通过情绪、态度、意志等因素对某种法价值进行评估、认识,使得主体形成较稳定的心理定势。这种心理定势的理性积淀升华,便形成了一定的法价值观。因此,法价值观就其表现形式来看,它是一种理性观念。但是,这种理性观念又综合体现了各种感性因素,如意向、态度、欲望、情绪等。所以我们说,法价值观是知、情、意、践的沉淀和升华,是主体以其自身需求结构为媒介,投射出法律对主体的意义(关系)。

为了对法价值观有更清晰的认识,我们应当把法价值观置于历史唯物主义的视野下作一宏观俯视。从根本上说,形成法价值观的基础是人类最基本的需要,因为离开人类的基本需要,就不存在价值,也就不会有法价值,更不用说法价值观了。而人类最基本的需要,即人类获取基本生活资料的需要,却因自然地理条件、民族构成、经济发展水平、社会结构的不同而采取不同的形式。人类基本需要的这种不同表现形式,形成了不同的需要(利益)模式。人们以此为根据去选择、调整、重新组合与法律的价值关系。法的产生、形成、发展都和人们的这些基本需要(利益)紧密联系。马克思、恩格斯指出:国家是属于统治阶级的各个个人借以实现其共同利益的形式。由他们的共同利益所决定的这种意志的表现,就是法律。① 由于法的价值活动过程始终以人类的需要模式为基础,因而法价值关系被培植了深厚的社会心理沃土,并沉淀着主体的自身追求与理想,从而使它成为植根于社会心理深层的观念形态。正因为如此,法价值观潜隐于法律文化结构的最深层次。法价值观及由它决定的法活动方式,构成法律文化

---

① 参见《马克思恩格斯全集》第 3 卷,70、378 页。

种类的差异。

可见,法价值观以法价值、法价值关系为客观内容,然而却不能简单地归结为对法价值关系的反映。它是法价值主体以其需求系统(需求模式)为基础(根据),对法价值、法价值关系的整合(选择、调整、组合)而形成的观念形态。

二、法价值观的特征

如何概括法价值观的特征,这是我们研究法价值观必须回答的问题。法价值观首先是一种观念,因而它具有一般观念所具有的一些基本特征,如能动性、社会历史性、超前性等。但是,法价值观还具有一些自身所特有的特征,如调节性、评判性、定向性等,这里着重阐述法价值观的主观性、调节性、评判性和定向性。

1. 主观性。

法价值观与法价值是两个不同的概念。法价值具有客观性,而法价值观则是属于主观形态的东西。法价值的客观性不仅表现在主体需要以及客体与主体需要之间的关系是客观的,而且还表现在法律实践是客观的。而法价值观则不同,它是法价值在意识中的反映,属于主观形态的东西。法价值观由于其有一定的主观随意性,人们对同一事物会有完全不同的评价。例如,关于法律的最高价值,正义论者认为正义是法律的最高价值,秩序论者则认为秩序是法律的最高价值,而在自由主义者看来,绝对的个人自由才是法律的最高价值。法价值观之所以有这种主观随意性,主要是受人们的阶级立场、世界观、方法论和认识水平的制约或限制,同时也受主体状态的影响。这种影响主要表现在:不同的阶级之间,尤其是剥削阶级和无产阶级之间有着许多不同的法价值观;不同的民族之间,尤其是东方民族和西方民族之间的法律价值观也有诸多不同;古代、近代和现代等各个不同的社会发展时期之间,人们的法价值观往往会因为社会生产力,特别是科学技术发展水平和认识能力的差异而不同,尤其是在世界新技术革命对整个社会发起全面冲击的今天,人们的法价值观也正在不断发生新的变化。当然,我们讲法价值观具有一定的主观随意性,但这并不意味着:第一,所有的法价值观都没有任何客观性;第二,不同的人的法律价值观就没有任何共同性;第三,法价值本身也没有确定的客观性。这是因为,从最终意义上看,法价值观是由人们的物质生活条件和历史传统等因素所决定的,法价值本身是客观的。由于法律本身价值的客观性,决定了不同的人也会有近似的甚至完全相同的法价值观。

2. 调节性。

法价值观是人们在长期的实践活动中形成的,它凝聚着法价值主体对自身利益的强烈追求与态度,沉淀着法价值主体自身创造活动的价值追求。这种对自身利益的强烈追求与态度,对主体的法律实践活动起着调节的作用。人们往往按照一定的法价值观来调整各种社会关系。这正像美国法学家庞德所讲的:"即使是最粗糙的、最草率的或最反复无常的关系调整或行为安排,在其行为背后总有对各种互相冲突和互相重叠的利益进行评价的某种价值准则。"①法价值观对人们法律实践活动的调节作用主要表现在:①法价值主体往往是从自己的法价值观去选择和利用法律的。法价值主体作为能动的方面,依照自己的价值观与法建立主客体关系。在国家中居于统治地位的阶级总是从自己的物质生活条件和法价值观去进行法的创制活动;在具体的法律活动和关系中,不同的主体都是从本身的需要和价值观出发对法采取不同的态度;学者们也都是根据自己的知识结构和价值偏向来研究法律现象。可见,法价值主体对法律的选择和利用,是离不开法价值观的调节的。②法价值观在主体从事法的实现活动中起着重要的协调作用。法的实现过程,实际上是一个法满足主体需要的过程。在这一过程中,主体必须使法反映自己的需要并服务于自己的需要。因为,主体需要的东西,正是法能够产生和满足的东西。法成为满足主体需要的条件和来源,成为主体生存和发展的一个重要因素和环节。主体的这种需要在人们头脑中的再现和评价,就是一种法价值观。主体正是依照这样一种价值观念,去适用法律,建立法律制度,实现法律的功能的。③法价值观作为法律文化的核心,能有效地协调、组合、规范社会生活的各个领域,从而影响和调节社会生活。按照法律文化学的理论,法律文化的内核就是法价值观,这种价值观具有很强的自组织性和调节性。它以强烈的辐射力和穿透力,以其鲜明的感召力和凝聚力,调节人们之间的相互关系。正是由于法价值观的这种调节性,使法律文化的变迁以法价值观的重组或更新为必要途径,因而法价值观的变化也就成为法律文化的变迁、社会变迁的重要标志之一。

3. 评判性。

法价值观的调节性就内含着价值观念对法和法律现象有一定的评价作用。法价值观是主体在以往的法律实践活动中,在法价值评价、法价值认识过程中形成的心理定势,亦即法价值主体在长期的、反复的法律实践活动中评价活动的积淀。而法价值观一旦形成,便成为法价值主体内在尺度的观念形式,形成了对法律和法律现象的评判机制。法价值观的评判性的根据在于法价值观中包含着评价标准,即包含着评论法律、法律文化、法律现象、法律行为方式的尺度,法价值主体在其现实活动过程中,总是自觉不自觉地首先用价值观去量度、评判、裁定现实事物或法律现象。因此,法价值观在法价值主体以往的实践活动和当前所要作出的抉择之间起着一种媒介作用,并且能使待处理的问题简化。法价值主体在现实活动中,总是首先将法、法律现象、法律行为与法价值观中的形象系统(即主体塑造的法价值关系的观念模型)相对照,进行情感体验,作出态度表示,进而在态度中显示对某种法律现象的肯定或否定。可见,法价值观对法律、法律现象以及法律行为有一种过滤作用。法价值观的评判性是法价值主体选择性的内在前提。

---

① [美]庞德:《通过法律的社会控制、法律的任务》,55 页,北京,商务印书馆,1984。

4.定向性。

法价值观的评判机制说明法价值观内含着价值标准,即具有强烈的倾向性。它决定着法价值主体实践活动的价值取向,因而法价值观具有定向性或称指向性。法价值观的定向性以其意向性为基础。如前所述,法价值观是人们以其需求系统为基础,对法价值、法价值关系进行整合而形成的观念形态。因此,法价值观不再是法价值在人们头脑中的直接再现,而是法价值关系与主体需求系统的综合效应。在法价值观的内容中,既包含着现实的、客观存在的法价值关系,也包含着潜在的、想象的、希望的、理想的东西。换言之,在法价值观中,凝聚着法价值主体的强烈意向,由此铸成了法价值观念的意向性倾向。法价值观的这种意向性倾向集中地体现着法价值主体对现实的超越与创造活动。法价值主体在法律实践活动中,将其主体意向凝结成观念形态,由此设立法价值目标与确定法价值理想,进而触发对现实的超越意识,并通过对法价值目标的追求而实现法律的创造活动。可见,法价值观既是一定法律文化成果的凝聚和体现,又规范、引导着法律文化的倾向和法律思潮。因此,法价值观具有强烈的指向性,通过它所导向的法律行为模式或法律准则,成为社会稳定和发展的重要条件。

三、法价值观的构成

在分析法价值观的概念和特征的基础上,我们必须进一步研究法价值观的构成。构成法价值观的要素有很多,如法律信仰、法律理想、法律态度、法律评价、法律偏好等等。但我们认为,构成法价值观的基元要素主要有:法价值的评价标准、法律理想和法律态度。

法价值的评价标准,指的是人们在评价和判断法律时所依据的标准。就测量和评价法律的标准来说,人们往往首先把法律的目的或所要达到的目标,作为评价的准则。因为人们所要求于法律的,也能衡量法律。如果某一制定出来的法律实际上没有达到或背离了人们原来的设想,那必然会认为此项法律不好,作出无价值或负价值的判断。但是,严格地说,目标和价值标准是有区别的。因为人们在评价法律时,不仅要看已制定出来的法律是否达到原来的目的,而且更重要的是要看它是否产生了其他社会效果。因为某一制定出来的法律在实际实施中往往会产生意料之外的好的或坏的社会效果。所以,不仅法律的目的是评价的标准,而且社会效果也是标准之一。此外,人们往往还以其他标准来评价法律,如法律条文的逻辑结构是否严谨,表述的语言是否科学、简练和通俗易懂。评价法律的标准不是单一的,而是一个复杂的标准系统。庞德在《通过法律的社会控制、法律的任务》一书中,专门论述了这一问题。他认为,评价法律的价值标准,不同时代的不同人有不同的理解,之所以如此,是因为人们有不同的选择价值的角度。他把人们确定价值标准的方法作了概括,指出这些方法有三种:第一种是经验的方法,即从经验中去寻找某种能在丝毫无损于整个利益方案的条件下使各种冲突的和重叠的利益得到调整,并同时给予这种经验以合理发展的方法。这样,尺度就成为一个能在最小阻碍和浪费的条件下调整关系和安排行为的实际东西。第二种是理性的方法,即在经验的基础上,由理性加以推导,进而提出各种法律假说或理想,并用之于衡量。第三种方法,即权威性观念或理想方法。他说:第三种价值尺度,就是关于社会秩序从而也是关于法律秩序的一种公认的、传统的权威性观念,以及关于法律制度和法律学说应当是怎样的东西,把它们适用于争端时应当取得什么样的后果等的公认传统性权威观念。① 庞德所说的三种方法,实际上是提出了评价法律价值的三种标准和尺度。西方很多法学家都是运用这些标准和尺度去评价法律的价值。

法律理想,指法律所追求的目标和所要达到的目的。法律理想在法价值观中也占有重要的地位。美国著名的法学家博登海默对法律理想作了分析,他认为法律的价值目标就是法律中的理想因素,这个因素和目标是多方面的,不能只强调一个方面。他说:"平等、自由、服从自然或上帝的意志、幸福、社会和谐与团结、公共利益、安全、促进文化的发展——所有这些和其他一些价值被不同时代的不同思想家都宣称为法律的最高价值。"② 又说:"就法律控制的目的而论,越来越清楚的是,平等、自由、安全和公共利益都不能绝对化,因为它们都不能孤立地、单独地表现为终极的、排他的法律理想。所有上述价值,既相互结合又相互依赖。因此在建造一个成熟的、发达的法律体系时,我们必须将它们安置于适当的位置之上。"③ 我国有的学者也认为多样化是法律理想的显著特征之一。它既表现于不同历史发展阶段的法律之中,也存在于同一历史阶段、同一法律体系甚至同一法典之中。④ 法律理想的具体内容是多种多样的:追求正义的实现,维护稳定的秩序,追求人类生活的幸福,追求法治的实现。这些法律理想,作为法价值观的重要内容,引导着人们追求某种目标,调节着人们的行为,推动建立一种完善的法律制度和美好的人类社会。

法律态度,是人们对法律的看法。在法价值观中,法律态度直接表示了人们对法律的评价,构成了法价值观的重要组成部分。关于法律态度,不少西方学者作了探索。哈特认为,人们对法律的态度有两种:一种是内在的观点,持这种观点的人能接受法律规则并以此作为指导;另一种是外在观点,这种人并未接受法律规则,但却是观察这些规则的人。哈特从这两种观点的学说出发,认为法律制度如果是公正的、有价值的,就必须综合考虑这两种态度,真正关注它所要求服从的人的巨大利益,以取得和保持大部分人对它的忠诚。这样才能保证法律制度的稳定。美国法学家德沃金则进一步阐述了法律态度的作用。他认为:"法律的帝国并非由疆界、权力或程序界定,而是由态

① 参见[美]庞德:《通过法律的社会控制、法律的任务》,58、63页。
② [美]博登海默:《法理学——法哲学及其方法》,198页。
③ [美]博登海默:《法理学——法哲学及其方法》,200页。
④ 参见刘作翔:《法律的理想与法制理论》,9页,西安,西北大学出版社,1995。

度界定。"①他认为,人们对法律的态度有三种形态:首先是一种异议态度,这是一种阐释性的、自我反思的态度,它使每个公民明白什么是社会对原则的公共承诺;其次是忠实的态度,这种态度是建设性的,它以阐释的精神,使原则高于实践,指明通往更美好的未来的最佳道路;最后是一种友好态度,这种态度使人们消除对计划、利益和信念的差异,使人们在社会中联合在一起。不管哈特和德沃金的观点正确与否,但有一点是肯定的;他们都把法律态度作为法价值观的重要内容,反映了法律态度在法价值观构成中的地位。这些论述是值得我们参考和借鉴的。

---

① ［美］德沃金:《法律的帝国》,367 页,北京,中国大百科全书出版社,1996。

第十六章　法价值观的历史考察

第一节　中国传统法价值观

一、中国传统法价值观是一元论的法价值观

法价值作为一个关系范畴,反映着主体对法律理想的价值追求。从内容上说,不同地域、不同时代、不同文化背景的法律主体对法律理想的价值追求往往存在很大差异,甚至截然不同。这种法价值观的不同必然要以一定的形式表现出来。从形式上说,中国传统法价值观是以一元论为其最主要特点的。也就是说,中国传统社会人们对法价值的追求并不是像西方社会那样以自然法与人定法二元分离的形式体现出来,而是通过将法律价值追求即法律理想(通常表现为天道、儒家纲常名教等)现实法律化、刑罚化、制裁化,从而至少在形式上形成一元论的法价值观。这种法价值观的出发点和最大特点是现实致用,其归结点和相对缺点是这种取向的法价值观一旦形成,就具有超强的稳定性,不仅对其变异带来相当难度,而且相对阻碍对其他法价值的追求。

中国传统法价值观是现实致用的一元论的法价值观。然而,这一观点在历史上是受到强烈挑战的。特别是自 19 世纪中叶以来,随着西方法学的冲击和中国法学比附之风的盛行,认为中国传统法律文化和法价值观也像西方社会一样存在着自然法和实定法之分的观点逐步占据统治地位,时至今日仍然有强大的影响力。这种情况的产生,除了一些历史和人为的因素以外,非常重要的原因是把道家"道法自然"的思想同西方自然法观念不恰当地等同起来,并进而认为儒家法思想也是自然法思想,儒家法价值论也是二元论的法价值论。由于儒家法思想在整个中国传统法律文化中处于绝对主导地位,因此得出结论:中国古代存在自然法,中国古代法的价值取向形式上表现为二元论。

那么,中国传统法价值论到底如何? 中国传统法在形式上到底是一元论还是二元论? 要回答这个问题,首先要弄清下面两个问题,即:道家"道法自然"的观念是不是自然法观念? 儒家法思想是不是自然法思想?

1. 道家法律思想的核心是"法自然"而不是自然法。

熟知中国传统法律思想和道家法文化发展历史的读者都知道,道家是以老子和庄子关于"道"的学说为中心的一个学派,先秦时期并无道家之说。西汉司马谈在《论六

家之要指》中开始把老庄称为"道德家"或"道家",《汉书·艺文志》也称之为"道家",从此,道家作为一个学派被确立下来。在当今的学界,人们普遍认为,春秋末期的老子是道家的创始人,战国时期道家大体分为两派:一派以稷下黄老学派的宋钘、尹文为代表,一派以庄子为代表。这两派思想虽然有重大差异,但他们都尊奉老子,都以老子所发明的"道"作为其思想的核心,现存《老子》81章、《庄子》33篇、《管子》一书中的属于宋钘和尹文遗作的《心术》(上、下)、《白心》、《内业》四篇①,章章、篇篇都在讲道和论道。"道"是道家思想体系的核心,失去"道",道家就失去了灵魂,也就不成其为道家。虽然这个"道"是"视之不见""听之不闻""搏之不得""恍恍惚惚""玄之又玄",没有办法用人类语言说得清楚的东西,但是"道"有一个最基本的特性,那就是"道法自然"。《老子》第二十五章说:"人法地,地法天,天法道,道法自然。"人们关于中国古代存在自然法的误解,大多渊源于对老子这句经典名言的解释。其中有一小部分心怀"古已有之"思维方式的学者,刚一看到古文中有"法""自然"的字体连接就立即想到"自然法"。即使是正确理解这段名言,即将其理解为"人以地为法则,地以天为法则,天以道为法则,道以自然为法则"的人,也往往因为老子曾经说过"道"是"先天地而生"这样的话,而误认为"道"是永恒的、至上的、外在的,进而误推,认为"道""天道"就是超越于现实人定法之上的自然法。其实,这是一个莫大的误解,不只是推理有误,对道家所谓"道"的认识也存在偏差。如果我们全面来看,就在《老子》提出"道法自然"的第二十五章,其结论是:"故道大,天大,地大,人亦大。域中有四大,而人居其一焉。"这表明,"道"只在"域中"、在人间,是与天、地、人并列的"四大"之一。"道"在天下,而不在天上,《老子》第三十二章:"'道'之在天下,犹川谷之于江海。"因此,它来自"天人合一"的人间,而不是像西方自然法那样或来自与人分离的自然界,或来自高于人间的上帝,或来自指导人们现行行为的理性。因此,"道"看似玄之又玄,实际上,正如任继愈先生所说:道不是来自天上,恰恰是来自人间,来自人们日常生活中所接触到的道路,比起希腊古代唯物论者所讲的"无限"来似乎更实际些,一点也不玄虚。因此,老子的"道"与西方的自然法是两个风马牛不相及的概念。老子所说的"道法自然",实际上是指"任自然",或者说"道"的本性是自然而然,也就是"自然无为"。按照"道"的要求,不要进行过多的人为干涉。这样,"法自然""任自然","道"向"自然无为"复归,"天""地""人"依次向"道"认同,这就是老子所追求的理想境。因此,这里不存在高于人定法的自然法问题,道家的"法自然",不是"自然法"。

2.儒家法思想不是自然法。

如果说人们对道家存在自然法思想的误解最初来源于对"法自然"和"自然法"文字表述的不恰当把握,那么,对儒家法是自然法的认同,却有着非常深刻的原因。这些原因是认识上的、思维方式上的、民族心理上的,说到底是深层次的民族传统法文化上

---

① 此四篇作者到底是谁,学界存在争论,这里采纳为史学界多数学者所接受的郭沫若先生之言。

的。我们这样说有助于理解为什么中国近代以来有那么多令人折服的思想大家竟然也认为儒家法思想是自然法。历史上,中国学者中最早认定儒家法思想属于自然法的,当推19、20世纪之交的学界巨子梁启超。梁氏在1904年所撰写的《中国法理学发达史论》中断然宣称:儒家的法理学是自然法。此论一出,迅即在学界引起极大反响。中国法律史学的主要奠基人之一陈顾远先生在1934年出版的《中国法制史》一书中亦认定:"中国法制近于自然法或正义法。"并进而论证:"儒家自孔子集先圣之大成,而继承其道统以后,天道、天理、天则之观念更为完备,惟仅以自然法为人定法之依据,而归于礼之中,义之内而已。"①从此以后,儒家法思想是自然法的观点开始流行,并在20世纪70年代和80年代盛行于台湾地区,这一时期在台湾问世的许多有影响的著作,如耿云卿先生所著《先秦法律思想与自然法》(1971年),何孝元先生所著《法律思想研究》(1981年),王洁卿先生所著《中国法律与法治思想》(1982年),梅仲协先生所著《礼与法》(1975年)等等,都以较大篇幅认定并论证儒家自然法问题。差不多与此同时,随着中国法学的逐步振兴和繁荣,有关法律思想史学和法律文化学的教材、专著、论文等大量在中国大陆问世,其中有关儒家法思想是自然法的论述亦占相当比例。

那么,儒家法思想到底是不是自然法呢?其实,只要弄清自然法的本质内涵和儒家法思想的内在逻辑结构,这个问题就迎刃而解了。

自然法是西方法学发展史上传统最久、影响最大的法学思潮,不管是古代的纯自然意义上的自然法学、中世纪的神学主义自然法学、近代的理性主义自然法学,还是当代复兴自然法学,贯穿自然法始终并决定自然法本质内涵的是如下几个基本价值信念:其一,自然法与人定法是相互对立的,自然法与人定法是两个体系,自然法与人定法是二元的,不能直接同一的;其二,自然法不具备法律意义上的社会制裁关系和规范形式,它是不成文的,是由永恒的、普遍适用的一般原则构成的;其三,自然法作为存在于人们内心信念中的理想法,是人定法的依据,是评判人定法的价值标准,自然法发展的直接价值取向是将理想法与实在法(应然法与实然法)、神法与人法、不变法与可变法、先验法与经验法分开,从而采取天人区分的思维方式,使自然法获得制约人定法的至上性和神圣性。

我们把上述自然法观念作为参照系,并以此来衡量儒家法思想,就可以清楚地看到,儒家法与自然法在表面形式上似乎有某些相同之处,实质上却相去甚远。的确,从形式上,自然法和儒家法都可以被看作是人类对理想法和理想生存状态的追求。但是,这种追求在法价值论和法律思维方式上采取的却是不同的路径,儒家法与西方自然法相比较,至少有如下几点本质的区别:

第一,自然法的法哲学基础是天人分离,而儒家法的理论前提是天人合一。从法

---

① 陈顾远:《从中国文化本位上论中国法制及其形成发展并予重新评价》,见《中国法制史论集》,台北,志文出版社,1975。

哲学的角度和中西文化传统差异的角度看,西方思想文化的哲学基础是以自然哲学和认识论为理论依据的知识理性。这种知识理性的基本假设前提就是自然与人类是相互分离的,人类可以通过理性"求知""求真",因此,西方自然法观念是以天人分离为前提,并通过逻辑的方法加以认识和论证的。与之不同,儒家法思想的理论前提是"天人合一"的天道观,这种天道观的典型体现恰如亚圣孟子名言所云"万物皆备于我"。它强调人对自然的参与,认为人通过悟性,而不是通过理性就可以直感地把握天道,因为天理、天道都在人的经验之中,不在人类之外。因此,儒家的天地之法不存在于人法之上,也不在人法之外,人(当然是圣人)通过修行感悟,就可以把握天法、天道。这显然与西方自然法观念中将天人视为对立之两极有着根本的区别。不仅如此,在儒家那里,人与自然、人法与天法、人定法与理想法都是通过"先王"和"圣人"得以体现的,读过儒家经典著作的读者都可能有切身的体会,那就是眼前总是出现"圣人之道"和"先王之法"的字样,"法先王"成为儒家孜孜以求的目标。这其中的原因就在于儒家以"天道""天理"为理想法,但同时又认为,只有圣人才能把握天道,体认天理,创制礼法,治理天下。这样"圣人之道"完全成了"天道""天法"的代名词。由于现实中的圣人并不多见,把它寄望于有作为的先王如尧、舜、禹、文王、周公等,则是顺理成章的了。因此,儒家的理想法实际上已经演化为"先王之道""先王之法",这种"先王之法"不必要到天外去寻找,只要"法先王"即可。这种通过"天人合一"而导致的理想法与人定法不能截然区分的情形,同西方建立在天人分离基础上的自然法与人定法二元对立、并以自然法制约人定法的局面,有着本质的不同。

第二,自然法是先验的,而儒家法是经验的。按照西方二元论的法律文化传统,法律分为法律的理念和法律的概念。法律的理念即法律的价值。法律的概念是与价值有关的现实概念,不仅法律概念是以法律理念为定向的,而且,法律理念作为事物的终极价值,是无法被证明、也不需要证明的。① 因此,自然法这一终极意义上的法律价值或法律理念也无须证明,它是先验的、是形而上的,对于自然、神、理性等,只要信仰即可。与之不同,儒家法从一开始就走着一条经验型的发展道路,中国社会早在西周就形成了"以德配天"的学说,孔子进而把"德"内化为"仁",将"以德配天"发展成为"内圣外王"。不仅如此,儒家几位大师孔子、孟子、荀子都讲天道,但出发点和落脚点都在人道。以孔子为例,孔子一生"罕言命",远鬼神。他说自己"五十而知天命",这个"天命",不是超验的神或上帝,而是长期内心体验的经验升华。因此儒家并没有走向宗教神秘主义,他们的理想法不是神性的,而是人性的,不论是"天理""天道",还是"仁""德""礼""法",都是圣人先王"参天地""赞化育"的结果,都是人间的先知先觉者躬身体验的经验凝聚。

第三,自然法是人定法的制定依据,但并不直接进入司法程序领域,而儒家法恰恰

---

① 参见沈宗灵:《现代西方法理学》,42—43 页。

与之形成鲜明对照。在西方自然法观念中,把自然法与人定法区别开来甚至对立起来,使自然法优于人定法、高于人定法,这实际上是在现实支配人类的法律之上设置了一个庄严的道德目标,一旦人定法制定得有悖于自然法,就可以被宣布为"恶法",从而以"恶法非法"为由对人定法予以废除或修改,这样至少在形式上保证了人定法的正义性和合法性。但无论怎样,自然法通常都不直接进入司法领域。自然法只是管制人定法制定得合理与否,而在人定法制定以后如何适用,则遵循人定法的法治规矩;在人定法没有被宣布为非法之前,要严格遵行。这的确是自然法观念的一个重要特征。与之相对照,儒家法思想却有着截然不同的思路。儒家的天道、天理、礼法等,往往集理想法与人定法于一身,可以直接进入司法领域。在儒家法思想占绝对主导地位的传统中华法律文化发展史上,儒家的天理、天道、礼法不仅支配着广泛的社会活动,而且直接参与立法和司法活动。在汉初的时候,封建正统理论的始作俑者董仲舒就以先秦儒家思想的继承者自居,由其继承并完善的儒家"三纲五常"学说,便杂糅天道、天理、礼法,并不断入律,从此开始了引礼入法的过程。儒家"三纲五常"学说不仅体现了儒家理想法的内在精神,而且成为现实中定罪量刑的指导原则和根本依据。天理即是国法,国法即是天理,国法是天理的化身,天理赋予纲常以神圣的性质,违之即违天,违之即以刑罚制裁。这种理想法进入司法领域的最典型体现,就是宋以后开始的"以理杀人"。本来,天理与国法联结后就已强化了司法的权威性,天理直接进入司法领域,更表明儒家法倾向的一元论特点。如果说违反自然法导致的后果是人定法的被废除或被修改,那么,违反儒家理想法的后果则是直接的刑事镇压和司法处罚。从这个意义上说,儒家法也不能等同于自然法。

二、法律工具论是中国传统法价值观的典型表现形态

1. 法律工具论是一元论法价值观的逻辑结果。

法律工具论是指把法律仅仅看作统治者手中的工具,法律的价值仅仅体现为工具性价值。法律工具论以蔑视人格化法律的价值理想为代价,而成全和极端重视法律在统治者手中的使用价值。轻视价值理想和不适当把法律作为手段而将法律的使用价值极端化,是法律工具论的典型体现。

中国传统社会法价值观从形式上看是一元论的,从内容上看,则是法律工具论占绝对统治地位。中国传统社会在法价值观的内容上形成以工具论为主导,同中国传统社会对一元论的法价值取向的选择密切相关,法律一元论本身就要求人们不必要过多地探求法的理想世界,只需关注法的现实世界即可。作为立法者来说,什么时候想利用法律这一工具,什么时候就可以立法,作为执法者来说,更不必要过问法律本身的好坏,只要运用法律这一工具就可以了。具体到中国传统社会,如同《管子·任法》所说:"夫生法者君也,守法者臣也,法于法者民也。"这就是真实的传统中国社会君、臣、民与

法之间的关系和位置。

我们说从内容上看法律工具论是中国传统法价值观的典型表现形态,这还可以从中国古代法律思想家关于法的定义性解释中得到证明。韩非关于法的定义围绕三个要点展开,一是法是一种规则的成文形式,即如《韩非子·难三》所说:"法者,编著之图籍,设之于官府,而布之于百姓者也。"二是法在最基本的意义上等同于刑,即《韩非子·定法》所说:"法者,宪令著于官府,刑罚必于民心,赏存乎慎罚,而罚加乎奸令者也。"作为归结点,三是法乃帝王治民之具,即《韩非子·定法》所说:"君无术则弊于上,臣无法则乱于下,此不可一无,皆帝王之具也。"对于法是一种工具,《管子》说得就更明确了,《管子·明法解》直接用现时中人们使用的工具来比附法律:"法者,天下之程式也,万事之仪表也。"《管子·七法》也说:"尺寸也,绳墨也,规矩也,衡石也,斗斛也,角量也,谓之法。"把法律比喻成裁缝裁剪衣服用的尺寸剪子、木工做工的规矩绳墨,表明法律纯粹是一种工具,只不过这种工具为君主和国家运用罢了。《商君书·修权》:"法者,国之权衡也。"如此看来,既然统治者愿意把法律当作工具,思想家也论证法是工具,而老百姓也不可能反对法是工具,那么,传统中国社会选择法律工具论作为法价值取向则是顺理成章了。

2.从先秦诸子百家对法律起源的论述看传统中国社会选择法律工具论的客观必然性。

传统中国社会在法价值问题上选择法律工具论,原因是多方面的。先秦诸子百家对中国法律起源的独特理论论证,无疑是其中非常重要的原因之一。儒、墨、道、法各家大师对于法律起源问题,大多提出了各自的观点。其中,主要围绕两个问题展开:一是法律为何起源,即为什么会产生国家与法律?二是法律如何起源,即国家和法律以何种方式产生?各思想家对这两个问题的论述表面上看各不相同,但实际上却都贯穿着一个共同的主线,即都遵循着"圣王立法"的原则,认为法律是适应着圣王管制天下、救民于水火的需要而产生的。既然法律是应王者之需而起源的,那么,把法律作为工具来运用自然也就顺理成章了。这从先秦诸子们的具体论述中可以得到清楚的说明。

(1)法家论中国法律起源。

在先秦诸子百家中,法家的《管子》《商君书》《韩非子》等著作对法律起源问题都有详细的论述。《管子·君臣下》认为:"古者未有君臣上下之别,未有夫妇配匹之合,兽处群居,以力相争。于是智者诈愚,强者凌弱,老幼孤独,不得其所。"在这种情况下,圣人出,除强暴,兴民生。圣人、君王为了使众人信服,除了自己贤德以外,最重要的是能够运用赏罚这一手段:"君之所以为君者,赏罚以为君。"正是基于此,圣王开始设法立禁,并且,为了使民众服从法律,君王便设立官吏大臣执行法律,即如《管子·任法》所说:"夫生法者君也,守法者臣也,法于法者民也。"这样,法律就适应着圣人君主拯救民众和治理民众的需要而产生了。

《商君书》关于法律起源的论述大致相同,只不过更加详细一些而已。《商君书》在

《开塞》篇中关于法律起源是这样记述的:"天地设而民生之,当此之时也,民知其母而不知其父,其道亲亲而爱私。亲亲则别,爱私则险,民众,而以别险为务,则民乱。当此时也,民务胜而力征,务胜则争,力胜则讼,讼而无正,则莫得其性也。故贤者立中正,设无私,而民说仁。当此时也,亲亲废,上贤立矣。凡仁者以爱利为务,而贤者以相出为道,民众而无制,久而相出为道则有乱。故圣人承之,作为土地、货财、男女之分。分定而无制,不可,故立禁。禁立而莫之司,不可,故立官,官设而莫之一,不可,故立君。既立君,则上贤废而贵贵立矣。然则,上世亲亲而爱私,中世上贤而说仁,下世贵贵而尊官。"可见,商鞅认为中国法律起源于天下大乱以后,是由"圣人承之"并且"立禁"的结果。

作为先秦法家的集大成者,韩非对法律起源的论述继承了前期法家的思想精华,并进而对法家关于法律起源的思想更加系统化和理论化,其表现就是韩非用他的人口、人性和历史进化的思想论证法律起源学说。韩非认为,人类初期足衣足食,并没有争夺,也不需要法律。《韩非子·五蠹》说:"古者丈夫不耕,草木之实足食矣,妇女不织,禽兽之皮足衣矣,不事力而养足,人民少而财有余,故民不争。是以厚赏不行,重罚不用。"但是,随着社会的发展,人口的增加,人类开始争夺:"今人有五子不为多,子又有五子,大父未死而有二十五孙,是以人民众而货财寡,事力劳而供养薄,故民争。"[1]由于人口增多,物质匮乏,更重要的是人性是恶的,即这时"人人皆挟自为之心"[2],因此,必须"有圣人作……使王天下"[3]。圣王出现以后,由于"人情有好恶,故赏罚可用,赏罚可用则禁令可立"[4]。法律由此应运而生。

总之,这一派关于法律起源论述的思路特点是:在人类早期阶段,人们过着"兽处群居"的原始生活,由于人生而有欲,而生活资料又极其有限,人们之间必然发生无休无止的争斗,弱肉强食,无一宁日。这时,需要"智者""圣人"出现以匡正时弊,圣人恰在此时产生,发宪布律,以此"定分止争""兴功惧暴"。法律作为圣王的一种工具,一种手段,用以维持社会秩序。

(2)墨家论中国法律起源。

墨家是先秦以墨子为代表的一个学派。除了墨子以外,墨家的其他代表人物并不很著名,更由于秦汉以后儒、法、道、佛思想广泛深刻地影响中国社会,致使学界有相当一部分学者认为墨家对传统中国社会没有太大的影响。其实,这完全是一种误解。且不说墨家在先秦时期最早同儒家一起并称"显学",就是在秦汉以后,墨家思想实际上融入了整个封建大一统思想体系当中。可以这么说,没有墨家思想的参与,传统中国社会的大一统思想肯定是不完整的,至少不是现在这个样子。不仅如此,墨家思想对

---

① 《韩非子·五蠹》。

② 《韩非子·外储说左上》。

③ 《韩非子·五蠹》。

④ 《韩非子·八经》。

造就传统中国社会占统治地位的思想体系作出了独特的贡献,仅从对传统中国社会法价值观选择产生重要影响的法律起源论角度,就可以略见一斑。

墨家法律起源论的最大特点是:墨家认为法律是适应着圣王君主统一人们思想意志的需要而产生的。请看《墨子·尚同上》关于中国法律起源的描述:"古者民始生,未有刑政之时,盖其语人异义。是以一人则一义,二人则二义,十人则十义,其人兹众,其所谓义者亦众。是以人是其义,以非人之义,故交相非也。是以内则父子兄弟,作怨恶离散,不能相和合;天下之百姓,皆以水火毒药相亏害,至有余力不能以相劳,腐殇余财不能相分,隐匿良道不以相教,天下之乱,若禽兽然。"造成天下没有统一意志和混乱的原因是什么? 又需要如何解决呢? 墨子接着说:"夫明乎天下之所以乱者,生于无政长,是故选天下之贤可者,立以为天子。天子立,以其力未足,又选天下之贤可者,置立之以为三公……政长既已具,天子发政布宪于天下之百姓。"这样,"上之所是,必皆是之,上之所非,必皆非之……上以此为赏罚,其明察以审信"。可见,在墨家看来,法律是适应着天子统一人们思想即"一同天下之义"的需要,通过天子"发政布宪"而起源的。墨家法律起源论不仅更加系统化和理论化,而且为君主利用法律这种手段进行思想文化专制奠定了坚实的基础,为法律工具论在传统中国大一统社会的盛行提供了充分的理论保证。

(3) 儒家论法律起源。

由孔子开创、孟子和荀子继承的儒家法文化传统,对传统中国社会的影响无疑是最深刻的。由于先圣孔子和亚圣孟子忙于创立儒家学派和论证仁德礼法关系,尚无暇具体顾及法律起源问题,儒家论证法律起源的历史责任就落到了荀子身上。从荀子的论述可看出,儒家对中国法律起源的论证仍然遵循着通过圣人立法而导致法律起源的思路。

具体说,荀子论证中国法律起源包括三个步骤:第一步是人类社会早期自然条件极为恶劣,烈日严寒、毒蛇猛兽时刻威胁着人类的生存,由于人"力不若牛,走不若马"①,个人的力量极其有限,因此,人们必须结成"群",以"群"的力量同自然抗争。第二步是人们在结成"群"以后,由于人天生性恶的自私本性,导致"群而无分",社会又出现了强胁弱、下违上、少凌长的状况,因此,需要"明分使群"。第三步是解决如何"明分使群",荀子提供的办法是由圣人起礼义、制法度,即"古者圣人以人之性恶,以为偏险而不正,悖乱而不治,是以为之起礼义,制法度,以矫饰人之情性而正之,以扰化人之情性而道之也,使皆出于治,合于道者也"②。简而言之:"圣人化性而起伪,伪起而生礼义,礼义生而制法度,然则礼义法度者,是圣人之所生也。"③

总之,无论是法家"定分止争"的法律起源论,墨家"一同天下之义"的法律起源论,

---

① 《荀子·王制》。
② 《荀子·性恶》。
③ 《荀子·性恶》。

还是儒家"明分使群"的法律起源论,法律都不是众人合约的结果,而是圣人发宪布令的产物。由于对外进行征战、对内进行统治的需要,国家和法律得以起源。说到底,法律不过是统治者手中的一种工具,对此,道家一语道破天机:"何以知其然邪?彼窃钩者诛,窃国者侯,诸侯之门,仁义存焉。"①中国先秦思想家们在法律起源问题上取得如此高度一致,为后世中国社会选择法律工具论奠定了强有力的思想基础和理论支持。可以说,传统中国社会在法价值取向上选择法律工具论,有其内在的客观必然性。

3. 工具论法价值观的历史得失及其现代转换。

(1)中国传统工具论法价值观的历史影响。

中国传统社会选择工具论法价值观具有客观必然性,而这种法价值观一旦被选择以后,又反过来强烈地影响中国社会,法律工具论对传统中国社会的影响是多方面的。从法价值论的角度来说,工具论法价值观的最大历史影响是对法律专横的容忍。由于工具论法价值观对于专制统治者来说是最实用的,因此,社会统治集团最愿意理解和运用,并进而通过意识形态等一系列人为手段对之大加高扬,最终造成传统中国人对法律工具论的普遍认同。人们对法律工具论认同的结果是在社会生活当中不可能形成"恶法非法"的法律观念。在数千年的传统中国社会的法律生活中,不是没有恶法和非法擅断(实际上,恶法和非法擅断恰恰是传统社会的现实),也不是人们没有认识到恶法和非法擅断的存在。然而,传统中国社会更多的则是人们对恶法和非法擅断的回避和容忍。一般民众的具体社会生活领域是这样,即使法律思想上层建筑领域也仍然如此。有人说传统中国社会没有法学,这话或许片面,但是,传统中国社会的确只能存在引经注律意义上的律学,传统中国社会不可能出现有独立法价值追求的批判的法学派。这不能不说是由于传统中国社会选择法律工具论而相对忽视法价值理想造成的必然后果。

(2)工具论法价值观的现代转换。

我们把中国传统法价值观归结为一元论形式下的内容工具论,会遇到有些论者这样对我们发问:难道法律不是一种工具吗?难道法律不具有工具的价值属性吗?我们说,法律当然是一种工具,但是,法律不仅仅是一种工具,即使法律是工具,也要对运用这一工具的主体作出必要的限制,这就是传统工具论法价值观的现代转换问题。

其实,传统法价值观把法律当成工具并没有错,问题是它把法律仅仅当作工具,并且以一种机会主义的态度对待法律的工具价值。正因为如此,它从不把法律当作最高权威予以尊重,法律被尊重的程度完全取决于法律对统治者的现实目的的实现有无帮助。这样一来,统治者是否运用和尊重法律,完全要根据具体情况和统治者个人的好恶而定。因此,这种工具论法价值观与人治主义传统是互为表里的。如果说实行人治的传统中国社会奉行法律工具论有其必然性的话,那么,在现代中国开始走向法治社

① 《庄子·胠箧》。

会的今天,就必须承认法律有超越工具性的内在特质。在一个成熟理性的现代法治社会当中,法律首先应该被当作社会交往的普遍准则来理解。在这个意义上,法律不是任何人的工具和手段,而是人类文明所凝成的基本生活规范,是人类良知的理性化体现,是社会正义所发出的绝对命令。因此,在现代法治国家中,法律绝对不应仅仅局限于被当作治国手段而受到尊重,更应当被作为公共生活的基本准则而受到尊重和绝对信仰。即使退一步说,纵然把法律当作工具,法律首先也不应该是统治者(管理者)的工具。现代法律不是君法、王法,而是约法、民(众)法,法律是一种社会的工具、民众的工具。在这个意义上,统治者(物化为国家、政府)不过也是民众的一种工具。我们也只有在承认统治者(国家、政府)为公众工具的前提下,才能在第二位的意义上承认法律是统治者的工具。也只有在这个时候,法的所有价值理想才能得到高扬。什么时候做到这一点,什么时候我们就可以释然地说:中国社会完成了传统法价值观的现代转换。

第二节　西方法价值观

与传统中国社会人们法价值取向高度一致不同,在西方法律文明发展史上,人们在法价值主张上存在着相当大的差异。如果说传统中国社会在法价值取向上只存在一个派别的话,那么,西方社会几千年法文化发展进程中却呈现出价值广泛多元的倾向,以至于我们很难确切指出到底存在过多少关于法价值的学术派别。这里,我们无意像法律史学著作那样详细罗列所有派别的法价值主张,只想简单地指出西方历史上关于法价值主张的一般倾向。概括来说,西方社会关于法价值问题存在下列三种明显不同的思维倾向,这就是法价值至上倾向、法价值虚无主义倾向和法价值兼顾倾向。

一、价值至上倾向

法价值至上或价值崇拜主义是西方社会法价值观影响最大的一种思想倾向,也是历史上产生时间最久、跨越时间最长、最为经久不衰的一种价值倾向。所谓法价值至上倾向,是指在法和法学研究当中极力推崇法价值,认为法本身存在自己的价值理想,而法学研究则应重点关注和阐释法价值,法本身如果没有价值追求就不成为法,法学研究如果不侧重研究法价值,就失去了法学研究的真正意义。

在西方,坚持法价值至上主义的最大理论派别是自然法学派。自然法观念在西方社会法文明的历史上一直扮演着突出的角色。根据《不列颠百科全书》的解释:"自然法……就一般意义来说,它指整个人类所共同维护的一整套权利或正义,作为普遍承认的正当行为的原则来说,它往往是'实在法'的对称,即与国家正式颁布并利用一定的制裁而强制执行的那些法规对比而言。"自然法作为凌驾于人定法之上的一整套价值准则,是人们观察、分析和评价现行法律的参照系,是人类自我反省的一个基本参照物,是现存法律制度的一块试金石。长期以来自然法的效力被当然地认为高于人定法,任何人类法如果要与它相抵触都是无效的,而人类法中那些被认为是有效的法律规则是从这个原始本原法中汲取力量和全部权威的。因此,自然法理论理所当然地为现行人定法树立起了一个理想的价值目标,所有鼓吹自然法的思想家和理论家也就自然地成为了法价值至上论的典型代表。

自然法论者推崇和高扬法价值,宣传法价值至上,这是所有自然法学派代表人物自古及今一脉相承的传统。然而,自然法对法价值的推崇在不同时代却有不同的表现形式和倾向。一般说来,古代自然法呈现出自然主义倾向,中世纪自然法呈现出神学主义倾向,近代自然法(古典自然法)呈现出理性主义倾向,现代复兴自然法则呈现出神学与世俗、相对与绝对、社会与个人本位等相互交错的多元价值取向。

古代自然法最早诞生于西方文明的发源地古希腊。在西方法律文化史上,古希腊思想家最早使用"自然法"这个术语。他们认为,最初的国家(城邦)和法律,就跟江河湖海、山川草木一样,统属大自然现象,即自然形成的。早在柏拉图和亚里士多德的著作中,就把法律同正义、善、美德等联系起来。在他们看来,这些作为法的特质都是自然的东西,人们必须服从它,而不能改变它。自然法作为一个比较明确的概念以及以此建构学说,则肇始于斯多葛学派。斯多葛学派已经把人的理性作为自然的一部分来理解。到罗马法学家时,人们开始用自然法观念批判万民法,西塞罗并进而论证自然法是检验实在法效力的高级法。中世纪的时候,由于基督教对社会生活的广泛影响和渗透,自然法观念中出现了明显的神学主义倾向,不论是奥古斯丁,还是托马斯·阿奎那,都用上帝永恒法、《圣经》等论证自然法的神秘性和至上性。中世纪自然法虽然存在强烈的神秘色彩,但它对树立法价值的至上地位却起着不可低估的作用。正如梅因所说:"这个理论在哲学上虽然有其缺陷,我们却不能因此而忽视其对于人类的重要性。真的,如果自然法没有成为古代世界中一种普遍的信念,这就很难说思想的历史,因此也就是人类的历史,究竟会朝哪个方向发展了。"①

近代自然法(古典自然法)是自然法理论最为辉煌的阶段。近代自然法所确立的法价值,诸如生命、自由、平等、博爱、人权等在近代启蒙思想家的宣传鼓动下,逐步在人们的思想上并进而在法律制度上取得了至上地位,从而使近代自然法成为最具有革命性和战斗性的思想理论武器。近代启蒙思想家,包括格劳秀斯、霍布斯、普芬道夫、斯宾诺莎、洛克、孟德斯鸠、卢梭等都高举自然法的旗帜,以理性的精神和态度,宣扬人的价值尊严至上,现实中的法必须服从和服务于自然法所确立的价值理想和价值追求。可以说,近代自然法是以理性主义为其最显著特征的,它是在汲取古代自然法和中世纪自然法,尤其是亚里士多德和阿奎那自然法学说中的理性主义因素,并排除其

---

① [英]梅因:《古代法》,43 页。

朴素直观的自然主义和蒙昧神学主义的基础上,逐步发展起来的。近代启蒙思想家的所谓"理性",是指人之所以为人的一种自然能力,是人类行为和信仰的正当理由,是评判是非善恶的根本标准。近代启蒙思想家把自然法价值的高扬视为理性的建构,意味着自然法本身是绝对有效、普遍适用、不证自明的,即使上帝也不能改变,这样就使自然法所确立的价值具有了绝对的至高无上的地位。自然法学派的价值崇拜主义在近代启蒙思想家那里达到了无以复加的程度。

随着资产阶级革命在西方各国取得胜利,自然法所追求的价值目标通过天赋人权理论、社会契约理论、分权制衡理论、法治理论等在现行法中得到了充分体现,这样,古典自然法理论也就完成了它的历史使命;再加上自然法理论本身存在一些含糊和不易证明的难题,使得自然法在 19 世纪走向了衰落。但是,自然法精神却不会全面消失和衰竭。正如德国法学家祈克所说:不朽的自然法精神永远不可能被熄灭。特别是进入 20 世纪以后,人类的两次世界大战为自然法的复兴提供了现实的客观土壤。因为世界大战不仅是对人类崇高价值的肆虐践踏,甚至法西斯发动世界大战就是在不顾人类崇高正义价值的实定法基础上进行的,这在战后促使有良知的人们进行反思,自然法所关注的法价值问题又重新获得生机。曾任魏玛共和国国会议员和司法部长的古斯塔夫·拉德布鲁赫认为:事物的最终价值是无法被证明的,但法律哲学和法律科学都应该研究价值问题。他认为法学应该包括对法律理念和法律概念的研究,法律理念即法律价值,法律概念即与价值有关的现实,而法律概念是以法律理念为定向的。[①] 总体来看,复兴自然法学最重要的特征是派别倾向的混杂性,它除了有神学主义倾向与世俗主义倾向相交错、社会本位倾向与个人本位倾向相交错以外,最重要的是相对自然法与绝对自然法两种倾向相互交错,而以相对自然法倾向占主导地位。我们说,古典自然法学家所说的自然法没有时间和空间的限制,是到处相同、永恒不变的,因而具有先验性和绝对性。但是,自从德国新康德主义法学派代表人物什坦姆列尔提出"内容可变的自然法"以后,便开了相对自然法的先河。在自然法的复兴运动中,绝大多数的自然法学者,或公开声明自然法的可变性,或事实上把自然法当作可变的东西。因此,复兴自然法的内容或被界定为正义,或被界定为平等,或被界定为自由,或被界定为效率,或被界定为知识、财富、功利、人权等等。尽管复兴自然法论者对自然法内容的看法差异性较大,但他们都认定人定法必须有自己的价值定向,人定法应该以既定的价值为依归,法价值在任何情况下,都应该在法和法学当中占有至上的地位。

二、价值虚无主义倾向

价值虚无主义是与价值至上主义直接对立的法学思潮,它的最大特点是对法和法学研究中的价值问题采取虚无主义的态度,否认法本身存在价值因素,反对在法学研

---

① 参见沈宗灵:《现代西方法理学》,43 页。

究中关注价值问题。在西方主张法价值虚无主义的法学流派主要有:19 世纪占统治地位的奥斯丁的分析法学,19 世纪末产生的德国实证主义法学,20 世纪凯尔逊的纯粹法学,哈特的新分析法学,以及以卡尔·列维林和杰罗姆·弗兰克为代表的美国实在主义法学、斯堪的纳维亚(北欧)实在主义法学等。

在西方法文明发展史上,奥斯丁的分析法学是最早打出法价值虚无主义旗帜的。在奥斯丁看来,分析法学是作为自然法学的否定物而存在的真正意义上的法学,曾经充当反封建有力武器的古典自然法学的历史作用到 19 世纪时已经发挥完毕,自然法学所追求的价值理想已经完全包含在现行的实证法律当中了。因此,过去的法律理想主义应该让位于法律现实主义,法学家不应该再过问法价值问题。法理学的对象和范围,只应限于实在法,也只有实在法才有意义。一般法理学的任务是阐述和澄清实在法的概念和结构,以便建立系统的法律知识。至于法应当体现怎样的法价值问题,是伦理学这一立法学的分支所应研究的问题,而不是法学所应研究的问题。总之,"法律的存在是一回事,它的优缺点是另一回事"①。"法理学研究实在法或严格称谓的法,而不考虑其好坏"②。奥斯丁分析法学不仅得出了"恶法亦法"的结论,而且开了法价值虚无主义的先河。

随之而来的是德国实证主义法学,亦存在明显的价值虚无主义倾向。德国实证主义法学是 19 世纪末期产生的一个分析主义法学派别,其代表人物主要有梅克尔、波斯特、迈尔等。德国实证主义法学的主要观点有:第一,法学研究对象只限于实在法,并且只要法的逻辑把握,不要法价值判断;第二,只要法官绝对地忠诚于法律,不要法官的内心信念;第三,法学研究应该只为法而研究法,不要以任何其他目的来研究法;第四,衡量人们的行为,只讲合法性(妥当性)问题,不讲合理性(正当性)问题。可见,德国实证主义法学同样拒绝价值判断,表现出价值虚无主义特色。

20 世纪以凯尔逊为代表的纯粹法学是一种极端的实证主义法学派。这一派别的哲学理论基础是分析实证主义和新康德主义。它在法学领域,以纯粹法学为名,把法价值虚无主义推向了极端。应该说,纯粹法学与分析法学关于研究法的目的主张基本没有什么区别,如果说有区别的话,那就是纯粹法学做得更彻底。凯尔逊认为,法学的纯粹性集中地表现在:真正科学的法学,只能是客观地把实在法律规范作为唯一的研究对象,而绝对地排除任何社会学、政治学、伦理学、心理学的因素,尤其要绝对地排除任何价值判断因素。因为,所有这些学科和价值判断都有反规范的性质,因而与法学研究是不相容的。在凯尔逊看来,法律和正义、价值等没有任何关系,科学的法律定义没有任何政治和道德的内涵,法律不是一个目的,而是一个手段,它应该摆脱任何主观的价值判断。法律同正义等不能混为一谈,因为正义是一种主观的价值判断,而作为

---

① J. Austin: The Province of Jurisprudence Determined, p. 13, London, Weidenfeld & Nicholson, 1954.

② J. Austin: The Province of Jurisprudence Determined, p. 126.

一门科学的纯粹法学无法回答法律是否合乎正义或正义到底是什么的问题。理由在于正义等价值问题是无法科学地回答的。

以牛津大学赫伯特·哈特为主要代表人物的新分析法学,亦存在较为明显的价值虚无主义倾向。新分析法学的理论体系,是建立在西方逻辑实证主义哲学的基础上,结合奥斯丁法学的分析主义和凯尔逊法学的规范实证主义,并进一步加工整理创造而成的。哈特认为,应该区分两种法律:一种是"实际是这样的法"(The law as it is),又称实在法;一种是"应当是这样的法"(The law as it ought to be),又称理想法或正义法。而法律作为一门科学,应当摒弃一切形而上学,只应研究实在法,也就是采取逻辑和语义分析的方法研究法实际是什么样子,而不要研究法应该是什么样子。虽然哈特在当代历史背景下,由于受到自然法学的影响,主张保存"最低限度的自然法",但以哈特为代表的新分析法学的基本倾向仍然是拒绝价值判断,反对在法学研究中加入道德的因素和价值因素。

此外,美国实在主义法学和北欧实在主义法学也表现出一定的法价值虚无主义倾向。其中,美国实在主义法学代表人物列维林以法律虚无主义和法律怀疑论著称,而弗兰克则更多地以法律案件事实的虚无主义和事实怀疑论著称。北欧实在主义法学的代表人物在法价值问题上大多持一种相对论和怀疑论的观点。他们主张把价值判断从法学中彻底排除出去,并且强烈反对在法学中引入正义问题。如北欧实在主义法学创始人、瑞典乌普萨拉大学法哲学教授哈格斯特列姆极力否认法律中存在客观价值,断言世界上根本不存在"善"和"恶"之类的东西。这些词语只表示人们对某种事实或状态赞成与否的态度,根本不能直接用于法和法学研究当中。丹麦法学家罗斯认为,构成自然法哲学基础的人性假设和在这个基础上形成的道德法理论纯属于主观武断,价值哲学不过是为某种政治和阶级利益辩护的思想体系,在法律和法学研究中祈求正义等价值,就如同砰砰敲桌子一样,无非是把个人要求转变为绝对假定的情感表达而已。因此,应该在法学中消除价值因素和价值判断。

最后,还应该指出的是,西方社会的法价值虚无主义倾向,同传统中国社会法律工具论相对轻视价值理想是有一定区别的。西方社会主张价值虚无主义的思想家或者认为法的价值理想已经存在于现行法当中,法学研究本身不必再关心价值问题;或者认为法价值不是纯粹科学的法学所应研究的问题,因为已经有其他学科如伦理学等关注和研究价值问题。这种意义上的法价值虚无主义同传统中国社会只考虑和关注法的工具作用,是有明显不同的。

三、价值兼顾倾向

与价值至上倾向和价值虚无主义倾向不同,价值兼顾构成西方关于法价值的又一种思想倾向。价值兼顾主义既不赞成在法和法学研究中把价值绝对化,也不赞成根本否认法和法学研究中价值的客观存在。不过,价值兼顾主义主张,法价值主要的不应该在法本身当中去寻找,而要在其他领域主要是应该到社会中去寻找和实现法价值。因此,一般说来,社会学法学论者大多持法价值兼顾倾向。

我们通常所说的社会学法学,就其思想传统而言,包括法社会学和社会法学,前者属于社会学传统,其代表人物多为社会学家,如德国社会学家韦伯,法国社会学家杜尔克姆等;后者则属于法学流派,代表人物多为法学家,如奥地利的法学家爱尔利希,法国的法学家狄骥,美国的庞德、霍姆斯等。这两个传统相互影响,有时很难区分,二者共同构成社会学法学。社会学法学同自然法学和分析法学相比,虽然是最为晚出的学派,但却是 20 世纪西方法学思潮中影响最大的学派。

社会学法学的派别特点是学派庞杂,并且体系众多。然而,从法价值论角度来看,社会学法学自从叶林首倡法应当以社会目的为核心并且应为社会服务以来,所有学派的主张有一个共同特点,这就是几乎所有社会学法学家都区分"书本上的法"和"行动中的法"。前者指国家正式颁布的实在法,后者指法的实际运作和在现实中起着法的作用的东西。社会学法学的代表人物无一例外地推崇"行动中的法",认为法价值主要应该从人们在社会当中的行为上体现出来。

具体说,"行动中的法"有两个含义:一种含义是指"活法",即社会生活中实际通行的规则,它不依赖于国家存在,法律规则必须建立在社会的基础上。虽然"活法"与自然法有某种联系,但它不是像自然法那样建立在超验的基础上,而是建立在人们社会经验的基础上。正如爱尔利希所说:"法律发展的重心不在立法,不在法学,也不在司法判决,而在社会本身。"①而狄骥则把"活法"称作客观法。客观法来自于人们社会连带关系的本性,法价值体现在人们的社会连带关系当中。"行动中的法"的第二种含义是指现实中的各种法律行为,以及法在现实生活中的实现和运作。这样,法价值主要不是体现在法律规则当中,而是主要体现在立法、审判、行政、诉讼等实际法律活动当中,法价值在这些活动中自觉不自觉地得以实现。因此,法不再仅仅是一种规则,而是一种社会活动和过程。庞德最早提出法是一种"社会工程",是一种"社会控制",通过法律的社会控制,目的在于实现所谓在最少的阻碍和浪费的情况下给予整个社会利益方案以最大的效果,从而实现法的价值。

此外,由于第二次世界大战后西方三大法学主流派的相互靠拢,因而价值兼顾主义倾向,越来越扩大其地盘。其中,最为突出的证明就是"综合法学"的形成及其影响的增长。

总之,在法价值问题上,西方法学家是存在一定程度争论的。如果说自然法学研究的重点在价值,具有价值至上的倾向;分析主义法学研究的重点在法律规范,具有否定价值存在的价值虚无主义倾向。那么,社会学法学研究的重点在社会事实,即法在

---

① Cf. E. Ehrlich: Fundamental Principles of the Sociology of Law, p. 1, Harvard University Press, 1936.

社会生活中的实际运行,强调法价值在社会关系中才能得到兼顾。应该说,西方思想家在法价值问题上表现出来的三种倾向,各自都从不同的角度对深化认识法价值作出了一定的努力和贡献,同时也都各自存在着一定的片面性。事实上,在现代社会,法作为"实然"与"应然"的统一体,应该是事实、规范与价值的统一。我们在法学研究中所要做的,是如何在吸取各派思想精华的基础上,实现这个统一,从而为当代中国法学的全面振兴奠定坚实的基础。

第十七章　法与正义

第一节　正义在法价值论中的统帅地位

一、正义是人类一种最基本的价值理想

自从人类社会产生以来,人类就一直没有停止过对正义的追求。正义始终被人们视为是人类社会一种最基本的美德和价值理想。无论在中国,还是在西方,坚定不移地捍卫正义这一人类的价值,不但为思想理论大家所崇尚,而且深深地植入人类的心灵深处。按照冯友兰先生的话说,正义"是绝对的命令,社会中的每个人都有一定的应该做的事,必须为做而做"①。正义正是人类这样一种基于内在冲动而产生的最基本的价值理想。

1.西方正义意识的起源。

从下面两个角度来看,西方正义意识不但起源很早,而且它是对西方文化的价值取向起奠基作用的基本的观念意识。

第一,从词源学的角度看,"正义"一词在西方出现于古老的拉丁语 justitia,是由拉丁语"jus"一词演化而来的。"jus"最初有正、平、直等含义,后来由此词发展而来的英文"justice"一词,根据《牛津现代高级英汉双解词典》的解释,它不但具有公平、公正、公道、合理、公理、正义等含义,而且还具有法律制裁、司法、审判等含义。可见,正义作为一种基本的法价值,仅从词源学的角度看,就具有久远的传统。

第二,从早期法律思想家的论证来看,正义是法产生的基础和基本前提。古希腊的柏拉图和亚里士多德历来被认为是西方文明的思想奠基者,他们的法论,可以说都是从正义论开始的。柏拉图的传世之作《理想国》的全部内容都是围绕着探讨什么是正义和公正的问题展开的;作为柏拉图学生的亚里士多德虽然在政体主张、法治与人治关系问题上同其师有所差异,但他也认定正义是人类至善的美德,并认为法律就是正义的体现,法律的好坏完全以是否符合正义为标准,服从法律就是服从正义,立法的根本目的在于促进正义的实现。② 不但如此,亚里士多德对正义的经典性分类,可以说

---

① 冯友兰:《中国哲学简史》,52—53 页,北京,北京大学出版社,1985。
② 参见吕世伦、谷春德:《西方政治法律思想史》上册,54 页,沈阳,辽宁人民出版社,1986。

奠定了正义分类研究的基础,并且一直影响至今。

2.中国正义意识的产生。

据初步考证,在中国,"正义"一词在先秦儒家最后一位思想大家荀子那里已被运用。《荀子·儒效》云:"不学问,无正义,以富利为隆,是俗人也。"应该说,"正义"一词在汉语中出现并不是十分久远的。但是,中国人的正义意识却很早就已相当发达。这不仅表现在中国人很早就以"直""公""正"等概念来表达今日正义一词的内涵,而且中国人很早就发明了"义"这一重要词汇,并进而在春秋时期先以儒、墨,后以儒、法为对立两极,展开了数千年的义利大争论。当然,我们并不认为以儒家为首的传统中国人所称之"义"就是正义概念本身,但"义"字中确实孕育了正义概念的若干重要基因。"义"字在甲骨文中就有了,其繁体形态由"羊""我"二字会意而成。据清代段玉裁在《说文解字注》引《考工记》注云:"羊,善也。"羊在上古时代被认为是聪明正直、公忠无私、极有理智的动物,所以古人也就以羊为美善吉祥的象征。"我"字的本义,根据考古发现是指一种戈形武器,后来才被假借为第一人称代词。因此,由羊、我二字会意而成的义字的本意是以"我"(由特殊兵器到第一人称,由特指而泛指,从具体到抽象)的力量,捍卫那些美善吉祥、神圣不可侵犯的事物及其所代表的价值。"义"字最初所呈示的人应该捍卫美好崇高价值的庄严境界,恰恰是后来人类正义概念的最本质的内核。

二、正义作为一种法价值对其他法价值具有优先性

正义意识和观念,无论在西方还是在东方,都是人类一种基于内在冲动而产生的原初的美好追求。不仅如此,作为一种法价值,正义更是社会的一种首要价值。正如约翰·罗尔斯在其名著《正义论》中开宗明义所说:"正义是社会制度的首要价值,正像真理是思想体系的首要价值一样。一种理论,无论它多么精致和简洁,只要它不真实,就必须加以拒绝和修正;同样,某些法律和制度,不管它们如何有效率和有条理,只要它们不正义,就必须加以改造和废除。每个人都拥有一种基于正义的不可侵犯性,这种不可侵犯性即使以社会整体利益之名也不能逾越。因此,正义否认了为了一些人分享更大利益而剥夺另一些人的自由是正常的,不承认许多人享受的较大利益绰绰有余地补偿强加于少数人的牺牲。所以,在一个正义的社会里,平等的公民自由是确定不移的,由正义所保障的权利决不受制于政治的交易或社会利益的权衡。允许我们默认一种有错误的理论的唯一前提是尚无一种较好的理论,同样,使我们忍受一种不正义只能是需要用它来避免另一种更大的不正义的情况下才有可能。作为人类活动的首要价值,真理和正义是决不妥协的。"①罗尔斯的这段著名论述,不仅指出了正义是社会的首要价值,而且论证了:第一,正义作为一种法价值,它对法的效率价值具有优先性;

---

① [美]约翰·罗尔斯:《正义论》,1—2页,北京,中国社会科学出版社,1988。

第二,作为法价值,正义对自由具有优先性。如果我们把罗尔斯的上述思想扩展开去,我们就可以得出这样的结论:正义作为一种首要法价值,它对其他一切法价值具有优先性。因为,正义不只是对于效率、对于自由具有优先性,而且对于秩序等其他法价值也具有优先性。换言之,即使秩序这样的基础性法价值,也必须是"一种正义的社会程序"①。

第二节　正义的概念及分类

一、正义的内涵界定

人类对正义的追求,从一开始就是自在自为的,而且只要有人类社会存在,人类就将永无止境地追逐下去。然而,正义到底是什么,究竟应该怎样界定其内涵和外延,古往今来却是一个仁者见仁、智者见智的千载难题。庞德曾经说过,正义这个词"在伦理上,我们可以把它看成是一种个人美德或是对人类的需要或者要求的一种合理公平的满足。在经济和政治上,我们可以把社会正义说成是一种与社会理想相符合,足以保障人们的利益与愿望的制度。在法学上,我们所讲的执行正义(执行法律)是指在政治上有组织的社会中,通过这一社会的法院来调整人与人之间的关系及安排人们的行为;现代法哲学的著作家们也一直把它解释为人与人之间的理想关系"②。可见,"正义具有着一张普洛透斯似的脸,变幻无常,随时可呈不同形状,并具有极不相同的面貌"③。这需要我们在考察思想家论述正义概念的基础上,厘定本书所使用的正义概念。

1.思想家论正义的内涵。

古往今来,思想家们对正义的理解千差万别。我们仅择其要者进行简单的罗列便可清楚地看到这一点。古希腊德谟克利特认为正义包含两层意思:一是"正义要人尽自己的义务,反之,不(正)义则要人不尽自己的义务而背弃自己的义务"④。二是"正义的力量在于判断的坚决和无畏,反之,不(正)义的结果则是对不幸的恐惧"⑤。柏拉图认为,正义存在于社会有机体各个部分间的和谐关系之中,如果每个阶级的成员都专心致力于本阶级的工作,并且不去干涉另一个阶级的工作,那么就是正义的。即"正义就是只做自己的事而不兼做别人的事"。正义的基本原则就是"每个人必须在国家

---

① ［美］博登海默:《法理学——法哲学及其方法》,302 页。
② ［美］庞德:《通过法律的社会控制、法律的任务》,73 页。
③ ［美］博登海默:《法理学——法哲学及其方法》,238 页。
④ 《古希腊罗马哲学》,120 页,北京,商务印书馆,1961。
⑤ 《古希腊罗马哲学》,120 页。

里执行一种最适合他天性的职务"①。"当生意人、辅助者和护国者这三种人在国家里各做各的事而不相互干扰时，便有了正义，从而也就使国家成为正义的国家了。"②亚里士多德说："政治学上的善就是正义，正义以公共利益为依归。按照一般的认识，正义是某种事物的平等观念。"③古罗马法学家乌尔比安说，正义乃是每个人获得其应得的东西的永恒不变的意志。西塞罗说，正义是使每个人获得其应得的东西的人类精神意向。④ 可见，正义在古希腊罗马时代就是一个很难确定的概念。

这一情况到了启蒙时代似乎有了变化，其表现就是几乎所有启蒙思想家都认定正义是自然法的体现。按照自然法行为，就是正义的行为；按照自然法行为的人，就是正义的人；按照自然法组成的国家，就是正义的国家；按照自然法制定的法律，就是正义的法律。总之，只要符合自然法，就是符合正义。然而，问题是对自然法本身到底是什么，思想家们又实难达成一致。有人说自然法是自然而然的自然本身，有人说自然法是上帝的意志，有人说自然法是人的理性，有人说自然法与平等观念相联系，有人说自然法与自由观念相联系，有人说自然法与功利观念相联系。在现代社会，有人又说不应当将"正义"和"自然法"两词作为同义词来使用，并进而更有人认为，由于那些被用作正义标准的规范是因人而异、因群体而异的，因此，正义观念完全是一个个人倾向或瞬息万变的社会舆论问题，一个大意说某个规范或社会制度是正义或不正义的陈述，根本不具有说明意义，这种陈述并未表达出任何可验证的判断，甚至不能成为理性论证的问题。"祈求正义无异于砰砰敲桌子：一种将个人要求变成绝对要求的感情表现"⑤。看来，不但在何者为正义何者为不正义的内涵上，思想家们发生了持久的纷争，而且甚至有学者提出了正义本身是否存在的问题。

2. 什么是正义。

我们认为，对于什么是正义的问题，古往今来人们的认识的确差异很大。但是，不能因此而否定正义概念本身的存在。正义作为人类一种价值理想和价值追求，它是个人、国家、社会的一种应然之则。从这个角度上说，中国古人舍生取义的精神正是正义永恒价值的体现。中国古人虽然没有正面回答什么是正义，但对"义"的注解却是颇多的。比如："义之所在，不倾于权，不顾其利，举国而与之不为改视，重死持义而不挠。"⑥"不义而富且贵，与我如浮云。"⑦"穷不失义，达不离道。"⑧"非其义也，非其道也，禄之以天下，弗顾也；系马千驷，弗视也。非其义也，非其道也，一介不以与人，一介不以取

---

① ［古希腊］柏拉图：《理想国》，154 页，北京，商务印书馆，1986。
② ［古希腊］柏拉图：《理想国》，154 页。
③ ［古希腊］亚里士多德：《政治学》，148 页。
④ 参见［美］博登海默：《法理学——法哲学及其方法》，253 页。
⑤ A If Ross：Law and Justice，p. 274. Berkeley and Los Angeles，1959.
⑥ 《荀子·荣辱》。
⑦ 《论语·述而》。
⑧ 《孟子·尽心上》。

诸人。"①这表明，"义"有两个特征：一是行为只求应该，毫不考虑能否对自己产生利害；二是行为只求尽心尽力，问心无愧。我们今天给正义概念下定义，认为正义是一种应然之则，可以说是扬弃了中国古人"义"字中"只求应该"含义的结果。

诚然，人类社会不存在所谓永恒的正义；但是，对正义的追求却是永恒的。历史上产生了难以计数的正义概念，不但不能作为否定正义存在的论据，而且它恰恰证明了马克思主义的一个基本观点：正义是历史的产物。这一点恩格斯在批判杜林时说得非常清楚：他们企图从永恒真理的存在得出结论，在人类历史的领域内也存在着永恒真理、永恒正义等等，他们都要求同数学的认识和运用相似的适用性和有效范围。……这一切已经出现过一百次，一千次，奇怪的只是怎么还会有人如此轻信，竟在不是涉及别人而是涉及自己的时候还相信这一点。恩格斯的论证是相当深刻的。具体正义的确是一个相对的、有条件的、可变的概念。但这里决不能对经典作家的论证产生误解，认为根本不存在正义，不存在判断是否正义的客观标准。一种思想、一个行为、一项社会制度（包括法律制度），只要它能够促进社会进步，符合最大多数人的最大利益，符合人类社会发展的客观规律，它就是永恒正义的。

正义是一种应然之则，那么正义的原则到底是什么呢？我们认为，正义的原则是随时代的发展而变化的。中国古人更强调个人修养方面的正义原则；在现代社会，正义原则应该是一整套完整、系统的体系。当然，人们站在特定的角度，可能对各具体正义原则作必要的取舍，因此，人们对正义原则的界定是多种多样的。但无论如何，在正义原则体系中应该有一项原则居于相对主导地位。我们认为，约翰·罗尔斯对正义主导原则的界定具有典型意义。依据罗尔斯的看法，在现代社会背景下，"对我们来说，正义的主要问题是社会的基本结构，或更准确地说，是社会主要制度分配基本权利和义务，决定由社会合作产生的利益之划分的方式"②。"社会正义原则的主要问题是社会的基本结构，是一种合作体系中的主要的社会制度安排。"③为此，罗尔斯提出了两个著名的正义原则，即"第一个原则：每个人对与所有人所拥有的最广泛平等的基本自由体系相容的类似自由体系都应有一种平等的权利。第二个原则：社会和经济的不平等应当这样安排，使它们（一）在与正义的储存原则一致的情况下，适合于最少受惠者的最大利益；并且（二）依系于在机会公平平等的条件下职务和地位向所有人开放"④。在这里，罗尔斯的第一个正义原则实际上是要求平等地分配基本权利和义务；第二个原则则认为社会和经济的不平等（例如财富和权力的不平等）只要其结果能给每个人，尤其是那些最少受惠的社会成员带来补偿利益，它们就是正义的。总之，罗尔斯正义原则的一个基本观念就是："所有的社会基本善——自由和机会、收入和财富及自尊的

① 《孟子·万章上》。
② ［美］约翰·罗尔斯：《正义论》，5 页。
③ ［美］约翰·罗尔斯：《正义论》，50 页。
④ ［美］约翰·罗尔斯：《正义论》，292 页。

基础——都应被平等地分配,除非对一些或所有社会基本善的一种不平等分配有利于最不利者。"①我们说,罗尔斯对正义原则的确定不是唯一的和最终的。现代社会中,除了罗尔斯确定的正义原则之外,从不同的角度来看,还有多个正义原则。但是,平等及不平等的补偿原则无疑是一个最重要的原则:"正义,它的实质就是平等。"②平等是正义概念本身的应有之义,对这个问题在后面将作详细阐释。

二、正义的分类

正义可以从不同角度进行分类,比较有意义的有如下几类:

1. 个人正义、国家正义和社会正义。

这是从主体角度对正义进行的分类。个人正义就是作为社会个体应当遵循的原则,国家正义就是国家根据其性质应当遵循的原则。早在古希腊时期,柏拉图就把正义划分为个人正义和国家正义。柏拉图的个人正义原则是每个人都在理智的统帅下各行其是、各司其职。中国古人的个人正义原则多指"养吾浩然之气"的道德品质和道德修养。国家正义则因政体形式不同而有很大差异,亚里士多德就曾对各种政体的正义原则进行过研究。孟德斯鸠对各种国家政体的正义原则解析得更为清楚,他认为,民主共和政体的正义原则是品德,贵族政体的正义原则是节制,君主政体的正义原则是荣誉,君主专制政体的正义原则是恐怖。当代美国著名法哲学家罗尔斯提出了"社会正义"概念,以区别于个人正义和国家正义。他认为,社会正义主要涉及的是社会的基本结构问题,是一种合作体系中的主要的社会制度的安排。社会正义原则作为一种公平的正义,不同于"用于个人及其在特殊环境中行动的"个人正义原则,也不同于仅以满足欲望为价值的功利主义原则。

2. 实质正义与形式正义(实体正义与程序正义)。

实质正义是指从内容上追求一种结果公正的正义。就社会制度而言,一个社会的某项制度或某些制度可能是不正义的。但是,一种或一些明显的非正义可能用来补偿另一种或另一些不正义,而作为结果,整个社会体系的整体就有可能是正义的。如果的确是这样,那么,根据实质正义的原则,这个社会就是正义的。形式正义是指不考虑结果、只追求过程公平的正义。按照罗尔斯的说法:"形式的正义是对原则的坚持,是对体系的服从。"③以打扑克和足球比赛为例,打扑克的过程和一场足球比赛可以被理解为一场社会博弈或互动,其第一步便是要订立规则,而这种规则无疑必须是公平的。很显然,在订立规则时,打扑克者必须手中无牌,参加足球比赛的人也必须没有实际控制足球,这就是处在一种"无知之幕"之下,无论每个人的牌怎么打,球怎么踢,大家在

① ［美］约翰·罗尔斯:《正义论》,292页。

② ［法］皮埃尔·勒鲁:《论平等》,43页,北京,商务印书馆,1988。

③ ［美］约翰·罗尔斯:《正义论》,54页。

游戏规则之下都是平等的;只要人们在打牌和踢球的过程中遵守规则,无论结果如何,根据形式正义的原则,它都是合理的、正义的。

实质正义和形式正义的划分,在司法领域有人又称其为实体正义和程序正义。一般说,实体正义是指实体法和实体法律行为的公正,程序正义是指程序法和司法程序过程本身的公正。根据实体正义,应更关注案件的处理结果是否为各方所共同接受,案件的处理结果要使各方当事人和国家的利益最大限度地得到满足。而根据程序正义原则,案件审理必须严格按照司法程序规则进行,只要按照规则程序办案,无论判决结果如何,那么都是公正和正义的。否则,一个细小的程序纰漏,就可能导致整个案件审理被认为是非正义的,因而判决就是无效的。应该说,程序正义是准确适用法律的根本保证,一般情况下,它能够防止审判不公和司法擅断。详查中国司法体制实际运作的有识之士都明晓,相对于实体正义而言,程序正义受到重视的程度还是远远不够的,我们有必要在中国大力高扬程序正义原则。只有程序正义真正受到应有尊重的时候,法治化才会落到实处。

3. 分配正义与矫正正义。

这种分类方法最早是由亚里士多德所运用的。亚里士多德认为,正义可以分为普遍的正义和个别的正义两类。其中,个别的正义又可分为分配的正义和矫正的(平均的)正义两种。所谓分配的正义,就是求得比例的相称,即根据每个人的功绩、价值来分配财富、官职、荣誉等,它是以承认人天生的体力和智力的不平等性为前提的。所谓矫正的(平均的)正义,反映的是人们之间的绝对平等关系,它以人的等价性为依据,对任何人都一样看待,这类正义即适用于双方权利、义务的自愿的平等交换关系,也适用于法官对民、刑案件的审理,如损害与赔偿的平等、罪过与惩罚的平等。一般说来,分配正义是一种实质正义,它所强调的重心不在于前提、资格、机会等纯形式方面的平等,而在于通过这种形式达到事实上的价值和利益的合理分配。而矫正正义有时又被称为交换正义,它主要是在商品交换过程中形成的一种契约性的正义原则,它强调的重心是纯形式上的平等。分配正义与矫正正义的划分方法,对后世影响相当深远。近代以来的许多思想家甚至现代一些著名学者如罗尔斯、哈耶克、诺齐克等都深受此种分类方法的启发和影响。

第三节　正义与平等

一、平等是正义理想的主要内容之一

1. 平等是一项重要的正义原则。

在人类追求历史进步和社会正义的旗帜上,始终赫然显示着"平等"两个大字。平等,很久以来就是人们追求的一种美好理想。它甚至被近代以来的无数思想大家视为正义社会存在的前提和基础。19 世纪法国著名思想家皮埃尔·勒鲁说:"现在的社会,无论从哪一方面看,除了平等的信条外,再没有别的基础。""当今社会,从某方面观察,除此原则外,别无其他基础。"①这种判断虽然有些绝对,但它却说明平等在正义价值中的确占有极其重要的地位。我们站在今人的角度来看,皮埃尔·勒鲁的下述说法或许更符合实际:什么都不能战胜你们(指人类)对正义的感情,这种感情并非其他,而是对人类平等的信仰。在现实世界中,或许平等不是一个事实,但是,平等是一项原则,一种信仰,一个观念,这是关于社会和人类问题的并在今天人类思想上已经形成的唯一真实、正确、合理的原则。②

的确,如同正义一样,"平等首先突出表现为一种抗议性理想……平等体现了并刺激着人对宿命和命运,对偶然的差异、具体的特权和不公正的权力的反抗"③。之所以说平等是正义的主要内容之一,是由于:第一,正义可以包含诸多原则,但平等是其中一项最主要原则,平等与正义有着某些颇为相似的特性。如不平等容易,因为它只需要随波逐流;平等难,因为这需要逆流而动。④ 这恰恰是正义本身的特性之一。第二,每个人的正义观可能不同,但追求正义实为永恒,平等恰恰亦有此特性:"平等也是我们所有理想中最不知足的一个理想。其他种种努力都有可能达到一个饱和点,但追求平等的历程几乎没有终点。这尤其是因为,在某个方面实现的平等会在其他方面产生明显的不平等。因此,如果说存在着一个使人踏上无尽历程的理想,那就是平等。"⑤第三,在一定意义上说,没有平等就没有正义,平等是正义的最主要的内容体现之一,以至于人类历史上有相当一些思想家把正义就理解为形式上的平等,因为不管人们出自何种目的,在何种场合使用正义的概念,正义总是意味着某种平等,正义总是要求平等对待。正是因为如此,本书作者赞同皮埃尔·勒鲁在《论平等》一书中所得出的结论:"平等是一项原则,一种信条;而平等这个词的革命象征就意味着:平等是一项神圣的法律,一项先于其他一切法律的法律,一项派生其他法律的法律。""这项原则,虽然根本不曾付诸实践,但至今仍然作为正义的准则而被接受下来。"⑥平等是正义原则的最主要的内容之一。

2. 平等的分类与正义。

作为一种抗议性理想,平等与正义一样,是非常具有感召力的,也是容易理解的。然而,平等概念本身又是一个错综复杂、随时可能使我们陷入迷津的概念。根据萨托

---

① [法]皮埃尔·勒鲁:《论平等》,5、25 页。
② 参见[法]皮埃尔·勒鲁:《论平等》,24、68 页。
③ [美]乔·萨托利:《民主新论》,339 页,北京,东方出版社,1993。
④ 参见[美]乔·萨托利:《民主新论》,338 页。
⑤ 同[美]乔·萨托利:《民主新论》,339 页。
⑥ [法]皮埃尔·勒鲁:《论平等》,239 页。

利的看法,平等至少可以从五个方面来理解①:一是法律政治平等。它关注的是使每个人都有相同的法律和政治权利,即反抗政治权力的法定权利。二是社会平等。它关注的是使每个人都有相同的社会尊严,即反抗社会歧视的权利。三是作为平等利用的机会平等,即对平等的功绩给予平等的承认(例如职务向才能开放)。它关注的是使每个人都有相同的进取机会,即靠自己的功绩获得利益的权利。四是表现为平等起点(或平等出发点)的机会平等,即为了平等地利用机会,从一开始就应该具备平等的物质条件。它关注的是使每个人从一开始就有足够的权利(物质条件)以便得到相同的能力而与其他人并驾齐驱。五是经济相同性,就是说要么使大家有相同的财富,要么一切财富归国家所有。它关注的是不给任何人以任何特殊的经济权利。

显然,上述五种平等并不是完全协调一致的,甚至可能发生冲突。然而,它们在特定环境下却都与正义原则并行不悖,这其中原因何在呢? 其实,社会平等和经济平等不证自明当然符合正义的要求。这里关键是,法律平等、平等利用的机会平等与平等起点的机会平等为何共同构成正义的内容? 要回答这个疑问,还需进一步分析这三个概念及其内涵。

法律平等就是法律地位的平等,法律平等是一种典型的形式平等。这不仅由于法律是社会生活关系的形式方面,许多种平等都需要具备法律这一形式,而且法律本身的特性是不针对任何具体的人和事,它总是抽象地、一般地规定相同情况应予以相同对待。法律平等的另一种说法是"法律面前人人平等"。这至少意味着法律平等应当包括:第一,所有主体人格平等。即每个人都应享有同样的人格尊严,法律应当同等地关怀、尊重和保护每个人的人格尊严,这种平等具有绝对性,它是身份特权的直接对立物。法律人格平等在我国具有特别重要的意义,几千年的封建传统造就的将人群划分为三六九等的历史后果,加之封建等级文化的历史惯性影响,使人格身份特权意识至今仍很盛行。为解决这一千古顽症,我国《宪法》明确规定:"凡具有中华人民共和国国籍的人都是中华人民共和国公民。""中华人民共和国公民的人格尊严不受侵犯。禁止用任何方法对公民进行侮辱、诽谤和诬告陷害。"这种人格平等的无差别性贯穿于我们整个立法和法律调整过程当中。第二,权利义务的内容平等。即公民在享有法律权利和履行法律义务时具有同等性,这尤其是指公民的基本权利和义务。前面曾经谈到,罗尔斯正义论的第一个正义原则就是:每个人对与其他人所拥有的最广泛的基本自由体系相容的类似自由体系都应有一种平等的权利,也就是说每个人在法律上的基本权利和自由都应该是相等的。其实,只强调权利平等还是远远不够的,要想保证这一原则的全面和真正落实,还必须强调法律义务平等问题。比如纳税是公民的平等义务,只要达到纳税计征点,每个人都应依法纳税,如果有所谓名人、要人公开或隐蔽偷逃税款,那就是对法律平等中权利义务内容平等原则的破坏。

---

① 参见[美]乔·萨托利:《民主新论》,348 页。

如果说法律平等作为一种形式平等在现代社会是一种被普遍接受的正义原则的话,那么,平等利用的机会平等和平等起点的机会平等作为更加现实化的原则,则有可能因为社会关注的侧重点不同而有所区别。实质上,平等利用的机会平等就是在进取和升迁方面没有歧视,为平等能力的人提供平等利用的机会。这在倡导人尽其才、物尽其用和充分发挥每个人潜能的社会背景下,是最符合正义的原则之一。然而,平等利用强调的并不是为一切人提供平等的机会,因为每个人的能力由于先天差异或后天修养不同是有所区别的,平等利用的机会平等关注的不是差别如何造成和如何解决差别,它关注的是给同一级别的人以相同对待。以升学为例,在现今以分数线为高考录取主要标准的背景下,如果考生达到了录取分数线,那么,在其他必要条件均已具备的前提下就应该为之提供平等的入学机会,不能因为男女、美丑、父母社会地位不同等有所区别。只要遵循这一点,录取就是公正或正义的;至于有些考生因为天资欠缺、努力不够或发挥不好造成未能达到分数线而未被录取,则丝毫不影响录取的公正性或正义性。这是典型的平等利用的机会平等,这种平等在这种场合就是符合正义的。而平等起点的机会平等则是一个完全不同的问题,即如何平等地发挥个人潜力,给每个人都提供同样的机会。仍以入学为例,义务教育阶段的小学入学就是典型的平等起点的机会平等。这种平等要求从一开始每个人都该具备平等的物质条件,面对相同的起跑线,这样才能保障平等地利用机会。这种起点平等与对待平等表面看似冲突,实际上,这两种机会平等之间并不存在矛盾。因为一旦每个人被给予最大可能的公平起点,允许其发挥全部潜力,在这个起点之后,就应该让每个人通过自身的能力和功绩争取上进,获得报偿。因此,平等起点的机会平等与平等利用的机会平等一样,都是符合正义的。

3. 不平等与正义。

一般地说,平等是符合正义的。然而这只是问题的一个方面。另一方面,由于平等问题本身的复杂性,在某些情况下,不平等同样是符合正义的。也就是说,我们所说的平等并不是数学上的绝对无差别的平等,而是相对的平等,平等本身并不能绝对地排斥差别的存在。合理的差别对待,虽然在形式上有别于平等对待而看似不平等,但实质上是为了达到更高层次的平等。因此,从这个意义上说,不平等恰恰是正义的一个必要的辅助原则。

不平等在一定前提条件下符合正义,那么这个前提条件到底是什么呢?有学者提出,法律对不平等的设定,必须符合这么几点:第一,必须符合立法目的;第二,必须以客观的分类为标准;第三,必须以实质性的差别为基础;第四,必须以促进事实的平等为目标;第五,必须公正。我们认为,无论给出多少限制性条件,最根本的一条应该是以追求结果平等为首要和基本的条件,只要这种不平等的设定,是为了达到结果平等的目的,那么,它就是正义的。

这里需要特别指出的是,结果平等与平均主义并不是一个概念。平均主义是一种手段意义上绝对的、无差别的分配,而结果平等则是一种目标意义上的理想追求。平均主义导致中国人常说的"大锅饭",而结果平等则要求一定的差别对待。因为手段意义上的平均主义只是一味地寻求平均,它并不必然导致结果平等。结果平等要求的并不是手段上的绝对平均。直率地说情况就是如此:要想得到平等结果,我们就要受到不平等的对待。也就是:平等的最终状态必然要求不平等的手段,即要求歧视性的(不同的)对待。① 因此,某些社会制度必须经过特别设计,才能保证"事情无论变得怎样,作为结果的分配都是正义的"②。

现实社会中,因追求结果平等而采用不平等手段、符合正义要求的情况通常是:

第一,根据人的需要来分配权利。现代社会普遍规定和确认了法律平等和机会平等,但是,由于一系列的主客观原因,人们实际接近和利用机会却是不平等的,这就极有可能导致一些人的基本需要得不到满足。因此,正义的法律制度就应该给予那些有困难的人以特殊的关注,因为只有如此,他们才能得到与其他人相当的某种享受生活的机会。这一标准显然是以形式和手段的不平等来促进事实和结果的平等。现代法律制度中对妇女儿童和老人的特殊保护、对少数民族和残疾人的特殊关怀,以及失业救济、最低工资制等都是这一"不平等正义原则"的具体运用。这种根据需要来分配权利的情况实际上就是罗尔斯所说的差别补偿原则,即"是有关不应得的不平等要求补偿的原则。由于出身和天赋的不平等是不应得的,这些不平等就多少应当给予某种补偿。这样,补偿原则就认为,为了平等地对待所有人,提供真正的同等的机会,社会必须更多地注意那些天赋较低和出生于较不利的社会地位的人们。这个观念就是要按平等的方向补偿由偶然因素造成的倾斜。遵循这一原则,较大的资源可能要花费在智力较差而非较高的人们身上"③。

第二,根据人的社会身份来分配权利。一提到身份,人们会很自然地想到封建等级特权。的确,一般说来,身份总是同传统社会的特权联系在一起,只要人们心怀平等愿望和正义良知,必定对身份特权产生极大的愤慨,以至于众多学者很容易倾向于赞同梅因关于社会进化是"一个从身份到契约的运动"的说法。其实,这种说法虽然有一定道理,但它并不是现代社会和传统社会主要区别的唯一标志。事实上,在现代社会中,仍然存在着根据人的社会身份来分配权利的情况,也就是说,某些身份特权在现代法律中仍然是存在的,而且是必要的。如军人的特权、人大代表的特权、外交人员的特权等,认真说来,这些特权的法律规定,其实是人为地预先设定了一种不平等,但这种不平等却为社会所绝对必需,因此,至少说它是符合现代社会正义原则的,这里的问题只是在于法律设定了不平等以后,对于不平等者来说应该分别在同一层次上予以平等的对待。只要遵循了这一限制,那么,在服从立法目的基础上人为设定的法律不平等

---

① 参见[美]乔·萨托利:《民主新论》,355—356 页。
② [美]约翰·罗尔斯:《正义论》,265 页。
③ [美]约翰·罗尔斯:《正义论》,95—96 页。

就是符合正义要求的,根据人的社会身份来分配权利这一传统特权原则,就应该是被现代社会在一定程度上所限制性接受的。

二、市场经济条件下的平等与正义

中国开始向市场经济体制转轨以后,市场经济条件下的平等与正义问题立即突出出来。市场经济与平等的关系如何? 究竟市场经济体制下建立什么样的平等机制才是符合正义的? 市场经济机制下平等与其他价值诸如自由等如何依据绝对正义原则进行协调? 所有这些问题不仅是经济学家、社会学家,而且是法学家必须回答的问题。

1. 市场经济需要法律平等。

市场经济呼唤法律平等,法律平等只有在市场经济条件下才能最大限度地得以实现,这实际上是无数思想家和人类的实践已经证明了的命题。早在19世纪中叶,马克思主义的奠基人就曾明确指出:在流通过程中发展起来的交换价值,不但尊重自由和平等,而且自由和平等是它的产物,它是自由平等的现实基础。① 在当代,著名伦理法学家罗尔斯也指出:"市场体系还有另一个更有意义的优点,即在必要的背景制度下,它是和平等的自由及机会的公正平等相协调的。"②因此,这里的问题不再只是市场经济需不需要平等,而是中国市场经济体制下需要什么样的平等才更符合社会正义要求的问题。我们的看法是,中国市场经济条件下必须着重解决好如下两个平等问题:

第一,关于中国市场经济条件下的身份平等问题。自然经济条件下天然地要求身份不平等,计划经济条件下自然地形成经济活动主体之间的身份不平等,而市场经济条件下必然地呼唤身份平等。身份平等问题在我国尤其是一个重要问题,这不仅是因为几千年身份特权制度造成的惯性影响将会持久发生作用,而且计划体制形成的一系列的身份和等级的划分,将会直接阻碍市场经济的健康发展。中国步入市场经济的过程中,所有社会主体,不论是公民还是法人,都面临着要求身份平等的迫切问题。就公民而言,市场经济条件下必须解决好由于出身、户籍、城乡、男女、阶级、阶层等身份因素造成的公民在就业、通婚、招生、提干、入党、晋升等多方面的不平等待遇,这样才能充分调动公民个体的积极性。就法人而言,必须解决好国有、集体、私营、外资、合资等不同身份类型的企业在税收、人才、物价、贷款、用地、原材料供应、产品进出口等方面的公平合理待遇问题,这样才能最大限度地发展社会生产力。

第二,关于中国市场经济条件下的竞争平等问题。各国历史经验证明,完善的市场经济必须有充分公平的竞争,竞争平等可以说是市场经济条件下正义价值最为集中的体现。与平等的内在特性相联系,竞争的平等也可以包括竞争机会的平等和竞争结

---

① 参见《马克思恩格斯全集》第36卷,169页,北京,人民出版社,1974。
② [美]约翰·罗尔斯:《正义论》,263页。

果的平等。良性运行的市场经济所要求的是竞争的机会平等,而不是竞争结果的平
等。竞争机会的平等,必然导致竞争结果的不平等。一般说来,只要市场经济的主体
竞争机会平等,在此基础上优胜劣汰,造成结果不平等恰恰是正义的体现。具体说,竞
争的机会平等包括起点的竞争平等和过程的竞争平等。起点的竞争平等如同田径比
赛的百米赛跑一样,所有运动员必须站在同一起跑线上,相应地,所有参与市场竞争的
主体都必须处在大致相同的起点上。这通常表现为所有市场主体都应该具有平等的
法律地位,具有同等的权利和义务,尤其是不能因为市场主体身份不同而受到歧视性
待遇。与起点的竞争平等同样重要甚至更为重要的是过程的竞争平等。过程的竞争
平等是市场经济条件下竞争平等的核心。一般说,过程的竞争平等包括竞争规则的平
等和竞争手段的平等。它要求竞争要向所有市场主体平等地开放,所有主体一律按照
严格平等的竞争规则、手段参与竞争,并按照严格统一的竞争标准评价竞争的成败得
失。应该说,平等的市场竞争规则是市场经济运行的基本前提条件。所谓市场竞争规
则,是指在市场经济运行过程中逐步形成的市场活动惯例,并且通常是以法律、法规、
契约、公约等形式表现出来的市场运行准则。这些准则成为一切市场行为的规章,或
者说,市场竞争规则实质就是把各个市场主体的经济法律行为合理化、有序化的各种
规范和制度,只要市场主体按照公正有效的市场规则进行竞争,市场规律诸如价值规
律、供求规律、经济周期规律、平均利润规律等就会正常发挥积极作用,大力发展社会
生产力,促进社会正义,就有了坚实的保障。

现在的问题是,我国市场经济尚处在建立的过程中,还远远没有达到完善的程度。
因此,竞争起点和竞争过程中不平等的现象是非常普遍和常见的。这里我们不再去罗
列这些现象本身,只想简单指出这种竞争不平等会带来极其严重的后果,极大地影响
市场经济的发展。具体说,竞争不平等不仅会造成市场经济的严重低效率(这是被经
济学家反复证明了的命题),而且它会极大地挫伤市场主体的积极性。因此,为了解决
竞争平等问题,中国市场经济建立过程中的国家干预又是不可避免或绝对必需的。然
而,国家干预又涉及如何保护竞争主体的自由问题。如何解决好平等与自由的协调问
题,是市场经济条件下社会正义的一个不容回避的基本问题。

2. 平等与自由的协调是市场经济条件下社会正义的基本要求。

市场经济需要强化平等,市场经济也需要保护自由。"那些对社会的起源和目的
最深思熟虑的人,那些对平等具有最崇高想法的人,也仍然需要用自由这个词来表达
他们自己本性的尊严。"①的确,自由与平等是法的两项基本价值。其实,人们对这一点
早就有所认识:"民主主义原来的观念和理想是把平等和自由两者结合起来当作是相
互关联的理想。"②"把平等与自由统一起来的民主理想就是承认:实际具体在机会与

① [法]皮埃尔·勒鲁:《论平等》,16页。
② [美]约翰·杜威:《人的问题》,92页,上海,上海人民出版社,1965。

行动上的自由依赖于政治和经济条件下平等化的程度,因为只有在这种平等化的状态之下个人才有在事实上的而不是在某种抽象的形而上学的方式上的自由。"①然而,问题并不在于平等与自由要不要协调,而在于如何协调才最符合社会正义的要求。这是一个相当困难的理论和实践问题。因为,平等和自由概念的多义性,不仅为在理论上理顺二者的协调关系带来了相当难度,而且在实践中也产生了如何解决二者之间的经常性冲突并使其各自达到最大值的迫切要求。尤其是在中国市场化过程刚刚起步的现阶段,正确处理好平等与自由的关系,不仅关系到每个人的发展,而且关系到整个中国社会主义市场经济体制的建立和完善以及社会的全面进步和发展。

市场经济条件下的平等与自由的关系协调,可以在两个领域中讨论:一个是思想政治领域,一个是社会经济领域。而这两个领域中平等与自由的冲突与协调,都会在法律领域中清晰地表现出来。

第一,思想政治领域中的平等与自由问题。在纯粹的思想政治领域,平等与自由关系的最大特点是基本一致、不存在冲突的。在这个领域中平等与自由的协调关系,不仅被法律(通常是宪法)所确认,而且为大多数思想家所赞同。人们普遍承认,个人在政治法律上的基本自由是平等的,任何人都不能以任何非法定的理由对公民的基本政治法律自由进行限制。否则,对公民基本自由的剥夺和非法限制,也就意味着对平等的破坏。因此,基本政治法律自由总是同平等相联系,即这种自由是平等的自由,每个人都和其他任何人一样,享有同等的生命价值、良心和信仰自由、人格尊严等。从这个意义上说,平等是自由的必要条件,没有平等也就没有完整的政治法律自由;而基本自由恰恰又是平等得以实现和体现的载体和存在方式。所以,在思想政治法律领域,平等与自由的关系是"你中有我,我中有你",二者相互配合和协调。从根本上说,这也是政治正义的要求和体现。

第二,社会经济领域中的平等与自由问题。在社会经济领域,平等与自由存在着尖锐的冲突和对立。从一定意义上说,社会正义的实现,非常关键之点在于如何协调和解决二者在这个领域中,尤其是在收入和社会财富分配层面上的严重冲突与对立。因为市场经济条件下,体现在经济领域中的自由与平等关系问题,实际上包含两个层面,即市场运行层面和财富分配层面,如果说在市场运行层面解决平等与自由的协调问题相对还是比较容易的话,那么,在收入和财富分配层面解决平等与自由的协调问题,则显得非常困难。这里的关键之点在于如何限定国家在解决这个问题中的地位和作用,即究竟如何确定国家介入收入和财富分配及再分配的范围和程度,才能保障国家行为和社会制度都符合社会正义的要求。因此,由于平等与自由在经济领域中不能自发协调和解决冲突,在此情况下,由国家出面进行干预实属必然。这就要求国家必须在平等与自由冲突的时候作出抉择,是容忍不平等的存在以全面捍卫个人自由权

---

① 同[美]约翰·杜威:《人的问题》,93 页。

利,还是牺牲个人的某些自由以换取更大的社会经济平等。对此,不同国家有不同的做法,不同的学者也有不同的回答。

在经济领域自由与平等的关系问题上,学者们的主张可划分为自由优先论、平等优先论或调和论。一般认为,哈耶克、弗里德曼、诺齐克等是自由优先论者,罗尔斯是平等优先论者。如哈耶克认为,自由是首要的,不平等在市场秩序中由于人的行为结果的不可预测性是必然的,而且也有助于物质进步和减少贫困,企图消灭不平等就会取消法律面前人人平等,取消法治。因此,哈耶克强烈反对国家干预。他认为,对市场的任何干预都会损害价格的功能,因而导致经济低效,假如不在原则上排除一切干预行为,我们就会为一系列的干预行为提供舞台,这些干预行为加起来就会完全毁掉自由。正是基于此,有人称哈耶克为20世纪传统自由主义构起了最复杂和最全面的防御工事。这种自由优先论的理论基础是诺齐克关于国家应当是"最弱意义上的国家"思想。诺齐克认为:"国家应当是一种仅限于防止暴力、偷窃、欺骗和强制履行契约等较有限功能的国家,而任何功能更多的国家都将因其侵犯到个人不能被强迫做某事的权利而得不到证明。"①这表明,自由优先论者极力限制国家对市场经济体制运行的干预,捍卫古典意义上守夜人式的国家,这实际上也就捍卫了市场中的经济自由。他们承认市场运行会产生不平等,但纠正这种不平等不能以牺牲个人自由为代价,因为不平等是通过合法过程产生的,它本身也就是合法的。不平等当然会造成一部分人的不幸,但是,不幸并不等于不正义。与自由优先论者相反,罗尔斯认为,正义即使是经济领域中的分配正义也应该以平等为前提,所有社会的自由和机会、收入和财富以及自尊的基础都应被平等地分配,除非某种不平等分配有利于最不利者。正是因为如此,罗尔斯被视为平等优先论者。其实,仔细玩味和推敲罗尔斯的第一和第二正义原则,本书作者倒是赞同这样的观点:"他(指罗尔斯——引者注)试图结合自由与平等,调和其间的冲突,想在不损害自由的前提下,尽量达到经济利益分配的平等,在不'损有余'的前提下达到'补不足'。罗尔斯不是处在一个极端(或者说,他与诺齐克客观上处于一种对峙状态是由某种社会条件造成的),而诺齐克倒是处在一个极端,即强调自由权利的极端。"②因此,与其说罗尔斯是一个平等优先论者,还不如说他是一个平等与自由的调和论者。因为正如牛津大学德沃金教授在《认真对待权利》一书中所指出的那样,平等是比自由更抽象、更一般的概念,我们可以从平等演绎出自由,却不能从自由演绎出平等。而罗尔斯在强调平等作为正义原则的时候,时时地注意顾及平等向自由的演绎以及平等与自由的协调。这在我们前面反复提到的罗尔斯的两个正义原则当中能够得到充分的证明。

---

① [美]罗伯特·诺齐克:《无政府、国家和乌托邦》前言,1页,北京,中国社会科学出版社,1991。
② 何怀宏:《契约伦理与社会正义》,221页,北京,中国人民大学出版社,1993。

第四节　法与正义的关系

一、思想家论法与正义的关系

法价值论的问题大多是带有一些贵族化倾向的思辨问题。因此，一般地说，作为法价值论中最为抽象的法与正义关系的问题只能是、也应该是思想家关注的焦点。古今中外思想家对法与正义关系的解析是各不相同的。

1. 中国古代思想家在法与正义问题上的看法。

中国古代思想家在法与正义问题上的看法有一个突出的、令人慨叹的特点，这就是几乎所有思想家在法与正义问题上的主张高度惊人地一致。他们千人一面地认为，只要法这种工具手段能够维护皇权统治，那么，它就是绝对正义的。可以认为，中国古代思想家的正义观是家国、君国主义的正义观，手段意义上的法只要能够为君主稳定社会秩序服务，它也就实现了法的目的，因而也就被认为是正义的。这种情况的产生，主要是基于如下两点原因：第一，中国古代思想家对法的理解很早就形成了基本的共识。先秦儒、墨、道、法等诸子百家虽然唇枪舌剑，争论得如火如荼，但他们却共同默认法的定义，即一致认为法是帝王治民之具。第二，数千年的封建大一统格局使得后世思想家们认为没有必要再对法与正义的关系问题作进一步的解析和思辨。因此，中国古代思想家对法与正义关系的理解达到了空前的统一。

2. 西方思想家论法与正义。

与传统中国社会的情形不同，法与正义的关系问题，一直是西方思想家、法学家关注的重点问题。从古至今，无数西方思想家投身于探讨法与正义关系的行列。概而言之，主要有下列三种主张：

第一，认为法是正义的化身，法本身与正义是等同的。这种观念在西方产生很早，古希腊时期的著名思想家柏拉图是这种主张的积极拥护者和宣传者。柏拉图认为，法律是正义或公正的体现，并且从两个角度予以了论证。从个人角度来看，人在达到完美境界时，是最优秀的动物，然而一旦离开了法律和正义，他就是最恶劣的动物。[①] 从个人与政府关系的角度来说："凡是对政府有利的对百姓就是正义的；谁不遵守，他就有违法之罪，又有不正义之名。"[②] 把法视为正义本身，是人类社会早期法学尚未取得独立地位，法学仍然包容在哲学和伦理学体系中的必然结果。但与此同时，这种思想意识也开启了人类从此走上探索法与正义关系的漫长历程。

第二，认为法与正义有密切关系，正义是衡量法律好坏善恶的一项最重要的标准。

① 参见[美]乔治·霍兰·萨拜因：《政治学说史》上册，127页，北京，商务印书馆，1986。
② [古希腊]柏拉图：《理想国》，19页。

这种思想最早源自亚里士多德。亚里士多德认为,法律是政治上正义的体现,法律必须以促进正义为目的。他说:"相应于城邦政体的好坏,法律也有好坏,或者是合乎正义或者是不合乎正义。"①"法律的实际意义却应该是促成全邦人民都能进于正义和善德的[永久]制度。"②这种思路后来成为西方历史上绵延久远、影响至深的自然法学派的思想主线,所有自然法学派的代表人物都认为法律(实定法)应该以正义(自然法)为依归。当然,西方正义自然法在古代呈现出自然主义倾向,在中世纪呈现出神学主义倾向,而在近代以后呈现出理性主义倾向。但无论怎样,所有自然法学者都坚持法律二元论,认为在现行实定法之上存在一个正义自然法,认为正义是衡量实定法好坏善恶的唯一标准,即"法律只有以自然法为根据时才是公正的,它们的规定和解释必须以自然法为根据"③。这实际上是在法价值领域打出了"恶法非法"的旗帜。它不仅在启蒙时代具有重大意义,而且在当代对于法律改革和促进社会进步仍然起着重要作用。

第三,认为法与正义是无关的,或者至少是没有必然的联系。这一思路一直为西方三大法学派之一的分析主义法学派所坚持。分析主义法学派的创始人约翰·奥斯丁认为法理学只应该研究实在法,随着法治化的进程,以追求正义等价值为特征的法律理性主义应当让位给法律实证主义。因此,法学研究不仅在对象上应该仅限于实在法,而且在方法上也应该仅仅重视对法律规范结构的分析,特别是对法律规范逻辑结构关联上的分析,而不必过问这些法律本身的好坏,只要法律在形式上被合法地制定出来,就应当被严格地遵守,即所谓"恶法亦法"。在现代,凯尔逊进一步把奥斯丁的分析法学发展为纯粹法学。凯尔逊认为,真正科学和纯粹的法学,只能是客观地把实在法律规范作为唯一研究对象,而排除任何社会学、政治学、伦理学、心理学的因素,尤其是要排除价值判断因素。因此,在凯尔逊看来,那些用作正义标准的规范,是因人而异的;正义的内容不服从理性决定的检验,理性研究也并不能证实正义所应当服务的社会目标;用一种具有认识意义的方法来识别一个正义的社会生活秩序所应当竭力促进的其他最高价值,也是不可能的。结论就是:正义观念必须被认为是无理性的理想,法律与正义没有任何关系。

二、法与正义的一般关系

1. 法必须有自己的正义追求。

上面谈到,分析主义法学家反对研究法的价值追求问题,不承认法与正义有其内在的联系。我们认为,造成这种情况的原因,除了这些学者的阶级偏见因素以外,还有以下两点值得注意:其一,分析主义法学产生在特定的历史背景之下,在 19 世纪分析

---

① [古希腊]亚里士多德:《政治学》,148 页。
② [古希腊]亚里士多德:《政治学》,138 页。
③ [英]洛克:《政府论》下篇,10 页。

主义法学诞生的时候,西方社会已完成法律启蒙的历史任务,按照早期分析主义法学家自己的说法,法所应当追求的正义等价值都已包含在现行法当中了,随着法治化的加强,法学家的任务就是完善法的技术性操作,不必再去深究法的价值追求问题了。其二,随着学科的分化和发展,法学得以独立,法律专家得以产生,分析主义法学显然是从法律专家的角度、而不是从法律思想家的角度考虑问题的。我们认为,法学独立、学科分化,这是事实,也是历史发展的必然和趋势,但是,无论如何,一个理性的民族,在任何时候都不能停止对法价值的思索和探求。因此,即便说部门法学家、法律专家可以不考虑法与正义关系问题,那么,法哲学家、法律思想家研究法律问题却不能绕开正义这一基本价值判断。因为,在当代社会,法作为一种理性极高的社会现象,它早已大大超出了最初的工具论意义,而有着极强的价值论意义。

2. 法与正义的联系和区别。

我们不赞成分析主义法学家把法与正义完全割裂的主张,同时,我们也不完全赞成自然法学派把法与正义等同起来的看法。不错,法必须体现一定的正义要求,法最终必须以正义为依归。甚至,当我们面对中国法制现实反观中国法律传统的时候,进而可以在一定程度上同意法律二元论的主张,承认法律二元论对中国当代法制建设有着极为重要和积极的意义,但是,法与正义毕竟是各自独立的两个范畴。虽然法可以被视为正义得以体现的外在形式,正义可以被视为法所追求的主要内容,但法的内容不仅仅是正义问题,法除了要体现对正义等价值的追求以外,还应包括人们对一定客观规律的认识,包括人们对调整社会关系的经验、方式、方法的总结和提炼。所以,不能把全部法律问题归结为正义问题,正义问题虽然是法律的核心价值追求,但却并不是法的全部。

尤其重要的是,法与正义作为两种不同的社会现象,从表面形式到内在本质都存在着显而易见的区别。按照马克思主义的主张,法与正义至少有如下几点差别:

第一,法体现一定的正义观,或者更确切地说,法体现的是统治阶级的正义观,但是,统治阶级的正义观不等于法律。统治阶级的正义观必须经过一定的程序,即通过国家立法机关制定或认可为法律,才具有法律的性质。

第二,法体现正义,但并不是所有社会正义都体现在法律当中,正义存在于多种媒体之中,甚至相当一部分是通过不那么明确具体的形式表现出来的。因此,任何正义观,即使是统治阶级的正义观,也不可能全部进入法律领域。进而言之,即使某些正义观体现在法律当中,其本身仍然有其独立存在的价值,并可能广泛存在于多个领域。

第三,法律多以规范形式存在,而正义多以原则形式存在;法律是肯定的、明确的、具体的,而正义往往是抽象的;法律一般明确规定权利、设定义务,而正义作为一种应然之则,通常只是指出希望或者要求人们做出某种行为。

三、法创制和实现过程中的正义问题

1. 正义要求上升为规范化的法律是法创制所要解决的主要问题。

法的创制，通常是指一定的国家机关在其法定职权范围内，依照法定程序，制定、修改和废止规范性法律文件以及认可法律规范的活动，也就是法律的立、改、废活动。法的创制从内涵上说，大体相当于广义上的立法。任何国家的存在及其对社会的有效治理都必须以存在广泛的立法为前提。即使在专制的中国封建社会也概莫能外。如战国时代的《商君书·更法》记载："伏羲、神农教而不诛，黄帝、尧、舜诛而不怒，及至文、武，各当时而立法，因事而制礼。"这大概是中国最早出现"立法"一词。不过，这时的立法概念主要是指制法设刑，与现代意义上的法创制概念略有区别。决定这一区别的因素可能有许多，但关键之点在于其内容所体现的人们的正义要求不同。

具体说来，法的创制说到底是将一定的意志上升为国家意志，从而成为规范性法律文件。而这种意志的上升过程，实际上是一定的正义要求被提升的过程。不同国家、不同社会、不同时代的不同人群，人们的正义要求是有很大差别的。按照马克思主义的看法，法是统治阶级意志上升为国家意志的体现。当然，法首先应该反映的是统治阶级的正义观。一般地说，统治阶级的正义要求先于法律的制定，由统治阶级的正义要求而导致立法动机和实际立法行为，从而使一定的正义观通过法律的形式固定下来。这里的问题在于统治阶级的正义观究竟是依据什么而产生的？我们认为，按照马克思主义的看法，其最根本的来源当然是客观的社会物质生活条件，而其最直接的原因应该是统治阶级对其自身利益的认识和把握。我们说，认识和协调利益是法创制的核心内容，法是利益分化和利益冲突的产物，作为社会制度最核心组成部分和最广泛表现形式的法，如果从其产生根源、发展动力、调整对象的角度看，实质上就是利益制度，即保障和维护利益的制度。任何个人、集团、阶层、阶级都有自己的利益要求，在人类追求社会正义的历程中，无数圣贤哲人也曾力求设想在法中体现所有这些利益主体的利益要求。然而，在阶级利益根本对立的社会里，现实中法总是维护着统治阶级的利益，它总是基于统治阶级的利益要求，形成占主导地位的统治阶级的正义观，并进而被规范化、法律化。

2. 法实现过程中诉讼正义问题的特殊重要性。

法的实现，实际上是指已经形成的法律规范在社会中转化为现实的问题。对于法律规范转化为现实，通常有两种表述，即法的实施和法的实现。的确，这是两个非常接近的概念，但却不宜把二者混淆。法的实施是法律规范的要求在社会中获得实现的过程和活动，它是将法律规范的要求转化为人们的行为、将法律规范中的抽象意志转化为现实关系的过程。而法的实现则不仅指法律规范转化为现实的过程和活动，而且更指这一活动所产生的结果；它强调的是法律规范在人们行为中的具体落实，即权利被

享用、义务被履行、禁令被遵守。因此，如果说法的创制是要使现实的正义要求上升为应然的法律，那么，法的实现则是在一个新的层次上将应然的法律转化为已然的现实，从而使正义要求获得具体实现。

法的实现，从某种意义上说，就是法所体现的正义的实现。法和正义可以通过两种方式或途径获得实现：其一是法的遵守；其二是法的适用。前者是指只要人们不有意识地规避和违反法律，法所追求的正义就实现了，它不需要任何其他机关和个人的外力介入；而后者则是指国家机关和国家授权单位按照法律规定运用国家权力，将法律规范运用到具体人或组织的专门活动。

我们认为，法的实现的两种形式在促进正义实现的过程中都具有重要意义。同时，我们更认为，法的适用过程中的正义问题，即广义上的诉讼正义问题，尤其具有特殊重要意义。这不仅是由于法本身的特性所决定，而且是因为，从一定意义上说，诉讼正义是社会正义的最后一道屏障。这一点对于狭义上的司法诉讼领域更是如此。一个社会机体，哪一部分都可能出现腐败和存在一定问题，然而，唯独司法诉讼领域绝对不可以丧失其公正、正义的本色。如果说社会机体的其他部分出现不正义的情形尚可补救的话，那么，司法领域特别是诉讼过程出现问题则是灾难性的、毁灭性的和绝对无法挽回的。这是因为，司法诉讼的设立，其目的就是为了矫正法在实施过程中产生的各种不正义，如果矫正环节本身出现了不正义，则如孔子所言："不能正其身，如正人何？"①从这个意义上说，诉讼正义乃是法实现社会正义的最关键环节。换言之，诉讼正义在法的实现过程中具有特殊重要性。这不仅是理论的思辨，而且在当今中国社会现实条件下也是一个值得我们高度关注的问题。

---

① 《论语·子路》。

第十八章　法与公平

　　法与公平有着天然的联系。公平是法的逻辑前提,法因公平社会之需要而产生;法是公平的客观要求,公平因法的产生而得以保障、发展。公平,作为法的正义价值内核、法的灵魂,始终贯穿于法的整个发展史中。法的创制不过是公平原则的具体化、条文化;法的思想不过是具体公平规则的理论抽象与归结,因此,探讨法与公平的关系,是研究法价值论的题中应有之义。

第一节　西方公平思想的历史考察

　　在西方政治法律发展史中,处处可见公平思想的熠熠光辉。古希腊智者卡里克利斯提出了差别对待的公平原则,认为优者比劣者多得一些是公正的,强者比弱者多得一些也是公正的。① 柏拉图则将公平等同于正义:所谓正义,即于一切正当之人、事物与行为之间完全公平之谓。② 亚里士多德则更为系统地论述了法与公平的关系。亚里士多德认为:关于公平,我们应该探索它到底所涉及的是什么样的行为。但什么样的行为是公平呢? 他从事物的对立面进行了论证,即首先探讨了不公平。他说:"让我们探讨一下不公正的各种意义,一个违犯法律的人被认为是不公正的,同样明显,守法的人和均等的人是公正的。""因为合法是由立法者规定,所以我们说每一项规定是公正的。"③亚里士多德的这种思想实际上是前期古希腊思想家思想的继续,即把法律与公平、正义相联系。但亚里士多德对二者关系的论述还是前进了一步。他不把法律和公平、正义直接等同,而是在法与行为的关系中把握公正。遵守法律就是公正;违法则是不公正,并且,公正不仅包括了遵守法律,还包括利益机会分配的均等。他对公平进行了分类,区分了分配的公平与矫正的公平,分配的公平是指利益、责任、社会地位等在社会成员间的分配,矫正的公平是指社会成员间重新建立原先已经确立起来又不时遭到破坏的均势和平衡。这其中,矫正的公平与法律的关系最为密切。法官的作用就是恢复原状,命令由于违反契约或因不当行为而获利的一方向遭受损失的一方作出数量相等的赔偿。亚里士多德公平理论的另一个重要内容是平等,从平等的意义上考虑公正,就要求人的行为不偏不倚。法官在争议中不得由于一方富有或贫穷,或有德无德,

---

　　① 参见张宏生、谷春德主编:《西方法律思想史》,5 页,北京,北京大学出版社,1992。

　　② 参见刘世民:《柏拉图与亚里士多德之法律思想的比较》,见《中西法律思想论文集》,468 页,台北,汉林出版社,1985。

　　③ [古希腊]亚里士多德:《尼各马科伦理学》,88—89 页。

就采取偏向一方的态度。他唯一应当考虑的不同，就是法律规定他应当了解的并确实在作出判决时考虑的那些不同。① 这就是说，公平要求法律平等地对待争议各方，在权利义务、职权责任方面不偏不倚。亚里士多德的议论，引发了西方思想家对公平与法律关系的恒久争论。在古希腊晚期的法与公平的论述中，还有一个在今天看来非常闪光的思想，这就是伊壁鸠鲁的社会契约思想。伊壁鸠鲁认为，公平与正义是人们彼此约定的产物，不存在独立的公平与正义。在任何地点、任何时间，只要有一个防范彼此伤害的相互约定，公平与正义就成立了。对于那些不能相互彼此不伤害的动物而言，就无所谓公平与正义。因此，他非常重视约定，重视由约定而产生的公平与正义。这种思想是卢梭社会契约论的思想源头，也是今天美国著名自然法学家罗尔斯正义论的思想基础。

中世纪，西欧的思想家在基督教神学思想的统治下，对法与公平的关系做了研究。基督教《圣经》中的法与公平思想源自基督教教义的两个前提，这就是上帝创世说和人类原罪说。这两个前提意味着法律与公平的两种思想。第一种思想，在上帝的律法面前人人平等。根据基督教教义，人必须热爱上帝，上帝是一切法律的总纲，是最高的善。爱、信、从三德是基督教思想的核心。当然，爱上帝就必须遵从上帝的诫命。上帝的诫命主要是指以摩西十诫为代表的宗教戒律。通过这些戒律，上帝和人们立约，强调即使国王也要遵守约法。在上帝面前人人平等。第二种思想是原罪说的平等思想。《圣经》中对个人的品德作了要求，这就是赎罪。依据《圣经》，由于人类的祖先犯了罪，所以每个人来到世界上就要解赎人的灵魂。怎样解赎呢？《圣经》对人的要求是：行为正义，做事公正，说话诚实，不恶待朋友，不诽谤别人，坚守自己的诺言，不放债取利，行善永不动摇，同时作为赎罪之人还必须爱人、信实、虔诚、忍耐、同情、热情、殷勤、谦卑、顺从。只有在行动上坚持这些原则，才能得救，进入天国，获得永生。从救赎理论中我们可以看到，人由于祖先犯了罪，就失去了和上帝对话的平等，为了达到平等就必须按上帝的意志接受考验，救赎自己的灵魂。这种思想一方面设计了达到天国的途径，同时也使上帝的正义得以在人间贯彻。但这一途径的实现不仅需要律法的强制，更主要的是以内心的忏悔和赎罪，得到上帝的宽恕而获得永生。只有这样获得解救才算是公平的，符合上帝的正义之道。《圣经》的这一思想对后世影响很大，"它导致了近代西方法律体系的产生。第一个近代西方法律体系就是古代的教会法体系"②。奥古斯丁和托马斯·阿奎那进一步发展了《圣经》中的思想，并通过系统整理，树立起了宗教神学的绝对权威。

欧洲的17、18世纪，是资产阶级革命时期。资产阶级思想家以自然法理论为基础，展开了对法与公平关系的研究。这种研究的最早代表人物是荷兰法学家胡果·格劳

① 参见［英］彼德·斯坦、约翰·香德：《西方社会的法律价值》，76、79页。
② ［美］伯尔曼：《法律与革命》，179页，北京，中国大百科出版社，1993。

秀斯,后来他的思想在英国得到进一步的发展,形成了带有霍布斯特色的法与公平的思想。格劳秀斯认为,自然法为人们的理性和行为提供了正当的、正义的准则,这些准则就是自然权利,而这些自然权利是符合人性要求的,因而也就是正义的,自然权利正是有了人类共有的理性,才成为公正的、公平的、人们普遍遵行的法则。霍布斯对格劳秀斯的自然法理论非常赞赏,继格劳秀斯之后,霍布斯论述了建立在自然法基础上的法与公平理论。霍布斯认为,自然法是使人类走出自然状态的条件,也是建立在理性之上的普遍法则。他认为自然法最核心的内容是"己所不欲,勿施于人",在自然法支配之下,人人都是平等的,在对待实在法的态度上,他认为人人必须遵守与自然法精神一致的成文法律,履行契约。遵守自然法就是实现正义、公平、公道。所谓公平正义就是善,他认为善有三种:效果方面的善、希望的善和作为手段的善。这些善是与恶相联系的,同时也是和人的内心欲望相联系的,即善是功利支配的人们的自由意志决定的。到了18世纪,资产阶级革命逐步取得胜利,资产阶级的思想家开始从新的角度对法与公平的问题展开论述,其代表人物有伏尔泰、孟德斯鸠、卢梭等。伏尔泰认为所谓自然法是自然秩序和规律,是人知道正义的自然本能。人类的历史是受自然法支配的,是合乎理性地、有规律地发展的,这种规律就是法律和道德建立的基础。在这种规律支配下的社会有三大原则,即公正、自由、平等。在这三大原则中,涉及法与公平关系的有公正和平等。公正是自然法的基本要求,是普天之下都认为如此,它既不使别人痛苦,也不是以别人的痛苦使自己快乐,实现自然法的要求就是实现了公正。至于公正与法律的关系,他认为一切法律都是建立在正义观念上的,尽管世上没有纯粹公正的人和事,但公正和正义观念却始终存在,并且成为维系社会秩序的根据。法律正是为达到公平与正义的目的而制定的。关于平等,伏尔泰认为,人生而是平等的,一切享有各种天赋能力的人,都是平等的,他认为平等的真谛就在于自然法面前的平等,而不是在财产所有权和社会地位上的平等。孟德斯鸠认为法就是人类理性和"由事物性质产生出来的必然联系",这种理性和规律是一切法则和事物的根本原因。人们应当服从理性和规律的支配,热爱法律,热爱共和政体,热爱一个社会的公德。而他们热爱的这种道德的核心是整体利益。但在财产关系上,他主张个人利益不能向公共利益让步,公共利益也不能用法律、法规代替、剥夺个人的财产,或者削减个人财产的一部分。在这种思想支配下,孟德斯鸠认为公平的法律不能牺牲公民的个性,在公平的社会中,人民的安全就是最高的法律。卢梭不同意孟德斯鸠关于法就是理性的论述。他认为,法是人民公意的体现。在法律与公平的关系上,卢梭认为二者是密切联系在一起的。他认为,公平很重要的内容就是平等。以往社会中的不平等是由法律加以确认的,而民主共和国的法律是人民公意的反映,实行这种法律也即实现平等。法律作为全体人民意志的记录,是实现人民的自由和平等的保障,它对人民一视同仁,平等地规定了权利和义务。即使是君主也必须依照法律行使权力,必须履行法律规定的义务,不允许有超越法律的特权。关于平等内涵的理解,卢梭主张平等并不是绝对的、事实上的平等,而是尽可能缩小贫富差别,实现法律面前的平等。在公平的实现途径上,卢梭强调公平背后的法律强制力量,他认为如果没有强制制裁的力量为后盾,公平就无法实现,因此,就需要用法律把权利与义务结合在一起并使公平能符合它的目的。

19 世纪,随着资产阶级在政治、经济、军事上取得胜利,整个资产阶级思想意识形态也发生了重大变化。不少资产阶级思想家意识到了自然法的局限,纷纷提出与自然法思想相异的法与公平思想。这一时期比较有代表性的是英国边沁的功利主义法学派思想,奥斯丁的分析法学派思想以及黑格尔的哲理法学派思想。关于法律与公平的关系,边沁认为,法律的目的应该具备公平的要求,也须为社会谋福利。但问题的关键在于法律不应是纯应然的东西,法律是什么和法律应该是什么,这是人们认识法律时必须加以区分的。他认为,虽然法律的作用在于促进和保障个人幸福,但他又认为法律本身有时也是一种妨害个人追求幸福的障碍。循着上述边沁的思路,分析法学派代表人物奥斯丁更进一步发展了边沁的观点,并且走向了极端。奥斯丁认为法律是一种命令,是由主权者颁布的,是建立或强加于人们的一种意见。法律虽然受道德的影响,但法律往往与公平、正义相分离。法律有时候在道义上可能是十分邪恶的,但只要以适当的方式颁布就仍然有效。所以恶法亦法。在他看来,法律无论好坏,也不管是否符合公平、正义的要求,人们只有执行法律的义务,而没有不服从的权利。黑格尔则对法与公平的关系进行了深层的思辨。他认为,法是从理性自身发展中产生出来的,理性是母树,法律是枝叶,公平理性的东西即是自在自为的法的东西。① 法律反映着客观社会的必然性,但又通过人们的自由意志表达出来。作为自由意志的法通过抽象法、道德与伦理三个阶段表现出来。在抽象法阶段,只存在抽象形式的自由;在道德阶段就有了主观自由;伦理阶段是前两个环节的真理和统一,也就是意志自由得到了充分的实现。所谓法,就是自由意志的定在,即自由意志的实现或体现;所谓道德,它是由扬弃抽象形式的法发展而来的成果。黑格尔认为,法是理性的体现,这种理性和利益是结合在一起的,这表明黑格尔的思想仍属于功利主义法与公平思想的一种。

西方思想家在研究公平主义的道路上提出的种种精深论说,不乏启迪人类理性的真知灼见,但最后都没有达到理论归一的美好境地,却殊途同归于理论的困惑与矛盾之中。恩格斯指出了其症结所在:在法学家和盲目相信他们的人们眼中,法权的发展只在于力求使获得法律表现的人类生活条件愈接近于公平理想,即接近于永恒公平。而这个公平却始终只是现存经济关系在其保守方面或其革命方面的观念化、神圣化的表现。这就为我们揭去了千百年来笼罩在公平之上的神秘的面纱,为我们正确理解法与公平的关系指明了方向。

---

① 参见[德]黑格尔:《法哲学原理》,225 页。

第二节　马克思恩格斯的公平思想

马克思、恩格斯关于公平、法与公平关系的思想是很丰富的。在他们的代表著作中,如《哲学的贫困》《论住宅问题》《哥达纲领批判》《反杜林论》等著作中,对公平的含义、法与公平的关系作了许多阐述,其思想集中为以下三个方面:

一、关于公平的观点

公平是观念化……的表现。[1] 所谓观念化的表现,即公平是人们对社会事物进行价值评价时表现出来的观念,是一种价值评价形式,一种思想意识。它可以是一种公平感,也可以是一种学说、理想、主张以及体现为一定的制度等。公平观体现在社会的经济、政治、道德、法律等多种领域,即有经济领域的公平、政治领域的公平、道德领域的公平、法律领域的公平,是评价各种社会关系的重要标准。

公平始终只是现存经济关系的观念化表现。[2] 公平观作为社会意识形态,有一定的历史连续性,但归根到底是现存经济关系的反映,是随社会经济关系的发展变化而发展变化的。不同的时代,不同的阶级,不同的学派各有不同的公平观,抽象的、超时代的永恒公平是不存在的。公平的标准也随着历史的演进而不断更新,随着时代的变迁而不断补充新的内容,所以没有永恒的公平定则。恩格斯指出:希腊人和罗马人的公平观认为奴隶制度是公平的;1789 年资产阶级的公平观则要求废除被宣布为不公平的封建制度。在普鲁士的容克看来,甚至可怜的专区法也是破坏永恒公平的。[3]

公平观有革命的或保守的。由于人们在经济关系中所处的地位和利益不同以及政治主张和思想认识不同,公平观的内容、性质和追求的目标也不相同,有革命的公平观和保守的公平观,革命公平观的社会作用是积极的、进步的;保守公平观的社会作用是消极的、落后的。综上所述,马克思、恩格斯的公平观是建立在辩证唯物主义与历史唯物主义基础上的,是唯物的、历史发展的公平观,是自觉地反映经济规律与历史发展的客观要求,积极促进社会进步的、革命的公平观。

二、关于法与公平的关系

马克思、恩格斯曾多次指出,作为同一个社会上层建筑中法与公平这两种因素来说,二者有紧密联系,互为前提,互为依存,公平离不开法,法也离不开公平。恩格斯

---

[1] 参见《马克思恩格斯全集》第 2 卷,539 页,北京,人民出版社,1957。

[2] 参见《马克思恩格斯全集》第 2 卷,539 页。

[3] 参见《马克思恩格斯全集》第 2 卷,539 页。

说,公平是现存经济关系的"神圣化的表现"。① 什么是神圣化? 马克思说:如果一种生产方式持续一个时期,那么,它就会作为习惯和传统固定下来,最后被作为明文的法律加以神圣化。② 这说明神圣化就是法律化,即公平离不开法律,在社会生活中要实现公平分配,公平竞争,只有使之具体化(上升)为法律,才能得以实施。恩格斯还说过,法本身最抽象的表现即公平。③ 这是从另一方面表明了二者之间内在的固有的联系,表明法是以一定的公平观为前提的。这是对人类社会法律产生、发展历史经验的总结。从法的产生来看,法离不开一定的公平观作为依据。统治阶级之所以需要法,就是为了维护自认为的公平关系。众所周知,法的产生有经济根源和阶级根源等,所谓经济根源即是生产资料私有制,就是把每天重复着的生产、分配和交换产品的行为用一个共同规则概括起来,设法使个人服从生产和交换的一般条件④,即交换。这个经济根源中的交换之所以需要法,就是为了公平,即小商品经济的公平交易。如果不是为了维护交换的正常进行,即公平交换,也就不需要法。当然,这个公平的含义是历史的,是由当时的条件确定的。希腊人和罗马人的公平观认为奴隶制是公平的,古罗马法就正是以这一公平观为思想前提的。如果统治阶级连一定的公平观都没有形成,或者自己都认为是不公平的,是不符合自己公平观的要求的,就不可能制定成法律要求人们普遍遵守。奴隶制的法是如此,封建制的、资本主义的法也是如此。这说明,作为上层建筑的法,归根到底是由一定的经济关系决定的,但这个决定过程是复杂的。立法者首先要认识到这个客观要求,并进而形成什么是公平、什么是不公平的观念,只有主观认识提升到这个阶段,其才会将客观要求体现为法律。所以,二者的联系是内在的、固有的,法是一定公平观的具体体现、标准与保障,公平观是法的思想根源。公平不公平是法的抽象,是法的是非标准,合法不合法是公平的具体表现。即法不仅有阶级根源、经济根源,也有思想根源。二者联系之所以如此紧密,在于法是一种社会关系的调整器,对社会具有普遍的约束力,这一功能的实现就要有公平的属性,它是法的固有之义,只不过法的内容与性质不同而已。

三、关于社会主义社会的法与公平观

马克思在《哥达纲领批判》中阐述了社会主义法与公平的几个重要问题:第一,在社会主义社会,公平分配是一个经济问题、社会问题,也是一个法律问题。因为分配制度是属于社会的经济制度,但分配的公平与否却不是分配制度中的经济性质的原则,而是一种价值评价。作为价值评价的公平观,在分配关系中体现,必须通过法定的形

---

① 参见《马克思恩格斯全集》第 2 卷,539 页。
② 参见《马克思恩格斯全集》第 25 卷,894 页。
③ 参见《马克思恩格斯全集》第 2 卷,538 页。
④ 参见《马克思恩格斯全集》第 2 卷,539 页。

式使之具体化规范化,公平的分配就成了法律问题。所以,马克思说,公平的分配是"法的关系"。第二,社会主义社会的法与公平,体现在"权利"方面,永远不能超出社会的经济结构以及由经济结构所制约的社会文化发展。这就是说,一方面,社会主义的法与公平都不能超出经济结构的性质与水平,必须受制于社会生产力和经济发展的水平;另一方面,也不能超出,而且要受制约于社会的文化发展。这个"社会的文化",主要指社会的观念发展状态。在一定意义上,法与公平是社会文化发展的表现与标志。第三,马克思指出,权利,就它的本性来讲,只在于使用同一的尺度。① 这就是说,社会主义法为了体现和保障社会公平,在调整某一同类性质的问题、确定权利与义务时,必须有同一的标准,而不能因人而异,因事而异。在分析某一问题的公平与不公平时,只有从同一个角度、同一特定的方面去对待它们,把其他一切都撇开了。这是法与公平的本性所要求的。比如公平竞争要有同一的竞争规则,公平分配要有同一的分配标准,公平税负也要有同一的纳税标准,在对待竞争、分配、税负等问题的公平不公平时,只能从这些问题的本身出发。第四,社会主义法定的公平分配是与社会主义生产方式相适应的分配形式,是价值规律在分配领域的具体体现和客观要求。马克思指出,在社会主义社会,公平的分配原则(按劳分配)只能是商品等价物的交换中也通行的同一原则,即一种形式的一定量的劳动可以和另一种形式的同量劳动相交换。② 也就是等价交换的原则,多劳多得,少劳少得。但由于人们的天赋不同,存在着"天然特权"以及负担大小不同等因素,人们的实际消费水平是不平等的。所以,一方面,这种公平分配,对不同等的劳动来说是不平等的权利③,平均主义、"大锅饭"是违反价值规律的。社会主义法确认合乎价值规律的不平等是公平的。公平与平等有联系又有区别。另一方面,社会主义法又反对背离价值规律和不利于经济发展的贫富相差悬殊现象。马克思的这些思想,对正确认识我国现阶段的法与公平问题,仍有重要指导意义。

第三节　法律与公平的若干问题分析

一、公平与平等

公平,按其字面含义讲包括两层含义:一个层面是公道、公允、公当、公益等;另一层面是平等。公平与平等两个概念具有十分明显的一致性和联系:公平观经常以某种平等为基础,某种平等往往被认为是公平的。如人们在政治上、法律上、思想上和社会方面的平等,机会的均等,收入差距不过大,往往被当作公平的表现。尽管如此,公平

---

① 参见《马克思恩格斯全集》第 3 卷,8、12 页。
② 参见《马克思恩格斯全集》第 3 卷,11 页。
③ 参见《马克思恩格斯全集》第 3 卷,11 页。

与平等毕竟是两个不同的概念。它们之间的区别是存在的:

第一,概念的含义和性质不同。平等指人们的地位、权利和福利等的相同。平等的概念是对这种相同关系的反映。公平是对利益分配合理性的认定,认定公平在于人们所应得到的东西应与其具有或支付的某种东西相适应,主要是地位与作用、权利与义务、行为与报偿相称。公平是人的主观世界认为"应当"有的状态,公平的概念是价值性认识和善恶评价问题。这样,平等能够离开人的主观评价而存在,具有客观性,可以对其进行实证性研究。而公平和不公平问题又具有主观性,它可以由于阶级性、历史性、心理因素和利益的影响而出现不同的评价,因此对公平问题就只能主要进行规范性研究。

第二,公平要对平等进行评价,评价时二者有很多不对应。表现在:①由于时代的不同,某些平等只为当时的"公平"所要求。如在封建社会,等级制、世袭制等不平等现象就被普遍认为是公平的;而在资本主义社会,剥削造成的不平等并不被认为不公平。②平等具有不同的程度。想要什么程度的平等,这是由"公平"来解决的。在贫富悬殊的条件下讲公平,就要提"平等",就是收入差距要小些;在"大锅饭"的情况下讲公平,就要求收入差距要大些。③结果的平等或不平等有不同的原因,原因与结果之间存在适当的对应关系,就是公平的。同样的收入差距来源于贡献的差别,可能被称为公平,而行贿得来的高收入,则因缺乏适当的对应关系而被看作是当然地不公平的。

由公平和平等概念之间的区别可以概括出,公平的概念包括以下内容:①公平是人们对社会事物进行价值评论时的一种观念,是一种价值评价形式。②公平可表现为一种思想意识,也可表现为一种学说,具有主观性。③个人群体的公平观总是该个人和群体经济利益的反映。④公平或不公平是人们根据自身的利益对社会事实进行评价的结果,一般来说,符合自身利益的社会事实往往被评价为公平的,反之则被认为是不公平的。

关于法与公平问题,我们前一章中已作了较为详细的阐发,这里就不再赘述了。

二、法制系统中的公平要求及体现

法制系统是由静态的、表现为规范形式的法律体系和动态的、表现为法制产生、执行、实现过程的法制运行机制组合而成的一个大系统结构。因此,在法制系统中,公平的要求和体现就以两个途径表现出来:一是法律体系中的公平要求及体现,一是法制运转中的公平要求及体现。

法律体系中的公平要求和体现,主要是从静态的、规范意义的角度,从法律表现内容方面对公平这一价值内容的体现,也即"法律中的公平",这是法律公平的重要表现形式。公平作为一种法律价值,它蕴含着许许多多的具体内容,将这些许许多多的内容体现于法律之中,成为法律的一种内容,这整个过程即"公平的法律化"的过程。按照目前学术界对法律体系的分类,我们可以将法律体系中的公平要求及体现,分解为以下几个具体方面:①宪法中的公平要求及体现。宪法是一个国家的"龙头法",是一个国家政治制度、经济制度、文化制度的最高和最根本体现。它以一国宪法为标志,包括同宪法相近内容的宪法性规范文件,如组织法、选举法、立法法等。它确立着国家的性质,规定着国家的政权形式、立法体制、政府组成和工作原则、军队和政党地位、公民的基本权利和义务等等。它是指导其他法律、法规、制度创立和设定的基本原则依据。宪法的公平要求体现为以下几个层次:第一,在国家性质上,要体现"人民主权"原则,使公民成为国家的真正主人,这是最大的公平和正义。第二,在政权组织形式上,要体现民主性原则,不论是权力机关的组成还是司法机关、政府等的组成,都要贯彻民主化原则,这样才能体现出政权组织形式的公平化。第三,在权力运行方式上,要体现合法化原则。权力的来源要合法化,即任何权力来源都要有法律依据,由法律来授权;权力的运用要合法化,即依法行权,凡超越法律界限的权力行使归于无效。第四,在公民权利和义务上,要体现平等性原则,即凡属法律所辖范围内的公民,都平等地享有宪法规定的法定权利,平等地履行宪法规定的法定义务,不允许有超越法律的特殊公民存在。②民商法及经济法中的公平要求及体现。民商法及经济法,从法律性质看,均属于调整社会及公民在民事和经济活动中所发生的社会关系的范围。这两大法律调整规范涉及广泛的社会领域,是社会生活的主要调整方式。在民商法和经济法中,其公平要求主要体现为以下几个方面:第一是平等性。各经济主体和民事主体均应享有在法律上的平等地位。这种平等地位是他们从事经济活动和民事活动的法律保障。第二是自主性。各经济主体和民事主体均可以在法律允许的范围内自主地从事经济活动和民事活动。第三是自愿性,这是同自主性相连带的权利。凡是涉及关系范畴的行为和活动都要出自自觉和自愿,保障经济主体和民事主体的意志自由。第四是合意性,在法律上则表现为契约化。一切经济活动和民事活动,均要以合意(协议)为前提的契约为准则。法律的任务在于保护以合意为基础而形成的契约,保护契约便是维护公平。③刑法中的公平要求及体现。刑法主要是对违法犯罪行为进行法律制裁的法律调整规范。刑法的公平体现在刑事法的各个方面,诸如罪刑法定、无罪推定、罪刑相适应、同罪同罚,都体现了公平。而罪刑擅断、罪刑不相适应、同罪不同罚,则显失公平。④行政法中的公平要求及体现。行政法作为一个国家政府行使行政职权所依据的规范体系,其中也蕴含着许多公平要求和体现。传统社会中政府行使职权,主要靠行政命令以指挥社会生产和生活。在现代法治社会中,政府行使职权必须依法进行,法律既是行政权合法性的来源,也是行政权运行的重要依据。因此,就行政法来讲,依法行政乃是公平的体现。⑤程序法中的公平要求及体现。程序法是由一系列具体的程序性法律规范组合而成的法律体系的总称。在现代,程序法可分为以下几个大的类别:立法程序法、选举程序法、诉讼程序法、行政程序法、仲裁程序法等。每一类别的程序法都有一些特殊性的公平要求,也有一些共性的公平要求。比如,立法程序法要体现公平,主要表现为立法的民主性;行政程序法要体现公平,则应表现为平等地对待行政相对人,保护其合法权益不受行政权侵害;仲裁程序则应体现对纠纷双方权利义务的平等保护等等。这些只是一种概略的阐释。归纳起来,作为程序法共性的公平要求和体现,表现为平等性、民主性、公正性、合理性以及合法性等。⑥国际法中的公平要求及体现。国际法中的公平要求主要体现为主权平等。国家不分大小、贫富、强弱,都是国际社会的组成成员,都拥有独立自主的主权国家地位,都有权根据自己的国情以及世界文明的发展趋势,决定自己国家的事务,确定适合自己国家的经济社会发展的道路。反对任何外来的强迫和压制及不公平待遇。在国际经济法和国际私法领域,其公平要求主要体现为各个国家经济发展的自主性,在国际经济交往中的对等性、互惠性及公平待遇,反对经济欺诈及经济垄断。

法制运行机制的公平要求,是指在立法、司法、行政执法、法律监督、法律实现过程中的公平要求。法制运行机制是由立法、司法、行政执法、法律监督、法律实现等组合而成的呈动态变化的有机运转系统和运转机制。在各个运行环节中,都有各自的公平要求和体现,最后集合为法制公平。实现法制公平,需满足三个条件:一套公平规则的存在;对规则公正无私的执行;公平合理的结果。而要达到和满足这三个条件,就必须从法制运转机制上去把握,单一的环节是难以实现这一要求的。在法制运转机制中,立法是法制运行的起点,要实现法制公平,首先必须实现立法公平。立法公平的基本含义是:第一,在创立法律体系过程中,公平是立法原则和立法指导思想。第二,在法律体系的内容构成上,应将公平从一个抽象的法律价值要素化解为具体的法律规定,使整个法律内容体现公平的精神。第三,立法过程应体现出公平性,准确地反映民意,遵循民主的立法程序,这是创制公平的法律的保障。立法公平的目标,是通过立法活动,创立出一个公平的、公正的理想的法律,为法制运行的其他环节创造一个公平的准则和可依据的法律前提。司法是法制运行的重要环节,司法公平是人们对司法活动进行评价时表现出来的一种观念和意识。司法公平的实质是将法律运用于相同的行为时应得出相应的结果。它是指司法机关及司法人员依据国家法律规定的程序,将国家规定的实体法按照公平原则和合情合理原则运用于现实生活中的人和事的时候,或在法律没有规定时,按照社会公认的公平理念来处理司法活动中的人和事的时候,所体现出来的一种公平的价值观念和一种公平的司法实际效果和社会效果。行政执法,是我国法制运行的重要环节。我国的法律法规要发挥管理社会的作用,大多数是通过行政执法的适用法律行为来实现的。行政执法中的公平要求,最突出的是表现为依法行政,它所坚持的是一种形式上的公平,即按照一定的标准,对情况相同或相似的行政管理相对人予以相同对待,并且这种对待是一贯的而不是偶然的,是可以预知的而不是任意的,是普遍的而非个别的。司法公平和执法公平是在公平的法律指引下的适用机制,但要确保法制公平的实现,必须有程序公平作保证。程序法是指实现实体法规定的权利和义务应遵循的步骤、次序和方法的规范总和。程序公平的实质由程序法的目的和作用所决定,其实质是在实体法赋予权利和义务的前提下,保障实体权利和义务得到公平的实现。体现程序公平的要求主要有:第一,平等对待。平等对待权利和义务主体,保证其平等行使权利和义务。第二,依程序办事。主体行为方式必须严格依次序、步骤进行。第三,保持中立。中立的执行者不能站在一方的立场反对另一方而显失公平。对参加者的合法意志给予充分尊重,避免自己与人和事产生关联性,任何人不能作有关自己案件的法官。所有的法制运转机制,最终变为法律实现。公平的法律实现是法制公平的目标,是立法公平、司法公平、执法公平、程序公平所追求的一个最终结果,也是检验和判断一个社会法制系统是否公平的标准。第四,公开化。处理案件要有最大限度的透明度,让社会了解,并接受社会的监督。综上所述,一个公平的法制系统的基本要求是:公平的法律体系的确立,公正无私的司法和行政执法,遵循公平的程序法律,严格、公平的法律监督,最终达到公平的法律实现(后果)。

三、对几种法公平观判断标准的评价

在人类社会历史上,作为判断法是否公平的标准有很多,但比较典型的有如下几种标准:

1. 平均分配。

即把平均分配作为判断法律分配的权利与义务是否公平的标准。它要求在经济领域中,将社会财富及其他全部价值在社会全体成员中进行平均分配。以平均分配表现出来的公平观,在我国具有久远的历史。例如我国古代农民起义的领袖们提出的"均贫富",就是典型的代表。我国在社会主义建设的很长一段时间里,也曾经受这种公平观的严重影响,直到如今,这种公平观仍然有很大的影响力。对平均主义的公平观,我们应看到其弊端。因为对某些领域内的基本价值进行平均分配,是现代公平观的基本要求,但对所有的价值都进行平均分配,则是行不通的。特别是在我国生产力水平低下的情况下,实行平均分配必然会阻碍社会产力的发展,不利于我们充分利用社会的资源。

2. 结果均等度。

结果均等度与平均分配不同,它允许分配的结果有一定的差距,但它要求将这一差距控制在一定的限度内,即权利义务的分配结果,人们之间的差别较小,则是公平的或至少是接近公平的,反之如果差别较大,则是不公平的。因此,这种法公平观的实质是以分配结果的均等度为判断标准。这种公平观正视结果的巨大差别所可能带来的消极后果,要求为维护社会稳定而缩小过大的结果差距,具有积极的意义。其缺陷在于,脱离社会既定的生产要素占有状况而奢谈缩小差别,只是一种良好的愿望而已,事实上是很难行得通的。

3. 机会均等。

有的学者将机会均等作为判断法是否公平的标准。英国古典经济学家亚当·斯密提出"保护自然的不均等,消除人为的不均等"。现代西方学者哈耶克则认为,公平就是每个人在市场竞争中和其他场合都有平等的参与机会、被挑选的机会。在他们看来,公平就是机会均等。法的公平性,也就是要保障人们机会均等的权利和义务。这种观点在一定程度上反映了商品经济的客观要求,因而具有合理性。因为,机会均等强调的不是参赛的自然条件,而是机会条件的均等,因而在本质上是一种公平分配,是机会的公平分配。其缺陷是只论及了商品经济所要求的起点公平,而不顾及结果的公平与否。事实上,如果没有结果公平作保证,机会的公平也不可能维持。

4. 贡献大小。

这种公平观认为应该把对社会的贡献,包括体力和智力的投入、资本的投入(最主要的投入),以及这些投入的效果作为分配权利义务的根据。这种观点是一种完全的市场化的观点,对于发展市场经济无疑具有积极的作用。其缺陷是该观点毫不顾及人类的基本需要,其结果会造成社会的严重两极分化,最终导致社会的不稳定。

上述几种评价法公平观的标准都包含有一定合理的成分,但都不能单独成为公平与否的评判标准。我们的公平标准应注意汲取上述标准的优点,克服它们的缺点,建立一个多层次的复合体系。

我们认为,在社会主义市场经济的条件下,衡量法的公平性的标准是一个多层次的复合体系,它由三个基本层次的标准组成:

第一层次:基本需要的公平。它要求首先在社会成员之间分配社会基本需要,以保障社会全体成员的基本生存条件。法律应首先保障这些基本权利的实现。这些基本需要包括人格权、生命权、健康权、受教育权、政治权利和自由、对公有财产的使用权以及基本生活资料的获得权。这些权利是作为一个社会成员得以生存下去的最起码的需要。

第二层次:经济公平。它包括两个基本方面:①机会均等。这种机会均等不是指社会活动参与者的自然条件要均等,而是社会条件必须均等,使人们能够大体一致地站在"同一起跑线上"参与社会竞争。②结果的对称性,即投入越多,贡献越大,获得的结果越多;反之,投入少,贡献小,获得的结果就少。

第三层次:社会公平。它要求国家运用干预手段对个人在市场活动中获得的收入进行调节和再分配,把不同主体的收入差别调节、控制在社会大多数成员都能接受和承受的合理范围内。它以经济公平为基础,同时又对经济公平进行必要的修正,所以社会公平是更高层次的公平。

上述三个层次的标准,是一个有机的整体。一方面它们各自有着自身存在的依据和合理性,缺一不可;另一方面相互之间存在着层次和意义上的差别并呈现逐步递进的关系,三者的统一构成了社会主义市场经济条件下,法的公平评价标准的复合体系。

四、当代中国法与公平、利益关系的理论与实践

中国社会的法与公平的关系问题,不仅是个理论问题,而且是个复杂的社会实践问题。沈宗灵先生在谈到这一问题时举了两个例子。一个例子是农民负担问题。农民负担问题是近年来新闻媒介的报道热点之一。农民负担有合理与不合理、公平与不公平之分。缴纳一定的税金和统筹、提留款是农民应尽的义务,这部分款项最终要通过各种形式用于农民,这是负担的合理、公平之处。它是国家通过法律、法规或合同形式加以确定的,其项目有限,数额不多。引起农民不满的,是那些来自各级、各系统、各部门的数不胜数的集资、摊派和收费,它们几倍于那些合理的税费。农民的种种不合理负担名目繁多,难以列举。另一个例子是文艺演出的高价票问题。一场文艺演出的票价高达上百元,这是体现艺术的市场价值,还是拒普通老百姓于剧场之外的"大款文化"问题?① 这两个例子所提出的问题直接关系到我们这里研究的课题,即当代中国的法律与公平、利益的关系。就农民负担而言,哪些合理? 哪些不合理? 这里用的合理、不合理,也可以改为公平、不公平。之所以讲不合理、不正义或不公平,就因为农民的正当利益受到其他人或某些单位的侵犯。高价演出问题也类似于此。被拒于剧场之外的普通老百姓之所以不满,就因为他们认为这种现象是不合理、不正义、不公平的。他们感到自己的利益受到了损害,不仅是分配不公所带来的物质利益的损害,而且还包括了被拒于剧场之外的精神利益、人格利益的损害。从以上分析,我们可以看出,当代中国社会中的利益关系是复杂的。社会上各个利益主体既有共性又有特殊性。任何一个法律或政策,不可能使所有主体都获得或丧失同样的利益,而只能使部分人获得或丧失某种利益,较早或较晚,较多或较少获得和丧失。这就产生了各种复杂的利益矛盾,而这些矛盾是必须予以及时地、有效地加以解决的,如果任其发展,就可能导致矛盾激化,破坏社会安定,阻碍社会主义现代化建设事业。法律在调整各种利益关系的矛盾或利益与正义、公平之间的矛盾时,当然需要一些用以指引调节矛盾的标准或准则。在当代中国,这些标准或准则都应以国家的根本任务为基础,即根据建设有中国特色的社会主义的理论,集中力量进行社会主义建设。在此基础上,我们要兼顾国家、集体、个人三者的利益;兼顾多数利益与少数利益;兼顾长远利益与眼前利益,整体利益与局部利益;兼顾效率与公平。要充分利用法在缓解利益与公平的矛盾中的作用,处理好各种利益关系,促进社会主义市场经济的发展。

---

① 参见沈宗灵:《法·正义·利益》,载《中外法学》,1993(5)。

第十九章　法与自由

　　从一定意义上说,人类的历史其实就是不断探索和争取自由的历史。在亘古绵延的历史长河中,特别是在近代的历史画卷上,大概再没有什么像"自由"一词那样撩人心扉,燃起那么多人的热情。自由是人类特有的"圣物",更是法所追求的崇高价值目标之一。

第一节　自由的概念与分类

　　自由是一个伟大、神秘和令人向往的崇高字眼。然而,人类历史上人们对自由的理解、思想家对自由的定义却各不相同。自由一词的丰富内涵,决定了人们可以从不同角度、不同层次来理解它、诠释它。大体说来,通常人们是在两个层次上来理解自由的,即哲学意义上的自由和社会政治意义上的自由。① 以下从这两个方面对自由予以解析。

一、哲学意义上的自由概念

　　自由问题既是哲学问题,又是法律问题,要想从法哲学的角度探求自由的法价值,首先要搞清自由的哲学概念。事实上,人们对自由的探索,无不始于并最后终结于哲学层面。这从思想大师们的宏论中可以清楚地看到这一点。概括说来,先哲们对自由的定义可以划分成自由天赋论、自由意志论、自由能力论、自由选择论和自由必然认识论。

　　1. 自由天赋论。

　　自由天赋论主张自由不是后天习得的,而是自然或者天赋的,是与人性同在,并且由人性决定的。自由天赋论是西方最早和最为普遍的关于自由的定义性判断,这一思路在 17、18 世纪的启蒙思想家中得到了广泛的认同和大力提倡。洛克说:"人的自然自由,就是不受人间任何上级权力的约束,不处在人们的意志和立法权之下,只以自然

---

　　① 近年来也有少部分学者对这种二分法的理解提出异议,认为应该从主体自由、社会自由和个体自由三个角度来理解自由概念。这种理解比较典型地反映在由贾高建先生主编、中共中央党校出版社 1994 年出版的《三维自由论》一书中。

法作为它的准绳。"①康德在其《道德的形而上学原理》中也说:天赋的权力只有一个,即生来就有的自由权。自由是独立于别人的强制意志;而且由于根据普遍法规,它能够和所有人的自由并存,它是每个人由于他的人性而具有的独一无二的、原生的、生来就有的权利。当然,每个人都享有天赋的公平,这是他不受别人约束的权利,正如他不能以同样的权利去约束别人。因此,由于每个人生来就有的品质,他根据这种权利应该是他自己的主人。②

2. 自由意志论。

自由意志论主张人的意志不受自然的、社会的和神的约束,是完全自主、绝对自由的。自由意志论最早是作为反对封建等级制和神学统治而提出来的。文艺复兴时期的但丁坚决主张自由意志论,认为自由的第一个原则就是意志的自由,而意志的自由就是关于意志的自由判断。马丁·路德从宗教改革的立场出发,一方面肯定自由意志来自上帝,另一方面也肯定人有自由意志,他说:人有自由意志,可以行善避恶,反之亦然。人靠自己本来的力量能遵守上帝的一切诫命。③ 伏尔泰说自由是"试着去做你的意志绝对必然要求的事情的那种权力"④。自由意志论体系化、完善化的论证者当推黑格尔。这不仅表现在黑格尔就是从意志、自由、精神等概念出发来构筑他庞大法哲学体系的,而且他极力主张,法的出发点的实体性就是意志,而意志的根本属性是自由。意志若没有自由,就不能称其为意志。反过来说也一样,自由只有作为意志、作为主体,才是真实的意志即人的意志。⑤ 自由意志论在现代西方又得到了很大的发展。其中,以叔本华和尼采的意志主义哲学最具代表性。叔本华认为,意志自由是绝对不依靠理性的,意志是存在的本体,理性不过是为意志存在的工具。这表明现代自由意志论者与近代以前的自由意志论者又有些不同,如果说近代以前的自由意志论者承认自由意志的存在是建立在理性主义基础之上的话,那么,在现代自由意志论者的思想学说中则出现了明显的非理性主义倾向。

3. 自由能力论。

所谓自由能力论,是英国早期的启蒙思想家洛克在批评自由意志论时提出来的。洛克不但主张自由是天赋的,而且认为自由与意志是不同的概念,或者说,自由与意志是两种能力,自由是一种能力,意志是另一种能力,这两种能力之间不存在任何归属问题。洛克说:"我们如果有能力,来按照自己心理的选择,把任何一种思想提起来,或放下去,则我们便有自由。"⑥又说:"自由实际上只是人心的一种能力,它可以决定自己的

① [英]洛克:《政府论》下篇,16 页。
② 参见《西方法律思想史资料选编》,404 页,北京,北京大学出版社,1983。
③ 参见《西方著名伦理学家评传》,191 页,上海,上海人民出版社,1987。
④ 中国社会科学院哲学研究所编:《十八世纪法国哲学》,95 页,北京,商务印书馆,1979。
⑤ 参见吕世伦:《黑格尔法律思想研究》,5 页,北京,中国人民公安大学出版社,1989。
⑥ [英]洛克:《人类理解论》上册,210 页,北京,商务印书馆,1981。

'思想',来产生、来继续、来防止任何动作(当然在可能的范围之内)。""能力是属于主体的——因此,我们看到,意志是一种能力,自由乃是另一种能力。如果我们要问,意志是否有自由,那就无异于问,一种能力是否有另一种能力。这个问题一看之下,就是万分荒谬的,并不值得一驳。""人所以说是自由的,就是由于这种能力,这种能力亦就是自由本身。"①

4. 自由选择论。

自由选择论主张自由不过就是在多种可能性中的一种自主选择。这种自由选择论,其实是自由能力论的继续和发展。因为自由能力论说到底是指人的一种选择的能力,其中包括认识上、心理上和行为上的选择。洛克在把自由看作一种能力时,就说这是"心理的选择和指导"。在现代,萨特是自由选择论的最典型代表。萨特从存在的本体是虚无和存在先于本质的原理出发,认为人注定是自由的,而人的自由恰恰就是选择的自由。萨特说:"人并不是首先存在以便后来成为自由的,人的存在和他'是自由的'这两者之间没有区别。"②人的自由是一种行动的自由,是选择的自由,而且"人是自己造就的;他不是做现成的;他通过自己的道德选择造就自己,而且他不能不作出一种道德选择"③。

5. 自由必然认识论。

自由必然认识论主张自由是对必然的认识。更进一步说,就是在理性的基础上,从自由与必然的辩证关系中,指出自由不是对必然的挣脱,也不是纯粹的偶然性,只能是对客观必然的认识和把握。从自由与必然的关系角度来界定哲学意义上的自由概念,既是近代以来资产阶级哲学在这个问题上所能达到的最高成就,也是马克思主义哲学在自由概念问题上的逻辑起点。这里我们不再一一列出所有资产阶级思想家对这个问题的详细论述,只想指出,在自由与必然的关系问题上,许多思想家,包括培根、斯宾诺莎、黑格尔等都从认识论的角度,正确指出了自由不是来自人的本性,同时又不是任性,而是被认识了的必然性。马克思主义并不到此为止,其经典作家在严密论证自由是对必然的认识的基础上,进一步强调在实践中实现对客观世界的改造,人们不仅在认识领域,更重要的是在实践中才享有自由,这是一种更深层次的自由。把握客观规律、必然性、真理本身并不是目的,即认识本身并不是目的,人们在认识必然性的基础上通过改造主客观世界而追求自由幸福才是目的。正如恩格斯所说:自由不在于在幻想中摆脱自然规律而独立,而在于认识这些规律,从而能够有计划地使自然规律为一定的目的服务。自由是在于根据对自然界的必然性的认识来支配我们自己和外部自然界。

---

① ［英］洛克:《人类理解论》上册,212 页。
② ［法］萨特:《存在与虚无》,56 页,北京,三联书店,1987。
③ ［法］萨特:《存在主义是一种人道主义》,26 页,上海,上海译文出版社,1988。

二、社会政治意义上的自由概念

对自由的哲学理解是理解社会政治自由的前提。但是,我们必须看到,从自由与必然相对应的角度来阐释的自由,与社会关系领域的社会政治意义上的自由并不是直接同一的,尽管二者有着密切的联系,但却不能互相代替。对社会政治自由的理解需要有相应的哲学基础,但不能把认识论意义上的自由概念简单地等同于社会政治自由。实际上,社会政治自由与认识论意义上的自由并不是处于同一层次的概念。社会政治自由是一个相对独立的问题,它并不是哲学自由概念的自然延伸。自由问题之所以在人们的观念中被搞得很乱,原因或许很多,但其中之一是混淆了社会政治意义上的自由与哲学意义上的自由的区别,其结果往往是导致对社会政治自由的压制或滥用。

1. 积极自由与消极自由。

社会政治意义上的自由也有多方面的含义。在欧洲近、现代思想史上,人们基本上是从两个方面来解析和定义自由概念的。这就是英国学者艾塞·伯林在《两种自由的概念》一文中所区分的"消极自由"与"积极自由"。

所谓消极自由,就是不受他人或事物的干预和限制,即"免于……的自由"。这种消极自由最早起源于中世纪的各个社会等级(尤其是贵族)在其自身的范围内按照其自身的生活方式生活的权利。这种自由传统在以后的发展中逐渐形成了以下三个命题:其一,自由就是不受他人的干预;其二,限制自由是因为存在着与自由的价值同等或比自由的价值更高的价值;其三,必须保留一种任何权威以任何借口都不能侵犯的最小限度的自由,如宗教信仰自由、发表意见的自由、拥有财产的自由等。在现代,这种消极自由,实质上其目的在于保护处于弱者地位的公民不受他人,尤其是国家或其他权力组织的侵犯,使每个人都能获得相对独立自主的生存和发展空间。正是从这个意义上,有人又将消极自由称为保护性自由:"就其特征而言,政治自由是摆脱外物的自由,而不是行动的自由。我们现在都习惯于称其为'消极的'自由,但由于这种说法容易引起贬义,并有助于把政治自由表述为劣等的自由,因此我宁愿更精确地说,它是一种防卫性或保护性自由。"[1]无论如何,消极自由是所有政治自由和其他自由的基础,把自由作为权利的重要内容或在某种意义上把它作为权利的基础来看待,禁止对权利的侵犯,就是为了强调自由的这种免于被侵犯的属性。对这种自由的格外关注,是现代社会重要的价值目标。因为"自由不是用于实现某一更高政治目标的手段,其本身就是最高的政治目标"[2]。消极自由的出发点是"把人当作人来尊重"。人格、人的尊

---

① [美]乔·萨托利:《民主新论》,304 页。
② [英]哈耶克:《通往奴役的道路》,70 页,北京,商务印书馆,1962。

严、人的价值等恰恰是消极自由的逻辑起点和归宿。

所谓积极自由，就是自己去做自己想做的某事或选定做某事，即"从事……的自由"。积极自由主要来自主体成为自己主人的愿望，这种传统始于法国启蒙运动以来的知识分子。积极自由论者认为，在社会生活中，仅有消极自由是不够的，尤其是在当代更是如此，还必须强调积极自由。自由更意味着人们获得某种积极效果的能力、权力和机会，它所强调的重点应该是人们在社会关系中的积极行动、积极参与和积极选择。积极自由作为人格的自我实现，意味着充分地肯定人的个性。因为"自由只是在一般的意义上意味着解放。如果人们不能由'消极的自由'走向'积极的自由'，不能摆脱孤独和忧虑，那么自由将成为一种不堪忍受的负担"①。这就需要有"另外一种自由，即'要……'的自由，这是指获得某种积极效果的能力。一个人，只有在他能够实现某种目的(不论是依靠自己的力量还是与他人合作)时，方能感到自己享有自由，方能感到自己是自己的主人。很明显，通过得到某种积极的目的来发现自己真正的价值，这种自由是以某种程度上不受限制的自由为前提的。身受各种各样束缚的人很难实现什么目的。然而仅仅是不受限制，恐怕还不足以保证得到预期目的的自由"②。因此，只有从消极自由走向积极自由，社会政治自由才可谓完满。

2. 政治自由、思想文化自由与经济自由。

从一般的意义上说，社会政治自由涵盖人们在社会关系各个领域中的自由，包括政治关系领域的政治自由、思想文化关系领域的思想文化自由，以及经济关系领域中的经济自由。社会政治自由并非主观自由，它是一种工具性的、关系中的自由。从社会政治自由过程或阶段的角度来说，"它可能具有三层含义，或者可以分解为三个短语。它可能意味着我可以、我能或者我有权如何如何。第一种意义上的自由表示一种许可，第二种意义上的自由表示一种能力，而第三种意义上的自由则要求某种别的条件(物质的或其他方面的条件)予以支持"③。关于社会政治自由的本质，如果不是追寻其最基础的社会经济根源，就应该从其与法律的相互关系角度进行解析，这将留待下文论述。这里只想指出，虽然社会政治自由绝不是唯一的自由，也没有必要将其视为具有至高无上的价值，然而，它却是基本的自由，正如萨托利所说："只有精神上的自由还不够，如果舌头并不自由的话。要是我们在安排自己的生活上受到阻碍，那么这方面的能力几乎就没有用处。"④因此，解析社会政治自由，必须关注政治自由、思想文化自由和经济自由问题。

所谓政治自由，是指人们在政治关系领域中的自主活动状态。政治自由就其一般含义而言，主要是人们借助于国家权力体系而进行管理社会的活动。由于政治自由本

① 邹铁军：《自由的历史建构》，456页，北京，人民出版社，1994。
② [英]彼得·斯坦、约翰·香德：《西方社会的法律价值》，194页。
③ [美]乔·萨托利：《民主新论》，302页。
④ [美]乔·萨托利：《民主新论》，307页。

身直接体现的就是人们的政治利益,因此,政治自由集中体现在政治权力的划分,可以说,政治自由就是作为参与国家权力分配的权利而存在的。从具体内容上来说,政治自由主要包括结社自由、集会自由、选举自由、游行示威自由等方面,此外,言论自由、新闻自由、出版自由等既是思想文化自由,又可视为政治自由。政治自由作为人们进行政治活动的基本权利和手段,作为人们政治利益的直接体现,不但在自由体系中占有重要地位,而且往往成为人们关注的热点。

所谓思想文化自由,是指人们在思想文化关系领域里的自主活动状态,也就是体现于人们在表达思想、开展科学研究、进行学术探讨、从事文艺创作、选择宗教信仰等方面的思想文化权利,即科学自由、学术自由、创作自由、宗教自由、思想自由。此外还包括与政治自由相重合的言论自由、新闻自由、出版自由等。马克思对思想文化自由极力追求和推崇,并对压制思想文化自由的行为进行无情的鞭挞。他说:"你们赞美大自然悦人心目的千变万化和无穷无尽的丰富宝藏,你们并不要求玫瑰花和紫罗兰散发出同样的芳香,但你们为什么却要求世界上最丰富的东西——精神只能有**一种**存在形式呢?我是一个幽默家,可是法律却命令我用严肃的笔调。我是一个激情的人,可是法律却指定我用谦逊的风格。**没有色彩**就是这种自由唯一许可的色彩。"①真正的思想文化自由要让每一滴露水在太阳的照耀下都闪烁着无穷无尽的色彩。马克思不但对思想文化自由高度重视,而且深刻揭示了思想文化自由与现实经济利益之间的关系,指出:思想一旦离开利益,就一定会使自己出丑。② 思想文化自由只不过是对人们所应该享有的精神生活方面的利益的确认。

所谓经济自由,是指人们在社会经济关系中的自主活动状态。一般说来,经济自由包括财产自由、经营自由、贸易自由、劳动自由、就业自由等。在现实社会政治生活当中,经济自由并不像政治自由那样往往成为社会热点,也不像思想文化自由那样引人注目和敏感,但它却是社会政治自由体系中处于更深层次的一个组成部分,因为经济自由直接关系到经济关系中人们的经济利益的划分和实现,在经济关系中占有支配地位的社会集团采取何种形式来实现经济运转,直接关系到这一集团内部成员之间如何分享社会政治自由权利,并直接影响着全社会范围内的社会政治自由的实现状况。

总之,政治自由、思想文化自由和经济自由构成社会政治自由的完整体系,而且,"自由的一种形式制约着另一种形式,正像身体的这一部分制约着另一部分一样。只要某一种自由成问题,那么,整个自由都成问题。只要自由的某一种形式受到排斥,也就是整个自由受到排斥——自由的存在注定要成为泡影"③。

---

① 《马克思恩格斯全集》第 1 卷,7 页。
② 参见《马克思恩格斯全集》第 2 卷,103 页。
③ 《马克思恩格斯全集》第 1 卷,94—95 页。

第二节 法律与自由的关系

一、自由与"准法律"——强制、责任、限制的关系

为了防止歧义,这里对"准法律"一词作如下限制性解释:首先,"准法律"在本章中仅指强制、责任、限制三个概念。其次,之所以将强制、责任、限制称为"准法律",是因为:第一,这些概念本身并不是法律。第二,从一定意义或特定角度来说法律又具有这些概念的基本特性。因此,在阐释法律与自由的关系之前,有必要对自由与"准法律"的关系作些必要的论述,这既是进一步解析自由概念的需要,也是全面论证法律与自由关系的前提。

1. 自由与强制。

从一定意义上说,自由就是这样一种状态:在社会中,一些人对另一些人的强制被减少到最低限度或每个人都独立于他人的专断意志。这里所谓强制是指由强力或基于强力的权威所施加的抑制或强迫。强制包含着人为的意志因素和禁止之意,当一个人被非源于公正行为规则的外部因素禁止实施公正行为规则允许的行为时,他就遭到了强制,因而是不自由的。同时,强制不一定都以暴力的形式出现,当一个人的行为被用来服务于他人意志的目的,而不能实现自己的目标时,也会产生强制。不过,强制并不必然意味着没有选择,一个被强制的人仍能进行选择,只是他仅仅能在强制者划定的范围内进行选择,这种选择是强制者愿望的,而非被强制者想做的。因此,自由是强制的对立物,自由就其本性来说,就是免于外部强制。当每个人都服从于相同的抽象行为规则,谁也不能强迫他人为一些特殊目的服务时,就达到了自由的最高境界。自由的条件,就是这些抽象的规则使每个人都受到保护,不受别人专断的强制,但也阻止他去强制别人,从而把强制的可能性减少到最低限度。

然而,问题的复杂性在于,强制在某些情况下又是必须的。这突出地表现在国家必须拥有足够的强制力量以防止个人实施强制,因此,基于保护自由的同样理由,国家强制的存在是绝对必要的。当然,在现代民主法治社会,国家强制必须被严格限制,而且国家只有在制止更为严重的强制时才有理由使用强制,国家强制必须应用在整个法律系统上,而不是应用在单个规则或个案问题上。这是因为,相对于国家来说,公民个体总是处于弱小地位,很容易受到国家政治、经济权力的侵犯。不错,自由的最坚实的屏障应该在个人与国家之间构筑,自由离不开国家强制,国家可以被看作是自由的保护神。但是,国家无限膨胀的权力如果不被限制,将对自由造成更大的威胁。因此,只有为国家强制确立一个合理的"度",才能保障国家这一"利维坦"性质的强制机器不被滥用,才能保障个体自由不在更深层次上遭到更广泛的侵害,从而切实实现自由价值的最大化。

2. 自由与责任。

自由是不受阻碍的一种状态,但自由并不是放任或者任性。虽然"自由不是许多现象中的一种现象,而是一切人的命脉"①。"但是,由于有自由与超越,人的有限性就不同于世界上其他事物的有限性而成为一种独特的有限性。"②因此,"就是人,由于命定是自由,把整个世界的重量担在肩上:他对作为存在方式的世界和他本人是有责任的……这种绝对的责任不是从别处接受的,它仅仅是我们的自由的结果的逻辑要求"③。当人们说自己是自由的时候,就意味着已经把自由与责任紧紧地捆在了一起。"事实上,我对一切都负有责任,除了我的责任本身以外。因为我不是我的存在的基础。因此一切都似乎仍在说明我是被迫负有责任的……我突然发现自己是孤独的、没有救助的、介入一个我对其完全负有责任的世界的意义下的。不论我做什么,我都不能在哪怕是短短的一刻脱离这种责任,因为我对我的逃离责任的欲望本身也是负有责任的。"④关于自由之所以与责任相联系,存在主义哲学家萨特在《存在主义是一种人道主义》一书中有较系统的论述。他说:"这并不是说他凭空这样决定,这只是说一个诚实可靠的人的行动,其最终极的意义,就是对自由本身的追求。……我们是为自由而追求自由……还有在追求自由时,我们发现它完全离不开别人的自由。显然,自由作为一个人的定义来理解,并不依靠别的人,但只要我承担责任,我就非得同时把别人的自由当作自己的自由追求不可。"⑤"人可以作任何选择,但只是在自由承担责任的高水准上。"⑥因此,自由并不是一个人可以凭自己的一时高兴,就支配另一个人,并不是可以不负责任地为所欲为,而是理性主体的理性行为。在一个正常的有理性的人那里,自由与责任是深刻统一的。当人们享有自由的时候,他便应当承担相应的责任,这种责任是对他本人行为的自我节制,是对他人自由的尊重,是对社会的负责,更是实现个体自我自由的前提条件。

3. 自由与限制。

从自由的主体角度来说,一个理性主体应该免于被专横的强制,但是,这并不意味着主体的外部行为不受任何约束。事实上,自由一方面强烈地要求摆脱限制,另一方面又迫切地需要限制。正如博登海默所总结的那样:"如果我们从正义的角度出发,决定承认对自由权利的要求是根植于人类自然倾向之中的,那我们无论怎样也不能把这种权利看作是绝对的和无限制的权利。任何自由都容易被肆无忌惮的个人和群体所滥用,因为为了社会福利,自由必须受到某些限制,这就是自由社会的经验。如果自由

① 中国社会科学院哲学研究所西方哲学史组编:《存在主义哲学》,222 页,北京,商务印书馆,1963。

② 中国社会科学院哲学研究所西方哲学史组编:《存在主义哲学》,233 页。

③ [法]萨特:《存在与虚无》,2 页。

④ [法]萨特:《存在与虚无》,711 页。

⑤ [法]萨特:《存在主义是一种人道主义》,27 页。

⑥ [法]萨特:《存在主义是一种人道主义》,29 页。

不加以限制,那么任何人都会成为滥用自由的潜在受害者。无政府的政治自由会演变为依赖篡权者的个人状况。无限制的经济自由会导致垄断的产生。人们出于种种原因,通常都乐意使他们的自由受到某些对社会有益的控制。他们愿意接受约束,这同要求行动自由的欲望一样都是自然的。前者源于人性的社会倾向,而后者则根植于人格自我肯定的一面。"①约翰·杜威也说:"自由是相对于既有的行动力量的分配情况而言的,这意味着说没有绝对的自由,同时也必然意味着说在某一地方有自由,在另一地方就有限制。在任何时候,存在的自由系统,总是在那个时候存在的限制或控制系统。如果不把某一个人能做什么同其他的人们能做什么和不能做什么关联起来,这个人就不能做任何事情。"②可见,自由从来不是绝对的、不受限制的,如果自由不受限制,那我们最终也就失去了自由。

追求自由是每个人的愿望和权利。一般说来,接受约束和限制也是人们所理解和同意的。然而,问题是对于约束和限制到什么程度,则从来都很难取得一致。除了一些为社会生存所明显必需的限制,如对"杀人自由"的限制、"盗窃自由"的限制等是人们所共同同意的以外,当自由与其他社会价值相冲突时,人们关于对自由限制的理解就往往发生歧义,以至于引起无数法律思想家投身于探寻解决这一问题的行列。有学者综合了众多思想家的学说,概括出对自由限制的四项原则:第一,伤害原则,即对伤害他人的自由应该加以限制;第二,立法伦理主义原则,即对不道德行为的自由应该加以限制;第三,冒犯原则,即对冒犯他人的自由应该加以限制;第四,亲缘主义原则,即对伤害自身的自由应该加以限制。③ 总之,一个健全、理性的现代文明社会,必须在自由与限制之间寻求恰当的平衡。否则,社会可能因缺乏自由而面临极权统治和失去活力,也可能因缺乏限制而陷于混乱和堕落。这既是一个法哲学的理论性问题,又是人类无数历史经验反复证明的实践性问题。

二、自由仅仅是做法律所许可的一切事情的权利

1. 传统中国人的自由概念及其误区。

严格说来,传统中国人没有十分确切的自由概念,在浩如烟海的中国古代典籍中,很难发现"自由"一词及其定义性解释。这倒不是说中国古代思想家多么懒惰或不屑于解释"自由"这一概念,而是由于:第一,传统中国社会不具备形成完整自由概念的客观条件;第二,传统中国社会中,从治者到被治者所形成的独特的"自由"意识达到了绝无仅有的高度的一致,以至于没有必要再由"儒""士"们多此一举。

那么,传统中国社会独特的"自由"意识到底如何呢? 它究竟是怎样形成的? 我们

---

① ［美］博登海默:《法理学——法哲学及其方法》,276页。

② ［美］约翰·杜威:《人的问题》,90页。

③ 参见孙国华、叶传星主编:《市场经济是法治经济》,177—179页,天津,天津人民出版社,1995。

打开中国古代历史画卷即可明了。事实上,在整个漫长的中国古代社会,由于自给自足的农耕自然经济所最终决定,所有中国人对自由的理解都遵循着同样的格式,即认为自由就是"想干什么就干什么""想怎么样就怎么样"。对于以皇帝为代表的统治阶层来说,自由意味着为所欲为;而对于普通平民百姓这一被统治者阶层来说,自由就意味着无拘无束,中国民间有所谓"自由百姓"一说,即源出此意。在相当一部分中国人的观念当中,"自由""自由主义""自由化"等大多是贬义词,它往往同"无政府主义""无组织无纪律""无法无天"等概念相联系,从而使"自由"一词在相当一部分中国人的观念中走入了误区。

把自由解释成"想干什么就干什么"这一认识误区,其直接的原因在于没有弄清自由与法律的关系。事实上,"很少有攻击自由者不把自由解释为为所欲为,也很少有捍卫自由者把自由解释为为所欲为"①。马克思主义,甚至真正捍卫自由的资产阶级自由主义者,从来都是把自由与法律结合起来考察的。

2.启蒙思想家论法律与自由的关系。

法律与自由的关系是法哲学的基本问题之一。之所以这么说,至少是由于下面显而易见的两点原因:第一,二者的关系是如此紧密,以至于离开了法律这块自由的界碑,自由就不能完善,并注定要受到损害。而离开了自由,法律便在相当程度上有可能蜕变为暴力的工具。因此,关注法律价值这一法哲学基本问题,就必然会关注法律与自由的关系问题。第二,法律与自由的关系这一问题如同人类的文明史一样古老,早在古希腊、古罗马时期,先哲们对法律与自由问题就给予了极大的关注。如亚里士多德说:"法律不应该被看作(和自由相对的)奴役,法律毋宁是拯救。"②西塞罗也说,我们是法律的奴隶,正是为了我们可以自由。到了启蒙时代,思想家们对法律与自由关系的论述更加全面、具体,达到了一个新的层次。这里不是完整阐释法律与自由的关系,只是从启蒙思想家的论述,来说明自由仅仅是做法律所许可的一切事情的权利这样一个道理。

17、18世纪的启蒙思想家几乎都是自由主义的拥护者。但是,没有一个启蒙思想家把自由解释为"为所欲为"或"想干什么就干什么",从霍布斯到洛克,从卢梭到孟德斯鸠都严格遵循着这一思维格式。霍布斯虽然认为自由按其本意来说是没有阻碍的状况,但他紧接着又说:"如果我们把自由看成是免除法律的自由,那么,人们像现在这样要求自由便也同样是荒谬的。"③人们不会忘记霍布斯关于法律与自由关系的那段形象比喻:"正如人们为了取得和平,并由此而保全自己的生命,因而制造了一个人为的人,这就是我们所谓的国家一样,他们也制造了称为国法的若干人为的锁链,并通过相互订立信约将锁链的一端系在他们赋予主权的个人或议会的嘴唇上,另一端则系在自

---

① 孙国华、叶传星主编:《市场经济是法治经济》,176页。
② [古希腊]亚里士多德:《政治学》,276页。
③ 转引自徐大同主编:《西方政治思想史》,78页,天津,天津人民出版社,1985。

己的耳朵上。""臣民的自由只是相对于这些锁链而言的自由。"①早期英国启蒙思想家洛克说得更加全面:"在一切能够接受法律支配的人类状态中,哪里没有法律,哪里就没有自由。这是因为自由意味着不受他人的束缚和强暴,而哪里没有法律,哪里就不能有这种自由。但是自由,正如人们告诉我们的,并非人人爱怎样就可怎样的那种自由(当其他任何人的一时高兴可以支配一个人的时候,谁能自由呢?),而是在他所受约束的法律许可范围内,随其所欲地处置和安排他的人身、行动、财富和他的全部财产的那种自由,在这个范围内他不受另一个人的任意意志的支配,而是可以自由地遵循他自己的意志。"②卢梭对法律与自由关系的论证更有其独特的思维逻辑,按照卢梭的看法:"法律乃是公意的行为。"③法律"只不过是公意的宣告"④。而公意本身就包含着自己的意志,所以,服从法律就是服从自己的意志,就是自由。说得更直接一些:"如果他们企图打破(法律的)约束,那就反而更远地离开自由;因为他们常常会把与自由相对立的那种放荡不羁当作自由。"⑤在法律与自由关系问题上,孟德斯鸠可以说为启蒙思想家的论述作了一个归纳性的总结:"政治自由并不是愿意做什么就做什么。在一个国家里,也就是说,在一个有法律的社会里,自由仅仅是:一个人能够做他应该做的事情,而不被强迫做他不应该做的事情。""自由就是做法律所许可的一切事情的权利;如果一个公民能够做法律所禁止的事情,他就不再有自由了,因为其他的人同样也会有这个权利。"⑥

三、确认和维护自由是法律本身的特性

在一定范围内说,自由离不开法律。这不仅仅表现在自由是做法律所许可的事情,它更表现在确认和维护自由也恰恰是法律本身的特性。洛克说:"法律的目的不是废除和限制自由,而是保护和扩大自由。"⑦博登海默亦说:"整个法律正义哲学都是以自由观念为核心而建立起来的。"⑧的确,自由的存在并不总是与法的存在相联系,在法律不调整的领域,自由仍然广泛地存在着,在许多情况下,法律不禁止、不调整恰恰成为人们享有自由的条件。但是,从另一方面看,法律却必须以自由为前提,必须以自由为基础,没有自由作为法律内在的规定性,法律将不能成其为法律。这从以下几个方面可以得到说明。

---

① [英]霍布斯:《利维坦》,165 页,北京,商务印书馆,1985。
② [英]洛克:《政府论》下篇,36 页。
③ [法]卢梭:《社会契约论》,51 页,北京,商务印书馆,1980。
④ [法]卢梭:《社会契约论》,126 页。
⑤ [法]卢梭:《论人类不平等的起源和基础》,52 页,北京,商务印书馆,1962。
⑥ [法]孟德斯鸠:《论法的精神》上册,154 页。
⑦ [英]洛克:《政府论》下篇,36 页。
⑧ [美]博登海默:《法理学——法哲学及其方法》,272 页。

1. 自由是法律产生和发展的基础和前提。

法人类学和法发生学的研究表明，没有人类相应的自由观念的发展，便不会有法的产生和进化，自由是推动法律发展的重要因素。自由属于人类，而人又是社会的人，人是最名副其实的社会动物，不仅是一种合群的动物，而且是只有在社会中才能独立的动物。① 自由的社会性与人的本质在于真正的社会联系。个体离开了社会的自由自在和无拘无束，并不是真正的自由，自由首先是脱离了动物本能的自觉意识和活动，而这只有在社会中才能得到。不仅如此，在社会生产力极为低下的原始社会早期，人类在很大程度上受着自然的支配和制约，因而没有多少自由可言，人类早期狭隘的社会关系，决定了当时人类活动很低的自由度。正如马恩所说：最初的、从动物分离出来的人，在一切本质上是和动物一样不自由的；但是，同样重要的是，文化上的每一个进步，都是迈向自由的一步。追求自由是人类的天性，随着生产范围和交往范围的扩大，社会关系变得越来越复杂，个体的自我意识逐步发展起来，个体意志的自觉性和自由度也逐步扩大。正是在此基础上，人类早期的习惯规则产生了，习惯权利产生了。这些正是后来法律的基本元素，自由和责任的存在是法律产生的基本前提之一。当然，法律的产生还有其他因素，如分工的出现、私有制的产生、阶级的分化特别是国家政权的推动等。但生产力的发展导致人们行为自由和相应责任的出现，却是法律产生的实在的内容方面。可以这么说，没有人类自由意识的出现和对其规则化的肯定要求，法律就无从发端。换言之，自由是法律产生和发展的基础和前提。

2. 意志自由是法律的内在规定性的必然要求。

恩格斯说：如果不谈谈所谓自由意志，就不能很好地讨论道德和法的问题。法律是规范人类外部行为的，但人类行为的前提是意志自由。当然，有意志自由未必有行为自由，但没有意志自由便肯定没有行为自由。

这一点就连黑格尔也看得很清楚，他认为，法的出发点的实体性是意志，而意志的根本属性是自由，意志若没有自由，就不能称其为意志。反过来说也一样，自由只有作为意志，才是真实的意志即人的意志。由此可知，法的体系就是实现的（通过人的意志体现出来的）自由王国。黑格尔进一步分析说，意志的发展或自由的发展分为三个环节：第一，纯粹的意志；第二，主体设定一个特定的东西作为对象的意志；第三，纯粹意志和它的特殊性之间的统一变成的单一意志。在第三个环节，一个人知道自己是自由的，而他人也是自由的，这就是具体的自由。第一、第二两个环节所体现的自由是片面的。因为抽象的自由是空虚的自由，没有内容。特殊的自由是主体没有自觉认识到这种自由与自我意志的普遍性的否定有关，也就是没有意识到特殊自由是对自我意志普遍性的一种否定或区分。只有第三个环节即具体的自由，才把普遍性与特殊性统一起来，自觉地把自由视为意志的实体，从而才是真正的自由。法，正是具体自由的体现，

---

① 参见《马克思恩格斯全集》第 12 卷，734 页，北京，人民出版社，1962。

它体现了个人自由与普遍自由的真实关系。法否定了片面的意志或自由所可能产生的种种"冲动的自由"。相应地,法学的内容就在于从意志的概念(普遍意志的本性)上把握冲动的自由,把冲动引入意志规定的合理体系。① 马克思、恩格斯不仅对黑格尔关于意志、自由与法律相互关系的论述予以积极评价,而且进一步指出,意志自由只有与行为自由结合起来才是完整的、积极的,现实的法律正是通过对意志自由外化而形成的行为自由的确认和认可而获得生机和活力的。从一定意义上说,法律就是对人类内在要求的意志自由和作为其外在表现形式的行为自由的满足和确认,确认和维护自由是法律本身的特性之一。

3.确认权利维护自由是法律的根本内容。

近年来,法学理论界越来越关注"权利"问题。这一方面是由于中国社会现实需要导致理论研究深化而带来的直接后果;另一方面,权利问题也确确实实是法学的一个核心问题,对权利的确认和对与其相对的义务的规定是法律的根本内容。尽管人们对权利的理解尚有很大差异,对权利的定义也多种多样②,甚至对权利与义务是否存在"本位"以及何者为本位的问题分歧较大,但有一点应该说是大家共同承认的,这就是法律应以权利和义务为其基本内容。而且,即使我们不承认权利自由论者关于权利即自由的论断,我们也必须承认,权利是标示人们在社会生活中的行为自由的目标、方向、程度及范围的法学范畴。在这种意义上说,康德所言权利就是"意志的自由行使"、黑格尔所说"每一个真正的权利就是一种自由"等则有其内在的合理性。马克思进一步指出:各种自由向来就是存在的,不过有时表现为特权,有时表现为普遍权利而已。③

不过,需要进一步地指出,尽管法律的内容是权利、自由等,但法律本身并不是自由,它是保障自由的社会形式。也正是在这种意义上,马克思正确地指出:法律不是压制自由的手段,正如重力定律不是阻止运动的手段一样。恰恰相反,法律是肯定的、明确的、普遍的规范,在这些规范中,自由的存在具有普遍的、理论的、不取决于别人的任性的性质。法典就是人民自由的圣经。④ 法律是对自由的保障和维护,这种保障和维护是通过确认权利和限制权力而获得实现的。首先,自由从其本性来说总是从个体出发并以个体的充分发展为归宿的。尽管在自由的实现过程中不可能脱离集体,但集体本身并不是目的,其目的仍然是个体的充分发展。法律对自由的确认和维护同样是从个体出发的,法律往往把个体自由,如人身自由、政治自由、经济自由等以主体权利的形式表现在法律当中,使自由转化为法律权利,成为自由权。这是法律确认和维护自

---

① 参见吕世伦:《黑格尔法律思想研究》,5 页。

② 有关"权利"概念的多种定义性解释可参阅夏勇著、中国政法大学出版社 1992 年出版的《人权概念起源》一书;在中国政法大学出版社 1993 年出版的《法学基本范畴研究》一书中,张文显教授进而将"权利"释义概括为资格说、主张说、自由说、利益说、法力说、可能说、规范说、选择说等八种。

③ 参见《马克思恩格斯全集》第 1 卷,63 页。

④ 参见《马克思恩格斯全集》第 1 卷,71 页。

由的最直接的方式。其次,法律对国家权力的调整和限制,是法律保障和维护自由的重要方面。这里关键的是要正确理解权利与权力的关系问题。从形式上看,权利与权力是同时产生和存在的;但从实质上看,权力乃是权利的一种衍生形态。国家不应有其自身的目的,其全部的目的应该在于为社会成员的存在和发展提供方便和保障,相应地,国家权力的存在也只有在它能够保障和维护公民个体权利时才有意义。然而,问题是国家权力产生以后,它就同社会个体发生了分离,而且越来越凌驾于社会之上,以至于这种权力如果不受限制,往往会蜕变成为社会的对立物。正是强烈地意识到了这种权力无限膨胀可能带来的灾难性后果,孟德斯鸠早就指出,为了保障权利、维护自由,应该对权力进行必要的限制和制衡,这是人类无数经验证明的一条万古不易的真理。

四、追求自由的真谛是法律的价值理想之一

法律的价值理想是指人格化了的法律的终极关怀或最终目标追求。从法律发生学的角度来看,法律是人类一种自觉程度极高、理性成分极强的社会现象。任何法律,无论为哪个集团或阶级所制定,都必定有其内在的目的追求。不过,我们这里所说的法律的价值理想不是指法律的一般的现实需要,而是指一般意义上的法律或称人格化了的法律最终追求。不同时代、不同国家、不同类型的法律的最终追求是不一样的。如有的国家的法律在某个时代,或者某种类型的法律的理想可能是秩序(有时也被表述为社会和谐、社会稳定等);而在另外的国家、另外类型的法律的终极价值关怀可能是正义(有时也被表述为公平、善、理性等);法律的理想或终极关怀还可能被表述为效率、人类的幸福、社会的法治状况等。总之,不同时代的法律理想可能不同,但是它们都是主体通过法律表现出来的法律终极关怀或目标追求。此外,这里需要指出的是,法律的价值理想与法价值是既联系紧密又相互区别的概念。之所以说二者联系紧密,是因为当我们说法价值或法律的价值理想时,其主语都是作为主体的人,而不是法律本身。因此,法价值、法律的价值理想同法律的作用不是一个概念(法律的作用中,其主语是法律),法价值、法律的价值理想中蕴含的都是人的一种价值的判断、期待和追求。之所以说法价值与法律的价值理想又相区别,是指法价值是包容法律的价值理想的属概念,法律的价值理想至多是法价值中的目标价值。当然,我们说自由是法律的价值理想之一,毫无疑问,它更应是人们必须追求的法价值。

1. 是否尊重和保障自由是评判法律优劣的一项重要标准。

自由是一个制度性事实,也是一种价值理想。然而,人们对法律的价值目标的选择不是随意的,它以深刻的必然性为基础。自由是法律所必须和必然追求的价值目标之一。离开了自由这一价值目标,法律就会成为空洞的外壳,自由的价值对于法律来说是内在的。很难设想,一个不尊重和不保障自由的法律是一个好法律,甚至它是否

还是一个法律本身就存在问题。我们虽然没有必要像自然法学派那样把价值问题看得过于神圣，但是，我们也决不能同意纯粹分析法学派那样拒绝对法律作出价值判断。事实上，自由在法律的价值目标序列中处于非常重要的地位，以至于我们可以这样说，一个没有充分尊重和适当保障自由的法律，是一个非正义的法律。换言之，是否尊重和保障自由是评判法律优劣的一项重要标准。

当然，我们说追求自由是法律的价值目标之一，把是否尊重和保障自由视为评判法律优劣的一项重要标准，并不意味着排斥平等、秩序、效率等其他法价值。虽然自由与平等、秩序、效率等在不同程度和层次上可能会发生冲突，在它们各自的实现过程中也不可避免地会出现相互制约的情况，但这些共同作为法价值的因素，应该说都是法律所要追求的目标理想。

2. 追求自由是推动法律变革的积极因素。

马克思主义认为，法律变革的最深刻、最本质的原因无疑是社会物质生活条件的变化和客观现实的内在需求。然而，对自由的渴望和追求在一定条件下往往成为推动法律变革的积极因素，表现在：当一项法律作出不合理的压制自由的规定时，它就会受到公众强烈的抵制和反对。应该说，追求自由、追求自由公正的法律是人民大众直接的社会权利，人民大众当然可以根据自己的价值理想，包括以自由为标准，批判现行法，要求法律变革。当人们出于对自由的渴望，对现行法的批判达到一定程度，因而使现行法不能根据立法者的初衷发挥效力时，进行法律变革也就自然地被提上了日程。可见，在一定意义上说，对自由的追求会使我们制定更好的法律，人类对自由的渴望和追求，不但是推动历史进步的动力，也是推动法律变革的重要的积极因素。自由的价值与法律有着不解之缘，自由在法律体系当中，始终拥有持久和常新的魅力。

第三节 市场经济与自由

探讨市场经济与自由的关系问题是出于以下两点原因：其一，中国社会主义市场经济体制的建立，促使法学家要不断探讨和深入研究与这种体制相适应的法律体系和法文化问题。在这种背景之下，曾经为人们热切关注的人文理想和价值追求会以另一种形式在经济领域集中地显现出来。为了进一步研究建立在市场经济体制基础上的现代法律与自由的相互关系，必须对市场经济与自由的关系有一个基本的把握。其二，市场经济与自由在当代联系得越来越紧密，以至于我们不得不把二者结合起来加以考察。当然，自由未必总是与一定的经济制度和经济体制相联系，历史上确曾有过政治自由独立存在的情形，但是，这种情况在当代发生了很大变化。正如萨缪尔森所说："从帝王专制下得来的政治自由和从国家法令的干预下解放出来的自由市场价格制度，这二者是密切相关的。""没有物品和劳务的自由市场，便没有民主制度下的自由和政治上的公民权。"①经济安排对于促进自由的实现起着重要作用,如果我们不想脱离现实而把法价值论纯粹引入玄学,当我们研究自由这一重要法价值时,就必然涉及当今中国社会的经济自由问题。

一、经济自由是市场经济的内在要求

自从中国决定走市场经济道路、步入市场经济门槛以来,人们给市场经济加上修饰性词语而形成的定义性判断已经很多了,诸如市场经济是道德经济,市场经济是伦理经济,市场经济是法治经济等等。这些判断从特定角度来看,应该说都有其各自充足的理由。然而,这些判断显系学者们根据各自的专业特点和思维取向而形成的对市场经济理解的衍生物。与计划经济相对,市场经济本质上是一种自由的经济,市场经济需要广泛的经济自由。不仅如此,市场经济体制优越于计划经济体制的一个非常重要的方面,也恰恰在于它能够比计划经济体制给社会主体提供更广泛的经济自由。市场秩序是一种复杂的自发秩序,只有在充分的生产、交换、竞争、收益等自由的基础上,市场经济才能带来更高的资源效率、更多的社会财富、更大的人的发展。

中国决定走市场经济的道路是付出了代价的,计划经济体制曾给中国社会生产力,特别是作为主体的人造成了束缚和压抑。这其中重要的原因之一是人们对自由理解的偏差,由于传统中国人对自由理解的误区,导致人们在相当长的一段时间内把自由视为洪水猛兽,似乎自由一定要同"化"结合起来,而"自由化"肯定与资产阶级有着联系。这种思维逻辑不仅把自由这顶桂冠轻易地拱手让与资产阶级,而且也是对马克思主义自由观的极大歪曲。也正是这种思维逻辑,使我们长期以来不能正确认识民主与自由的关系,强调民主远胜于自由,甚至以民主的名义压制自由。因此,在我国近现代史上有一大批民主主义者,而几乎没有彻底的自由主义者。即使是伟大的、令人敬仰的孙中山先生也只是高扬民主、民权,而忽视自由的价值。然而问题是,没有自由制约的民主,很容易变为非理性的民主或以一种抽象形式存在的民主。

民主与自由关系的误区,在经济领域中的典型体现就是重经济民主甚于重经济自由,甚至根本否定经济自由。计划经济正好迎合了经济民主的要求,它以国家的名义占有和分配社会财富,这种占有和分配社会财富理论上应该是最民主的,但是,这里需要有一个前提,那就是必须有足够的社会财富可供占有和分配。否则,我们还必须首先去创造社会财富。中国的实践经验和教训已经表明,以计划经济为基础的经济民主并不能带来足够的社会财富,而经济自由则是刺激主体创造社会财富的最有效的手段,市场经济是体现经济自由的最好的舞台。换言之,经济自由是市场经济的内在需求。

---

① [美]萨缪尔森:《经济学》上册,333 页,北京,商务印书馆,1988。

大体来说,市场经济所必须的经济自由包括这么几个方面:第一,竞争自由。现代经济学的研究已经充分证明,竞争自由是在自然资源相对有限的情况下,对稀缺的自然资源进行合理有效配置的最佳手段。它遵循自己特定的经济规律,使自然和社会资源朝着最能发挥其效益的方向流动。只要给市场主体以平等的机会,让所有市场主体站在同一条起跑线上参与竞争,市场规则不但会造就良好的经济秩序,而且会极大地促进社会生产力的发展,并在这一过程中实现自由的最大化。第二,契约自由。契约自由是市场主体进行市场行为的前提。它表明市场主体为了实现其自身的最大利益,能够依据自己的独立意志参与市场过程,自愿让渡商品,进行交易,并承担相应的后果责任。正是从这一特定意义上来说,有人认为契约自由是现代法的基本精神之一。这足以说明与市场相联系的经济自由对于法价值有着多么重要的意义。第三,经营自由。市场主体有权对自己所有和管理的资产进行自主经营,有权对生产什么、生产多少、如何销售、利润高低等作出自己的选择。有人担心,这种经营自由可能导致市场混乱。其实,这完全是杞人忧天。建立在竞争自由基础上的经营自由能够比任何精巧的计划更能达到一种理想的经济秩序。正如经济学家萨缪尔森所说:"竞争制度是一架机构精巧的机器,通过一系列的价格和市场,发生无意识的协调作用。它也是唯一传达信息的机器,把千百万人的不同知识和行动汇合起来。虽然不具有统一的智力,它却能解决一种可以想象得到的、牵涉到数以千计未知数和关系的最复杂的问题。没有人去设计它,它自然而然地演化出来;像人类的本性一样,它总在变动。但是,它经受了社会组织的最基本的考验——它可以生存。"①

市场经济条件下的经济自由还有很多,诸如贸易自由、择业自由、价格自由、金融自由、迁徙自由等,这里不再多述。总之,没有自由,市场经济不可能运转。同时,经济自由也只有在市场体制下才可能成为现实。充分尊重和保障经济自由,既是市场经济的客观要求,也是建立与之相应的法律体系的必要条件。

二、市场经济存在保护和毁灭自由的两种倾向

在探讨市场经济与自由的关系时,我们必须注意两种相反的倾向,即市场经济既是自由的保护神,又存在摧毁自由的危险。我们对于这两种倾向都要有清醒的认识,对之加以积极的引导和正确的利用。

1.市场经济有助于阻止国家对自由的侵犯。

自由的实现需要多方面的条件,其中国家对自由的支持和保障尤其重要。但是,我们决不能把这一点推向极端,认为自由是国家的产物,从而在自由问题上陷入被经典作家反复批判的国家主义。事实上,国家虽然是维护自由所必需的,但无论如何它

---

① ［美］萨缪尔森:《经济学》上册,61页。

仍然是靠社会供养而又阻碍社会自由发展的寄生赘瘤。因此,国家往往异化为威胁自由的庞然大物,造成对自由的侵犯。随着文明的进步和社会的发展,人类创造了越来越完善的政治民主体制来防止国家过度膨胀的权力对公民及社会组织自由和权利的侵犯。然而仅此是远远不够的,市场经济对于捍卫自由不受侵犯,尤其是阻止国家对自由的侵犯起着更基础的作用。

市场经济阻止国家侵犯自由主要表现在:市场经济天然地要求限制国家权力的范围,内在地要求社会政治和经济领域相对独立,国家权力不能任意干预经济的正常运行。市场经济作为一个分散的系统,它允许广泛的多样性存在,在这个系统内倾向于而且在大多数情况下也确实做到了排除强制性的权力。恰如米尔顿·弗里德曼所说:"对自由的基本威胁是强制性的权力,不论这种权力是存在于君主、独裁者、寡头统治者或暂时的多数派。保持自由要求在最大可能的范围内排除这种集中的权力和分散任何不能排除掉的权力——即互相牵制和平衡的制度,通过市场活动组织摆脱政治当局的控制,市场便排除了这种强制性的权力源泉。它使经济的力量来牵制政治的力量,而不是加强政治力量。"①市场经济这种对国家权力一定程度的约束和限制,排斥了国家对经济生活和私人领域不适当的干预,从而极大地促进了自由的实现。

2. 市场经济有毁灭自由的倾向。

人类的经验已经证明,市场经济的确可以带来自由和繁荣。但是,事物往往具有两面性,市场经济在给人类带来自由和繁荣的同时,在许多方面它也以自己特有的方式威胁着自由的存在。市场的最大特性在于它能够合理高效地进行资源配置,但是,市场同时也天然具有一种把一切都变为商品的自发倾向。如果没有限制,在市场经济条件下,在强大物质利益的诱使之下,一切都可能变为商品,甚至连自由本身都可能成为自由买卖的对象,其结果将导致一种自由吞噬另一种自由,这与自由的原则和人类追求自由这一永恒价值的初衷是背道而驰的。因为"自由原则不能要求一个人有不要自由的自由,一个人被允许割让他的自由,这不叫自由"②。这就是说,对于自由(基本的人格尊严)本身,不允许通过市场进行交易,也不允许个人予以放弃。在这一点上,法律再一次显示其价值,法律作为自由的屏障,它义不容辞地负有保护市场经济所需自由的义务。当然,法律本身必须有超越金钱和政治偏见的正义品格,必须努力避免成为市场交易和金钱的牺牲品,这一点在当今的中国社会尤其显得重要。法律在抵制权钱交易、维护自由、建立市场经济秩序的过程中,理应和完全能够将其价值极大化。

---

① [美]米尔顿·弗里德曼:《资本主义与自由》,17 页,北京,商务印书馆,1986。
② [英]约翰·密尔:《论自由》,111—112 页,北京,商务印书馆,1982。

第二十章　法与权利

马克思主义的创始人曾经睿智地指出过："无产阶级的第一批政党组织,以及它们的理论代表都是完全站在法学的'权利基础'之上的。"①权利,是法律有机体的细胞,是法律大厦的基本构件,是法制王国里的一道普照的光,是真正的"法律上之力",使一切法的领域都受到它的穿透和吸引。因此,几乎可以这样说:认识了权利也就认识了法,抓住了权利也就抓住了法的真谛。然而,要深入地认识权利,不能仅限于法学的领域,还须开展更加广泛深邃的理性思考和分析。在此就权利的有关问题进行一些法哲学的探讨,并对权利与义务,权利与权力的关系提出一些看法。

第一节　权利的组成

人们对权利这个概念的理解不管有多少歧义,但只要认真地思考,就会发现可以对它的组成部分作如下的分解:

权利的基本要素首先是利益,利益既是权利的基础和根本内容,又是权利的目标指向,是人们享受权利要达到的目的(以及起始动机)之所在。所谓权利,实际上就是人们为满足一定的需要,求取一定的利益而采取一定行为的资格和可能性。

首先,利益既(主要)指物质利益,又包括精神上的利益即"道义"。所以道义要求或道德上的要求也是权利的基础之一,它们往往以所谓"应有权利"的形式存在和出现,其进一步发展就会成为"现有权利"或"法定权利"。然而这些归根到底仍然是由物质利益所决定的。所以任何权利要求都有一定的功利目的,任何权利终归联结着某种权益。

其次,行为自由是权利的又一基本要素,是权利的存在形式和载体。因为,权利实际上就是一定社会中所允许的人们行为自由的方式、程度、范围、界限、标准。正是从这个意义上,权利法学和权利本位论认为,法不应该(或不仅仅)是限制人们行为自由的工具,而是(或主要应是,至少社会主义法应该同时是)人民群众行为自由的保障器,它赋予人们以行为自由,犹如马克思所说是"人民自由的圣经"。

当然,行为自由既包括作为,又包括不作为;法之为权利既包括对行为自由的质的规定(即允许什么样的行为自由),又包括对行为自由的量的规定(即允许有多大的行

①　《马克思恩格斯全集》第21卷,546—547页。

为自由;法规定人们的权利,既是对人们行为自由的资格、能力、可能性的认可,又是对这种行为自由的性状和限度的界定。所以法赋予人们以权利并不意味着承认人们行为的绝对自由。自由是对必然的认识,法所体现的社会必然性是对自由的限定,即不得影响与危害他人和社会公众的行为自由和利益,否则行为自由就会走向反面,即该受到惩罚而丧失自由。因此权利必然与义务紧密联系,义务乃是从相反的方面对行为自由的认定。履行义务也可以说是一种自由,即遵循社会必然性而行为,它所维护的就不特是行为人自身的利益,而是他人、社会、公众的利益以及自身的长远利益。正因为这样,所以义务也可以理解为一种特殊的权利,权利也可以理解为尽相关义务的能力,二者都以利益为基础,以行为自由为存在形式和载体,只不过表现形态和价值倾向不同而已。

再次,意志也是权利的要素之一。人的自由行为并不是盲目的和完全随意的,而是受有目的性的意志支配的,而且人们的利益也正是通过意志支配下的行为来主张、维护和实现的。权利的意志属性是很明显的。它既包括行为者的个体意志;又包括社会的整体意志,即一定社会占主导地位的价值取向及标准。因此权利的意志性就使权利与一定的社会规范联系起来,即权利是要符合社会的规范性要求的东西。可见权利并不纯粹是一个实体范畴,它具有人的主观意志性的特征,它必须符合一定社会的阶级、集团和人们的意志倾向性,即符合一定的价值取向及其标准。所以权利宁可说是一个价值范畴更为确切,法定权利乃是以符合一定意志倾向的社会规范之要求为存在前提。因此并不是任何利益要求或道义要求都能成为权利,权利是人的利益要求或道义要求与社会的规范性要求的统一,是人的个体意志得到了社会的整体意志的许可或承认。而权利的这种意志性正好是法的意志性的基础和前提,法的意志性是权利的意志性的升华和凝聚,它通过人们一系列的意志活动(立法、执法、守法等活动)使人的个体意志上升并实现为采取国家意志形式存在和起作用的统治阶级的意志行为和过程,所以法具有阶级性。

第二节　权利的性质和特征

从以上分析可见,权利是标示人们在社会生活中的行为自由的目标、方向、程度、范围的法学范畴,而这种行为自由是符合一定的社会规范要求的。也就是说,权利就是一定社会中人的规范性行为的自由度(行为自由的质与量的统一),它体现着作为社会化了的人的自主性和主体地位。

从哲学上说,权利既不纯粹是一种实体范畴,又不单纯是一种观念范畴,而是一种价值范畴和关系范畴。它是主客观统一的结果,是客观的内容即利益和主观的形式即意志相统一的结果。这种统一就表现为人的行为自由或自由行为,即人们自觉地意识到或认识到了自身的正当利益,就要采取或表现为被社会所允许的一种积极主动的行动去获取它。用通常的语言来表述,就是他可以(或有资格)这样行为或要求别人那样行为,也就是他有这样做或要求别人那样做的权利,而实质上就意味着社会允许他(他有权)享受某种利益——即有权这样做或那样做去求取这些利益。因此,从静态上说权利就相当于利益加意志(价值取向);从动态上说权利就是为一定社会权威所许可的行为。

马克思主义认为,权利和法一样都属于社会上层建筑的东西,权利归根到底是受社会经济关系所制约和决定的,权利永远不会超出社会的经济结构以及由经济结构所制约的社会的文化发展。法定权利不过是社会经济关系的法律形式即法的关系,所以权利始终是在关系中存在,即权利、义务关系,也即法律关系。这种法律关系并不是游离于其他社会关系之上的,而是其他社会关系特别是经济关系的一个侧面,是以法权形式存在着的一种思想、政治关系,它的实际内容仍然是经济关系和实际的社会关系,是以统治阶级意志为焦点,对这些实际社会关系的折光、映象和反映。统治阶级利用法律来确认人们的某种权利,并给予法律上的保护,就可以维护、巩固和发展有利于本阶级的社会关系和社会秩序,以实现其阶级利益。正因为如此,权利总是具有对经济关系的依存性,法定权利并总是打上统治阶级意志的烙印。

那么,权利有无社会性(准确地说,即社会共同性,流行于我国法学界的所谓"社会性",只是一个不确切的模糊的概念,因为从哲学上说,阶级性也属于社会性的范畴;因此法学上所谓的"社会性",实指社会共同性而言)呢?回答应当是肯定的。这是由于在一定社会中,相对于同样的社会历史背景和生存条件,不同的利益群体和权利主体之间必然也有着某些共同的需要、利益和要求。这不仅指防止环境污染、维护生态平衡等,例如发展经济和文化、维护社会稳定和安全方面,也关涉到人们需要普遍保护的利益和权利。正因为这样,权利主体不仅是指单个的自然人,社会组织、机构、团体甚至一个国家,在某些情况下也都可以作为权利主体。在国际法和外层空间法中,国家作为权利主体已是事实。在未来的星际交际中,整个人类作为权利主体亦将被引起重视。总之,随着法调整社会关系以及人与自然的关系领域的扩大,权利的社会(共同)性问题将更加尖锐地摆在人们面前。

第三节　权利的形式和类型

权利有众多的形式和类型,法定权利只是其中之一种。虽然法定权利是其中最值得注意和需要认真研究的权利,但不是权利的唯一社会形式。除法定权利之外,还有宗教组织的权利以及其他社团组织的权利等形式,它们和法定权利的主要区别就是是否受国家强制力的保障和国家机关的认可。以法定权利而言,如果把它作为社会权利大系统中的一个子系统,也可分为若干形式和类型。

按照《中国大百科全书·法学卷》中的有关"权利"的条款,可以把权利分为以下

类型:

其一,根据公民参与社会关系的性质,可分为:①属于政治生活的权利,如各项政治和社会的自由权利,参与国家管理的权利。②一般民事权利,如财产权等。

其二,根据承担义务人的范围可分为:①绝对权,又称对世权,即所要求的义务承担者不是某一人或某一范围确定的人,而是一切人,如物权、人身权等。②相对权,又称对人权,所要求的义务承担者是一定的人或某一集体,如债权、损害赔偿权等(《牛津法律大辞典》的有关"权利"条款中将此分为对人权、对物权)。

其三,依据权利发生的因果关系可分为:①原权,指基于法律规范之确认,不待他人侵害而已存在的权利,又称第一权利,如所有权等。②派生权,由于他人侵害原权利而发生的权利,也称第二权利,如因侵害物权而发生的损害赔偿请求权(《牛津法律大辞典》将之区分为自身财产上的权利和他人财产上的权利)。

其四,依据权利间固有的相互关系可分为:①主权利,即不依附其他权利而可以独立存在的,如对财物的所有权。②从权利,须以主权利的存在为前提,其产生、变更和消灭均从属于主权利的存在,如抵押权等。

《牛津法律大辞典》中区分了人权和所有权。人权是指那些依附于人的权利(但又并非是对人的资产或房地产或财产等的权利),如自由权,对配偶和子女的权利,保护荣誉和名誉的权利,讲究礼仪、维护尊严和官职的权利等。而这些权利一般说来是不能被转让的。所有权是指一个人的资产或产业或财产上的权利,这些权利可以用钱来衡量,可以出售和转让,如土地、货物、股份、专利、商标、债务等的权利。

另外,民法上还区分了请求权(指权利主体请求他人为一定行为或不为一定行为的权利,如债权)和形成权(指权利主体以自己的行为使某种民事法律关系的效力发生变化的权利,如追认权、撤销权等)。

不仅如此,我们还可以根据权利主体的不同,将之区分为公民的权利,国家机关、企事业单位和社会组织的权利,国家的权利。根据权利的内容不同,又可分为人身权利、政治权利、经济权利、文化教育权利、社会权利和诉讼权利等。

如此等等,还有其他若干分法。但是这些都属于对权利(主要是法定权利)的传统分类,它是侧重于从横向上对法定权利的形式和类型作出的划分。从法哲学的观点来看,对权利的划分特别应坚持历史与逻辑相统一的方法论原则,才能进而从纵向上揭示出它的产生、形成、发展及得以实现的阶段和过程。为此,最具有重要意义的权利划分就是应认清它的三种最基本的存在形态及其相互间的联系。

权利的最初形态就是"应有权利"或习惯权利,即人们基于一定的社会物质生活条件而产生的权利要求,或公民作为社会主体在现实条件下和可以预见的范围内应当具有的一切权利。它是人们的利益和需要的自我反映,是"自在"的权利。马克思把它称作"已有的权利"或"习惯权利",并认为法定权利即来源于这些"习惯权利"或"已有的权利"。所以,他说:各种最自由的立法在处理私权方面,只限于把已有的权利固定起来并把它们提升为某种具有普遍意义的东西。而在没有这些权利的地方,它们也不去制定这些权利。[①] 这同他在另一处所说的立法者不是在创造法律,而是在表述法律的思想是一致的,即如果没有这些习惯权利作为基础、源泉和素材,法定权利就是无源之水、无本之木,立法活动就成了无米之炊。可见,"应有权利"比起"法定权利"来说在内容和范围上要丰富广泛得多。

"法定权利"作为权利的第二种存在形态是通过立法对"应有权利"的规定和确认。它通过对"应有权利"的选择和整理来对"应有权利"进行认定和分配,是集中化和系统化了的"应有权利",是对人们利益和需要的自觉认识和概括,所以是"自为"的权利。

权利的第三种形态,即处于最后发展阶段的便是"实有权利",它是通过法律的实施、法律效果的实现、特定的权利义务关系的建立,达到人们对法定权利的真正享有、对相应义务的确实承担,是人们权利和利益的实现和完成,是自在自为的权利。

权利的以上三种存在形态或三个发展阶段,在本质上都是人们利益和需要的自觉或不自觉的表现。它们之间的关系乃是尚未被认定的权利和已经被认定的权利,尚未实现的权利和已经实现了的权利之间的关系。三者之间在一定的条件下互相转化,通过法的创制使"应有权利"转化为"法定权利",通过法律的贯彻实施又进一步转化为"实有权利";"实有权利"的获得又将激发人们新的权利要求或对原有权利要求的可行性和合理性的重新评价,从而展开"应有权利"上升为"法定权利"并实现为"实有权利"的新的发展过程。这就推动着法的不断立、改、废。社会主义民主和法制建设的重要任务就在于:一方面应大力探寻和发掘现实生活中人们在从事经济、政治和文化等各项社会活动中所出现的诸种"应有权利",以扩大"法定权利"的基础和来源;另一方面又应加强立法工作以便科学地确认这些"应有权利",使之上升为"法定权利",从而利于促进社会的经济、政治和文化发展。同时,还应大力加强法律的有效实施和贯彻,使"法定权利"不至于成为一纸空文,而真正能成为人民群众所享有的"实有权利",这样才能充分调动起人民群众投身社会主义事业的积极性,也才能增强人民群众对社会主义民主和法制的信赖并为之奋斗的决心。

第四节　权利与义务的关系

在对权利的各种形态的研究和划分中,还有一种最特殊的权利形态需要专门论述和说明,那就是义务。义务,一些人总是把它看作是权利的对立概念,但在霍菲尔德的权利—义务关系图式中乃是把二者作为相互"关联"的概念。[②] 他更强调权利与义务的联系和同一性。这不是偶然的。

---

① 参见《马克思恩格斯全集》第 1 卷,144 页。
② 参见沈宗灵:《对霍菲尔德法律概念学说的比较研究》,载《中国社会科学》,1990(1)。

确实,从辩证法的观点来看,权利与义务这对矛盾的双方是既有区别又有联系,既有对立的一面,又有同一的一面。偏废其中任一层关系都是不科学不全面的。权利与义务作为法学的一对基本范畴,固然不可混淆,但又不可分割。没有无权利的义务,也没有无义务的权利。权利主体往往同时也是义务主体,法律的精神是要求权利与义务的对应或对等。权利与义务的分离和严重对立是剥削阶级法的局限性的表现。社会主义的权利义务观要求二者高度的自觉的统一,反对以不正当手段获取非法权益,反对只享受权利、不尽义务的特殊公民。法律上的权利与义务的严格对应性决定了法的其他重要特征,如平等性、公正性、正义性,并把法与其他形式的社会规范区别开来。例如道德义务的特点,就在于它主要不是以享受相应的权利为前提。然而,权利与义务的必须对应和对等并不意味着权利与义务关系的二元化。从本原上看,它们是一元的,即都是以利益为基础,以权利为单元,义务不过是权利的对象化,是特殊形态的权利。

但是一般说来,人们比较注意权利与义务的区别,以及其相辅相成的这种联系,而较少注意它们之间这种更深一层的同一性关系,即在本原上的一致性——这需要我们进行更深入的法哲学思考才能把握。事实上义务并不是独立于权利之外的一种异在物,它是发轫于权利大树上的一簇分枝,是权利的一种特殊形态,是对象化了的权利,是主体和内容发生了转化的权利。在我为权利,在他人则就有不得侵犯我这一权利的义务;同时我也有尽其社会责任的义务,才有条件实现我的权利并维护他人(对象化了的我)的权利。由此可见,义务的实在内容,设定义务的目标指向仍然是一定的权利和利益。义务本身不过是为实现某种利益,享受某种权利而同时应尽的责任。从民法的角度看,权利是利益分配的法律技术手段,义务则是使这种利益分配能正常进行(只允许获取正当利益)而设立的另一技术概念,所以义务是为权利设定的。权利界定利益,义务界定权利,义务设定的动机、目的、着眼点和落脚点都是围绕权利界定和利益分配这根中轴旋转的。法律上的各种禁止性规范、义务性规范都不是为义务而义务,为限制而限制,其目的是为了防止人们获取非正当权利以及人们的正当权利被侵犯。就是奴隶主以及许多封建统治者的立法,几乎把一切义务推给被剥削阶级,其目的也是为了维护剥削阶级的权利和利益。这些都说明了,相对于义务来说,权利更根本,义务是其派生的,权利是目的,义务是手段。权利和义务并不是二元并列的,而是一元相生的。在整个社会的权利、义务体系构建成的大厦中,它的实体结构都是以权利相贯穿的;如果离开了权利和利益,义务将无所依归,并且将出现以义务假冒权利从而取消和扭曲权利的现象。

由此可见,权利与义务作为一对矛盾,它们是对立统一的关系,二者不仅既互相区别和联系(互相依存、不可分离、相辅相成),而且还有谁决定谁、谁派生谁、谁根源于谁的问题。正如物质与意识,存在与思维,实践与理论,生产力与生产关系等矛盾关系一样,还有一个第一性与第二性、决定性与被决定性的关系。当然,我们说权利派生义务、义务是对象化了的权利,这并不意味着在法的历史发展过程和实际运行过程中权利就一定在任何情况下都比义务更重要,在不同的历史阶段和具体条件下二者的主次地位可以发生易位。例如奴隶制和封建制法就采取以义务为本位,资本主义法和社会主义法才提出了权利本位。又如,在不同的部门法中二者的主次地位和作用也可能不同(如刑法和民法规范在权利和义务侧重点上的显著区别),但这些都不能改变权利决定和派生义务这一事实,正如生产力和生产关系矛盾双方在一定条件下的主次易位不能改变生产力决定生产关系的事实一样。

权利和义务的这种深层次的复杂关系说明了:第一,法的本义是什么? 是权利。法不过是经济关系和其他社会关系的意志化形态,即按照社会主体的意愿对一定利益及其获取方式的认可和规定。这也就是权利。只不过这种认可和规定是以形成国家意志的形式来实现的(这把法与其他社会规范区别开来)。而法的基础终归是利益(经济关系),法的本义始终是权利(被许可的对利益的获取)。所以,在一些西方国家的词源上权利即法、法即权利,前苏联法理学界则认为,权利是主观的法(主体权利),法就是客观法即法律规范与这种主观法即主体权利的统一。我国法学界也出现了"权利法学"思潮。

第二,法的本位是什么? 或者说在特定的历史阶段上法学的重心是什么? 是义务或者是权利? 因而在法的价值功能上是重限制惩罚或是重保护、发展、教育、引导、组织、管理? 显然,前资本主义社会法基本上是以义务为重心或本位,因而专制主义现象严重,人治盛行。资本主义法开始了以权利为重心或以权利为本位,但这种权利本位是私权本位,是以私有制、雇佣劳动为基础的权利本位,在这种情况下,广大劳动人民的权利仍然会遭到扭曲和变型,实质上所张扬和保护的是有产者的权利,因此社会的权利和义务仍未得到真实的统一。社会主义法是法的更高形态,它应继承资本主义法的权利本位这一成果,同时又高于并本质上有别于资本主义法的私权本位。它是建立在公有制基础上的,以个人同集体及国家和社会利益相结合为根本价值准则的权利本位。社会主义社会既应重视每个个人的权利,又重视他人、集体以及国家的权利,从而实现在整个社会权利、义务体系中二者的高度、自觉的统一。只有这样,才能真正维护、实现和发展每个社会成员的各项权利。因此,社会主义的权利本位乃是社会主义民主和法治的重要根据和内容之一。认识到这一点,注意使社会主义法在价值功能上转向以组织和管理经济、政治与文化,保护和发展广大人民群众及其社会组合(企事业和各级社会机构)的权利和利益,以促进人的全面发展和社会进步为重心,才能充分发挥社会主义法的优越性和生命力,有效地推进社会主义民主和法制建设,也才能增强社会主义法对人民群众的吸引力和凝聚力。

第五节 权利与权力的关系

权利和权力是法学和政治学中的两个最基本的概念,也是社会的法律生活和政治生活运转所围绕的两个轴心。民主和法制的关系问题深入探索下去,就是权力和权利的关系问题。因此,正确认识和处理它们的相互关系,已是深入进行社会主义民主和法制建设中需要解决的重要课题。权力之于政治犹如权利之于法一样同等重要。政治离开了权力这个中轴和支撑点就是不可想象的。政治在相当程度上实际就是不同的阶级、集团和人们基于自身的利益而获取、运用、改变和消灭权力的过程。按照马克思主义的观点,政治是经济的集中表现,政治斗争的中心问题就是国家政权问题。所以,马列主义的精髓就是是否承认和坚持无产阶级专政。而政治运行的杠杆就是政府的权力,权力的阶级归属就是国体,权力的组合方式就是政体。权力结构的不同形式和特点就形成了不同的政治体制。我国政治体制改革就是要改变那种高度集中统一,比较僵硬、死板的权力结构体系,而建立起富有效率、充满活力的更加科学合理的权力结构体系和运行机制。这样才能充分调动人民群众和各级干部参加管理和监督国家事务及企事业工作的主动性、创造性,确保他们参政、议政、督政的权利和权力。这也就是社会主义民主的宗旨和本意。

为了正确认识权利与权力的关系,有必要对权力这个概念进行一些理性分析。

一、关于权力的定义

德国的马克斯·韦伯在其《社会和经济组织理论》一书中说:权力是一种社会关系中的某一行动者能处在某个尽管有反抗也要贯彻他自己的意志的地位上的概率。R. H. 陶奈在《平等》一书中说:权力可以被定义为一个人(或一群人)按照他所愿意的方式去改变其他人或群体的行为以及防止他自己的行为按照一种他所不愿意的方式被改变的能力。美国的彼德·布劳说:"权力它是个人或群体将其意志强加于其他人的能力,尽管有反抗,这些个人或群体也可以通过威慑这样做,威慑的形式是:撤销有规律地被提供的报酬或惩罚,因为事实上前者和后者都构成了一种消极的制裁。"[1]T. 帕森斯则认为:权力的概念用来指一个人或群体反复地把它或它的意志强加于他人的能力,而不是指影响他们的一项决定的单个例子。[2] B. 罗素也认为:权力可以定义为有意努力的产物。[3]

再从一些有影响的辞书来看。英国 A. 布洛克等编《枫丹娜现代思潮辞典》说:权力是指它的保持者在任何基础上强使其他个人屈从或服从于自己的意愿的能力。《不列颠百科全书》说:权力是一个人或许多人的行为使另一个人或者其他许多人的行为发生改变的一种关系。谢瑞智编《宪法辞典》说:国家权力是一种组织性之支配力……是制定法律、维持法律与运用法律之力。《牛津法律大辞典》则说权力是有权做具有法律效力或作用的事情的法律概念,如,立遗嘱;如果不还借款,债权人有权出卖抵押物;……通

---

① ［美］彼德·布劳:《社会生活中的交换与权力》,137 页,北京,华夏出版社,1988。
② 参见[美]彼德·布劳:《社会生活中的交换与权力》,138 页。
③ 参见[英]罗素:《权力论》,23 页,北京,东方出版社,1988。

常认为权力只是更广泛的"权利"概念的含义之一。这更让"权力"和"权利"相通了，即把"权力"归属于广义的"权利"概念之内。

由此可见，权力的概念中，意志和行为也是必要要素，只不过这种意志是具有支配性或强迫性，即可以支配他人改变其行为，或使他人的行为服从于自己。因此，在权力的支配下被支配者是没有自由的（当然也没有意志自由），而行为自由和意志自由只属于支配者自己；这种自由甚至是可以凌驾于法律之上的，这就存在着权力的滥用和权力者发生腐败的可能性。

二、权力的形式和分类

罗素在其《权力论》中曾系统地探讨了权力的形式和分类这一饶有趣味的问题。他认为，权力和能量一样，能够不断从一种形式转化为另一种形式，探讨这些变化法则是社会科学的任务。他对权力的形式进行了以下分类：

权力可分为对人的权力或"治人之权"，以及对物或非人类生活方式的权力即"治物之权"。

而"治人之权"又可以根据影响个人的方式或有关组织的形式进行如下划分：

（1）对身体的直接的物质权力，如被监禁或被杀，这是军队和警察行使对人的身体的强制性权力。

（2）以奖赏和惩罚的形式来引诱的，如雇用或不雇用，这是经济团体行使的权力。

（3）以舆论的力量起作用的，如极广义的宣传以及学校、教会和政党旨在影响舆论的权力。

他认为这些区分亦并不是十分清晰、严格的，而是有所交叉即相对的。如在法律的权力中最显著的是政府的强制性权力，但同时也有以惩罚和舆论的方式存在的权力。

罗素进而认为，还可将之区分为传统的权力（如僧侣的权力和国王的权力）和新获得的权力。当对传统权力的尊敬减弱，传统权力形式终止时，传统的制度可能会以两种不同的方式分裂，从而出现赤裸裸的权力（不以传统或赞同为根据的，通常是军事形式的权力）和革命的权威。除此之外，还有经济的权力和支配舆论的权力。而且权力还有原始的和派生的分别。

罗素的权力分类显然不是很科学的，但他也看到了权力有经济方面的权力（经济团体或组织行使的）、军事方面的权力、政治以及法律形式的权力、支配思想文化的权力等的区分（而我们应着重研究的是政治的权力，特别是国家权力和政府权力）。并且，他承认了革命的权威（一种特殊的重要权力形式）之存在。这些都是有道理的。它表明，权力的分类是有客观标准的，那就是社会的层次结构及其发展运行的阶段和过程。权利的分类基本上也是沿着这个路子的，只不过由于权利更与人们的日常生活、切身利益相关,它还要按照人们具体的社会活动的不同领域和方面来分类。至于罗素权力分类中区分的对人的权力和对物的权力,原始的权力和派生的权力,就更是与权利的分类相一致了。

三、权力的变化和演进

格尔哈斯·伦斯基在他的《权力与特权、社会分层的理论》一书中,曾叙述了权力的历史变化和演进过程。他认为,人类社会的政治结构是由开始的强权统治逐渐转化到后来的权利的统治的过程。这一变化意味着越来越多地依赖于智力和越来越少地依赖于强力。在权利的统治下,权力就成了一种制度化的权力。随着从强权统治到权利统治的转化,权力虽然仍旧是特权的决定因素,但是权力的形式变了,变化为制度化的权力,它取代了强权而成为最有用的资源。这种制度化的权力可采取许多形式存在,但它总包含着一定可强行实施的权利,这些权利增强了一个人甚至在遇到反对时都能贯彻自己意志的能力,因为有制度化的权力作为后盾。他并认为,在制度化的权力中,权威也不过是一种能强行命令他人的权利。

仅就伦斯基的上述见解而论,也是有一定道理的,他实际上描述了从封建专制的强权统治必然要转化到近现代的法治社会的过程,并说明了以法制权,以权利制约权力以及用权力来保障权利的必要性,表明了权力与权利之间的内在必然联系。当然,伦斯基在书中也充分表露了他的资产阶级局限性,如他认为制度化权力可依赖的一个重要基础就是财产的私人所有。这同该书的其他许多观点一样,都是需要加以分析批判的。

从以上的叙述和分析可见,权力并不是完全独立于权利之外的东西,无论从每一社会的运行机制或是从人类社会发展的历史长河来看,二者都是相互联系并互相转化的。正因为如此,美国的霍菲尔德在他的权利—义务关系式中就把"权利"(狭义)同"权力"以及"特权""豁免"列为同一层次的概念,而与"无权利""无权力""义务""责任"相对立;而且按他的逻辑,广义的权利概念就包括了权力、特权、豁免这类相似概念。我国法学家郭道晖先生还根据中外法律和政治实践深入系统地论述了权利与权力的对立统一关系[1],阐明了二者之间既相互联系、依存、渗透和转化,又相互区别、对立甚至冲突,因而又是互相制约的关系,并提出了用权利制衡权力的若干宝贵设想和建议,实不乏精辟之论。这里,我们只想着重说明,权利与权力的关系就像权利与义务的关系一样也有更深一层的同一性关系,即在本原上的一致性。这就涉及权利与权力的渊源问题,同时也要解答权利与权力究竟谁源于谁、谁派生谁这一复杂问题。

根据马克思主义理论,权利和权力都属于社会上层建筑,它们归根到底都根源于

---

[1] 参见郭道晖:《试论权利与权力的对立统一》,载《法学研究》,1990(4)。

社会经济关系及其矛盾运动。例如就所有权而言,创造这种权利的,是生产关系……只有生产关系以及所有制的变化,才会引起所有权的变化。① 因此马克思既反对把权利归结为纯粹意志的幻想②,又反对把权力作为国家和法的基础(众所周知,分析主义法学派就是失足于此的),而认为生产方式和交往方式是国家的现实基础,这些现实的关系绝不是国家政权创造出来的,相反地,它们本身就是创造国家政权的力量。③ 恩格斯并在《反杜林论》中批判了杜林关于国家和法起源于暴力的谬论。

在人类社会的历史长河中,权利和权力是同时产生和存在的。法定权利和政治权力则是随着私有制、阶级、国家和法律的出现而同时出现的,无所谓谁先谁后,正像国家和法律的产生无所谓谁先谁后一样。然而由于人类社会形态的更替一般是由革命的阶级破坏了旧法统,打碎了旧的国家机器,用暴力夺取了政权之后,再制定新的法律来重新确认和分配人们的权利,这就容易形成一种错觉,似乎夺取国家权力在先,获得权利在后,因而权力是权利的渊源。

但这只是从形式上看问题;从实质上看问题就不难发现,权力乃是权利的一种衍生形态,国家权力的存在是以维护一定阶级、集团和人们的权利为前提的。只有为了社会的普遍权利,个别阶级才能要求普遍统治。④ 国家是一定区域内人们的一种共同体,马克思并把剥削阶级的国家形式称作"虚幻的共同体",国家如果离开了它的实体——人们的社会存在、社会活动和社会关系(马克思当时曾称作"市民社会"),那是不可想象的。国家权力决不会凭空产生,它是以公民的权利为中介对社会经济关系的集中反映。经济关系的人格化就是人们的利益和需要,利益和需要的意志化就是权利(首先是应有权利)。权利要得到确认和保障就要靠权威和强制力,这种权威和强制力的最高形态就是国家权力。因此,权利之上升为法,实际上就把人们分散的权利集中化成了国家权力,从而使权利具有了普遍性。所以,权力的权威性和强制性不过是权利的集中化表现而已,即权力者有支配和强迫他人的行为服从于自己的能力。而这种能力也可视为一种权利,即在特定地位上的权利。

卢梭从社会契约论的观点出发,认为国家权力是公民让渡其全部"自然权利"而获得的。虽然他这种设想带有虚构的成分,但作为启蒙思想家,他的确也看到了在民主制度下政府权力应当是公民赋予的(哪怕是形式上的赋予)。这同他的"主权在民"的思想是一致的。在社会主义国家中,如我国是人民选举自己的代表组成权力机关——人民代表大会,由人民代表大会授予政府以权力。这就展现出了权利(人民的选举权以及其他各项应予保障的权利)产生出权力的真实过程。所以说"中华人民共和国的

---

① 参见《马克思恩格斯全集》第 25 卷,874—875 页。
② 参见《马克思恩格斯全集》第 3 卷,72 页。
③ 参见《马克思恩格斯全集》第 3 卷,277—278 页。
④ 参见《马克思恩格斯选集》第 1 卷,12 页。

一切权力属于人民"。连资产阶级学者也得承认"人民是权力的唯一源泉"和"原始权威"。①

由此可见,在社会形态和国家政权交替的时候,出现新的国家政权后再制定法律规定人们的权利这种情况,并不能得出权力产生权利的结论。正像在这种情况下国家政权制定新的经济政策,建立新的生产关系,而不能由此得出上层建筑决定经济基础的结论一样。因为革命之所以爆发,新的国家政权之所以出现,归根到底仍然是社会经济关系的矛盾运动所决定的。何况人民夺取政权、建立新的国家和政府,也可以说是人民行使革命权、反抗压迫权的结果,资产阶级革命胜利时就曾把人民的这种革命的权利写在了宪法上。

由于国家强制力是法得以存在和发生社会作用的必备条件,国家强制性是法的一个重要特征,这一事实也容易使人产生一种错觉:似乎离开了国家强制力的创制和保护,便没有权利的产生和存在,因而权利是国家权力创造出来的。这实际上是混淆了"应有权利"和"法定权利"的区别和界限。"法定权利"确实要由国家机关制定、认可并以强制力保障其实现,然而这并不等于国家权力创造"法定权利"。正如马克思所说的,立法者不是在创造法律,而是表述法律(通过法定的形式和程序表述"应有权利"或"已有的权利"),即记载现实的经济关系和社会关系罢了。"法定权利"不过是已经认识并用规范化的条文记载下来的"应有权利"而已。所以立法过程只是对"应有权利"进行再加工(使之成为"法定权利")的过程,而不是创造权利的过程。如果认识不到这一点就会重蹈分析主义法学派错误思想方法的覆辙,乃至得出国家权力创造权利,国家权力也可以取消和消灭权利的结论。现代西方的纯粹法学和社会连带主义法学由此以至于发出了否认权利的喧嚣,从而导出国家至上和政治非民主化的倾向,并很快受到了德国纳粹主义者的青睐。这是很值得认真总结和吸取的理论教训。

马克思和恩格斯还曾经谈到,国家政权一经产生和形成,就具有了某种独立性,而且它愈是成为某个阶级的机关,愈是直接地实现这个阶级的统治,它就愈加独立,并成为一种异己的力量而与现实世界相对立,使其与原有经济关系的联系"日益模糊起来"。这种情况也容易使人产生一种错觉,似乎权力这种使一些人敬畏,使另一些人狂热的东西不是来自权利。凡此种种都说明深入剖析和揭示权利和权力的真实关系,乃是社会研究中不应当回避的一项任务。当然以上这些论述并不意味着就否定了权力在社会生活中的重要作用——这是马克思主义的一个基本常识。马克思主义并不一般地反对权力,正像并不一般地反对权威一样;相反地反对否认国家权力的无政府主义,并竭力坚持和实现无产阶级专政。马克思主义所反对的是专制主义的权力以及滥用人民所赋予的权力。法离开了国家权力也将是不可思议的,人民的权利离开了国家强制力的保障更难以实现。然而权力毕竟不能完全独立于和超越于权利,特别是政府

---

① 参见《西方法律思想史资料选编》,373 页。

权力更应纳入法制的轨道,要由权利来制衡。否则就会出现权力的滥用和权力者的腐败,以权力侵犯权利,搞以权谋私,权钱交易,并以权代法,以权压法乃至贪赃枉法等。在我国,还应反对封建主义的权力崇拜和权力至上,反对官僚主义、命令主义、家长制、一言堂、专权、擅权以及官贵民贱、臣民思想等等。为此,就必须要弘扬人们的权利意识,摆正权利与权力的正确关系。这是社会主义民主和法制建设中应当引起广泛注意的一个问题。

第二十一章　法与秩序

对于中国人来说,秩序作为重要的法价值之一,似乎更容易被人们理解。把秩序与法联系起来可以说是所有统治者和一般中国民众的最基本的共识。的确,秩序是人类社会生存和发展的基本条件。任何社会都是在一定的秩序轨迹上运行着的,不同社会和时代的区别不在于要不要建立秩序,而在于建立什么样的秩序。从法价值论的角度来说,重要的是法律主体究竟要追求什么样的法律秩序,以及怎么样追求理想中的法律秩序。这是法哲学在价值论中必须回答的问题之一。

第一节　秩序、自然秩序、社会秩序

一、秩序与自然秩序

1. 秩序的含义。

在现代社会科学和人文科学的研究当中,词义分析往往构成研究的起点。这种近似于千人一面的研究问题的思路,确有着其内在合理的根据。这就是对词义的解析,往往导致对问题的理解和研究的深入。这里对法与秩序的研究也从秩序一词探源开始。

秩序一词在汉语中是"秩"和"序"的合成,古汉语里这两个词都含有常规、次第的意思。《诗经·小雅》云:"宾之初筵,左右秩秩。""是日既醉,不知其秩。"这里的"秩"即是常规之意。西汉学者毛亨明确解释说:"秩,常也。"关于"序"字,通常是指次序,根据东汉经学大师郑玄的注释:"序,第次其先后大小。"先秦儒家所谓"长幼有序""以岁时序其祭祀"等均是在这种意义上使用的。"秩序"作为独立词语,较早地见于西晋文学家陆机的《文赋》一文,其中写道:"谬玄黄之秩序,古腆认而不鲜。"可见,秩序一词在汉语中出现是很早的,这大概同古人推崇常规、次第等规矩和观念有关。不仅如此,秩序一词在后来的演化中也大体遵循了这一原初含义。现代《新华字典》把秩序解释为"有条理、不混乱的情况",应该说是最权威、也最通常的理解了,然而,它也并没有超出古汉语对秩序厘定的界限。像这种情况在汉语中应该说是不多见的,尤其是与法律相关的概念的演化更是如此,这也从一个侧面表明,中国法文化对秩序这一法价值的推崇是一贯的。

2. 自然秩序。

自然秩序是一个独立于人类行为之外的秩序系统,是自然界物质运动、变化和发展规律的直接体现。自然秩序的构成要素主要有两个:自然物及其运动规律。自然物构成自然秩序的物质载体,而自然界物质运动规律则是其内容,物质运动规律只有凭借着宏观的物质系统才能体现出来,外化成自然秩序。在大千世界的万物中,物体与物体间空间位置上的相对固定性、物体存在一定时间内的相对连续性、物体运动的有规则的重复性、一事物变化导致另一事物变化的因果性等等共同构成自然界的有序性,自然界的这种有序性就是自然秩序本身。它像古人所说的"月有阴晴圆缺"一样,不以人的意志为转移。正是在这个意义上说,自然秩序与规律是两个非常接近的概念,因为二者之间存在着一系列的联系和共同特征。抽象地说,规律作为事物的本质,必然要找到它的表现形式。正如黑格尔所说,"本质必定要表现出来"①,产生一定的秩序。反过来说,秩序也不可能是无内容的、空洞的,它只能是事物内在矛盾的外在形式,而不论这种形式是恰当的还是歪曲的。因此,在秩序正确反映规律的条件下,秩序就是规律。即所谓"一切事物运动、发展过程都具有某种坚定不移的基本秩序,这就是物质本身所具有的本质的、必然的联系,就是物质运动的规律性"②。当然,自然秩序与规律并不是同等程度的概念。规律是事物间的本质的和必然的联系,因而规律是事物比较深刻的、比较稳定的方面,反映着事物运动过程的内在矛盾。而秩序属于现象形态范畴,是事物内在矛盾的具体外在表现形式。同一规律可以有不同的表现形式,外化为不同的秩序,甚至秩序还可能以歪曲的形式反映着规律。因此,确切地说,秩序与规律的关系,是现象与本质、形式与内容的辩证统一关系。

总之,无论如何,自然界中各种各样具体的自然规则使自然界的存在、运动、变化处于恒常的有序状态,形成自然秩序,从而为人类认识、控制、利用自然创造了必要的前提条件。

二、社会秩序

1. 社会秩序的概念。

秩序不仅存在于自然界,也存在于人类社会。人既是自然动物,更是一种社会动物,人类社会同样是有序运行的。人类社会的有序性表现为人们在共同的社会性生产和生活过程中行为的有规则的重复性和再现性。换言之,人们在征服自然和改造自然不断往复的社会交往过程中,逐渐地会形成一定的、固定的社会关系,人类的社会秩序就是人与人之间社会关系的制度化和规范化。它是人类社会的特有现象,它在人类社

---

① ［德］黑格尔:《小逻辑》,275 页,北京,商务印书馆,1981。
② 艾思奇:《辩证唯物主义与历史唯物主义》,48 页,北京,人民出版社,1961。

会行为关系中生成,并推动着社会关系的正常运行。当人类社会处于一定的制度和规范调整状态下的时候,我们则称这种状态为社会的有序状态,或者称为社会的秩序状态。

2.社会秩序不同于自然秩序的特性。

自然秩序和社会秩序同时存在,人类才能生存和发展。这两种秩序虽然都表现为一定的有序性,但二者毕竟存在着很大的差异。与自然秩序相比较,社会秩序的特性主要表现在如下几个方面:

第一,自然秩序是客观的,而社会秩序具有主观和客观二重性。自然秩序是不以人的意志为转移的客观存在,自然秩序不论表现为自然法则、自然规律,还是表现为自然定律,大到宏观的宇宙天体运行,小到微观的原子裂变,都存在自己固有的运动规律,并且自然地外化为客观的秩序。与自然秩序不同,社会秩序虽然是人类生活所必需的,人类要想存在和发展就一定要有社会秩序,从这个意义上说,社会秩序也是客观的、必然的。但是,社会秩序更重要的特性在于它并不是自发形成的,人类积极的社会实践和意识活动对社会秩序的形成起着特殊的作用。尤其是人类到底选择什么样的社会秩序,这与他们在实践的基础上,主观人为地选择什么样的社会规则有直接的关系。这也使我们清楚地认识到为什么人类制定不同的规则、规范会导致不同的社会秩序形态。因此,可以这么说,尽管人类社会秩序的形成具有客观性、必然性,但这种客观性和必然性要通过人的主体实践活动、意识活动才能得到体现。与自然秩序纯粹和客观必然性联系不同,社会秩序是主、客观相统一作用的结果。

第二,构成自然秩序的自然法则、自然规律和自然定律在人们至今所知的时空范围内是不发生变化的、恒定的。而形成社会秩序的规则是不断变化的,自从人类社会产生以来,至少曾经存在以下四类规则,这就是习俗规则、道德规则、制度规则、法律规则,与之相联系,人类社会曾经存在过四种社会秩序,即习俗秩序、道德秩序、制度秩序和法律秩序。习俗秩序表现在一定的风俗习惯中,它是人类社会最初的秩序形态;道德秩序是随着人类逐渐摆脱了蒙昧状态,因而形成一定的是非善恶标准,由此产生了以道德信念为基础的秩序;制度秩序是随着社会关系的发展和社会生活的不断进化而产生的,伴随社会关系的复杂化,人类生活取得了更为发达的形式,即产生了具有特定目的和功能的社会组织实体,为了保证人类各种社会组织的正常运转,就需要一系列明确的规章制度,我们把在保证组织实体正常运转的规章制度作用之下而形成的社会秩序称为制度秩序;制度秩序发展到最完善阶段,即发展到以法律规范、法律规则为依据而形成的秩序阶段,则是法律秩序形态。上述无论哪种秩序形态,都不是一成不变的,社会秩序要不断地随着习俗规则、道德规则、制度规则和法律规则的变化而变化,这是社会秩序不同于自然秩序的又一重要之点。

第三,自然秩序是自然法则、自然规律、自然定律等自然而为的,其本身不具有目的性。人类社会秩序的形成是人类社会实践活动的结果,它与人类追求的特定目的有着直接的关系。这是因为,作为人类秩序实际内容的规则,是人们为了实现一定目的所形成的。社会规则存在于人类社会生活的各个方面,大到国际关系的建立、民族争端的解决、社会制度的变迁、国家政权的更替、经济系统的运行、国家法治状况的形成,小到各种社会组织、集团、群体、个人的社会活动,如维持交通、体育比赛、企业管理、组织建立等都受一定的规则约束,最终都是为了达到特定的目的。

3. 社会秩序的价值意义。

社会秩序是人类社会生存与发展的基本条件。它作为人类行为方式的一个重要特征,是社会的结构要素之一。同时,由于人类对社会秩序内在要求的客观性,决定了社会秩序对于人类来说,更具有一种价值意义。其主要表现是:

第一,从社会的角度来说,社会秩序的首要价值意义在于消除混乱、维护安全,从而避免由于社会失序而导致社会无序。任何事物都是矛盾的统一体,在社会秩序领域里,社会内在地要求存在秩序,但同时社会也存在着对现存秩序的破坏力量。当对社会秩序的破坏力量能够被有效抑制的时候,社会就处在有序状态;反之,当对社会秩序的破坏力量不能被有效抑制的时候,社会失序就不可避免,其结果必然走向社会无序。不论无序的表现形式是结构无序还是行为无序,也不论是局部无序还是整体无序,都将导致社会的混乱。

消除社会混乱是社会生活的必要条件。一切社会的存在和发展首先必须对暴力冲突加以控制,没有控制,就没有秩序,这是人类通过无数经验教训而得到的基本共识。当然,由于利益的驱使,人类社会的冲突并不会完全避免,但必须对冲突进行适当的调节,使冲突不会以毁掉整个社会、牺牲全体安全的暴力方式进行。要想做到这一点,由规则而形成的秩序将发挥重要的价值作用。

第二,从个体角度来说,社会秩序使人们对自我和他人的行为可以作出预测。当一个正常社会处于秩序状态时,由于人们的行为具有规则性,因而表现为在同样情况、同样条件下,人们的行为具有一致性、相似性、重复性、稳定性。这样,这些行为在什么情况下会发生、发生后会有什么后果、对自己和他人会有什么影响等,人们都是可以预测的。这种对自己行为及其后果的预测,以及对他人的行为及其后果的预测,是秩序状态下每一个行为主体设定行为目的、采取行为方式的前提和基础。不仅如此,由于在一个有秩序的社会中,既有的行为规则是人们对自己行为进行预测、比较、抑制、激励的依据,社会秩序又使得人们能够对自己的行为进行理性控制,知道自己在什么情况下可以积极地作为,在什么情况下又必须保持不作为的状态。此外,需要特别强调的是,社会秩序的价值意义更明显地表现为它能促使人们有安全感。从理论上讲,在一个秩序良好的社会里,人们只要根据既有的秩序和规则进行活动,他就不会受到他人的攻击和侵害,他就可以根据自己的愿望和既定的目标去实现自己的理想。所以,社会秩序为人类的一切活动提供了必要的前提条件。

第二节　法律秩序

一、法律秩序的概念与特点

1. 法律秩序的概念。

根据《牛津法律大辞典》的解释,所谓"法律秩序是从法律的立场进行观察、从其组织成分的法律职能进行考虑的、存在于特殊社会中的人、机构、关系原则和规则的总体。法律秩序和社会、政治、经济、宗教和其他的秩序共存。它被当作是具有法律意义的有机的社会"①。博登海默说:"法律秩序要素所涉及的是,一个群体和政治社会是否采纳某些组织规则与行为标准的问题。这些规则与标准,按其设想,是要给予为数众多却又混乱不堪的人类活动以模式和结构,从而预防不能控制的混乱。"②因此,法律秩序就是由法律规则所体现的、防止社会混乱的、作为结果的一种理想的社会秩序形态。

2. 法律秩序的特点。

法律秩序作为一种特定的社会秩序形态,具有如下几个特点:

第一,从与其他形态的秩序相比较来看,法律秩序是最为完善的社会秩序。自从人类产生以来,社会秩序至少存在过四种形态,即习俗秩序、道德秩序、制度秩序和法律秩序。法律秩序作为最后出现的一种特殊的社会秩序,它也是社会秩序最为发达和最为完善的形态。这里需要说明的是,我们这样说无意贬抑其他社会秩序的价值。事实上,这四种秩序形态之间并不存在互相排斥的特性,或者说,一种新的秩序形态的产生,并不替代和取消已有的秩序形态,它们往往共存于同一个社会之中,相互配合发挥作用。我们之所以说法律秩序是最发达、最完善的社会秩序,仅仅是就法律秩序本身而言,或者说理想的现代社会秩序应该是法治状态下的秩序。

第二,从法律秩序的内容来看,法律秩序是在法律规则、法律规范作用基础上形成的良性社会秩序。社会规则是社会秩序的内核,它作为社会秩序的实际内容,是社会秩序的中心环节。同样,法律秩序这种社会秩序的特定形式,也是以法律规则为其内容的,或者说,法律规则是形成法律秩序的一个基础性前提,没有法律规则,就没有法律秩序。

从一定意义上说,法律规则的特点决定了法律秩序的特点。我们知道,法律规则是具体规定权利和义务以及法律后果的准则,法律规则与一般社会规则的一个重要区别在于它高度的抽象性、严密的逻辑性和绝对的明确性。这种特点是其他社会规则不具备或不完全具备的。比如,道德规则往往是原则多于规范,它也不具有法律规则那

---

① 《牛津法律大辞典》,539 页,北京,光明日报出版社,1988。
② ［美］博登海默:《法理学——法哲学及其方法》,237 页。

种准确、确定的性质和具体的表现形式,通常它只是指出希望人们做出某种行为的一般倾向,而并不设定具体的权利义务。而法律规则则不同,它通常明确具体地规定人们可以做什么、应该做什么、禁止做什么,从而具体明确人们行为合法与不合法的标准。法律规则的这一特点,使得根据法律规则建立起来的法律秩序,与其他形态的秩序相比更加规范、更加稳定。

第三,从法律秩序的形成来看,法律秩序除了必须有以成文法典或判例形式表现的法律规则体系存在之外,还必须以国家权威机关的存在为前提。我们说,习俗秩序的形成,主要是人们不断往复的社会生产实践导致人们形成一种习惯定势,极少需要什么力量强迫,人们会逐步形成共同的习俗规则和秩序。道德秩序虽然也不能说没有强制,但是,道德强制主要是通过人们的自身良心自觉和社会舆论的力量来实现的。团体、组织的制度规则和秩序由于有纪律、内部处罚等,应该说其强制性更强烈一些。但是,无论上面哪种情况,都不存在以国家名义作出的强制。而法律秩序的形成则不同,它必须以国家强制力为后盾,必须有国家强制机关的存在作保证。因此,良好法律秩序的形成,离不开国家立法机关和执法机关,如果没有立法机关制定切实可行的法律,没有行政及公、检、法等执法机关贯彻和落实法律,就不可能有法律秩序。当然,我们这样说并不排除由于人们自觉遵守法律而形成法律秩序。事实上,法律秩序状态的获得在相当程度上是要依赖人们的自觉行为,在我国尤其是这样。但是,这绝不是说法律秩序的形成可以不要强制,如果没有强制作为最后的威慑手段,不但不能保证人们的自觉守法,更不会有法律秩序的形成。

二、法律秩序的意义

1. 法律秩序是基础性的法价值。

在价值论意义上,法律有多种价值,诸如正义、自由、平等、公平、效率、秩序等等,而在这众多的法价值当中,法律秩序是更为基础性的。这是因为一种法律或法律制度可能并不追求所有的法价值,但它却不能不追求秩序。美国法哲学家博登海默说:"如果在一个国家的司法中甚至连最低限度的有序规则性也没有,那么最好还是避免使用'法律'这一术语。"[①]以中国传统法律文化中体现的法价值为例,可以说,我们很难认为中国传统法律是以追求自由、平等、效率等价值目标为己任的,但是,中国传统法律却强烈地以秩序这一价值目标为指归。当然,我们这里并不是说秩序这一法价值同其他法价值必然要发生冲突,而是说无论在何种法律及法律制度下,秩序都是主体必然追求的价值目标,即"与法律永相伴随的基本价值,便是社会秩序"[②]。

---

① ［美］博登海默:《法理学——法哲学及其方法》,302—303 页。
② ［英］彼得·斯坦、约翰·香德:《西方社会的法律价值》,38 页。

追求秩序是基础性的法价值。但是,单单追求秩序的法律未必就是完善的和良善的法律。现代社会的法律既追求秩序,又兼顾其他法价值。事实上,法律秩序与其他法价值都是相容的。这种相容甚至是绝对的,表现为法律秩序的实现并不排斥正义、自由、平等、公平、效率的价值,而且还是实现这些价值的基础和前提。如果说自由与平等、平等与效率等在某种意义上还存在着冲突与对立的话,那么,秩序与正义、秩序与自由、秩序与平等、秩序与公平、秩序与效率则总是紧密联系、融洽一致的。正如博登海默在谈到秩序与正义的关系时所说:"一个法律制度若要恰当地完成其职能,就不仅要力求实现正义,而且还要致力于创造秩序……在一个健全的法律制度中,秩序与正义这两个价值并非时常冲突,相反,它们却紧密联系、融洽一致。一个法律制度若不能满足正义的要求,那么长期下去就无力为政治实体提供秩序与和平。而在另一方面,如果没有一个有序的司法行政制度来确保相同情况相同对待,那么也不能实现正义。因此,秩序的维持在某种程度上是以存在着一个合理的、健全的法律制度为条件的,而正义需要秩序的帮助来发挥它的一些基本作用。为人们所要求的这两个价值的综合体,可以用这句话加以概括,即法律旨在创设一种正义的社会秩序。"①

2.法律秩序与无政府状态和专制状态直接对抗。

法律秩序是按照法律规则良性运行的社会状态。但是,人类历史上却存在过与法律秩序相对立的情形,这就是无政府状态和专制状态。虽然人类社会不可能长期在无政府状态下和纯粹专制状态下存在和发展,但这两种状态却对人类的社会秩序产生巨大威胁,必须依靠法律规则予以规制。

所谓无政府状态,是"指一种社会状况,任何人都不受他人或群体的权力与命令的支配"②。无政府主义思潮产生于西方社会,在20世纪初的中国社会曾一度掀起过巨大波浪。无政府主义理论片面地赞赏和鼓吹个人自由,并假定人人天生善良,天生具有合群性,因而不需要国家、政府以及强制规则的存在,就会产生人们之间亲密相处的社会秩序。应该说,无政府主义思潮在对抗专制的过程中,曾多少发挥过一定的积极作用。但是,它最大的缺陷是必定导致社会混乱和无序状态。对此,不但马克思主义予以坚决反对,就连绝大多数资产阶级学者也清楚地看到了无政府主义的危害,认为其不可能行得通:"彻底消灭国家或其他有组织的政府形式就会使人们建立起不受干扰的和睦融洽的联合,这是完全不可能的。"③事实也的确是这样,不要国家,取消法律规则,其结果不可能产生社会的秩序状态。因此,按照法律规则建构社会的法律秩序,必然要求反对无政府主义,法律秩序同无政府状态是绝对对立的。

此外,按照法律规则建构法律秩序,也必然意味着反对专制主义。法律规则的普遍性、明确性、连续性的特点在很大程度上限制、对抗着专制统治者的任性。这里需要

---

① [美]博登海默:《法理学——法哲学及其方法》,302页。
② [美]博登海默:《法理学——法哲学及其方法》,219页。
③ [美]博登海默:《法理学——法哲学及其方法》,220页。

说明的是,并不是在专制条件下不存在任何秩序,事实上,在专制制度下,由于政治高压、文化禁锢以及自上而下的庞大的官僚系统支持,也存在着特定的制度性秩序。不过,这种秩序是以少数人为所欲为和多数人丧失自由为代价的,而且极不稳定,极不牢靠。说到底,这是人治本身的固有缺陷。只有依靠法律规则建立起良好的法律秩序,才能对抗专制,排斥人治,从而使社会得到优化发展。

第三节　中国传统法律秩序与市场经济法律秩序

一、中国传统法律秩序

1.秩序是自然经济条件下法律文化的终极价值取向。

在古代中国,法不具有独立的地位,在一定程度上,它是为保障礼的实现而采用的一种刑罚措施,其目的在于维护按照等级名分建立的社会秩序,从而使得社会关系参加者各安其所、各得其分。因此,作为指导立法和司法实践以及人们评判现行法律的首要标准,只能是秩序。秩序是中国传统法律文化中最核心的价值取向。

中国传统法律文化的价值取向是秩序,已被统治者和一般民众所共同认可。然而,说到底,它还是一个国家安定意识或社会长治久安期待的表现。在古代中国,法、法律的主体是君主或国家,只要君主、国家不主动干预,很少同一般民众发生直接关系,因此,法主要是国家或君主、官吏用以实现社会秩序控制、维护社会安定的工具。天长地久,秩序也就被强化到极致,成为中国传统法律文化最主要的价值取向。

2.传统法律文化中秩序价值取向的理论支持。

传统法律文化中秩序价值取向的理论支持主要来自两个方面:一个是"正名"和"定分"理论,另一个是"无讼"学说。其中,"正名"和"定分"为儒、法两家共同坚持,而"无讼"则主要是儒家所主张。关于正名,最早由儒家创始人孔子所提出,其表层目的是为了循名责实,因人定分,使人们各守其分,循分服职,各得其所。为此,孔子又提出了他关于"礼"的学说,主张"为国以礼","非礼勿听,非礼勿言,非礼勿动",社会关系参加者皆以礼为行为准则,社会也就维持在秩序的范围内了。孔子关于"正名"和"礼治"的思想,中经荀子的严密论证,到法家那里变得更加明确化了。法家人物在阐述法的作用时,一致推崇法的"定分止争"的作用。法家的定分与儒家的正名虽然不是一个概念,但在确定人们的社会地位,稳定秩序的层面上却有异曲同工之效。后来,儒家将正名上升到伦理政治的高度,法家代表人物韩非也宣称:"臣事君、子事父、妻事夫,三者顺则天下治,三者逆则天下乱,此天之常道也。"①这一思想被历代思想家所接受。至西汉时,董仲舒以儒为主,杂糅阴阳,把集中反映封建伦理秩序的"三纲五常"学说定为

---

① 《韩非子·忠孝》。

封建立法和司法的指导思想,从而使其成为维护封建社会秩序的最得力的学说体系。

为中国传统法律文化秩序价值取向提供滋养的另一个学说是孔子创立的"无讼"理论。孔子在鲁国任司寇的三个月时间内,积累了一点司法经验。他对司法实践虽然不感兴趣,但却善于将整个司法工作提高到哲学的层面来理解。他从周礼出发,发表了一个影响中国历史的不俗之见。他说:"听讼,吾犹人也,必也使无讼乎!"①从而明确提出了他的无讼说。宋代大哲学家朱熹在注此语时指出孔子的意思是:"圣人不以听讼为难,而以无讼为贵。"明代邱浚进一步说明:"圣人教人,不以听讼为能,而必使民无讼为至。"②从此,无讼几乎成了所有中国人的共同理想,在华夏先民看来,无讼便是一个天堂的世界,通过倡导无讼,从而达到维持社会秩序的目的。

3. 中国传统法律秩序的历史意义和局限性。

中国传统法律文化中将秩序作为最基本的价值目标予以追求,是中国传统社会客观的社会条件造成的必然结果。从历史进程角度来说,具有内在的客观逻辑性,无所谓主观上的对与错、应该与不应该。我们站在今人的立场上思考法价值问题,所能做的只能是指出传统法律秩序的历史意义和局限性,以利于更加全面地理解传统法价值,重构现代法价值。

中国传统法律文化以秩序为最基本的价值取向,其历史意义是显而易见的,这就是中国传统法律秩序的形成,对于国家的安定和整个社会秩序的维持起到了至关重要的作用。自从先秦儒、墨、道、法各派思想家为中国传统法文化确立基本走向,到汉代董仲舒以儒为主、杂糅各家,厘定封建正统格局,最终在中国形成了大一统的局面。从此,中国传统法律文化自觉承担起了维护大一统秩序的历史责任。可以说,如果没有中国传统法律秩序,就没有国家的完整和中华民族的统一,也很难设想中华民族会有如此强大的凝聚力和向心力,从这个意义上说,中国传统法律秩序功不可没。

中国传统法律文化以秩序为价值取向,其本身并没有错,而且其维护国家安定和统一的意义十分重大。然而问题是中国传统法律文化仅仅以秩序为追求目标,存在着明显的为秩序而秩序的倾向,从而造成了中国传统法律文化相对地忽视了对其他法价值的追求。这尽管是历史的缺憾,但它却加重了当今中国人对理想法律秩序追求的使命感。可以预想,随着越来越多的当代法学家思考法价值问题,随着中国社会主义经济体制的建立,一个逐步完善的与社会主义市场经济体制相应的理想法律秩序将呈现于中华大地。

---

① 《论语·颜渊》。
② 邱浚:《大学衍义补》第106卷。

二、市场经济法律秩序

1. 市场经济法律秩序是建立在市场经济基础上的现代法律秩序。

秩序是人类生活的一种自然的倾向,法律秩序对于人类生活来说具有必然性。传统社会的法律价值取向是秩序,现代社会的法律价值取向之一也是秩序。所不同的是,传统社会的法律秩序是建立在自然经济基础之上的,而现代社会的法律秩序是建立在市场经济基础之上的。由于这两种法律秩序所赖以存在的经济基础不同,决定了这两种法律秩序具有各自的特点。

就自然经济基础上的法律秩序而言,其最大的特点在于以稳定为唯一和最终的价值追求。为了实现这一法价值,特别强调伦理本位的作用,即把人伦关系看作其他一切社会关系的基础,把道德规范作为建构整个社会规范体系的核心,即使是形成法律秩序的法律规范本身也不过是道德规范的提升,或者说是道德规范的法律化。这种以伦理为本位的社会规范体系对形成和维护社会秩序具有极其重要的意义,其集中表现就是,由于这种秩序源于人伦关系,与人们的日常生活密切相关,很容易被人们理解和接受,从而使传统社会的行为规范准则能够很顺利地内化为一般社会成员的主观信念,有利于社会形成一种积极的控制机制。这样,就把法律秩序建立在人们的社会道德习惯基础之上。这不仅使传统法律秩序停留在伦理化的层次,而且具有极大的稳定性和封闭性。

与传统法律秩序不同,市场经济法律秩序是建立在市场经济基础上的现代法律秩序。它的特点是由市场经济的一般特点所决定的。所谓市场经济,是指以市场机制调节经济运行和资源配置为主要方式的经济形式或经济体制。市场经济由商品经济发展而来,是在社会化大生产条件下的商品经济或称发达的商品经济。市场经济一般具有这么几个特点:第一,资源配置方式以市场调节为基础;第二,经济主体各自独立,互不隶属,产权明确;第三,一切生产要素商品化、市场化;第四,激烈的市场竞争和严格的市场规则并存。所有这些特点决定了市场经济是一种开放的经济形态,建立在这种经济基础之上的现代法律秩序则是一种动态的秩序。如果说传统法律秩序是以稳定为中心组织起来的,那么,现代法律秩序则是以发展为中心组织起来的。在动态中寻求秩序,这是现代法律秩序不同于和超越于传统法律秩序的一个最主要的特点。

2. 中国社会主义市场经济法律秩序的建立与完善。

中国社会经过数代仁人志士不懈的追求和探索,以巨大的代价换取了宝贵的经验教训,终于使华夏大地在 20 世纪 90 年代步入了市场经济的轨道。中国市场经济是社会主义的市场经济。“社会主义 + 市场经济”,这是人类社会经济发展史上崭新的模式。这一模式决定了中国市场经济既与一般市场经济有某些相通之点,又有自己的不同之处。其中,中国市场经济的最大特点在于它是由计划经济转轨而来,这种市场经济的形成方式不是自发产生的,而是靠自上而下的培育,包括培育市场体系、培育市场机制,甚至包括培育市场主体。中国市场经济形成的这一独特方式,决定了建立在此基础上的法律秩序具有如下几个特点:

第一,市场经济条件下法律秩序的建立与完善,将与市场经济本身的建立与完善相伴始终。市场经济条件下的法律秩序本身就是开放的秩序,它需要在动态中实现自己和发挥作用。中国市场经济建立的非自发性特点,更加使得中国社会主义市场经济法律秩序的建立不可能一蹴而就,它需要根据市场经济发育和完善的进程,不断地调适自己,从而与市场经济的发展充分地协调起来。

第二,法律规则在建立市场经济法律秩序过程中具有极端重要性。秩序需要规则,法律秩序需要法律规则,市场经济条件下动态的法律秩序尤其需要完善的法律规则。中国市场经济自上而下培育的特点,使得中国市场经济的建立和完善比任何时候、任何情况下对法律规则的需求都更为迫切。可以说,没有一整套与市场经济相适应的、行之有效的法律规则,就不可能有运行正常的中国市场经济法律秩序。也正是因为如此,中国社会继清末沈家本立法修律以后,在20世纪90年代又开始了中华民族历史上第二次大规模的更法改律运动。如果说清末修律是为了打破传统中华法系,那么,这次则是为了建立与市场经济相适应的完善的法律规则体系。由于我国市场经济体制确立之时,市场经济形态在世界范围内已经运行了相当长一段时间,世界各国在市场运行方面的法律规则已经相当完善,因此,我们没有必要再另起炉灶,从头做起。我们为了建立与中国市场经济体制相适应的法律体系,完全可以通过大量法律移植的办法,尽快完善市场经济所必需的法律规则建构。然而,这里也必须指出的是,由于中国市场经济法律规则移植成分的增大,我们必须认识到两方面的情况:一方面,中国市场经济条件下的法律规则在市场经济和市场经济法律秩序建立过程中,将起着更大的前导作用。另一方面,中国市场经济法律规则的制定,并不必然地意味着中国市场经济法律秩序的确立和完善。可以说,它只是为市场经济法律秩序的确立和完善创造了必要的前提条件,中国市场经济法律秩序的最终确立,尚有待于这些法律规则在现实生活中获得实现。这是相当一段时间内中国社会难之又难、重之又重的历史性任务。

第三,特别需要重视与其他法价值的协调问题。这主要是基于两点理由:一是中国社会、市场、国家的发展必然造成价值多元化;二是超越传统法价值秩序单一取向也客观要求价值多元化和协调。就前者而言,中国社会、市场、国家现在都面临着千载难逢的超越自身的机遇,这就造成有学者所说的情形:中国的发展往往面临选择上的困难。比如,它需要大力宣传市场经济自发秩序的有效和优越,同时又必须承认现代经济活动中大量国家干预的合理;它迫切需要建构一个区别于且外在于国家的自主的社会,同时又不能不接受社会国家化和国家社会化的现实;它需要一个强有力的国家以保证社会转型的顺利完成,同时又必须在许多方面对国家现有权能予以限制以完成对国家的改造。这种状况,既是对中国社会、市场和国家发展复杂性的说明,同时又是必然带来价值多元和我们追寻多元法价值的依据。就后者而言,建立与完善同中国社会主义市场经济相适应的法律秩序,这是时代赋予我们的历史使命。秩序作为体现于市场经济法律规则中的当代中国人的价值目标追求,有着其恒久常新的意义。然而,值得我们高度重视的是,为了不使当代中国人的价值追求再落入传统中国人为秩序而秩序的窠臼,为了跳出中国传统往复循环的历史周期律,为了超越传统法价值而使其提升到一个新的层次,我们必须高度重视秩序与其他法价值,诸如正义、平等、自由、公平、效率等的协调问题。这既是市场经济本身的客观要求,也是中华民族面向世界、超越传统的勇气和力量的表现。唯其如此,我们才能说,中国人对于法和法价值问题的思考真正融入了民族的血脉之中。

第二十二章 法与效益

如同上面所述,传统的法理学几乎一直将正义视为法律的唯一价值目标或功利极值(分析主义法学例外)。不仅如此,对法律的哲学、政治、伦理乃至宗教的评价,也主要是围绕法律的正义性而展开,同时又以不同含义的正义作为判断依据。然而,随着法律对社会经济生活影响的日益深化,法律的效益问题受到广泛关注,并逐步成为当代法律的基本价值目标之一。本章围绕法与效益的关系展开论述。

第一节 法律中效益的概念

效益,在一定意义上也称为"效率"。它作为经济学上的概念,表达的是投入与产出、成本与收益的关系,就是以最少的资源消耗取得最大的效果。

按照传统的解释,效益是经济学的主题,而法学的主题是正义。经济学要考虑的是如何最大可能地增加社会财富,而法学要考虑的应该是如何公平地分配社会财富。然而,随着法律对社会经济生活影响日益加深,效益观念也逐渐导入法学的领域中,促成效益观念导入法律的应归功于经济分析法学的兴起。经济分析法学是20世纪60年代开始在美国形成的、以产权经济学为先导的一个法学流派,该流派致力于将经济学与法学相结合,用经济学的分析方法、特别是微观经济学的方法分析法律问题,把经济学的效益观念引入了法学领域。

经济分析法学派的奠基人罗纳德·哈里·科斯于1960年在芝加哥大学《法律与经济学杂志》上发表的《社会成本问题》论文中,运用交易成本理论分析了法律制度对资源配置的影响,从中得出了法律的内在经济逻辑的结论。这一结论后来被人们称为"科斯定理"。科斯定理所表达的效益观是经济分析法学的理论基础和基本框架。科斯定理的第一律是:在零交易成本的条件下,法律规定无关紧要,因为人们可以在没有交易成本的条件下就如何取得划分和组合各种权利进行谈判,其结果总是能够使产值增加。① 这就是说,当交易是没有成本时,法律权利的任何分配都能达到有效益的结果。但是,在现实生活中,上述假定的情况并不存在,因为现实生活中的交易都是有成本的。那么,在存在交易成本的情况下,何种权利分配才能产生最有效益的结果?科斯提出了解决这一问题的途径,这就是科斯定理第二律:如果存在实在的交易成本,有

---

① 参见[美]科斯:《企业、市场与法律》,14—15页,上海,上海三联书店,1990。

效益的结果就不可能在每个法律规则下发生。在这些情况下,合理的法律规则是使交易成本的效应减至最低的规则。这些效应包括交易成本的实际发生和避免这种交易成本的愿望诱使的无效益的选择。简单地说,选择适当的即模拟市场的法律规则,可以减少不必要的交易成本,从而达到资源最优化配置的最有效益的结果。

科斯关于交易费用与社会成本的理论,一方面修正了新古典经济学对于市场运行环境的假定,揭示了市场运行中实际摩擦的必然性以及由此形成的交易费用对经济行为的影响;另一方面,吸收了福利经济学有关经济行为外在性的思想,并进一步从资源优化配置或最优化地解决外在性问题的角度,提出了处置外在性问题的原则和方法。科斯理论运用到法律分析中,则形成了以效益为基点的一些基本命题:①在未经法律界定、权利界区不明的情况下,交易无法进行,相关行为的效益最差。虽然在私有制社会中,财产的所有权关系是十分清晰的,但在某些经济区域内,往往出现权利不相容的情况,由此而导致了权利的使用冲突。如火车排放火花的权利与铁路旁庄稼不受火花侵害的权利;工厂生产产生噪音的权利与工厂周围医院保持宁静的权利;工厂排放烟尘的权利与附近居民保持空气洁净的权利。随着资源利用方式的拓展,不相容使用的情况将越来越趋于普遍。由于这些不相容使用关系的存在,使得本来清晰的权利界区变得模糊起来,如果不从法律上对权利作重新安排,则会使资源的使用出现浪费,从而降低资源的使用效益。②在不相容使用的关系中,权利的安排或分配应以效益最大化为依据。解决不相容使用可以有多种权利安排或分配模式。在前例中,可以确认火车排放火花的权利而否认农民使庄稼免遭火灾的权利,其结果将导致农民放弃铁路旁的种植或改种不易造成火灾的植物;也可以做相反的安排,其结果是铁路改道、停止通行或采取消除火花的措施。由于不同的权利安排或分配模式会产生不同的效益,因此效益最大化原则成为各种模式选择的依据。立法或法院判决必须符合效益最大化原则。③解决外在性问题,既可以用市场手段,也可以用国家手段,法律应能够促使人们作有利于效益优化的选择。更直接地说,亦即促使人们通过市场交易手段解决外部性问题。因为国家强制手段往往需要较大的管理成本,因而不符合效益极大化原则。相比之下,市场交易手段更能降低成本。科斯理论中这些命题的实质,集中到一点即是:法律制度的基本取向在于效益。

经济分析法学家认为,科斯定理提供了根据效益原理理解法律制度的一把钥匙,也为朝着实现最大效益的方向改革法律制度提供了理论依据。经济分析法学的集大成者波斯纳在其经典之作《法律的经济分析》一书中直接地阐明了法律经济分析的效益宗旨:"法律的经济分析中被提及的重要问题是,非自愿交换是否以及在什么情况下才可以说是能增加效益的。"[①]同科斯一样,波斯纳亦主张将是否有利于增进人类对资源的优化利用,减少资源浪费,提高经济效益作为判断实存法律制度和确定法律未来

---

① [美]波斯纳:《法律的经济分析》上,17页,北京,中国大百科全书出版社,1997。

发展的根本依据。但是,波斯纳的独特之处在于,他把这一思想全面贯彻到普通法和社会性立法的各主要制度之中,为传统法律主要制度的合理性作出了新解或者为某些具体制度提出了新的否定根据。用波斯纳的语言说,效益原理,为法律制度提供了特定的批判、改良和理解的典据。

作为经济自由主义维护者的布坎南,他对法律制度或其他公共政策的分析都是为了证明经济自由主义的正确而诋毁国家干预的。他完全否定某种超出市场主体主观意愿、独立于个人选择之外的资源配置准则,甚至反对对资源优化配置的倡导。他认为这有可能导致更多的社会强制出现,从而损伤市场的自然性。但是,即便如此,布坎南的分析仍然未脱出效益本位。他把立宪的任务限定于通过建立一种共同接受的规则,使具有不同利益的个人和团体能够追求极为不同的目标,不至于出现公开冲突。布坎南这些主张的基础在于:法律制度必须能够保证个人和团体追求利益行为的自由,保证资源使用的效益。

总而言之,经济分析法学的核心思想是:效益——以价值得以极大化的方式分配和使用资源,是法的宗旨。所有的法律活动和全部法律制度,说到底,都是以有效地利用自然资源、最大限度地增加社会财富为目的。显然,在经济分析法学派看来,效益是法律的基本价值,甚至某些经济分析法学家还将效益目标极端化,将其视为法律的最高价值。

第二节　法与效益的关系

一、效益是当代法律的基本价值之一

经济分析法学的观点和方法有诸多争议之处,但它将效益引入法律领域并获得广泛的反响,导致效益目标在法律中的确立却有其客观必然性。从根本上说,这是法与经济之间必然的内在的联系的具体体现。具体来说,效益成为当代法律价值目标的原因在于:

1.法律担负着实现资源最大限度地优化使用与配置的社会目标的新使命。

法律无论作为一种统治手段,或者作为一种文化现象都受制于社会整体的发展,尤其受制于社会经济的发展。当代社会经济发展的主题在于最大限度地优化利用和配置资源。尽管人类资源稀缺的矛盾一直与人类相伴而存,但将优化利用和配置资源作为一种明确的社会目标则仅属于现代文明社会。当代社会经济发展的这一主题也相应决定了当代法律的基本使命。

过去人们往往认为,法律在社会经济发展中的基本使命在于对各种财富以及财富的交易行为给予公平的保护。应当肯定,这种观念与自由资本主义时期社会财产关系的稳定以及经济竞争的要求相吻合。而且这种公平保护也是资源优化使用和配置的前提和必要保障。然而,财富及其交易行为的公平保护相对于资源最大限度地优化使用与配置的目标来说,仅有前者则明显是不够的。当代社会经济的发展已经明确地将优化利用和配置资源作为一种社会目标,它决定着当代法律必须强化这方面的职能,把这一目标当作法律所追求的价值。

2. 法律对当代经济生活的全面渗透。

在当代,法律对经济生活的干预无所不在,这使得法律的效益价值日益显得重要。这是因为:第一,在法律全面渗透的情况下,资源使用和配置的方式很大程度上是由法律决定的。实存法律的内容,直接关系到资源利用的效益。第二,在法律全面渗透的情况下,法律已成为改变资源利用效益的重要变量。每一立法活动,以及每一司法审判行为都会不同程度地改变社会主体的机会成本与实际收益。第三,法律对经济生活的全面渗透同时又强化了个别法律现象对经济行为,从而也是对行为效益的边际影响。个别法律现象往往引起多重利益关系的变化,从而使其对效益的影响程度大大加强。事实上,在当代社会中,决定和影响单个经济行为效益或社会经济发展综合效益的因素,一是人们利用资源的主观能力,再就是以法律为主要形式的各种社会制度及公共社会政策。在此,特定社会中的社会经济发展的综合效益在很大程度上取决于该社会法律所内含的效益价值水平。在这种情况下,法律如果无视效益目标,就会对社会经济发展产生严重的不良影响。

3. 效益的价值目标可以成为正义的价值目标的补充。

传统的法律观念将正义作为法律的最高价值,其他的法律价值可以归结在正义的旗帜下。而当代社会的法律不仅仅要追求正义,而且还要以效益作为正义的补充。这是因为:从理论上看,正义这一价值目标同效益是有联系的,在亚里士多德、亚当·斯密、斯宾塞以及罗尔斯等人的正义或正义观中,都包含某些有关效益的内容。然而,就总体而言,正义对效益的含摄是极为有限的,正义无法准确地表达法律的效益价值目标。从实践层次看,正义单一地作为法律的价值目标具有多方面局限性,从而需要与效益目标形成互补。第一,当代社会经济生活中某些现象,仅仅用正义或公正无法对其作定性评价。许多经济行为或活动并不具有政治或伦理色彩,社会无法根据政治原则或伦理规范判定其正误,而这些行为或活动却关系到资源利用或配置的优化,在这种情况下,人们只能按照效益的价值目标来判定经济行为。第二,当代社会中法律正义或公正内涵的确定,也需要借助于资源使用与配置的效益评价。某些行为的正义,甚至直接可以用效益作为度量。例如,当事人不履行契约从而造成他人的损失,这是有违于传统的公正或正义原则的行为,因而在立法上必定受到否定评价。但是,某些违约行为从资源的优化使用和配置角度来看又确实是应予肯定的,因为违约者在违约行为中所产生的利益不仅能够补偿相对方的损失,而且还能够得到更多的效益。所以,有关违约行为的公正性问题,需要结合效益因素而重新加以认识。第三,法律对许多权利的安排,必须以正义与效益双重目标为依据。例如,对火车排放火花的权利与铁路旁庄稼不受火花侵害的权利的安排,如果仅仅依公正来决定权利应授予某一方,可能导致资源的浪费或低效使用;而仅仅用效益作依据,则可能导致一方对另一方无补偿或不能足量补偿的侵害。第四,从整体上看,正义往往更适合于作为法律制度确定与实施的定性依据,而定量依据则有赖于效益目标,这也体现了正义与效益的互补性。

我国当前正处于发展经济的关键时期,优化资源配置、提高经济效益已经成为社会所追求的重要目标,在这种背景下,将效益确认为我国法律的基本价值之一,并在立法和法律实施的实践中贯彻和实现效益的价值目标,已经成为全社会的共识。这是法与效益关系的一方面。

二、效益对法的影响

法与效益关系的另一方面是,一旦我们将效益作为法律所追求的目标,效益必然从各方面对法产生很大的影响,这些影响主要有:

1. 对法律调整范围的影响。

法律的调整对象是一定社会中的社会关系,但并非所有的社会关系都由法来调整,法调整哪些社会关系是由在社会中占统治地位的阶级的需要来决定的,将效益作为法的价值追求,意味着统治阶级不仅需要法被动地执行确认和维护现存经济关系的职能,而且还需要法主动地担负起发展社会生产力,提高经济效益,优化资源的配置和使用的使命。这样,法对经济关系的调整范围便得到了扩大。在当代社会,法的经济职能日益得到加强,法对有关资源的配置和使用方面的规定日趋增多。效益价值对法律调整范围的影响至少可以从下面两点反映出来:第一,当代各国法律普遍地直接干预自然资源的使用问题,相继制定了自然资源保护的法规,如矿产资源法、水资源保护法、森林法等。第二,对降低交易成本给予了重视。如以前的合同法只注意合同的公正性,而当代的合同法还具体地规定合同的基本条款,使合同当事人不必在订立合同前对每一条款进行耗费大量人力、财力的谈判,这无疑大大降低了交易成本,从而促进了效益的提高。

2. 对法律调整方法的影响。

效益价值的引入对法律的调整方法也产生了一定的影响,它使法律调整的方法更具有灵活性。这主要表现在法律对权利的保护方法方面。法律对权利的保护方法主要有财产规则、责任规则和不可剥夺规则。财产规则以使权利所有者能够禁止他人侵扰的方法来保护权利,除非权利所有人愿以相互可以接受的代价放弃权利。责任规则则以损害赔偿的方式保护权利所有人的权利。责任规则允许无权利人不经权利人的许可而占有和使用权利所有人的权利,但必须对因此给权利所有人造成的损失给予补偿。在通常情况下,权利受到这两种保护方法的同时保护,这也是传统的法律保护方法。但将效益引入法律后,有时候就有必要放弃财产规则而单独使用责任规则,这往往发生在交易成本特别高的时候。当无权利人欲占有和使用权利所有人的权利而与权利所有人的谈判的成本过高时,权利可以不经所有人的同意而由无权利人占有和使用,同时由该无权利人对权利人的损失给予赔偿。这种不尽合乎正义却合乎效益要求的权利保护方法已在当代法律中得到规定。

3. 对权利义务分配的影响。

将效益价值作为法的基本价值之一,意味着法不仅按正义的要求分配权利义务,而且要以效益作为分配权利义务的标准。特别是当社会经济的发展成为统治阶级的主导性需要时,在分配经济方面的权利义务时就有必要暂时牺牲平等的要求而更多地关注效益的要求。

4. 对法律程序的影响。

效益价值还通过降低法律程序的成本对法律程序产生影响。尽快地解决纠纷,可以降低法律程序的成本,为此,当代各国普遍采取各种措施来提高解决纠纷的法律程序的效益。如证据保全、诉讼保全、先予执行、判决与调解相结合等,这些措施为降低法律程序的成本,提高法律程序的效率,从而增加社会的总效益产生了一定的作用。

法与效益的关系是相辅相成的,法将效益作为其基本的价值目标,促进效益的实现;反过来,效益又对法产生了影响,促使法律在调整范围、调整方式、调整程序等方面发生变化。

第三节　公平与效益

公平,是法的古老价值命题,而效益则是现代社会赋予法的新使命。对于公平与效益的关系,我们的思维习惯于在纯理念的世界里对事物进行定性式的优劣、先后、轻重的区分,因而往往认为公平优于效益、公平先于效益、公平重于效益,这种认识是片面的。我们认为,法的公平价值与效益价值在理念上是不分主次、先后、轻重的,二者对于人类的关系犹如空气与水对人类的重要性分不清主次一样。谁也不能说在空气清新的、浩瀚的沙漠里空气比水重要,也不能说在水源充足、严重缺氧的高山冰峰上水比空气重要。人类需要公平的环境与机会,也需要高效率的财富创造。人对于法必然有公平与效益的双重价值追求。正义与效益可谓法的双翼,法运行于社会的理想状态便是正义与效益的最佳平衡。

有一些学者将公平与效益对立起来,认为追求效益,必然会削弱公平;追求公平,必然会损及效益。一种观点将公平看作是法的第一位价值,宁要低效益的公平,不要高效益的不公平;另一种观点认为效益是法的第一价值,是评价选择规则和社会政策的首要标准,宁要不公平的高效益,不要公平的低效益。上述观点将法的公平价值与效益价值绝对对立起来,就像孟子所言鱼与熊掌,二者不可兼得,只能"舍鱼而取熊掌",无疑是片面地、极端地理解二者的矛盾与冲突所致,也是割裂理性与现实联系的必然结果。我们必须在特定的历史文化条件下寻求法的公平价值与效益价值的统一。

公平与效益价值观的形成与发展都离不开特定的历史文化背景。纵观世界经济与社会发展的一般规律,人们的法价值观大致有三种倾向:在生产力发展水平相对低下,经济严重贫困时期,人们往往侧重于公平,甚至于平均;在经济发展到一定水平,出现相对繁荣的时期,注重效益则成为社会普遍的认同;在生产力水平有了相当程度的提高,经济发展到了相对的高水平,由于出现了较大的收入、贫富差距,人们的注意力又会侧重于公平。与上述三种情况相吻合,社会政策或制度也必须要有不同的价值取向。在第一种情况下,政策或制度所追求的就是为经济的发展、效益的提高准备条件的公平价值;在第二种情况下,政策或制度所追求的价值就在于为实现更高质量的公平而必须追求的效益上;在第三种情况下,政策或制度又会转向作为经济再度发展、效益再度提高的条件的公平价值上。上述过程是一个动态过程,随着社会主次矛盾的不断变化,公平与效益价值的地位也不断变化。而每一次变化都标志着公平在向更高质量迈进,效益在向着更大程度提高。

在社会主义市场经济条件下,效益与公平并不像某些学者所说的那样处于矛盾和冲突之中,它们之间实际上存在着相互促进的机制。就基本需要的公平来说,由于它服从人类的基本需要原则,因而是发挥劳动者积极性进而效益得以产生和提高的必要条件,离开人的最基本需要的保证,人的生存都无法保证,任何效益的提高更无从谈起。而随着效益的提高,人的基本需要的数量和质量都将得到进一步提高。就经济公平而言,起点上的机会均等,结果上的贡献和收获对称,必将有利于调动人的积极性,从而促进效益的提高,效益的提高必然带来财富的增加,又有助于经济公平进一步实现,所以两者是内在统一的。就社会公平而言,调节的结果会使原先高效益者的实际收入减少,从而有可能影响他们的积极性而带来某些效益的损失,表明社会公平同效益的提高是存在一定的矛盾的。但是,社会公平作为高层次的公平会在另一意义上弥补这种效益的损失。因为,一方面,社会调节在使高效益者实际收入有所减少的同时,使原先低效益者的收入得到一定程度的补偿,从而有助于激发他们的积极性而带来效益的提高;另一方面,社会调节不是均等所有人的收入,而只是在一定程度上缩小差距,把社会成员的收入差距限制在大多数人能承受的限度内。因此,只要运用得当,就可以减少差距过分悬殊的负面效应,减少社会动荡,在求得社会安定中换来社会整体效益的提高。由此可见,在社会主义市场经济条件下,效益与公平并不是不可调和的,它们之间具有一致性。当然,这并不是说,公平与效益之间就没有冲突和矛盾。当公平与效益发生冲突时,就存在社会政策的价值选择问题。这里讲的选择,不是选择一个,放弃另一个,而是在两者兼顾的前提下,寻求一个符合社会发展需要的契合点。一方面,法律要追求效益目标,保障资源的优化使用和配置,在对物质利益进行分配时,适当地给对社会做出较多贡献的人以更多的份额,以激励他们为社会创造更多的财富,从而实现在更高层次上的平等。另一方面,法律也不能忽视社会平等的要求,人们之间的收入差距不能过大,要把这一差距控制在社会公平观所允许的范围内,以防止由于差距过于悬殊所引起的社会动荡,以求得社会稳定中效益的持续提高。因此,不能将效益或公平绝对化,应当将二者协调起来。这就是使公平成为保障效益最大化而又能保证社会结构稳定在最低极限上的公平,效益成为社会所能承受的范围内,保证社会财富的再生产达到最高极限上的效益。

第四节　效益在部门法中的体现和适用

效益原则是经济分析法学最基本最主要的原则,这一原则是法赖以建立的基础,也是法的出发点和归宿。各个部门法都体现了追求效益的精神。

一、效益与财产法

人们为什么要有财产法? 制定财产法的目的是什么? 从效益的观点看,财产权的法律保护具有重要的经济功能,即创造有效利用资源的刺激。如果财产归某个人所有,即将其他人排除在外,这个人就会充分利用这个财产,获得它的最大限度的价值。确立财产权的法律制度有三个基本的准则:第一是普遍性,即从理想上讲,所有资源都应归或可以归于某个确定主体所有。除非有的资源太丰富以至于每个人都能尽情享受(如日光,但也不完全如此)。第二是排他性,因为财产权越专有,投入资源的刺激就越大。第三是可转让性,如果财产不能转让,就无法通过自愿交换将资源转移到更有效的用途上去。

根据效益观点,分析我国的财产法律制度,我们可以看到,我国的财产法律制度的首要任务是在通过保证效益的极大化的基础上,提高公有制的生命力。由于生产资料公有制是社会主义制度赖以存在的基础,因此,财产法的基本取向在于维护公有财产的稳固。但是,在传统的经济体制下,资源配置效益低下,公有财产不但不能保留,反而大量流失。要实现公有财产的稳步增长,必须处理好以下几种矛盾:第一,国有资产一体化与经济主体产权界区明晰化要求的矛盾。国有资产在理论上和制度上都统属于国家所有,国有资产也因主体的单一性而形成一体化。然而,国有资产的营运却是通过经济主体的行为而实现的。无论从市场交易的一般条件看,抑或从经营责任约束看,个别经济主体产权界区必须明晰化。产权界区不明确,不仅会增加交易成本,而且会减弱优化使用和配置资源的诱因,同时也会造成其他的资源浪费。改革开放以来,国有企业与其他企业及国家财政之间已形成了一定的利益边界,但这种利益的法律性质并未确定。"企业自有资金"的财产权归属依然处于模糊状态。这种境况对公有资产经营效益的影响是不言而喻的。第二,国家享有所有权与国有企业自主支配财产的矛盾。我国财产权的状况是,国家对一切国有资产享有所有权。按照所有权的传统法律定义,所有权所体现的是占有、使用、处分和收益四项权能的统一。所有权权能虽然可以作一定的分离,但处分权只能由所有者行使。失去处分权,所有权就丧失了意义。毫无疑问,如果在传统定义上理解国有资产的所有权,国有企业就不可能对企业内的国有资产作自主支配,而自主支配又是保证资产营运效益的重要前提。目前,我国立法用"经营权"来表达企业对国有资产支配的根据,并把处分权包含在经营权之中。然而,问题在于,如果经营权是一种包含了处分权的财产权,那么经营权与所有权在法律上已不具有差异,国家所有权也就不再具有物质和利益内容。显然,国家与企业之间财产权法律关系的内容需要重新界定,尤其应有新的财产权概念来反映国家与企业各自的权益。

二、效益与合同法

在合同法领域,对于财产的有效的法律保护应使资源的使用从低效益到高效益的转移成为可能。可是实际上有很多因素阻碍和影响着这种转移。合同法的主要职能便是减少商品交换和资源转移过程中的损失。为了保护合同双方的利益,合同法规定对不履行合同的一方实行经济制裁,并以规范的词句减少商品交换和资源转移过程中的复杂性,使当事人双方在签订合同时考虑到可能导致合同失败的各种可能性和相互责任。合同法的目的不是强迫签订和执行合同,而是要求双方根据合同选择一种当一方不履行合同时对另一方的补救。在很多情况下,强迫执行一个一方不愿意履行的合同,非但没有经济效益,还会带来经济损失。

在我国的司法实践中,往往忽略了效益原则。法官在处理合同纠纷时,只要双方有合同存在,就要求双方继续履行合同,而不管这种合同的履行是否有经济效益。这种做法,无疑给当事人双方造成很大的损失。事实上,合同法的目的是提高效益、鼓励交易。这就要求我们,在确定合同履行不仅不能带来效益,反而会造成危害的情况下,应果断地中止这种合同的履行,给受害方以适当的补救。

三、效益与刑法

用效益的观点来看,一个人之所以会犯罪,是因为犯罪比任何可选择的合法职业能提供更多的纯利。人们运用刑法惩治犯罪,也是基于效益,这种效益除了维护刑法的权威性,为社会成员提供安全感,并在一定程度上恢复被害者受侵害的权益外,就是刑罚的威慑作用,它通过自由刑或生命刑限制甚至剥夺犯罪分子再犯罪的能力,并警戒效尤者。然而,惩治犯罪的成本也是很高的。首先,惩治犯罪一般是以犯罪损害已经发生为前提的,社会和个人已蒙受了犯罪行为造成的损失;其次,侦查和审判往往需要耗费大量的人力、物力和财力;再次,改造犯罪亦会形成较高的成本。不难看出,尽管惩治犯罪具有一定效益,但这些效益只是在减少或消除犯罪消极性的意义上而成立的。同时,这种惩治具有很高的成本。这一事实足以启示人们应把行为的基点转向预防犯罪。虽然对预防犯罪的具体成本无法作出准确、定量测算,但经验表明,在许多情况下,少量的成本投入即可达到预防犯罪的目的,而由此所形成的效益,就是社会或个人不必为犯罪作出相应的成本支付。因此,就社会总体而言,增加对预防犯罪的支出,其综合效益大于惩治犯罪,尽管惩治犯罪也是必要的和必不可少的。

在我国现实生活中,经济领域的犯罪活动十分猖獗,经济犯罪日益成为一个严重的社会问题。不可否认,罪犯在实施这类性质的犯罪时,必然会对自己的行为与法律后果进行利益上的权衡和比较,从而作出选择。因此,借鉴效益分析的观念和方法,对科学、全面地认识经济犯罪产生的原因,合理地确定刑罚的严厉程度,进而更好地实现刑罚的特殊预防和一般预防的目的,无疑具有一定的积极意义。

四、效益和诉讼法

在诉讼中,也存在诉讼成本与诉讼效益的问题。诉讼成本,是人们参与诉讼过程中所耗费的人力、物力、财力。诉讼效益,指人们通过诉讼所获得的经济利益,包括负效益的减少或避免负效益的不当增大。人们进行诉讼,总是力图以最小的成本取得最大的效益。人们制定诉讼法的目的,就是力图通过法律来保证诉讼中投入产出的合理性和效益最大化。

近些年来,诉讼成本偏高已成为我国审判实践中的突出问题。就经济审判而言,诉讼成本偏高,诉讼效益不够理想主要反映在这样几个方面:第一,个案审结周期过长,一方面加大了诉讼中人力、财力的耗费,另一方面在诉讼中相应的经济权益由于处于不确定状态而不能得到实现,经济冲突所引起的社会震荡加剧,冲突的负效益增加。第二,缺乏灵活、简便、能够适应各种经济冲突解决的程序手段,程序措施不够经济。第三,审判中程序措施的选择不尽恰当。某些审判人员重调轻判的偏好加大了结案的难度;同时,某些不必要的保全措施增加了诉讼主体的损失。第四,裁决的执行率偏低,相当多的裁决不能执行或不能完全执行,从而形成无效益或效益甚低的成本支出。影响诉讼效益的现实原因是多方面的,但重要因素之一在于司法实践中缺乏对效益的足够重视。审判行为的追求仅在于公正地裁决并排解社会冲突,而诉讼效益未能成为审判行为的价值目标。毫无疑问,效益价值目标在我国法律中的真正确立与实现,亦需要从根本上改变这种状况,使效益与公正共同成为审判实践的宗旨与追求。

第四编

法学方法论

引　言

　　法学,同任何其他学科一样,是理论与方法的统一体。理论指静态的观点,而方法指建构理论的动态的观点,并不是纯粹的手段。法学中的各种学说、原理、原则,无一不是运用特定的法学方法而创立的。即便是相对独立的一般方法(如演绎法、归纳法等),它一旦用于法学观点的探讨,立刻就会同一定的理论不可分割地结合在一起,此其一。其二,具有哲学性质的基本方法,特别是辩证方法与形而上学方法、唯物主义方法与唯心主义方法、历史唯物主义方法与历史唯心主义方法,更是直接决定着理论的正确与否。当我们论及"法是从哪里来的"或"法是怎样一种存在"的问题时,选择历史唯物主义方法,就会形成历史唯物主义的理论,否则就会形成历史唯心主义的理论。对法价值的论述,也有同样的情况:运用主观唯心主义(先验论)的方法,就认为法价值同人的欲望一样,纯属主观性的东西;运用机械唯物主义方法,就认为法价值是纯客观性的东西,同主体性没有任何关系;而运用唯物辩证法,就能看到法价值中的主体与客体的对立统一关系。其三,从法哲学的角度上说,每一个法的理论同时也可以看成是一种法学方法。以现代西方的自然法学、分析主义法学、社会学法学这三大法学流派的理论而言,中国以及外国的法学家们已经取得了共识,认为它们所表达的也是三种基本的法学方法,即价值判断的法学方法、规范分析的法学方法、社会实证的法学方法。

　　理论法学(法学学、法哲学、法社会学、法文化学及法史学),其承担的任务是研究法和法现象的一般规律性和一般原理方面的问题,而对那些不具有法学全局意义的、非本质性的、不太重要的法问题,则要暂时地予以舍弃。就是说,理论法学的诸学科,确实都包含着很强的理论性。正是这个特性决定了,它们必然都要把法学方法论问题放在突出的地位。否则,理论便无法架构,也无法表达,变成不可捉摸的东西。但是,除了法哲学以外,其他理论法学的诸学科对于法学方法问题是作为直接运用的对象,而不是研究的对象。与此不同的是,法哲学的对象内容就是法学的世界观和法学的方法论。因此,法学方法论问题,理所当然地要归属于法哲学的研究范围。

　　法学方法论是一个相当宽阔的领域。首先,要阐明法学方法论同一般的科学方法的关系。其次,法学作为社会科学的一个部门,都是"历史的科学"(恩格斯语),就是说都是在一定的社会历史的条件下运行的。因此,法学方法论的研究,当然地需要对之进行社会历史情况的考察和分析。在这方面,最重要的是深入考察和分析马克思主义法哲学的方法论,此外还有历史上起过重要作用的法学方法论,包括中国和西方的几种影响较大的法学方法论。再次,从法国的孟德斯鸠《论法的精神》一书问世后,尤其是 20 世纪以来,比较法学获得了长足的发展。从方法论的角度上看,比较法学就是一门系统地运用比较法学方法的学科。法哲学中法学方法论的研究必须重视这个方法,但又不能代替对比较法学学科的专门研究,而仅仅是指出比较法学方法论的一般原理和主要特征。最后,现代自然科学的方法,对于法学研究的影响力和推动力越来越大。我国在这方面的研究工作,远远落后于西方发达国家。为了改变这种状况,我们还必须付出一定的精力研究现代自然科学的法学方法论。这是一个新的,但又是不可或缺的学术领域。

第二十三章　法学方法论总论

第一节　方法、方法学、方法论和科学方法论

一、方法

方法是人们所熟知的一个概念。从词源上,方法源于古希腊语"μεια"(沿着)和"δδ6s"(道路)。因此,从字面上理解,方法是指某种调整规则的说明,而这些调整规则是为了达到一定目的所必须遵循的。也就是说,方法是指达到、认识、接近某种事物的途径,其意近似于古代汉语中"法""术""道"等词所表达的意思。

方法起源于实践活动,是人们在实践活动中必须服从的他所接触的那些事物的内在的客观逻辑。当人们按照事物的内在的性质和关系行动时,随着实践活动的重复,行动方式便逐渐在头脑中固定下来,逐渐变成认识的方法、思维的方法。因而,当人们再次行动之前,依据方法,既可以预想到这一行动的后果,又可以设计出达到该结果的方式和手段。方法虽然源自实践,但它又不是仅凭经验对待事物的实践活动积累的产物。因为,这种凭经验的认识不是自觉地建立在认识事物本质的基础上,而只是从经验中得出的规则的总和,这些规则以已有的经验为基础限制了人们对事物的看法,从而阻碍人们对事物的进一步认识。从这种意义上讲,方法是科学和哲学发展到一定历史阶段的产物,是科学发展到人们认识了事物的本质联系和关系,认识了事物发展规律并对这些质的联系与发展规律进行反思,进而运用于实践的产物。从这个角度来看,方法起着实践与理论联结的作用。

科学方法是科学研究的工具,它只是方法体系中的一个子集。在人类文明发展历程中,科学方法的形成,经历了漫长而又曲折的过程。

古希腊时期,人们就对方法的本质开始探索。柏拉图试图说明,只有数学才具备永恒的理解性,因而,任何科学只有建立在几何学基础上,才能揭示事物表面现象背后的内部结构和关系。而这一科学理论,因其一切推理都是可靠的,才可避免因经验而产生判断的可变性。2000年后,笛卡尔继承柏拉图的观点,在《方法论》中,以数学方法作为科学研究方法的典范,从简单的原理、公理出发,根据一定逻辑规则进行推理,建立了一个数学化的科学理论体系。

与柏拉图不同,亚里士多德认为自然界的终极目标不是柏拉图的抽象的数学理

性,而应该是为人们经验所能认识的某种实体。培根继承了亚里士多德的思想,把经验中观察到的事实作为一切科学的出发点。

自古希腊至近代,人们有关科学方法的探索揭示了科学方法的两个主要方面:逻辑结构和经验观察。但在近代以前,人们对科学方法的认识,往往只侧重于一方面,或如蜘蛛只知吐丝结网,或如蚂蚁一味采集。近代物理学的发展,特别是牛顿建立的第一个成熟的物理学体系,促成了现代科学方法体系的形成。牛顿把实验方法和数学方法结合起来,提出了为后来科学家所公认的科学方法的基本框架。对此,刘大椿在《比较方法论》中进行了比较系统的叙述:

(1)专心于观察事实;

(2)对观察到的一般特征提出恰当的概念;

(3)运用概念对观察到的事实之间的联系进行归纳的概括,提出表述一般规律的定律;

(4)采用解释性假说,首先是把它作为工作假说;

(5)将假说的推断与归纳的概括仔细比较,当推断与归纳的概括相抵触时,放弃这些推断,修改以至重新提出假说;

(6)把经受了检验的假说用公理方法组织起来,而理论的其余部分则作为公理的推论被纳入整个体系。

牛顿于17世纪确定的上面的科学研究方法,在随后的300年的科学活动中逐渐在各个领域确定下来,从最初的自然科学扩展到社会科学领域。今天人们说及科学方法,必定联想起可控实验和解释性的逻辑体系。

在一般情况下,人类活动包括三个要素:①目的,即人们的行为最终要达到的结果;②前提,即人们为达到目的必须具备的可以利用的条件;③方法,在现有的前提条件下人们为达到某个确定的目的应当采取的行动、手段和方式。显而易见,因目的和前提条件不同,方法在人类各个不同活动领域,各个不同的人类活动层次中具有各自相应的具体内容。在生产活动中,它是与设备、装置相联系的制造一定产品的一系列手段、操作程序;在科学认识活动中,它是思维活动运行的规则,是思维发散和收敛的具体线路;在艺术活动中,它是审美评价和形象塑造的原则;在哲学领域,它是高度概括的原理、范畴、规律体系。在人类实践活动中,方法往往是由目的和前提条件确定的,但由于人们主观因素的介入,一定的目的和前提条件并不只是有唯一的一种方法。人们可以从前提条件中找到各种不同的达到目的的方法。为此,人们往往需要在不同方法之间进行比较、选择。可见方法问题带有很大的随意性和人为创造性。正因为如此,人类实践活动和认识活动中,寻求确定和恰当的方法,是一个关键的问题。只有以正确的方法,才能揭示研究对象的真面目。经验论者弗·培根把正确的方法在科学认识中的作用比作黑暗中给路人照路的明灯。确切地说,沿着正确路线行走的跛子,会胜过没有确定方向乱跑的人。K. M. 瓦尔沙夫斯基指出:研究方法在很大程度上决定着研究的价值,就是说,正确的方法会提高研究效率。过时的、考虑不周的或是说没列出所有细节的方法则会使研究的价值受到影响。有时由于方法选择和个别方法的制定不够仔细,会造成全部工作的返工。因此,科学工作者必须细心确定(选择和独立制定)研究方法,就是说,要把进行研究所必需的方式方法通盘确定下来。因此,进行方法的研究,有助于科学研究的成功,意义深远。

二、方法学

把方法作为专门的研究对象,古已有之。苏格拉底、柏拉图对辩证法的研究,亚里士多德对形式逻辑的研究,是对方法直接研究的最初的卓有成效的成果。

由于人类的活动领域的多样性和复杂性,促成人类创造出解决各种问题的方法的多样性和层次性。人类社会的认识和实践中存在不胜枚举的方法,根据不同的标准可以划分成许多种类。例如,根据认识过程的不同阶段,人类的认识方法分为直观的方法、经验的方法和理论思维的方法;根据不同的逻辑推理规则,可分为形式逻辑方法、辩证逻辑方法、数理逻辑方法;根据具体学科不同,可以分为经济学方法、法学方法、物理学方法、化学方法、历史学方法等。按照方法的适用范围和普遍性程度,可以将之分为四个层次,它们是:哲学方法、一般科学方法、具体学科方法、个别性的具体方法。

对方法的研究,大致可以在两个层次上进行,即方法学和方法论。这是两个相互独立又相辅相成的部分。

方法学研究的对象是方法中最低层次的个别性的具体方法。这种方法是为了某个特定目的而创制的,例如素描法、速记法、审判方法、痕迹检验法、摄影法、取证法等等。根据刘大椿在《比较方法论》中的论述,方法学研究中的方法具有以下特点:

(1)可操作性:专门方法排除了任意性,这一点相应地保证了这种方法的可学习性。

(2)可判别性:方法本身是可以辨认的,它的运用过程和结果也是可以检验的。

(3)目的性:这种方法具有保证达到一定结果的倾向和本领。

(4)创造性:除了指定的结果,往往还有给出其他预料以外成果的能力。

(5)经济性:方法总是倾向于花费最少的物力和时间得到的结果。

方法学研究的目的是明确经验方法(观察和实验)和理论方法(假说和演绎)的含义、理论基础、操作步骤、使用中须注意的事项。科学的方法学还必须阐明经验方法和理论方法相互联系和相互渗透的机制,以及如何在科学的方法中正确使用一般逻辑方法。这些一般逻辑方法是:比较和分类、分析和综合、归纳和演绎等。随着科学方法的发展,经验方法和理论方法的具体形式随着科学的进步而被赋予了新内容,如何将这些方法应用于专门的知识领域,弄清这些具有新内容的方法的特点、适用范围,都是方法学研究的重要课题。

概而言之,方法学是研究方法是什么以及方法如何适用的学问。

三、方法论

与方法学相联系,但在更一般、更抽象的层次上对方法进行理论研究,形成了一个人们称之为方法论的领域。

各种方法的形成历史中包含着一系列进化阶段,在各个阶段上的方法形态的组织程度和发挥功能的方式各不相同。大体来说,方法的进化包括三个阶段:最初阶段的方法是在试验中形成的经验的活动方法。它是在以不同方式解决类似任务的多次尝试中,逐渐地分离出最合理的做法及先后次序,确定适用的工具和操作步骤等。这种与试验活动本身一同存在的技巧性方法与经验活动是不可分离的,它存在于个人经验之中。第二阶段的方法是已经独立于它们的创造者本人而为他人明确认识的方法。这种方法作为人们效仿的范例,是通过示范和演示表现出来的。第三阶段的方法是理论化的方法。这种方法包括一般性指导原则和有关具体程序的规则所组合成的复杂结构。这种方法不同于一般性技巧和手法之处在于:①普适性。适用于解决某一类任务的所有主体。②有系统的组织性。③用文字叙述表达出来的确定形式。理论化的方法是独立于实践活动和创造活动而存在的。它是发达的社会形态中控制人的行为的调解手段。正是这第三阶段的方法即理论化的方法是方法论研究的对象。

方法论研究的客观基础在于调解人们行为的方法所反映出来的客观规律。这些规律是:①任何一种活动的反复操作,它的可复现的因素就构成调节的客观的(本体论的)基础。②方法的创造功能在于为完成各种程式化作业,构造出特别的逻辑工具。这些逻辑工具只是有效活动的前提,它们本身并不保证获得创造性结果。③各种方法并不是简单地把所有现成的操作中的最有效的形式固定起来,其是按照最优活动的要求对这些形式加以改造和合理化的结果。④调节手段的启发性就在于它能使人经济地完成重复性操作,从而保持创造潜力以寻求有效的行为方式,与此同时,它们还为新的一轮的方法的研究(伴生活动)提供前提,也就是说,为新的要素、方式、方法、准则的形成创造条件,这些新东西能和已有的手段结成更为复杂的结构。①

方法论的研究是适应为解决不同任务而从事各种实践活动的主体的需要而产生的,它是关于人们科学认识活动的形式和方式的原理的学说。作为有关方法的理论体系,方法论研究包括两个要点:第一,方法的研究是方法论研究的首要任务,是方法论的实践基础。这正如工程技术活动导致技术科学的形成和专业化。而且,方法的形成与创造,不仅导致方法论的产生,而且决定着方法论的内容。因此,方法论的研究,理应说明方法的特点、性质、操作过程、适用范围,阐述各种方法之间的联系,使人们明了方法是什么并在何处使用这种方法。第二,方法论的研究是对方法的理论反思。方法

---

① 参见[苏]Π. B. 雅芩科:《关于各种具体方法的一般理论的形成》,载《哲学译丛》,1987(2)。

论作为关于方法的理论体系,应该从哲理层次对方法进行探索,揭示它们产生和赖以发挥作用的理论基础。作为一个完整的方法论体系,这两点都是缺一不可的。如果忽视了第一点,方法论仅限于对方法与世界观、方法与研究对象、方法与科学理论、方法的特点和作用的抽象探讨,这容易使方法论流于空谈,空洞无物。反之,缺少了第二层次的反思,方法论就不成其为"论",而仅仅是方法汇集、方法全书,充其量也就是一般方法学研究而已。

相比较而言,方法论研究的重点应该是对方法进行哲学反思。"科学的方法论是科学认识的理论,它是研究在科学中发生的认识过程,研究科学认识的方法和形式的这一部分认识论。在直接涉及各门科学和所有科学的总合时,方法论不消解于这些科学中,它在下述意义上是科学学的一部分,即它研究科学的认识论方面。在这方面,方法论乃是特殊的元科学。作为元科学和科学学的一部分,方法论同时也是哲学的科学,是认识论的一部分。"[①]

与人类科学的思维方法相适应,方法论依次可以分为三个层次。第一层次是哲学方法论,即人们通常所理解的狭义的方法论。哲学研究的是整个世界的本质及其规律性,为人类认识世界、改造世界提供根本性指导原则,因而哲学具有根本方法的意义。马克思主义哲学是世界观和方法论的统一,它是认识世界和改造世界的最根本的方法,它为人们提供的方法主要有:从具体上升到抽象,再从抽象上升到具体的方法;归纳和演绎相统一的方法;逻辑和历史相统一的方法;分析和综合相统一的方法;矛盾的分析方法等。这些方法是客观世界最一般关系的反映,是其他具体学科方法论建立的基础,对具体科学的研究具有原则性的指导意义。第二层次是一般科学方法论。一般科学思维方法包括:基本的逻辑方法、数学方法、符号学方法、系统方法、信息方法、控制方法、结构功能方法、模型方法、因果分析方法等。这些方法是从各种专门学科的方法中总结概括出来的,同时又是哲学思维方法的具体化。研究这些方法的理论,诸如逻辑学、数学、符号学、系统论、控制论、信息论等,就是一般科学方法论。第三层次是具体科学方法论。每一个具体学科都有自己特定的研究对象和目标,会产生一些在该学科内适用的特殊方法。这些特殊方法是哲学方法和一般科学方法适用于具体学科而产生出来的。对这些具体学科方法的研究,就形成了具体学科的方法论,例如经济学方法论、法学方法论、历史学方法论、教育学方法论等。上述三个层次的方法论是相互联系而又相互区别的,它们是一般与特殊的关系。哲学的方法论研究的是认识和改造现实的最一般的方法——唯物辩证法,它是各种专门方法赖以形成的基础。它一方面揭示各种方法的产生和变化以及它们的各形式发展的历史,从而为形成更高水平的方法指明方向,另一方面通过对方法的程序性研究,探究方法制定过程,揭示方法创造活动的前提、规律和实践。而具体科学则以自己的实践不断丰富和推动哲学方法论的

---

① [苏]B. A. 什托夫:《科学认识的方法论问题》,17—18 页,北京,知识出版社,1981。

研究。

方法论研究，对于人类社会的发展和进步具有多方面的意义。方法论的研究直接决定着科学研究的范式，促进了人类社会科学事业的繁荣。印度学者拉姆·纳斯沙玛指出：一个学科之所以称之为科学，是由于应用了科学方法，科学的成功是由于科学方法的成功。之所以如此，是因为方法论研究直接影响人们的思维方式、行为方式、决策方式，促使决策与管理的科学化与合理化。人类社会科学发展史业已表明方法论研究对人类社会进步的意义：在古代，科学知识尚处于萌芽状态，人类对世界的认识特点是浑浊、直观、模糊。与此相适应，这个时期的科学认识方法也是简单的、粗糙的、零散的。近代自然科学获得突破性进展，取决于近代科学方法论的创立。近代自然科学的先驱们，不仅从整体上彻底批判经院哲学，而且提出了科学方法论。培根推崇归纳法，主张大量搜集经验材料，进行科学实验，再从实验中探寻结果。笛卡尔则崇尚数学和演绎法，主张凭借直观，通过理性推理可以认识一切东西，而科学实验主要是作为证明演绎思想的辅助手段。伽利略则把观察、实验方法和数学方法相结合，定量地表示了物质运动规律。他们的这些方法论思想成为近代自然科学赖以确立的基础。进入20世纪，随着相对论、量子力学理论、控制论等新兴理论的创立，科学认识方法论也进入了新的发展阶段。西方学者研究了自1900年至1965年间社会科学方面的重大成果。他们发现：早期的成就全是理论性的，主要是定性的，而后来的成就，或者甚至早期发现的后来发展的，都主要是数学和统计方法的革新或者是由定量分析推导出来的理论，定量的问题或发现（或者兼而有之）占全部重大进展的三分之二。自第二次世界大战结束以来，在方法论和技术方面出现了惊人的发展，从而产生了一系列重大社会科学的进步。

科学方法论之所以对社会发展和人类文明的进步具有重大的影响作用，主要是由于科学方法制约着人的思维方式，影响着人的行为方式，并为人们认识和改造现实提供有效的认识工具。因此，科学方法的变革，科学方法论的创新，直接影响着人们主观创造性的发挥，它使认识主体获得新的研究视野，开拓新的思路，有效地收集信息，排除各种认识干扰，达到认识客体的目的。因而，认识方法的变革必然导致科学本身的变革。因此，在我国，自觉地、系统地、深入地探讨和研究方法论理论，必将使研究者的研究范式科学化，促进我国科学的繁荣与振兴。

第二节　法学方法论概论

一、法学方法论的概念

每一门学科都有自己特殊的研究对象和理论原则，在其发展过程中，逐渐形成各种特殊的方法来研究客体的某一方面的本质属性。例如，用于研究社会现象的方法形成了物质社会运动形态的发展过程,而生物学方法是与物质生物运动形态相适应的。在该学科中所适用的各种方法在理论上形成一个方法体系,就是具体学科的方法论。因此,法学方法论是研究法现象的各种方法、手段、程序的综合性知识体系。

法学是以法律现象为专门研究对象的学科总称。法律现象是一个概括性、综合性的概念,它包括法律规范、法律行为、法律关系、法律意识以及法律实施、法制与法治等法律现实。这些都是法学研究的对象。法律现象是随着社会生活的发展而不断变动的,因而法学不仅研究静态的各种法律现象,而且还要研究动态的法律现象,诸如法律调整机制、法的变迁。

法律现象是社会运动形态中的一种特殊现象。对这种现象的研究,不能仅凭经验感知。这意味着只有通过科学的抽象概括才能把握法律现象发生、发展和变化的客观存在的原因和客观规律性。另一方面,法律现象在社会中又不是孤立存在的。它是同一定经济基础之上的其他上层建筑如政治、经济、文化、道德、宗教等现象交织在一起的;法律现象的存在与发展既具有自己所固有的特殊规律性,也具有一般社会科学的规律性。因而,对法律现象的研究还必须结合其他社会现象来进行,才能把握法律科学的全貌。最后,法作为一门理论科学和应用科学相结合的学科,为了保证法律调整社会生活的需要,它必须研究如何正确、合理、科学地制定法律规范并解释规范体系,使社会成员明确其权利和义务,保障法律所保护的一定社会关系的实现。据此,可以把法学研究的对象划分为三个层次:"最深的层次是法的规律性,次深层次是法学原理、原则,最浅的层次是创制和适用法的可操作性的方法和手段。最浅的层次直接服务于实践,同时又受深层次的原理(原则)和规律性的制约。法学研究的深层次就是认识法的规律性,提出并阐明各项法学原理。"①与此相适应,法学可以分为法哲学、法社会学和专门法律理论。"使法哲学、法社会学、专门法律理论独立出来的,主要是方法论,也就是具有一般方法论意义或专门科学意义的哲学或社会学的思想和原则、专门科学的一般原理在一定的法律材料中的直接的、最接近的体现。"②从这个角度来看,法学作为统一的科学应该是法哲学、法社会学和专门法律理论的有机结合。因为"纯粹"的法哲学理论会使法学回到抽象的哲学体系中去,作为哲学的附属,抽象思辨的法哲学很可能割断它与现实世界的联系而陷于概念的自我发展的危险境地。"法社会学忽视它的特殊法律性,就会走上形而上学的经验论,丧失法的哲学综合所具有的理论上的概括性,把法与实际关系之间的联系变成它的同一,这不可避免地导致法律虚无主义。"③也就是说,与哲学和法律分析无关的法社会学,和没有法社会学的法哲学一样,是有缺陷的。同样,也不能把法学仅仅归结为有关法律的实证理论,没有法哲学和法社会学的实证论是徒劳无益的、形式的和表面的。

---

① 孙国华主编:《法理学教程》,2 页。
② [苏]C. C. 阿列克谢耶夫:《法的一般理论》上册,11 页。
③ [苏]C. C. 阿列克谢耶夫:《法的一般理论》上册,6 页。

马克思主义法学是法哲学、法社会学和实证法律理论的有机结合。以辩证唯物主义和历史唯物主义为基础的法律理论能够吸收哲学、社会学的方法。各种学科方法决定了马克思主义法学对法律现象的研究是多方面的。这有助于阐明法的本质、解释法律的社会性和与其他社会现象的内在关系。马克思主义法学既要研究具体的、特殊的法律问题,诸如法律规范的结构、权利和责任的逻辑构成,还要回答更一般、基本的问题。因而不能将法学仅仅局限于实用性的纯粹的法律逻辑体系上,而应努力揭示法的经济、政治和道德的前提条件,进而阐明法的阶级性以及社会本质。这需要对法律现象进行广泛的哲学和其他社会科学的研究。专门的法律实证理论是不可能完全胜任法学的任务的。

在马克思主义法学中,唯物辩证法是法学方法论的轴心。唯物辩证法是认识自然界、社会和思维等的一切现象的唯一科学的方法。唯物辩证法在法学中起着认识论的职能。在涉及法律的特殊性问题时,应用唯物辩证法在于把哲学的规律、范畴和概念具体化为法学的逻辑和范畴。唯物辩证法在法学中应用,既可以克服唯心主义把法律现象之间的联系理解为臆造的、超自然的东西的观点,为法学寻找法律现象形成和发展的规律提供科学依据,又克服了法学研究中的机械的教条主义和形式主义的片面性。当然,如前苏联的雅维茨所说,辩证法不仅仅是能够打开知识大门的钥匙;它的运用需要相当大的创造力以及丰富的具体材料知识、逻辑、理论思维的能力,并完全抛弃偏见、先入之见、辩护和偏执的成分。这就要求不是断断续续地、偶然地图解法律领域中的辩证法规律和范畴,而是要经常地坚持深入到研究对象的辩证逻辑中去,在这里,就是要深入到法的运动、发展和存在的逻辑中去。只有按照这个方法,我们才有希望找到认识我们所涉及的现象的总的途径。在法学中,唯物辩证法的应用之优于其他的认识方法,不在于它在哲学领域所表述的规律和范畴,而在于它有助于揭示认识法律领域真理的途径和检验方法。

当然,法学方法论中自然包括法律科学传统的研究方法。这些方法包括对规范性法律文件的逻辑和语法的解释方法,对法的原理进行形式分析,阐释法学专有技术的手段和方法。这些法学中的技术性方法直接服务于专有的法律实践,对司法实践具有重大的理论的和应用上的价值。科学的法学方法论不会抛弃法律科学上千年发展历史中积累起来的法律技术性方法。

法学方法论作为法哲学、社会实证法学和实体法有机结合理论体系的方法论,不限于法学中专有的技术性方法,还必须接受哲学方法的指导和一般科学方法论的指导。因此,法学方法论是由各种方法组成的一个整体的方法体系以及对这一方法体系的理论阐释。这些方法区分为不同层次,法学方法论的研究在于协调这些不同层次方法的关系,使之成为一个结构上和谐、功能上互补的方法体系。

在法学方法论中,一个重要的问题是处理好哲学方法和法社会学方法以及法学技术性方法的关系。在具体运用过程中,必须反对两种倾向:一是用哲学方法论取代法学中专门技术方法论;二是否认哲学方法论对法学的指导作用,片面强调专门技术方法,割裂两者之间的内在联系。

新中国成立以来,在我国的法学研究中,第一种倾向占据着支配地位。人类社会的理论和实践都证明了马克思主义哲学是一种科学的世界观,是科学的世界观和方法论的统一,因而,包括法学在内的各门科学的研究,都应确立马克思主义法哲学的指导地位。但持第一种倾向者采取了僵化和教条的方法,把"指导"变成了"取代",其具体表现为:①只承认马克思主义哲学作为唯一的科学方法论,无视非马克思主义的社会科学研究成果,否认社会科学研究方法的多样性或多元化。②把马克思主义哲学视为一成不变的东西,机械地照搬照用,而没有把它同具体的法律实践(包括法律技术性实践)紧密结合起来。当然,现今我国法学研究中的某种偏离马克思主义哲学的倾向,也必须引起注意。

二、法学方法论体系的科学主义与人文主义的二元论

人类社会进入资本主义社会之前没有形成独立的、系统的社会科学方法,人们对社会的研究是套用道德哲学和自然科学的方法。这种方法在法学研究中表现得尤为突出。学者们习惯于从"性恶""性善"等等观念出发,来描述理想社会中的法律制度。如同美国的萨拜因在分析柏拉图的国家理论时指出:"这个理想从这样一个概念开始,即必须从事有条不紊的研究来了解善,然后根据这善的观念,通过阐明一切社会所包含的相互需要这一原则,来作出对社会的构想。"[①]近代启蒙思想家较为典型地运用这种方法来构筑他们的自然法理论。法学中套用道德哲学的方法,只是表明了这样一个历史事实:"自然关系"在社会中占据着统治地位,社会本身的主客体关系尚未分离出来,因而包括法学在内的社会科学及其方法还不具备形成的条件。

人类社会进入资本主义时代后,人与人之间的社会关系较之前资本主义社会更为复杂,社会与个人形式上形成对立局面,社会成为人们研究的一个相对独立的对象,对社会事实如何抽象,如何描述,如何解释成为社会科学必须解决的问题。自19世纪到20世纪法学研究形成两个方面内容:一是科学抽象系统,这一系统重在揭示法"是什么",并把法发展的规律合乎历史逻辑地表述出来;二是科学解释系统,这一系统着重于对法进行"为什么"的解释,是对法律现象进行"理解"的方法。法学方法论中的这两个方面形成了法学方法论中科学主义和人文主义二元论之争。

我们知道,近代以来,"科学"概念是以自然科学为典型来规定其含义的。因此,方法论中的科学主义倾向认为法学要想成为一门科学,就必须使法学理论揭示的内容具有客观性。法学所揭示的规律应该具有像自然科学那样的普适性,并且法学理论应该

---

① ［美］乔治·霍兰·萨拜因:《政治学说史》上册,83 页。

能够像自然科学一样最终转化为实用的技术。这种具有极端实证主义倾向的科学主义主张,实际上要求把法学研究建立在可以"直接感知"和确证的经验性法律事实之上。科学主义的主张一开始就受到众多学者的怀疑。有些学者指出,法律属于精神世界。作为一种社会现象,它是有人的意志在其中的"意义"现象。人们对于"精神世界"的把握不能简单地沿用自然科学的方法,而应该采用理解的方法。H. 李凯尔特论证自然科学是研究普遍性的东西,运用的是"普遍化的方法",包括法学在内的社会历史科学是"文化科学",其研究的是个别性的东西,其应用的应该是以个别化为基础的"人文研究"方法。通常,人们把以"人文研究"为标准来规范社会科学研究的主张称为方法论中的人文主义。

科学主义和人文主义的对立,构成了法学方法论中的二元论,这种二元论是以一系列悖论的形式表现出来的。

(1)从本体论角度上看,有两个相反的命题:一是法律发展过程是客观的;一是法律发展过程是主观的(是人们有意识活动的过程)。

近代以来,关于社会规律的客观性问题一直是争论不休的话题。如果社会规律的客观性是指它不以人的意志为转移,甚至可以脱离人的活动而存在,实际上就是把社会规律的客观性等同于纯粹自然的必然性。这就很容易采取一种简单的类比方法,用自然科学方法来研究社会规律,如同傅立叶那样,他认为"物质世界和精神世界在运动体系上具有同一性",为此,他提出"情欲引力论",并认为"情欲引力的规律在各方面都符合牛顿和莱布尼茨所阐明的物质引力规律"①。但是,这种简单地将社会运动的根本原因归结为"情欲"的观点,并没有真正说明社会规律的客观性。

法律是人类社会发展到一定历史阶段的产物,其运动像自然界运动一样具有客观规律性。但是,法运动的规律离不开人的活动,而且只有通过人们有意识的法律活动才能体现出来。因此,对法的历史与现实的说明又离不开人的意识和目的。从本体论角度看,法学方法论中科学主义和人文主义对立的根源,就在于或者把法律现象归结为"自然现象",或者把法律现象归结为"精神现象"。

(2)从认识论意义上,也存在着两个相反的命题:以法律事实为对象的法学研究信奉"价值中立"观;法学是反映不同社会群体的价值的科学,不存在"价值中立性"判断。

在自然科学中,事实判断和价值判断是必须区分开同时也比较容易区分的。对于不同民族、不同国别的人来说,能量守恒定律都是客观同一的,因而自然科学研究中价值中立是能够做到的。但是不应该把科学的价值中立性理解为它的客观性,事实上"价值中立"也是一种价值评价或价值观。社会科学的概念和规律也有其固有的客观性,但它同人的主观活动是不能脱离开来的。这一点与自然科学有明显的区别。

在法学研究中不可能做到像在自然科学中那样的价值中立性,因为不同的主体对

---

① 《傅立叶选集》第 1 卷,12 页,北京,商务印书馆,1979。

于法律现象的理解和阐释难以形成完全一致的意见,同时法学中对法律现象的客观性解释尚有一个适当性(合理性)的问题。自然事实对人的意义都是一样的,而法律事实的意义要复杂得多。换言之,法律现象中的个别性、不可重复性,使得对其中意义的理解,会因各人的特定价值观念而有很大差异。景天魁在《论社会科学基础》中说,如果我们不能撇开社会事实的意义问题,也就不能认为社会科学中存在着价值中立性的判断,因为意义问题不能排除价值判断,如果撇开了社会事实的意义,那么就很难说社会科学具有解释功能。

(3)从法学研究目标来看,也存在相反的命题:法学应追求精确性;法学不必精确化。

自然科学研究自伽利略开始,运用数学在研究中获得巨大成功。数学的应用使精确性成为科学研究所追求的明确目标;一门科学能否应用数学方法,成为该学科成熟与否的一个标志。

在社会科学研究中,能否像自然科学那样要求绝对精确化? 对某种社会形态作出定量描述是否可能? 必须承认,把数量分析(定量)的方法引入社会科学(包括法学)是非常重要的。不过,这不可能成为社会科学研究的主导方法。人们会对国民生产总值达到多大就会引起法律制度的变革的观念感到可笑。在法律活动中,人们常常假定人是"理性的动物",但是,主观性、任意性和偶然性在人的法律活动中都是很普遍的,因而在法学研究中许多法律现象、法律行为有许多"弦外之音",是无法把它们精确地表达出来的,对于许多具有民族和地域特征的法律文化和法律制度中的"只可意会而不可言传"的东西,研究方法是追求精确化,还是允许模糊些,似乎让人难以定夺。

上述几个命题,说明方法论中科学主义和人文主义的对立,直接影响着法学方法论的理论构成。这种对立渗透到法学诸多研究领域,成为各种法学流派产生的重要理论根源。如何解决法学方法论中的这种对立,成为法学方法论乃至法学不能回避的关键问题。

对于上述问题的解析,首先必须认识法律现象的二重性:法律现象既是一种事实,同时又是有意义的,即包含着人们对它评价的价值观念。

法律现象作为一种社会事实,同自然现象一样,具有客观性。这一方面是因为社会和人都是自然界长期进化的结果,人们的法律活动和人们之间的法律关系都是在特定时空条件下的存在。另一方面,法律关系和法律行为都是人们有意识活动的结果,而且人们所接受和面对的是前一代人所遗留下来的法律制度和法律思想构成的法律文化。这是人们不能任意选择的。从这两方面来看,法学所研究的法律现象,作为一种社会事实,是客观的、具有可检验性的。

然而,法律现象又是包含着价值因素的社会现象。这就决定了,法学研究不能简单地像自然科学那样去描述事实。如果离开了意义去描述法律现象,那么所描述的只是自然现象而非社会现象。法律现象要用语言去阐释其中的意义,而意义如何解释具有很强的主观性。不同的人对同一法律现象会有不同的解释。由此可见,在涉及意义时,法学研究很难达到绝对客观性。

法学方法论中科学主义和人文主义各抓住了法律现象的一个方面。它们把法律现象的二重性变成"二元对立",而各执一词。假若能够用"层次论"代替"二元论",则容易做到比较合理地解释法的多质多层次的复杂结构。法律现象大致可以划分为两个层次:①任何法律现象均具有特定的物质载体。如法律规范载体是法律文书,法律关系载体是社会生活中的人等等。在法学研究中,作为自然存在物的载体,其意义无需作出特别的解释。但是,它们与法相联系,对于解释法的存在又具有特别的意义。②任何法律现象都是包涵着"意义"层。对于法律条文,无论是记于竹帛,载入法典,还是表现在执法人员的言语和行为中,这都无关紧要。最重要的是如何解释它的意义。以上两个层次统一于人的活动中,而人的活动又存在于社会关系中,"关系"既有物质承担者,又是有"意义"的。

自然科学方法主要是通过法的社会生活的物质基础层进入法律领域,其在"意义"层次的适用始终只能是辅助性的,即对于定性分析方法的辅助性。人文科学认识方法(理解、解释学的方法)主要是通过法的社会生活的"意义层"进入法律领域。自然科学方法和人文主义认识方法,在它们所属的层面上都是合理的。由于法律所处的社会的多质性和多层次性,因而以社会生活中法律现象为研究对象的法学方法论,应该是多种方法的综合。这种综合不应该是自然科学方法和人文认识方法的简单相加,而应该是在交融基础上的创造,也就是创建一种适合研究法律现象特质的综合方法。

第二十四章　马克思主义法哲学方法论

马克思主义法学是一个具有高度科学性和强大生命力的法学理论体系。同以往的法学理论相比,它以其博大精深的科学思想,实现了法学发展史的伟大革命。这个理论是以伟大的无产阶级革命导师马克思和恩格斯为启端,后经无数的无产阶级革命家和理论家在理论和实践上艰苦探索,逐渐建立起来的。由马克思、恩格斯创立的辩证唯物主义和历史唯物主义,为人类认识世界和改造世界提供了一个强大的思想工具。它实现了哲学和社会科学领域的伟大革命,也为真正科学的法学理论体系的建立提供了科学的方法论工具。它要求法学研究必须从现实的生活经验出发,把法学的每一个概念、范畴和原理,都建立在丰富的实证材料之上,进而在法律实践的基础上,形成科学的法学思维抽象。这就实现了法学方法论的革命性突破。正是由于科学的马克思主义法哲学的方法论的确立,为真正科学的法学开拓了无限广阔的发展道路。

第一节　马克思主义法哲学方法论的创立和发展

马克思主义法律思想的形成过程,实际上就是马克思主义法哲学方法论的逐渐成熟过程。马克思主义法哲学的每一步进展,都标志着法学方法论的新突破,同时又推动了马克思主义法律思想的新飞跃。马克思主义法哲学方法论就是从马克思和恩格斯最初的新理性主义法学方法论,逐渐过渡到辩证唯物主义和历史唯物主义的法学方法论。

一、新理性主义法学方法论

青年时期的马克思受康德理性自由主义法律观的影响,在理想主义激情的促使下,试图构筑一个先验的法哲学体系。其基本意图是通过一个法哲学体系,从思辨哲理的角度高度概括新时代的法律实践及其成果,反映时代的法律精神。在马克思脑海中逐渐形成的法哲学体系包括两个部分:第一部分名为"法的形而上学",其内容主要是先验地规定法的原则、思维和定义。第二部分为"法哲学",其内容是论述法的先验原则在罗马法中的贯彻。第二部分又由形式法和实体法两种学说组成。马克思期望通过艰苦的研究,在康德理想主义法学观的指导下,来分析法律的一切领域,进而构造一个无所不包的法哲学体系。

对学术活动一向以严谨而著称的马克思是善于反思和自省的。他对自己研究得来的结论都是采取严肃认真的批判态度。在构筑法哲学体系的艰苦探索过程中,马克思逐渐认识到,运用康德、费希特理想主义法学观,试图使某种法哲学体系贯穿整个法学领域,是不现实的。进而,马克思对自己精心构建的法哲学体系进行一番深刻的自我批判,发现其中充满着矛盾和错误。

马克思将他的"法的形而上学"部分先验地规定法的一般原则的方法,称之为唯心主义的"数学独断论"。这种独断论的方法是从纯粹理性形式中推演出来的。这种方法把法看成是先验的范畴,歪曲了法的内容、形式同现实生活的真实联系。在这种情况下,数学独断论的不科学形式从一开始就成了认识真理的障碍,在这种形式下,主体围绕着事物转,这样那样议论,可是事物本身并没有形成一种多方面的展开的生动的东西。有鉴于此,马克思提出,科学的方法应该是从事物本身来探索、研究,这是因为在生动的思想世界的具体表现方面,例如,在法、国家、自然界、全部哲学方面……我们必须从对象的发展上细心研究对象本身,决不应该任意分割它们;事物本身的理性在这里应当作为一种自身矛盾的东西展开,并且在自身求得统一。①

马克思本人承认,如果先验地规定法的原则、概念和定义的方法是非科学的,那么以这些先验的原则为指导来研究成文的罗马法的发展历程,就更荒谬了。马克思自嘲这种研究方法好像成文法在自己的思想发展中(不是在它的纯粹有限的规定中)竟会成为某种跟第一部分所应当研究的法概念的形成不同的东西。进而,马克思认为在"法哲学"中区分形式法和实体法是一种极为错误的做法,因为"我认为实体和形式可以而且应当各不相干地发展,结果我所得的不是实在的形式,而是像带抽屉的书桌一类的东西,而抽屉后来又被我装上了沙子"②。

通过反思,面对依靠理想主义法学世界观来建立法哲学体系的尝试的不成功,马克思认识到,这是唯心主义法哲学方法论中将现有的东西与应有的东西之间决然对立的方法造成的。依照这种方法,法哲学体系中理论部分和实证部分似乎是漠不关心的两个东西,形式与内容是彼此对立的,并且形式成为与内容无关的空洞的东西,内容则是可以任意规定的产物。青年马克思认识到,要寻求法的精神和真理,就应该将"应有"和"现有"统一起来,并且应该是从"现有"事物自身出发来求得这种统一。法哲学的理论部分与实证部分不应当彼此隔断,而应当将理论部分建立在实证部分基础上,是对实证部分的抽象表达。形式和内容的关系也是如此,形式必然从内容中产生出来;而且,形式只能是内容的进一步的发展,概念也是形式和内容的中间环节。

为了解决"应有"与"现有"的分离、对立的难题,马克思抛弃了康德、费希特的理性自由主义法律观,转而研究他曾反感的黑格尔理论。因为黑格尔法哲学的开端就是

---

① 参见《马克思恩格斯全集》第40卷,10—11页,北京,人民出版社,1960。
② 参见《马克思恩格斯全集》第40卷,11页。

"存在"和"实有"。马克思通过深入研究黑格尔学说,掌握了黑格尔学说中最为深奥的关于思维和存在的对立统一的理论,而这正是黑格尔辩证法的核心所在。在黑格尔学说中,他一反主观唯心主义将主体与客体、思维和存在决然对立起来,用主体驾驭客体,用"应有"审视"现有"的认识路线。黑格尔强调在现实本身中寻找观点,不应该任意分割客体。而这正是马克思自己构架的那个法哲学体系的根本缺陷所在。不过,马克思在认识到黑格尔哲学方法论对探索真理的重要性的同时,也看到了黑格尔的学说体系同方法之间的矛盾。同时,马克思认为,科学研究应该体现时代的精神,而当时德国资产阶级激进政治运动的发展,争取民主反对专制,追求自由否定强权,崇尚理性,已构成一种新的时代精神。鉴于黑格尔理论体系的"官方哲学"的弊端,马克思运用他高屋建瓴的综合抽象能力,巧妙地把康德和黑格尔的学说结合起来,用新的时代精神去改造他们的观点,由此确立了他的"新理性批判精神"的法学世界观。

马克思运用新理性主义法学方法论分析了普鲁士 1841 年 12 月 24 日的书报检查令和第六届莱茵省议会关于出版自由的辩论。马克思敏锐地看出,新的书报检查令真实意图是为了掩盖出版自由同书报检查互不相容的事实。在抨击专制法律的基础上,马克思深入地分析法与自由的关系。马克思继承了近代启蒙思想家的自由观。这种自由观认为自由是人唯一生来就有的权利,同时自由也是每个人固有的本质,凭借这种本质,每个人有权成为自己的主人。马克思以此作为探讨法与自由关系的理论基石。马克思指出,自由不仅包括我靠什么生存,而且也包括我怎样生存,不仅包括我实现着自由,而且也包括我在自由地实现自由。没有自由对人来说就是一种真正的致命的危险。没有一个人反对自由,如果有的话,最多也只是反对别人的自由。可见各种自由向来就是存在的,不过有时表现为特权,有时表现为普遍权利而已。由此,马克思认为,出版自由向来就是存在的。问题是出版自由是表现为个别人物的特权,还是人类精神的自由表现。马克思从新理性主义法学观出发,充满激情地说道:"自由的出版物是人民用来观察自己的一面精神上的镜子,而自我认识又是聪明的首要条件。它是国家精神,这种精神家家户户都只消付出比用煤气灯还少的花费就可以取得。它无所不及,无处不在,无所不知。它是从真正的现实中不断涌出而又以累增的精神财富汹涌澎湃地流回现实去的思想世界。"①因此,出版物应该是自由精神的实现,哪里有出版物,哪里就应该有出版自由。进而,马克思得出结论:如同重力定律不是阻止物体运动的手段一样,法律也不应该是压制自由的手段,恰恰相反,法律是肯定的、明确的、普遍的规范,在这些规范中自由的存在具有普遍的、不取决于个别人的任性的性质。法典就是人民自由的圣经。②

19 世纪 30 年代至 40 年代的德国政治生活中,政治、法和宗教的关系成为理论斗

---

① 《马克思恩格斯全集》第 1 卷,75 页。
② 参见《马克思恩格斯全集》第 1 卷,71 页。

争的一个焦点。当时,有人认为,宗教是国家的基础,决定着国家的兴衰。马克思站在新理性批判主义立场上,批驳了这种颠倒历史的基督教国家理论。因为,古希腊罗马发展史表明,古代国家的宗教是随着古代国家的灭亡而消灭,而不是古代宗教的毁灭引起古代国家的灭亡。因此,不应该把国家建立在宗教的基础之上,而应该建立在自由理性之上,各种形式的法应该来源于人类社会的本质——自由理性。在这里,马克思糅合了自由理性和黑格尔的伦理国家观,阐述了个人与国家的关系:国家是相互教育的自由人的联合体;国家的社会教育作用在于它的合乎理性的社会存在,国家应该通过教育,使个人目的变成大家的目的,把粗野的本能变成道德的意向,使个人和整体的生活结成一片,整体意识在每个个人的意识中获得体现。不过,在这里,马克思虽然仍将自由理性视为国家和法的本质,但这种理性已不是自由主义法学派的"个人理性",而是"人类理性"。

综上所述,可以看出,青年时期马克思的法律思想受到了启蒙思想家的自由理性主义法律观的影响,他的新理性主义法学方法论是建立在黑格尔思辨唯心主义基础之上的。但他的新理性主义法律观比黑格尔的法哲学更能体现革命性,初步显示出摆脱黑格尔的影响的迹象。

二、历史唯物主义法学方法论的萌芽

1842 年初夏到 1843 年初,马克思在《莱茵报》工作期间,广泛地深入到社会政治生活实践之中,激烈的社会政治斗争的洗礼,使马克思新理性批判主义法学观与严峻的法律现实产生剧烈冲突。特别是第六届莱茵省议会关于林木盗窃法的辩论,在马克思内心深处产生剧烈的震动:法真的是自由、理性的体现吗? 为什么私人利益总容易占法的上风?

在《关于林木盗窃法的辩论》一文中,马克思仍然恪守黑格尔"理性国家"的观点,强调公民个人与国家整体之间不可分割的联系,要求国家和法超脱各等级利益,以实现永恒的正义和普遍的理性。但是在第六届莱茵省关于林木盗窃法的讨论中,马克思看到,在私人利益的支配下,在省议会里,凡是从法中引申出来的不利于私人利益的结论,总会以各种借口而被否定。法成了私人利益可以随意摆弄的"玩物",成为林木占有者的"护身符"。现实使马克思清楚地看到,国家已不再是永恒正义的体现,而是遵循着私人利益预先设定的轨迹活动着。于是国家丧失了自己应有的光环,暴露出国家为私人利益工具的真实面目。马克思还发现,黑格尔所谓"伦理国家"堕落成私人利益的工具的情形,在法的原则与私人利益之间发生冲突时表现得尤为突出。省议会的基本原则就是要保证林木占有者的利益,即使因此毁灭了法和自由的世界也在所不惜。显而易见,省议会的使命就是袒护特定的私人利益。由于私人利益具有盲目、片面的不法本能,这种不法的本性不能够宣布为法律,便由省议会来践踏法,从而省议会站到了与法相对立的方面去了。可以看出,虽然马克思还没有科学地把握利益范畴的基本属性,还不懂得经济活动对整个社会生活的决定意义,但是他已觉察到社会经济关系对法具有某种影响,其观点显示出历史唯物主义法学方法论的端倪。

1842 年,在历史法学派的代表人物萨维尼的主持下,普鲁士国家制定了一部离婚法草案。该法案以基督教精神为立法依据,将世俗婚姻宗教化,强调婚姻的不可离异性并规定了过于苛刻的离婚条件。这部法案实际上是普鲁士政府旨在通过法律制度的改革来彻底清除法国大革命中确立的资本主义法制的影响的一个重大步骤。该法案被公布于众以后,遭到了社会舆论的强烈抨击。马克思为此写下了《论离婚法草案》一文。在该文中,马克思继承黑格尔的婚姻法思想,分析婚姻关系的本质,指出在一定条件下离婚的合理性,阐明婚姻与家庭、子女乃至社会的关系,从而确立了马克思主义关于婚姻法的基本原理。马克思在阐述婚姻法基本原理的同时,也提出了一个崭新的研究事物的方法。

在《法哲学原理》中,黑格尔把家庭视为自然的伦理精神的一个环节,而婚姻又是这种自然伦理精神的组成部分。因此黑格尔认为,伦理精神是婚姻和家庭的基础,作为伦理理念的婚姻,婚姻本身应该视为不可离异。但是,黑格尔也承认,现实生活中婚姻所依存的只是主观的、偶然性的感觉,所以它是可以离异的。因此,黑格尔认为,婚姻仅仅是在概念上不能离异,它只是一种"应该"而已。但现实中离婚确有可能性。为了把"应有"与"现有"统一起来,黑格尔的方法是采取法律手段来排除在离婚问题上的任性态度,使离婚尽量难以实现,以维护作为客观伦理理性体现的家庭。

马克思继承黑格尔的婚姻法思想,也把婚姻看作是伦理范畴中的东西,因此,他要求立法者不能仅仅注意夫妻双方的个人意志,还应该考虑到婚姻的意志即伦理关系。马克思仍从理性观点出发,反对那种把夫妻双方的主观意志提到首位的个人幸福主义观点,反对夫妻双方在离婚问题上的主观任性和轻率行为,但这并不意味着马克思主张婚姻的不可离异性。但是马克思没有像黑格尔那样从婚姻概念本身说明婚姻的不可离异性,而是以婚姻伦理关系的"真实性"为前提来分析现实生活中婚姻是否可以离异的具体情况。正如自然界中任何存在物的存在完全不再符合其职能时,其解体和死亡就会自然而然地到来一样,离婚仅仅是对下面这一事实的确定:某一婚姻已经死亡,它的存在仅仅是一种外表和骗局。① 因此,婚姻的离异与否,既不应该由立法者来任性规定,也不应该任凭私人任性来定夺,而应该取决于婚姻关系是否死亡。在这里,马克思提出法学研究方法论中一个重要的问题:法学研究的逻辑起点是什么。马克思认为,正确的研究方法应该是以客观事实为基础,必须使观念符合实际存在的客观事实。因此,马克思要求立法者应该把自己看作一个自然科学家。他不是在制造法律,不是在发明法律,而仅仅是在表述法律,他把精神关系的内在规律表现在有意识的现行法

① 参见《马克思恩格斯全集》第 1 卷,184 页。

律之中。如果一个立法者用自己的臆想来代替事物的本质,那么我们就应该责备他极端任性。同样,当私人想违反事物的本质任意妄为时,立法者也有权利把这种情况看作是极端任性。在这里,马克思强调在法学研究方法论上,必须把我们的全部叙述都建立在事实的基础上,并且竭力做到只是概括地表明这些事实。但是,在以往人们研究法和国家现象时,却总是忽视各种现象之间关系的客观性,用人们自己的臆想去解释一切。但现实存在的各种现象的关系又并非以人们的意志为转移,因而人们在研究过程中常常容易误入歧途。由此,马克思坚定地相信,对于法的问题的研究必须深入到现存的客观关系和具体的社会条件之中去,只有这样才能说明一定的现象必然由当时存在的关系所引起。这清楚地表明,马克思已经有意识地运用唯物主义的客观考察方法来研究法的问题。这是马克思主义法学方法论形成过程中一个重要的标志。在这里,马克思已经隐约地认识到法律背后的客观关系对法的内容、本质及其职能的决定作用,从而促使他的法学观离开了新理性批判主义。

随着理论和实践的不断深入,马克思遇到一系列需要加以说明的法律问题,但是利用已有知识又难以获得令人满意的答案。马克思逐渐认识到自己从黑格尔那里接受的关于国家和法的学说是导致这一结果的主要原因。为了解决黑格尔的国家和法的观点与社会现实的矛盾,说明国家、法和市民社会的关系,马克思写了《黑格尔法哲学批判》一文。在该文中,马克思提出在分析法的关系时,应力图联系现实社会条件,通过市民社会来考察法,从而确立了历史唯物主义法学的基础。此外,马克思还通过对黑格尔法哲学的批判,剥去黑格尔辩证法思想的唯心主义外壳,并加以改造,从而为辩证的法学方法论提供了理论探索的经验。

在《法哲学原理》中,黑格尔关于国家问题的论述是其理论的核心部分。黑格尔把家庭、市民社会和国家看成是伦理观念发展的三个阶段:家庭是直接的或自然的伦理精神和狭窄的普遍性的领域;市民社会是特殊的领域;国家是普遍性与特殊性的统一,是客观精神的最高体现。国家是社会生活各个领域的决定力量,相对于国家而言,家庭和市民社会缺乏应有的独立性,它们是从属于国家的,国家是家庭和市民社会发展的内在动力。这样,黑格尔完全颠倒了家庭、市民社会和国家的关系,把作为上层建筑的国家当作人类社会的基础,而把社会经济关系当作国家的派生物。不是市民社会决定国家和法,而是国家和法决定市民社会。

马克思把费尔巴哈的唯物主义原理运用于政治、法的领域之中,把被黑格尔颠倒了的社会存在与社会意识、法的"主词"与法的"宾词"的关系重新颠倒过来。马克思认为,家庭和市民社会是国家存在的方式,家庭和市民社会本身把自己变成国家,它们是国家的原动力。国家如果没有家庭的"天然基础"和市民社会的"人为基础",就不可能存在。

前面已经提过,黑格尔法学研究方法的一个重要特点,是从"现有"出发来考察事物的内在矛盾运动的发展过程。运用这种方法研究国家、法和市民社会的关系,应该是得出市民社会决定国家和法的结论,而不是相反。然而黑格尔得出的结论恰恰是国家和法决定市民社会。那么,黑格尔这位辩证法大师究竟是在什么地方"失足"的呢?马克思科学地分析黑格尔法哲学体系,确认黑格尔理论"失足"之处,就在于从唯心主义角度理解思维和存在的相互关系。他把不依赖于理念而独立存在的实际,当作理念的"谓语",然后借助于逻辑演绎法从抽象的理念中把握客观存在,从而得出国家和法决定市民社会的结论。他不是从对象中发展自己的思想,而是按照做完了自己的事情并且是在抽象的逻辑领域中做完了自己的事情的思维的样式来制造自己的对象。黑格尔要做的事情不是发展政治制度的现成的特定的理念,而是使政治制度和抽象理念发生关系,使政治制度成为理念发展链条上的一个环节。① 马克思将这种方法称为"泛逻辑神秘主义方法"。黑格尔的这种方法不是用逻辑来论证国家,而是用国家来论证逻辑。这种理论注意的中心不是法哲学,而是逻辑学。国家的各种规定的实质并不在于这些规定是国家的规定,而在于这些规定在其最抽象的形式中可以被看作逻辑的形而上学的规定。……在这里哲学的工作不是使思维体现在政治规定中,而是使现存的政治规定化为乌有,变成抽象的思想。在这里具有哲学意义的不是事物本身的逻辑,而是逻辑本身的事物。② 因此,黑格尔的法哲学只不过是对逻辑学的补充。他虽然希望通过"绝对理念"来统摄世间万象,但由于他颠倒了思维和存在的相互关系,因而仍不可避免地导致了二元论:从客观唯心主义的"绝对精神"出发,把客体变成某种独立的东西,同主体割裂开来,那么神秘的客体也成了现实的主体。之所以会导致这种二元论,就在于他不是从现实的存在物出发,而是从概念的一般规定出发,从而造成神秘的理念成为现实存在物的体现者。

马克思通过对国家和市民社会之间关系的考察,清醒地认识到,只有从现实的存在物出发,分析市民社会自身的发展规律,才能获得关于法的真理性认识。循着从"现有"出发,遵循唯物主义一元论的思想路线,深入研究,他终于获得了"市民社会决定国家和法"这一唯物主义的结论。

马克思在深刻批判黑格尔法哲学的唯心主义本质的同时,也看到了黑格尔法哲学辩证法的伟大之处。他批判地吸取黑格尔矛盾辩证法的精华,并在唯物主义基础上加以改造和发挥,使之成为把握特殊对象的逻辑发展的正确方法。

在《法哲学原理》中,黑格尔从事物的各种规定的矛盾对立中推演出他关于家庭、市民社会和国家的发展规律。黑格尔的深刻之处也正是在于他处处都从各种规定……的对立出发,并把这种对立加以强调。③ 黑格尔深刻地揭示出现代国家中市民社会和政治国家分离的现象,并指出这种分离造成人的本质的"二重化"现象,即人处于双重状态之中:一方面,在市民社会之中,人受私有制的支配过着利己的、彼此隔绝

---

① 参见《马克思恩格斯全集》第 1 卷,259 页。
② 参见《马克思恩格斯全集》第 1 卷,263 页。
③ 参见《马克思恩格斯全集》第 1 卷,312 页。

的私人生活,政治国家处于私人生活之外,成为一个与私人生活漠不相关的异在之物。在市民社会之中,人们是千差万别的。另一方面,作为政治国家中的成员,人们过着共同的政治生活,政治国家要求每个公民在法律面前一律平等,但这种法律面前的平等仍是一种脱离现实物质利益的差异的平等,无视每个人等级差异的幻想之中的平等。为了消除市民社会和政治国家相分离造成的国家和个人之间的异化现象,黑格尔吸取卢梭思想中国家主义因素,强调人生来即是国家的公民,人不可能脱离国家而存在,只有在国家中个人才能获得真实性的存在。在黑格尔看来,个人对国家尽义务,同个人从国家那里享受权利相比,前者显得更为重要。总之,个人必须无条件地服从国家。因此,黑格尔的方法是在国家内部来解决国家和个人的一致性问题。显而易见,这种一致性是一种表面上的、虚幻的统一性。

马克思批判黑格尔把现象的矛盾在理念中人为的统一的方法。他指出,在考察国家的各种规定时,不应该从理论和概念着手,而应该从实践出发。不是从国家中引申出现实的人,而应该从现实的人引出国家的各种规定性。人的"社会特质"是研究人类活动的出发点,从而人的社会性是解决个人与国家之间统一性的基础所在,在社会中可以看到市民社会和政治国家之间分离的矛盾现象有更深一层的原因,即资本主义私有制内部的异化。正是这种私有制的异化造成了国家的利益同市民社会的特殊利益的矛盾,从而产生了市民社会和政治国家的冲突。

综上所述,马克思一方面用唯物主义思想批判了黑格尔的唯心主义本体论,得出市民社会决定国家和法的重要论断。另一方面,他批判地改造了黑格尔唯心主义法学辩证法思想,从而在本体论和方法论上突破了黑格尔法哲学的局限性,为历史唯物主义法学方法论的形成奠定了坚实的理论基础。

三、历史唯物主义法学方法论的最终形成

异化观是近代资产阶级法律思想家理论体系的重要组成部分。这些思想家从各自不同的角度来讨论异化问题。早期启蒙法律思想家的异化观主要以社会契约论表现出来,依此理论,人们订立契约、成立国家时,就把一部分权利转让出去。国家一经从社会中产生,就成为一种与社会相分离的异己力量而存在。与启蒙思想家不同,德国思想家主要是从哲学思辨的角度来考虑异化问题。黑格尔在其理论中把异化视为"绝对理念"自我认识过程中的一定发展阶段,自然界和社会的各种具体形态都是"绝对理念"异化的存在形态。国家和法就是"绝对理念"在社会生活中的异化表现,是"绝对理念"的客观精神环节。黑格尔认为,国家和法的这种异化是在"自我意识"范围内的异化。因此,只需要重新认识自我意识,使之获得同客观精神世界的统一,就可以扬弃这种异化。费尔巴哈则从自然唯物主义出发,批判黑格尔的思辨唯心主义异化观。费尔巴哈把人的种属能力和种属活动,视为人的本质。他认为,人们在幻想中创造了

上帝并赋予上帝主宰人类的权力。当人们向上帝顶礼膜拜时,人的种属生活即被异化了。由此,他提出一个命题,即宗教是人的本质的异化,宗教异化表现在社会政治领域即为神学同专制相勾结来对人性的摧残。但是,在费尔巴哈那里,人不是处于社会关系中的人,而是抽象的仅限于感性范围的自然人。从上述中可以看出,在不同历史时代的不同法律思想家那里,异化呈现出不同的含义,或者是伦理意义,或者是思辨哲学意义,或是宗教意义,但几乎没有从社会经济意义上对异化加以研究的,从而使他们的异化思想从整体上看仍是唯心主义的。

为了深入研究国家和法的真谛,已经认识到了"市民社会决定法"的马克思和恩格斯,决计以异化为中心范畴,通过探讨社会经济关系与法律现象之间的内在联系,来达到认识市民社会内部奥秘的目的。自1844年初开始,马克思系统地研究政治经济学。在阅读大量经济学原著的基础上,马克思写了《詹姆斯·穆勒〈政治经济学原理〉一书摘要》(《巴黎札记》)、《经济学哲学手稿》(《巴黎手稿》),在这些著作中马克思批判了资产阶级经济学家在方法论上的错误:假定私有制为物质生产存在的永恒条件,并以此来建立自己的理论。与此同时,马克思提出异化劳动理论。他从具体经济事实出发,引出了劳动异化的四个规定:第一,劳动产品作为一种异己的存在物,同劳动者相对立;第二,工人与劳动过程的对立;第三,劳动者同自己的"类本质"相对立;第四,人同他人相对立。异化劳动理论的创立,使得马克思法律思想中的研究方法不再停留在思辨的和抽象的社会政治分析方法上,而是注入一种全新的经济分析法,这使得法学的理论结构发生了重大变化。

马克思从异化角度出发,把对人的本质问题的解决同人的社会活动的分析紧密结合起来。马克思认为,人不是费尔巴哈式的抽象的、生理学意义上的人,而是能动的、从事改造世界活动的现实的人。在人的一切活动中,生产活动是最基本的。生产活动将人与自然联系起来,通过生产实践活动,人类创造、改造自然,使得人区别于动物。生产活动,作为一种人类特殊标志的活动,不仅对于整个人类社会的物质生活具有决定性的意义,而且对于整个人类和人类社会的形成及其发展具有决定性的作用。因为,人通过他的生产活动,不仅创造了一个物质世界,而且还创造他与别人联系的方式和自己的社会生活。人的社会性使得被人改造的自然界也具有了属人的本质。只有在社会中,自然界才是人与人之间联系的纽带;只有在社会中,人与自然才完成了本质上的统一。因此,马克思把人的本质属性归结为社会性。但在私有制条件下,商品交换关系中的人的社会本质呈现异己化的特征。在商品交换的领域中,货币成了当事人之间相互让渡自己产品的中介物。在这种物品的中介作用下,人同物所进行的活动,变成某种在人之外,为人所不能自主的异己活动;人们的愿望、活动以及同他人的关系受着不依赖于人的异己力量的支配。人与人之间的交换关系,是以相互掠夺为基础的。马克思指出,在这里,掠夺和欺骗的企图必然是秘而不宣的,因为我们的交换无论从你那方面或从我这方面来说都是自私自利的,因为每个人的私利都力图超过另一个人的私利,所以我们就不可避免地要设法互相欺骗。因此,在私有制社会中,人的社会联系具有扭曲的异化性质。

马克思在创立异化劳动理论时,批评了资产阶级古典经济学家在研究私有财产时把应当加以论证的东西当作前提。资产阶级的经济学家和法学家在讨论异化问题时,总是采取形而上学的方法论,虚拟一种原始状态作为考虑问题的前提。马克思提出,考察异化与资本主义经济制度之间的本质联系时,必须从当前经济事实出发。这是第一次为整个法律科学确立了从具体到抽象的科学研究方法。"从具体到抽象"的研究方法要从现实出发来确定概念、原则和理论的内容。"从具体到抽象"只是认识的一部分。根据事物的内在逻辑联系将概念、原则和理论再现、复原出来,形成科学的理论体系,这就是从思维抽象到思维具体的过程。"从抽象上升到具体"和"从具体上升到抽象"的方法一起构成了认识事物、分析事物、叙述事物的整个过程的不可分割的两个方面。

在法哲学历史上,第一个完整地提出并运用"从具体到抽象"和"从抽象上升到具体"方法的是黑格尔,他运用这种方法建立了一个庞大而丰富的法哲学体系。黑格尔在构架法哲学体系时,创造性地运用了否定之否定的辩证法。在黑格尔那里,法哲学的研究对象是"自由意志"。在抽象法领域,自由意志内部潜藏着单一性与普遍性的差别和对立,这是正题;在道德法领域,自由意志表现为单一性与普遍性的差别和对立,这是反题;在伦理法领域,自由意志体现为单一性与普遍性的对立统一,这是合题。自由意志的逻辑行程,是一个否定之否定的扬弃过程。马克思批判了黑格尔否定辩证法的唯心主义思辨性质的同时,充分肯定黑格尔的否定辩证法的合理因素。他认为,黑格尔法哲学体系中的每一个概念、范畴,彼此互相联系,有机递进,而构成这一联系、递进的出发点就是作为推动原则和创造原则的否定性的辩证法。黑格尔否定性辩证法的积极意义在于:黑格尔把否定之否定看成是一切存在物唯一真正的活动和自我实现的活动,进而把人的自我产生看成是人类劳动的结果。尽管他只看到劳动在人的自我实现活动中的积极方面而没有看到劳动的消极方面,但是他把劳动看成人的本质,并在抽象范围内把劳动理解为人的自我产生的行动,把人与自身的关系理解为对异己本质的关系,把作为异己存在物表现自身的活动理解为人的类生活。在黑格尔的否定辩证法中,把肯定和否定结合起来的扬弃,起着一种独特的作用。扬弃是使异化返回自身的运动。它的理论与实践意义在于,主张人通过消灭对象世界的异化存在来现实地占有自己的对象性本质,同时扬弃又是联系、运动的环节。马克思认为,在黑格尔法哲学中,扬弃了的私人权利等于道德,扬弃了的道德等于家庭,扬弃了的家庭等于市民社会,扬弃了的市民社会等于国家,扬弃了的国家等于世界史。在现实中,私人权利、道德、家庭、市民社会、国家等等依然存在着,它们只是变成了环节,变成了人的存在和存在方式,这些存在方式不能孤立地发挥作用,而且互相消融、互相产生等等。

在黑格尔那里,否定辩证法的存在是一种隐蔽的、自身还不清楚的、被神秘化的批判。因而,对于黑格尔的否定辩证法,无论是青年黑格尔派的"现代的批判",还是费尔巴哈的"批判运动",都未能有全面的正确的认识。马克思充分肯定了黑格尔否定辩证法的革命的、批判的意义。因为这种否定辩证法紧紧抓住人的异化。宗教、财富、国家权力是人的对象化的异化的现实,是客体化的人的本质力量的异化现实。通过对宗教、财富、国家权力等人的异化的不同形式的扬弃,实际上就是人的本质的回归。

由上可见,尽管马克思没有对法哲学叙述方法作全面论述,但由于他从黑格尔的法哲学中剥离出否定的辩证法,并从方法论方面予以扬弃,既指出否定辩证法在黑格尔法哲学中所具有的唯心主义性质,也指出这种方法论在构成黑格尔法哲学体系中所起的独特作用,正确地指出了这种方法论对于理解人类历史和人类本质所具有的理论和实践意义。正如马克思后来所概括的:从抽象上升到具体的方法,只是思维用来掌握具体并把它当作一个精神上的具体再现的方式,这种方式显然是科学上正确的方法。

在《巴黎札记》和《巴黎手稿》中,马克思的法律思想较之前一段有巨大提高:对法的经济分析,使他创立了异化劳动理论,并提出生产规律支配法的重要命题;对人的本质以及人与社会关系的探讨,使他对人的社会性与社会的人性等重大问题给予了科学解决,从而为历史唯物主义法学理论的最终形成提供了哲学基础。最后,通过对古典经济学家形而上学的方法论的批判和对黑格尔否定辩证法的扬弃,确立了"从具体到抽象"和"从抽象上升到具体"的科学方法论原则,从而为历史唯物主义和辩证唯物主义法学理论最终形成提供了方法论的基础。

1845年2月,马克思被法国当局逐出巴黎,迁居布鲁塞尔。同年4月恩格斯也到达这里。他们感到有必要系统地整理历史唯物主义世界观,用一种完整的理论形式来表述他们崭新的观点。于是,他们共同撰写了题为《德意志意识形态》一书。《德意志意识形态》是马克思历史唯物主义法学形成的标志。在这部著作中,马克思、恩格斯第一次明确地阐发了生产力决定"交往形式","市民社会"决定上层建筑的历史唯物主义基本原理,并用历史唯物主义法学方法论,揭示法的产生、发展及其消灭的历史规律性,科学地分析法的本质及其特征,并论证了一系列法学范畴和命题,实现了法学理论和法学研究的伟大革命。

在《德意志意识形态》中,马克思和恩格斯揭示了漫长的人类社会历史发展过程中最初的四个因素:第一,人类为了生存和生活,首先需要解决衣、食、住以及其他东西,因此,第一个历史活动就是生产满足这些需要的资料,即生产物质生活本身。第二,已经得到满足的第一个需要本身、满足需要的活动和已经获得的为满足需要使用的工具,又引起新的需要。第三,每日都在重新生产自己生活的人开始生产另外一些人,即增殖。第四,生活的生产本身表现为双重关系:一方面是自然关系,即人与自然界的关系;另一方面是社会关系,即许多人的合作。从这最初历史关系的四个因素中,马克思、恩格斯得出一个重要结论:一定的生产方式或一定的工业阶段始终是与一定的共同活动的方式或一定的社会阶段联系着的,而这种共同活动方式本身就是生产力。人们所达到的生产力的总和决定着社会状况。① 由此,马克思、恩格斯提出研究政治、法的问题必须考虑它们同社会物质生活的关系。他们认为:以一定的方式进行生产活动的一定的个人,发生一定的社会关系和政治关系。社会结构和国家经常是从一定个人的生活过程中产生的。②

马克思、恩格斯将一切历史冲突的根源,都归之于生产力和交往形式之间的矛盾。据此,他们来揭示法的运动的一般历史发展规律。在考察法的起源时,马克思和恩格斯认为这必须首先考察法同现实生活中人的关系,而这其中,社会分工在法的历史起源中起着特殊的作用。在原始社会,由于社会分工的发展,推动生产力与生产关系的矛盾运动,导致了私有制的出现。其实,分工和私有制是两个同义语,讲的是同一件事情,一个是就活动而言,另一个是就活动的产品而言。由于私有制的出现,导致私人利益或单个家庭利益与所有相互交往的人们的共同利益之间的矛盾。为了调节私人利益和公共利益之间的矛盾,国家以一种虚幻的和实际利益相脱离的形式出现。在这个虚幻的共同体中,由于社会分工,社会成员分成利益不同的阶级,其中一个阶级统治着其他一切阶级,国家内部存在着各种形式的阶级对抗。由于国家以代表"普遍利益"的政治共同体形式出现,是同各种"特殊利益"相脱离的,为此,就必须对"特殊利益"进行干涉和约束。而国家干涉和约束"特殊利益"的重要手段就是法律。因为国家是属于统治阶级的各个个人借以实现其共同利益的形式,是该时代的整个市民社会获得集中表现的形式,因此可以得出一个结论:一切共同的规章都是以国家为中介的,都带有政治形式。③ 这里所指的"共同的规章"就是法律,它是和国家同时产生的。

在马克思主义法学产生以前,法学史上不同时代的思想家对法的本质从不同角度予以阐释。他们或以"意志""神意"作为法的基础,或将法的本质归结为权力。马克思、恩格斯认为,以往思想家之所以未能科学地解决法的本质问题,主要原因在于他们采用的是唯心主义方法论。历史唯心主义方法论在分析法律时,总是忽视社会物质生活条件和社会经济关系对法的作用,把它们看成是与法无关的附带因素。与历史唯心主义方法论不同,历史唯物主义方法论是从直接生活的物质生产出发来考察现实的生产过程,并把与该生产方式相联系的、它所产生的交往形式,即各个不同阶段上的市民社会,理解为整个历史的基础;然后必须在国家生活的范围内描述市民社会的活动,同时从市民社会出发来阐明各种不同的理论产物和意识形式,如宗教、哲学、道德等等,并在这个基础上追溯它们产生的过程。④ 因此,历史唯物主义方法论与历史唯心主义方法论的重要区别就在于,前者总是从现实历史的物质实践出发来阐释观念的东西,

---

① 参见《马克思恩格斯全集》第 3 卷,33 页。
② 参见《马克思恩格斯全集》第 3 卷,29 页。
③ 参见《马克思恩格斯全集》第 3 卷,70—71 页。
④ 参见《马克思恩格斯全集》第 3 卷,42—43 页。

而后者总是从观念出发来解释实践。

运用历史唯物主义方法论,马克思、恩格斯把唯物史观的基本原理贯彻到法律领域。他们指出,应当把法看作是从人们的物质关系以及人们由此而产生的互相斗争中产生,而不应该把脱离现实经济关系的"自由意志"或者抽象权力看作是法的基础。"那些决不依个人'意志'为转移的个人的物质生活,即他们的相互制约的生产方式和交往形式,是国家的现实基础,而且在一切还必须有分工和私有制的阶段上,都是完全不依个人的**意志**为转移的。这些现实的关系绝不是国家政权创造出来的,相反地,它们本身就是创造国家政权的力量。"①法律的发展史,充分证明法的客观内容对社会经济关系的依赖。马克思、恩格斯将客观的社会经济关系,规定为法的本质的最基本的内容,从而超越了以往形形色色唯心主义法学家的局限性,为马克思主义法学理论体系确立了一个最基本的理论研究的出发点。

马克思、恩格斯认为,法除了具有客观规定性以外,还具有主观的属性。法是一种国家意志,这种主观属性使它与其他社会现象区别开来。一些唯心主义法学家也看到了法的主观属性,如施蒂纳宣称法是"社会内统治者的意志",但是他们过于夸大了法的主观属性,使法脱离了它的现实基础。产生这种认识上的偏见,其主要原因在于,在现实生活中,法律都是以国家为中介的,于是,很容易使人产生一种错觉,似乎法律是以意志为基础的,而且是以脱离现实经济基础的自由意志为基础的。这种认识上的错觉就使得历史上许多法学家根据表象,将法律认定为统治者意志的表现,且这种意志是"自由的",没有任何限制的。但是,只要对各国法律实践稍作研究,就会发现,只有毫无历史知识的人才不知道:君主们在任何时候都不得不服从经济条件,并且从来不能向经济条件发号施令。当统治者意欲通过自己的"自由意志"为所欲为地创造法律时,这种法律必将在现实世界中的"硬绷绷的东西"上碰得头破血流。因此,马克思、恩格斯认为,在研究作为国家意志的法律时,应该将法的客观性和主观性结合起来,并使法的客观性成为法的主观性的基础。与此同时,也应该看到,法的客观性必须借助主观性获得表现。因为反映客观经济关系的统治阶级意志,总要通过一定形式表现出来,通常统治阶级总是用法律来表现其统治意志。正如马克思、恩格斯所说的,统治阶级除了必须以国家的形式组织自己的力量外,他们还必须给予他们自己的由这些特定关系所决定的意志以国家意志即法律的一般表现形式。

马克思、恩格斯认为,统治阶级借助国家政权的力量,通过法律形式表现出来的意志,并不是个人的"自我意志"。国家意志决不等于个人意志的总和。因为统治阶级的个人通过法律形式来表现的意志,并不受到他们之中任何一个单个人的任性所左右,这一点不取决于他们的意志,"如同他们的体重不取决于他们的唯心主义的意志或任

---

① 参见《马克思恩格斯全集》第 3 卷,377—378 页。

性一样。他们的个人统治必须同时是一个一般的统治"①。这深刻地揭示出,作为国家意志的法律,不是统治阶级中少数人意志的反映,更不是君主个人的任性,而是作为统治阶级整体利益反映的整体意志。之所以如此,乃是因为统治阶级权力的基础是他们共同的物质生活条件。制约统治阶级意志的社会经济关系,是统治者共同的生活条件。建立在这种共同生活条件之上的法律,是整个统治阶级在社会经济生活中地位的集中反映和再现,从而使法律具有整体性的特点。这就要求统治阶级中的任何成员,都不能把自己的"单个意志"凌驾于"整体意志"之上,而必须将"单个意志"融于"整体意志"之中,以求得整体利益的肯定。在这里,马克思、恩格斯对法的本质的分析,特别是对社会物质生活条件如何决定统治阶级意志,作了进一步说明。

概括上述,可以说在《德意志意识形态》中,随着历史唯物主义法学的最终形成,历史唯物主义法学方法论也最终得以形成。这种历史唯物主义法学方法论确定了法学研究的逻辑起点在于现实的社会经济关系,通过把握生产力和生产关系的矛盾运动规律,来认识法的产生和发展,并通过正确认识法的主观性与客观性之间的辩证关系,来揭示法的本质属性。

四、马克思主义法哲学方法论的发展

马克思主义法哲学是一个不断发展的理论体系,马克思主义法哲学方法论也随着实践的发展和理论的进步而不断创新。马克思主义法哲学在其发展历程中,不断同形形色色的历史唯心主义和机械唯物主义法学观念作斗争。这其中,关于法的相对独立性的认识是争论的一个焦点,以至马克思、恩格斯觉得有必要运用辩证唯物主义和历史唯物主义法学方法对此作出更深入的阐述,使马克思主义法哲学体系更加完备。

包括政治的、法律的、宗教的各种社会意识形态领域的现象具有一个共同的特点,即具有一种与经济不相干的外表。在阶级社会中,在意识形态领域中从事各种活动的人,如立法者、法学家、哲学家、神职人员,他们脱离物质生产,似乎与社会的经济活动和阶级斗争没有直接的联系,他们以及他们创造的思想和理论,在表面上具有鲜明的独立性。由此,资产阶级学者把意识形态领域看成是一个完全独立于物质生产领域的封闭世界,进而把意识形态夸大为脱离社会经济条件的纯粹思维活动的产物。依此认识方法,经济关系在资产阶级意识形态理论中的反映是倒置的,经济关系反映为法原则,也同样必然使这种关系倒置过来。这种反映的发生过程,是活动者所意想不到的;法学家以为他是凭着先验的原理来活动。② 在资本主义社会中,一种经济关系只有得到法的承认,才是合法的,才能存在。这种表面现象很容易形成一种错觉,似乎是法决

① 《马克思恩格斯全集》第 3 卷,378 页。
② 参见《马克思恩格斯全集》第 37 卷,488 页。

定经济,而不是相反。因而法学家们只需研究有关的思想材料,凭借先验的法的原理就可以了。

　　恩格斯分析了意识形态形成过程的一般特点,指出:尽管社会物质生活条件是社会思想产生、存在和发展的根本性原因,但是意识形态的发展,其直接的前提条件,则是人类历史积累的思想材料。历史思想家(历史在这里只是政治的、法律的、哲学的、神学的——总之,一切属于社会而不仅仅属于自然界的领域的集合名词)在每一科学部门中都有一定的材料,这些材料是从以前的各代人的思维中独立形成的,并且在这些世代相继的人们的头脑中经过了自己的独立的发展道路。当然属于这个或那个领域的外部事实并发的原因也能给这种发展以影响,但是这种事实又被默默地认为只是思维过程的果实,于是我们便始终停留在纯粹思维的范围之中,这种思维仿佛能顺利地消化甚至最顽强的事实。① 由此恩格斯澄清了由于意识形态相对独立发展的历史过程在人们观念中形成的错觉。

　　恩格斯对意识形态相对独立发展的特点的分析,揭示了包括法律意识在内的意识形态独立性的实质在于:意识形态作为人的意识对现实的反映,既服从于一般的规律,又具有按照自己内在的特殊规律发展的动力。法律意识形态一旦在一定的经济基础上产生,便具有其历史发展的连续性和自身发展的规律性。马、恩早在《德意志意识形态》中就曾论及:法和法律有时也可能"继承",但是在这种情况下,它们也不再是统治的了,而是只剩下一个名义。随着社会的发展和社会制度的变迁,法的阶级内容必将发生重大改变,但反映法的阶级内容的某些形式规定、术语可以沿用下去。不仅如此,法律观点、法律的思想内容只有在继承性的基础上,只有在同先前积累下来并随时随地受经济运行规律制约的法律思想基础上,才有进一步发展的可能性。

　　恩格斯指出,意识形态的相对独立性还表现为意识形态的发展同社会经济发展之间的不平衡性。在历史上,经济上落后的法国在哲学上领先于英国,后来落后的德国在思想上又较之英法更为先进。一些经济落后的国家,在思想领域却可能超越经济上比较发达的国家。法律意识也是如此。法律意识落后于社会存在或超越社会存在都是常有的。这一事实表明,社会意识从一开始就具有脱离客观基础和思维个体的相对独立性,随着人们思维能力的提高和新的材料的不断积累,社会意识不断向前发展着。

　　从根本意义上,意识形态各种形式的发展受经济的制约,但意识形态领域各种形式之间又不是各自独立的。意识形态各种形式之间相互制约、相互作用和相互影响也是意识形态相对独立的表现之一。如果离开了各种意识形态的相互作用,意识形态本身的发展也是不可能的。

　　较之哲学、宗教、艺术等意识形态而言,恩格斯认为法律制度和法律意识更为接近经济基础。一些有关于财产、买卖的法律制度无需任何中间环节而直接与经济基础相

---

① 参见《马克思恩格斯全集》第 39 卷,95 页。

联系着,它们的内容是由经济关系直接决定的。但是一旦法律制度和法律思想从一定生产关系中产生,便对包括生产活动和交换活动在内的整个经济活动产生巨大的能动作用,在一定程度上,甚至可以改变经济关系。因为,法不仅巩固和促进构成法、政治以及其他意识形态形式的基础即经济形态的发展,而且是生产力本身借以继续发展的机制。法一方面是建立统治阶级赖以生存的经济基础的有力杠杆,要对有利于统治阶级的经济制度加以确认,巩固、保护和发展现有的经济关系。另一方面,法律要运用自己的强制力清除不符合统治阶级需要的经济关系,惩治破坏统治阶级经济秩序的行为,保护统治阶级经济的正常运行。法通过规定人们在进行经济活动时在各种经济关系中的权利和义务,并保证这些权利和义务的实现来反作用于经济,这是法不同于其他意识形态的一个显著特点。

按照恩格斯的观点,法作用于经济有三种情况:一是法可以沿着经济发展的同一方向起作用,促进经济的发展;二是法可以沿着相反方向起作用,破坏经济发展;三是法使经济发展方向发生偏移,或者把它推向前进,或者把它往后拉。法的这三种可能的作用,反映了法作用于社会的机制以及法律调整社会的有效性。上述三种情况反映了法的社会功能的三种不同性质与状态:第一种情况反映法的社会功能的积极性质和状态。法是促进社会生产力发展、推动社会进步的力量。第二种情况反映法的社会功能的消极性质和状态。当它服务于落后的生产关系时,它就成为阻碍社会进步的力量。第三种情况是前两种情况的混合状态,它既有积极的一面,也有消极的一面。

法对经济基础的反作用,归根到底乃受生产关系一定要适合生产力性质这一客观经济规律的制约。法和经济之间的相互作用并不是对等的,经济对法的决定作用是主导的,法对经济的反作用是从属性的,最终要服从于经济发展的必然性。

总之,恩格斯认为,意识形态的相对独立性是相当复杂的现象,它源于人类生活的客观物质生活条件,又同脑力劳动的特性相关。因此,历史唯物主义要求,在方法论上,既要克服"机械决定论"否认意识形态相对独立性的错误,又要防止过分夸大这种相对独立性,陷入历史唯心主义的思维方式或"法学家的幻想"中去。

第二节　马克思主义法哲学的研究方法

一、"从具体到抽象"的方法

在马克思主义法哲学诞生之前,历史上一切唯心主义法学家在法学研究方法上有一个共同表现:或者忽视法的现象的客观基础,或者把现实基础看成是与法的现象之间只存在一种偶然联系的"附带因素"。依此方法论,他们把法的现象看成是脱离社会现实经济基础、超乎客观世界之上的东西。在他们的研究中,法的现象与社会现实基础之间是相互对立的。

马克思从辩证唯物主义和历史唯物主义的世界观出发,批判地继承了黑格尔法哲学的方法论思想,提出了唯物主义的"从具体到抽象"的方法论原则。马克思认为,"从具体到抽象"的方法论原则要求法哲学的每一个概念、范畴和原理都必须建立在丰富的实证材料之上。在丰富的经验材料基础上形成的"感性具体",才具有真实性、可靠性。脱离了实证材料的法哲学的思维抽象就成了无源之水,无本之木。即便是有所抽象,也只是一种非本质的、表面的抽象,不可能真正把握客观对象的内在属性。因此,马克思反复强调,必须把我们的全部叙述都建立在事实的基础上,并且竭力做到只是概括地表明这些事实。① 研究法的现象,应当深入到现存的客观关系和具体的社会条件之中,只有从现存的客观关系出发,才能说明一定法律现象背后的原因。因此,马克思批评近代古典自然法学派虚构"自然状态"的先验方法论,也批评资产阶级古典经济学家在研究私有财产时,总是"把应当加以论证的东西当作前提",指责他们采取"总是让自己处于虚构的原始状态"的形而上学方法论,强调研究经济必须从当前的经济事实出发,通过异化来考察资本主义经济制度的本质。

前面已经提到,在法哲学史上,第一个提出"从具体上升到抽象"的研究方法的是黑格尔。这种方法要求从"现有"出发来考察法的现象内在矛盾运动的过程,依照这种研究应该得出市民社会决定国家和法的结论,而不是相反。然而,黑格尔的结论恰好是国家和法决定市民社会。马克思精辟地分析,黑格尔理论失足之处,就在于唯心主义地确定思维和存在的相互关系,是从各种理念中推论出客观存在的。他不是从对象中发展自己的思想,而是按照做完了自己的事情并且是在抽象的逻辑领域中做完了自己的事情的思维的样式来制造自己的对象。黑格尔要做的事情不是发展政治制度的现成的特定的理念,而是使政治制度和抽象理念发生关系,使政治制度成为理念发展链条上的一个环节。② 黑格尔不是用逻辑来论证国家,而是用国家观念来论证逻辑。由于黑格尔唯心主义地理解思维与存在之间的关系,因而不可避免地导致二元论。黑格尔从客观唯心主义的"绝对精神"出发,先把客体变成某种独立的东西,又把客体同主体割裂开来,从而使神秘的客体成为现实的。他从概念的一般规定出发,从而使神秘的理念成为现实存在物的体现者。

马克思通过历史地考察国家、法与市民社会的关系,清醒地认识到,只有从现实的存在物出发,分析市民社会本身的发展及其规律,才能获得关于法的现象的真理性认识。循着唯物主义"从具体上升到抽象"的认识路线,他终于得出"市民社会决定国家和法"的结论。马克思认为,一切事物的运动是事物本身所固有的,观念的辩证法是由客观事物的辩证法所决定的,因此,不是观念、范畴和原理创造社会关系,而是社会关系创造观念、范畴和原理。

---

① 参见《马克思恩格斯全集》第 1 卷,223 页。
② 参见《马克思恩格斯全集》第 1 卷,259 页。

由此,马克思把是否从现实关系中得出法的概念、范畴和原理,作为区分唯物主义法哲学认识路线和唯心主义法哲学认识路线的方法论原则界限。唯心主义认识路线是从天上降到地上,按照这一认识路线,法的现象具有自己独立性的范畴,可以从观念出发来阐释法的现象,法的现实基础不是被忽视,就是被认为与法的现象没有必然联系的附带的东西。与唯心主义认识路线不同,唯物主义法哲学认识路线是从地上升到天上。依唯物主义法哲学认识路线,法哲学的思维抽象来源于现实的社会物质生活条件,这些抽象本身离开了现实的历史就没有任何价值。① 法哲学的概念、范畴和原理的产生,是直接与人们的物质生产活动交织在一起的,是人们物质关系的直接产物。人们应当把各个历史阶段上的社会经济生活及其关系理解为法的现象的基础,并从这个基础出发来阐释不同的法的现象的具体产生条件及发展历程。这就是逻辑的东西要与历史的东西相统一。"只要按照事情的本来面目及其产生根源来理解事物,任何深奥的哲学问题……都会被简单地归结为某种经验的事实。"②同样,每个法哲学的概念、范畴,都应从社会现实生活的经验事实中抽象和概括出来。

对于从经验事实中概括出来的每个法的概念、范畴、命题,马克思认为决不能作简单的感性罗列,也不应该只是法的现象的外部形式的描述,而应该是对法的现象的本质属性的逻辑规定。因此,需要借助科学的思维抽象,通过对法的现象的辩证分析和辩证综合,区分和界定各种法的现象。辩证分析是通过揭示法的现象内部的相互作用机制,揭示法的现象运动的客观原因。而辩证的综合方法则是通过对法的现象的各个方面属性的研究,说明这些诸多方面的属性如何在矛盾有机体中获得统一。辩证的分析和综合是互相联系的,它们并不是彼此独立的两个思维抽象活动,而是具有内在不可分割联系的同一个思维抽象活动的两个方面。

马克思指出,对于经过法哲学的思维抽象所获得的法的概念、范畴、命题和原理,还必须再借助实践来检验其正确与否。早在《关于费尔巴哈的提纲》中,马克思就把实践作为辩证唯物主义认识论的基础,并论述了认识对实践的依赖关系。马克思认为,社会实践是社会生活的本质,社会实践是各种意识赖以形成的根源,也是检验意识正确与否的客观标准。人的科学思维是否具有客观真理性,这并不是一个理论的问题,而是一个实践的问题。人应该在实践中证明自己思维的真理性。即自己思维的现实性和力量,亦即自己思维的此岸性。"关于离开实践的思维是否现实的争论,是一个纯粹**经院哲学的**问题。"③因此,法的概念、范畴、命题和原理是否正确地反映法的现象的本质联系及其规律性,唯有通过法律实践。除此以外的任何其他方法,都是虚幻而不真实的。

---

① 参见《马克思恩格斯全集》第 3 卷,31 页。
② 《马克思恩格斯全集》第 3 卷,49 页。
③ 《马克思恩格斯全集》第 3 卷,3—4 页。

二、分析和综合相统一的方法

在西方法哲学史上，17世纪的一些启蒙思想家从朴素唯物主义观点出发，把分析的研究方法理解为将已知的东西机械地分解为单独的事实、观念。霍布斯就把认识的思维过程理解为"分解"。黑格尔批评这种观点时指出，从单纯的抽象方法来看，全体的概念必然包含部分，但如果按照全体的概念所包含着的部分来理解全体，把全体理解为许多部分，那么全体就会停止其作为全体的存在。整体只有作为整体才具有真理性，不仅如此，分析还在于把辩证运动过程中的各个中介环节加以分解和拆开，并且按照内在的对立对它们加以阐述。黑格尔形象地把分析理解为"咀嚼"，意指通过"咀嚼"来把对象分解成各种要素，以便从中抽象出普遍的、本质的东西。正是从这种意义上，他把分析方法看成是从个体出发达到普遍性的思维过程。

恩格斯在《反杜林论》中论及分析方法时，把分析理解为将意识的对象分解为它们的要素，通过分解、分割找出对象中的本质要素，以便进行科学的抽象概括，形成概念和范畴。列宁也指出，人们对客观对象进行认识时，首先表现为对它的分析，把整体的东西分解，将活生生的东西简单化、粗糙化，把差别、多样化孤立起来，以便于想象、表达、测量、描述对象及其运动。因此，分析就是分解现存的具体的现象——赋予现象的各个方面以抽象的形式，形成概念、范畴、规律等思维规定。

分析方法分为形式逻辑分析和辩证逻辑分析。形式逻辑的分析是对具体的东西进行分析，从中揭示出"抽象的普遍性"的形式规定。辩证的逻辑分析则属于更高层次的分析，它是在形式逻辑分析所获得的普遍性规定的基础上进行的分析，从而获得在普遍的东西中还包含着的具体规定，即通过辩证的分析达到的同一性中包含着的差别性，在普遍性的东西中内在地包含着特殊的、个别性的东西。因此，辩证分析的特点在于揭示对象、现象中的差别的同一性、根源性。

在法哲学中，运用分析的方法，其目的并不是单纯地揭示法律现象的差别的同一性，而在于揭示法律现象的本质。只有揭示出法律现象的本质上的同一性，才能揭示出法律发展的重复性、常规性和发展的规律性。那种只反映法律现象的偶然性，而不构成被考察的法律现象的内在必然性的同一性，并不是法哲学中辩证逻辑分析的目的。在辩证逻辑的研究方法中，归纳的方法居于先导的地位。因为，法律的认识过程总是从个别法律现象开始，然后达到关于法的一般规定性。但是，单靠归纳是不能完全达到本质性的认识的，还必须在归纳、实践的基础上，运用分析、抽象的方法。黑格尔在《逻辑学》中表述过这种思想。他指出，在物理学中，磁、电各种研究对象，它们在现实中出现于具体状况中，为了认识它们，就得运用分析、抽象的方法，把它们从那些具体状况中抽取出来，才能获得它们的规定性。分析、抽象的方法，有助在研究过程中摆脱现实中偶然性方面的"缠牵"，达到对事物的本质的认识。马克思汲取黑格尔的上述论述中的合理因素,强调指出,对法律现象的本质和发展规律的认识,是单靠人的感觉看不出来的,必须通过分析,使公众认清事情的实质。

分析的目的是为了揭示事物的本质,而为了达到这个目的,必须将抽象和分析结合。早在《哲学的贫困》中论及辩证的思维时马克思就强调:进行抽象就是进行分析,越远离物体就是日益接近物体和深入事物。通过分析对法律进行分解,区分出本质因素和非本质因素之后,将本质的东西抽象出来,从而达到分析的目的。正是在这种意义上,"进行抽象就是进行分析"。但是,分析和抽象又是有区别的。马克思在批评蒲鲁东的纯粹思辨的抽象时指出,纯粹的抽象的方法,把每一个事物的一切偶性抽去,在抽象的最后阶段,一切事物都成为逻辑范畴。而分析则是对事物及其属性进行分解,并加以区别。

法哲学中分析的对象是独立于人的思维的法律现象及其自身内在的矛盾,人的思维只不过是对法律现象的反映。在马克思看来,分析及其所达到的结果,尽管体现着思维的能动作用,但是这种能动作用是建立在法律现实基础之上的,它决不能超出被分析对象所具有的东西。马克思还明确指出,逻辑学的对象并不是客观世界本身,而是对它的经过思维加工以后的再现。他说,辩证逻辑和黑格尔的逻辑学的区别不在于把思维作为逻辑对象,而在于辩证逻辑所确认的逻辑学的对象的思维原型,是不依赖于人的思维的客观世界,而黑格尔的逻辑学确认它的原型是在人的思维之外的"客观的"绝对理念。因此,马克思要求,作为真正的客观分析,必须是建立在唯物主义基础上的分析。正如约·狄慈根指出的,逻辑学分析的对象是思维概念,但同时他也强调,由于每一个概念都相应于一个现实的对象,所以,"对某一概念的分析,和对引起这个概念的对象或事物的理论分析是同一件事。……对概念进行分析就等于从理论上分析它在实践中已经分析过的对象"①。之所以如此,是因为对象的概念本身是源自于它对该对象的反映。

科学的分析必须同时是辩证的分析。马克思认为,要做到理论分析和现实的一致,必须认识到对象的矛盾两方面及其统一的客观基础。对于法学的逻辑分析来说,最重要的莫过于分析法的现象和本质之间的矛盾。通过分析揭示出法的本质和法的现象之间的矛盾,只不过是法本质自身的矛盾及其发展的表现。通过分析揭示出法律现实如何分裂为两个互相否定的方面,这些方面又如何通过中介环节来再现出它们之间的内部联系,以及它们之间的互相转化。马克思要求人们在运用分析方法时,不要只看到法的个别的、彼此孤立的、互相分离的方面和特性,也不只是运用辩证方法的某一个别的原理、范畴和规律,而应当把所运用的辩证方法作为一个完整的方法论体系来加以把握,在法律现象内在联系中运用一切和法有关的辩证方法的原理、范畴和规律,只有这样才有可能获得法的本质。

---

① 《狄慈根哲学著作选集》,22—23 页,北京,三联书店,1978。

认识到法的本质,理论认识的任务并没有完成。还需要用所认识到的法的本质去解释、说明法的现象,检验所分析出来的本质是不是它的真正本质。这种从本质到现象的运动,在方法论上表现为分析向综合的运动。

所谓综合,就是思维把认识对象的各个要素、侧面结合为一个统一体。科学的任务并不是简单地归结为从不同的事物中寻找出它们的某种共同的东西,而是通过辩证的思维,以概念、范畴、规律等形式把认识的前一个阶段中运用分析方法对有机整体分解而得的抽象的要素、侧面,在思维中把它们重新综合为一个有机的、具体的整体。因此,综合的过程也就是一个从抽象上升为具体的过程。如果说法哲学研究中,分析的目的和结果是从法的现象中揭示出本质,那么综合的目的,就是从法的本质中引申出法的现象,揭示某种法的现象为什么以及怎样产生某种本质。

在人的认识过程中,有两个相反的方向的运动:其一,为了研究内容上不可穷尽的对象,必须运用分析的方法,把各种对象中的同一性东西分析出来。如果认识只局限于或停留在这种片面认识阶段,表现为思维的“抽象同一性”,那么必然导致活生生的东西被简单化、僵硬化。其二,为了克服上述片面性,思维就得朝另一个方向运动,即综合的运动。这种运动要从同一性回到差别性,用同一性来说明形形色色不同对象的差别性。正如黑格尔所说,“这个同一本质上是有区别的东西的同一”①。为了说明同一中的差别,黑格尔引进了普遍、特殊和个别的辩证法的环节。他指出,分析的结果是概念的形成,而在辩证思维中所理解的综合,包含着的“不只是抽象的普遍,而且是自身体现着特殊、个体、个别东西的丰富性的这种普遍”②。在黑格尔看来,所谓综合方法,指的是以普遍性为出发点,经过特殊化而达到个体。于是综合方法便表明其自身为概念各个环节在对象内的发展。所以,黑格尔认为,真正的综合进展,指的是概念自身内在的矛盾,导致它自己产生自己的概念,表明概念的形成是对象内在本质矛盾发展的产物,而不是什么思维外加的。黑格尔关于综合的论述,展开来说指的是:“作为界说(定义)的普遍性是由分析的方式得来的,分类是对普遍事物的规定性作为特殊化进行陈述,它的原则是从分类的对象本身抽象出来的;而定理则是在分析的基础上所达到的许多有差别的规定的综合联系,表明综合是以分析为出发点,达到界说的普遍性,然后向分类的特殊性发展,再进到定理的个体性这样的‘综合联系’。”③

马克思继承了黑格尔辩证逻辑中分析和综合的方法,认为法的概念、范畴的形成,是长期深入研究法的本质,然后把本质规定进行综合的结果。法哲学中辩证逻辑研究方法所理解的综合,主要不是指对感性的、具体的法律现象作简单、表面的综合,而是先运用分析方法进行分解,使之达到法的本质之后,才能有真正科学的综合。否则,就是机械地用一个框框去综合感性的、具体的法律现象,这样的综合并不能建立起来关

---

① [德]黑格尔:《逻辑学》下卷,495页,北京,商务印书馆,1982。

② [德]黑格尔:《逻辑学》上卷,41页。

③ 刘炯忠:《〈资本论〉方法论研究》,165页,北京,中国人民大学出版社,1991。

于法、法律现象的真正的统一和内在的联系。关于这一点，列宁在《帝国主义论》中举例说明，能够证明战争的真实社会性质，或者说，证明战争的真实阶级性质的，并不是战争的外交史，而是对交战国统治阶级的客观地位的分析，只有这样的分析才是辩证的历史分析，通过这样的分析，才能揭示出引起战争的"经济生活基础"。列宁指出，为了说明统治阶级的客观地位，不应该引用一些个别的例子和材料，而一定要引用通过分析揭示出来的反映本质因素的综合事实作为证明，即关于所有交战大国和全世界的经济生活基础的材料的总和。① 由此可见，足以作为证明根据的，必须是基础性的和本质性的材料，是在分析基础上经过综合的材料。

分析方法和综合的方法在马克思主义法哲学的辩证逻辑思维方法中，是对立统一的。一种研究方法，只能在一定意义上说它是分析的或综合的。例如，当我们对法律现象进行分解，把其中共同的、普遍的、本质的东西化为抽象的规定时，可以说它是分析的。另一方面，在上述分析中，由于它把法律现象中属于共同的、普遍的、本质的东西概括在法的概念之中，通过它把法的现象的各种要素联系起来，为人们提供关于法的整体观念，因此我们又可以说它是综合的。由此可见，分析和综合的统一，在法哲学的辩证逻辑的方法中，体现为关于法的同一关系的不同方面。作为分析的环节既是分析的又是综合的，作为综合的环节既是综合的又是分析的。人们如果把分析和综合割裂开来，就不能从整体上把握其中任何一方。分析和综合总是一个相互联系的过程，每一步的分析都伴随着综合，每一步的综合又都伴随着分析。

对于分析和综合的统一，不应当看成是纯粹的抽象同一，而应看成是一种具体的辩证的统一，这种统一扬弃了差异，而差异又内在地包括在同一的认识之中。那种把分析和综合简单地并列、交替甚至割裂开来的做法，必然导致形而上学，从而无益于对法律现象的认识、理解和把握。

第三节　马克思主义法哲学的叙述方法

一、"从抽象上升到具体"的方法

辩证逻辑的认识论告诉人们，借助于"从具体到抽象"的研究方法得出的概念、原则和理论，需要按照一定的程序再现和复原出来，才能形成一个具有内在逻辑联系的理论体系。这是一个从思维抽象到思维具体的过程。这种方法就是"从抽象上升到具体的方法"。它和"从具体到抽象"的方法一起，构成了认识事物、分析事物、叙述事物的过程的两个不可分割的方面。

在《法哲学原理》中，黑格尔认为以往形而上学法学方法论不是科学地建立在思想

① 参见《列宁全集》，中文2版，第27卷，326页，北京，人民出版社，1990。

和概念基础之上,而是构建在直觉和偶然现象之中,这个方法在具体运用中,总是从主观偶然性角度来理解国家和法律现象,为此,黑格尔指出,从一个论题进展到另一个论题以及进行科学论证的那些哲学方法,即整套思辨的认识方法,跟其他认识方法有本质上的区别。这种"整套思辨的认识方法",就是从抽象上升到具体的方法。黑格尔具体地描述了法哲学体系中这种叙述方法:"理念最初不过是抽象的概念,所以它必须不断地在自身中进一步规定自己。但是这个最初的抽象规定决不会被放弃,相反地,它只会在自身中愈加丰富起来,于是最后的规定是它最丰富的规定。在这个过程中,那些以前只是自在地存在的规定达到了它们的自由独立性,而且成为这个样子:概念仍然是灵魂,它把一切结合起来,并且只是通过一种内在程序而达到它特有的差别。所以我们不能说,概念达到了某种新的东西,相反地,最后规定与最初规定统一起来,重新拍合。"①

马克思在唯物主义基础上改造了黑格尔法哲学的叙述方法。他说:"黑格尔陷入幻觉,把实在理解为自我综合、自我深化和自我运动的思维的结果。"其实,从抽象上升到具体的方法,只是思维用来掌握具体并把它当作一个精神上的具体再现出来的方式。但决不是具体本身的产生过程。又说,在第一条道路上,完整的表象蒸发为抽象的规定;在第二条道路上,抽象的规定在思维行程中导致具体的再现。② 马克思认为,在从抽象上升到具体的法哲学叙述方法中,抽象和具体是一对极为重要的范畴。抽象既指科学思维的认识形式,也指通过思维的抽象力,抽取某一类对象的共同点,进而把握对象在某一个方面的简单规定,构成思维的起点。具体不仅指最初的认识对象,也指在理论思维中再现的被认识的对象的内容。在从抽象上升到具体的方法中,抽象是指对被认识对象的某个方面、某种关系的简单规定,具体是思维中的具体,是在思维中再现出来的多种规定性的综合。在这里,抽象和具体都是法哲学思维运动的形式。思维抽象是思维具体的逻辑出发点,没有抽象的规定,就不可能上升为思维具体;思维具体乃是思维抽象的终点,没有思维具体的综合,抽象是片面的、不完整的。

马克思认为科学的法哲学体系不是由几个概念、范畴和原理简单地罗列,而是由各个概念、范畴和原理有机地联系起来的具有内在必然关系的体系。每个法的概念和范畴,都是依照一定的原则,被确认在法哲学体系之中的。为此,法哲学的叙述方法应该从系统角度出发,揭示每个概念、范畴和原理之间的相互联系和相互转化,以及由简单到复杂的发展转化过程。而正是从抽象上升到具体的叙述方法才能保证建立起来的法哲学理论体系是可靠的和科学的。在法哲学理论体系中,其基本构成单元是法的概念。而概念的形成过程就是一个从抽象上升到具体的运动过程。按照黑格尔的观点,思维抽象中的普遍性还只是一般观念的形式,还不是具体概念的形式。只有思维

---

① ［德］黑格尔:《法哲学原理》,39—40 页。
② 参见《马克思恩格斯全集》第 46 卷上,38 页。

具体中的普遍性,即由许多抽象规定按照逻辑规则统一组织起来的普遍性,才可以称之为概念的形式。马克思认为,只有通过从抽象上升为具体的方法,才能完成从观念的抽象普遍性向概念的具体普遍性的转变过程。这个方法即是把经验上得到的直观和表象材料,通过辩证思维,分析它们之间的内在关系和运动规律。经过由简单到复杂的变化,将最初的局部的认识,逐步发展成为一般性的、完整的概念集合体,并使概念之间有机地联合起来,获得整体性的认识。在这一认识发展过程中,人们可以获得对认识对象的自我发展的客观规律的认识。通过反复地运用从抽象上升到具体的方法,按照逻辑关系逐步探明所有基本法律概念的逻辑关系,最终形成一个具有内在有机联系的法哲学理论体系。

二、逻辑与历史相统一的方法

在法哲学方法论中,与从抽象上升到具体的叙述方法相联系的是逻辑与历史相统一的方法。逻辑与历史相统一的方法固然是一种法哲学研究方法,但如果把对法的现象的发展历史的考察同对法的现象的内在逻辑分析结合起来,它更为突出地表现为一种叙述方法。逻辑与历史相统一的叙述方法,使法哲学理论体系不仅具有严密的逻辑结构,而且极富历史现实意义。

逻辑和历史相统一的思想,为黑格尔首创。黑格尔认为,逻辑概念的发展与历史上哲学体系的发展是一致的。黑格尔的法哲学体系就是建立在广泛的实证的历史知识基础之上的。用马克思的话说,黑格尔"相当尊重历史"。不过黑格尔法哲学体系仍是他的绝对理念发展的特殊阶段。因此,黑格尔的逻辑和历史相统一的方法,仅局限于思想领域,而且是建立在唯心主义基础之上的。

马克思在建立科学的法哲学理论体系的过程中,通过对黑格尔关于逻辑和历史相统一的思想的批判改造,阐释了历史唯物主义的逻辑与历史相统一的方法。他指出,所谓历史,不仅是指客观现实的历史发展过程,而且还包括反映人类认识的历史发展过程。所谓逻辑,就是指人的思维对上述历史发展过程的概括反映,即历史在理论思维中的再现。逻辑与历史相统一,就是指思维的逻辑与客观现实的历史以及思维的历史相一致。这一方法在法哲学中应用,要求法哲学理论体系中每个逻辑环节,都是对法的现象的历史发展的反映。一定的法的概念和范畴,是对一定社会中法的现象在逻辑思维中的规定。而法的现象的逻辑规定本身是以社会生产方式的一定历史阶段为前提的,法的概念和范畴的逻辑规定理应是建立在一定的历史关系基础上的。

马克思、恩格斯在深入地分析了逻辑的东西与历史的东西之间的辩证矛盾关系之后,认为逻辑与历史相统一,并不是说逻辑的东西与历史的东西完全吻合。恩格斯在概括逻辑与历史相统一的方法时指出:历史从哪里开始,思维进程也应当从哪里开始,而思想进程的进一步发展不过是历史过程在抽象的、理论上前后一贯的形式上的反映;这种反映是经过修正的,然而是按照现实的历史过程本身的规律修正的。这时,每一个要素可以在它完全成熟而具有典范形式的发展点上加以考察。这就是说,逻辑和历史的统一,是在总的发展趋势上的统一,即两者都是经历了从低级到高级,从简单到复杂的发展过程。但是这种统一是包含着差别的统一。这是因为,历史的发展常常包含着无数的偶然因素,它往往是通过迂回曲折的道路来表现其规律性。思维逻辑的任务在于对历史作出理论的概括和总结,它撇开历史发展中的各种细节和偶然因素,它以"纯粹"的理论形态把握历史发展的规律。因此,逻辑对历史的反映是经过修正的。

尽管逻辑的东西和历史的东西之间存在着差异性,但历史的东西始终是逻辑的东西的基础,概念的逻辑发展固然不能盲目遵循历史现象在时间上的顺序,但这并不意味着逻辑的发展可以不顾历史的真正顺序。虽然逻辑的东西是经过修正的历史的东西,是用概念表现出来的东西,理论上的"修正"并不能违背历史,而是以严密的逻辑抽象形式,在深层次上再现历史发展的规律性。因此,法哲学中逻辑与历史相统一的方法,是一种以社会或历史为基础并包含了差别的统一。

第二十五章　西方的几种主要法学方法论

第一节　价值判断的法学方法论

价值判断的法学方法论是法学研究中历史最悠久,也是争议最大的方法论。按照汉斯·凯尔森的观点,依据有效规范对一种事实行为应当是这样或不应当是这样所作的判断,是一种价值判断。从"价值判断"方法论在法学研究上的应用历史看,它更多地是与"自然法"学派的理论结盟的。早在古希腊的"智者时代",智者们就开始以"自然"这个概念为前提,论述法律问题。他们认为"自然"就是真理和"绝对正义",只有自然法才是公正的。智者们总是依照自己对真理和自然的理解,对法律进行价值判断,进而提出符合自己认为是正当的法律理论和主张。"价值判断"这一术语源于希腊文中的 axios(有价值的),也反映了这种渊源关系。"价值判断"的法学方法论在两千五百多年的历史演变过程中,因基本价值及价值标准的差异而呈现出丰富多彩的景象。

一、自然主义的价值判断方法论

自然主义认为价值判断能够通过事实的方法来确证,价值是事实的标志(是自然物),价值特性是自然的特性。在这种理论看来,价值陈述是受一切事实陈述的证实或者否定(证伪)所支配的;道德确证与历史中的、科学中的或者任何其他结论由收集事实证据来捍卫的领域中的确证并无不同。自然主义者坚持认为这种确证过程是避免道德判断的任意性和相对主义的唯一方法。他们强调在价值判断中,一种价值特性附属于一个主体,所有的价值属性都能借助事实的属性来定义,或者翻译为事实的属性;因此,道德的语言能借助事实的、非价值的词语来定义,或者翻译为事实的、非价值的词语。自然主义认为借助于事实属性能立即(没有损失地)理解价值语言,价值问题就是事实问题,这一问题的解决依赖于经验的证据和研究。因此,对于自然主义而言,给出价值的定义是至关重要的。只要能理解价值词语的含义,价值就能从事实中推导出来。

自然主义的价值判断方法论,早在古希腊时代就为思想家们所运用。智者学派因对"自然"的理解不同,而分离成不同的派系。以普罗塔哥拉为首的"民主派"强调指出,作为奴隶的"野蛮人"和希腊人一样都是人,同样具有人的自然属性,所以奴隶制是

"反自然"的,建立在奴隶制基础上的雅典制定法也是不公正的。亚里士多德《修辞学》认为,"神让一切人自由,自然并没有使任何人成为奴隶"。与此相反,以卡里克利斯为代表的贵族派,则强调"自然就是弱肉强食"的强权公理。他们由此认为雅典民主制是建立在居多数的"弱者"不公正地压制居少数的强者的基础上的,因而是违反"自然"的。可见,尽管智者派中不同派系的观点不同,但在运用"自然"和智慧对法律进行价值判断这一方法论上,智者们是一致的。同时,智者们剥去了正义概念超自然的灵光,开始根据人类的心理特征或社会利益分析正义。这也正是分处不同利益集团的智者们有不同的"自然"概念认识的原因所在。

以"我爱我师,但我更爱真理"而著称的亚里士多德与其师柏拉图相比,更尊重现实社会的实际情况,更为注重人和制定法的不完备性。亚里士多德《政治学》认为,由法律遂行其统治,这就有如说,唯独神祇和理性可以行使统治;让一个人来统治,这就在政治中混入了兽性的因素。他指出,城邦出于自然的演化,而人类自然是趋向于城邦生活的动物(人类在本性上,也正是一个政治动物)。……城邦[虽然在发生程序上后于个人和家庭],在本性上则先于个人和家庭。就本性来说,全体必然先于部分。他从人的自然本性出发,主张"幸福是最高的善",并以"至善"和正义为法律的终极目的,以公共利益为正义的依归。他认为凡旨在照顾全邦共同利益的政体属于正宗政体,而符合于正宗政体的法律就一定合乎正义,反之则不合乎正义。① 亚里士多德强调正义不是一成不变的。随着人类在控制难解的自然力方面、在发展更为强有力的道德方面和在获得更高的相互理解力方面的进步,人类的正义感也就更为精细。过去被认为是"自然正义"的东西可能违反高度发展的文明社会中普遍的正义观。所以对法律的价值判断自然会因时代的不同而不同。② 亚里士多德并没有在自然正义的规则与国家制定的实在法发生冲突的问题上得出与柏拉图相同的观点,这反映出他的折中主义的价值观的特点。③

西塞罗继承了斯多葛学派"确定自然和自然理性"的方法论,把理性看作是"真正的法律",在《共和国》第Ⅲ篇称其为与自然相适应的,适用于所有的人并且是永恒不变的。他认为用人类立法来抵消自然法的做法在道义上绝不是正当的,试图废止其中的一部分是不能容许的,而要想完全废除自然法则是不可能的。西塞罗强调指出,所有有理性的人都具有一种普遍的正义感,这种不局限于个人因素的普遍正义是自然界所固有的,是人类集体福利的必要条件,绝不能与功利相分离。法的定义实质上包含着选择了正当的和真实的概念和原则。法是正义与非正义事物之间的界限,是自然与一切最原始和最古老的事物之间达成的一种契约;它们与自然的标准相符并构成了对邪

---

① 参见[古希腊]亚里士多德:《政治学》,148页。
② 参见[美]博登海默:《法理学——法哲学及其方法》,12页。
③ 柏拉图在其《法律篇》中实际上承认了人民有抵抗不公正法律的权利。

恶予以惩罚,对善良予以捍卫和保护的那些人类法则。① 西塞罗的自然主义价值论与斯多葛学派的自然法论相比,现实色彩无疑重得多。他更注重民众的一般性价值标准及历史形成的惯例中所包含的自然意义。

塞涅卡的自然法论是以纯粹的自然境界而非带有明显缺陷的人性为依托的。这种绝对理想化的倾向对于后世乌托邦主义是有极大影响力的。古罗马的五大法学家也在西塞罗的影响下,从"自然法则唯一论"出发,把所有人(不论什么国家)都确认并得到全人类平等遵守的自然理性,称为万民法。他们认为,假如某条为罗马人所遵守的特殊规则或惯例,也为其他国家所采用和承认,则说明它属于一个普遍的和几乎普遍的规则体系,而自然法正是由这些具有普遍性的规则组成的。

古典自然法哲学创始人格劳秀斯力图从社会生活的自然原则中,即来源于人的社会冲动的自然法的原则中寻求其更深刻的根源。他指出,人的特性中有一种要求过社会生活的欲望,这并不是指任何一种生活,而是指按照他的才智标准跟那些与他自己同一类的人过和平而有组织的生活。格劳秀斯把国家定义为:一群自由人为享受权利和他们的共同利益而结合起来的完全的联合。德国的塞缪尔·普芬道夫认为,人是受自爱和自私所强烈驱使的,人性中既有一定的恶意和侵略性,又有追求与他人交往、在社会中过一种和平的社交生活的强烈倾向。自然法就是一种有关人类生活这种双重特性的反映。自然法承认自然把自爱赐予了人类这样一个事实,但是也认识到另一个事实,即自爱要受人的社会性冲动的调和。每个人都应该积极地维护自己以使人类社会不受纷扰。斯宾诺莎则认为,在自然状态中,人受权力欲望和意志支配的程度,要高于受理性支配的程度。每个个体有最高之权为其所能为;个体之权利达于他的力量的最大限度。每个个体应竭力保护其自身,不顾一切,只有自己,这就是自然的最高法律和权利。无论一个个体按其天性之律做些什么,他都有最高之权这样做,因为他是依天然的规定而为,而且不能不这样做。法国的孟德斯鸠以"法律是由事物的性质产生出来的必然关系"这样一种假设为其自然法理论的前提。他认为事物的性质部分地表现在宇宙中,部分地表现在人性变化不定的趋向和特性中。他还将另外一些构成法基础的"必然关系"称之为相对的、偶然的关系,认为这些关系取决于地理环境、气候条件等客观自然因素。古典自然法学派所运用的自然主义价值判断方法论虽然继承了原始自然主义的成果,但却并未真正实现质的飞跃,其自然科学的依据是严重不足的。

进入20世纪特别是二次世界大战以后,自然主义的价值判断方法论有了新的发展。菲尔姆·诺思罗普认为,现代世界的自然法既不能根据亚里士多德—托罗斯的自然法观念,也不能根据洛克和杰弗逊的自然权利哲学,而应当以得到现代物理学、生物学和其他自然科学(包括心理学)所支持的自然和自然人的观念为基础。他主张必须根据这种自然法理论所可能提供给我们的科学基础,来建立保护人类生存的行之有效

---

① 参见《西方法律思想史资料选编》,77 页。

的法律。他在《耶鲁法律杂志》第61期著文,认为只有一个真正普遍的自然法才能缓和当今世界中法律多元主义所造成的敌对和紧张,并在人民之间产生一定的相互理解,而这种理解正是世界和平所必不可少的。新自然法学派比过去的学者更重视基本的生物事实、人类学资料、宗教信仰对价值体系的影响。可以预料,今后的时代,自然主义的价值论将愈来愈体现自然科学与社会科学的有机结合。

二、神学的价值判断方法论

神学的"价值判断"方法论,是以基督教教义为哲学基础的。早在中世纪前期,这一基础就已得到确立。在《圣经》的《新约全书》中,圣保罗致罗马人的使徒书信中就提到了"刻在心中的法律"及"顺着本性做法律所规定的事情"。神学的"价值判断"方法论在中世纪宗教自然法学派的理论中,表现得尤为突出。奥古斯丁曾指出,在人类来世之前,"自然法"的绝对理想已得到实现,人们在理性指引下得到永生;人类来到世界以后,人的本性被原罪败坏,理性不得不设计出可行的方法和制度来适应新的情况。因此,政府和法律都是罪恶的产物。他从基督教的原罪理论出发,解释制定法的缺陷,并以教义化的理性为价值判断的依据,主张制定法必须符合永恒法。值得注意的是,奥古斯丁的理性主义是以基督教教义为基础的,他的自然法实际上是圣经中的准则。因此,他的"君权神授论"是由宗教价值论而非宗教神秘主义方法论的运用得出的。由于这种宗教价值论与世俗现实的矛盾,自然派生出了教权与皇权的分立理论,并使他坚持在宗教方面代表上帝的教会高于世俗政权的主张。教会作为上帝永恒法的保护者,可以随意干预罪恶的法律制度,教会对国家有绝对的权威,国家只有作为维护人间和平的工具才是正当的,国家必须保护教会,执行教会的命令,用世俗法律维护人与人之间的秩序。奥古斯丁坚信,即使世俗法律试图服从永恒法的要求,并在人们关系之间实现正义,它也永远无法达到永恒法的完善,在遥远的未来,世俗国家必定会被由上帝的永恒法永远统治的天国所代替。

中世纪神学价值论在托马斯·阿奎那的自然法理论中达到顶峰。阿奎那将基督教教义同古希腊以来的世俗价值论巧妙结合起来。其《神学大全》对此有详细论述。他的神学价值论是以上帝的意志为最高价值的,这体现为永恒法。而自然法则仅仅是神的理性的不完全和不完善的反映。这样,人通过自然法来了解永恒法,并以自然法指引"人定法",就使"人定法"成为一种以公共利益为目的的、合乎理性的法令。阿奎那认为,由于上帝赋予人以理性能力,使人能分清善与恶,并行善避恶,所以理性就成为"人定法"必须遵循的准则,与之相违背的人定法自然与上帝的意志相违背,也就自然地失去效力。站在神学"服从上帝,而不是人"的立场上,阿奎那把人的理性与上帝的意志有机地联系起来,使之具有了无可争议的至高无上地位。而人民也因此获得了抵抗违反上帝永恒法意志的世俗法律和统治的权利。阿奎那的神学价值判断方法论是建立在现实而非"超自然的想象"基础上的。他把个人的私利或社会的一般福利等自然客观因素引入神学箴规之中，通过对人具有了解有关上帝的真理的自然欲望亦即避免无知的倾向的肯定，使原始自然法的理论"轻松地"披上了神学的圣衣。他还进一步区分了法律与道德，强调法是为了广大群众制定的，由于大多数人的道德行为离完美的程度尚远，所以"人定法并不禁止具有道德修养的人所痛恨的每一种恶习，只是禁止为大多数人所能防止不犯的、损害别人或使社会不能继续存在的行为"①。这种把对法律的价值判断建立在大多数人的价值观念而非个别人的价值观念基础上的倾向，为后世人们逐渐摆脱宗教神秘主义和宗教独裁主义的桎梏指明了方向。受到阿奎那启发的基督教加尔文教派法学家让·雅克·伯雷曼奎在《自然原则和政治法律》一书中把自然法定义为：上帝为所有人设定的，而且是人类只有凭借理性和通过认真考虑其处境与本性方能得以发现和通晓的一种法律。这一观点在北美大陆影响巨大，并最终转化成了"天赋人权论"为核心的"权利主义自然法"。

进入 20 世纪以后，神学价值判断方法论随着新经院自然法的发展而得到复兴。新经院自然法学派明确追随托马斯·阿奎那的传统，否认自然法是一个由特殊而具体的法律规范组成的永远不变的体系，并满足于制定一些广泛的、抽象的原则。瑞士的维克多·卡瑟赖恩认为自然法只包含某些非常基本的原则，而且必须通过国家的实在法使其具体化并得到补充。罗曼把严格意义上的自然法归纳为两个原则："坚持正义、避免非正义"以及"给予每个人以其应有的东西"。雅克·马里旦在《人的权力与自然法》中指出，正是靠着人性的力量，才有这样一种秩序或安排，它们是人的理性所能发现的，并且人的意志为了要使他自己同人类基本的和必然的目的合拍，就一定要按照它们而行动。不成文法或自然法就不外乎是这些。马里旦指出，神创造了大自然，习惯法来自永恒法，这永恒法是创造的智慧本身，是与自然虔敬的感情相联系的。② 他反对"主权"的概念被应用于政治哲学中，因为只有教皇根据天主教赋予的基督代理人资格，才可以成为教会的主权者，从而不受法律强制力的支配。"判断万物，可是本身却不受任何人判断"的、"超世俗的"人在世俗政治中是没有映象的。③ 马里旦认为，人虽是政治体的组成部分，但其精神利益和最终目的是上帝使人参与上帝自己的个人生活和永恒快乐，这是高于政治体的。由此，他主张废弃国家主权，强调任何世界政治组织都不符合世界的物质统一。④ 与马里旦相同，比利时的达班在其《法律的一般理论》中也主张与道义相矛盾的东西不能包含在公共利益中。他把自然法视为上帝永恒法的映象，强调与自然法相矛盾的市民法不配称之为法律。当实在法可能限制自然法时，在避免实在法与自然法相矛盾的意义上讲，自然法支配实在法。

---

① 《阿奎那政治著作选》，120 页，北京，商务印书馆，1963。
② 参见《西方法律思想史资料选编》，673 页。
③ 参见《西方法律思想史资料选编》，679 页。
④ 参见《西方法律思想史资料选编》，690 页。

神学的"价值判断"方法论与世俗自然法诸学派的"价值判断"方法论相比,最突出的特点是预先设定一个反映上帝意志(神意)的永恒不变的(至少基本原则是永恒不变的)自然法,以之为进行价值判断的标准。但神学自然法并不排斥"自然理性"和"自然权利",以及伦理道德的观念和理论。相反,把这些披上宗教的外衣,正是神学自然法的"成功之作"。

三、理性主义的价值判断方法论

理性是人类用智力理解和应付现实的(有限)能力。古希腊的苏格拉底可称得上是理性主义价值判断方法论的鼻祖。他力图在克服诡辩派的主观主义和相对主义的基础上,建立一种经得住客观检验的价值理论,并以此为研究法律问题的依据。据柏拉图《理想国》记载,苏格拉底主张法律规范来源于知识,并把知识放在美德的首位,以理性作为对法律进行价值判断的依据。柏拉图晚年则认识到,人类的本性将永远倾向于贪婪与自私,逃避痛苦,追求快乐而无任何理性。《法律篇》认为,由于根据理性指导自己行动的人找不到或即使有也非常少,所以法治成为必然的选择。可见,不甘于接受理性向"非理性"的人类本性屈服的现实,迫使柏拉图放弃了"理想化的人治"政体,转向法治政体。但同时,也使他于万般无奈之中,提出了"民主与专制混合"的理论,称之为自由与智慧的妥善结合,认为这种政体才是可以享受到最高的繁荣的政体。应当看到,此混和理论对于后世的理性主义价值论中的妥协主义是有很大影响力的。它是解决"民主与理性"对立矛盾悖论的折中选择。以理性为价值判断的依据,又不相信民众获得理性的能力,是造成该悖论的根本原因。亚里士多德正是带有明显调和色彩的理性主义者。他在继承了柏拉图的"人本性是非理性的"论断之后,于《政治学》第Ⅲ篇提出了"法律可以被定义为不受主观愿望影响的理性"的观点,并坚决主张实行"法治"。列宁认为,亚里士多德的"理性"概念也与柏拉图的不同,他对"外在世界的真实性,并无怀疑",其"理性"概念也是建立在这种真实性基础上的。伊壁鸠鲁的自然法理论,同样是"理性主义"的成果。但他与前人不同,强调理性及公正的"社会契约性",使理性和公正摆脱了唯心主义的桎梏,对后世社会进化论和社会契约论的法学理论及方法论产生了巨大影响。与之同时代的斯多葛学派,则奠定了"理性至上"的价值论基石。古罗马的西塞罗也从"理性至上论"出发,认为智者的理性是衡量正义与非正义的标准。

古典自然法学派在托马斯·阿奎那把法律分为反映神意的法律和根据人类理性可以辨识的自然法的基础上,完成和强化了法学与神学的分离。他们倾向于精心设计具体而详细的规则体系,并认为这些规则是可以直接从人的理性中推导出来的。在他们看来,理性的力量普遍适用于任何人、任何国家、任何时代,而且在对人类社会进行理性分析的基础上能够建立起一个完善的、良好的法律体系。荷兰的格劳秀斯把自然法定义为一种正当理性的命令,它指示任何与合乎理性的本性相一致的行为就是道义上必要的行为;反之就是道义上的罪恶的行为。行为的是非一经理性准则断定,如果不是合法的就必然是非法的。① 格劳秀斯还认为上帝也不能变更自然法,因为上帝的权力虽然是无限的,但却不能颠倒是非和善恶。这就打破了神学自然法中"上帝意志就是理性"的宗教教义的束缚。无神论者斯宾诺莎继承了笛卡尔的唯理论原则,强调只有用唯理论的原则去研究世界上一切事物都有的必然性,人们才能达到自由,达到理想的生活。他认为主权是受理性限制的,政府如果无视理性的命令,便违反了自然法。英国的霍布斯站在唯物主义立场上,"用人的眼光来观察国家",从理性和经验中而不是从神学中引申出国家的自然规律。他以"己所不欲,勿施于人"的原则对自然法加以概括,并把社会契约论建立在人们的理性选择基础上。洛克也强调没有离开理性的自由。他认为自由的本义是自立和自主,这只能在人的理性成熟之后才能实现。在洛克看来,"人的自由和依照自己的意志来行动的自由,是以他的理性为基础的,理性能教导他了解他用以支配自己行动的法律,并使他知道他对自己的自由意志听从到什么程度"②。法国的孟德斯鸠认为法律是"由事物的性质产生出来的必然性关系","事物的性质"部分地表现在宇宙中,部分地表现在人性变化不定的趋向和特性中。他不是简单地把理性和价值判断建立在唯心主义的主观设计基础上,而是把它们与其他客观因素有机结合起来。他从人类理性及人性自然缺陷出发,否定了"绝对理想化"的统治者的存在,提出了以"权力制衡"来确保自由的存在,防止非理性行为发生的政治主张,从而奠定了"三权分立"政治体制的理论基础。③ 卢梭对人类本性以及通过道德和政治教育有可能完善人的本性持乐观态度。在《社会契约论》中,他认为大多数人会倾向于用明智的、理性的方法进行价值判断,因而"公意"是"永远公正"的,反对大多数人观点的人则往往是非理性的。卢梭这种"公意至上"的价值原则,使他不可能对多数人的意志设置任何限制。因此,他的理论对预防主权者无限权力的滥用及保护个人和少数人的自由与权利显得无能为力。卢梭的"理性主义"有一个重要假设前提,即在一个组织良好的国家,个人自由和集体权威之间是不会发生冲突的,然而建立在公意的无限权力基础上的制度本身就包含着一种产生多数专制主义的危险。④

德国古典法哲学深受德国思辨哲学的影响,十分注重理性主义价值判断在法学研究中的应用。康德以人类理性为国家和法律起源的前提。他从理性主义出发,否定了所有试图将法律一般原则建立在经验人性基础上的做法,并力图从一种建立在理性命令基础上的先验的"应然"世界中发现其基础。康德把法律定义为能使任何人的任何意志按照普遍自由法则与他人的任意意志相协调的全部条件的综合。他强调指出,人

① 参见《西方法律思想史资料汇编》,143 页。
② [英]洛克:《建设自由共和国的简易办法》,32 页,北京,商务印书馆,1964。
③ 参见[法]孟德斯鸠:《论法的精神》上册,154 页。
④ 参见[美]庞德:《法律的理论》,载《耶鲁法学评论》,1912(22)。

类的理性具有两种含义：一是认识理性，二是实践理性。人类生来就有自由权利和意志自由，并表现为选择行动的自由，而法律的作用既限制自由滥用，又保护自由不受他人侵犯。以自由为衡量法律的标准是德国古典法哲学的重要特征。后来的费希特的法哲学思想深受康德的影响，他把法律看成是先验的范畴，是从"纯粹理性形式"中引申出来的。他认为，法律是保护自由的个人得以共存的一种手段，是每个理性的自由的人格以他自己的内在自由（精神）限制他的外在自由（行为）。费希特强调指出，应该根据一般法律来规定对个人自我自由的约束，而不应当根据法官的个别判决来规定。因为，必须认为个人已经同意由立法机关所颁布的保护所有人的自由的一般法律，而不能认为他已同意服从由个别特定法官所作的任意判决。由此可见，费希特的理性主义带有更浓厚的民主主义和自由主义色彩。

黑格尔完成了德国先验的唯心主义从主观唯理论向客观唯理论的转变。他认为，在不同历史时代，理性表现为不同的形式，其内容也是不断变化的。历史是一条永动的河流，随着它的奔腾，独特的个性不断被抛弃，并且总是在新的法律基础上形成新的个性结构。在《历史哲学讲演录》的序言中，黑格尔指出，在丰富多彩、复杂多样的历史运动的背后，存在着一种伟大的理想，即实现自由。自由的实现是一个漫长而复杂的过程。在这个过程中，理性的作用虽然经常出现，但不易确认，甚至让邪恶的力量为其服务，这也是"理性的诡诈"。在《法哲学原理》中，黑格尔把国家定义为"伦理世界"和"伦理理念的现实"。他认为国家是绝对自在自为的理性东西，因为它是实体性意志的现实。黑格尔将辩证法与理性论结合起来，他主张凡是合乎理性的东西都是现实的；凡是现实的东西都是合乎理性的。在他看来，理性并非抽象的幻想，而是具体的现实。因此，黑格尔对法律和国家的认识及分析，都是建立在实在的理性基础之上的。黑格尔以自由为最高价值，他认为法的基地一般而言是精神的东西，其确定的地位和出发点是意志。意志是自由的，所以自由就构成法的实体和规定性。法的体系是实现了的自由的王国。黑格尔指出，任何定在只要是自由意志的定在，就叫做法，法就是作为理念的自由。黑格尔还强调，只要在通向其目标的、逐渐的、不懈的过程中，可以表现历史事件是在向着自由观念迈进，即使在特殊的、也许是无关紧要的事件中也可能表现出相当程度的不合理性，历史就是现实的和合理的。他从这一观点出发，主张依法治国，并支持成文法典的制定。此外，黑格尔的国家主义也是以符合理性及"客观精神"的国家，而非以贬低个人、奴役个人、不顾个人正当要求的国家为前提的。在崇尚自由这一点上，康德、费希特和黑格尔是一致的，这决定了德国古典法哲学派在理性主义价值判断方法论上的相似性。

在经历了对理性主义价值论的反思之后，今天的人们早已不再机械地崇拜"万能的理性"了，但"合理性"与"合法性"的悖论仍然困扰着法学界。考虑到人类进化尚远未达到令自身满意的程度这一现实，理性还将是促人奋进的号角，当然人们必须随时注意校准其易出差错的音调。

四、伦理主义的价值判断方法论

伦理主义的法学观点可以称得上是最古老的法学观点。索福克勒斯的悲剧《安提戈涅》中有一场著名的戏,突出地体现了伦理主义法学的精髓。安提戈涅在为自己违抗国王命令(代表实在法)安葬兄弟浦雷尼克的行为辩护时,宣称不成文法律是"生命永恒的,我不怕任何人的愤怒(也蔑视神的报复),为了保卫它们"①。这里的不成文法律正是体现古希腊人伦理观念的宗教习俗,而当实在法违反伦理观念时就应视为无效的观点,正是伦理主义价值法学的唯心原则。

古希腊的苏格拉底在法学研究中,奉行伦理与理性合一的原则。根据《克力同》的记载,他主张法律是人类幸福的标准,强调国家的法律就是体现是非善恶标准的,遵守法律是一种美德的要求。但他同时认为美德即是知识,道德规范必须奠基于知识,来源于知识;道德规范的混乱,是由于在知识上没有确定是非善恶的标准所致。柏拉图继承了苏格拉底的伦理主义价值论,他认为立法者在制定法律时,应该看到人的全部善德,并按照这些善德来制定出各类法律。亚里士多德则把人间的至善和正义列为法律的终极目的,他的"法治"定义也是运用伦理主义价值判断得出的:首先,制定的法律必须是良法,而良法的判断依据是至善和正义;其次,良法应当被普遍地遵从,因为守法是美德。然而,亚里士多德否认伦理价值判断的标准是永恒不变的,他认为正义是依社会的发展进步而变化的。

自托马斯·阿奎那对法律和道德作了明确区分之后,在法学研究中注意严格划清法律与伦理道德的界限成为一个重要问题,理性主义的价值判断尤为重视法律与道德伦理的差别。在这方面,康德的观点有特殊的贡献。然而,分歧依然存在并愈演愈烈。

第二次世界大战结束后,法律界在深刻反思机械的实证主义给人类的文明造成的严重损害之后,重新提出了"法律界的良心"这一带有明显伦理主义色彩的概念。拉德布鲁赫认为,为了使法律名副其实,就必须实现某些绝对的要求。他将正义和自由置于优先地位,以之为进行价值判断的准绳,宣称国家完全否认个人权利的法律是"绝对错误的法律"。在《合法的无权与超越法的权利》(Gesetzliches Unrecht und übergesetzliches Recht)中,他将其关于实在法和正义的关系的公式修改为:除非实在法违反正义的程度达到了不能容忍的程度,以致法律规则实际变成了非法的法律并因此必须服从于正义,否则,就是当规则是非正义的并与公共福利相矛盾的时候,也应当给予实在法规则以优先考虑。因为它是经过正当颁布的而且是受国家权力支持的。富勒在《法律的道德性》中提出了"使法律成为可能的道德"的八个条件,并认为完全未能满足法律道德条件中的任何一个条件,并不单纯导致一个坏的法律制度,而是导致"一个根本不宜称

---

① 参见[美]博登海默:《法理学——法哲学及其方法》,3页。

为法律制度的东西"。

约翰·罗尔斯以其《正义论》揭示了个人自由和尊严的价值是如何取得一种独立地位的,而这种地位并不是从最大限度地追求社会利益中派生出来的。他认为,正义是社会制度的首要美德,正如真理是思想体系的首要美德一样。法律和制度即使有实效和安排周到,但如果它们是不正义的,同样应予改革和废止。每个人皆享有不可侵犯性,这个不可侵犯性是以正义为基础的,即使全社会的福利也不能够凌驾于其上。罗尔斯出于社会正义原则是伦理原则的认识,强调选择伦理原则时必须具备的一些形式上的限制或条件对选择正义原则来说同样适用。这样,罗尔斯就把伦理上的价值与现实生活中的利益,运用"正义"这一概念有机地结合起来,从而超越了古典伦理主义法学。

五、"权利论"的价值判断方法论

"权利"这个概念直到 17 世纪和 18 世纪还很少被西方社会重视。当时,对于地主、国王、国家、教会和上帝的义务,始终是政治理论和法律理论中压倒一切的核心。洛克的自然权利论可以称得上"权利论"的始祖。在《政府论》中,他认为,人们在建立政权时,仍然保留其在自然状态中所拥有的生命、自由和所有权等自然权利。权利论在美国得到弘扬,詹姆斯·威尔逊坚持人定法是建立在被要求服从该法律的人的同意基础之上的。他强调每个人对其财产、人格、自由及安全都拥有自然权利,保护这些权利免遭政府的侵犯乃是法律的职能所在。为了保护权利,他主张把制衡制度引入政体之中,以便即使坏人当政也能迫使他为公益效力。美国宪法的大多数创始人都确信存在着不受人定法约束的、不可被其废除的自然权利。自然权利说和人民有权反抗政府压迫的正当权利理论,构成了美国《独立宣言》和宪法的法哲学基础。

权利论的盛行,是在 20 世纪 50 年代以后。麦克多纳耳德《自然权利》认为,权利论假定"权利"是独立于现存法律和权威的,其依据是人性。德沃金《法律帝国》主张,法律的基本点不是重复大家一致的意见,也不是为实现社会目标提供有效的手段,而是基于权利原则,以前后一致的方式对待社会中的所有成员。德沃金把法学论点集中于尊重和保护个人和集团权利的原则,而不是以集体利益为宗旨的政策。为此他专门写了《认真看待权利》一书。他要求认真地对待权利,尤其重视少数派的权利。他认为必须区分大多数人的权利(这些权利不能当作废弃个人权利的确证)和大多数人中的成员的个人权利(这些权利可以作为废弃个人权利的确证)。某人有"得到保护"的权利,如果此权利是个人的权利,他要求政府保护他的个人利益,而不是当作公民的大多数的共同要求,那么,他的个人权利在价值上即超过了他人的行为权利,是与后者相竞争的权利。德沃金反对以大多数人利益和安全为理由,破坏个人权利的保障制度和权利论的价值标准。

权利论的价值判断,是以基本权利及相应的派生权利为价值基石的。权利不仅包括法定权利和约定权利,还包括自然权利和隐含权利。在权利论看来,权利是有等级差别的,上位权利对于下位权利而言是有优势的,而基本权利则是处于权利层级顶峰的。国际人权两公约明确规定了"克减权"的范围及不得克减的权利的范围,从而使整个公约建立在权利论的价值判断之上。然而,"权利冲突"这一被权利论者用来描述法律上的人际矛盾的概念,却恰恰成为以权利为核心的价值判断方法论的悖论。它无法解决"权利和谐"的理论依据和行为准则的难题。

六、价值判断法学方法论的评价

价值判断法学方法论是以特定的价值标准或原则,对法律本身及相关组合因素作价值评价。这决定了价值判断方法论的形而上学特征。价值判断方法论因评价依据及价值认定不同而有派别之分,但其非实证性则是一致的。尽管某些类别的价值判断方法论的价值依据带有客观性和唯物论色彩,但在历史长河中,它更多地是与唯心主义及"幻想主义"的世界观结盟。

价值判断法学方法论是理想主义的,而非现实主义的。无论自然主义、神学、理性主义、权利论还是伦理主义,都是基于对现实的不满或不认可而求助于内在或外在的理想设计。因此,运用价值判断方法论研究法学问题,固然不会沦落为僵化、保守的旧势力的法律代言人,但也往往无法找到转变现实法的切实可行的道路。满足于"自圆其说"的理想主义和不切实际的"空想""幻想",在历史上无数次地困扰过价值判断的法学方法论。但不安于"落后的现实"的精神,却一直是推动西方法学走向进步的巨大动力。

价值判断法学方法论是"应然"与"实然"的二元论。价值判断的法学方法论主要是自然法学派的方法论。它并不是在现实法律自身的范畴内建立价值评价的标准、依据,而是另行确立一个外在于现实法律(即法的实然状态)的价值体系(即法的应然状态),以之作为评价现实法律及其相关要素的参照系。这就造成了应然法与实然法并存的二元论。一些运用价值判断的学派的分支,采取折中主义的态度,易使人误认为是一元论或价值中立论。折中或中立的是有的,但很多都是以应然和实然的预先假定作为参照的。所以,"应然与实然"的二元论,是任何价值判断方法论无法回避和避免的。

价值判断的法学方法论在法学漫长的发展历程中发挥了极其重要的作用,其"理想主义"的光辉曾经鼓舞了无数的人为捍卫真理和人的价值而斗争。坚持理想与不完善甚至是黑暗的现实作不屈的抗争,是人类得以不断发展的成功经验。价值判断方法论的可贵之处,在于坚持价值信念和人性的自然基础,不屈服和不满足于现实与理想的差异。时至今日,人们在法的基本价值及范畴的认定、理解以及人的尊严、权利的领悟、保障诸方面,还远未达到令自身满意的水准。因而,重视价值判断方法论在法学研究中的作用,在相当长的时间内仍有极为重要的意义。

第二节　分析实证主义法学方法论

一、分析实证主义法学的哲学基础

分析实证主义法学虽然产生于 19 世纪初,但作为其哲学基础的分析主义哲学却早已存在,其哲学渊源可以追溯到 17、18 世纪以贝克莱、休谟为代表的英国经验主义哲学。

贝克莱、休谟的经验主义哲学来源于培根、霍布斯、洛克等人的经验论的理论。但他们阉割掉了洛克经验理论中的客观内容,使经验成为纯粹主观的东西,将唯物的经验论转化成主观唯心主义的经验论。

贝克莱利用洛克的经验论中关于观念的观点,把一切事物说成都是"观念的集合"。他肯定人类知识的对象是由感知和反省而得的各种观念,但却认为由于这些观念中有一些是一同出现的,我们就用一个名称来标记它们,并且因而就把它们认为是一个东西。因此,例如某种颜色、滋味、气味、形相和硬度,如果常在一块儿出现,我们便会把这些观念当作一个单独的事物来看待,并用苹果的名称来表示它。[1] 苹果是如此,其他事物亦如此,一切事物无非都是"观念的集合"。贝克莱歪曲了洛克经验论中关于事物两种性质的学说。在洛克看来,"第一性的质"是客观存在于事物之中的,我们关于它们的观念是这些客观性质的反映;而"第二性的质"的观念,则是由客观事物中的某种"能力"在人类心灵中的反映。洛克的观点基本上是唯物主义的反映论,但他的第二性的质含有唯心主义的因素。贝克莱进一步夸大了这种唯心主义因素,直截了当地把第二性的质认为完全是主观的观念,且认为第一性的质和第二性的质根本分不开,第一性的质和第二性的质一样也是主观的观念。因此,贝克莱认为一切事物都只是主观观念的集合。由"事物是观念的集合",贝克莱进一步得出了"存在就是被感知"的结论。既然事物只是一些观念,而观念只能存在于心中,因此除了被感知的那些事物的观念之外,就没有其他的客观存在了,所谓不思想的事物完全与它的被感知无关而有绝对的存在,那在我是完全不能了解的。它的存在就是被感知,它们不可能在心灵感知它们的能思维的东西以外有任何存在。[2]

贝克莱从"物是观念的集合""存在就是被感知"出发,把事物的本质和现象割裂开来,否认事物本质的存在。因为物质实体的本质是不能感知的,根据"存在就是被感

---

① 参见陈修斋、杨祖陶:《欧洲哲学史稿》,325 页,武汉,湖北人民出版社,1986。

② 参见陈修斋、杨祖陶:《欧洲哲学史稿》。

知"的公式,它就是不存在的。因而,"物质"等于"无"。贝克莱的经验理论虽然重视经验,但他既否认物质的客观存在,也否认经验的外界来源,使经验完全成为主观自生的东西。在他那里,人类的感觉不是联系主观与客观的环节,反而成为隔绝主观与客观的屏障。观念代替了事物及其性质本身,精神代替了物质。

休谟同贝克莱一样,从洛克的经验论出发,而走向主观经验主义,并进一步发展为不可知论。休谟把心灵中的一切都称为知觉,而知觉又可以分为印象和观念。"两者的差别在于:当它们刺激心灵,进入我们的思想或意识中时,它们的强烈程度和生动程度各不相同。进入心灵时最强最猛的那些知觉,我们可以称之为印象;在印象这个名词中间,我包括了所有初次出现于灵魂中的我们的一切感觉,情感和情绪。至于观念这个名词,我用来指我们的感觉、情感和情绪在思维和推理中的微弱的意象。"①印象与观念虽存在差别,但它们又是相互联系着,"我们的全部简单观念在初出现时都是来自简单印象,这种简单印象和简单观念相对应,而且为简单观念所能精确地复现"②。休谟所说的"印象"和"观念"的这种关系,包含着感性认识和理性认识的关系问题。他肯定"观念"来自"印象",即"印象先于观念",实质上肯定了理性认识来自于感性认识,这无疑是正确的。但他把"观念"和"印象"的区别,说成仅仅是强烈程度和生动程度的差别,把理性认识确定为较不强烈、较不生动的感性认识,这就完全否认了理性认识是比感性认识更高、更深刻的阶段,是对事物的本质和规律性的认识。

休谟对物质实体是否存在的问题拒绝回答,认为这是根本不可知的问题。

休谟在否定了物质实体和精神实体的可知性后,进一步否定了印象与观念之间的必然联系。他认为事物之间的关系可以分为三种,即"类似性""时空接近"和"因果关系"。在上述三种关系中,因果关系的范围最为广泛,因此休谟着重否定因果关系的客观必然性。休谟认为人们确认两件事物之间具有因果关系,其中包含两层含义:一是作为原因的东西有某种"力量"作用于作为结果的东西;二是原因与结果之间有一种"必然的联系"。这种"力量"和"必然联系"都是人类心灵所感觉不到的,因而其实在性是难以让人确信的。总之,在休谟看来,所谓"因果关系"只是由于两个事件经常相继出现,这种现象多次重复从而在人心中形成联想的习惯,其本身并无必然性。按照休谟的理解,整个世界不仅是印象和观念的集合,而且是一堆并无必然联系,只是偶然集合的印象和观念的堆积。休谟之所以否认因果规律的必然性,其目的在于否认理性认识的作用,否认人把握事物的本质和必然规律的可能性。

受贝克莱、休谟的影响,康德根据感情、知性和理性在知识形成中的作用,提出人类社会的知识是人的心灵作为知性以范畴综合感性材料而形成的。虽然康德承认人类知识具有普遍性和必然性,但这种知性知识只能认识现象界,不能认识本体界。如

---

① [英]休谟:《人性论》,13页,北京,商务印书馆,1980。
② [英]休谟:《人性论》,16页。

果人们以知性范畴综合本体界,就会犯一种超验的错误。本体界只有在实践理性中才能得到肯定和承认。

贝克莱、休谟和康德使哲学的发展呈现出迷惑:人的知识是否具有必然性;哲学是应研究现象界还是研究本体界;现象界和本体界统一起来是否可能;离开本体界能否说明人类知识的必然性和普遍性。哲学自此有三种可供选择的发展道路:其一是以统一本体界和现象界为目的,努力寻找某种可达到此目的的方法和立场。其二是在本体界寻找能说明现象界存在的方法。其三是以人难以在理性上达到本体界为由,否定本体界存在的意义,把哲学的目光限制在现象界。

分析哲学选择了第三条道路,"对于不能谈的事情就应当沉默"①。分析哲学之所以这样选择,是因经验主义的传统和现代逻辑的诞生为其提供了有效工具。

分析哲学认为,哲学不是知识体系,而是一种活动的体系,哲学是确定或发现命题意义的活动。在分析哲学中,"形而上学"问题被清除出哲学研究范围,形而上学的没落并不是因为解决它的问题是人的理性所不能胜任的事(像康德所想的那样),而是因为根本就没有这个问题。哲学的目的是为了使思想在逻辑上明晰,因此,哲学的任务是使思维清楚,为思想(思想的表达方式——语言)划定明确的界限。为此,在分析哲学看来,"真正说来,哲学的正确方法如此:除了能说的东西以外,不说什么事情,也就是除了自然科学的命题,即与哲学没有关系的东西之外,不说什么事情;于是当某人想说某种形而上学的东西时,总是向他指明,在他的命题中他并没有赋予某些记号以意义。这个方法对于别人是不能满意的,——他不会有我们在教他哲学这种情况,——但是这是唯一严格正确的方法"②。

逻辑分析方法是分析哲学最早采用,也是最主要的哲学方法。这种方法由弗雷格首创,罗素、维特根斯坦、卡尔纳普对逻辑分析方法的形成和发展都做出了不同的贡献。

弗雷格在《算术的基础:对数这个概念所作的逻辑和数学的研究》中规定了哲学逻辑的三个基本原则:①始终要把心理的东西和逻辑的东西、主观的东西和客观的东西明确区别开来;②只有在语句的语境中,而不是在孤立的词中,才能找到词的意义;③注意把概念与其对象区别开来。在这三个基本原则的支配下,弗雷格竭力建立一种与自然语言相区别的逻辑语言,从而形成逻辑主义的基本框架:哲学就是对语言进行逻辑分析,哲学的基本任务就是通过逻辑分析的方法建立一种合乎上述三条原则的语言,这种语言是人工的、可解析的。

罗素吸取了弗雷格的思想精华。在他看来,现代哲学已经不能像古代哲学那样探究世界的本质,因为那是一个根本达不到的形而上学领域;现代哲学也不能像近代哲

---

① [德]维特根斯坦:《逻辑哲学论》,97 页,北京,商务印书馆,1962。
② [德]维特根斯坦:《逻辑哲学论》,97 页。

学以理性主义的绝对方法把握不可把握的实在性。现代哲学只能是对语言进行逻辑分析，即以现代逻辑为工具，从形式方面分析日常语言和科学语言中的命题，以寻求在经验范围内获得准确的结论。

在传统哲学中，语言仅处于附属于思维的地位，在哲学中核心的范畴是存在、思维等，由判断、推理、命题等构成语言要素的一些范畴，其意义也仅限于是对思维与存在的关系进行阐释时的辅助范畴而已。因而，罗素认为，在传统哲学中，最终必然陷入不可调和和不可克服的二律背反，即以实然无法证明应然的实在性，应然也不能成为实然的现实规定。之所以出现这种状况是由于语言的原因，日常语言无论在词汇和句法方面都含糊不清，从而经常把人们引向歧途。在罗素看来，要消除日常语言的词汇和句法对哲学的消极影响，必须运用逻辑分析方法对日常语言进行分析和改造，并在此基础上建立一个理想的人工语言，而数理逻辑的发展为这种逻辑分析方法的运用和人工语言的建立提供了可能，即运用数理逻辑的符号演算，运用类、关系、顺序等概念，对命题进行准确的、经验意义的表述，从而建立一种人工的描述语言系统。

总之，在进行任何逻辑分析时，即在讨论任何符号和观念的意义时，在决定什么是实的、什么是真的时，应当坚持不懈地努力弄清构成这些符号或观念的真正的组成部分和要素，从而弄清这些复杂符号或观念是什么。

逻辑实证主义方法最终的完善是以维也纳学派的形成为标志的。维也纳学派继承了罗素、维特根斯坦把形而上学排斥在哲学之外的哲学立场。他们要求一切论断都必须是主体可以检验的。通过为一切哲学论断提出精确的检验标准，使对一切哲学问题进行严格科学讨论成为可能。如果不可能提供这种标准，有关的问题就应该从哲学问题中清除出去。为此，维也纳学派认为，进行经验的逻辑分析时，必须区分两类命题：一类是分析命题，另一类是综合命题。前一命题指那些不以经验为转移，仅按命题本身的用语就能确定其真伪的命题；后一类指那些对事实进行描述，因而可以被经验验证的命题。相比较而言，综合命题要复杂得多。为此，维也纳学派提出了意义证实理论。所谓意义证实理论，主要是对综合命题进行逻辑分析而制定的一种方法原则。其中最为重要的是由卡尔纳普提出的"可验证性原则"。该原则确认，如果观察语句能够在对一个语句验证方面作出肯定的或否定的回答，那么就可以认定这个语句是可以验证的。

分析哲学发展到20世纪50年代，碰到了许多无法克服的困难。归结起来，还是一个古老的问题：形而上学问题与经验感性的问题，内容与形式的关系问题。分析哲学愈是想要纯化经验的意义标准，以此来达到排斥形而上学的初衷，就愈不能得到纯化的意义标准，而形而上学的问题又从各个方面渗透进来。面对这个不可逾越的悖论，分析哲学必须反思关于哲学初衷的合理性。

美国分析哲学家奎因在批判经验主义教条的同时，将"本体论"这种形而上学问题请回了哲学殿堂。"本体论"在哲学中是关于世界本原或本质的研究，世界的本原是不为人的经验所证实的。因此,逻辑实证主义把这一类问题都排斥在哲学之外。而奎因认为,我们所面对的不是感性经验的单个词或单个语句,而是一个语句全体,因此,哲学就不能不研究"有""存在"的问题。在奎因看来,本体论实质上是一种语言问题。他认为,如果人们有义务承认物理对象的存在,那是因为人类语言中有关于物理对象的词语在起作用。当人们在构造某种理论的时候,他可以在一定限度内自由地决定在这种理论中采用何种术语,一旦人们作出这种决定之后,他就有义务承认这种实体的存在。由此,奎因提出了"本体论的承诺"概念。所谓"本体论的承诺"是说,我们言语一个语句或一个断言时,这是一个语言行为,即接受了一种本体论,这在原则上相同于我们接受一种理论,也就是说,我们接受了一个最简单的,可以把原始经验的零乱材料置于其中并加以整理的概念框架。① 奎因认为,"本体论的承诺"只是一种"承诺",因为任何理论都是虚构的产物,人们在虚构某一理论的同时,也约定了这一理论中的概念所指的事物的存在。

奎因把逻辑实证主义排斥在哲学之外的形而上学问题,以本体问题语言化而重新纳入到哲学范畴中,这就抛弃了纯形式的逻辑分析方法,代之以可以融合形而上学意义的语义分析方法,从而为分析哲学的发展开辟了新的道路。

二、分析实证主义法学方法论

分析实证主义法学是以分析哲学作为其哲学基础的,分析哲学的发展和变化也直接影响着分析实证主义法学方法论。分析实证主义法学秉承分析哲学的宗旨,认为法学研究只能及于法的现象而不能涉及法的本质,从而把法学研究局限于实在法范围之内。

分析实证主义创始人奥斯丁显然受到了贝克莱和休谟的影响,他把法理学研究的对象确定在可以感知的实在法上。他一再重申,法理学的内容是制定法:纯粹的严格意义上的法,或由政治上的优势者为政治上的劣势者所制定的法。② 作为人为人制定的法律或规则,奥斯丁认为严格意义上的法律或规则是一种命令。"命令",是一个人或一部分人所表明的一种希望,要求他人或另一部分人按照这种希望去进行或停止某种行为,即作为或不作为。命令表明的希望不同于一般的愿望,这种希望在发布命令者表明后,如果被被命令者所忽视,发布命令者将会根据他的权威和要求给予对方以不利和痛苦的惩罚。当然,不是所有的命令都能够成为法律,只有具有普遍约束力的命令才能够成为法律。那种对行为或不行为具有普遍约束力的命令便是法律或规则;而那种只对特定的行为或不行为具有约束力,或只确定具体的或个别的行为或不行为

---

① 陈世夫、华杉主编:《方法论》,103 页,西安,陕西人民出版社,1996。
② 参见《西方法律思想史资料选编》,501 页。

的命令,则是偶然的或特殊的命令。① 以此标准来衡量,作为由最高立法机关所发布并且具有法律形式的命令,可以被称为法律,而司法命令却常常不是法律,因为司法命令通常都是偶然的或特殊的。立法者确定对于某类行为应普遍地予以禁止,违反者一律要受到惩罚,因而,立法者的命令具有一般命令的性质;而法官的命令却是针对个别的违法行为进行特定处罚而发布的,因而具有偶然性或特殊性。奥斯丁认为,这种区分是相对的,并非总是如此。因为立法者颁布的对特定的社会成员具有普遍约束力的命令,或者是对特定社会等级中的人们具有普遍约束力的命令,并不总是法律。奥斯丁举例说,如果统治者命令他的居民穿黑色服装,那么他的命令相当于法律。但是,如果他命令他们在特定的场合穿黑色服装,那么,这种命令仅仅是一种特殊的命令,不能称为法律。因此,作为法律的命令是,用以普遍支配或禁止某些种类行为,用以约束整个社会,或起码约束该社会中某个等级的全体成员。②

法律乃政治上居于优势者为政治上居于劣势者所制定的,这种"优势"意味着一种强制:拥有向别人施加不利或痛苦的权力,通过惩罚和制裁等有害的手段,使人们的行为符合命令者的意愿。所谓"政治上居于优势者",是指他能强迫另一个人在力所能及的范围内按他的意愿行为或不行为。在人类社会中,大多数情况下,这种优势地位是相对的。也就是说,从一个方面看,某类人属于优势的一方;从另一个方面看,它属于劣势一方。奥斯丁举例说,在一定范围内,对被统治的人们来说,君主是优势者,他的权力通常足以使他的意志得以实施,但被统治者就群体而言,却是君主的优势者。再譬如,最高立法机关的成员是法官的优势者,法官受立法机关所制定的法律约束。但如果就最高立法机关成员居于公民地位而言,他是法官的劣势者,因为法官是法律的执行者,以强制力作为其后盾。概而言之,包含在命令中的优势一词意味着一种强迫服从某种意志的权力,它代表着强制。

奥斯丁认为,强制是法律最根本的特征。凡是公开宣称有强制性的法律(我相信)总是完整的或必须履行的法律。如果英国立法机关总是喜欢颁发命令,那么英国法庭就有理由认为立法机关是在强迫国人服从。如果既定法律没有附加特定的制裁条款,那么,法院便依照在这种案例中所用的一般准则,补充一项制裁。③ 从这个角度来看,凡是没有把制裁作为其保障的法律,都是没有强制约束力的法律,都是"非完全意义的法律"。最简单的例子是宣布某些行为是犯罪,却对这些犯罪行为没有规定什么处罚的法律。与非完全意义法律相联系的义务是实在道德的义务。这种道德或宗教上的义务是不完整的,因为它缺少那种由统治者或国家提供的令人信服的制裁规定。

奥斯丁将法律划分为四类:第一类为神法,是上帝为人类所创造的法;第二类是制定法,即严格意义上的法,它是统治者为他的臣民所发布的命令,它构成了法理学研究

---

① 参见《西方法律思想史资料选编》,504 页。
② 参见《西方法律思想史资料选编》,506 页。
③ 参见《西方法律思想史资料选编》,508 页。

的对象;第三类是实在道德及其规则;第四类是象征性或隐喻性的法。以强制性为标准,奥斯丁认为神法和制定法是严格意义上的法律,而靠舆论的作用和影响建立起来的实在道德规则,尽管其内容也是针对人们的品德及行为,但只是运用类推的方法才将其称为法律。这是一种非严格意义上的法律,这种靠舆论建立起来的法律同具有强制力作保障的严格意义上的法律是有区别的。同样,象征性的法律或隐喻性的法律,只是靠类推方法才与具有强制性的严格意义上的法律联系起来,且这种联系是松散的。

法理学所涉及的实在法另一个重要特征是,它是由主权者以立法形式颁布的命令,每项实在法都是由一位主权者或一个由人们组成的享有主权的机构制定,并且是为一个独立的政治社会中某一成员或许多成员而制定。在此,独立政治社会中制定法律的个人或机构享有最高权力;换句话说,它由君主或主权者制定,为他们所支配的国家中的某人或某些人而制定。① 根据格劳秀斯的学说,主权是完全独立于其他人的权力,主权者除了它自己的意志之外,不依任何其他人的意志而变化。主权者是与国家形式相联系的。那些生活在无政府状态或自然状态中的人们,也就是在没有主权者的政治社会中,人们也可以发出具有强制性的命令,但由于缺乏主权的权威,这种命令就不是实在法,而只是成文的道德规范。奥斯丁列举了几个例子来说明,如父母为孩子们制定的、主人为仆人制定的、出租者为承租者制定的、老板为顾客制定的强制性的"法律",这些"法律"虽然具有命令的性质,合乎严格意义上法律的要求,但由于它是由个人制定的,而不是法律的制定者作为主权者执行合法权利而制定的,因而它们不是实在法,而只是具有强制性的道德规范。

根据实在法的主权归属性,奥斯丁进一步说明了习惯法的性质。有人根据习惯法在主权者将它们变成法令之前就已存在为理由,否认习惯法的主权归属性,而把习惯法视为来源于神或自然。奥斯丁认为,这是对习惯法性质的错误认识,因为在主权者将习惯变成法令之前,这些习惯只是根据被统治者的舆论和感情而产生,且只是在道德范围内有约束力。一旦主权者赋予习惯以法令地位,将其作为司法机关对一些案件决定判决时所使用的依据,这些习惯才是实在法的规则。在此之前,习惯是为被统治者自愿接受,并依据舆论和感情而得到执行。奥斯丁认为,人们之所以产生上述认识上的错误,主要是因为实在法和道德、习惯所要求的内容常常相似。譬如,每个社会的实在法都禁止谋杀,该社会的一般舆论和道德也禁止凶杀,同样神法也禁止凶杀。正因为如此,由于实在法常常与道德、与上帝法一致,法理学家们在论述实在法的本质和渊源时,常常错误百出,令人啼笑皆非。当实在法依据实在道德而被制定后,或者当实在法依据上帝法而被制定后,他们就忘记了这些仿制性的法律是主权者的产物,而误

---

① 参见《西方法律思想史资料选编》,514 页。

以为是道德或上帝的产物。①

同理,奥斯丁认为一个国家与另一个国家之间订立的法律,即国际法也不是实在法。因为每部实在法都是某种主权对受其统治的一个人或一些人制定的,而国与国之间签订的法律却不是根据一个凌驾于两个主权之上的更高者的意志而制定,而是根据一般舆论决定的,它所规定的义务是由道德来约束的。

由奥斯丁首创的分析实证主义法学同以往法学不同,它抛开了对"法律应该是什么"的功利主义研究,而明确界定"法律是什么"的经验感性的认识是法理学研究的目的,从而开辟了法学研究的一个新领域。

分析法学的研究方法在20世纪20年代由凯尔森的纯粹法学所沿袭。"纯粹法理论试图比奥斯丁及其追随者更彻底地运用分析法学的方法"②。凯尔森在法学研究方法上,深受逻辑实证主义中维也纳学派观念的影响。逻辑实证主义者认为科学的任务是描述和分析现状,在维也纳学派代表人物石里克看来,确定和明确问题和命题的含义是一个学科的职责。根据这种观点,凯尔森认为,一个学科必须对其对象实际上是什么来加以描述,而不是从某种价值观念或标准出发来判断对象应该如何或不应该如何。依此方法,凯尔森严格将法学研究局限于对实在法的结构分析上,认为只有这样才能将法律科学与正义哲学以及法社会学区别开来。正因为如此,凯尔森认为他的纯粹法理论将先验的正义从其研究领域中排除出去,"它并不认为法是超人的权威的体现而认为它只不过是以人类经验为基础的一种特定的社会技术,纯粹法理论拒绝成为一种法的形而上学,因而它并不从形而上学法律原则中,而是从法的假设中,从对实际法律思想的逻辑分析所确立的基本规范中去寻求法律基础,即它的效力的理由"③。

在凯尔森看来,以往法学研究总是将法律问题与道德问题混淆起来,这种倾向常常把法律和正义等同起来,认为只有合乎正义秩序的才能被称为法律,而这种正义的标准通常又是指道德上的正当。凯尔森认为这种研究方法是一种政治的而不是科学的方法。纯粹法学虽然不反对法律要符合正义的要求,但作为一门科学,凯尔森认为纯粹法理论无力对正义问题作出科学的回答。

纯粹法理论为什么不能对正义问题作出科学的回答呢?凯尔森认为,其根本原因在于正义只不过是人们的一种主观的价值判断。通常人们说一个社会秩序是合乎正义的,其意指这种秩序把人们的行为调整得使每个人都感到满意,从而所有的人都能在这个秩序中寻找到他们的幸福。这种期望是人作为孤立的个人无法获得的,他必须在社会中去寻找。正义是一种社会的幸福。但是,在一个社会中,不可能有为每个人都提供幸福的"合乎正义"的秩序。因为,一个人的幸福总会在一定时候不可避免地同别人的幸福直接发生冲突。退一步讲,假定一个合乎正义的秩序希望实现的不是每一

① 参见《西方法律思想史资料选编》,518页。

② 沈宗灵:《现代西方法理学》,155页。

③ [奥]凯尔森:《法与国家的一般理论》,1页,北京,中国大百科全书出版社,1996。

个个人的幸福,而是社会中最大多数人的最大幸福,这种秩序也是不能保证的。因为这种社会秩序所能保证的只是居于立法地位的人们认为需要得到满足的那些需要,不一定是社会中人们认为值得去满足的那些需要。更何况正义的秩序中平等、自由等需要如何排列它们的顺序,却不是一个依靠理性认识的方法可以回答的问题,它取决于人们的主观的价值判断,是一个相对的合理安排。"这个决定将随着回答问题的是一个虔诚基督徒还是一个唯物主义者而有所不同,前者相信死后灵魂的幸福比尘世的财富还重要,后者则不相信有来世;同样,自由主义和社会主义也将作出不同的决定,自由主义者认为个人自由是最高的幸福,而对社会主义者来说,社会安全和人人平等比自由更为重要。"①虽然对精神财富或物质财富,自由或平等能否代表正义秩序中最高价值,这是一个主观的且是相对的价值判断,但人们却经常将之表现为一种客观的、绝对的价值判断,原因何在呢?凯尔森把这归结为人类认识方法上的一个特点:人们希望通过其努力,将他的愿望、需要和渴望证明为正当的。但是,这种手段和目的之间的关系的确证,需要借助于经验来判断、不是凭借人的智力活动就可以证明的。况且,究竟什么是达到一定社会目的的最好手段,往往还是取决于主观价值判断,而不是取决于对手段和目的之间因果关系的客观观察。就目前来说,社会科学的研究水平对于公认的正义目标,什么是适当的手段等问题(这是一个最低限度的问题),都不能理性地回答。这使人不得不接受这样一个痛苦的事实:正义是人的认识所不能达到的理想。尽管它对人们的意志和行为起着非常重要的作用,却是人们不能认识的一个反理性的理想。理性认识所能观察到的只有各种利益以及利益的冲突。一定社会中利益之间的矛盾解决是通过某种社会秩序来实现的;或者是为一种利益而牺牲其他利益,或者是在冲突的利益之间寻求一个妥协的方案。这一秩序就是实在法。只有这种实在法才能成为科学研究的对象。纯粹法理论就是把自己的研究对象限定在实在法上。"它是法的科学,而不是法的形而上学。它提出了现实的法,既不称之为正义而加以辩护,或者名之为不正义而加以谴责。它寻求真实的和可能的法,而不是正确的法。正是在这一意义上,它是客观的和经验的理论。它拒绝对实在法加以评价。"②因此,凯尔森的纯粹法学的法学研究方法旨在从逻辑结构上分析实在法,而不是从心理上、经济上或道德上说明或解释它的条件,评价它的目的。

纯粹法理论在研究方法上的另一个重要特点是,坚持一元论。它既反对客观法和主观法的二元论,同时也反对法和国家的二元论。

凯尔森把自然法学说的二元论作为典型理论来分析。在自然法学说中,自然被设想为上帝或神所创造的,自然法表现为神圣的上帝的意志,实在法则是立法者利用其权威而创造的一种法律。根据自然法学说,自然法虽然不是由人类的意志行为所创造

① ［奥］凯尔森:《法与国家的一般理论》,7 页。
② ［奥］凯尔森:《法与国家的一般理论》,13 页

的,但是人类能够且必须通过精神作用努力认识它。人们通过仔细地考察自然、人性以及人们之间的关系,就可以发现自然法的规则,立法者则将与自然法规则相一致的人的行为以合乎正义的理由制定成实在法。这种由自然法所确定的人的权利和义务,被认为是天赋的或与生俱来的,由于它根源于自然理性或上帝的旨意,而不是人类立法者所授予的,其表达的是上帝的意志,因而这些权利和义务是神圣的。因此,在自然法学说中,表现为一种典型的二元论:在不完善的实在法之上,存在着完美无缺、体现绝对正义的自然法。实在法只有符合自然法才能证明它的正当性。自然法学说的这种实在法和自然法之间的二元论,类似于柏拉图理念学说中的现实和理念之间的形而上学二元论。在柏拉图哲学中,世界被划分为两个不同的范围:一个是人的感官可以感觉到的可见的世界,即现实;另一个则是不可见的理念世界。在现实世界中的每个东西,在理念世界中都有它的理想的原型。因此,可以说,现实世界中所存在的事物,乃是存在于不可见的理念世界中原型的不完善的复本。从而,在现实与理念之间、人们感官所认识的不完善世界与另一个不能为人们感官所了解的完善的理念世界之间存在着自然与超自然、经验与先验、现世和来世的二元论。自然法理论代表着一种乐观的看法,该理论相信人们对理念世界有充分的洞察力,从而人们可以使人类社会、人的行为适合理想模型。但是,凯尔森认为,自然法的理论是荒谬的。因为既然人们知道自然法所宣称的那种绝对正义的秩序,那么实在法就是多余的且毫无意义。凯尔森讥讽道:"实在法的立法者面对从自然、理智或神圣意志中了解的社会正义秩序的存在,他们的任务就如同是在灿烂阳光下进行人工照明那样愚蠢工作。如果我们有可能像解决自然科学或医学技术问题那样来回答正义问题,那么人们就不会想到用权威性强制措施来调整人们的关系,就如今天他不会想到由实在法来强制规定一个蒸汽发动机应怎样造,一种专门病症应如何治疗一样。"①总而言之,如果有一种可以客观认识的正义秩序的话,也就没有必要有实在法。

自然法的二元论是有其认识论和心理学基础的。在人们认识事物时,有一种将其对象双重化的倾向。他不会满足于他自己感觉所接触到的、理性所理解的事物,他渴望深入到事物本质中去,寻究事物"背后"是什么。由于人们尚不能在他的经验世界中对上述问题作出回答,因而人们便虚幻地推测在他的经验世界之外存在一个为人所感觉不到的领域。在这个领域中存在着人类所希望寻找到的事物"背后"的原因和根据,即人们体验到的一切尘世间事物的原型,或者说是不依感官和理性为转移而存在的"自在之物"。由于这个领域是为人们感官所不能接近的,那么该领域对人类永远是一个隐藏的迷谷。这种形而上学的二元论反映了人们缺乏对他的经验世界中感觉和理性认识的信任,以至于人们不满意于他们自我创造和自我安排的世界。同这种二元论的认识论基础相似,其心理学背景是:"一种被削弱了的自我感觉竟容许人类精神功能

---

① 〔奥〕凯尔森:《法与国家的一般理论》,2 页。

堕落成一种仅仅是依赖性的、根本不是创造性的复写;同时它又容许这一在认识过程中只能不充分地复制的精神,用它自己的手段,去构造整个的先验世界。仿佛人类精神蔑视其理性和感官时,以其主观想象来补偿自己。"①认识论上的对象双重化现象,直接影响着对某一事物的价值评判,这表现在自然法学说中就是,在国家的实在法背后,兴起了一种人类行为的自然秩序。同哲学中的自然哲学一样,自然法学说坚持认为实在法并不是由人类立法者自由创造的,而仅仅是自然法的复制,并因为是自然法的复制品,实在法才具有效力和价值。凯尔森认为,自然法的这种关于实在法和自然法的二元论,使它陷入一种困境,"在方法论上类似于形而上学的自然哲学因它的'今世'和'来世'、经验和超验的二元论所产生的困难,都有一种对原型的难以达到性和无望的企图,在一种情况下是解释为被给予的事物,而在另一种情况下却是为之进行辩护。在每一种情况下,都不仅有着继续不断的威胁,即在一个总已接受的理想和一个并不符合该理想的现实之间的一种难以解决的矛盾"②。要想克服这种二元论,建立统一性的学说,就必须使法律科学从形而上学的二元论中解放出来。

为了进一步批驳二元论法律哲学观点,凯尔森还历史地考察了人类认识的发展史。在原初社会,由于人们尚处于愚昧状态,在自然界的自然威力震慑下,人们无所适从。人们对自然界的认识缺乏自我意识。当时存在泛神论,原始人把每一种东西都看成神。当人们用他们的双手,借助心灵来进行创造时,他们并不相信自己的创造力,而把他们的创造物推崇为超自然的产物。对他来说,这些产物并不是"人为的"和"任意"的东西,而将之解释成为神在人那里通过他所创造的东西。原初社会中人们对社会生活的秩序、习惯也抱有同样的看法。他们并不把习惯规则看作是酋长、祭司的命令。即他并没有将构成一定社会共同体的个别规范和一般规范视为人的法律,而是看成神的意志的直接表示。因而在原始人那里,在实在法之上尚不存在一个自然法的信念。他们直接将习惯法规则理解为某种自然的或神圣的东西。人类最初的法律理论,并不是二元论,但包含有二元论的萌芽。原始人还未想象在经验的自然范围之上尚存在一个超自然的范围。创造和维持社会的那个法律的直接神圣性的概念,是同来自不发达的自我意识的那种信念,即这个实在法并不是一个人为的人工作品的信念,连在一起的。同原始人的这种神话相适应,国家中的法律被认为是本民族的神通过被像神一样崇敬的首领作为中介而创造出来的,后世的有权制定实在法的统治者被推崇为神圣的首领的后裔。因此,原始人的这种神话的政治目的是一目了然的。

随着人们自然知识的增长,人们逐渐意识到自然是一个和谐的整体。例如由一粒种子发育成一颗小树苗,小树苗长成大树,而大树结的果实中又有种子。当树木还是一粒种子时,何曾有森林女神。因此,当人们认识到自然界之中事物的循环变化以及

---

① ［奥］凯尔森:《法与国家的一般理论》,458—459 页。
② ［奥］凯尔森:《法与国家的一般理论》,459—460 页。

各种事物之间的联系时,他便把事物从以前的神话中分离出来,将他所能看见和所能感知的世间相互关联的事物从神统治的世界中分离出来,组成一个经验世界,而将人所不能感觉到的神圣的东西置于一个超自然的世界中去。因此,整个世界就变成了一个由神主宰的代表着绝对真理的先验世界和一个由人的经验所能感知的世界所组成。二元论最终形成了。这种二元论体现在法律理论方面,表现为实在法日益显示出是由立法者所创造的,可依时间和地点不同而不断变化的规范体系,即实在法乃人为的产物。在现行社会秩序之外,人们又依据以前的神话传说,形成了一种凌驾于实在法之上的代表着绝对正义的自然法。"法律神圣性的原始观念已发展成为自然法和实在法的二元论。"①

形而上学的二元论同原始社会中神话学说中的哲学观念相比,代表着一种思想认识的进步,反映了对原始哲学认识论的批判。但人们又不能容忍"今世"与"来世"、实在法和永恒正义之间的不和谐,因而在二元论形成之始,克服这种不和谐就成为人们不可遏制的冲动。在人类的思想发展史上,悲观主义的二元论与乐观主义的二元论都试图从各个角度解决经验世界与先验世界之关系,但都未获成功。直至近代,经验科学的发展使人们敢于抛弃经验之外的先验领域,而将先验领域视为人们不可知、不能把握从而在科学上只不过是无用的假设的东西。"这时,天上与人间,上帝与世上的形而上学的宗教的二元论,也就被克服了。他对他自己的感官和理性的信心现在已变得充分强大到使他对世界的科学观点限于经验现实。"②建立在经验科学基础之上的实证主义哲学方法论认为,一旦人们不再相信在感觉所认识的事物之外有一种先验的、独立于人的认识的存在时,那么思维的任务就是从感官所能提供的材料,根据材料的内部规则,描述所感知的对象。凯尔森认为,纯粹法理论由于采用了实证主义的方法,摒弃了对任何自然法的分析,而将自己的研究对象严格地局限在实在法上,从而坚持了一元论。

综上所述,凯尔森所谓法学研究的一元论其实质乃是从哲学认识论上进一步说明其纯粹法学研究方法的科学性,从而为摒弃自然法哲学的价值判断命题作理论论证。

20世纪爆发的第二次世界大战给人类社会带来巨大的灾难,特别是德国纳粹的暴行,给人类的心灵以巨大的创伤。二次世界大战以后,人们渴望和平,呼唤正义之声。在纽伦堡审判过程中,代表着人类社会正义的伦理要求的自然法观点占据了上风,分析实证主义的"法是主权者的命令说"受到了不同程度的批判。分析实证主义法学在各国都受到抨击,其影响在战后一段时间里在其流行的国家消失了。但在英、美和德、奥等国,分析哲学的沃土使得一场新分析法学运动于20世纪60年代在这些国家又兴起了。正如逻辑实证主义对"本体论的承诺"一样,新分析法学代表人物普遍地放弃了

① [奥]凯尔森:《法与国家的一般理论》,463页。
② [奥]凯尔森:《法与国家的一般理论》,474页。

早期分析法学家把法理学研究的领域局限于对法律概念和法律体系的逻辑结构的分析上这种单一的方法。他们承认法社会学的方法和自然法理论的方法都是研究法的合理的方法。

哈特是战后新分析法学的主要代表人物,其理论体系是建立在奥斯丁的分析法学的基础上的。他把奥斯丁的学说看成是三个相互联系又相互独立的部分:第一是法律定义说,也即法律命令说;第二是坚持法律与道德的区别;第三是关于法理学研究的范围是分析实在法的共同概念。对于以上三点内容,哈特表示反对第一个、支持第二个和尊重第三个,以此来构筑其学说。

哈特承认,在任何地方和任何时间里法律在其发展过程中呈现出一个不容争辩的事实是,它会受到特定的社会集团的道德和理想观念的影响,也会受到社会中个别超过传统道德观念的开明人士的道德观念的影响。因为如此,人们经常会得出这样一个结论:法律制度必然与道德义务的规定具有一致性;检验一个法律制度效力的标准,必须包括来自道德或正义的明示或默示的证明。但是,哈特认为,"法律反映或符合一定道德要求,尽管事实往往如此,然而不是一个必然的真理"①。将法律效力与道德价值联系起来,是自古希腊以来自然法学说的主旨。自然法学说是一种古老的学说,蕴含在这种学说之中的世界观将每一种存在物——人、有机物、无机物不仅描绘成维护自身的生存,而且被想象成不断寻求某种有利于它的最佳状态或适合于它的目的。依据这种目的论,任何事物在向其目标的演进过程中都是有规律的,该规律可以公式地表述为该事物发展的一般定律之中。有规律的事物不仅仅被认为是有规律的发生,而且它是否真的有规律发生、是否真的发生以及它们的发生是否有利,都被视为不可分离的问题。因此,普遍发生的事物一方面可以按其达到特定目的来解释它,另一方面也可以依同样方法评价其是否有利或是否应当发生。目的论的这种观点,没有在关于有规律发生之事的陈述和应当发生之事的陈述二者之间做出区别,从而颠倒了一定关系,即某种最佳状态不是因为人们期望而成为人的目标,而是相反,因为它已是人的目标,人们才期望得到它。

根据目的论,自然法学说假定人类活动的固有目的是生存,并且假定大多数人在大部分时间希望继续生存。但是法律实证主义认为,生存是人类必然希望的东西,但它已是当然的东西,法律实证主义关注的焦点不是生存,而是为了继续生存的社会调整。"我们希望了解在这些调整中,是否有一些可以启发性地引入由理性发现的自然法之中的东西,以及它们与人类法律和道德的关系是什么。"②

哈特从实证主义角度,认为一个法律制度存在和生效必须满足两个最低限度的条件,"一方面,根据这个制度的最终效力标准是有效的那些行为规则必须普遍地被遵

① ［英］哈特:《法律的概念》,182 页,北京,中国大百科全书出版社,1996。
② ［英］哈特:《法律的概念》,188 页。

守;另一方面,该制度规定法律效力标准的承认规则及其改变规则和审判规则,必须被其官方有效地接受为公务行为的普遍的公共标准"①。第一个条件是一般公民所必须遵守的,可能他们遵守的动机各不相同,但在一个健全社会中,每个公民都接受这些规则并承认有遵守这些规则的义务。第二个条件是一般官员所必须遵守的。第二个条件是处在这个法律制度下官员作为他们公务行为的共同标准而必须遵守的。

哈特的学说中虽然仍然强调法律与道德的区别,但他没有绝对排斥自然法哲学的方法。他认为,生活在一起的人们为了继续生存,他们从人性和人类生存的目的出发,规定了一些任何社会都必须遵守的行为准则。这些行为准则构成了一切社会中法律和道德的共同因素。哈特把这些行为准则称之为"最低限度的自然法"。

自哈特以后,分析实证主义法学在方法上逐渐倾向于多元化。除了坚持分析实证的方法以外,对自然法哲学方法和社会实证方法也采取了肯定的态度。英国的麦考密克和奥地利的魏因贝格尔的"制度法论"比较典型地体现了这种发展趋势。

麦考密克和魏因贝格尔都把他们的理论视为是规范主义在社会现实主义方向的发展。作为一种科学理论,他们认为法律科学如果不考虑社会现实,那是不可思议的。因此,他们说,尽管在他们的研究工作中占主导的是对法律的哲学和逻辑的分析,但他们希望社会现实的实证分析方法能成为他们研究方法的主导思想,并希望借助这种方法来解决法学理论的本体论问题。

作为法律实证主义的一种新的发展,麦考密克和魏因贝格尔强调他们区别以前的分析实证主义理论的地方还在于:"我们并不否认法律是依据和体现价值和价值标准的;不否认法律只能作为其背景的公正原则加以解释;不否认法律总是在某种程度上属于一种目的论活动,因而也不否认必须根据法律的目的论方面来看待法律。"②对于上述问题的阐释,麦考密克和魏因贝格尔认为,自然法理论家们已经做了大量工作。

法律科学作为一门专门学科,其目的在于使人认识法律现象,对法律内容和法律体系的逻辑关系以及法律的运转进行合理的描述。魏因贝格尔认为,为了认识法律现象,就不能只停留在对静态的法律体系的概略描述上,法律理论必须研究法律规范体系在社会现实中的实际存在,而凯尔森却将法理学局限在对实在法的逻辑分析,全然不顾法律作为一种规范体系与社会现实之间的关系。魏因贝格尔认为:"每一种导致更好地理解法律和说明法律本质及其社会任务的研究法律的方法都是'法理学的'。"③因此,魏因贝格尔认为他的法律实证主义方法不同于凯尔森。凯尔森的对法律的逻辑分析方法是一种逻辑的语义学的分析,而这种分析是不能保证对法律体系的性质作出科学判断的。魏因贝格尔认为,科学的实证理论不仅包括对法律体系的规范—逻辑的分析,而且还包括从规范体系的社会方面的了解。正因为如此,法学家除了必

---

① [英]哈特:《法律的概念》,116页。
② [英]麦考密克、[奥]魏因贝格尔:《制度法论》,12页,北京,中国政法大学出版社,1994。
③ [英]麦考密克、[奥]魏因贝格尔:《制度法论》,57页。

须回答"法律实际是什么"的问题,他们还必须回答有关法律的社会存在、它在社会中的活动方式以及法律和社会之间的关系等问题。

魏因贝格尔从法律科学的目的角度出发,将对规范的逻辑分析方法看成是法律科学的一种基本的辅助性方法,犹如数学方法在物理、化学和经济学等科学中的应用。规范—逻辑的分析方法应该渗透到法学家的工作中,特别是对法律概念的应用中。当然,单纯依靠对规范的逻辑分析,法律科学就不能成为一门发达的科学。因此,魏因贝格尔和麦考密克都提倡法律科学方法论的多元论,"我在这里提出的命题导致科学的方法论的多元论,即这样一个命题:适合于描述原始事实的手段原则上不是以说明受人力制约的事实的性质,因为在后一种情况下不可避免地要决定一种实际的(规范性的、价值论的或目的论的)意义。……因此,我们深思熟虑导致的结果是:必须接受一种关于科学的方法论的多元论概念"①。

第三节　社会实证的法学方法论

一、社会实证的研究方法

在哲学上,实证主义是一个宣称以实证科学作为其哲学基础的流派。它兴起于19世纪中期的欧洲,以法国的哲学家孔德和英国哲学家斯宾塞为代表。

实证主义的形成时期,英、法两国资产阶级已经战胜了封建复辟势力,确立了自己的统治地位,从而在政治上不再要求革命,而只希望对现行资本主义进行局部改良。资产阶级的这种政治要求在意识形态上,表现为对进行社会革命的理论采取一种排斥的态度,从而也排斥从文艺复兴运动以来启蒙思想所倡导的唯物主义。但19世纪中期英法资产阶级尚不是一个腐朽没落的阶级。当时英国已经进行了产业革命,法国也在着手进行产业革命。产业革命对资本主义社会的发展起着重大推动作用,而产业革命则是以自然科学的重大发展为条件的。因此,尽管英、法两国资产阶级在政治上不再希望革命,但他们在科学技术上则要求革命,这使得他们在哲学上也希望适应自然科学发展的要求。传统的宗教哲学和唯心主义思辨哲学显然不能适应资产阶级的这种要求。实证主义反映了资产阶级的这种要求。

法国的孔德是实证主义的创始人。他所倡导实证主义的基本原则是,哲学应当以实证自然科学为根据,以可以观察和实验的事实为内容,摒弃神学和形而上学的一切思辨概念。孔德说,实证哲学的一切本质属性都概括在实证这个词中。实证指的是具有"实在""有用""确定""精确"等意义的东西。实证哲学是一种提供实在、有用、确定、精确等体现人类最高智慧的知识的哲学。这种哲学与实证自然科学是统一的。

---

① [英]麦考密克、[奥]魏因贝格尔:《制度法论》,109页。

"如果说各门实证自然科学是以各类可以观察到的特殊的自然事物和现象为研究对象,以揭示它们的规律为目的的话,实证哲学的任务则是考察各门自然科学的规律以及它们所利用的方法,并对它们加以综合,以便揭示一般的规律和方法。"①孔德把哲学和科学都局限于现象范围,对于形成现象的原因是什么,现象之后事物的本质是什么,现象与本质之间客观的联系和规律性是什么等,孔德认为这些都不属于实证知识的范围,因而,实证主义研究是不包括对上述问题的探寻的。虽然孔德也强调每一门科学研究的对象应该是该门科学范围内的规律,也承认人类的社会生活的现象虽然比其他自然现象更具有可变性,但同样要服从不变的规律的约束,因此,孔德宣称一切实证科学的根本任务就是要精确地发现"自然规律"。不过,孔德所谓自然规律,不是指自然界客观存在的内部必然性,而是指各种现象之间一种"合乎常规的先后关系和相似关系"。科学的作用在于将这种规律作为一种事实而加以叙述和描绘,而不能对事实加以抽象思辨的说明。以牛顿的万有引力定律为例,人们只要知道宇宙中各种现象服从这个规律就可以了,"至于确定这种引力和这种重力本身是什么,它们的原因是什么,这些问题我们一律认为无法解决,是不再属于实证哲学范围的,我们很有理由地把它们让渡给神学家去想象,或者交付给形而上学家们去作烦琐的论证"②。

尽管孔德的《实证哲学教程》一书中强调对一切科学都必须采取实证的方法,但在此书中只是为研究社会现象的实证方法论提供了一些萌芽思想。实证主义另一位代表人物斯宾塞的《社会学概论》也没有论述社会现象的研究方法。如果像以往一样,对社会现象采取通常哲学上演绎或归纳的方法,采用一般性观察方法,就不能够真正了解社会现象。从实证主义角度,要求对社会现象的研究态度应该像物理学者、化学家和生理学者从事研究时的科学态度。

对社会现象的实证研究最基本的原则是,必须将社会现象当作客观事物来看待。为此,实证主义要求研究社会现象的学者首先必须认识从事实出发的必要性。如果不是从真实的事物本身出发去寻找事物的普遍规律性,或者用事物以外的东西来解释事物的有关现象,那么这种分析和解释只可能是一种纯理智的推论。从理智出发,人们就会以为一切真实现象都已经包括在理智之中,以此为依据对事物所进行的研究和解释就不是事物本身,而是人们对于这种事物的观念的演绎。可是在通常情况下,人们总是习惯用观念来想象事物,将对事物的思考置于科学的证实之前,科学只是为了证实人们思考的方法。虽然这种研究方法没有完全排除对事物的实际观察,但是,"只是这种方法往往思想在先,事实在后,引证事实只不过是为了证明人们预先得到的观念或者结论,并非想把事实放在首位来研究。在这种方法中,事实仅仅是作为思想验证的东西,而不是科学的对象,人们用观念估量事物,而不是从事实归结出观念"③。法国

---

① 刘放桐等编著:《现代西方哲学》,39页,北京,人民出版社,1990。
② 刘放桐等编著:《现代西方哲学》,41页。
③ [法]迪尔凯姆:《社会学研究方法论》,14页,北京,华夏出版社,1988。

社会学家迪尔凯姆认为,运用这种方法研究事物,是不可能得出客观的结论的。观念的东西毕竟不能代替客观事物本身。更何况,观念的东西出自人们浅显的经验,它是人们为实用的目的而创造的。但是从实用出发所产生的观念构成的理论,尽管也有用,但往往却是错误的理论。以天体理论为例,尽管哥白尼在 16 世纪就已证明太阳绕地球旋转的说法是错误的,但由于实用的缘故,太阳绕地球而行的观念在人们思想中还是存在。用实用的观念去观察事物,人们首先考虑的不是如何精确地描述事物的性质,而是考虑哪些事是有益的,哪些事是无益的,从而取其益避其害而行。这种思考问题的方法迎合了大众贪图便利的心理。以观念的想象代替科学研究,对于那些视科学为应急办法的人,可能是很便利,但是这种研究方法却阻碍了科学的进步。这种研究方法在自然科学产生之初不乏其例,例如天文学中的显相学,化学中的炼金术。培根曾猛烈地抨击这种将"观念"作为各门科学的根本,"占据了事实的位置"的成见,蒙蔽了事物的真相,使人误以为它就是事物的本质。"由于幻想在思想中可以畅通无阻,无边无际,使人们甚至以为能够用个人意念随意重建世界。"①

　　对观念的思考代替科学的实证在社会科学研究中表现得更为突出。社会活动是通过人实现的,社会事物是人类活动的产物,它们反映在人们的大脑中,形成各种关于社会现象的观念,这些观念成为人们据以处理人与人之间关系的依据。因此,生活在社会中的人们,在他们进行社会科学研究之前,脑子里早已有了关于法律、道德、家庭、国家、社会等观念。人们认为社会中的各种实际现象超不出人们关于这些现象的想象,因此,凭借对社会现象的观念思考就可以了解一切事物。但现实表明,只凭人们的主观想象是不能理解事物的本质,也不能认识事物的真实面貌的。"用观念估量事物,就好比一种浮光掠影,外表似乎明白,里面却含糊不清。"②迪尔凯姆认为,对于社会现象,如果不能全面地描述它的详细状态、具体表现形式,只是有一些抽象的概括性的了解,而这种概括性的了解又是与以往经验积累下来的成见相适应,那么人们就很可能受这种成见的影响而难以认识事实的真相。有鉴于此,迪尔凯姆主张,考察社会现象,必须观察实际,不能掺加任何个人想象的成分,否则就无法认识社会现象的真相。不仅如此,迪尔凯姆还主张:"社会学方法要求人们不能用常识代替科学,凡是未经科学检验的概念,不能随便使用,更不能用来代替事物本身。"③

　　对社会现象进行实证研究的方法论理论有突出贡献的迪尔凯姆认为,在实际研究过程中,如何能做到将社会现象当作客观事物来对待,必须坚持以下几个基本准则:首先,要求在科学研究中排除所有成见。这个准则要求人们在决定研究对象时,或者在整理研究成果时,不能乱用未经过科学检验的概念。不仅如此,还应清除常识或前人流传下来的习惯观念中的谬误。其次,根据社会现象的外部共同特征进行定义。科学

---

① ［法］迪尔凯姆:《社会学研究方法论》,15 页。
② ［法］迪尔凯姆:《社会学研究方法论》,16 页。
③ ［法］迪尔凯姆:《社会学研究方法论》,19 页。

的定义,应该是根据事物内部的性质来表述,但是人们在研究一件事物之初,在还未进行全面细致的实际考察之前,人们最容易接触到的是该事物的外形,而其内涵却不容易直接认识到。尽管事物的内涵是该事物的基本部分,但在科学研究之初妄谈事物的内涵,那么就不是根据事实,而是根据思维的概念所想出来的。因此,在科学研究之初,所能做到的事情就是从事物的外部共同特征中找出其基本定义来。用这种方法下定义,可以使科学研究一开始就与事物的真实现象相联系。有人也许会提出,根据事物的外形来下定义可能导致将表面现象当成事物的根本性质,只追求事物的枝节而忽视了事物的基本方面。迪尔凯姆解释说,"从事物的外形去观察事物",并不是说在研究中用外形观察的结果来解释事物的实质。"用事物外形去下定义的目的,不是为了解释事物的实质,而是为了使我们能够与该事物相接触。因为一个事物最容易与我们接触的地方,正是它的外形。"①用观察事物外形来下定义,其效用在于为解释事物提供足够的证据。最后一个准则是,客观地观察事物的外部特征。这一准则要求对社会现象的观察应尽可能地排除个人的主观感受。排除得越彻底,观察的结果就越客观。

对所观察的社会现象如何进行解释、分析,是社会实证研究方法的一个重要环节。迪尔凯姆认为,以往学者常把事物存在的原因和事物对社会的效用混淆起来,将事物的效用视为事物存在的原因。因此,他们通常认为只要能够解释事物的实际效用并说明事物的存在对社会有什么需要,就可以说完全认识了那一事物。迪尔凯姆认为,这种解释社会现象的方法,没有看到事物的存在和事物的效用是某一事物两个极不相同的方面。"证明一件事为什么有效用,与解释它为什么产生或者它存在的状况如何,这是两个不同的问题。事物的所谓效用,是假设它具有这些方面的特别属性,这些属性说明了事物的特征,而不是事物产生的原因。"②迪尔凯姆也承认,事物的存在和事物的效用是联系在一起的,当人们认识到事物所表现的效用时,可以使他注意到事物产生的原因及其发展的结果,但是毕竟不用用对事物效用的认识来解释事物的原因及结果。因为效用和存在是事物的两种不同性质,在具体表现形式中,有些事物尽管存在,但却没有什么效用,或者曾经有过效用,现在效用失去了,而事物本身又习惯性地依旧存在。例如,在法庭上宣誓的仪式,过去是为了让人从实招供,现在仅仅是一种表示庄重的仪式。由此,迪尔凯姆主张,要想全面了解一件事物,必须根据事物的因果线索追溯下去,直到人们能够直接观察实际事物为止。在实际研究中,应该将事物的原因与事物的效用分别研究。不仅如此,还应该将对原因的研究置于对效用研究之前。这是一种合乎逻辑的方法。按照这种方法,先了解事物的原因,可以进一步帮助人们正确全面地认识它的功能。

社会实证的研究方法强调社会现象的原因必须在社会环境中去寻找。在这一点

---

① [法]迪尔凯姆:《社会学研究方法论》,34页。

② [法]迪尔凯姆:《社会学研究方法论》,71页。

上,社会实证理论反对对新观察的社会现象用心理学的方法去解释。因为社会现象不同于个人现象,社会生活并不是个人生活的一种延伸形式。社会生活无论在时间范围和空间范围都远远超出个人生活范围所能包容的限度。组成社会的分子虽然是个人,但是由各个单独的个人一旦组成社会,社会就会溶化掉各个单独个人而产生出一种新的性质。因此,社会并不是简单的个人相加的总和。由各个个人结合而成的社会具有本身特有的性质。与社会现象相联系的社会压力和个人抑制自己的个人压力的差别,就可以说明社会现象与个人现象之间的差别。个人抑制自己的行为是离散的,好像物理学上的离心力,这种力量归于个人;社会强制力量是聚合的,好比物理学上的向心力,归于集体。前者是从个人意识中产生出来的,逐渐地波及外界;后者则是由外界作用于个人,再从个人身上表现出来。社会压力对于个人来讲,具有强迫的性质,社会压力的存在无须经过人们的认可就具有约束人们的力量,它的到来是不知不觉的,没有人们预先商量的余地。正因为社会现象与个人现象的性质不同,因而运用个人的意识不能解释社会现象。尽管个人生活是集体生活的基础,但个人意识只是集体意识构成的必要条件而不是充分条件。社会现象的产生原因,只有在个人意识结合而成的产物的社会生活中去寻找。毕竟群体的思想、感情和行为与组成群体的这些个人在未结合以前和结合以后的思想、感情、行为是有很大差别的。当然,社会实证的方法并不是说可以不必了解个人就能了解社会。因为,集体生活没有个人生活的集聚就不可能实现。总之,解释社会现象的准则应是:社会现象的原因应该从以往的社会生活中去寻找,而不能从那些个人意识状况中去挖掘。

概而言之,社会实证的研究方法有三个要点:一是要把社会实证的方法区别于一般的哲学研究方法。它应该从哲学的普遍性中走出来,成为一种专门的研究社会现象的方法。作为一种专门的方法,它应该深入到社会现象的实际中去,发现这些社会现象的特殊性质。二是坚持社会实证研究的客观性。这种客观性要求把所研究的社会现象当作客观存在的事物对待,在研究社会现象时,应该摆脱个人观念的束缚,力求原原本本地认识事物,做到客观的分析,使解释事物的方法和证明事实的方法与事实相符。三是应坚持社会现象的社会性。区分社会现象与个人现象,寻找社会现象特有的性质和特征。

二、社会实证的法学方法论

社会实证的法学方法论是一种经验方法和理论方法相统一的方法体系。社会实证的方法在法学中的应用,可以分为三个层次:第一个层次是具有方法论意义的理论模型,这种理论模型的功能在于为系统地说明法律生活中各种各样的经验事实提供一个框架。它在方法论体系中居于最高层次,具有社会学法学的确定理论结构和基本范畴,制约着社会学法学的发展趋势,决定着社会学法学的基本研究方法和具体技术。

在有关的社会实证的法学方法论的论述中,较为典型的有功能主义方法论、结构主义方法论、行为主义方法论和现象学方法论等。第二个层次是基本的社会实证研究方法,它可以为研究工作提供各种观察角度,如比较分析、规范分析、角色分析、组织分析和制度分析等。第三个层次是技术性方法,如观察法、实验法、个案法、抽样调查、统计分析等。

1. 功能主义方法论。

社会实证方法在法学研究中的最初应用,其目的在于寻求法律与社会变化之间的联系,估价法律对社会所起的作用。社会学法学的创始人认为在以前的法学研究中,都有一个认识上的错误,即将法的功能与法的目的相混淆。这种做法在法学研究中的具体表现为,法学家们将法律看成是国家制定的法律条文,法律的社会使命在于实现立法者体现在法律条文中的道德目的。因此,法学家们都将自己的主要研究对象限定为国家制定的法律条文。在他们的研究中,他们都假定全部法律都包括在已有的法律条文中。他们的研究方法就是收集各种成文法材料,根据自己对这些材料的理解来确定成文法的内容,然后在自己的著作和司法中利用自己对成文法内容的解释。社会学法学派学者认为,上述研究方法无视不同时期人们对法律的目的有不同的看法。一部法律的存在的理由,往往与立法者当初宣称的目的大相径庭。不仅如此,许多现存法律根本没有十分清晰的目的,其存在只不过是由于传统、惯性或者是调和冲突的集团的利益。以1677年英国制定的禁止欺诈法为例,该法在20世纪的作用,从社会学角度而言,主要取决于它对维护现存社会和经济制度有多少贡献,而与当初立法者制定该法的目的并无太大联系。因此,在论及法律的作用时,可能会与当初立法者颁布的原始目的根本不一致。法律制度可能具有的作用,只能从一个更为广泛的社会体系中去确定。这种作用,应该理解为它们对社会整体的稳定发展和变革所能具有的影响力。法学研究的重点应该是研究法律如何通过政治、社会组织对人类关系进行调整。法学应当是"一门社会工程科学"。

作为"一门社会工程学",法律不应该被视为一种知识体系,而应该是一种行为活动。那么,与以往传统法学研究不同,正如庞德所说的,在社会学法学研究中,"我们开始对法律秩序进行研究,而不是就法律本质进行争论。我们开始考虑人类的各种利益、要求和希望,而不考虑人类的权利;我们开始考虑我们必须保证和满足的东西,而不是单纯是那些我们试图用以保证和满足的人生利益、要求和希望的制度,仿佛这些制度本身就是它们自己存在的终极目标似的。……我们开始考虑如何发挥制度的作用,而不仅仅考虑制度的至善至美"[1]。庞德试图从功能角度,对法律原则和制度作出系统化的解释,用法律的功能性观念来取代法学家的法律逻辑观念。

法律系统作为一个功能系统,对它的研究旨在通过司法、行政和立法等方面的活

---

① [美]庞德:《法律史解释》,149 页。

动,协调人们之间的相互关系,探寻如何使人类的权利要求与希望在得到最大限度满足的同时只付出最小牺牲的办法。为此,庞德认为,法学研究必须关注法律在两方面的作用:一是通过对各种利益冲突的严格分析,确定法律制度中最普遍的社会利益;二是通过对法庭判决中各种各样的个人要求的辨别,确定每个公民应该享有的个人利益。庞德具体分析了不同历史阶段和不同社会形态中法律的功能,用法律来表达社会共同意志,只是现代资本主义代议制民主政体确立以后的事情。在法制史的早期阶段,法律存在并非是为了平衡相互冲突的利益要求,而仅仅是为了保持社会安定,维护那些有权享有特权的人的最大限度的行动自由。

庞德的关于法律社会功能的观点,并非是源自社会条件以及法律作用于社会条件的方式的分析,而仅仅得自于法庭和立法者的官方公报,因而,尚缺乏法律作用于社会应该达到的效果的事实根据。因此,庞德的方法尚不能称作严格意义上的功能分析方法论。卢埃林认为,功能分析方法必须分析任何一个社会中法律都具有的基本功能。在他看来,法律具有四项基本功能:有条不紊地解决争端的功能;预防性地引导或转变人们的行为和观念,以避免发生冲突;界定群体中个体的权限;组织、协调群体内部的各项活动,鼓励群体成员朝着指明的目标努力。实际上,卢埃林的功能分析方法对法律与社会稳定或变革的关系,法律与社会价值观念的关系,也未作深入论述。他的功能分析方法勾画出来的是一个社会中,不管其政治、经济条件如何,法律均构成一个最低限度的规范体系。

卢埃林的社会功能分析方法,为美国社会学家帕森斯所发挥。帕森斯的社会功能分析方法在法学中的重要贡献在于:能够在社会体系的各功能要素间的关系网中,明确法律的位置。在帕森斯看来,所有的社会制度,均具有相同的“系统要素”或“功能要素”,这些功能要素必须得到满足,社会制度才能够维持其存在。据此,帕森斯将社会制度中的功能要求分为四大类。第一大类功能要求是保障社会制度的内在整体性——维持成员间的社会关系和感情关系。这一功能要求是法律最直接为之服务的。其他三类功能要求是:“目标追求”,保持社会间既定目标稳步前进;“模式维持”,建立维护和恢复社会成员的价值观念,从而使社会内部总的活动模式不断得以再现;“环境适应”,使社会本身能够适应所处环境的各方面条件。这四项功能要求,仅仅是提供了一个抽象的分析框架,至于每项功能要求得以实现的途径,则需要借助于另一种分析方法,即规范性结构的分析方法。帕森斯认为,社会的规范性结构由排列有序的四要素组成:价值观念、社会规范、集体活动和个人分工。这四个要素有机地联系着:价值观念控制社会规范的内容,社会规范控制集体活动的方式,集体活动控制了各种角色。与这些控制现象有关,存在着两种方向的运动,“其一是自下而上的适应运动,产生压力,促进变革;其二是自上而下的控制运动,加强约束,以求稳定。社会有序和社会变革是上述两种对立压力的具体体现。通过对价值观念、社会规范、集体活动和个人分工等各个层次的标准内容不断进行调节,这两种压力始终处于相互忍让和相互中和的状态,共同把社会推向前进"①。

帕森斯认为,要确定法律在社会中的地位,就必须分析清楚规范性结构和功能要求两者之间的关系。法律主要是与调和功能以及规范性结构中社会规范相联系的。在现代西方社会中,社会制度的功能和结构的分化日趋明显,相应地,规范性结构的四个层次渐渐与功能上的四个子系统发生一一对应的关系。社会规范对应专管社会共同体的结构要素;各种角色对应于"经济";集体活动对应于"政治";价值观念对应于模式定型的子系统。由此产生一个结果:"在由规范性结构所决定的控制与适应等级中,最能感受到来自适应方面要求变革的压力的是经济领域,其次是政治领域中的行政计划和行政组织方面,再次是法律规范层次上的社会共同体,而感觉最迟钝的则是社会价值层次的模式定型系统。"②功能分化使得西方社会中的经济和政治系统各具功能范围,但它们之间的关系却互为补充、互为前提,必须依赖于对方才能发挥效力。法律在各子系统的分化中,起着关键性保证作用。

帕森斯功能分析方法揭示了现代西方社会的法律自主表象,揭示了法律与经济体系之间的微妙的平衡状态。

功能分析方法在社会学上被称为全方位透视方法,因为它没有把各种复杂的社会现象归结于任何一种单一的外部因素。但社会实证的功能分析方法在法学中的运用,如同在社会学中一样,不适当地忽视了历史分析方法的作用。功能分析方法仅仅着眼于"现状"而不去考虑人类活动的复杂历史。而正是历史造就了当今社会中规范制度的模式。功能分析方法的这种缺陷,不可避免地影响社会学法学者对一些问题的研究:为什么法律系统的需要,在特定社会中只能通过特定方式来实现? 为了克服功能分析方法之不足,一些学者不断探寻功能分析的新途径。

2. 行为主义方法论。

社会实证的研究方法在法学研究中的运用,随着社会发展,逐渐从单纯的理论分析发展成定性与定量分析相结合的方法。行为主义分析方法就是这一方法的典型代表。

行为科学兴起于 20 世纪 30—40 年代,盛行于 50 年代以后。行为科学研究方法的主要特征是,以人的行为为自己的主要研究对象,强调对行为进行客观分析。它不像经济学、史学研究主要依靠文献办法,而提倡采用客观的科学工具和技术,对人行为的态度和心理进行测验、统计分析。与此相联系,行为科学强调要超越价值判断,研究"现实"领域而不研究"应当"领域。

行为主义的法学研究方法的理论根据是,要了解法律现象,必须从人们在实际生活中的法律行为着手,而法律行为是可以用客观科学的方法来观察、分析和验证的。

---

① [英]罗杰·科特威尔:《法律社会学导论》,94—95 页,北京,华夏出版社,1989。

② [英]罗杰·科特威尔:《法律社会学导论》,95 页。

不过,行为主义研究的目的并不是了解法律行为本身,而在于通过对法律行为的研究来认识和解释法律现象。行为主义法学研究方法严格地将研究限于观察、测定和分析实际的法律行为。为此,该方法主张在研究中必须坚持三个原则:第一,科学的认识功能在于了解并解释世界,而不在于改造世界,因此行为主义法学研究并不提出任何改革社会法律的方案;第二,科学只能描述现象,而不能认识本质,法的本质属于法哲学研究范围;第三,科学只能整理、分析观察到的经验现象,没有办法研究非经验的认识领域,因此,有关正义、公平、秩序等价值观念在行为主义研究中没有立足之地。行为主义法学研究方法,应遵循"价值无涉"原则。根据上述理论依据和原则,对法学进行定性和定量分析研究的布莱克宣称,真正的法律社会学方法不应卷入对法律政策的评价,而应是对作为行为体系的法律生活的科学分析。这种研究的最终贡献是一般法律理论,即预测和解释各种法律行为的理论。法律决策的中心问题是价值问题,而这种价值对法律社会学来说,就像对经验领域中任何其他学科一样是无关的。[①]

　　从崇尚"科学精神"出发,法律行为主义研究者模仿自然科学的方法,用模式、公式和定理来描绘法是如何行为的。

　　行为主义分析方法将结构功能主义社会学理论运用于法学领域,建立了"法律社会控制模型"和"法律纠纷模型"这两种模型论。"法律社会控制模型"论认为,法律社会控制的效果,取决于个人间的"相互期待行为"的顺应程度。假设 1 为法律秩序的正常状态,K_1、K_2、K_3……分别表示社会中经济、政治、道德等领域的法律行为顺应性在社会平衡状态中所占有的比例,那么就有:

$$1 = K_1 + K_2 + K_3 + \cdots\cdots + K_n$$

即　　$$1 = \sum_{i=1}^{n} K_i$$

　　与"法律社会控制模型"相适应,确立了解决纠纷的模型。即当社会之中某项结构发生功能不足,使社会陷入不平衡而造成法律秩序失稳时,就需要向该结构中注入必要的功能(设定为 C_i),使得:

$$\sum_{i=1}^{n} (K_i + C_i) = 1$$

这样,社会平衡和法律秩序就恢复正常。[②]

　　为了使法成为可以进行量化处理的变量,D. 布莱克把法界定为政府的控制行为。这种控制行为有自己的数量和类型。法的数量是指政府控制行为的有无或多少。一般情况下,政府对其公民的社会控制越严厉,法的数量就越多,法的数量随时间、地点和条件的不同而变化。法的类型乃是根据政府控制行为的强制力强弱而作的分类,大

---

①　参见沈宗灵:《现代西方法理学》,377—378 页。

②　关于"法律社会控制模型"和"法律纠纷模型"的理论,参见中国人民公安大学出版社 1993 年出版的吕世伦教授的《西方法律思潮源流论》第 228—229 页。

致可以分为惩罚性的、赔偿性的、治疗性的和调解性的四种类型。每一种类型都以自己特有的方式,对越轨的违法行为作出反应。

社会生活包括分层、形态、文化、组织和社会控制五个方面,法的数量和类型都随着这五个方面的变化而变化。布莱克根据法和社会生活各方面的关系,提出了一些命题,借此来预测法的发展趋势。这些命题有:

法和分层成正比;

法和等级成反比;

向下的法多于向上的法;

向下的法和垂直距离成正比,向上的法和垂直距离成反比;

法和分化的关系是曲线的;

法和关系距离的关系呈曲线状;

法和结合度成正比;

离心的法多于向心的法;

离心的法和辐射距离成正比,向心的法和辐射的距离成反比;

法和文化成反比;

法和组织成正比;

法和其他社会控制成反比,等等。

行为主义的法学研究方法采取定量的实证方法分析法律现象,探究法的数量和类型的变化以及法与其他社会因素的关系,扩大了法学研究对象的范围,使得西方法学突破了抽象性与静止性两大局限。通过全面研究政府对其公民的具体的、动态的社会控制行为,取代了传统的抽象法理念研究和静止的法律规范的研究,从而大大地拓宽了法学研究的领域,开阔了法学研究者的视野。

行为主义法学研究方法,作为一种极端的实证主义方法,其强调法学研究目的、对象和方法的客观主义和科学主义,也存在着局限性。它的"价值无涉"的主张,要求研究者以"旁观者"的超然态度,从外部观察、分析法律现象。它认为只有坚持"外在视角",促使法律家的实践活动对象化,其结论才具有真理性。实际上,这种研究方法与立法、司法实务绝然分开的状况,一旦这种实证理论涉足实证法领域,就不得不面临一种两难的抉择:"是不顾'社会学帝国主义'(罗杰·科特威尔对布莱克最近研究的评语)的指责而孤军直入呢,还是采取修正主义的社会科学战略而接受来自法律学内部的和谈倡议呢?"[1]

3. 现象学方法论。

法律实证主义主张,科学的法律知识来源于经验性资料的观察而非来自抽象的思考。通过观察到的法律事实寻找其背后的终极原因。因此,法律实证主义认为法学研

① [美]布莱克:《法律的运作行为》,11 页,北京,中国政法大学出版社,1994。

究对象限于所有现存的法律事实。法律实证主义研究方法的局限性在于过分强调法律的独立性、客观性。实际上,法律制度是在政府官员之间及与公民之间的交往活动中形成的。公民、政府官员在日常活动中,对法律制度的体验并对法律制度的演变,起着重要的影响作用。有鉴于此,现象学法学研究方法认为,所有的法律现象都可以认为是在个体活动者交往活动中产生的。现象学方法不同于别的社会实证方法,它是一种"微观社会学"的研究方法。这种方法基于这样的假说,"通过建立和形成社会生活小范围的结构,尤其是使共同的认识和方法在这种环境中最终被接受或对这种环境施加影响,那么也就能发现'整个社会大厦'的基础"①。以犯罪学研究为例,对于违背社会规范的行为,不应单纯看成是罪犯或其他越轨行为者的客观条件、个人品质所决定的,而应看作社会交往活动中形成的一种环境所决定的。"社会现实"乃是社会活动者赋予社会环境的共有的意义。

现象学法学研究方法强调人们在理解法律现象方面的重要性。因此,对法律制度的理解,应该把它视为是以个人的主观经验为基础的。在日常生活中,个人的偶然活动逐渐形成习惯,习惯最终积淀成为确定的行为模式。受这些行为模式影响和其他人对这些模式的观察和接受,以及随后这些人根据这些模式来确定思想和行为的方向,从而确立了建立包括法律制度在内的社会制度的基础。

根据现象学分析方法,法律规则和它们的意义是在社会交互作用过程中产生的。现实生活中,实施法律的活动过程,是法官和辩护人、警察和嫌疑犯、律师和当事人之间对法律含义的协商过程。这种协商活动确定了与法律规则相联系的许多非正式的规则,它们决定着正式的法律规则的真正意义。

现象学方法论认识到,社会科学的研究内容与自然科学有着根本不同的性质。自然科学研究的是没有意识的物质。社会科学研究的则是有意识的社会现象。社会现象的意义是人们在社会交往过程中确立的。人们是根据社会现象的意义来观察、解释世界的。因此,社会科学的研究不能把社会现实作为是独立于行动者和观察者的客体来对待。否则,对社会现实的解释就是片面的、不真实的。因此,现象学法学研究方法着重考虑的是法律秩序如何决定在不同境况中人们对法律的"共同感",以及法律制度中的一般原则与个人的动机和观念的关系。它重点研究的是确立法律制度的决定因素,而不是法律规范本身。因此,它强调"活法"的重要性,认为宪法、民法、刑法等规范性文件中的规则并不是法律制度的核心,法主要是存在于人们的态度、感觉的交换之中。

---

① [英]罗杰·科特威尔:《法律社会学导论》,170 页。

第四节　历史法学的方法论

一、历史法学的兴起与发展

自 16 世纪文艺复兴运动以来,欧洲蓬勃发展的启蒙运动思潮通过对传统的宗教、政治、文化和法律的权威观念的批判,逐渐将人们从中世纪神学的束缚中解放出来,从理性的角度来研究世界,重塑世界观。在理性主义指导下,欧洲 17、18 世纪成为人类历史上继古希腊时代以来生产力和科学技术发展的又一个黄金时期的开端。商业、贸易充分扩展,社会生产方式由手工作坊发展成为工场,生产效率成倍提高,社会财富急剧增长。如马克思主义创始人所说:资产阶级在它的不到 100 年的阶级统治中,所创造的生产力比过去一切世纪创造的全部生产力还要多,还要大。自然力的征服,机器的采用,化学在工业和农业中的应用,轮船的行驶,电报的使用,整个大陆的开垦,河川的通航,仿佛用法术从地下呼唤出来的大量人口——过去哪一个世纪能预料到有这样的生产力潜伏在社会劳动里呢? 科学领域的成就更是彻底改变了人类对世界的认识。物理学、化学、生物学等学科的重大进展,诸如地质构造理论、能量守恒和转换定律、进化论、门捷列夫的化学元素周期表、牛顿的运动三定律和万有引力定律等。这些科学成就彻底动摇了中世纪宗教强加给人们的世界观,人们逐渐以强调理性主义和科学主义的希腊精神取代了神秘主义为主导的犹太文化和古巴比伦文化。虽然宗教尚有很强大的影响,但社会知识阶层已建立起科学的世界观。人们已经从中世纪对宗教的盲从和对世界末日的关心转到对现实世界的关怀上。自然科学的成就使人们确信世界是可知的,同时自然科学应用于生产领域和生活领域的巨大成功,使人们对科学研究倾注极大的激情,抱有极为乐观的态度,"这不会是失去幻想的时代,人们有信心断言,他们可以通过理性认识一切事物并解决一切问题"[1]。自然科学的突飞猛进,使理性主义思潮占据了主导地位。理性主义倡导理性就是科学。科学是理性唯一完美的体验与验证。理性主义要求,人类的一切精神活动,包括人类科学,只有以自然科学为模式,才是严密的、科学的,才能取得和自然科学的同样成就。

作为资产阶级反对神学和封建专制主义的思想武器的古典自然法理论,正是从人性论出发,以人类理性为依据,倡导自由、平等、天赋人权等。欧洲资产阶级革命胜利以后,一方面是为了用法律形式巩固自己所取得的胜利成果,另一方面基于分权理论,为了防止司法专横,纷纷公布各种成文法。"法国大革命之际,法国盛行'法典万能主义'思想,认为成文法凌驾一切,法院之任务,不过'照章行事'而已,无权创造一般性的

---

[1]　[美]庞德:《通过法律的社会控制、法律的任务》,20 页。

规范,庶免侵及立法机关之权限,所谓判决不过系'法律严格之复印'云云"①。在这种自然法的法典万能主义思想影响下,成文法被视为适用于任何具体案件,无美不臻,永远不虞"遗漏"的法源。

17、18世纪自然法理论代表人物都致力于以体现永恒正义的理性原则——自由和平等的原则为基础来创建一个新的法律秩序。这种自然法的思潮在法国1789年革命时期达到了顶峰。但法国大革命未能实现自然法学派所希冀的理想的法律制度。相反,急风暴雨般的革命造成的社会动荡致使在欧洲形成一种反对非历史的理性主义自然法的运动。这在德国和英国尤为突出。在英国,埃德蒙·伯克在其题为《法国革命的反思》的小册子中猛烈攻击法国革命对旧政治、法律制度的变革,宣扬历史传统、习惯、宗教在社会发展过程中的作用。在德国,产生了一场对法国理性主义自然法更为强烈的敌对运动。这场运动具有反理性、鼓吹民族主义的特征,并在文化、艺术和政治领域都有反映。在法学领域,其代表是历史法学派,其代表人物是萨维尼及其得意门生普赫塔。

1814年拿破仑兵败俄罗斯而退回法国,普鲁士因之而从法国统治下得以解放,德意志联邦得以统一,爱国主义浪潮席卷德国大地。为了进一步促进德国精神统一,海德堡大学的罗马法教授A.F.J.蒂保写了名为《关于为德国制定统一的民法的重要性》的小册子,这引出萨维尼的应文《论当代立法和法理学的使命》。蒂保建议在罗马法和《拿破仑法典》的基础上,对日耳曼习惯法进行整理,进而编纂统一的《德国民法典》。萨维尼对这个建议予以猛烈抨击,认为法律是植根于一个民族的历史之中的,其真正的源泉乃是民族的共同意识。就像语言、建筑和风俗一样,法律首先是由民族特性、民族精神决定的。萨维尼指出,各个民族都在历史长河中形成了一些具有本民族特色的传统和习惯,而这些传统和习惯的反复使用就成为法律规则。只有对这些传统和习惯进行认真的研究,才能发现法律的真正内容。因此,萨维尼认为,法律就像语言一样,不是任意的、故意的意志的产物,而是缓慢地、逐渐地、有机地发展的结果。法律并不是孤立存在的,而是整个民族生活作用的结果。"法律随着民族的成长而成长,随着民族的加强而加强,最后随着民族个性的消亡而消亡。"②

萨维尼认为,在一个法律制度形成的过程中,法学家、法官和律师起着积极的作用,因为民族共同意识并不能自动形成法律,它需要法学家、法官做技术性处理。

显而易见,历史法学派是作为理性主义的自然法的对立物而产生的。

历史法学派在英国的主要代表人物是亨利·梅因。萨维尼采用历史方法研究法律制度对梅因具有很大的启发,而梅因结合历史比较的研究方法,在原始社会发展到近代社会法律制度的进化方面的研究成果又远超过了萨维尼。在其著作《古代法》一

---

① 杨仁青:《法学方法论》,64—65页,台北,三民书局,1988。
② [美]博登海默:《法理学——法哲学及其方法》,83页。

书中,梅因陈述了法律进化的规律:"所有进步社会的运动在有一点上是一致的。在运动发展的过程中,其特点是家族依附的逐渐消灭以及代之而起的个人义务的增长。个人不断地代替了'家族',成为民事法律所考虑的单位。……在以前,'人'的一切关系都是被概括在'家族'关系中的,把这种社会状态作为历史上的一个起点,从这一起点开始,我们似乎在不断地向着一种新的社会秩序状态移动,在这种新的社会秩序中,所有这些关系都因'个人'的自由合意而产生。"①梅因据此得出结论:"所有进步社会运动,到此处为止,是一个'从身份到契约'的运动。"②身份是一种固定的、不能凭借个人努力而放弃的状态,它代表着一种以群体作为社会生活的基本单位的社会制度。随着社会的进步,以独立、自由的个人作为社会、生活的基本单位的社会制度逐渐取代了以群体为社会基本生活单位的社会制度。此外,梅因还成功地说明了法律发展的"自然历史"。

1849 年库欣在哈佛大学开设讲座讲授历史法学。库欣的讲座给后来成为美国律师界领袖的詹姆斯·卡特留下深刻印象。后者成为历史法学理论的虔诚信徒。

卡特认为,是习惯和惯例调整着人们的行为,确定行为正确与否,而司法判决只不过是盖上政府许可的印盖。因此,法院虽不制定法律,但却从大量的已被确认的惯例中发现法律。制定法律是对已经存在公众意识中的惯例的重述。卡特同萨维尼一样,反对法典编纂的活动。针对戴维·菲尔德建议纽约州通过一部民法典的倡议,卡特竭力反对。他认为,任何法典都需要解释和补充,所以存在法典仍需法官制定法律。此外,法典会妨碍法律的自然发展等。正如萨维尼当年成功阻止了德国民法典的制定,卡特也使纽约州拥有一部民法典的希望落空。

历史法学派在 19 世纪经历百年兴盛之后,正如自然法学派在 18 世纪末彻底崩溃一样,其在 20 世纪初也遭此厄运。早在 1888 年,施塔姆勒在其《法律科学的历史方法》一书中,就从哲学角度猛烈抨击了历史法学派。曾对英美法律的历史解释作出过杰出贡献的美国大法官霍姆斯在 1897 年也对历史法学派进行了批判。他认为,历史法学派的痼疾是不能自觉地意识到法律规则必须接受社会利益的检验,对法律的改进总是持否定态度。20 世纪初,历史法学派中的一些人转向社会实证主义,另一些人则改用经济观点解释法制史,还有些人通过区别"历史和历史法学派"而将自己局限于陈述性的法史学和法律学说中。历史法学作为一个学派分解了。

二、历史法学的方法论

历史法学的哲学基础是 19 世纪在德国兴起的历史主义。历史主义既是一种哲学,又是一种历史的研究方法。历史主义认为,人类世界的一切都是时间长河的一部

---

① [英]梅因:《古代法》,96 页。
② [英]梅因:《古代法》,97 页。

分,即历史的一部分。历史主义否认存在永恒价值,因为一切文化现象都是现实世界的产物,这种创造力可能是自然、历史或生活,这些历史的创造力始终在不停地运动着,因而每一个历史时代都有自己的价值体系。历史主义强调人类行为都是有意识的活动,因此任何历史现象都有人的意识创造因素存在,不能把历史现象看成是规律机械作用的过程,反对用普遍性原则理解和判断历史现象。"历史主义反对目的论历史观。作为一种历史理论,历史主义在人文世界的历史关系的基础上解释历史现象,强调每一现象的独特性。历史主义尊重人在历史过程中形成他的世界的不同方式,它把过去与现在的各种不同文化看作是产生历史的特殊力量的创造性的种种表现。认为个人属于他的时代环境,人类行为只应根据当时起作用的价值体系来判断。"①历史主义这种思维方式是不能与永恒不变的理性主义思维方式相容的。

　　萨维尼的历史法学是历史主义在法学领域对抗代表理性主义的古典自然法的直接产物。古典自然法认为,凭借人类理性的力量,法学家和立法者能设计出一部体现最高智慧的完美无缺的法典。在古典自然法的立法理论看来,法典的所有要求都可由理性独立完成,仿佛人类历史上未曾有过立法。唯一需要做的事情就是集中最为有力的理性,通过运用这一理性获取一部完美的法典,然后由法官机械地运用,使人们服从体现理性的法典内容。萨维尼指责自然法代表人物的这种想法是把法律概念和法律思想当作纯理性的产物,反映了他们对这些东西来源的无知。所有的法律最初都是通俗的,而不是十分准确的语言制定的。据说习惯法也是这么制定的。也就是说,它首先是习惯和一般信念,然后才靠法理学发展而来的。因此,每处都是由内部的默默起作用的力量形成的,而不是按立法者的武断意志形成的。迄今为止事物的这种现象只是从历史观点上显示出来了。②

　　当时,德国人民生活在一大堆世代相传且繁衍不息的传统日耳曼法律概念和法律原理中。萨维尼认为,不能因为这些法律混乱和不统一作为编纂法典的唯一理由,这种强行割断历史联系来改变对法律不满的做法可能是一种海市蜃楼的幻想。因为不可能消灭现在活着的法学家的意见和思想方式,也不可能完全改变现行法律关系的性质;这两重的不可能性说明各个世代和时代的有机联系是无法否定的;在各个时代之间只能看出发展,看不出绝对的终结和绝对的开始。③ 因此,对原有的法律制度进行改革时,一定要三思而后行,如果有意或无意将民族法律的精华舍去,立法者和立法家将要对子孙后代承担严重的后果。如果想避免犯这种错误,就需要求助于历史的洞察力。因为只有通过历史,才能明了和保持一个民族从原始状态发展而来的生命力;失去了这种生命力,该民族也就失去了精神源泉。据此,萨维尼认为,普通法和州法要成为真正有益、无可非议的权威意见乃是法理学严谨的历史方法……其目的是要追溯每

---

① 张汝伦:《意义的探究——当代西方释义学》,34—35 页,沈阳,辽宁人民出版社,1986。
② 参见《西方法律思想史资料选编》,528 页。
③ 参见《西方法律思想史资料选编》,538 页。

一固定制定的根源,从而发现一种有机的原理,这样便能将仍然富有生命力的东西从没有生命的和仅属历史的东西中分离出来。① 一旦法学家普遍地使用历史方法来研究法学,传统的习惯法便将获得真正的进步,那么德国也就无需求助罗马法,而拥有真正属于日耳曼民族的法律制度。

历史法学认为,必须放弃探索能够使一切问题都迎刃而解的天真想法。从历史方法来看,现实的法律制度并不单纯是理性之物。它是一种复杂的组合体,其中或多或少有些非理性因素。当人们努力依理性重构法律制度时,新的非理性成分适应新的需要而顽强地在法律制度中占有相应的地位。历史法学反对自然法学派将法律和道德混为一谈的做法,其承认法律和道德虽然具有同一渊源,但在它们各自的发展道路上却分道扬镳了。因此,法学家不应关注道德和可能成为道德的东西,但是自16世纪到18世纪,法律在这段发展时期,法律制度中渗入了大量非法律的因素,将法律体系内部的成分系统化和组织化成为法学的主要任务。因而,历史法学首先主张要深入研究罗马法体系。因为罗马法体系包含着所有的细枝末节,罗马法中所有的规则和原则都具有内在一致性,每一个规则和原则都是和谐的法律整体的一部分。罗马法体系为人们提供了一幅理想的法律体系的图画。参照这一图画,各国法学家可以将他们的法律秩序置于理性秩序之中。如果说以前的法学家研究罗马法曾一度依靠自然理性来判断法律应该是什么,从而必须是什么的话,那么历史法学派的罗马法学者则依靠回到罗马法文本中去,完成罗马法体系的构建工作。他们对罗马法法律文本的研究都带有与19世纪法律有直接联系的特殊目的。"他们通过用新概念分析旧法律的方法,致力于对从现代法律分析中得出的法律概念进行检验和证明,并提出这样一种见解:使我们的法律得以有序化所需的系统概念表达了一种在有关法律规则、法律学说和法律制度中逐渐展现的思想。今天的规则、学说和制度是一段历史进程的顶点。在这一历史进程中,人们可以追踪到那个系统从萌动到发达的轨迹。这种系统概念萌动于早期罗马法或最古老的日耳曼法之中,或者按后来的观点,萌动于亚利安法之中,之后在19世纪法律的成熟期兴旺发达。"②历史法学派中的罗马法学者正是沿着这种思路,将现代法律作为罗马法历史的一个阶段加以研究,并将罗马法的历史作为世界法制史中的一部分加以研究。采用这种方法,历史法学派法学家成功地沿着历史的线索理清了现代法律制度历史发展的始末,并撰写出罗马法制史(特别是梅因以后)。历史法学派的罗马法制史涉及现代法律的每个细目,以致使今天的人们很难将公元1世纪和2世纪罗马真实的法律同历史法学派在19世纪描绘古罗马法的理想图画区别开来。应该说,历史法学派的理论不仅从法律作为整体这一方面满足了体系化的需要,而且从法律的每一部门、每一分支这方面满足了体系化需要。

---

① 参见《西方法律思想史资料选编》,540页。
② [美]庞德:《法律史解释》,25—26页。

在 17、18 世纪自然法学占统治时期,法律规则不能随心所欲地独立发展,而是被迫与理性保持一致,否则就会因为与理性不一致而遭抛弃。历史法学派认为,这是法律学说对自由、权利的错误解释。普赫塔赞同黑格尔有关法律和权利是"作为理念的自由"的命题,但他补充说,"理性不是自由的原则",而是人类本性中一种与自由敌对的因素。这是因为理性将其本身强加给意志,并支配行为的过程。从这种意义上来讲,理性是对自由的一种限制。如果法律的原则是理性,那么,人们就要接受大量理性支配的法律,从而使人们的行为受到极大限制。一种限制的存在只有代表着自由意志的存在,并把自由作为一种理念来实施,并需要借助于这种限制来保障,这种限制才是允许的,否则不应存在任何限制。"为此,我们必须牢牢抓住在历史中逐渐展现的自由理念,而不应试图以理性为基础建立一个自然法体系。已成为实证主义者的后期历史法学派学者为这种思想模式下了逻辑结论。他们认为,如果法律是自由的科学,那么所有的法律规则就都是一种邪恶,因为对自由的任何调整都是对自由的限制,只有权利或法律的目的才是最大限度的自由。因此,他们说,法律是一种必要的邪恶。说其邪恶,因为它限制了自由,而自由就是权利;说其必要,因为没有某种最低限度的限制,在人类相互冲突和相互重叠的欲望中就不可能有自由。"①因此,在普赫塔看来,自由的理念存在于历史发展积累起来的人类经验之中,在每一个发展阶段,自由观念逐步将繁杂经验中的偶然因素剔除出去,越来越完整地表现出来。因而,人类的法制史也就是自由观念自我实现的法律浪漫史。

历史法学派在其存续期间,虽然倡导采用历史方法来研究法律,但其哲学基础是唯心主义的。历史法学在学术方法上表现为主观主义和非理性主义。早期历史法学派是依据康德关于权利观念的理论来解释罗马法,后期历史法学派是依据自由理念来理解古代法。这种方法也影响着梅因。梅因把法制史归纳为从身份到契约的运动,通过这一著名的概括梅因实质上想说明法律的发展史,自由理念实现的方式是从身份到契约的发展。梅因用这种自由意志说来解释罗马法中民事不法行为和承诺责任的基础。他所看到的是罗马人在交易中自由意志不断扩充,逐渐得以实现。其实,在商品社会中,交易安全是第一位的。生活中相互交往的人们,都希望与之交往的人能按诚信原则行事,即应实现他们的允诺,按照他们所处的社会中的道德标准履行义务。罗马人并没有把个人自由作为一种观念去实现。即使是 19 世纪末和 20 世纪初,西方国家开始把"从身份到契约的运动"理解为包含着对自由的限制和对个人意志之外的社会责任的履行,因而那种彻底的、绝对的契约自由和只对个人有意识行为负责的历史法学派的理论,越来越多地受到立法和司法方面的诘难。它无法解释资本主义的进一步发展对绝对所有权行使的限制和对契约自由的干涉。

从对历史法学派的唯心主义基础进行分析,我们可以逐渐认识到,历史法学派并

---

① ［美］庞德:《法律史解释》,45—46 页。

不拥有科学的历史方法。历史法学派把法制史设想为一堆绝对现成的资料。法律的发展基础应该在法制史内部去寻找,法的发展乃是一种理性观念的发展、民族精神的发展。历史法学的方法的局限性使得他们在探索法律制度、法律学说的起源和发展的同时又必须使他们陈述的法制史与他们设想的相一致。这使得历史法学家放弃了对法律规则在实际中的功效以及是否能满足法律秩序的目的进行评判,而一味地为之辩护。这一点在德国历史法学派中表现得尤为突出。

历史法学派是与古典自然法相对立的一种理论。如果说古典自然法是一种革命的理论,那么历史法学则代表着一种落后和保守的思想,特别是在德国起着相当反动的作用。马克思在《黑格尔法哲学批判》中指责:"德国历史法学派是以昨天的卑鄙行为来为今天的卑鄙行为进行辩护,把农奴反抗鞭子——只要它是陈旧的、祖传的、历史性的鞭子——的每个呼声宣布为叛乱。"[①]但历史法学也并不是一无是处,历史法学倡导的历史的法学研究方法为法学的发展也做出了积极贡献。它为人们提供了较为健全和便于理解的罗马法历史、日耳曼法历史和英国法历史。他们对获得的法律原始资料所做的考古研究,奠定了比较法制史的基础。此外,历史法学派用习惯法理论来归纳从原始法律发展起来的法律体系的现象,得出这样一种结论:法律秩序不是社会控制的一个整体,而只是社会控制的一个方面。这种思想方法为打破那种有关法律是自我存在、自我服务、自我检测的观念起了极大作用,为当今法律科学中的功能观开辟了道路。总之,历史法学对法理学、罗马法和法制史的贡献都是应该肯定的。

第五节　经济分析法学的方法论

一、经济分析法学概述

经济分析法学,亦称为法律经济学,是经济学和法学相互交叉所形成的学科。它采用经济分析的方法来研究法律现象。经济分析法学的形成和发展大致可以分为新、旧两个时期,即以 20 世纪 60 年代以前为经济分析法学发展的旧时期,而 60 年代以后为经济分析法学发展的新时期。

经济分析法学的思想萌芽,可以追溯到意大利刑法学家贝卡利亚《论犯罪与刑罚》中提出的"刑罚与犯罪的均衡性"原理。贝卡利亚之后的英国功利主义法学派创始人边沁以自由资本主义时期的经济理论为基础,将功利主义原则作为法学研究的基本原则,将追求"最大多数人的最大幸福"的功利原则作为法律的道德标准,并确定为国家立法、司法的出发点和归宿。边沁的功利主义理论中,已经朦胧地把法律和经济两种社会现象结合起来研究。边沁的得意弟子詹姆斯·密尔沿袭了其师的理论,他把国家和政府存在的目的视为服务于个人自私自利的经济利益,通过经济学研究发现人的幸福之所在,并在现实生活中使个人的利益和公众的利益相结合。密尔认为,资本主义私有制条件下是能做到这一点的。到了19世纪50年代,马克思和恩格斯在创立历史唯物主义时广泛地论述了法律和经济的辩证关系。20世纪初,美国制度经济学派将法律作为经济学研究的对象之一,因而不同于传统经济学。它对社会经济问题的研究已不限于纯经济因素,还包括所有"非经济因素",诸如政治、社会等因素,其中法律因素起着特殊的作用。制度经济学代表人物之一J.康芒斯十分强调法律和经济现象之间不可分割的联系。他把资本主义制度的产生归功于法院:法院保证了资产阶级法制的胜利,破坏了封建社会的法律制度,为资本主义的发展扫清了道路。康芒斯认为,资本主义经历了三个发展阶段:"自由竞争的资本主义""金融资本主义"和"管理资本主义"。促使"自由竞争的资本主义"发展为"管理的资本主义",是由于法制的作用,法律加强了对于私人企业活动的干预,克服了资本主义制度在发展过程中所暴露出来的矛盾。据此,他得出"法制居先于经济"的论断,其论著《资本主义的法律基础》从劳工、财产、交易等方面分析了资本主义法律制度对经济发展的制度性保障。康芒斯的理论成为新时期经济分析法学的重要理论来源。纵观旧的法律经济学方面的著作和论文,尽管它们从不同角度论述了法律与经济的关系,但都未对法律作系统的经济分析,仅仅是包含着经济分析法学的思想萌芽而已。

促使法学和经济学真正结合的动力来自两个方面。一方面是美国法律实在主义运动。法律实在主义将法律的规范性成分降至最低程度,认为法律不只是一种规则体系,而是一批事实,即活的制度。法律实际上是法官、律师、警察等在具体法律案件中的所作所为。为此,法律现实主义要求改变传统的法学教学和研究方法,法学研究不应仅限于法的形式、概念、关系等法的内在方面的问题,而应更多地注重与法律和法学有关的政治、经济、社会诸问题的研究。另一方面是经济学对其他领域的扩张。20世纪以来,以数学武装起来的现代经济理论给人造成一种具有"普遍科学性"的印象,这使得其他社会科学中一些学科为了确立自己的"科学"地位而纷纷引入经济学方法。有人把经济学向其他领域侵蚀和渗透的现象称为"经济学帝国主义"。经济分析法学就是经济学对法学"入侵"的产物。

20世纪60年代,美国法律经济学运动进入了一个崭新的发展时期,亦即是"新"的经济分析法学形成时期。经济分析的方法此时已不限于抽象地分析法律与经济的辩证关系,而是采用微观经济学、社会选择论、成本—效益分析等分析方法研究普通法领域中所有的案件,既包括有关金钱和财产分配、损害赔偿等经济性质的案件,也包括宪法、行政法、刑法、婚姻家庭法等非经济性质的案件。其产生的标志为R.科斯的《社会成本问题》和G.卡拉布雷西《关于风险分配和侵权法的一些思考》以及A.A.阿尔钱恩《关于财产权的经济学》。随后出版的一些经典论著为经济分析法学的发展奠定了理论基础。这些理论论著是第一批试图把经济分析系统地运用到调整非经济关系的法律领域的成果。其中,科斯提出的科斯定理对整个法律经济学运动有重大影响。它确立了用经济学分析财产权和责任分配的框架,并为后来的对法律规则的实证经济分析和普通法历史的经济分析奠定了基础。后来贝克尔发表的《人的行为的经济学观点》一文中提出,经济学与非市场行为(如善、爱)也有关系,并将经济分析运用至犯罪、种族歧视和家庭婚姻关系中,从而使科斯等人开辟的法律经济分析领域大大地向外扩展了。

70年代是法律经济学理论成熟时期,越来越多的法学家开始用经济学来分析和评价法律。法的经济分析方法已成为法学研究中的重要方法。不同于60年代的法律经济学研究几乎是经济学家的工作,这一时期法学家的研究成果占据了举足轻重的地位。尤其是R.波斯纳于1972年发表的《法的经济学分析》一书,为这一时期经济分析法学发展的新标志。波斯纳认为,经济学是一门在资源相对于人的需求有限的社会中进行合理选择的学科,其任务在于揭示作为有理性的人的行为是为其利益的最大化。经济学提供了预测和解释人们法律行为的最好理论。在经济学中法律规则被视为价格,即从事某种法律行为可以得到何种利益或必须付出何种代价;法律行为者被视为自我利益的合理的最大化者,即如果一个人随着周围环境的改变而改变自己的行为能增加其利益的话,他将改变其行为。由此理论假设出发,波斯纳逐一地对美国普通法中的财产法、契约法、侵权行为法、家庭法、刑法、劳工法、公用事业和公共交通法、公司法、金融市场法、税法、继承法、民事程序及行政程序乃至美国的联邦制度作了经济分析。这一时期,经济分析法学稳固了其在法学中的地位,其影响也从美国传播到英国、德国、日本等国家。

进入80年代以来,经济分析法学获得进一步发展。这具体表现在以下几个方面:首先,经济分析法学开始进入了普及阶段。在美国,越来越多的大学里的法学院、商学院和经济学院纷纷开设"法与经济"课程,与此相适应,出版了一批高质量的教材,如波林斯的《法学与经济学导论》、罗伯特·库特和托马斯·尤伦的《法学与经济学》。其次,法学和经济学学术研究的交叉发展,有了长足进步。有关论著层出不穷,学术研讨会频繁举行,在斯坦福、芝加哥、哥伦比亚、迈阿密等著名法学院都成立了法学与经济学研究中心。理论研究呈现出多元化趋势。有人将经济分析法学的方法归纳为三类:"①运用经济学观点分析规则的形成。②具体分析法律的效益或分配效应。③运用交易成本寻求包含各种交易的法律程序的抽象模式。"①最后,进入80年代以来,许多经济分析学家走下讲台,步入司法审判实践,一些享有盛名的经济分析法学权威如波斯纳、布雷耶和博克等人被任命为上诉法院法官,安东尼·斯卡利被任命为美国联邦最高法院大法官。由于波斯纳等人的努力,在财产法、侵权法等一些传统领域中,已经采用经济分析法学的基本观念,从而直接影响着美国的司法实践活动。经济分析法学随着其理论体系的不断完善、其在社会生活实践中影响的扩大,其在法学中的地位亦日益提高。

---

① 张乃根:《经济分析法学》,10—11页,上海,上海三联书店,1995。

二、经济分析法学的方法论

经济分析法学在对法律制度、法律规则进行分析之前,首先假定个人是理性地追求其最大功利的利己主义者。"人们总是理性地使他们的满足得以最大化——一切人(只有很小的孩子和智力有非常大的障碍的人是例外)在他们一切涉及选择的活动中(除了那些受精神变态或者其他由于滥用毒品和酒精而产生的类似的精神错乱影响的活动)。"①作为理性的主体,行为人对其行为总是受一定价值观念的指导,并且在比较、权衡各种方案之后,选择对自己最有利的行为。经济分析法学认为,在法律领域中,由于理性的指导,经济学的一些基本原则和规则都在自觉或不自觉地得到确认和适用。其次,经济分析法学假定社会环境是完全竞争市场,在此条件下,行为人都追求以最少的成本获得最大的效益,从而实现个人的利益最大化目的。如果个人效益的实现不会造成"社会成本"(行为人行为给他人造成的损失),那么社会也实现了财富最大化。但是现实生活中,社会成本却无处不在,它影响着社会益的实现。经济分析法学就是要研究在完全竞争的市场机制条件下,形成社会成本的原因和性质,及如何通过法律手段将其降低到最小限度。"社会成本的存在为法律干预社会经济生活提供了理论依据。法律的目的就是使行为的社会成本缩减到最低限度,从而实现最佳社会效益。"②

效益最大化是经济分析法学方法论的伦理基础,并以卡尔多-希克斯效益观为其理论基础。

在经济学上,对于资源如何配置才是有效益的,首先是意大利福利经济学家 V. 帕累托提出了经济形势改变时检验社会福利是否增大的标准即"帕累托最适宜状态"。帕累托的最适宜状态是指在一定收入分配的条件下,生产和交换的情况的改变,使得一些人的境况变好,而其他人并未因此而变坏,社会福利才能说是增加了,社会的效益才实现了。如果在收入分配既定的情况下,社会经济情况的改变使一些人的福利增加而使另一些人福利减少,就不能认为这种改变是有效益的。西方一些经济学家认为帕累托的观点限制性太强,只适用于过于狭窄的范围。为了扩大其适用范围,一些人对帕累托最适宜状态提出了补偿原则的问题。为此,N. 卡尔多提出了虚拟的补偿原则作为检验社会福利增加的方法。卡尔多认为,经济情况的改变意味着价格体系的改变,而价格体系的变更必然会导致人们互有损益,如果通过税收政策和货币政策使受益者补偿受损者之后,他们的境况仍较以前变得更好,那么这种经济情况的变化就增加了社会福利。与卡尔多不同,J. 希克斯认为,受益者无需对受损者作任何形式的补偿,只要经济的改变提高了经济效率,在经过相当长的一段时间里,受损者都会自然而然地

---

① ［美］波斯纳:《法理学问题》,444 页,北京,中国政法大学出版社,1994。
② 吕世伦主编:《西方法律思想源流论》,368 页,北京,中国人民公安大学出版社,1993。

得到补偿。由于卡尔多和希克斯提出的论点大致相同,所以人们将其合称为"卡尔多-希克斯命题"。经济分析法学以卡尔多-希克斯效益理论和财富最大限度化原则作为理论基石,运用新古典经济学理论对法律进行分析。其目标不是用效益观来衡量、判断某一法律,提出法律应该是怎样的建议,而是用效益观来解释描述法律为什么是现在的样子,研究现存法律在多大程度上与效益相一致。在特定的社会框架中,运用特定的经济理论分析方法主要说明哪些法律体现着效益,反映经济学原理,在此基础上,在有限范围内对法律制度提出改良性建议。

因此,效益原则是经济分析法学方法论的最基本和最主要的原则。经济分析法学试图通过对所有法律规范、法律制度和法律活动(包括立法、司法等)的分析,说明任何法律现象都是以一定的经济关系为基础,一切法律问题归结起来都是经济问题,都是为了解决如何提高经济效益。也就是说,以法律手段促进资源的最佳配置,促使有效益的结果的产生,从而实现卡尔多-希克斯效益观所要求的状态。所以,效益原则是法赖以建立的基础,因而也是经济分析法学方法论的根本原则。

具体来说,经济分析法学所运用的方法,是利用边际分析方法论述法律在促进有效益的结果过程中的作用。边际分析是经济学中常见的一种评价经济选择的方法,其目的在于求得经济决策的利益最大化,获得资源的最佳配置,实现最优化行为。将这种方法适用于法律领域为科斯在《社会成本问题》一文中首创。科斯指出,当厂商行为对他人产生妨害时,传统观念认为应将该问题视为甲对乙造成损害,因此要作的决定是,如何制止甲。科斯认为这种观念是错误的,因为这个问题具有相互性:即避免对乙的损害将会使甲遭受损害。因而,实际要决定的问题是:应允许甲损害乙,还是应允许乙损害甲?问题的关键在于避免较严重的损害。

为了避免较严重的有害后果,科斯尝试用边际分析方法来寻找恰当的解决方案。他举了一个简单例子来说明。假设在一块土地上没有任何栅栏时,牧场里牛群规模的扩大会增加农场主谷物的损失。假设牧场主的边际收益对农场主的边际损害如下:

	边际收益	边际损害
第一头牛	100	20
第二头牛	80	40
第三头牛	60	58
第四头牛	40	80
第五头牛	20	100

经济学家认为,在边际收益与边际成本相等或几乎相等时,个人从中所获得的效益是最高的,所获得的资源配置最佳。在上例中,如果农场主有权禁止养牛,那么牧场主就会花钱购买养第三头牛的权利,以获取二元的利润;如果牧场主有权养牛,农场主

就会花钱让牧场主少养牛,但农场主花的钱也只是使牧场主养第三头牛的费用。因此,最终会出现三头牛这样一个有效益的结果。在第三头牛上,牧场主的边际收益与农场主的边际成本之差最少。由此科斯得出结论:在零交易成本的条件下,法律规定无关紧要,因为人们可以在没有交易成本的条件下就如何取得划分和组合各种权利进行谈判,其结果总是能够使产值增加。① 这就是通常所说的"科斯定理"。科斯定理意味着,当交易成本非常微小或不存在时,法律的作用只是保障个人间所谈定的资源分配方案的执行。由于任何一种权利分配方案都是有效益的,因而无需国家或政府对权利的分配再作干预。

科斯定理假定交易成本很微小,但现实生活中交易成本却不一定是很微小的,因而科斯定理就不适用了。波斯纳认为,在此情况下,为了获得有效益的结果,法律就必须进行干预。波斯纳提出的原则是,当交易成本不是很小时,法律应该通过"模拟市场"来促进效益。具体来说,所谓"模拟市场"是指立法和司法机关模拟在零交易条件下,通过市场交易能够购买有关的权利的情况。购得权利的人不仅能够赔偿他人所因此而遭受的损失,同时还能获得一定的净收入。不过,波斯纳指出,受益者给予受损者的补偿,并不是实际上的补偿,而只要受益者有能力并且在虚拟地补偿受损之后,还有一定的获利,就增加了社会财富总量,这种权利分配就是有效益的。因此,波斯纳要求,法院和立法机关像市场交易一样去分配权利。当然,法律的这种干预,是在市场机制失灵的情况下,为了避免市场失调造成对某一方过大的损失而作的干预。

经济分析方法把经济学的效益原理和方法运用于法学研究,为西方法学研究注入了活力,也为法学服务于立法、司法实践提供了方法论依据。但经济分析的研究方法自产生以来,在受到美国法学家广泛注意的同时,也受到来自不同方面的尖锐批判。一些学者对以效益这一经济学标准作为法官解决争端的依据是否妥当感到怀疑。因为,法官所处理的问题的方法在于考察过去发生的事件,选择现有法律作为争端解决的依据,而经济学家处理问题是"向前看",其使命在于找到对未来进行全面改进的方法。经济学家"向前看"的方法,是否适用于解决"向前看"的问题?不仅如此,也不应该把效益作为法律所追求的唯一目标,毕竟法律还应该包含有其他的价值标准。经济分析方法主张的法律理论,对于赞美垄断竞争的富人来说,是令人满意的。但是,它漠视了穷人的要求。正是在这种意义上,经济分析法学被指责为"替富人致富出谋划策,不顾穷人生计"的富人法学理论。

尽管受到种种指责,但由于经济分析法学倡导的"劫贫济富"政策,调动了资本家投资的热情,改善了投资环境。美国经济改变了停滞状态,进入一个相对平稳的持续发展时期,从而使经济分析法学的地位更加巩固。这说明经济分析法学适应了美国垄断资产阶级的统治需要,为当代发达国家资本主义的发展提供了一套理论依据。经济

---

① 参见张乃根:《经济分析法学》,53 页。

分析法学在美国社会中地位的确立,从另一个方面也说明了,从经济角度研究法律现象,确认法的根源在于经济,法的作用和实质在于维护和促进统治阶级利益,这对西方传统法学专注于从抽象的自然法则、人类理性去研究法的内容和发展规律,是一个很大的突破。经济分析法学从另一个侧面印证了马克思主义法学思想的科学性、正确性。只有马克思主义法学以辩证唯物主义和历史唯物主义的方法论为思想武器,才能科学地揭示法的本质和历史发展规律,认识到法最终决定于社会物质生活条件,法的本质在于服务于统治阶级的阶级统治。而剥削阶级法学都在唯心史观的影响下,颠倒了法律和经济的关系,因而不能真正科学地说明法的内容、本质和发展规律。

第二十六章　中国历史上的法学方法论

中国历史上的法学思想是十分丰富的。无论是春秋时期的儒、墨、道、法等诸子百家，还是晋、唐时期的律学家，抑或晚清的变法巨匠们，都留下了意味深长、发人深省的真知灼见。在方法论方面，虽然并无专门著作，但绝非没有独到之处。实际上，任何思想理论的突破，往往首先体现在方法论的更新和发展上。中国历史上的法学理论独成体系与其方法论上的特色密切相关。很值得注意的一点是，流派的不同并不意味着方法论的迥异。相反，从不同流派的大师们的法学方法论看，既有异曲同工之妙，又不乏同宗歧义之例。

第一节　"法天"的法学方法论

"天"这一概念在中国思想史上存在了两三千年以上了，在学术研究中一直居于重要地位。"天"在中国古代有两重含义：一为神学意义上的"天帝"，如《诗经·大雅·烝民》："天生烝民，有物有则。民之秉彝，好是懿德。"一为自然意义上的"天"，如《诗经·小雅·小宛》："宛彼鸣鸠，翰飞戾天。""法天"是指效法"天"，以天为样板。"法天"方法论经历了从神学意义上的"法天"即法为"天命""天罚""天秩""天序"，到自然意义上的"法天"，即依客观自然规律进行立法、执法、司法等活动的转变过程。《荀子·天论》"制天命而用之"之天的含义即为后一种含义。在诸子百家中，以"法天"为方法论研究法学问题的有很多，如儒家的孔子、孟子、荀子，墨家的墨子，道家的老子、庄子等。但诸子关于"天"的概念认知有所不同，"法天"的思路也不尽相同，这使得"法天"方法论的运用异彩纷呈。

《诗》《书》是现存中国古代最古老的典籍，《尚书·盘庚上》已有"先王有服，恪谨天命，兹犹不常宁。……今不承于古，罔知天之断命"的文字，这表明，当时"天"的概念多含神学意义。国家政权的拥有者被认为是承天命，其立法活动、执法活动和司法活动都必须"丕天之大律"。违反法律的人或集团，被视为"威侮五行，怠弃三正"[①]；被推翻的王朝或统治者是"生不有命在天"[②]；而对违法者的惩处则是"恭行天之罚"[③]；对暴

---

① 《尚书·甘誓》。
② 《尚书·西伯戡黎》。
③ 《尚书·甘誓》。

政的讨伐是"天命殛之"①;朝代更替则是"皇天上帝,改厥元子"②。在这一时代,尚无"天帝化身为王"的理论,统治者必须"秉文之德",才能受天命而为王。并且甲王者能修天德,乙王者不一定也能修天德,所以天德即不能常藉王者而表现于人世,天德不常现,天命即不常定,因此,改朝换代的"革命"就不可避免。《诗》《书》正是以"法天"的方法论,得出"天命靡常","帝命不时","惟命不于常"的理论,以解释王朝变更、政权易主的现象。"天"的神学意义以及人们对自然客观规律认识的匮乏,使《诗》《书》时代的人们坚信"天有成命","天命不易",因此,"法天"就应当"恪谨天命",不得擅改国法。这无疑对于"应时变法"的主张极为不利。"法天"方法论的这一弱点为后来保守势力用来对抗革新变法,证明了其局限性。

随着时代的发展,"天"的神学色彩逐渐削弱,其自然意义相对增强。自然意义的"天"原指苍穹,后来演变为自然世界及客观规律的代称。在"天"的自然色彩日益强化的同时,以"阴、阳、风、雨、晦、明"六气或"阴、阳"两气来论述和说明"天"的理论开始出现。在《左传》和《国语》中,以"气"为"天"之本质的观点显现出来。气之所以被用来描述"天"及总括说明诸多现象,是因为古人见到上述自然和社会现象往往变化无常,故从变化角度去描述、说明"天"及客观规律。"气"最早指云气或自然地散布于天地之间的气体,是可见的事物中最富变化性的,所以古人以"气"为天地变化之源并不奇怪。这一概念很像古希腊以水或空气为万物本体的见解。在以"气"论"天"的理论中,于"气"中说"秩序",或于"天地"中说"经""常",或于"阴阳"中说"恒"的观点,有了新的发展。在论述法现象及理论时,运用"法天"方法论,加入"气"的解释的见解,出现于《国语》和《左传》中。《左传·昭公二十五年》有"夫礼,天之经也,地之义也,民之行也。天地之经而民实则之。则天之明,因地之性,生其六气,用其五行"的陈述;《国语·周语上》也有"周将亡矣。夫天地之气,不失其序,若过其序,民乱之也。阳伏而不能出,阴迫而不能烝,于是有地震"的文字。对于一些违反法律或政治惯例的事件的解释也采用"法天"的类比方法,如《国语·晋语五》:"大者天地,其次君臣,所以为明训也。今宋人弑其君是反天地而逆民则也。"运用"法天"的方法论,得出作为国之大宪的"礼"应法"天之经""地之义"而制定的结论,《国语·越语下》主张"知天地之恒制""有天地之成利","因阴阳之恒,顺天地之常"。这为法律的稳定性、连续性和规律性提供了解释的方法论。当然,其中的神秘玄思色彩使其朴素唯物主义的认识受到削弱。

在"法天"的神学色彩削弱的同时,"民本主义"的内容开始出现。"天意"与"民心"相通,以"民心"说"天心"的观念逐渐深化。"天惟时求民主""天亦哀四方民"的思想演变为《尚书·泰誓中》中的"天矜于民,民之所欲,天必从之"以及"天视自我民视,天听自我民听"的思想,反映出天意与民心相贯通,"天"与"人"的隔阂被去除的趋势。

---

① 《尚书·汤誓》。
② 《尚书·召诰》。

"法天"则从"法"神秘莫测之"天意""天命"转变为"法"现实世界之实在"民心""民意"。天命是由王者的德行所定,而王者是否有德则要看其是否得民。因此,天命有德之人为王即为天命为人民所爱戴、拥护的人为王。统治者要取得人民的拥护,就必须要顺从人民的意愿,即《大学》所谓"民之所好好之,民之所恶恶之"。此种概念内涵的重要变化,对后世"法天"方法论及法学思想的演进产生了深远的影响。

"天道"观念的盛行,是由社会律则认识客观规律性的重要表现。以"天道"论法,是"法天"方法论运用的又一进展。《左传·文公十五年》有"女何故行礼,礼以顺天,天之道也"之语,《左传·襄公二十二年》也有"君人执信,臣人执恭,忠信笃敬,上下同之,天之道也"的记述,这里的"天道"既非神学意义,也非自然意义,而是指由人所制定的共同遵守的律则即法律或共同认可的生活方式。法律或生活方式因其共同遵守的普适性而被视为"道",又因其一经制定或遵循之后,即外在于个人而存在并具有普遍约束及规范作用,正如"天"外在于个人,其对个人有规制作用且不是个人一时任意所能改变的,所以被视作"天道"。以法律为"天道",无疑增强了法律的权威性和客观性,为后世强调"以法治国"奠定了基础。当然,其中的神秘色彩也为后人的变法设置了巨大的障碍。

春秋时代是中国历史大变革的转型前期,群星璀璨,百家争鸣,法律思想的发展进入了空前繁荣的阶段。"法天"的法学方法论也在儒、墨、道各家的继承和创新中被赋予更丰富的内涵。

孔子被后世尊为至圣老师,在中国的学术思想上有崇高的地位。孔子学说中的"天"是命运之天,即天命,并非指具体的有独立人格的神。《论语·述而》:"子不语怪、力、乱、神。"《论语·雍也》:"敬鬼神而远之。"充分说明孔子的哲学观带有无神论倾向。孔子"法天"理论中的"天人关系"已不再受社会阶级的限制,而成为天与每个人都有关系的"知我者,其天乎"[1]。这与《诗》《书》时期"天命"仅为王命,天只与王者有关系,以及春秋时期"天命"仅为"国命""政命",天只与天子、诸侯、卿大夫之类贵族阶级有关系的思想相比,无疑是民本主义的巨大进步。《论语·泰伯》曰:"巍巍乎,唯天为大。"人的行为必须服从"天命"。《论语·尧曰》:"不知命,无以为君子也。""天"是最高的客观意志,这种意志可以区别善恶是非,若逆天而行,必然是"获罪于天,无所祷也"[2]。正因为天命不可违,所以国家的礼、法必须顺应天意,而尧舜之所以是贤君,就是因为其能顺应天意。《论语·泰伯》:"唯天为大,唯尧则之。"同样,周礼"监于二代",不仅师承了夏、商两朝及上古贤君们"则天而立之法",且"所损益可知"[3],是"法天"而得的杰作,因此正可为后世所效法。孔子在以"法天"思想维护周礼的同时明确

---

① 《论语·宪问》。

② 《论语·八佾》。

③ 《论语·为政》。

指出,"天无私覆,地无私载,日月无私照"①,坚决反对"家天下"的专制独裁制度,主张以民为本。有感于"苛政猛于虎",孔子提出"仁道""政道""恕道""信道""谋道""适道""忧道""善道""弘道"等概念,呼吁为政者实行"仁政",以符合民意的良法、公理治理国家。"养民也惠,使民也义"为统治者有道、顺天的表现,而道既有客观的表现也有主观的根据。此根据即人的愿望所依据的"仁心"。仁心表现为立己立人,成己成物,至于如何由制度的建立来成就仁心,则有赖于理智的运用,所以"法天"不仅需要仁心为本,更要有智慧之用。无论修身齐家还是治国平天下,都必须仁智兼备才能"道一以贯之"。需要强调的是,孔子运用"法天"方法论,并没有简单地得出"先王之礼法不可变"的结论。孔子反对的是不顾民意、时势,一味蛮干地草率变法。他批评晋国赵鞅、荀寅铸刑鼎,变革"被庐之法"的举措的理由为"失其度矣"②,并非全盘否定变法和公布成文法。相反,孔子称赞率先公布成文法的子产"有君子之道四焉:其行己也恭,其事上也敬,其养民也惠,其使民也义"③。可见,孔子"法天"之意在于确定顺天应民的法律秩序和国家体制,使王、诸侯、大臣都能"有道""弘道""贯道",为民造福。当然,孔子"法天"思想在过于强调为政者的"人"的因素的同时,对法律制度的专门论述及重视相对不足,对后世"人治主义"的泛滥产生了不可忽视的影响。

作为儒家亚圣的孟子,在"法天"方法论的运用和发展上,有重大创新。孟子明确提出了民本主义的"法天论",强调"天时不如地利,地利不如人和"④。他从《尚书》中"天降下民,作之君,作之师,惟曰:其助上帝,宠之。四方,有罪无罪,惟我在,天下何敢有越厥志"的记述出发,将孔子的"仁道"思想加以深化,发展成"仁政"理论,并提出了"民为贵,社稷次之,君为轻"的进步思想。孟子在赞美尧法则自然的"天"而成其德的同时,赋予"天"以德性,主张为政者"仰不愧于天,俯不怍于人",从而在继承孔子"法天"理论的同时,将民本主义的价值判断纳入"法天"方法论之中。孟子还清醒地认识到政权决非万世不易,而是"天命靡常"⑤。他反对要求人民对暴政逆来顺受的"奴才哲学",主张人民有权采取一切手段抵抗专制暴政。至于"弑君大逆"的观点,《孟子·离娄》明确指出:"天作孽,犹可违;自作孽,不可活。"《孟子·尽心下》:"闻诛一夫纣,未闻弑君也。"对专制暴政和独裁统治的民意合法性基础表示否定,是孟子"法天"思想民本化的重要发展。孟子的"法天"实质为"法民",以民意、民心为立法治国的根本依据。恶法、暴政之所以受到谴责,是因为其违背"天理",而"天理"与"民心"是同一的。这样,"民本"就借着"法天"理论而确立了其在孟子法律思想系中的核心地位。孟子还

---

① 《礼记·孔子闲居》。
② 《左传·昭公二十九年》。
③ 《论语·公冶长》。
④ 《孟子·公孙丑下》。
⑤ 《孟子·离娄下》。

从"法天"推出了"制民之产"①和"尊贤使能,俊杰在位"②的理论。前者是在充分认识经济基础对法的决定作用的基础上,考虑到民众"有恒产者有恒心,无恒产者无恒心。苟无恒心,放辟邪侈,无不为已"的客观规律乃"天下之通义"③,通过法律、政策保障民众正常的权益,使士、工、农、商都得到发展,从而达到"保民而王"④、天下"定于一"的目的。后者则是"精英治国"论的鼻祖,孟子认为立法、治国这类大事,君王不应要求贤能者"姑舍汝所学而从我"⑤,而要选贤任能。遗憾的是,这种以精英政治对抗专制独裁的思想未能被后世儒家所重视和发展。孟子还针对当时统治者"言天道、仁道,而行霸道、不仁"的虚伪行径,明确指出:"尧舜之道,不以仁政,不能平治天下。今有仁心仁闻,而民不被其泽,不可法于后世者,不行先王之道也。"⑥他的"人皆可以为尧舜"⑦的思想更进一步打破了"君权神授,王侯有种"的谬论神话,为民本主义和平等思想的传播作出了贡献。

　　墨家的创始人墨子同样是运用"法天"方法论研究、论述法律的大师,但他的"法天"思想与儒家的孔子有所不同。墨子继承了周初"法天"论中王者本天的旨意以治理万民的观点。《墨子》说:"以天之为政于天子,明说天下之百姓。"⑧对于桀、纣、幽、厉之类暴君的覆灭,《墨子·天志下》认为是他们"兼恶天下,从而贼之,移其百姓之意,……天以为不从其所爱而恶之,不从其所利而贼之,于是加其罚焉"。所以人世间的法律应当效法"天则"。墨子的"法天"论首先以天为至高无上者,但绝非强调天为众神中的最高神,而是强调天在天子之上,要以天去正天子之政,为政于天子。义既从天出,法律自然应尚同于"天则",以"天志"为治道。《墨子·天志中》:"天子为善,天能赏之;天子为暴,天能罚之。"这使得墨子的法律思想带有鲜明的反专制、反独裁色彩。墨子"法天"方法论中的这一对"天"的至高无上地位的设定,使其法律思想的朴素民主性质表露无遗。墨子所论的"天"在本质上与万民是一致的。《墨子·天志中》强调"天之爱民之厚","天兼天下而爱之",将政治和法制归源于表现为"天则"的民意,以去除当时崇尚武力,以攻伐为主的兼并争霸的"霸道"思想。墨子运用"法天"方法论,提出"三表""三法"。即《墨子·非命上》所谓:"有本之者,有原之者,有用之者。上本于古者圣王之事。下原察百姓耳目之实。发以为刑政,观其中国家百姓人民之利。"通过上述理论,墨子将天、民、法三者有机地结合起来。墨子认为依天志而行即是道。《墨子·天志中》曰:"今天下之王公士君子,中实欲遵道利民,本察仁义之本,天之意不

---

① 《孟子·梁惠王上》。
② 《孟子·公孙丑上》。
③ 《孟子·滕文公上》。
④ 《孟子·梁惠王上》。
⑤ 《孟子·梁惠王下》。
⑥ 《孟子·离娄上》。
⑦ 《孟子·告子下》。
⑧ 《墨子·天志上》。

可不顺也。顺天之意者义之法也。"他将"顺天之意""遵道利民"和"义之法"等同看待,并通过"兼相利,交相害"的观点,进一步深化了其"博爱"的思想,丰富了墨家的法学理论体系。

道家的老子和庄子也使用"法天"的法学方法论,但自然性色彩明显浓厚。老子虽然也继承了传统的神学意义上天的含义,如《老子》第五十九章主张法律应"上承天命,下绥百姓",但赋予"天"以更多的自然意义,《老子》第十六章强调"知常容,容乃公,公乃王,王乃天,天乃道,道乃久,没身不殆"。老子与儒家及墨家不同,他没有赋予"天"以仁慈的本性,而是认为"天"具有"中性"色彩。《老子》第五章:"天任自然,无为无造,万物自相治理,故不仁也。"《老子》第二十五章由此提出"人法地,地法天,天法道,道法自然"的观点,主张法律应当"于自然无所违",并进而提倡"无为而治"。老子由"法天""法自然"的思想出发,认为为政者应当顺应自然以立法治国,不应不顾自然规律,仅凭主观意志行事,更不能恣意妄为,独裁专制。老子由"法则自然"反对"繁法琐礼",《老子》第五十七章认为"法令滋彰,盗贼多有",第三十八章说:"夫礼者,忠信之薄而乱之首。"他似乎看到了当时的法律多为不义之恶法,不仅不能利于民,顺乎自然,反而逆天而行。但他没有深化其"法自然""法天"思想中法律应合乎客观规律的部分,反而走向极端,期望用"无为"和"虚无"来改变不良现状,进而走向法律虚无主义道路。老子的"法天"思想及"无为"观点对于近来新兴起的"不规制运动"有很大启发性。"不规制运动"主张法律规制尤其是行政规制应尽量减少,以便人们能有更多的自由选择余地来按自然客观规律决定自己的行为。这种思想与老子"天网恢恢,疏而不失"的思路无疑是相通的。老子从"法天"角度提出的"治大国若烹小鲜"的原则,简明生动地揭示了大国法律必须保持足够的稳定性和连续性,不得凭主观意志任意改变的要诀,值得国人深思。

庄子继承了老子以自然意义的天及客观规律的"道"为法律应效仿的榜样的理论。他提出"民有常性……一而不党,命曰天放。……素朴而民性得矣"的观点,抨击立法者违背自然,立法制礼,拘束人民的自由。庄子从"法天""法自然"的立场出发,坚持人的自由是顺应自然的本性。他以伯乐善治马,陶匠善治埴、木,却使马、埴、木都失去自然本性的例证,类比提出了"圣人"治天下,制礼立法,却使人民丧失自由的观点。庄子的"法天"思想及其力倡自由的主张对后世有巨大的影响。

荀子的"法天"思想继承了孔孟及道、墨的"法天论"中的精华,又有所创新,可称得上春秋战国时期"法天论"的顶峰。荀子的"法天论"明确坚持民本主义。《荀子·大略》:"天之生民,非为君也。天之立君,以为民也。"这种主张有力地批判了以君王为至高无上的专制独裁主义,具有朴素的民主思想。在《荀子·天论》中,荀子从"法天论"出发,认为:"天行有常,不为尧存,不为桀亡。应之以治则吉,应之以乱则凶。"他强调天是没有意志的自然,有一定的客观规律,不依人的意志而转移。法律必须符合客观规律,用之治国才会"顺其天政,全其天功"。相反,违背客观规律,"暗其天君,乱其天官,弃其天养,逆其天政,背其天情",则必然导致"丧天功"的"大凶"结局。荀子主张"知其所为,知其所不为",反对法律的苛繁和过分规束;同时,他摆脱了唯心主义和神学主义的"法天论",明确提出"从天而颂之,孰与制天命而用之"的观点,强调人不能作为客观规律的奴隶,而要自主、积极地认识客观规律,运用客观规律为人服务。荀子的"法天方法论"是以法律应当兼具客观规律性和主观意志性为核心的,这无疑是巨大的进步。然而,他并没有继续前进以得出更为科学的法律哲学思想,并赋予其"法天方法论"以更先进的含义。更为遗憾的,是后世儒学家未能对荀子的上述方法论的核心内容及思想给予足够的重视。董仲舒弃民本主义的"法天论"而转采君权至上、皇天合一的大一统观点,并片面理解荀子的人性论假设,终致儒学思想成为专制独裁的工具和依附。这种思想上的倒退与方法论的歧义是有密切关系的,并在中国历史上产生了深远的不良影响。

"法天"的法学方法论在中国历史上被各派学说大师们广泛使用,但受到不同世界观的影响,其内涵显然是迥异的,其对古代法学思想的"百花齐放"有着重大意义。

第二节　"气"的法学方法论

"气"是中国古代文化中一个极为重要的概念。早在甲骨文中就有气(≡)的文字。平冈祯吉在《淮南子中出现的气之研究》中认为,从字形以及殷人的观念来说,"气"(≡)字形是帝命降下的表象。他还说,金文中也有"氕"字的用法,记作"行氕立则遄。遄则神,神则下,下则定。定则固,固则明,明则长。长则衰,衰则大。天其柱在上,地其柱在下,顺则生,逆则死"。但在这一时代以"气"为方法论研究和解释法律问题还未出现典型理论。

进入春秋时代后,"气"的概念得到广泛应用。孔子以"气"为组成人体的主要之物,十分注重"气"在礼、法方面的作用,《论语·泰伯》主张"出辞气",《礼记·玉藻》主张"气容肃"。孟子则强调"浩然之气",以之为正义之源。《孟子·尽心下》:"充实之谓美,充实而有光辉之谓大,大而化之之谓圣,圣而不可知之之谓神。"可见,正义之法的制定与实行必须有浩然之气作为基础。《管子·内业》认为"意气得而天下服","气有道乃生"。《管子》还将时令、节气与法的实施联系起来,主张法之气与自然之气相符合,不相违背,并提出国君之气如与时令相违必生贼害之气的观点。道家的庄子从"人之生,气之聚也"出发,强调法应顺应自然之道,君主无为而治才能使六气调和。

战国时期,气论在法学理论中的应用有了进一步发展。荀子主张为政者要"血气和平,志意广大",凡用血气、志意、知虑,由礼则治通;不由礼则勃乱提慢。但他反对将自然之气与政治、礼法之气硬性联系在一起的唯心主义做法,《荀子·天论》说:"阴阳之化……上明而政平,则是虽并世起,无伤也;上暗而政险,则是虽无一至者,无益也。"与荀子的上述观点不同,《吕氏春秋》则主张战争之气、国之兴亡与"民气""自然的阴阳之气"密切相关。主张法律政令的制定、实施应适应于上述之气。

进入秦汉时代，随着各流派思想的相互借鉴和融合，气的方法论在法学中的应用有了新的变化。道家从"通天下一气耳，故圣人贵一"的思想出发，主张"因阴阳之大顺，采儒墨之善，撮明法之要"，并提出"变而有气，气变而有形，形变而有生"的理论，反对墨守成法，提倡因气之变而变法使两者相适应。《淮南子·本经训》也有"帝体太一，王法阴阳，霸则四时"的观点。而气的种类也有所增多，反映出气论的体系更加复杂化，其中"因天之威，与元同气，故同气者帝"的主张的出现，成为后世采用"元气"论国家和法的方法论的鼻祖。法家从"当今争于气力"的观点出发，主张以法治国应当"一气专定，则旁通而不疑"，并由此强调君主专制制度对于富强国家、厉行法治的重要性。《尉缭子·战威篇》的法学观点也以"夫将之所以战者，民也；民之所以战者，气也。气实则斗，气夺则走"作为基础，主张法的实施应符合"延气、利气、厉气、断气、激气"。儒家董仲舒则从"天地之气，合而为一，分为阴阳，判为四时，列为五行"的理论，导出"唯圣人能属万物于一而系之元"，"以元之深正天之端，以天之端正王之政"，"王正则元气和顺，风雨时；王不正，则上变天贼并见"，"以王之政正诸侯之即位，以诸侯即位正竟内之治，五者俱正而化天行"。这样就将儒家"仁政"的法学思想同"自然之气"结合起来，使之能为崇尚"天命"的统治者所接受。扬雄则以未分化为阴阳二气的混沌元气为"玄"，认为"玄者，天也，道也，圣贤制法作事，皆引天道以为本统，因而附属万类、王政、人事、法度"。

魏晋时代以后，用"气数"的观点认识、解释国家兴亡、政权更迭的理论开始盛行。"凡气数之内，无不感对，施报之道，必然之符"及"福应非他，气数所生"的观念被引入法学领域。法应顺应"气数"的指向，国之兴衰皆是气数所定的观点影响深远。仲长统在对专制政体由盛至衰的历程作了精辟深入的分析后，在《昌言》中以"存亡以之迭代，政乱从此周复，天道常然之大数也"为总结，使其法律思想带有悲观色彩。目睹明朝衰亡的宋应星也持治乱循环乃气数所定的法学观点，认为治乱乃天运所为，然必从人事召致。萌有所自起，势有所由成。但宋应星的主张中，"人事"的主观能动性明显受到重视。王船山将治乱循环归于天道及气数，在《读通鉴论》中认为："一治一乱，天也。犹日之有昼夜，月之有朔弦望晦也。"认为明朝衰亡乃"气数之穷也"。在该书卷十六中，他在反对"舍人而窥天，舍君天下之道而论一姓之兴亡"的同时，将气数、天道、人道结合起来，主张"治乱合离者，天也；合而治之者，人也"，并强调"方乱而治人生，治法未亡，乃治。方治而乱人生，治法弛，乃乱"。可见，王船山在气数论的基础上，仍以法律为国家兴亡的决定性因素。"气论"的法学方法论在清末变法派改革之前，基本上局限于"自古至今未有不亡之国"的"宿命论法学"的"循环论"，未能真正冲击使中国饱受苦难的罪魁祸首专制王权制度。但"气论"对于后世的影响是巨大的，维新变法主将康有为等人的"三世论"即受到了"公羊三世进化论"中气论方法论和进化论思想的极大影响。

　　清朝前期,气论在法律领域的运用仍被传统范畴所局限。《大清圣祖仁皇帝实录》载,康熙鉴于"引律烦多,驳察诬良,时见参奏,出入轻重之间,率多未协于中,何以使民气无冤,而谳法克当欤",他主张审判应详慎。卷四十三:"唯恐一夫有冤,以伤和气。"卷七十四:"天人感召,理有固然","人事失于下,则天变应于上,捷如影响"。卷八十二:"小民愁怨之气,上干天和,以致召水旱日食星变地震泉涌之异",要求大小臣工,所行必须"公法"以仰合天意民气。鸦片战争以后,气论逐渐成为有识之士厉行变法,维新图强的理论武器。龚自珍在《明良论二》中痛斥"官益久,则气愈媮;望愈崇,则诌愈固"的官僚制度。在《乙丙之际箸议第七》中主张"穷则变,变则通,通则久"。他还在《明良论四》中从气论出发,主张"权不重则气不振,气不振则偷,偷则敝"。龚自珍的气论已带有明显的民本色彩,他认为人心者,世俗之本也;世俗者,王运之本也。人心亡则世俗坏,世俗坏则王运中易,并告诫王者欲自为计,盍为人心世俗计矣,否则民怨沸腾,极不祥之气,郁于天地之间,郁之久乃必发。

　　清末的"气"概念中,最重要的转变是不把生命原理的"气"作为个体的,而是用来表示社会各力量集体的动向。魏源在《默觚下·治篇三》曾指出:"人者,天地之仁也。人之所聚,仁气积焉;人之所去,阴气积焉⋯⋯天子者,众人所积而成⋯⋯故天子自视为众人中之一人,斯视天下为天下之天下。"洪秀全《原道救世歌》也主张:"天人一气理无二,何得君王私自专?"这些带有反对君主专制,提倡民主、平等的气论思想与中国传统的民本主义气论有共同之处,但也存在本质差别,即是否以君主专制制度为法存在和实施的前提和基础。康有为等维新派人士更是大谈天下之气、民气,为其变法主张提供方法论基础。康有为《上清帝第一书》主张:"言事有越职之禁者,所以定名分也。定分以靖臣下之心,采言以通天下之气。"梁启超《新民说》则强调:"一国中大多数人,对于国家之尊荣及公众之权利,为严重之保障,常凛然有介胄不可犯之色。若是者,谓之民气。民气者,国家所以自存之一要素也。"谭嗣同在《仁学》中也号召"志士仁人伸民气,倡勇敢之风,是亦拨乱之具也"。"天下之气""民气"概念的提出和深化,为近代民主思想在中国的传播和本土化提供了重要的方法论基础。

　　维新派从"国所以立者,民而已,民所以立者,气而已"的立论出发,针对"国民之元气,非一朝一夕之所可致,一人一家之所可成,非政府之力所能强逼,非宗门之教所能劝导"的情况,主张变法维新、振奋国民之元气。康有为《上清帝第二书》认为,变法的目的就在于改变"上下隔塞不通民情"的局面,除去妨碍阻塞物、心两方面环流的桎梏,使"官民上下,通为一气,相维相系,协心会谋",达到谭嗣同《论全体学》所说的"人人之全体其可以安矣"的境地。可见,变法的核心在于"通气",但此气并非君主之气而是全国民众之气,这使得维新派的气论与传统的气论有了本质上的差异。因此,维新派的"三世进化"论虽然继承了"公羊三世"说及儒家变通观和"礼运"篇的大同、小康说,但却是以"民为政"的"太平世"而非"明君为政"的"王道"为理想政体的。

　　值得注意的是,反对维新变法的守旧派也以"气论"为其理论基础。他们根据"一阴一阳谓之道"，"形而上者谓之道,形而下者谓之器"的理论,以西方科学技术知识为"器",以中国传统政治理论和制度为"道",主张"西学""皆为器,非道也,不得谓治国平天下之本"。他们认为,"要以三代圣人之法为宗旨",在此基础上才能"法苟不善,虽古先吾斥之;法苟善,虽蛮貊吾师之"。更有保守派人士以"立国之道尚礼义而不尚权谋,根本之图在人心而不在技艺。……变而从夷,正气为之不伸,邪气因而弥炽"为理由,反对借鉴西方立宪主义法律制度的政治变革。当然也有一些洋务运动中的改革派把人民的抵抗运动视为"民气不可遏抑",把设立众议院称为"君民一体之义,天人一气之厚",如郑观应《道器》主张"博采泰西技艺,设大小学馆以育英才,开上下议院集众益"。这类观点与张之洞的"中体西用"的论点不同,并未否定西洋法治的长处和变法的现实必要性。洋务派的改革理论可以说是维新变法的前奏曲,康有为等所倡导的民气、元气、通气等概念均是从改革论中继承的。

辛亥革命后,特别是以"民主和科学"作为口号的新文化运动后,"气论"受到否定。其在法律领域中的应用也因西方法治思想的全面引入特别是西方法学方法论的引入而日渐削弱。的确,传统气论中封建迷信色彩太多,在相当程度上影响了以其为方法论的学者对于近代法治科学性的研究和理解。但是,其在中国走向宪政民主的过程中所发挥的作用是不可忽视的。特别是"阴阳相对论"的观点在今天的中国学术界也是影响极大的。所以,对气论思想和方法论应予重视。

第三节 "中庸"的法学方法论

"中庸之道"在儒家法哲学思想中有着极为重要的地位。孔子以"中庸"为"至德",其法律思想无不带有"中庸"色彩。其实,有关"中庸"的法律思想产生很早,《尚书》中就有"以列用中罚"的观点,《吕刑》中也有"士制百姓于刑之中",《牧殷》中有"不中不井(刑)",《叔夷钟》铭文中有"慎中其罚"等。其含义都是指折狱断罪要公平正直、不枉不纵、不潜不滥、不杀无辜、不诬无罪。可见,中庸是刑事司法的一条原则,一种刑事方法论原则。[1]

孔子在总结了前人有关"中庸"的法学思想后,系统地提出了"中庸主义"的法学理论体系。他首先以"中"为"天下之大本","和"为"天下之达道",强调"致中和,天地位焉,万物育焉"[2]。孔子反对用极端的做法治国、立法,他主张"执其两端,用其中于民",认为"刑罚不中,则民无所措手足"[3]。立法时应以"中者"为对象,制定行为规则,这样才能使法律的实施合乎社会实际。因为,"过中"的贤者与"不及中"的不肖者,只能在"中庸"的情况下达到"和"的目的。而立法应"中立而不倚",才能实现公正平等。

---

① 参见俞荣根:《儒家法思想通论》,143 页,广西人民出版社,1992。

② 《礼记·中庸》。

③ 《论语·子路》。

孔子的上述立法思想与现代立法平等、公正的精神无疑是相通的。

为了防止折中主义或调和主义给人们造成误解，孔子专门区分了"和"与"同"这两个不同的概念。周太史史伯曾指出："夫和实生物，同则不继。以它平它谓之和，故能丰长而物生之。若以同裨同，尽乃弃矣。"①可见，"和"是指有原则地求同存异，而"同"则是无原则地折中妥协。孔子认为"君子和而不同，小人同而不和"②。《中庸》也有"君子中庸，小人反中庸。君子之中庸也，君子而时中；小人之中庸也，小人而无忌惮"的文字。由此可知，孔子所主张的"中庸"之道其实是宽容不同观点及主张的"共和"，绝非普天之下强求一致、一律，不允许"异端"存在的"同一"。在《论语·阳货》中，孔子针对媚世求荣、趋炎附势的"政治之同"——乡愿，明确斥责其为"德之贼也"。《孟子·尽心下》也指出："阉然媚于世也者，是乡愿也。……非之无举也，刺之无刺也，同乎流俗，合乎污世，居之似忠信，行之似廉洁，众皆悦之，自以为是，而不可与入尧舜之道，故曰'德之贼'也。"儒家的"赞和斥同"思想对于今天的法治宪政建设仍有积极意义。共和制度的实质正是全体国民在"存异"的前提下"和平共处"，允许不同观点、主张存在是"共和"区别于"专制"的首要因素之一。没有不同主张，就谈不上"中和"，也谈不上平等公正。相反，专制体制则一味要求"同一"于统治者的思想观点，不允许"异端"存在，表现在政治上就是"乡愿"盛行，表现在法律上，就是强制民众"同"而不"和"。因此实行民主宪政，首先应实现"中和"之道，使人们在"存异"的基础上探索"大同"之道。

在法的实施方面，孔子主张"宽以济猛，猛以济宽，政是以和"③。反对统治者普遍实行的"苛政"，要求以仁政治国。在司法方面，他认为应"直道而行，众恶之，必察焉；众好之，必察焉"④。在法律修改方面，孔子主张"时中"，"权轻重"，反对僵化地墨守旧法律的成规，要求根据时势情况的变化，在不违背基本原则的前提下，修正法制，以适应现实需要。孟子也主张"执中权时"，《孟子·尽心上》："执中为近之。执中无权，犹执一也。所恶执一者，为其贼道也，举一而废百也。"在执法方面，孔子强调"谨权量，审法度，修废官"，"宽则得众，信则民任"。他还从"中庸"的角度出发，主张"惠而不费，劳而不怨，欲而不贪，泰而不骄，威而不猛"，并进一步解释说，"因民之所利而利之，择可劳而劳之，欲仁而得仁，无众寡，无小大，无敢慢"。他还针对统治者的愚民政策，提出屏"四恶"，即"不教而杀谓之虐；不戒视成谓之暴；慢令致期谓之贼；犹之与他人也，出纳之吝谓之有司"⑤。可见，孔子的"中庸"之道与其仁政、宽容、爱民的法律思想是密不可分的。

---

①　《国语·郑语》。

②　《论语·子路》。

③　《左传·昭公二十年》。

④　《论语·卫灵公》。

⑤　《论语·尧曰》。

　　孟子在继承孔子"中庸"思想的基础上,提出"执中权时"理论。在《孟子·梁惠王上》中,他针对"民之憔悴于虐政,未有甚于此时"的情况,提出"省刑罚,薄税敛"的主张。孟子还就当时霸道专制盛行的极端独裁主义,针锋相对地提出了"民为贵,社稷次之,君为轻"的主张。《孟子·万章下》曰:"君有大过则谏,反复之而不听,则易位。"至于君臣之间的关系,《孟子·离娄下》曰:"君之视臣如手足,则臣视君如腹心;君之视臣如犬马,则臣视君如国人;君之视臣如土芥,则臣视君如寇仇。"他还强调贵戚之卿有"君位"的权力,异姓之卿有"去"的权利,使重臣有制约君王之权,这对于君臣之道的"中和"无疑是有积极意义的。孟子的"执中权时"理论带有浓厚的民本色彩。针对统治者任人唯亲和专横独断的做法,《孟子·梁惠王下》提出:"左右皆曰贤,未可也;诸大夫皆曰贤,未可也;国人皆曰贤,然后察之,见贤焉,然后用之。左右皆曰可杀,勿听;诸大夫皆曰可杀,勿听;国人皆曰可杀,然后察之,见可杀焉,然后杀之。"关于人民对专制暴政的抵抗权,孟子予以支持。他反对那种"君主至上"论的"谋逆"观点,强调暴君不是法定的为民众所承认的统治者,而只是"残贼"之人,是"独夫","闻诛一夫纣矣,未闻弑君也"。孟子的"不仁之君"非君的观点具有很强的进步色彩,与现代"没有民意基础、正当性基础的统治政权没有合法性"的观点十分相似。君主的特权也是孟子批判的主要对象,孟子虽然也强调君君民的名分、等级应有差别,但却坚决反对过分的特殊化。他在《孟子·梁惠王下》中指出,周文王的囿人人都可进入,所以民众认为其小;而梁惠王的囿却为王室独有,民进入囿中狩猎则为死罪,所以民众嫌其大。这种反对统治集权特殊化的思想对于当今反腐败运动无疑是有借鉴意义的。此外,孟子还从中庸思想出发,强调"徒善不足以为政""徒法不足以自行",主张采取执中权时的方法调节仁政与法的关系。

　　荀子在孟子"执中权时"理论的基础上,提出权险之平。他指出:"夺然后义,杀然后仁,上下易位然后贞,功参天地,泽被生民,夫是之谓权险之平,汤武是也。"[1]可见,荀子是赞同孟子"暴君放伐"论的。针对学生韩非站在绝对君主专制主义立场上所提出的"尧、舜、汤、武,或反君臣之义,乱后世之教者也。尧为人君而君其臣,舜为人臣而臣其君,汤、武为人臣而弑其主,刑其尸"[2]的观点,荀子强调指出:"诛暴国之君若诛独夫。汤、武非取天下也,修其道,行其义,兴天下之同利,除天下之同害,而天下归之也。桀、纣非去天下也,反禹、汤之德,乱礼义之分,禽兽之行,积其凶,全其恶,而天下去之也。天下归之之谓王,天下去之之谓亡。故桀、纣无天下,而汤、武不弑君,由此效之也。汤、武者,民之父母也;桀、纣者,民之怨贼也。"[3]上述观点反映出"法圣人"和"民水君舟"论与"权险之平"的密切关系。此外,荀子还强调"尊主爱民"与"从道不从君"的有机统一,《荀子·臣道》:"君有过谋过事,将危国家、殒社稷之惧也,大臣、父兄有能进言

---

① 《荀子·臣道》。
② 《韩非子·忠孝》。
③ 《荀子·正论》。

于君,用则可,不用则去……有能比知同力,率群臣百吏而相与疆君挢君,君虽不安,不能不听,遂以解国之大患,除国之大害,成于尊君安国,谓之辅;有能抗君之命,窃君之重,反君之事,以安国之危,除君之辱,功伐足以成国之大利,谓之拂。"可见,荀子在权衡"国利"与"君尊"的利害关系之后,明显将前者置于后者之上,相应地,"谏、争、辅、拂"之道自然就是高于君主意志的法。荀子出于平衡君臣关系而提出的"相道",为中国封建时代官吏制度提供了重要启迪。他认为,"强国荣辱在于取相矣。身能,相能,如是者王","能当一人而天下取,失当一人而社稷危"。荀子的相论,隐含着君相共治的意义。客观上,"相"对于君主专制是有一定的制约能力的。历史上伊尹、吕尚、召公、周公都曾利用"相权"采取过遏制、化解暴君、昏君专制妄为的行动。而明代废除宰相制度正是使君主独裁专制发展至登峰造极、不可收拾地步的关键性原因之一。考虑到最早的君主立宪制度正是靠"相权"制约"君权"逐步完善起来的这一因素,不能不说荀子的"相论"是有远见的明智主张。当然,荀子的相论与"王权和政权分离"的近代立宪思想是不同的,后者有着更强的权力制衡色彩。但荀子相论的积极作用毕竟是不能否认的。

"中庸"之道在汉代以后也为儒家的法学思想所尊崇。在著名的"盐铁会议"上,贤良文学针对"律令百有余篇,文章繁,罪名重"①的情况,提出"刑罚中,民不怨"②的主张。其一方面反对"富者买爵贩官,免刑除罪"③,认为赎罪之制不仅使"杀人者生,剽攻窃盗者富",还使"蒙戮辱而捐礼义"的人"食太官享赐","载卿相之列"④。另一方面,其也反对刑罚畸重,认为"深之可以死,轻之可以免,非法禁之意也"⑤。鉴于"严刑峻法不可久也",贤良文学主张"轻重各服其诛"⑥。仲长统也针对"死刑既重,而生刑又轻,民易犯之",提出"轻重有数,科条有序"的原则,主张罪刑相适应。针对"科条无所准,名实不相应"的现实情况,《群书治要·昌言》强调:"不制中刑以称其罪,则法令安得不参差。"据《晋书·刑法志》载,西晋的刘颂等"律学派"人士也主张"善为政者,看人设教,随时之宜,而制其法",并强调"法未尽当,则宜改之。法轨既定则行之,行之信如四时,执之坚如金石"。他们反对"群吏在成制之内,复称随时之宜,傍引看人设教,以乱政典"。可见律学派在法的稳定性、权威性和适时性之间努力保持"中和"之道。律学派还在重法重刑的同时,反对法令烦苛,《晋书·杜预传》有"文约而例直,听省而禁简"之语。主张"为政不苛""纲举而网疏"。北宋改革家王安石也以"如圣贤之

---

① 《盐铁论·刑德》。
② 《盐铁论·周秦》。
③ 《盐铁论·刺复》。
④ 《盐铁论·周秦》。
⑤ 《盐铁论·刑德》。
⑥ 《盐铁论·周秦》。

道皆出于一,而无权时之变,则又何圣贤之足称乎"的"损益论"①,作为变法的理论依据。南宋的陈亮也以"义利双行,王霸并用"为主旨。朱元璋则强调"明礼以导民,定律以绳顽"的"礼刑并用、恩威并济"主张,还依据"宽猛相济"而实施乱世用重典的法律政策。朱熹在《论语集注·为政》中认为:"政者,为治之具;刑者,辅治之法;德礼,则所以出治之本,而德又为礼之本也。此其相为终始。"他既反对"专任刑政",认为是"霸者"之为;又反对"有德礼而无刑政",认为"做不得"。北宋著名清官包拯也主张"减免赋税,赈济灾民,公私利济,先有小损而终成大利"。他一方面强调秉公执法,严于治吏;另一方面又认为"治平之世,罕用刑法,以恤民为本"。明代黄宗羲根据中庸观点,在《明夷待访录·置相》中提出:"以宰相而摄天子","天子之子不皆贤,尚赖宰相传贤足相补救,而天子亦不失传贤之意"。这种思想对于绝对君主专制主义无疑是有抵抗作用的。王夫之《读通鉴论》则主张:"天下有定理而无定法","无定法者,故一兴一废一简一繁之际,因乎时而不可执也。"他还强调"法贵简而能禁,刑贵轻而必行"。据《大清圣祖仁皇帝实录》载,清康熙也主张"律例繁简因时制宜,总期合于古帝王钦恤民命之意"。他还强调:"治天下之道,因革损益,期于尽善,果属不行者,自应参酌时宜,归于可久。至于制度既定,事可遵行,不宜朝更夕改。"这些中庸主义的法学观点对于清末法律改革有着不可忽视的影响。

清末法律改革是中国封建法律体系自我完善的最后一次努力。作为变法主将的沈家本充分运用了中庸主义的"保护伞"。他利用慈禧变法上谕中"法积则敝,法敝则更,切实平允,中外通行,用示通变宜民之至意"②的"余地",提出"专以折衷樽俎,模范列强为宗旨"的开放原则,主张"彼法之善者当取之,我法之不善者当去之"③。他还利用清廷上谕中的中庸原则,强调修订法律"因时损益","唯其变之所适,而权必因乎时。时之义大矣哉"④。沈家本为了防止保守僵化势力的攻击,采取渐进改革策略。他说:"骤欲施行,遍国中先多阻滞","唯以渐进为主义,庶众论不至纷拏,而新法可以决定。"⑤沈家本面对保守派的压力,不得不瞻前顾后,进退反复,但他的变法"隐寓循序渐进之义,仍严遵旧日之范围"⑥的中庸策略,使他得以最大限度地化解阻力,进行尽可能多的改革,实现了维新变法志士仁人未能实现的法律改革,更为近代法律在中国的扎根作出了重大贡献。中庸之道至孙中山先生"五权宪法"论和"权能分开"论,终于达到了一个新的阶段,即和民主宪政思想结合在一起的"中和""共和"之道。"共和"政体这一概念本身即是对中国传统"中庸"方法论的绝妙运用和继承的结晶。它不仅含有

---

① 《临川集》卷六十九。
② 《光绪实录》卷四百九十五。
③ 《寄簃文存》卷六《裁判访问录序》。
④ 《寄簃文存》卷六《重刊明律序》。
⑤ 《寄簃文存》卷六《死刑唯一说》。
⑥ 《大清现行刑律·奏疏》。

无专制、无王权的意义,更有全国民众和平共处,相安而生的意义,值得学人深刻体会。

第四节　"注释"的法学方法论

汉武帝"罢黜百家,独尊儒术"以后,儒家思想开始在法学领域中占主导地位。礼和法、律的相互渗透,德和刑的相互为用,使"律"和"经"紧密地联系起来。在这种情况下,引用儒学经典"注释"法律的方法开始盛行。"注释"主要表现在两方面,一是据经义解释法律,二是引用经义判案决狱。

董仲舒可称是"注释"方法论的祖师。据《汉书·董仲舒传》载,他不仅主张"习文法吏事,缘饰以儒术",强调"法不远义","和不远礼","法之所罚,义之所去","和之所赏,礼之所取",还专著《春秋决狱》一书,以《春秋》经义附会汉律,指导司法实践。董仲舒的以儒学经义"注释"法律的做法深受统治者重视,"朝廷如有大议,使使者及廷尉张汤就其家而问之,其对皆有明法"。一些司法重臣也纷纷效法。据《史记·儒林列传》载,吕步舒为长史,"持节使决淮南狱,于诸侯专断,不报,以春秋之义正之,天子皆以为是"。《汉书·兒宽传》载,兒宽善决案,廷尉张汤"以宽为奏谳掾,以古法义决疑狱,甚重之"。西汉中期的"注释"主要是利用"春秋大一统"的思想,灭"邪辟之说",达到"统纪可一,法度可明,民知所从"的目的。同时,以儒学中"尊君"思想,强化"君主集权专制"制度。"春秋决狱"则是将儒家经典中集中体现封建伦理观念的尊君、亲亲相隐、原心定罪、严格等级等原则适用于司法审判,以此达到将"礼化之法"实施于国,从而有效维护封建专制统治的目的。《精华》:"春秋之听狱也,必本其事而原其志。志邪者不待成,首恶者罪特重,本直者其论轻。"据此将"动机"作为定罪量刑的主要考察依据。这虽然有利于区别犯罪性质,但却失之客观依据,为后世统治者加强专制,尤其是大兴"言论罪""思想犯""文字狱",大开方便之门。在《检论·原法》中,章太炎曾批判"独董仲舒为春秋折狱,引经附法,上者得重秘其术,使民难窥;下者得以因缘为市,然后弃表埠之明而从缈游之荡"。

以儒家经义"注释"立法,自汉代以后一直盛行,而且汉代还有引律注经,引律解字的现象。如郑兴、郑众父子和郑玄注释"周礼",何休注释《春秋公羊》,就常引《汉律》,许慎甚至引律解字。这使得经、律的联系日益密切。汉代注释法律的门户颇多,形成"律有三家,其说各异"的局面。据《晋书·刑法志》载,为了解决"言数益繁,览者益难"的问题,"天子下诏,但用郑氏章句,不得杂用余家"。一时间,如《史记·梁孝王世家》曰:"不通经术,知古今之大礼,不可以为三公及左右近臣。"而"原情定过,赦事诛意"也成了汉以后魏、晋、六朝的司法惯例。引儒家经义附会法律,决断疑案,虽然助长了罪同论异和法令废弛,但也起到了限制苛酷刑罚的作用。儒家的重德轻刑学说含有反对暴政酷刑的因素,在"吏治以惨刻相尚","缓深故之罪","急纵出之诛"的封建时代,引儒家经义决狱,实际上很多是为了从轻判决。汉和帝时的廷尉陈宠更以"应经合义"的原则重新删定法律,《后汉书·陈宠传》载,其"隆先王之道,荡涤烦苛之法";并"数议疑狱,常亲自为奏。每附经典,务以宽恕,帝辄从之"。

晋朝是律学发展的一个辉煌时代。早在司马昭任晋王之时,就"患前代律令,本注烦杂",指定杜预、羊祜、郑冲等"耽玩经史""博究儒术"的儒臣进行大规模的系统修律。晋律"宽简"而"缜密",结构合理,体例完备,对后世法典影响极大,而这与晋朝高官普遍"博学而通律"密不可分。杜预首先提出"并重礼律"和"纳礼入律"的主张,认为"圣人不虚设不行之制","宜远遵古礼,近同时制,屈除以宽诸下,协一代之成典"①。这一点无疑是继承了东汉陈宠"律令应经合义""与礼相应","礼之所去,刑之所取,失礼则入刑,相为表里"②的观点。杜预的"注释"与前人不同,他更加重视律本身的科学性、规范性。他主张应明确区分律、令界限:"令"指规定人们必须遵守的各种规章制度,即"令以存事制";而"律"则是专门规定对于违令犯法行为的惩罚与制裁的方式,即"律以正罪名"③。这种"注释"对于"法律科学"的进步无疑是有推动作用的。据《晋书·杜预传》载,杜预还强调,"刑之本在于简、直","法者,盖绳墨之断例,非穷理尽性之书也。故文约而例直,听省而禁简。例直易见,禁简难犯;易见则人知所避,难犯则几于刑厝"。为了防止法律冲突,他主张"法出一门",《艺文类聚》卷五十四:"人知恒禁,吏不淫巧,政明于止,民安于下。"从有利于简、直出发,杜预认为"必审名分、必忍小理"。据《晋书·杜预传》载,他注律的目的则是"网罗法意,格之以名分。使用之者执名例以审趣舍,伸绳墨之直,去析薪之理"。据《晋书·刑法志》载,因注律而与杜预齐名的张斐依儒学理论解释晋律的体例,认为"律始于刑名,所以定罪制也;终于诸侯者,所以毕其政也"。"刑名"篇规定关于犯罪和处罚的基本原则,是总纲;而"诸侯"篇则是关于各种司法行政机构及其权限的规定,作为结尾。这样的结构被张斐解释为"体现王政布于上,诸侯奉于下,礼乐抚于中,故有三才之义焉。其相须而成,若一体焉"。张斐还提出制定法律必须按照"理直刑正"的原则进行。所谓理直,就是符合儒家纲常礼教的要求,使"礼乐崇于上","刑法闲于下",达到"尊卑叙,仁义明,九族亲,王道平"的目的。而"刑正"则是指"夫奉圣典者若操刀执绳,刀妄则伤物,绳妄弹则侵直。枭首者恶之长,斩刑者罪之大,弃市者死之下,髡作者刑之威,赎罚者误之戒。王者立此五刑,所以宝君子而逼小人,故为敕慎之经,皆拟周易有变通之体焉"。张斐针对前代法律概念不清,体系混杂的弊端,采取了以儒家理论为依据,作定义式注释的方法,区分并阐述了各类不同性质、不同情节的犯罪或违法行为。其中"违忠欺上谓之慢,背信藏巧谓之诈,亏礼废节谓之不敬,两和相害谓之戏,逆节绝理谓之不道,陵上僭贵谓之恶逆"等等,对罪行的规定和注释明确体现了儒家的思想和主张。张斐还根据儒家的"权时"理论,解释司法中的"随事轻重"。他认为:"或计过以配罪,或化略以循常,或随事

---

①《晋书·礼志》。

②《后汉书·陈宠传》。

③《太平御览》卷六百三十八。

以尽情，或趣舍以从时，或推重以立防，或引轻而就下。公私废避之宜，除削重轻之变，皆所以临时观信，使用法执诠者幽于未制之中，采其根牙之微，致之于机格之上，称轻重于豪铢，考辈类于参伍，然后乃可以理直刑正。"他还强调判例在司法实践中的作用，"法律中诸不敬，违仪失式，及犯罪为公为私，赃入身不入身，皆随事轻重取法，以例求其名也"。由于"例"往往是体现儒家法律思想精华的典范之作，所以用例类比实践中的案件，审判就会"言曲而中，事肆而隐"，达到"提纲而大道清，举略而王法齐"。晋朝的律学派注重以儒学经义诠释法律内在的道理，同时也强调立法技术和司法审判的合理性、科学性。因此，他们的"注释"较之前人有更浓厚的"法理"而非"伦理"色彩。这对于"注释"主义在唐代达到顶峰起到了重要的推动作用。

唐代是中国封建法制的鼎盛时代，其中《唐律疏议》又是"注释"主义的扛鼎之作。《唐律疏议》的作者继承了汉代"春秋决狱"和魏晋"儒生注律"的成果，同时以"弘风阐化，安民立政，禁暴惩奸"为目的，强调凭"黎元而树司宰，因政教而施刑法"。《唐律疏议》的注释"寻史溯源""引经据典"，对唐律的条文作了大量诠解，而其核心则不离儒家思想。它首先用经典注解了各种刑罚及其变迁，然后即以"五刑之中，十恶尤切，亏损名教，毁裂冠冕，特标篇首，以为明诫"。《唐律疏议》以"君臣纲"注释谋反、谋大逆、谋叛、大不敬罪，并以"礼者君之柄，所以别嫌明微，考制度，别仁义"作为"法之本"。"父为子纲"是不孝罪的立法基理，"夫为妻纲"是"恶逆""不睦""不义"罪的伦理支柱，而"礼教"则是"不道"及"内乱"罪的依据。从《唐律疏议》对于"十恶罪"的诠解中不难发现，儒家法律思想已完全成为唐代官方注释的理论依据。在罪刑加减方面，《唐律疏议》根据《左传·庄公十八年》"名位不同，礼亦异教"，《礼记·曲礼上》"夫礼者，所以定亲疏、决嫌疑、别异同、明是非也"的儒学等级原理，确定了"八议"即议亲、议故、议贤、议能、议功、议贵、议勤、议宾；明确规定，除"十恶不赦"之罪外，"八议"之人享有"议、请、减、赎、当、免"的特权。同样，尊卑、夫妻（妾）、良贱、主奴、官民在刑罚的加减上均有差别，并将"同居相为隐"的诉讼原则解释为孝悌之礼。当然，《唐律疏议》还是将"君臣之道"这一君主专制制度的核心原则置于最高地位，规定"若告谋反、逆、叛者"，"虽与亲亲相隐不合"，"不科其罪"，其解释为"犯谋反、逆、叛三事，以其不臣，故虽论告，不科其罪"。此外，对于审判官员，《唐律疏议》也从儒家政治伦理原则出发，予以严格要求："察狱之官，先备五听，又验诸证信，事状疑似，犹不首实者，然后拷掠。"据《全唐文》卷一百三十九《理狱听谏疏》载，唐朝要求官员"凡理狱之情，必本所犯之事为主，不严讯，不旁求，不贵多端，以见聪明"，"律正举劾之法，参伍其辞，所以求实也，非所以饰实也"。唐代著名政治家魏征则主张"凡听讼理狱"，"疑则与众共之"。"众善，然后断之"。《唐律疏议》也有"狱有所疑，法官执见不同，议律论情，各申异见，得为异议，议不得过三"的解释。"疑则从轻"和"疑狱各依所犯，以赎论"都集中体现了儒家反对"枉法滥刑"，主张"以德礼教人"的精神。

《唐律疏议》因"其疏义则条分缕别，句推字解，阐发详明，能补律文之所未备；其设为问答,互相辩难,精思妙意,层出不穷,剖析疑义,毫无遗剩",而被后人赞为"刑期无刑,辟以止辟,杜锻炼之深文,绝钳纲之虐政,处置曲当,轻重平允,可为后世法律之章程"①。可见,其实为体现"注释主义"精华的典范之作。清末著名法律改革家沈家本曾指出:"是书深求乎古今异同之源,讲明乎世轻世重之故,晰奇阐微,律无遗蕴,庶几传古亭疑,情罪相准,无铢黍毫发之爽,是又在善于读律者。"②可见,"注释主义"影响中国旧法制思想的程度之深。在清末法律改革中,沈家本正是继承了前人以儒学思想"注释"法学的成功经验,通过引经据典,为自己的法律近代化改革寻找"本土化"的理论依据。他还主张设置"律博士","以示天下为重","法律为专门之学,非俗吏之所能通晓,必有专门之人,斯其析理也精而密,其创制也公而允"③。经沈家本法律改革之后,中国法律逐渐成为中西法律理论结合的产物。"然不深究夫中律之本原而考其得失,而遽以西法杂糅之,正如枘凿之不相入,安望其会通哉?"④所以,越来越多的法学人士开始运用中西法理比较结合的方法兼以"注释"方法,研究法律现代化问题。从这一角度讲,"注释主义"的方法论在法学研究中已有了新的意义,显然它不是"引经注律"或"春秋决狱"式的封建色彩的"理论注释"了。有趣的是,清末法律改革正是以"引经据典""旧瓶装新酒"的方式埋葬了"注释法学"的封建落后内容及形式。同样,在法治现代化的今天,通过"注释"赋予旧法条以全新含义,从而隐性变法的方法仍占有极重地位,其背后的深层道理值得学人研究。

第五节　权力分析的法学方法论

权力分析的方法,在中国历史上的法学研究中极受重视。中国几千年的专制王权时代一直是奉行"权力本位"主义。专制统治者以"内法外儒"的策略架构法律制度体系的做法,更使"权力"成为法律制度的核心。

在中国历史上的思想流派中,使用权力分析的方法最为出色的是法家。在国家和法的起源问题上,法家即采用"权力起源说"。《管子·君臣下》指出:"古者未有君臣上下之别,未有夫妇妃匹之合,兽处群居,以力相征。于是智者诈愚,强者凌弱,老幼孤独不得其所。故智者假众力以禁强虐而暴人止,为民兴利除害,正民之德,而民师之。……上下设,民生体,而国都立矣。是故,国之所以为国者,民体以为国。"可见,《管子》是以权力为国家之源的。从国家的权力起源说出发,《管子·枢言》认定"人故相憎也,人之心悍,故为之法"。正是由于法和国家均为权力的产物,所以要使法律统一、强大,就必须有统一而强大的集权存在。因此,《管子》及其后的法家代表人物均主

① 励廷仪:《唐律疏议序》。
② 沈家本:《重刻唐律疏义序》。
③ 沈家本:《设立博士议》。
④ 沈家本:《大清律例讲义序》。

张尊君和集权。尊君的目的不在于"君权神授"的遵行，而在于以"一君"统一集中"一国"的权力，赋予其至高无上的专有独断的权位，以便其不至于动摇。在君与法的关系上，《管子·任法》主张"生法者君也"，强调国家的一切政令法律悉出于君。《管子·明法》认为，如要君主"威不两错，政不二门"，就必须实行"以法治国"。"凡君国之重器，莫重于令。重令则君尊，君尊则国安；轻令则君卑，君卑则国危。故安国在乎尊君。"可见，法家主张尊君，是就君王的法律地位而言的，与君王的个人因素如宗室出身、品德智慧、个人好恶没有直接关系。这一点与欧洲近代的"主权观念"有相似之处。而两者均以权力分析的方法论研究法律问题，乃是相似主张的基础。《管子》抓住了权力这一专制时代政治的核心因素，是其主张长期被统治者所实际遵从的关键之所在。但是，其不强调君王个人特殊性，仅以君王为国家的"权力机构"或"治国工具"的观点，则不可能为最高统治者个人所接受。相反，儒家强调"王者治国"的政治伦理观点，却可以成为最高统治者为自己披上"王者外衣"以愚弄民众的有力武器。这正是历代统治者奉行"内法外儒"方针的原因。

法家采取权力分析的方法研究法律，首先遇到的难题是如何统一权力、巩固权力的基础。《管子》首先认识到权力巩固的关键在于民能为君所用。因此，《管子·牧民》主张："政之所兴，在顺民心；政之所废，在逆民心。"对于法律的有效实施，《管子·形势解》强调："人主之所以令则行，禁则止者，必令于民之所好而禁于民之所恶也。民之情莫不欲生而恶死，莫不欲利而恶害。故上令于生利人则令行，禁于杀害人则禁止。令之所以行者，必民乐其政也。"可见，《管子》所主张的顺民心，遂其利，并不是从爱民、护民利益的目的出发的，而是从有利于维护君主权力的巩固出发的，所谓顺民只是达成尊君目的的手段而已。这与孟子"民为贵，社稷次之，君为轻"的民本主义思想是有本质区别的。这一点在法家的商鞅身上体现得尤为明显。商鞅从权力分析的思路出发，主张"民愚则智可以王，世知则力可以王"①。为了确保君王的权力巩固，防止民众之力动摇专制统治，商鞅提出"强国弱民"的主张。他认为国家是人类进入政治社会后的组织体，其生存与发展的价值均远在个人之上。为了完成国家的各项目的，就不能容忍个人有太多的自由，以防止个人的力量构成对国家及其代表君主的权力地位的威胁。全国民众应绝对服从国家主权的命令，而这种命令就是法。在此基础上，商鞅提出"法律面前人人平等"的类似主张，强调"君臣释法任私必乱"，力主"任法去私，国无隙蠹"②。但是，商鞅主张法律平等原则并非出于民主思想，他始终将广大民众置于"君权"的对立面。为防止民众力量的壮大，他提出"民弱国强，国强民弱。故有道之国，务在弱民。弱则轨，弱则有用"③的观点。为了达到弱民之目的，商鞅将"辩慧、礼乐、慈仁、任誉"列为"民胜其政"的八个祸患因素，力主去之。他的这种"愚民政策"为后世

———————————

① 《商君书·开塞下》。

② 《商君书·修权》。

③ 《商君书·弱民》。

历代政权所奉行,其影响之深远,不可忽视。在弱民的同时,商鞅强调"国之所以重,主之所以尊者,力也"①,主张加强君主集权,推行军国主义策略,重农、兵、轻商、工。上述治国之术,也长期为专制统治政权所遵从。由此可见,权力分析的方法论,对中国历史上的法制特别是统治集团的法制思想的影响十分巨大。

运用权力分析方法研究法律问题的各派,自然将巩固和增强权力和势力作为首要问题看待,而其主张及方略则必然围绕这一主题展开。为韩昭侯做了15年相国的法家尚术派宗师申不害首倡"术治论",强调君主集权、保权的关键在于能否有效控制、驾驭群臣。《群书治要》记述了他的观点:"善为主者,倚于愚,立于不盈,设于不敢,藏于无事;鼠端匿疏,示天下无为。"《艺文类聚》引:"圣君任法而不任智,任数而不任说。""君必明法正义,若悬权衡以称轻重,所以一群臣也。"针对大臣们"法在其手、权倾朝野"的实际情况,申不害认为徒法不足以防奸,必须辅之以控驭之术,否则君主难以制约大臣们的权力。他的术治论集中于三点:一是藏好恶。即君主必须使下臣无法窥知其真实意图,不可自恣视听,自恃智力,唯有谨言慎行,以静制动。二是防越权。群臣各有专司,只有职责范围内的功绩才能受赏,侵官与失事均应受罚,而且越权行事的弊害尤甚于有失职守。三是行专断。即国家法律、政令统一出于君主,"独视者谓明,独听者谓聪,能独断者故可以为天下王"②。申不害的"术治论"紧紧围绕权力这个核心,从"王权本位"出发,就君王待臣之术,群臣职权划分、制约之术,君王固权之术等等有关的权术理论作了详尽阐述。其中,重视官员恪尽职守,防止越权行事和玩忽职守的辩证思想很值得今天我们在法治建设中予以足够重视。

法家尚势派鼻祖慎到将政治权力(势)的运用视为法律实施的基础和保障。他主张任法不任贤的法治主义,强调以一人治天下而非以天下奉一人。慎到认为法的实施不全在君主,应因人情以势服众。他将国家看作君臣民三阶层所构成的政治实体,重点讨论君臣民之间的关系与法律、权力的联系。他指出:"古者立天子而贵之者,非以利一人也。曰:天下无一贵,则理无由通,通理以为天下也。故立天子以为天下,非立天下以为天子也。立国君以为国,非立国以为君也。立官长以为官,非立官以为长也。"③可见慎到的理论是把君主作为治国行法的机构或工具来对待的,并不是将法律视为君主"家天下"的工具。在权力(势)的运用方面,君、臣、民都是博弈中的棋子而已。慎到虽然认为政治和法治的成败取决于势,但也强调人的因素。他指出:"治乱安危存亡荣辱之施,非一人之力。"④"国无常道,官无常法"⑤是君臣职责不分,权力格局失衡的祸乱之源。慎到坚决反对君主擅用权力事必躬亲的做法,而认为:"君臣之道,

---

① 《商君书·慎法》。
② 见《韩非子·外储说左上》。
③ 《慎子·威德》。
④ 《慎子·知忠》。
⑤ 《慎子·民杂》。

臣事事,而君无事……是以人君自任而躬事,则臣不事事,是君臣易位也,谓之倒逆。倒逆则乱矣。"①值得注意的是,慎到的"君无为"思想是以君更有效地运用权力(势),以防"臣"的权力侵害"君权"为出发点的,这与近代西方以"臣权"制约"君权"的"虚君主宪主义"是有本质区别的,但两者在权力分析的方法论运用上则是相似的。

慎到从"贤不足以服不肖,而势位足以屈贤矣。故无名而断者,权重也;身不肖而令行者,得助于众也"②的"势论"思想出发,主张法的实施依赖于政治权力(势位)的运用,与君主个人的道德条件、智慧程度无关。进而提出"绝圣弃智"和"不尚贤"的观点,强调将行政执法所依赖的政治权力与君主个人的贤愚仁暴加以截然区分,不论是谁,只要身处君主之位,即可凭借政治权力的运用,使法律、政令得以实行。这种权力与君主个人分离的思想对消除"任人不任法"的"人治"主义是有裨益的。为了防止君臣民在权力方面的冲突,慎到提出:"治天下及国,在乎定分而已矣。"③"大君任法而弗躬,则事断于法矣。法之所加,各以其分,蒙其赏罚而无望于君也。是以怨不生而上下和矣。"④定分止争的思想是慎到法律思想中宝贵的财富,对于后世的权利义务关系理论有积极的意义。所不同的是,慎到的"定分"思想是基于"势"的后盾而非保护人权的目的。慎到主张法律面前人人平等,原因则是"君人者,舍法而以身治,则诛赏予夺,从君心出矣。君舍法而以心裁轻重,则同功殊赏,同罪殊罚矣;怨之所由生也"⑤。可见,慎到的"事断于法、一于法"的理论仍是以确保"势"的巩固和有效运用为目的,并非以民的利益为本。当然,慎到的"势论"是"国势""法势"的理论,决非仅为君主一人一家维护私家权势提供计谋的"幕僚计策"。所以,慎到强调法的客观性、不可侵犯性、公义性。他主张:"法者所以齐天下之动,至公大定之制也。故智者不得越法而肆谋;辩者不得越法而肆义;士不得背法而有名;臣不得背法而有功。法之功,莫大使私不行。君之功,莫大使民不争。今立法而行私,是私与法争,其乱甚于无法。故有道之国,法立则私议不行。"⑥慎到认为权力(势)的源泉在于民众,所以法自然应以民意为本。他指出:"法非从天下,非从地出,发乎人间,合乎人心而已。治国无其法则乱,守法而不变则衰。有法而行私,谓之不法。以力役法者,百姓也。以死守法者,有司也。以道变法者,君长也。"⑦这就将君、臣、民三者在"法治"中的地位和作用区分开来。可见,慎到的"势论"与商鞅立法毫不顾及民众之意的做法,完全不同。二者虽然都从权力分析出发认识法与国家,但立场却不同。慎到以君主为"法治"的一个环节,强调君主因势任

① 《慎子·民杂》。
② 《慎子·威德》。
③ 《吕氏春秋·慎势》。
④ 《慎子·君人》。
⑤ 《慎子·君人》。
⑥ 《慎子·逸文》。
⑦ 《慎子·逸文》。

法,而势以民众之力为基础,所以法应当因民意而定。相反,商鞅主张君主积极作为,强调君主以国家之力迫使臣民顺从,其专制思想明显多于慎到。

集法家各派思想之大成的韩非认为国家是国内社会的最高组织,为国际社会的基本组织,国家的目的与功能首先是维持此一政治实体的安全与秩序。因此,非崇尚权力与实力,不足以内求统一,外求发展。他指出:"力多则人朝,力寡则朝于人。故明君务力。"[1]从权力这一核心出发,韩非主张国家含有权力运用的政治特质,只有在统治权充分运用之下,才能实现令行禁止。因此君主必须掌握实权,所谓"君执柄以处势,故令行禁止"[2]。"夫国之所以强者,政也。主之所以尊者,权也。"[3]韩非主张君主集权,反对权力制衡。他认为,"凡人主之国小而家大,权轻而臣重者,可亡也"[4]。"权势不可以借人,上失其一,下以为百。"[5]因此,韩非主张君主只有实行集权,凭借权力,才能使臣民居于服从地位,统一意志,竞赴事功。舍弃权力运用而侈谈德义,是不足以禁暴止乱,维护国家和社会统一与秩序的。他指出:"民者,固服于势,寡能怀于义。仲尼,天下圣人也,……鲁哀公下主也,……故以义,则仲尼不服于哀公;乘势则哀公臣仲尼。"[6]韩非从权力分析的角度出发,强调君主集权,以力胜智的思想,虽然在战争年代及以战争为强国统一的主要手段的时代起到了巨大作用,但对于和平时代的治国方略却十分有害。在战争年代,军事角逐要求实力及高度统一的集权指挥;而和平时代,利民和发展则成为主题,防止君主擅权就尤为重要。韩非身处战国时代末期,其理论自然适应当时要求。不过,韩非亦指出"圣人不期修古,不法常可,论世之事,因为之备",把法律改革和进化视为正道。

韩非系统地总结了先前各家的权力分析思想,提出"法、术、势相结合"的新权力运用论。韩非在慎到理论的基础上,提出"势"为君主驾驭臣民的工具,有普遍的强制力和唯一的最高权威性,所谓"势者,胜众之资也"[7],"势之为道也,无不禁"[8],"威势者,人主之筋力也"[9]。在《韩非子·难势》中,他以"中材之主"作为讨论势的运用的"标准"。"尧舜、桀纣千世而一出,是比肩随踵而生也。世之治者,不绝于中;……中者上不及尧舜,下亦不为桀纣,抱法处势则治,背法去势则乱。"这种以"一般人(中者)作君主"为假设前提的治国构想,有效地排斥了"法因人而异",尤其是因君主个人因素而异的"绝对人治主义"的弊害。正如韩非所言:"废势背法而待尧舜,尧舜至乃治,是千世

---

① 《韩非子·显学》。
② 《韩非子·八经》。
③ 《韩非子·心度》。
④ 《韩非子·亡征》。
⑤ 《韩非子·外储说左下》。
⑥ 《韩非子·五蠹》。
⑦ 《韩非子·八经》。
⑧ 《韩非子·难势》。
⑨ 《韩非子·人主》。

乱而一治也。抱法处势而待桀纣，桀纣至乃乱，是千世治而一乱也。且夫千世治而乱一，与治一而乱千也，是犹乘骥駬而分驰也，相去亦远矣。"韩非的这种权力（势）论虽然注意了避免君主个人因素对国家长治久安之法的不稳定影响，但却并未从根本上解决"桀纣至则乱"的防范措施问题，且任势必先集权的主张极易导致桀纣之专断。桀纣之所以成为桀纣，并不是其"生来如此所致"，而恰是"势乱"而无法可以制约的结果。虽然韩非以"人设之势"与因承袭君位而来的"自然之势"相区别，注重前者以防桀纣，但毕竟没有在制度上解决问题。韩非在任势的基础上提出"赏罚必于民心"，"法不阿贵"，"法莫如显"，"不恃人之为吾善也，而用其不得为非也"①，"法易为"②。主张法律平等、可行、公开、顺民意以及法律与道德分离。从权力分析及权力制约角度出发，韩非强调"明主治吏不治民"③，"人主使人臣虽有智能，不得背法而专制"④。他的主张对于加强"以法治吏""反腐倡廉"无疑是有积极意义的。为了使势、法的运用和实施有效进行，韩非十分注重"权术"的使用。他主张"明主之道固术用力"⑤，"术者，因任授官，循名责实"⑥。其实质是要君主掌握驾驭群臣、百姓的方术。

　　韩非"六微七术八奸十过"的学说虽已为几千年专制统治的"失治"所验证，但法家的"权力法论"终究未能使中国走上"法治宪政"之路，其"重君轻民"的前车之鉴，值得今人深思。

---

① 《韩非子·显学》。
② 《韩非子·用人》。
③ 《韩非子·外储说右下》。
④ 《韩非子·南面》。
⑤ 《韩非子·五蠹》。
⑥ 《韩非子·定法》。

第二十七章　比较的法学方法论

第一节　比较法是一门独立的学科

一、比较法的概念、范围和目的

比较法,顾名思义,是指以法律为其研究对象,以比较为其研究方法的一门学科。但比较法不同于民法、刑法、诉讼法等部门法学。部门法学是以特定的社会关系作为自己的调整对象,且有一些特定的调整这些社会关系的法律规则存在。比较法既没有与之相对应的社会关系,也没有相应的具体的法律规则。在英文中,比较法、比较法学和比较法研究这三个概念的意义实质上是一致的。其不同仅仅在于,后两个概念比第一个概念用语更为精确,它反映了比较法是对不同国家的法律进行比较研究的一门学科。

任何一个独立学科的存在,都必须有自己特殊的、不同于其他学科的研究范围。比较法也是如此。比较法是对不同国家的法律的比较研究,是否意味着比较法的研究范围不包括国内法的比较?这就需要区别两种层次上的国内法的比较。第一是同一国家法律体系的不同规则、制度之间的比较。如刑法中贪污罪与挪用公款罪,民法中的荣誉权与名誉权。在法学教育、研究和司法实践中人们经常运用比较的方法。但这种国内法的比较研究,不属于比较法的研究范围。因为,比较法必须以两个不同法律体系的存在为前提条件。第二种层次的国内法比较研究是同一国家不同法律体系的比较。这种研究在联邦制国家尤为突出。例如,美国各个州的法律的比较,加拿大魁北克省和其他省法律的比较。原来意义上的比较法,是指对不同国家的法律体系的比较。但随着比较法学的发展,东西方学者都把同一国家中的不同法律体系的比较,视为比较法学研究的范围。在我国,实现"一国两制"以后,祖国大陆实行社会主义法治,而香港、澳门和台湾地区则实行资本主义法律,对这些不同法律体系的比较也应属于比较法研究内容之一。

外国法研究也有两种情况。如果外国法研究仅限于外国法而不作比较,像1937年国际联盟所提供的关于《世界妇女地位》调查报告,其中仅仅列举了有关问题解决的各种办法,而没有对各种解决问题的办法进行真正的比较,这就算不上比较法。比较法是一种更深层次的外国法研究。

通常情况下,比较法是以各个不同法律体系的法律规范为主要比较内容,比较不同国家有关法律的异同。但是,在许多情况下,单纯的法律规范的比较,存在许多困难。因为,在一个国家中用法律调整的问题,在其他国家可能会采用宗教、道德等其他社会规范调整;一个国家用刑法手段解决的问题,在另一个国家可能采用行政法手段来调整。因此,只从法律规定上进行比较是不够的。许多问题的比较是法律手段与社会政治、道德、经济、宗教等手段之间的比较。美国比较法学者坎弗朗德认为,运用比较方法不仅需要外国法的知识,而且需要其社会的,首先是政治的内容方面的知识。如果只知道法律条文的精神而忽视法的这方面内容,为了实际的目的而运用比较法就变成了滥用。因而必须从政治、社会和经济的角度来理解法律,才能真正理解法律的可能性。这就决定了比较法是一门多学科、跨部门的研究领域。比较法研究所涉及的就不仅仅是法律问题,还涉及历史、政治、经济、道德等领域。从世界各国比较法学的发展趋势看,比较法的范围逐渐从法律规范的比较发展到对实际生活中起作用的那些行为规则的比较,进而发展到对整个法律文化的比较。总而言之,要揭示不同法律体系之间的关系及其规律性,比较法学研究范围不只是限于规范比较的水平,必须深入到它们赖以存在和作用的社会经济、政治和文化的比较中去。

比较法学同其他学科一样,有其独特的功能和存在的目的。作为一门主要以比较为方法的学科,它能帮助我们突破对法学的理解仅限于一国的法律、法律原则和法学理论的局限性,排除不加反省的民族偏见。在解决和防止社会冲突的立法活动和司法活动中,比较法作为一种方法,比那种面对一国国内的法学提供范围更为广泛的解决问题的途径。因为,世界上各种法律体系在其形成和发展过程中形成了丰富多彩的解决办法,其多样性不是局限于本国法律体系之内的法学家所能想象得到的。耶林曾说:接受外国法律制度的问题……是一个简单明了的符合目的和需要的问题。任何人都不愿从遥远的地方拿来一件在国内已有同样好的或者更好的东西,只有傻瓜才会因为金鸡纳霜(奎宁)不是在自己的菜园里长出来的而拒绝服用它。① 除此以外,比较法学研究有助于处在不同社会政治、文化条件下的人们相互了解对方的社会政治制度和文化背景,促进国际间的相互理解;对于落后的发展中国家,比较法研究有助于它们的法律变革,寻找完善本国法律体系的可行的途径;对于包括发达国家在内的所有国家,比较法研究可以促进对国内法的批判和反思;最后,在全球一体化运动的浪潮下,比较法有助于全球统一的经济、贸易、环保、卫生等领域法律的统一。

二、比较法是一门独立的学科

自比较法学产生以来,中外学者关于比较法是一门独立的法学学科抑或是一种比较的研究方法的见解,长期存在着争论。

---

① 参见[德]K.茨威格特、H.克茨:《比较法总论》,28—29 页,贵阳,贵州人民出版社,1992。

认为比较法仅仅是一种研究方法的学者,持下述观点:比较法仅仅是对不同法律制度之间的差异的一种比较研究。这种研究,在法学领域中并没有与之对应的规则,没有属于比较法的特有社会关系作为研究对象,比较法至多只不过是法学中一个专门的科学研究方法。因此,把个别研究方法作为构成一个独立学科的因素,未必合适,应该把比较法研究归入现有的法律学科中。

然而,比较法的发展证明比较法不是一门独立的学科的根据是不充分的。诚然,比较法不同于民法、刑法之类的部门法学,它对所调整的社会关系也没有相应的法律规则。但方法和学科是密切联系的,研究方法的更新常常是导致一门新的学科产生的主要原因。比较法也有自己特有的研究对象,即不同国家的法律和法律实践,比较法学运用比较的方法将获得的各种知识组合起来,通过分类和整理,构成一个独立的、具有特定目的和范围的知识整体。

自 1900 年巴黎国际比较法大会以来,在承认比较法是一门独立学科的学者中,曾有人错误地把比较法的存在与"世界法""人类共同法"联系起来。法国比较法学者萨莱斯认为:每个国家都致力于形成一种文明人类的共同法,对于所有国家来说,此种共同法就像在从前制定民法典之前的法国或德国之类的有各种习惯法或各种地方性立法的国家中那样,是逐步从理论上建立的高于各种特殊法律的统一法。① 比较法后来的发展历程证明,这种把比较法的目标视为寻求"人类共同法"或"世界法"的观点,不但不能促进比较法的发展,反而限制了它的发展。比较法学在其后的发展中逐步抛弃了所谓"人类共同法""世界法"等强加在各国法律体系之上的形而上学主张,而把研究各国法律体系之间的关系及其历史发展规律,作为比较法能够成为一个独立学科的根据。巴黎国际比较法大会的发起人之一、法国比较法学者朗贝认为,比较法包括两个不同学科,第一个学科是比较历史,它追求一种纯科学的构想和目的。它构成法律社会学的范围和叙述部分。它也构成一门高级的、技术意义上的科学——法律科学。其使命是通过对各种法律现象之间存在的一系列连续的关系进行比较研究,来为发现产生这种关系的原因作准备,从而向法律家们揭示社会生活的表现所遵循的自然法则。第二个学科是比较立法,它追求的是一个实际的目的,一个行动的目的。它是用以揭示、创造或运用法律的一个工具或一个机构。……主要起的作用是从它所比较的各种法律制度的对照中得出潜藏其中的概念与制度的共同基础。② 在当代西方比较法学中占主导的观点是:比较法是一种以各国法律体系的相互关系为自己的研究对象的一门学科。

今天,比较法学作为法学的一门独立学科已成为一个客观事实。有一批比较法学者,有大量的比较法学著作、论文及期刊,世界许多国家设立了比较法研究机构,在高

---

① 参见朱景文:《比较法总论》,2 页,北京,中国检察出版社,1992。

② 参见[法]莱翁丹-让·康斯坦丁内斯库:《论比较法学的流派与比较法》,载《法学译丛》,1983(2)。

等法律院校中开设了比较法课程,定期举行比较法研讨会,比较法在法学中已获得稳固的地位。

第二节　比较法的方法论

比较法作为一门独立的法学学科,它以揭示各个不同法律体系之间关系及其发展规律为目的,那么比较法的研究方法就不仅限于比较的方法,它还包括许多其他的研究方法。经过近一个世纪的发展,比较法研究的方法已由最初的简单比较方法发展成由许多各不相同的方法共同组成的方法论体系,其中包括以下一些具有典型意义的比较法的研究方法。

一、规范比较和功能比较

规范比较,亦称比较立法,它是以法律规则为中心,比较不同国家同一法律部门中各种法律制度、法律规则的异同。这是一种简便易行的比较方法,只需挑出不同国家相同名称的法律文件,把要进行比较的法律制度或法律规则一一加以对照,分析其差异,即可达到预期的目的。其步骤包括以下几个阶段:

(1)准备阶段。在此阶段需选定被比较的法、作比较的法和比较的法。被比较的法是指比较法学者的本国法或区别于作比较的法的另一国家的法,作比较的法是和比较法学者本国法作比较的某一外国法。用以互相比较的法指具体比较什么部门的法,如宪法、刑法、民法等。

(2)分析阶段。以被比较的法为标准,将作比较的法依照被比较的法的组成加以分解。例如,在比较中国与英国的继承法时,可以以中国的继承法为标准,将两国的继承法法律规范分为法定继承、遗嘱继承、遗产处理等几个组成部分。

(3)比较异同。将比较的法的法律规范分解成若干因素之后,便可对每个因素分别加以比较,比较两国的该部门法的每一个因素的相同或不同之处。

(4)综合阶段。在比较异同的基础上对比较的结果进行评价,这是规范比较诸阶段中最重要的阶段。它需分析两国所比较的法是否具有统一性,其统一或差异原因何在,将来的发展趋势如何等。

规范比较的方法形成于比较法学发展初期。这一时期,比较法学者大多是欧洲大陆各国学者。他们所研究的对象也是欧洲大陆各国的法律体系。由于它们都属于欧洲大陆法系,因而规范比较的方法在这一时期取得了一定成功。这表明规范比较能否取得有效的结果,必须有两个前提条件:第一,相同的法律结构。即被比较的国家具有运用相同法律概念的相同法律结构,法律部门的划分相同,运用的法律概念具有同一性。这样才能保证在不同国家的法律制度、规则、职业和角色之间具有一一对应,即被比较的对象之间具有可比性。第二,相同的社会功能。即被比较的国家具有相同的社会政治、经济、文化制度,被比较的法律规则、职业和角色在不同国家具有相同社会作用。

比较法学自20世纪20年代开始,逐步从最初欧洲大陆法系内部的比较发展到大陆法系与英美法系国家之间的比较。这两个法律传统的国家的法律结构和司法体系存在着很大的差异,使规范比较具有很大困难。二战以后,一批社会主义国家的出现和第三世界许多国家的纷纷独立,给比较法学提出了急需解决的问题。朱景文在《评功能比较》一文中指出:一方面,虽然苏联、东欧各国原属民法法系,在建立了社会主义制度后其法律结构仍然与大陆法系相似,但它们的社会功能却极为不同;另一方面,许多第三世界国家,在其独立以后虽然仿照原殖民地宗主国的法律体系建立了西方式的法律体系,但是它们的作用是大打折扣的,这些国家原有的传统法、习惯法或宗教法在实际生活中仍然起着很大的作用。比较法学的发展表明了规范比较的局限性,为了研究需要,必须突破方法论上的限制,发展功能比较。

与规范比较不同,功能比较是以问题为中心。如果两个被比较的国家都有相同的或相似的问题,就可以对它们解决该问题的不同方法进行比较。这些解决该问题的手段既包括法律处理方法,也包括非法律处理方法。例如,婚姻家庭方面,许多国家都由法律来调整,但在伊斯兰教国家,主要是由宗教来调整,虽然世俗法律也有规定,但实际生活中主要还是依宗教习俗。功能比较以问题为中心,大大扩大了比较法的可比性范围。

功能比较的科学性还不仅限于此,以问题为中心摆脱了规范比较中容易受本国法律概念限制的缺陷。不同的国家、民族在其法律发展史中形成了一些具有本民族、国家特色的法律概念。这些法律概念是与这些国家的社会政治、经济、文化传统相联系的,如英美法系中的信托、衡平、判例法,大陆法系中的物权、债权等。即使两个国家使用同一法律概念,它们的含义也可能不完全相同。例如在英美法系和大陆法系中都有普通法一词,但在英美法系中普通法指威斯敏斯特法院所作的判决,而在大陆法系中普通法指中世纪欧洲各大学讲授的罗马法。再如律师这一角色,在美国,律师的从业范围包括参加刑事、民事诉讼的辩论,充当当事人的法律顾问,起草法律文书,解决税务、专利、海事、家庭等各方面的事务。但在日本,律师专指出庭为当事人辩护的人,而起草法律文书、解决非诉讼法律业务,都是由其他人担任。因此,单纯比较美日两国的律师人数是不能说明两国律师制度的发达程度的。

功能比较在具体比较中,不同于规范比较,对执行同一功能的不同规范采取了灵活处理。格兰顿·戈登和奥撒克威在《比较法律传统》中说,有时化整为零,即把一个国家的某一法律制度分解为几个单独的部分,使其中一个部分同另一国家执行着同样功能的某一法律制度相对应;有时又化零为整,即把几个不同的规则合并为执行某一功能的整体,使这个整体与另一国家执行着同一功能的法律制度相对应。这对于法律结构和法律概念上有较大差异的国家之间的比较具有重要意义,它增加了可比性。例如对无行为能力人的财产的保护,大陆法系采取代理制度,英美法系中则通过信托财产制度。再如对代理制度和信托制度比较时,就需把普通法中的信托和衡平法中的信托结合起来,作为一个整体才能与大陆法系中的代理制度进行对比,才有可能得出较为科学的结论。否则,单凭普通法中的信托制度,就会得出英美法系中无行为能力的受益人无任何权利的结论。

功能比较一般可以包括以下五个阶段:

(1)从涉及比较分析的两个或两个以上国家中,找出人们共同遇到的社会问题或需要。

(2)在涉及比较分析的国家的法律制度中,寻找解决人们共同遇到的社会问题的法律解决办法。若法律中没有解决办法,查寻解决该问题的其他社会办法。例如,关于如何保证贫穷的当事人得到公正的审判问题,一些国家规定由国家建立负责给穷人提供帮助的公共薪给律师团体;另一些国家则规定为免费替穷人提供法律服务的私人律师支付补偿;还有些国家则依靠"慈善模式",即律师义务为穷人提供福利性的帮助;还有些国家以相互补充的方式同时使用上述各种方式。

(3)对有关国家采用的法律解决办法或非法律解决办法处理所面临的共同问题的相同性或相异性的原因进行分析。这些原因植根于历史传统中,可能是意识形态、社会、伦理和文化等原因.

(4)进一步分析、比较产生解决所面临的共同问题的不同方法的原因,并预测将来的可能的发展趋势。

(5)对不同国家解决共同面临的社会问题的不同法律处理办法进行评估。这种评判不是绝对地将之确定为"好"或"坏""对"或"错",而是根据某一特定法律解决办法满足社会需要、解决社会问题的有效性来评判,评价法律解决问题办法的实际作用。

功能比较是将社会学方法运用到比较法研究中的结果。它将法律规则、制度放到与之相联系的政治、经济和文化的背景中去,正确认识它们如何发挥功能。相对规范比较的形式主义方法,功能比较无疑是具有优势的。但有些学者在对同一类问题的不同解决办法进行比较时,尤其在涉及非法律手段的比较时,常走向另一个极端,即"法的泛化",把那些不属于法律手段的解决办法亦称为法。例如,一些学者认为,社会主义国家中共产党政策在实际上起着其他国家中法律的作用,因此不能将具有同样功能的规范在一个社会中称为法,而在另一个社会中却不认为是法。"执政党和国家的政策是不成文的法律,而法律则是成文的政策。"这实际上是混淆了法律规范与其他社会规范之间的区别,不利于社会主义国家法制的发展。

规范比较和功能比较,是两种基本的比较方法。它们之间不是对立的,而是互补的。有些问题适用于规范比较,而在一些重大的法律文化和社会制度的差别问题上,则适用于功能比较。在具体适用中必须将两者统一起来,才能避免滥用而造成的失误。

二、微观比较和宏观比较

根据比较法研究范围的大小,比较法研究方法可以分为宏观比较和微观比较。宏观比较是对属于不同法系的国家的法律制度,从整体上比较分析。它所研究的对象不是具体的法律问题及其解决办法,而是对待法律的一般方法,解决争议的司法程序,法学学者从事法律工作时的思维方法与习惯。例如,不同的法典编纂方式,成文法的效力和判例的效力范围,立法体制和法律解释的方法,司法审判模式,以及不同法律秩序中解决纠纷所采取的方式。从实际运用来看,宏观比较主要是在政治学和比较宪法中,进行宏观比较不仅要求了解法律,还要了解文化、政治、经济等。

同宏观比较相反,微观比较研究的是各个具体的法律制度或法律问题。也就是说,比较那些在不同的法律秩序中用以解决特定的具体问题或一定的利益冲突的规则。例如,比较不同的国家的商品生产者在什么条件下对于因商品的瑕疵造成消费者的损失承担法律责任;交通事故中,损失赔偿遵循什么规则;公司法中监事会成员的组成及其权限等。通常,微观比较适用于同一法系的法律、法律制度的比较研究。因为这些国家的基本法律概念、法律结构、司法体制、法律文化背景都相似,具体问题的法律解决办法的可比性也较强,因而比较研究的结果具有很好的适用性。微观比较方法简便,易见成效。由于欧洲法律文化背景大致相同,西方国家的微观比较研究也比较发达。

宏观比较和微观比较之间的界限是相对的。人们在实际运用中常常是两种方法同时运用,在比较某一国家法律秩序中对某一个具体问题为什么是这样解决而不是另一个样子时,常常需要考虑有关法律规则的立法背景和法院对该规则的解释和运用方式以及人们从不同文化角度对规则的不同理解。正如美国学者格兰顿等人所认为的那样,宏观比较和微观比较当然会互相转变,因为微观比较为法律体系的研究提供例子和验证的工具,而法律体系的知识又为特殊问题的研究提供了不可分割的内容。

三、对内比较和对外比较

对内比较和对外比较的划分,是同当今世界存在不同社会性质的法律体系联系在一起的。

在比较法发展过程中,对属于同一社会制度的不同国家法律的可比性,人们并没有什么疑虑。但自从1917年世界上产生了第一个社会主义国家以后,对不同社会制度的法律制度(主要是指资本主义法律与社会主义法律之间)的可比性一直存在着怀疑。在二次世界大战以前,西方法学家对苏联的社会主义国家法律体系一直采取不承认的态度。他们认为,根据马克思主义世界观,建立在一定经济基础之上的国家和法律不是独立存在的。它们不是从任何既定的、永恒的正义观念中产生的,而只是反映着经济基础和生产关系的上层建筑的组成部分,其作用被视为是统治阶级维护其现存权力地位的工具。如维辛斯基所说,一旦共产主义在全世界胜利,法律与国家都将消亡,它们将与石斧以及手工纺车一起被存入历史博物馆之中。而法在西方国家是至高无上的,法治是西方社会的价值目标之一,所以两种不同社会性质的法律制度是不可比的(因为它们不属于同一性质的事物,相互之间不具有比较的基础)。与此同时,前苏联和东欧国家的比较法学者也对社会主义法与资本主义法的可比性持否定态度。他们的理论依据是:同西方法律不同,社会主义法律建立在完全不同的经济制度之上,并且服务于完全不同的阶级,因此是具有全新的革命性的法律。由于西方法律和社会主义法律服务于不同的阶级利益,不可能具有同样的职能,因此它们之间不存在比较的可能性。①

进入 70 年代以来,东西方对社会主义法与资本主义法的可比性问题有了重新认识。学者们认为,尽管作为整体而言,社会主义法律和资本主义法律代表着不同的经济基础、政治制度和意识形态,但它们之间仍存在着可比性。但这种比较不是从不同本质的法律制度中寻找共同点,而是在承认两种不同社会制度的法律本质存在不同的前提下,比较法律功能的同异。瑞典学者博丹提出,关键问题是在社会主义国家和西方国家是否发生一样的生活情况并且都受法律调节,如果这种条件具备,那么就可以对有关同样生活情况的社会主义和西方这两种法律规则加以比较,并确定它们的同异。他认为,有些法律规范为某一类型法所特有,如西方法律体系中反垄断法为资本主义法律所特有,而维护社会主义国有经济的主导地位为社会主义法律所具有的特征,因此,这类法律具有不可比性。但像交通、卖买、借贷、婚姻等现象在社会主义社会和资本主义社会都共同存在,都有调整这些方面的法律,所以这方面的法律在两个不同社会的国家之间就具有可比性。

对于不同社会制度的法律制度,比较法的比较方法可以分为对内比较和对外比较。匈牙利比较法学家萨博将两者作了如下区分:

对内比较 { (1)在相同社会制度内又属于同一法律组的法律的比较(如民法法系法律之间的相互比较,各人民民主国家法律之间的相互比较)
(2)在相同社会制度内但属于不同组的法律或法系的比较(如民法法系和普通法法系的两种法律的相互比较,各人民民主国家法律和苏联法律的比较)

---

① 参见朱景文:《比较法总论》,24 页。

对外比较 { (1)不同社会制度的法律分别作为一个整体所进行的比较(即法律类型的比较)
(2)属于某一社会制度中某一组法律和属于另一社会制度法律的某一组法律的比较(如人民民主国家法律和民法法系的比较)①

总而言之,对内比较是指在同一历史类型的法律体系或法系内部的比较。这些国家法律制度具有共同的发展规律、相同的社会使命,通过比较可以相互借鉴。对外比较则是指不同历史类型的法律体系或法系的比较。在社会制度不相同的情况下,两种历史类型的法律体系的国家仍然会遇到需要解决的相同的具体问题,通过比较既可以找出有关法律规范产生和发挥作用的共同原因,也可以从其差异中寻找不同法律文化和社会制度方面的原因。对内比较和对外比较的运用,有助于加深人们对不同历史类型法律体系的差异和发展规律的理解与认识。

四、叙述比较和评价比较

根据比较法的研究是否涉及对外国法进行专门研究而将比较法的研究方法分为叙述比较和评价比较。叙述比较是把各个法律体系作为一个整体,对该法律体系的特点和各种具体法规详细描述,不加任何评述。早在比较法产生之初,叙述比较就已为学者们所熟悉。因而,20世纪初德、法等国的比较法著作也大多属于这类叙述的比较法。但如果比较法的研究只限于对已有的法律体系作客观性描述的话,比较法就只能称为一种简单的研究方法。而作为一个学科的比较法,其对法律体系的研究则必须超越对法律体系的规范的叙述,进行深层次的法哲学、法社会学和法制史的研究,因而产生了评价比较。评价比较除了对外国法进行叙述外,还依据一定的世界观,对外国法进行分析和评判。在1928年出版的威格摩尔著《世界法律体系概论》一书中,把比较法的研究方法分为三类:

(1)叙述比较,即把各国的法律制度的特征进行客观描述,不作任何评判。

(2)评价比较,即分析不同的法律制度所倡导的价值理念,比较分析各种法律规范的功能与目的。

(3)沿革的比较,即研究各种法律体系在世界上的分布格局,造成这种格局的原因,以及发展趋势等。

英国比较法学者格特里奇将比较法研究方法分为两类:

第一类,叙述的比较法,即对不同国家的法律制度加以比较,只是客观地加以描

① 参见[匈]萨博:《比较法的各种理论问题》,载《法学译丛》,1983(1)。

述,不加评论,以取得外国法的信息为其唯一目的。

第二类,应用的比较法,除了单纯介绍外国法之外的比较法都包括在应用比较法的范围内,它不仅包括实践的目的,即用比较法充实、完善立法,而且包括理论认识的目的,即用比较法充实法律科学。①

应该说,叙述比较和评价比较代表着比较法研究的经验研究和理论研究两个方面,而这两个方面应该是辩证统一的。如果没有叙述比较,就没有作为评价比较的经验材料,评价比较就成为无本之木、无源之水,"巧妇无米可炊"。但如果只限于叙述比较,不作任何理论分析和评判,那么就无法获得对法律体系的本质性认识。前苏联学者图曼诺夫诘问道:"为什么比较研究不能是经验研究和理论研究的结合,为什么比较研究不能产生理论知识。提请注意,比较法学出现以来,所有重要的比较学术著作,没有只限于收集经验过的材料,并且这些著作的作者都发表了不少有关所研究对象本质方面的见解,这些见解恰恰是通过比较获得的。"②科学的比较研究应该是两种方法的有机结合。

以上根据不同的标准对比较研究的方法作了不同的划分,随着比较法学的发展及其他学科对比较法学的渗透,还可以对比较法学的研究作新的划分。比较法学的发展,是与这些研究方法的创立和系统化密不可分的。正是这些方法形成一个初具体系的比较法方法论体系,使得比较法从产生之初的误区(设想比较法的基础、目的和方法能够从现存的法哲学和法律体系中先验地加以确定)中走出来,形成一个具有特殊存在价值的学科。在这里,我们赞成古斯塔夫·拉德布鲁赫所谓的"某些学科如果必须忙于从事探讨自己的方法论,就是带病的科学"的结论。因为比较法这门年轻学科的发展,是与人们对其方法论的认识的丰富和深化休戚相关的。

经历近一百年的发展,比较法学已初具规模。但作为一门学科,比较法学尚年轻,人们还不能要求它有一套确定的方法论的准则,现有的各种比较法的方法都是在各种情况中通过试验性摸索找出来的。任何一种比较方法都不可能预先通过假设详细地确定下来,只能是通过运用预先的假设方法进行研究,将获得的研究成果进行检验,观察其是否有价值或是否符合实际情况。经过不断修订,一种比较方法才被确定下来。

比较法的基础是,人们将在法律上具有相同的目的、相似的功能的事物进行比较,不具备可比性的事物没有必要也不可能对之作出比较。从这个角度来看,功能性原则构成比较法方法论的基本原则,其他比较法的方法都是从功能性原则中产生出来的,或者以功能性原则为根据。以叙述比较和评价比较为例,不同的法律体系中解决某一类问题的法律处理办法都有其独特的价值,很难作出理智的判断。因为,任何一种法律处理办法是同该国的法律体系所赖以存在的文化传统、经济及环境条件、政治制度

---

① 参见朱景文:《比较法总论》,11—12 页。
② [苏]图曼诺夫:《论比较法学的发展》,载《法学译丛》,1983(2)。

相联系的,这种处理办法对该国、该民族来讲,也许是最好的、最优越的办法,但对别国、别民族就未必如此。再加上,评价活动作为一种主观性活动,受评价者价值观念的限制,评价两种法律处理办法优劣的标准就很难让人相信其具有普遍适应性。但是,从功能性原则出发,考虑不同的法律处理办理中何者最符合目的和正当性,还是较为科学的法律评价标准。再比如社会主义法律体系与资本主义法律体系之间的比较,人们长期以来认为两者之间缺乏可比性。因为在资本主义社会,法律万能主义占据主导地位,法律被视为来自永恒正义和理性的规定;而社会主义社会中,法律被视为是统治阶级实行其阶级统治的工具,法律是阶级社会的特有现象,并将随着阶级的消灭而消灭。但从功能性原则出发,如果两个社会制度中存在相同或相似的问题,那么就可以对解决该类问题的法律处理办法进行比较。不仅如此,功能主义原理可以避免这种现象:比较法学者从本国的法律制度的角度来关注社会问题,并按照本国的法律体系的结构在外国法中的相似部分中来寻找有关的规则,结果发现在外国法律制度中找不到相似的规则。功能主义可以帮助学者们摆脱本国法律体系中一切教条主义的成见的束缚,在一个更为广泛的范围中寻找解决有关问题的法律手段。即使在外国法律体系中找不到解决该类社会问题的法律办法,功能原理也可以帮助人们理解为什么外国法律体系中不存在对这种问题的法律解决办法的需要。因为有时有关问题已由其他社会习惯和习俗来调整,而这种习惯和习俗还没有变成明确的法律形式,或者由于不同的社会结构的原因,没有必要规定一定的法律规则来解决该类社会问题。功能主义原理要求比较法学者超出纯粹的法律方法范围。由于一定的社会问题在一国是由法律规范予以调整,而在另一国,这种问题是通过法律之外的机制予以调整,这就需要比较法的研究借助法律之外的研究方法。"当这种需要确实由法律之外的另一种方法予以满足的时候,于是声言外国法并没有调整一定的问题,从而裹足不前,这不仅是错误的,而且给这个法律造成一种歪曲的图像。"①

　　每个国家、每个民族在其历史发展过程中形成了具有本民族特色的法律学说和法律制度,这些学说和制度中的概念和述语各民族不尽相同。以"不当得利"为例,各民族中都普遍存在,但其法律表现形态却不一样。在一个法律体系中,不当得利原则是不当得利返还请求权;在另一法律体系中,不当得利可能成为不法行为;在第三种法律体系中,不当得利可能成为契约上返还请求权。这些概念尽管不同,但比较法中以功能性原则为指导,就可以揭示隐藏在各国法律制度中各种法律概念背后的各种生活现象,透过概念,比较法可以说明各种不同的处理同一问题的法律手段。尽管技术上不同,手段的性质也有差异,但它们都是相互关联的。功能性原则有助于比较法揭示法学的研究对象并不是法律概念的逻辑结构,而是法律制度所反映的社会生活问题。"法是'社会工程'。法律科学是社会科学,这正是比较法的结果以及比较法的思想和

----

① [德]K.茨威格特、H.克茨:《比较法总论》,63页。

方法的出发点。……比较法的问题不是关于不同国家的法律制度的概念结构,而是它的法律制度的功能,比较法的方法是对不同社会秩序解决问题的办法重新从它们各自的现实,从它们所实现的各自社会目的进行相互比较。"①从功能主义角度,人们可以对世界上所有的法律秩序提出同样的问题,而不管它们是否属于同一社会形态或是否具有相同的法律结构和法律文化。

　　建立在功能性则之上的比较法方法论使得比较法能够为法学研究者设立一个"拥有思想方法,系统的概念,提出问题的方法,认识能力,价值准则的大仓库"(茨威格特语),扩大了研究者的学术眼界,为取得世界上一切法学的宝藏提供了多样化学术手段。

---

① ［德］K.茨威格特、H.克茨:《比较法总论》,80 页。

第二十八章　现代自然科学的法学方法论

第一节　控制论、系统论、信息论的法学方法论

马克思主义经典作家曾多次对于未来科学的发展趋向作出过论述。马克思曾断言,已有的自然科学和社会科学诸部门将融成统一的大科学。列宁也说,20 世纪会出现自然科学冲向社会科学的潮流。自然科学向着社会科学靠拢与渗透,主要是方法论方面的。认识到这一点,对于我国现有法学的改善是极为重要的。我国现有法学由于方法论的单一化和研究手段的落后,同现代化和科学化的差距较大。其中,突出的一点便是在现代自然科学方法论的引进方面,缺乏足够的敏感和迫切感。正是鉴于此种考虑,这里打算就现代自然科学研究的方法论在法学中的应用作一粗略的探讨。

一、控制论方法的应用

控制论研究的对象是事物之间的普遍结构与行为方式。控制论创始人之一维纳认为,法律可以定义为对通讯和作为一种通讯形式的语言在道德上的控制。……法律是对联系着每个个人行为的纽带进行调整的过程,它使我们所说的公正能够实现,争执可以避免或至少可以得到裁决。在维纳看来,法律问题就是社会控制问题,它维持着个人行为之间的协调。维纳认为,法律分为理论问题和实践问题。理论问题是关于权利、义务、正义等法律的一般目的问题。实践问题是指使这些理论发生效用的方法、手段,这是法律领域中控制论大有作为的领域。

美国的庞德就是本世纪率先把控制论作为法学分析工具的重要代表人物之一。他认为,法律是控制人固有的对他人侵略性或扩张性的最高级和最有力的机制。这种控制的目的在于:"在最少的阻碍和浪费的情况下给予整个利益方案的最大效果。"70年代形成的行为主义法学就是以控制论为其方法论工具的。行为主义法学把法学研究对象限定为法行为,法存在于可以观察到的行为中,而非存在于规则中,虽然在法学著作和日常语言中,规则或规范的语言被广泛采用,但从社会学观点看,法不是律师们认为有效的东西或有约束力的箴规,而是可以观察到的法官、警察、检察官或行政官员的安排。在行为主义法学者看来,在任何法律体系中,关键的是人们实际上做什么。如果不注意对法律行为的研究,是无法理解任何法律体系的。

行为主义法学学者借鉴控制论在经济学、政治学中的应用成果,模仿自然科学的

方法,用模式和定理来表示法是如何运行的。比较突出的是"法律社会控制模型论""法律纠纷模型论"和"法的变量定理"。

"法律社会控制模型论"认为,社会控制的效果,取决于个人之间的"相互期待行为"的"顺应"程度。假定 1 表示法律秩序的正常状态,K_1,K_2,K_3……分别表示社会的经济、政治、道德等结构(即每一领域的法律行为顺应性)在平衡状态中所占的比例,其公式如下:

$$1 = K_1 + K_2 + K_3 + \cdots\cdots + K_n$$

即　$$1 = \sum_{i=1}^{n} K_i$$

依相互期待行为的顺应性,可进一步引进解决法律纠纷的"法律必要功能"这个概念,建立"法律纠纷模型"。即当某项结构发生功能不足时,社会便失去平衡,社会中法律秩序出现紊乱。这就需要向该结构中注入必要功能 C,

$$令 \sum_{i=1}^{n} (K_i \times C_i) = 1$$

使社会平衡和法律秩序恢复正常。

"法的变量定理"是假定法作为一种政府控制手段,它涉及现实生活中若干可变的方面。如分层、结构、文化、组织和社会控制等。分层,是指社会生活垂直面上表现出来的人们之间权利、义务、地位和财富的不平等分配;结构,是社会生活水平方面表现出来的劳动分工、平等交往和结合等;文化,是指社会生活的宗教、民俗等;组织,是社会生活中对越轨行为的限定及对它的反应。如果把这些方面设定为影响法行为的变量因素,行为主义法学学者通过对这些变量因素的分析,归纳出一系列有关法行为运行的定理:①法与社会分层成正比。一个社会其分层越多,法规则就越多。②法与社会结构的差异状况的关系呈曲线状。在人们没有功能差异(分工),没有或很少有交换的地方,法比较少;而在分工和交换比较发达,人们互相依赖的地方,法比较多。③法与文化成正比。文化落后,处于未开化的地方,法比较少;文化繁荣发达的地方,法也发达。④法与社会组织化成正比。社会组织越发达、越复杂,法也越多。⑤法与其他的社会控制成反比。其他社会控制强化的地方,法就弱化。

二、系统论方法的应用

与控制论和信息论不同,在系统论形成和发展过程中,什么是系统论的方法论,一直没有形成统一的认识。前苏联学者 B. H. 萨加托夫斯基认为,可以在三个层次上来考察系统论的方法论。从哲学角度看,系统方法是现代人类活动和科学认识的辩证范畴的发展形式。从一般科学的角度来看,系统方法是作为认识系统程序的总和的方法。从具体科学的角度来分析系统科学方法,系统方法指系统工程方法、系统分析方法和运筹学方法。系统论思想发展至 80 年代,我国许多学者已把系统论方法论作为一般科学方法论。这种观点认为,系统论方法论是表现不同科学的共同现象、共同规律的方法。它一方面直接深化马克思主义的辩证法原理,另一方面又指导各门具体科学的方法。它把系统论中的整体性原则、结构性原则、组织性原则等运用到具体实际领域。它是系统科学处理各种复杂系统问题过程中形成的,用于解决各种系统问题规律的科学方法论。从这种意义上说,系统分析不等于系统方法,系统分析只是在系统论方法的指导下对某些具体系统进行数量分析和决策的一套方法,因而只是作为具体科学中使用的一种方法。

系统科学问世之初,将系统论方法引入法学研究中就已显端倪。70年代末,西方各国在司法领域中运用系统科学方法研究司法活动已蔚然成风。在中国,80年代中期曾一度掀起运用系统科学方法研究法律的高潮。

纵观中外学者研究的成果,从一般科学方法论意义上运用系统科学方法论来研究法律,比较突出的是德国法律社会学家尼古拉斯·吕曼。吕曼将社会视为一个系统,它能使极为复杂和偶然的环境中有意义的活动关系保持稳定性。为了实现稳定性目的,必须将社会组织得既有高度复杂性,又可使这种复杂性简化为作出决定性活动的根据。社会系统的复杂性是由它的结构来调节的,结构则是社会系统以及与社会相互作用的环境的先决性条件。法律就是社会系统的一种结构,其功能在于调节社会系统的复杂性。吕曼认为,不同的系统中有不同的结构需要,在简单的社会系统中,有传统的规定得比较具体的法律;在社会系统逐渐复杂的过程中,法律逐渐变得抽象,以便对不同情况进行解释时具有灵活性。法律进化的过程表明,作为一种社会的结构形式的法律和社会复杂性的程度是互为条件的。

吕曼将社会系统中的法律称为协调一般化规范的行为期望;法律实现了可选择协调并组成了社会的结构。从这个定义出发,他运用系统论观点,解释了18—19世纪的法律实证化。在此期间,通过立法程序制定了大量的法律。如果单纯从立法权限的变化来分析法律的实证化是不充分的,实在法并不是因为由高一级规范批准它才有效力,而是因为它的选择性履行了协调功能。在吕曼看来,法律实证化过程和社会系统的功能分化是并行的,且二者之间存在着相互依赖的关系。

吕曼通过对社会的复杂的系统化过程中存在的三种机制的阐述,来说明法律的进化:①是创造多样化的机制,也即创造在经验和活动方面有更多可能性意义上的机制。这种机制意味着法律功能的分化,创造大量可供选择的规范。②是选择和利用的可能性以及消除无用物的机制,也就是制度化的机制。这种机制意味着法律中分化出来的特殊的相互作用的系统,即程序。③是保留和稳定被选定的可能性的机制。对规范的可传播意义在语言上确定下来,即加以抽象化。当然,这种抽象化的程度以及规范结构的复杂性将取决于社会系统分化的形式和程度。这三种机制是相互联系的,它们分别代表法律发展中相互依存的三个因素:创造更多的规范、程序以及法的抽象化。

吕曼以帕森斯的社会学说和系统论为基础的法律理论,被人称为同"古典力学模式"一样的法律社会学。由于他的学说对资本主义社会和法律缺乏实用价值,因而一直不为人所重视。

三、信息论方法的应用

信息论的创始人申农是以通信系统为对象,以概率和数理统计为工具,从量的方面来描述信息的传输和提取方面的问题。它研究信源能够产出多少信息量,信源能传送多少信息量,信宿又能收到或提取多少信息量。申农的信息理论,经过 30 年的发展,逐渐形成相当完整的科学理论。信息论的方法也逐渐从最初的数理统计分析方法发展成为具有普遍方法论意义的科学研究方法。信息方法就是运用信息的观点,把系统看作是借助于信息的获取、传递、加工和处理而实现其有目的性的运动的一种研究方法。这种方法把系统的运动看成是抽象的信息变换过程,以信息的运动作为分析和处理问题的基础,撇开了对象的具体运动形态,把系统的目的性运动抽象为信息转换过程。作为一种综合研究系统,信息论的方法与传统的经验方法不同,它不是在简单地剖析基础上进行的机械的综合,而是用联系转化的观点,通过对信息的流程加以综合考察,从而获得有关研究对象整体性的知识。它是研究事物的复杂性、系统性和整体性的一种重要方法。

信息论对法学研究领域的渗透,在法学中形成了两个全新的研究热点:一是以信息保护为对象的信息法学;另一个是以信息论的方法来研究法律的法律信息学。前者可以列入部门法中,后者则属于理论法学的一个新流派。该流派把法律看成是一种特殊的信息,是一种由国家在获取了一定的信息的基础上,对已有信息进行加工、处理的深层次的信息。各类法律信息有机结合所构成的集合,为法律信息系统;它是整个社会信息系统的一个子系统。在这个系统中,官员和非官员充当着法律信息的发送者和接收者的角色;而立法机关、行政机关和法院则起着信道的作用。法律信息学的目的,就是通过对法律信息系统运动的分析,为法律预测提供依据。

美国 G.舒伯特的"司法政策制定的整体模型",是运用信息论的法学方法论的典型。即:

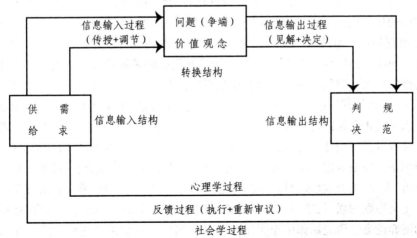

第二节　博弈论的法学方法论

博弈指两个以上个人或集团作出相互有影响的决策,以应对存在利害冲突的局面,并使决策者获得利益的活动。关于利益冲突现象的理论模型则称为"博弈模型"或"对策模型",分析利益冲突问题的理论就称作"博弈论"或"对策论"。

博弈可分为"零和博弈"和"非零和博弈"两种。"零和博弈"指博弈中各方无论采用什么策略,得失总和均为零。在零和博弈中对局各方是完全对立的,一方所得必意味着他方或其他各方有所失,不存在各方均得或均失的可能。"非零和博弈"指博弈中各方的得失总和不为零。在"非零和博弈"中对局各方不再是完全对立的,一方或几方的所得,未必意味着其他方必有所失;反之亦然。因此,会出现各方都认为对自己有利的对策和结局,也会出现使各方均蒙受损失的对策和结局。在社会生活现实中,两种类型的博弈都存在,但以非零和博弈更为常见,且在条件和环境发生变化时,会发生类型的转变。例如,当只有两个政党参加议会选举和组阁竞争时,两者竞争为零和博弈,一方所得必为另一方所失;但当一小党参与竞争,并有力量使两大党均得不到过半数议席时,则两方博弈变为"非零和博弈",联合政府的必然出现使得失总和不再必然为零,这时,两大党可能采取合作对策组成"大联合政府"而使双方实现"双赢"。

博弈论的方法论在法学领域的应用早已为学者们所注意。博弈论的著名案例"囚犯难题",就是"两人非零和博弈"的典型。囚犯既可能因信息交流即"串供"而实现迫使检控方放弃重罪指控的"双赢"结局,也可能因信息阻隔且错误地预测其他局中人的策略而导致"全部招供"的"双输"结局。把法律问题的研究视为博弈论的一个方面,通过引入博弈论的原理以及数学模型进行定量分析,是十分有益的尝试。其中成功的范例首推罗尔斯的"正义论"。

早在罗尔斯的名著《正义论》尚未问世以前,理性选择理论的大师 A. K. Sen 就曾根据罗尔斯的相关论文,运用"博弈论"中"囚犯难题"的模型,证明卢梭社会契约论中的"公意"原则是罗尔斯的"正义原则"的一个子集。泰勒认为社会契约是非零和博弈的合作解。而罗尔斯则旨在将洛克、卢梭和康德所代表的传统的社会契约论一般化和达到更高级的抽象。罗尔斯在《正义论》中推导"差异原则"时,运用了博弈论中"极大极小"决策准则以使其理论更为严谨。罗尔斯认为《正义论》的主题是对于社会的基本结构所应满足的正义原则的研究。所谓"社会的基本结构",是指给社会成员"配置基本权利和义务以及分配社会合作的益处"的一组社会的、政治的、法律的和经济的制度。罗尔斯把正义原则界定为配置各个社会成员的"基本益处"的准则。基本益处是包括基本自由、人权、机会、收入、财富、权力、地位、荣誉等范畴的综合概念。通过基本益处配置和正义原则的联系,罗尔斯得以将正义问题转为利益配置问题,并进而运用利益配置的博弈论方法研究法律中至关重要的正义问题。罗尔斯首先假设了一个公平的初始位置,它体现了人们事实上所接受的或经过哲学反思所能够接受的选择正义原则的条件。然后确立了保证任何人不能了解用于特权交易的信息的"无知之幕"。这样,就可以把正义原则的推导完全纳入博弈模式。由于初始位置上的"无知之幕",正义原则的有效性不依赖于人的自然禀赋和社会地位的偶然性,而理性的人在"初始位置"上将自觉地推导和选择作为道德律令的正义原则。罗尔斯的正义原则要求所有的社会基本益处包括自由、收入、财富、权利以及自尊等,应平等地配置,除非某些或全部基本益处的不平等配置有利于社会中得益最少的人。罗尔斯的推理过程分为两个阶段:首先,给定"初始位置"的四个要素即:①参与初始契约者的理性动机;②"无知之幕";③权力概念的形式约束;④不同的正义原则的列举,每个人合理的选择是遵循"极小极大"决策准则。其次,一经采用该原则,罗尔斯正义原则较之其他正义原则的优越性就会显示出来。由于在"无知之幕"条件下选择正义原则是不确定条件下的理性选择问题,而"极小极大"原则是从最坏的可能性出发寻求最好的结果。参加"博弈"的人们从保险角度考虑,自然要求有平等的基本自由以及出于每个人都有成为得益最少者的顾虑,要求社会和经济的不平等有利于得益最少者。这样,罗尔斯就通过"博弈模拟",推理出了正义原则。

博弈论的法学方法论把法学问题转化为博弈问题,其合理性基础在于法与利益的密切关系。马克思主义的创始人早就深刻指出:人们奋斗所争取的一切,都同他们的利益有关。① 利益作为客观范畴,对法起着决定性的作用。因此,人们在利益分配中的博弈活动使得博弈论方法论能够也应该应用于法学研究。由于利益分配中的博弈多为"非零和 n 元博弈",所以法学博弈研究也应当以"非零和 n 元博弈"为主要模型。事实上,在法范畴中,"排斥零和,走向多赢"已成为学者的基本立场。所谓排斥零和,是指尽量防止法律上的争端各方之间出现零和博弈,因为零和博弈意味着得益方必然以相对方的失为得的前提和交换。"走向多赢"则是指争端各方达成能使各方均获益的一致性决策选择。非零和博弈的求解方法不能采用"极大极小—极小极大"原则,而必须从新的视角去探寻。比较重要的求解概念是"平衡偶",相应的选择求解方法包括"纳什意义下的解"②"严格意义下的解""完全弱意义下的解"等。

为求得 n 人博弈的解,博弈论使用了特征函数的概念,即对局中人的每个子集,函数值 $V(S)$ 为当 S 中的局中人成为一个联盟时,不管 S 外的局中人采取什么策略,联盟 S 通过协调其成员的策略保证能达到的最大赢得值,则称 $V(S)$ 为 n 人博弈的特征函数。特征函数使研究者能够确定不同种类的合作联盟的可能性及赢得值。同样重要的另一概念是分配向量,它是指局中人通过联盟内报酬的合理分摊即分配,获得不少于单独干时所能获得的报酬的向量。通过上述两个概念的使用,我们对于"法博弈"中

① 参见《马克思恩格斯全集》第 1 卷,82 页。

② 纳什(Nash)是二人零和博弈的极小极大定理拓广后的纳什定理的提出者。其定理为:任何具有有限纯策略的二人博弈(零和与非零和)至少有一个平衡对。

可能存在的联盟力量可以进得定量度量,并能计算出联盟内各个成员之间分配得益值的方案和数值。法律的制定过程首先是一个不同利益集团的矛盾冲突的博弈过程。在运用博弈论方法进行分析之后,我们能够准确了解不同利益集团在立法博弈中可能出现的利益联盟及其可能获得的最大赢得值,这样就可以比较准确地预测出立法走向及法律进化的速度和支持与反对的联盟力量对比与组合。同样,在司法活动中,也存在着博弈现象。例如,在以纠问式为主的诉讼模式中,由法官和原告、被告双方构成的博弈活动存在着法官与其他局中人不可互换的特点,这一点在博弈数学模型中由法官的"夏普利值"大于其他局中人的"夏普利值"可反映出来。反之,在以弹劾式为主的诉讼模式中,由于法官处于不干预的仲裁地位,原告、被告在博弈中的地位明显提高,其"夏普利值"也相应地提高。

博弈论的一个成功之处在于通过数学模型使"法博弈"的定性分析能够定量精确化。同时,通过赋予某些数学符号和概念以博弈论中的含义,使之能够以数值和函数显示法学上的意义和解释。以陪审团制度为例,假设为判一个人的罪名成立需要 12 个陪审员中的 10 个人投赞成票。则使 $V(S) = 1$ 即特征函数值为 1 的子集就是足以判定罪名成立的联盟。由于这个对策没有核心(即对任何联盟均不能被优超的分配向量的集合)且夏普利值与核仁(其基本思想是:在分配属于核仁的条件下,最不理想的联盟也要优于任何其他分配向量的最不理想的联盟)对于每个陪审员均为 1/12,所以陪审团中成员在表决中地位是平等的,这与陪审制度的法律含义是一致的。但当我们加入法官的因素后,假如法官相信被告是无罪的,他会引导陪审团去证实此人无罪,而陪审团通常会沿着法官的法律指导思路去考虑。只有当法官相信被告有罪时,他才会让陪审团以上述方法自行决定。则在上述 13 人博弈中,设法官为 1,定罪的最小获胜联盟为 S,

$1 \in S, \#S = 11$($\#S$ 为集合中元素总数)

法官的夏普利值是:

$$\Phi_1 = \sum_{S:1 \in S} \frac{(\#S - 1)!(n - \#S)!}{n!}$$

$$= \frac{(11 - 1)!(13 - 11)!}{13!} \cdot C_{12}^{10} + C_{12}^{11} \frac{11!1!}{13!} + \frac{12!0!}{13!}$$

$$= \frac{18}{78}$$

而陪审员的夏普利值为:

$$\Phi_i = C_{11}^9 = \frac{10!2!}{13!} = \frac{5}{78}, 2 \leqslant i \leqslant 13 ①$$

---

① 关于"夏普利值"的博弈论中的含义及其计算公式可参考解放军出版社于 1988 年出版的,由 L. C. 托马斯著,靳敏、王辉青译的《对策论及其应用》第 125、126 页。

　　由法官和陪审员的夏普利值之比为 18/5，可知在上述设想的陪审制度中法官比单个陪审员重要 3.6 倍；但陪审团 12 名陪审员的夏普利值总和为 60/78，所以整个陪审团要比法官重要 3.33 倍。这就把陪审制度中不同角色在博弈中的地位和影响判决结果的力量用数学形式表现出来，为定量分析"法博弈"问题创造了条件。

　　博弈论的方法论在法学的诸多领域中都有着极为重要的应用价值，并已取得了很多成就。首先，在国际法方面，尤其是联合国诸多公约及多边、双边国际协议、协定的创制和实施方面，博弈论作为首要的方法论，起到了重要作用。通过对可能的联盟组合的数学分析以及力量对比的定量分析，加上"非零和博弈"中的"多赢"对策理论，国际法研究更加准确化、定量化，有效地弥补了过去单纯定性分析对变数难以精确预测的不足。《国际人权公约》、"和平共处五项原则"等国际法中的光辉典范正是应用博弈论中"排斥零和，走向多赢"的思想及方法的杰作，使国际法理论逐渐摆脱了"零和博弈"理论中"非敌即友""非友即敌""人之失为我之得""我之失为人之得""不存在国际共同利益"等狭隘观点，而这些狭隘观点恰是"冷战时代"占统治地位的主流思路，并给世界各国人民造成了巨大损失。由于当代世界已进入"多极时代"，而国际关系实质上是"非零和博弈"关系，所以当人们均采取不合作的对抗策略时，就会导致"全输无赢"的最差博弈结局，给全人类造成毁灭性灾难。正是认清了这一点，全世界各国人民才转而采取合作对策，以"全赢无输"为新的国际法和国际关系的指导原则，并在此基础上，通过共同努力实现永久的和平与共同的发展。

　　在中国内部法治建设中，博弈论的法学方法论同样有着重要的现实性意义和理论价值。随着市场经济发展的不断深入，不同利益集团的分化、重组已逐渐成形，利益集团之间的利益冲突在立法活动中已明显显示出来。地方利益与中央利益的矛盾、地方之间的矛盾、不同职业界别之间的矛盾等等，在许多重要法律的制定或修改的过程中已形成冲突，有的还很尖锐。如何消除过去那种"以人之失计我之得""人之得即我之失"的"零和博弈"思路，认识到"法律博弈"属于"非零和博弈"为主的特点，通过协调、商量以合作代替对抗，寻求使各方都能获益的"最佳全赢博弈"策略，是确保社会稳定和法律连续性及长期稳定性的关键。事实上，那些以其长期稳定和连续性而为世人所称道的著名法律如美国宪法和法、德的民法等，无一不是采取长远眼光，以协同的方式，"排斥零和、实现多赢"的合作博弈策略的典范。在中国的法治建设中，防止立法行为"短期化"的最有效方式，莫过于吸取上述成功的经验和思路。同样，在司法制度改革方面，通过博弈论模型的计算，我们已经发现，由法官积极干预主义占主导地位的诉讼模式和法官消极主义仲裁思路的诉讼模式相比，诉讼当事人及其诉讼代理人的地位和影响力明显偏低，陪审团成员的作用也会受到不利限制，不利于诉讼制度合理化。因此，诉讼制度改革势在必行，其方向自然是提升诉讼当事人及其诉讼代理人的实际诉讼地位和权利（陪审团制度因我国没有实行，不在讨论之列）。这与目前正在流行的司法制度改革是一致的。

在我国法学理论中具有巨大创新作用的"一国两制"理论,是体现"非零和博弈"中"全赢"思想和方法的范例。"一国两制"理论的创造者们正是认识到了"港、澳、台"问题的性质是"非零和博弈",既有处理得当、皆大欢喜的可能,也有决策失误、满盘皆输的危险。在充分考虑到华夏子孙血浓于水、情意相连、有着共同的根本利益的基础上,尊重各方意愿、利益和现实情况的"一国两制"理论构想诞生了。"一国两制"理论的成功之处恰在其以协同思想兼顾了"博弈局中人"各方的利益和意愿,完成了"零和非合作博弈"到"非零和合作博弈"的转换,最终实现了以法制保障平稳过渡、长治久安的"全赢"目的。在具体实施港、澳基本法的过程中,仍应以此思路和方法为指导,才能成功。

"台湾问题"从法律角度和现实情况看,远较港、澳问题复杂。但两岸已有越来越多的人士认识到"排斥零和、走向双赢"的思路及博弈论方法论对于妥善解决台湾问题具有重要指导意义。台湾自身的特殊性是历史形成的,不同于港、澳问题的性质。但海峡两岸人民在根本利益上是没有冲突的,这一点为"非零和合作博弈"策略的实施创造了基础。同时,在坚定实现"双赢"的大前提下,要充分认识到这一"博弈"中谈判的难度。不受个别突发事件的干扰,不为假象所迷惑,认真、全面地考虑台湾人民及各政党、利益集团的不同利益要求,在确保祖国人民根本利益的条件下,审时度势,灵活处理,必能妥善解决历史难题,实现"双赢"。

第三节　模糊论的法学方法论

模糊论是指从考察对象的模糊性方面提出问题,运用模糊数学、模糊逻辑和模糊语言学等模糊理论分析和解决问题的科学。模糊方法的发展是现代科学进步的需要。一切事物都是一分为二的。精确性和模糊性也都有两重性。人类生存的环境,基本上是一个模糊环境。人们在生存活动中,经常接触各种模糊事物,接受各种模糊信息,随时要对模糊事物进行识别,作出决策。在漫长的历史进程中,人类思维能力的提高,不但表现在形成和发展了精确思维的能力,而且表现在发展了模糊思维的能力,发展了处理模糊性问题的模糊方法。人类的生存发展,文明的不断进步,证明人类有适应模糊环境的能力。同时,用精确方法处理复杂模糊事物的无效性,使人们重新审视过去那种片面强调精确化的方法论观点,并注意研究模糊事物,发展和运用模糊方法。C. V. 尼古塔和 D. A. 拉莱斯库在《模糊集在系统分析中的应用》中说,描述的不确切性并不是坏事,相反,倒是件好事,它能用较少的代价传送足够的信息,并能对复杂事物作出高效率的判断和处理。也即是说,不确切性有助于提高效率。事实证明也确实如此。视模糊性为纯粹消极的因素到承认模糊性还有积极有利的一面,从求在一切场合下消除模糊性到在一定场合下有意识地利用模糊性,是科学思想和方法论的深刻变革。

模糊论在法学研究中的运用是广泛的。法范畴内存在着大量模糊现象。首先,法律规范具有模糊性。如刑法法条中情节恶劣、特别恶劣、轻微、显著轻微以及非法所得数额巨大、较大等模糊语言;刑期、款额等的幅度等。这些模糊性规定使法律的执行和适用必然会存在模糊处理问题。其次,法律的确定性与具体案件处理的灵活性之间,也存在着模糊性即"测不准现象"。法律的确定性是防止法律神秘主义,确保法律面前人人平等,克服司法及执法腐败的重要基础;而具体案件处理的灵活性则是实现个案公平的关键。两者之间的矛盾使得司法机关在审理案件和适用法律时,必须采取模糊方法而不能采用片面的精确方法。再次,法律活动中也存在着大量模糊信息。例如,公安机关在发布通缉令时,对被通缉人的特征描述通常都是模糊性极强的,不可能用精确数学的模型去计算。反之,使用模糊方法反倒显得自然和有效。公安机关通过被害人或证人提供的模糊信息加以综合,绘出关于犯罪嫌疑人的模糊画像,再逐步修正使之准确的做法正是运用模糊方法的典范。由此可见,法范畴中的模糊问题可以依据模糊理论,将待考察的模糊对象以及反映它们的模糊概念当作一定的模糊集合,确定相应的解决办法。

对法律问题进行模糊分析,应采取建立模糊数学模型,确定适当的隶属函数,通过模糊集合的运算和变换,进行定量分析的方法。其中,关键环节在于隶属函数的定义及量化运算。模糊性是事物普遍联系的连续性中介过渡,也是事物连续运动所导致的认识对象性态把握的不确定性。作为定量分析,必须把模糊概念确定化。隶属函数的定义和运算,使模糊方法的定量化成为可能。

要给模糊事物以适当的集合描述,首要步骤是放弃经典集合论的基本假定,代之以一个新的假定:论域(讨论涉及的对象范围)上的对象从属于集合到不属于集合是逐步过渡而非突然改变的。采取这一前提意味着:①把元素属于集合的概念模糊化,承认论域上存在既非完全属于某集合、又非完全不属于该集合的元素,变绝对的属于概念为相对的属于概念。②把属于概念数量化,承认论域上的不同元素对同一集合有不同的隶属程度,引入隶属度概念,用以对属于关系的量的规定性进行度量。设 A 是论域 U 上的模糊集合。U 中百分之百地属于 A 的元素对 A 的隶属度为 $\mu=1$,百分之百不属于 A 的元素对 A 的隶属度为 $\mu=0$,其余的元素对 A 的隶属度用介于 0 和 1 之间的实数 μ 来表示,较大的 μ 值表示较高的隶属度,则模糊集合 A 就得到一种定量的刻画。我们用"～"作为模糊化记号,模糊集合记作 A。论域 U 上的模糊集合 A 是用一个从 U 到实区间 $[0,1]$ 的函数 μ_A 来刻划的,μ_A 叫做模糊集合 A 的隶属函数,函数值 $\mu_A(X)$ 代表元素 X 对集合 A 的隶属度。模糊集合 A 的隶属函数可简记为 $A(X)$。按现代数学映射概念,严格的定义如下:论域 U 到实区间 $[0,1]$ 的任一映射 $\mu_A:\mu\rightarrow[0,1]$,$\forall X\in U, X\rightarrow\mu_A(X)$,都确定 U 上的一个模糊集合 V,μ_A 叫做 A 的隶属函数,$\mu_A(X)$ 叫做 X 对 A 的隶属度。

隶属函数也称为资格函数或从属函数,刻画的是元素从属于集合到不属于集合的渐变过程,亦即隶属度在论域上的分布。所谓的模糊性,就是元素对集合属于关系的

不分明性、属于程度的连续过渡性。隶属度则是模糊集合论应用于实际问题的基石。一个具体的模糊性对象,首先要写出切合实际的隶属函数,才能应用模糊学方法作具体的定量分析。正确构造隶属函数是应用模糊论方法的关键。通常的理论文献中的例子大多用推理方法近似指定隶属函数。一种较为有效的方法是通过模糊统计试验来确定隶属函数。隶属函数是否符合实际,主要不在于单个元素隶属度的数值如何,而在于是否正确地反映了元素从属于集合到不属于集合这一变化过程的整体特性。关于隶属度的客观性和主观性问题,在理论和应用两方面都是重要的。隶属度是对事物模糊性的一种度量。模糊性的客观性决定了隶属度的客观内容。不同模糊事物对同一类别(集合)隶属度的差异,例如中国《刑法》中对贪污罪的规定中,第383条是按数额巨大与情节严重量刑的,而5万元与10万元在数额巨大的隶属度方面的差异是一种客观的差异,决非人们先验地指定的。任何合理的隶属度都是经验地指定的,即依据人们在经验中对事物特性的了解来指定。当然,隶属度也不能纯客观地确定。经验之中必然包含主观成分。隶属度是一种非数值的量的规定性,不能像物理量那样实地测定。要求精确确定隶属度客观标准是不现实的,不同人对同一事物隶属度的指定常有差别。隶属度的这种不唯一性,是模糊性的一个重要特点。在一定范围内,隶属度允许且必须由人主观地指定。这使人的主观能动性和事物的客观性有机地、科学地结合起来。考虑到法律问题的复杂性和连续性,模糊论的截集概念和截断方法也被引入到法学研究中。截集的定义为:论域 U 上的模糊集合 A 的 λ 一截集,记作 $A\lambda$,系指普通集合 $A\lambda = \{X|X \in U, A(X) \geqslant \lambda\}$,其中,$\lambda$ 称为置信水平,满足条件 $0 \leqslant \lambda \leqslant 1$。换言之,论域 U 中对的 A 隶属度不小于 λ 的一切元素组成的普通集合,叫做 A 的 λ 一截集。λ 相当于门槛值。截集概念是对人脑在处理模糊性问题时常用的截割方法,目的在于把复杂事物中那些处于对立或差异显著的两极之间,居中连接的大量中介状态人为切分,以便简化问题。模糊论的截割理论是:让模糊事物不加截割地进入数学模型,充分利用中介过渡的信息,通过隶属度的演算规则及模糊变换理论,最后在一个适当的阈值上进行截割,作出非模糊的判决。截集概念和行之有效的截割方法,使模糊论较之传统的法律数学方法有了新的飞跃。传统的法律数学方法是推演前截割,确定地选择阈值,带有较多的主观随意性和机械呆板性;模糊法学方法则是推演后截割,浮动地选择阈值,更加符合客观规律性,更有利于灵活对待具体问题。① 截割在法学问题中十分重要。刑法中,刑期的划分、经济犯罪中金额对应刑期的截割;行政法中,不同等级的行政处罚或奖励的划分;经济法中,超额累进及超率累进税制的等级划分;诉讼法中,不同性质或类别案件的诉讼时效的规定等等,都涉及截割问题。过去,由于采取传统的、凭经验定性地进行截割的方法,致使法律规定带有较大主观随意性,缺乏客观规律性依据,给法治实践造成了很大困难。实践告诉我们,只有从经验把握的领域进入理

---

① 参见沈小峰、汪培庄:《模糊数学中的哲学问题初探》,载《哲学研究》,1981(5)。

论描述的领域;把定性的截割提高为以定量分析作依据的截割,才能客观地、科学地达到法律应当达到的目的。而运用模糊论的法学方法论作指导,正是合适的选择。

模糊论的法学方法论的一个重要特点,是将模糊语言、模糊概念、模糊定理、模糊推理、模糊思维引入法学研究领域,从而完成法学模糊系统理论的构建。

自然语言广泛存在的模糊性决定了依赖语言文字描述才能显示其准确性的法律(尤其是成文法),必然也广泛地存在着模糊的一面。在法律条文中大量存在的模糊语言多为合成语言,其中一般包括限制词(H)和中心词(C)。H 具有调整和改变中心词 C 的词义的作用,称为语言算子。C 是运算对象,H 对 C 运算的结果,改变了 C 的语义 $M(C)$,得到 HC 的语义 $M(HC)$。模糊语言算子主要有:①集中化算子。限制词"很""特别""相当""非常""极"等的语义功能在于,对于任一 $X \in U$,X 对 HC 的隶属度小于或等于 X 对 C 的隶属度,即 $\mu_{HC} \leqslant \mu_C(X)$,$\forall X \in U$。$H$ 前缀于 C,使隶属度的分布向中央集中,故称这类限制词为集中化算子。例如,贪污金额对于"数额极大"的隶属度小于其对"数额大"的隶属度。②散漫化算子。限制词"微""稍""较""略"等的语义功能是使隶属度的分布由中央向边缘散布,对于任一 $X \in U$,X 对 HC 的隶属度大于或等于 X 对 C 的隶属度,即 $\mu_{HC}(X) \geqslant \mu_C(X)$,$\forall X \in U$,故称为散漫化算子。例如,挪用公款金额对于"数额较大"的隶属度大于其对"数额大"的隶属度。模糊法学一般采用札德的下述约定。令 H_2 代表限制词"很"(设"很"与"非常"同义),$(H_2 A)(X) = [A(X)]^2$;H_4 代表"极"(设"极"与"非常非常"同义),$(H_4 A)(X) = [A(X)]^4$;$H_{\frac{1}{2}}$ 代表"较"(设"较"与"有点"同义),$(H_{\frac{1}{2}} A)(X) = [A(X)]^{\frac{1}{2}}$;$H_{\frac{1}{4}}$ 代表"微"(设"微""略""稍"同义),$(H_{\frac{1}{4}} A)(X) = [A(X)]^{\frac{1}{4}}$。札德还引入了 $plus = H_{\frac{5}{4}}$,$(plus\ A)(X) = [A(X)]^{\frac{5}{4}}$ 和 $minus = H_{\frac{3}{4}}$,$(minus\ A)(X) = [A(X)]^{\frac{3}{4}}$,两者介于 H_2 和 $H_{\frac{1}{2}}$ 之间,进一步增强了语气算子的辨识能力。模糊语言算子的约定是在模糊统计分析基础上辅以经验确定的,它们对于定量分析模糊法学现象具有重要意义。

法律当中还存在着许多重要的模糊概念,如情节严重、犯罪嫌疑人、行凶、黑社会等,易于使人产生某种似是而非的理解,出现与别的概念相混淆的现象。这些模糊概念往往可分为两类:一类的模糊性来自主体认识发展的不充分性,经过主观努力能够转化为精确概念;另一类的模糊性来自对象本身,不可能因主体认识的深入而转化为精确概念。对于后者,要求人们运用辩证思维去表达,以运动观点去刻画。模糊概念中包含主观能动性,使人能够表达主观情绪和愿望,使人能够灵活地处理问题。恩格斯在《自然辩证法》中论及辩证法和形而上学的区别时曾指出,前者的范畴是流动的,后者的范畴是固定的。范畴的流动性的一种表现是范畴的历史性,另一种表现是范畴的模糊性(外延的不分明性)。承认范畴外延的模糊性、不固定性,是灵活地使用法学范畴的哲学依据。模糊法学正是以此为出发点,通过用模糊语言刻画法学概念——模糊定义,用模糊概念叙述法学定理——模糊定理,按模糊推理规则证明法学定理——模糊证明,从而建立了指导法学发展的理论思想和逻辑基础。

模糊思维的运用,是模糊论最为成功之处。模糊思维是相对于精确思维而言的。逻辑学、数学尤其是计算机科学的发展,对精确思维作了逐渐深入的分析,使我们对精确思维的机制有了相当丰富的知识,并能用物质手段予以再现。但是,精确思维的逻辑基础是二元逻辑,不可能对于具有多元性的模糊事物,实现正确而可靠的思维认识。法学现象绝大多数是具有多元性的复杂事物,不可能仅凭二元逻辑认识清楚。因此,模糊思维的引入就成为必然。

在法学现象中,表现突出的一个例证,就是司法机关及法官个人的自由裁量权问题。司法机关肩负着保障公民人权不受侵犯和制衡立法、行政两权的重大责任。这就要求司法权绝不能只是作为立法机关的"计算机",完全按照立法机关"编制"的程序——法律条文来"运算",而没有适当的自由思维和决断的权力。事实上,由于立法活动本身具有的不可消除的模糊性以及法律所固有的模糊性质,司法机关如果仅是一台只会按指令程序运算的计算机,则它将因指令程序的模糊性而无法正常运作。正如著名科学家钱学森指出的,"人不是靠算,而是靠认出形势"①。法院和法官应当靠充分地认清案件的性质、特点以及法治建设的需要、发展趋势,将个案审理的具体性、灵活性与法律的普适性、稳定性、连续性和发展性有机地结合起来,从而公正、合法、合理地作出裁决和法理解释。而这一过程必须也只能以模糊思维为指导来完成。模糊思维在法学领域的运用也并非必然导致主观随意性乃至人治专制。相反,模糊思维的量的特性以及形式结构、逻辑顺序化加之模糊数学方法的运用,同样可以实现模糊法学问题的定量分析和模拟及处理。

模糊论作为一门思想新颖、方法独特的学科,其发展和运用需要冲破"罢黜模糊,独尊精确"的片面传统偏见的桎梏。路漫漫其修远,吾辈仍需上下而求索。

第四节　耗散结构论、协同论、突变论的法学方法论

一、耗散结构论的法学方法论

耗散结构理论是一种关于非平衡系统的自组织理论。它是由比利时布鲁塞尔自由大学伊·普利高津教授于 1969 年在一次理论物理和生物学国际会议上发表的《结构、耗散和生命》中正式提出来的。所谓耗散,是指系统与外界物质和能量的交换;而结构是指客观世界的相对有序状态。普利高津通过研究发现,一个开放系统(不论是力学的、物理学的、化学的、生物的,还是社会、经济、法律、文化的系统),在到达远离平衡态的非线性区时,一旦系统的某个参量变化到达一定的阈值,系统有可能从稳定进入不稳定,通过涨落发生突变,即非平衡相变。于是,由原来无序的混乱状态转变到一

---

① 钱学森:《自然辩证法、思维科学和人的潜力》,载《哲学研究》,1980(4)。

种新的有序状态。系统需要不断地与外界交换物质和能量,才能维持这种有序状态,并保持一定的稳定性,且不因外界的微小扰动而消失。这种在远离平衡的非线性区形成的新的有序结构,并以能量的耗散来维持其自身的稳定性,普利高津称之为耗散结构。这种系统能够在一定外界条件下,通过内部相互作用,自行产生组织性和相干性,称作自组织现象,所以这一理论也称为非平衡系统的自组织理论。

耗散结构的概念是对比平衡结构建立起来的。平衡结构不进行任何能量或物质的交换就能维持。相反,耗散结构只有通过与外界交换能量(在某种情况下也交换物质)才能维持。因此,平衡结构是一种"死"的结构,它最好不与外界发生任何联系和作用,这样才能长久地保持下去;耗散结构则是一种"活"的结构,吐故纳新,与外界不断进行物质和能量的交换,才能维持其有序状态。

耗散结构论研究表明,形成耗散结构的条件主要有四个:①系统必须是开放的,孤立和封闭的系统都不可能产生耗散结构。所谓开放系统是指与外界能进行物质和能量交换的系统。根据热力学第二定律,一个孤立系统的熵①自发地趋于极大,随着熵的增加,非平衡状态总是趋于平衡状态,有序状态会逐步变为无序状态。而对于一个开放系统而言,熵(S)的变化可分为两部分:一部分是系统本身由于不可逆过程引起的熵的增加,即熵产生(dis),这一项永远是正的;另一部分是系统与外界交换物质和能量引起的熵流(des),这一项可正可负。整个系统的熵的变化 ds 是这两项之和:ds = des + dis。如果 des 是负的,其绝对值又大于 dis,则 ds 小于零。这表明,只要从外界流入的负熵流足够大,就可以抵消系统本身的熵产生,使系统的总熵减少,逐步从无序向新的有序发展,最终形成一个低熵的有序结构。②系统应当远离平衡态。普利高津的研究表明,系统不仅在平衡态时自发趋势是趋于无序;在近平衡线性区时,即使有负熵流入,也不能形成新的有序结构,而仍然是逐步趋于平衡,趋于无序。而只有当系统远离平衡时,才会有新的规律性,才有可能形成新的有序结构。因此,非平衡是有序之源。③系统内部各个要素之间存在非线性的相互作用,如正负反馈机制等。④系统从无序向有序演化是通过随机的涨落来实现的。涨落在不同条件下起着迥然不同的作用。对于近平衡区的系统,涨落引起了系统运动轨道的混乱,导致了无序;而对于处在远离平衡区的系统来说,涨落却成了促使系统从不稳定态跃迁到一个新的稳定的有序结构的因素。②

法治系统的形成和发展完全符合形成耗散结构的主要条件。首先,法治系统是开放的,而非孤立的和封闭的,它与外界存在着物质和能量的交换。这种交换具体表现为法律制度的移植,不同国家法治水平的相互影响,法治观念和法律意识的输入、输出等。其次,法治系统的形成过程是逐步摆脱专制的人治状况,远离专制社会的稳定平

---

① 熵是热力学中的一个概念,用来衡量热力体系中热量与温度之间的关系。当能量密集程度的差异减小时,熵总是增加。当能量分布均匀即熵增达到最大值时,系统就不能再作功了。

② 参见[比利时]I.普利高津:《从存在到演化》,载《自然杂志》,1980(2)。

衡状态,打破旧的专制秩序而成为"无序"并走向新的、符合法治原则的更高的有序的过程。这一远离平衡的过程是非线性的,只能用非线性微分方程来描述其变化过程。非线性微分方程必然存在着多种定态解,其中有些解是稳定的,有些解是不稳定的。多重定态解正反映了法治系统演化的多种可能性以及可能出现的不同结果。法治系统的非线性特征与其进化的多样性和复杂性是密不可分的。而且法治系统的正负反馈机制是逐渐健全的,其正常运作是系统存在的必不可少的条件。法治系统发展完善的"有序化"演进是通过随机的"涨落"来实现的。这些"涨落"就是支持和阻碍法治进程的力量的消长,此种消长的量变是随机的,无法做到精确的人为控制。而且在"人治"社会的稳定平衡状态或近平衡状态,这些涨落的积累引起"专制人治"体制运动轨道的混乱,逐渐导致"无序";当社会远离了专制平衡态后,这些涨落将促使社会从不稳定的无序状态跃迁到崭新的稳定而有序的状态——法治社会。可见,耗散结构论完全可以用于法治系统的形成、稳定及发展演变的研究。此外,法治系统还具有自组织性质。自组织是指在系统中,没有谁发号施令进行综观全局的统筹协调,然而系统却能协调并自我组织,形成一个具有自我调节功能的有序系统。法治系统与人治系统的重要区别之一就是人治的稳定平衡依赖于实行统治的人而非系统本身,所以有"其人在,其政举;其人亡,其政息"的悲剧。相反,法治系统具有高度的自我调控能力即自组织能力,不依于实行统治的特定人或集团而存在。因此,对于法治系统的研究应当运用耗散结构理论进行。

根据耗散结构理论,经非平衡相变后形成的稳定有序的耗散结构必须随时有外界的能量和物质补充,以维持本身的稳定;否则,耗散结构立刻瓦解[①]。作为具有耗散结构的法治系统,必须保持高度的开放性,以便从外部环境取得足以维持自身稳定有序的物质和能量;反之,法治系统无法存在。这就是法治系统只能存在于开放社会,而闭关锁国时代不可能有"法治社会"的原因。闭关锁国意味着整个社会处于与外界隔绝的孤立系统或封闭系统状态,不能从外界取得形成和维持法治系统的耗散结构所必需的物质与能量,必然是只能导致专制人治。

耗散结构理论指出,一个开放系统从不稳定走向稳定的、有序化的自组织结构,一般是通过突变实现的,系统必须达到某一特定的临界值才会出现宏观有序现象。这种突变是由一些微小的"涨落"即"偏差"在远离平衡态时被"放大"所导致的。在法治系统的形成过程中,当社会处于专制平衡态或近平衡态时,微弱的法治思想及反抗专制的努力是不足以实现转变的;但当社会处于远离专制平衡稳定态即专制势力因内耗等原因而严重削弱致使其控制平衡稳定的能力明显下降时,即使是星星之火的"微小涨落"也会放大成燎原之势。这就为法学理论中关于不同国家由专制人治向宪政法治的

---

① 参见[比利时]I.普利高津:《时间、结构与涨落》,见《系统论、控制论、信息论经典文献选编》,求实出版社,1989。

转变研究提供了新的思路。

法治系统属于耗散结构,决定了对外开放的方针不是可有可无的权宜之计,而是确保正常的物质、能量、信息交流以维持耗散结构不致瓦解的基本条件。耗散结构的非线性特征即系统各要素之间的非线性相互作用关系又决定了法治系统演变的复杂性和可能性的多样化。这提示人们,各国在摆脱专制人治,走向宪政法治的过程中,可能存在不同的道路和导致不同的结局。这种进化的多样性和复杂性意味着不可能有唯一正确的发展模式和指导原则。因此,走向法治的过程是一个"百花齐放,百家争鸣"的过程,需要更多的宽容和平等,以便互相促进,取长补短。

二、协同论的法学方法论

协同论是研究系统内部各个要素之间协同作用的理论。其主要含义有两层:①在一个系统中,子系统既有自发的无规则的独立运动,又有由于子系统之间因一定的关联而形成的协同运动。当前者占主导时,系统呈无序状态;当后者占优势时,产生有序结构。②系统在临界点同时存在若干序参量,各对应一定的宏观结构。序参量之间互相竞争,当衰减常数接近平分秋色状态时,相互自动采取妥协,进而通过合作共同主宰系统,协同产生了有序结构。虽然耗散结构论在法学研究中的应用,成功地揭示了从混沌到有序即从远离专制人治的平衡态的无序到建立宪政法治稳定态的有序的机理,但尚不能解决从专制人治的稳定态的有序向远离该平衡态的混沌转化的机理。协同论则能够揭示这一机理。通过湍流问题的研究,协同论创始人 H. 哈肯教授发现,一个有序系统当其序参量增加到一定值时,将出现一种新的不稳定性,这种新的不稳定性是由系统的决定性方程引起的。它使系统内部的守恒定律不再成立,导致无规则运动,使系统从有序结构变为混沌结构。从社会变革方面看,不同利益集团(或阶级)利益需求、力量、自由度等的变化都会导致社会系统序参量的增加,从而使社会向远离平衡态的混沌发展。这一规律不仅适用于从专制人治向宪政法治的转变过程,也同样适用于更高级的发展过程。

协同理论还可用于法治系统内部的关系研究。例如,各国家机构之间不仅需要存在权力制衡,还需要良好的协同合作;民众与政府之间也是如此;各法律部门之间同样应在宏观上保持协同而非相互冲突或脱节,以免造成法治真空或法律漏洞。在法与利益的关系问题上,也必须考虑不同利益集团、不同发展阶段、不同层次的利益协同,通过计量分析、综合平衡,才能处理得当。

法治系统的自组织性质,也决定了其内部协同关系的重要性。由于法治系统是在没有外部指令的条件下,按照某种规则形成自组织结构,所以这种核心性的组织规则只能在系统内部各子系统或其他组成部分的协同作用下产生和运作。这种协同作用的典型表现就是高度自由基础上的高度民主;而自组织性质的突出表现则是人民自治。同时,考虑到法治和民主建设的长期性和复杂性,系统的总目标不可能只有一个,必然是多个;相应地,发展阶段也只能是多个。因此,运用协同理论研究目标间及阶段间、时期间的关系,才能使法治和民主建设连续、稳定进行,成为一个有机的整体系统。

协同学研究还揭示了有关国家秩序是怎样通过各个公民的协作而建立或破坏的规律。协同学指出,流行的舆论起着序参数的作用,它支配着个人的意见,强制形成一种大体上是一致的舆论,借以维持其自身的存在。个人在受到一种流行的舆论的影响,并倾向于同意这种舆论的同时,也就为此种舆论推动力和强制力的增强作出了贡献。在民主国家,大众传播媒介通过其在公众中的普及程度而受公民的集体影响。同时,舆论对政府又有着决定性的影响。在协同学的范围内,序参数与被支配的子系统之间的一系列相互关系可以用数学模型处理,因而也就可以模拟舆论形成的动力学。在个人中,有一种类型是完全成熟的公民,他们独立形成自己的政治判断,并坚持己见;另一种是本人在形成自己的意见时,受他人影响的类型。在后一种情况下,正是相互关系或者说协同效应,起着影响政治见解的特定分布比例的决定性作用。美国社会心理学家所罗门·阿希的有关"众人一致观点"对于个人判断的影响力的试验,清楚地证明:即使在一个无关紧要、无所谓的问题上,在根本不触及人们的实际个人利益的场合,多数个人也倾向于同意"众人一致的意见",即使他们无疑知道这种意见(舆论)是错误的时候,也是如此。① 协同效应对人们的影响力也为詹姆斯·麦迪逊所认识,他曾指出:"所有政府都立足于舆论,如果这个说法是正确的话,那么,个人意见的力量以及这种意见对行为的实际影响,非常有赖于他认为与他持相同意见的人数多少的这一说法也同样是正确的。人的理性,当他孤居独处时,是畏葸而踌躇的,而随着与之相联系的人数的增多,人的理性益臻坚定和自信。"②

协同学的主要原理——支配理论对于民主法治国家的认识也同样重要。托克维尔曾指出,在民主政体的人民中间,公众的赞同与人们呼吸的空气同样重要,与公众不一致,就等于无法生存。公众不需要应用法律来制服持不同意见的人,非难就可以了。孤立和无能为力之感会立即压倒他们,并剥夺他们的一切希望。民主政体的人民虽然首先克服了极度妨碍或推迟个人理性上升的外来势力,并开辟了争取精神自由的途径。但是如果"在某些法律的势力下(指在数量上占多数的权威),精神自由会遭到扼杀的话,……那么其罪恶只在于换汤不换药;人们找不到一种独立生活的手段,所能发现的不过是另一种形式的奴役而已"③。这种数量上占多数的权威就是"多数派的暴政",而这种发展过程的最终结果就是"占主导地位的舆论"完全排斥不同的个人意见。由此我们不难发现"言论自由是首要人权之一"的观点的正确性。

---

① See. Solomon E. Asch: Group Forces in the Modification and Distortion of Judgements, in: Social Psychology, p. 452, New York, Prentice Hall Inc. 1952.

② James Madison: The Federalist, 1788, No. 49, February 2.

③ Alexis de Tocqueville: Autorität und Freiheit, s. 55, Zürich, Leipzig Rascher, 1935.

主导性舆论的改变对于国家结构及秩序的变革是决定性的。当一种国家结构或秩序所赖以存在的环境发生改变,例如经济形势的改变,内部政治压力的剧增等,人们对于现存主导性意见的信心就会动摇,系统将不稳定。人们对社会秩序、法律等的信念也随之动摇。这就为主导意见的改变作了准备。在社会变动时期,个人往往特别重视周围人们的行为,以免在变动的环境中陷于孤立。在协同学意义上,外界条件为改变现状的意见作了准备后,一旦出现了不稳定性,改变现状的意见就必然会在人们中蔓延。新的方向总是只由少数人决定的。一个由先驱者或积极的革命家所组成的小集团,常常甚至是某一个个人,就能成为某一个新方向的出发点,这里正是涨落起着决定性的作用。在不稳定的状态下,不可预测的、似乎是局部的事件,吸引力大增,而这种吸引力在正常时期是完全没有的。在正常时期,个别集团的行动只是一种很快就被忘却的插曲,一种很快就归于平息的小小的波动而已。

自然界以及社会的各种极不相同的领域中的协同规律,产生了一种选择压力,这使各个集团越来越明显地联合起来,这种趋势可以甚至导致排斥和迫害持不同意见者。为了生存,持不同意见的集团中的某些成员不得不作出同化反应,尽可能使自己的行为与别人没有区别。与此同时,另一些人则被激励而取得越来越好的成就——争取更多人的理解和支持。少数派集团常常为了生存而相互帮助,这种协同关系使少数派集团能够保持一定的力量;相反,多数集团内的人们往往难以协同而更多地是非协同性竞争。这就使双方力量对比的转变有了可能。

在协同学的意义上,革命是指剧烈地改变社会的宏观状态,即国家形态。在革命之前总是出现不稳定,也就是大量民众不再维护或不再坚决地维护现存的体系。相互的易感性影响使对统治体系的不满和否定态度以排山倒海之势扑面而来。这种猛烈的来势更以现存体系的支持者越来越自我孤立和缄默而得到加强。那些还保持原来信仰的人们担心自己是仅有的"保守者",由于恐惧孤立甚于害怕错误,就随大流。这种协同效应的结果就是改变国家形态的革命的发生。由于一个系统在其不稳定之初,不再能明确预测进一步发展的后果(因为很小的涨落就可起决定性作用,所以只能作出概率性的预测),所以要精确地预测革命或改革发生的时间是困难的。

协同学对官僚主义问题的研究揭示了"行政不规制运动"的合理性。正如协同学对激光的研究所揭示的,通过变动唯一的环境参数(输入的电流强度)以及借助特殊光场从外界对每个原子施加"管制"都能产生激光,但后者无疑耗费巨大的能量。同样,在经济领域中也存在管制费用高于其所带来的效益的情况。有远见的经济学家认为经济只需要最简单的管制,但多数政府却热衷于一方面用纷繁的税收和苛细的法律条文,另一方面又用有选择的补贴和普沾其益的优惠对国民实施各式各样的管制。协同学研究发现,受控反应也可能以混沌的方式进行。忽视社会系统特性的行政规制措施可能会导致典型的混沌过程。政府官僚主义的增长以及不断上升的官员费用,与经济上为提高效益而一再采取的合理化措施是完全背道而驰的。但由于政府缺乏公司那种与生存休戚相关的效益反馈,所以很难用经济效益的尺度来衡量一个机关的工作。下级部门越来越事无巨细地受控制,随之而来的是许许多多的规章制度。由于法律的模糊性与确定性之间无法克服的矛盾,使人们在合理性与防止专断之间疲于奔命。上级部门过多的干预以及政府对公民自由的越来越多的规制,使政府管制的成本日益膨胀。许多协同系统的事例已经证明,这将导致混沌状态的发生。而混沌状态那种"有规律的无序"的特征既能破坏政府正常的应然的功能,也能最大限度地掩盖这种缺陷。[①] 因此,近来在欧美各国兴起的"行政不规制"运动正是从协同理论的角度出发,在既保障公民的人权与自由得以最大限度实现,又保证协同效应所必不可少的外部干预以最小成本实施的前提下,确定政府规制的范围和程度。其合理性已愈来愈为人们所认同。

三、突变论的法学方法论

突变论是研究事物非连续性突变在变化过程中的实现机制及其条件,并力求以统一的数学模型来描述、预测这些机制和条件的科学。

在社会发展史上,普遍存在着两种变化方式,一是连续的渐变,一是不连续的突变或飞跃。同时,还存在着大量的处于连续的渐变和不连续的突变之间的变化,以及连续变化的量达到某个临界点时所发生的突变。从法学研究领域看,不同历史类型的法的演变过程即属于渐变与突变兼而有之的情况。突变论恰恰对其中问题的解决提供了崭新的方法论。根据 R.托姆的《突变论:思想和应用》中的突变理论,控制变量即作为突变原因的连续变化因素和状态变量即可能出现突变的量,是两个最基本的参数。当前者不变时,后者处于稳定状态;当前者变化时,后者也随之变化。最初为渐变状态,当前者达到一定数值时,稳态消失,发生突变。因此,在由专制人治向宪政法治的过渡过程中,必须注重可能导致突变发生的因素即控制变量的积累。要认识到,这些控制变量的积累是一个连续过程,绝非急功近利所能实现。在积累未达到临界值时,不可能有相应的突变发生。与此同时,还应认识到,突变的发生往往是由偶然因素促成的。只注意控制变量的积累,而不重视对可能引发突变的偶然性机遇的把握,是无法实现有价值的突变的,甚至还会丧失突变的有利时机而抱憾千古。同样,对于已经实现宪政法治的国家,如果忽视可能导致专制人治死灰复燃的因素的积累以及偶然性突变诱因的防范,则会发生倒退的悲剧。两次世界大战之间,德国从魏玛共和民主到纳粹独裁专制的倒退,就是明证。

在法律移植研究中,突变论也提供了很好的思路。引进其他发达国家或地区先进的、与社会发展趋势相适应的法律制度、法治思想或观念,是相对落后的发展中国家实

---

① 参见[德]赫尔曼·哈肯:《协同学》,174 页,上海,上海译文出版社,1995。

现从人治向法治转变的捷径。但要知道,某些法治系统的重要组成元素如国民的素质、觉悟以及生产力发展水平等控制变量的积累都只能是渐进发展的,不可能在短时间内突变地实现。所以在法律移植的具体操作中,必须考虑引进的时机与客观条件的适应性问题,否则难以成功。

突变论还为研究法治建设及国家形态转变过程中人们的行为规律提供了重要的方法论。例如,在专制人治的国家形态由稳定转变为不稳定之后,突变的发生在很大程度上取决于众人共同行为的指向。我们可以用"Z"来度量人的行为,正的"Z"表示抵抗或变革的行为,正值越大表示抵抗或变革的程度越激烈;负的"Z"表示顺从;$Z=0$表示既不抵抗也不顺从。用 x 表示愤怒的程度,用 y 表示恐惧的程度。这样,"Z"就是人们行为的状态参数,x 和 y 就是控制参数。如果只有愤怒,则人的行为必然是抵抗或变革,即 x 增大导致 Z 增大。反之,如果只有恐惧则导致顺从,即 y 增大导致 Z 减小。如果这两个互相矛盾的因素都增大(在专制人治国家的末期,正是如此:一方面,独裁和腐败使人们怒不可遏,忍无可忍;另一方面,高压统治和残酷镇压又使人们的恐惧心理空前增强),那么人们的行为将会是如何呢? 我们就必须从概率分布入手。给控制参数 x 和 y 以不同的值,概率分布 P 的数值是不同的,所以概率分布 P 是控制参数 x, y 的函数,记为 $P(Z, x, y)$。给控制参数以一定的值 x_0, y_0,那么在这样的刺激下,人的最大可能的行为 Z。就是概率分布 $P(Z_0, x_0, y_0)$ 的最大值,即 (Z_0, x_0, y_0) 应满足方程 $\dfrac{\partial P(Z, x, y)}{\partial z} = 0$。当专制人治的政权处于鼎盛时期,人们的恐惧心理明确高于愤怒心理,其行为表现为顺从。随着政权走向衰落,人们的愤怒增加,顺从行为越来越少,抵抗意识增加。如果愤怒程度再提高,Z 值将变为正,因为人们面对专制独裁的压迫已无路可退,不得不从顺从心理变为抵抗心理或变革心理,从而产生了一个突变。这是一个"尖角型突变"的典型例子。尖角型突变折叠区的剖面是两个反向的折叠型突变曲线"对"起来的。两个折叠型突变的不稳定部分重合在一起,因而以它为剖面的中页面积是有限的。这种情况说明尖角型突变中的两种不同的状态可以相互转化。[①] 因此,专制人治国家转变为宪政法治国家后,同样还有可能发生突变,再变为另一种类型的专制人治国家,尤其是在转型发生后不久的不稳定时期。这告诫我们不能以为宪政法治实现了就万事大吉了,保持宪政法治和民主自由的长期稳定,防止灾难性突变的发生和专制复辟是十分重要的,警钟必须长鸣。

确定一个非典型突变现象属于哪一类突变,在自然科学中,可以通过拓扑理论和奇点理论进行相应的可微变换求得解答。但在法学等社会科学中,由于类型的未知因素多,可以依据的材料往往是定性的而非定量的,所以通常采取类比方法,利用社会突变的特征明显性,不进行详细的定量分析,而通过定性分析和简单定量分析来确定突

---

① 参见姜振环:《软科学方法》,549 页,哈尔滨,黑龙江教育出版社,1994。

变类型。况且,当控制变量多于五个时,事物的突变模型会有无穷多个,而法学所研究的事物一般的控制量都多于五个,所以不能简单机械地套用 R.托姆的七种典型突变模型以及相应的数学分析方法。

第五节　生物科学的法学方法论

生物科学突飞猛进的发展为法学研究提供了许多新的方法论和视角。生物科学因其涉及生命的规律而与法学研究有着更密切的关系,其方法及方法论的应用也就有着更广阔的天地。生物科学方法论在法学中的应用起步并不晚。19 世纪中期,英国 H.斯宾塞的有机体的生物学法学理论以及各种社会达尔文主义学者可以视为近代生物科学的法学方法论的先驱,只是都显得相当粗糙。进入 20 世纪特别是以基因研究突破为代表的遗传科学新进展发生后,生物科学的方法论在法学研究中的运用有了长足进步。

生物科学中的有关"组织移植"的理论可被引入法学领域,用以类比研究法律移植问题。法律移植存在着与器官(或组织)移植相类似的问题即"成功地为受体所接受"的问题。实际上,"法律移植"这个名词本身就是从生物学中类比得来的。在生物学中,器官或组织的移植能否成功,首先取决于器官或组织的"移植供体"是否与"受体"具有相同或相似的性状。因为,器官或组织的移植过程中,不可避免地会产生"异体排斥"或称"免疫排斥"现象。而供体与受体的生物特性越接近,异体排斥的程度也就越小。所以,器官移植往往选择与受体血缘关系最近者先进行检验,就是考虑血缘关系越近,亲和性越高,相应地异体排斥的程度越小。同样,在法律移植的过程中,也会产生"异体排斥"现象。

法的移植是指将其他国家或地区的法律制度或机制和操作技术,纳入某国的法治体系之中。它不同于将其他国家的法思想或法理论引入该国或在立法、执法、司法中体现这些思想、理论的做法,而是像生物学中的移植那样,将整个器官或整个组织移植入另一生物体内,或将整个植株嫁接在另一植物上。生物科学中采取这类做法的目的是为了拯救生物体或改善生物体特性,而法学中采取这类做法的目的则在于改善某个国家的法律制度或法治状况。因此,两者不仅在行为目的上有极大的相似性,在实际操作上也同样有着共性。从生物学理论上讲,移植的成活率在很大程度上取决于受移植生物体对移植体的排斥性。通常情况下,生物体自身的免疫系统对于与自身特征不同的外来异体具有本能的排斥性。异体的差异性越大,其所受到的本体免疫系统的攻击就越强,移植体成活的可能性就越小。因此,在进行移植时,通常是尽可能采用与受移植体的各项特性指标相同或相近的生物体,以便增强移植的成功可能性。比如,在进行人体器官移植时,在可能的情况下,多采用与受移植者有密切的血缘关系的人的器官,这是因为有密切的血缘关系的人们的器官共性较多,移植易于成活。当然无血缘者之间的移植也可进行,但必须在诸如血型等生物特性指标相符的情况下才行,而这往往很难满足。同样,在法的移植问题上也存在性移植成功率问题。如果我们把国家的人文社会共同体比作一个生物体,那么法律制度、法治环境等组成的法律共同体就如同一个器官或功能系统,而我们要移植来的其他国家或地区的法律制度、机制或操作技术就如同一个移植器官或组织。这里同样存在着受移植国的人文社会共同体或法律共同体对移植来的法律制度、机制、条文或操作技术的"异体排斥性",而这种"异体排斥性"足够大时就必然导致法律移植的失败。要减小这种异体排斥性,就必须选择与受移植国的人文社会特性或法律共同体特性相似的国家来进行法律移植。这就涉及两国的风俗习惯、人文传统、法律意识、法治观念、意识形态、经济状况、教育程度等诸多方面的因素。只有在这些人文特性或政治、经济、社会、文化特征比较相似的国家之间进行的法律移植,才会产生相对较小的异体排斥性,也才能有较大的成功可能性,即对受移植国的法治状况和法律系统产生相应的影响,而不至于形同虚设或名存实亡。但是,这一移植的成活是否必然产生良好的影响或从长远角度看是否必然利大于弊则不是成活率高低所能决定的,因为更深层次的问题恰恰隐藏在异体排斥性的后面。

正像生物移植是为了拯救生物体或改善生物体特性一样,法律移植也是为了拯救某个国家的法治体系或改善这个国家的法治状况,这里潜在一个事实即受移植国的法治系统是存在缺陷和不足的,是病体。从生物遗传学角度讲,移植多用来医治后天获得性病症或改善非遗传基因控制的特性,而对于遗传病症或遗传缺陷则难以发挥大的作用甚至无能为力。而且血缘关系越近的生物体,其遗传特性往往越相似,而遗传病症的隐患也越相似。优生学上所反对的近亲繁殖,就是基于近亲的基因相似性易于导致遗传病的发生率增大这一原因。因此移植对于改善遗传性状的作用很小或几乎没有。同样在法律移植问题上,移植人文社会特性及政治经济、文化背景相似国家的法律制度、机制、条文或操作技术,固然可以使移植成活率变大,但却未必产生改善法治系统或法治状况的良好效果。因为那些人文社会特性及政治、经济、文化背景相同或相似的国家往往具有相似的缺陷和不足,而这些相似的缺陷和不足又往往是由相同或相似的"人文基因"所控制的具有"遗传性"的"病症"。正是由于那些人文社会特性及政治、经济、文化背景相同或相似的国家往往具有相同或相似的"人文基因",才使得它们无法彼此之间提供可以克服共同缺陷的"遗传基因";但对于非共同缺陷则可以提供有效办法,而法律移植所能有效对付的正是这类非共同法律缺陷。对于那些共同的法治系统的缺陷或潜伏在非共同法律缺陷之中的未发病的共同隐患,法律移植是无能为力的。相反,由于"人文基因"的相同或相似,这些国家的法律制度、机制或操作技术中往往隐含着相同或相似的隐患和不足。当实行"法律移植"时,这类隐患和不足并不会被剔除,尤其是那些危害长远的深层次的隐患和缺陷更是如此。它们必然会随同被移植的法律制度、机制和操作技术进入受移植国的法治系统中,与受移植国的法治系统中原本就存在的相同或相似的缺陷集合一处,加深对法治的破坏和威胁。从生物遗传学理论上讲,遗传病症的传递方式有显性遗传、隐性遗传、不完全显性遗传等。不论是上述哪一种遗传方式,有一点是可以肯定的,即致病基因的数目越多,发病概率越大。如果是显性遗传,则只要有一个致病基因就可导致发病;如果是隐性遗传,则只有控制基因都是致病基因时才导致发病。由此可见,"人文基因"相同或相似国家之间的法律移植,往往会使"法律缺陷"的"遗传控制基因"难以除去,尽管可以将非遗传的缺陷除去,但却对改善"遗传性状"无能为力,且易于隐性遗传病的发病,对于显性遗传病更是无益。要想使法治系统和法治状况得到根本的改良和转变,就必须从"人文遗传基因"的改良入手,剔除导致可遗传的法治系统缺陷的"致病基因",植入无缺陷的"优良基因",对法治系统进行全面的基因改造,这可以称为"改良法治系统的基因工程。"

改良法治系统的基因工程,首先要做的是确定法治系统中存在哪些可遗传的缺陷,以及导致这些缺陷的可遗传"人文基因"有哪些。在这一复杂而艰巨的工作中,要求人们实事求是、心胸坦荡而不能讳疾忌医。对于那些尚未暴露但已有征兆的处于"潜伏期"的病症,尤其要多加注意。同时,不要为某些表面现象所迷惑,要透过现象抓住本质,这样才不至于"对错号"而将真正的致病元凶漏网。在确定了缺陷并找准控制遗传性状的"人文基因"之后,接下来的任务就是寻找和培育可以用来替代或改良"人文基因"的"优良基因"或方法。寻找和培育"优良基因"有两种途径,其一是在本国原有的"优良人文基因"和改良人文社会环境基础上,诱发有利于基因改良的"突变",从而得到符合法治精神和原则的新的可遗传的"人文基因"。这里必须强调的是这种新的优良人文基因一定得是可遗传的,而非不可遗传。事实上,在许多国家的法治近现代化运动过程中,都曾经进行过诸如"法律移植"之类的改良工作,然而很多都未能长期持续下去而流于失败,其根本原因就在于未能剔除可遗传的致病基因,未能培育出可遗传的新优良人文基因。因此,新人文基因是否具备可遗传性是基因工程成功与否的关键。另一种途径是从其他国家或地区的法治系统中,选取导致该法治系统健康性的那些关键的可遗传的优良"人文基因",将其植入本国法治系统中,取代有缺陷的"人文基因"。这里也必须强调指出,鉴于大多数法治系统的缺陷往往是由隐性基因所控制,因此我们在进行基因改造时,应当尽可能从与本国的"人文基因"缺陷性状差异显著的国家或地区的先进法治系统中去选取基因片断,因为基因差异越大,才越能避免"双隐性基因"出现的可能性。例如,一个由于长期处于封建专制社会环境,在"人文基因"中缺少民主、人权的遗传基因的国家就应当从一个从未经历过封建专制社会或至少封建专制影响较小的,具备民主、人权的可遗传人文基因的国家选取进行基因改良的基因片断;而不应从一个同样长期处于封建军国主义环境,较少民主、人权的"人文基因"的国家的法治系统中去选取进行基因改良的基因片断。当然,对于那些本身已进行过基因改良或发生过局部基因突变的国家,则不应教条地认为其由于历史性原因而不具备借鉴性,而应当具体去分析鉴别,取其改良或变异后的精华部分,避免其未改良、未变异的缺陷基因。在法治系统基因改造工程上,与法律移植相反,应当尽可能选择与本国落后性状差异显著的先进国家(这些国家的先进性往往源于其与落后国家明显不同的可遗传人文基因)而不是那些与本国人文基因相似的国家。这里必须强调,可遗传的人文基因这一概念与人的自然性状的控制基因之间并无必然联系。优良的人文基因的产生、培育、遗传和进化,是一个完全不同于人的自然性状进化过程的过程。每一个国家或民族都具备后天获得这些人文基因的能力和条件,并非只有某个国家或某些国家才具备。至于为什么某些优良的人文基因产生在某些国家而没有发源于另一些国家,或为什么它们只在某些国家可遗传,而在另一些国家却不能自然遗传,这些问题往往与人文社会环境以及一些尚未发现或尚未为人所知的因素有密切的关系。这些正是需要人们去探索、研究的。在问题没有清楚之前,不宜忙于下结论。当然,这并不能作为那些落后国家的人民就不具备改良人文基因、不应该享有发达国家人民所享有的人文权益的借口和理由,也不能作为沙文民族主义或种族歧视的理由。落后国家的人文基因只是存在某些缺陷和不足,并非一无是处,且这些缺陷和不足完全是可以通过耐心的"治疗"及人文基因改良克服的。就像"先天免疫缺损症"的病人,完全可以通过药物治疗和基因重组改良而增强其免疫力直至恢复或获得健康那样。他们不应当受到歧视,他们有能力、更重要的是有愿望和健康人一样生活,任何人没有理由不善待他们。对于国际社会而言,帮助落后的或不发达的国家实现民主法治的最好办法,是采取措施使其认识到自身法治系统存在的缺陷和不足,并帮助其通过"人文基因改良工程"等措施增强自身肌体的免疫力,而不是仅仅采用物质援助或全面制裁等只治标不治本亦或维持生命延缓死亡的消极措施,这一点值得学者进一步研究。

从法治发展史上看,除了一些国家主动地采用"人文基因改良"措施在法治建设中取得成功的范例外,由于环境或外力的作用导致"人文基因"发生"良性突变"或"被动改良"的例子也是存在的。北美洲的先驱者们因不愿忍受宗教和政治的迫害或迫于生计而漂洋过海到达美洲大陆后,由于环境的巨大差异,主要是人文、政治、经济和社会的差异,加上原先欧洲大陆已存在的优良"人文基因"中的自由、平等、博爱、人权意识的基础,导致了良性突变,形成了具有北美洲特色的"人文基因",其中一些先进的思想意识最终导致了美国这一近代意义上的共和制国家的产生以及美国法治系统的形成和发展。在第二次世界大战之后,在世界反法西斯进步力量的压力和帮助下,德国、日本相继实施了"被动的人文基因改良",在法治系统中全面剔除了法西斯主义和军国主义以及封建专制主义的"人文基因",正是这一做法才使得德、日两国在战后得以腾飞。而由于这种"被动的人文基因改良"往往是不彻底的,所以时常会在条件适宜的情况下,发生"倒退性的复原"。德国法西斯右翼的抬头和日本政坛连续出现的"权钱交易"丑闻都是明证。有鉴于此,对于作为"法治社会"基础的"人文基因"的"改良"以及旧系统和环境的"异体排斥"应给予足够的重视,并采取适当而谨慎的对策。如何才能在不损害法治"免疫保障系统"的前提下,实现"人文基因"的"改良",以适应社会发展进步的需要,是法学界必须深入研究和探讨的问题。生物科学的方法论对此可能起到另辟蹊径的作用。